팀 코칭 이론과 실천

팀을 넘어 위대함으로

THE PRACTITIONER'S HANDBOOK OF TEAM COACHING
Copyright © 2019 by David Clutterbuck, Judie Gannon, Sandra Hayes,
Ioanna Iordanou, Krister Lowe, Doug Mackie
Authorised translation from the English language edition published by Routledge,
a member of the Taylor & Francis Group All rights reserved

Korean Transition Copyright © 2022 by Korea Coaching Supervision Academy
Korean edition is published by arrangement with Taylor & Francis Group
through Imprima Korea Agency

이 책의 한국어판 저작권은 Imprima Korea Agency를 통해
Taylor & Francis Group와의 독점 계약으로 한국코칭수퍼비전아카데미에 있습니다.
저작권법에 의해 한국 내에서 보호를 받는 저작물이므로
무단전재와 무단복제를 금합니다.

호모코치쿠스 38

팀 코칭 이론과 실천
팀을 넘어 위대함으로

The Practitioner's Handbook of Team Coaching

데이비드 클러터벅, 주디 개넌 등 편집
강하룡, 박순천, 박정화, 박준혁, 우성희, 윤선동, 최미숙 옮김

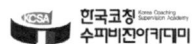

팀 코칭 프랙티셔너를 위한 팀 코칭 핸드북

세계의 도전 과제는 점점 더 복잡해지고 있으며, 팀 구성원들은 이러한 도전 과제에 계속 적응해 나가야 한다.

『팀 코칭 이론과 실천』은 전적으로 팀 코칭 실천practice과 관련된 가장 근본적인 문제에 대해 체계적인 지침을 제공한다. 다양한 상황별 문제와 그 안에 내재한 복잡성을 설명하고 탐구함으로써 실무 수행 능력을 향상하려 한다. 팀 코칭 분야에 관한 포괄적인 개요를 제공하고, 나아가 팀 코칭에 관한 이해와 실천력 향상을 목적으로 한다. 이를 위해 편집팀은 팀 코칭을 구성하고 뒷받침하는 관련 이론, 연구 및 실천을 제시하고 종합하고 통합하였다. 따라서 이 책은 초보자부터 노련한 실무자까지 모든 수준의 팀 코치에게 매우 귀중한 전문 도구이다. 최근에 제도적, 조직적 맥락에서 팀 코칭이 중요한 위치를 차지하고 있어서, 지속적인 전문 개발 도구로서뿐만 아니라, 코칭 교육 과정에 없어서는 안 될 자원이 될 것이다.

이 책은 코칭 현장이든, 코칭 교육 현장이든 관계없이 코칭에 관심이 있는 사람이라면 누구나 꼭 읽어야 할 필독서이다. 전문 코치뿐 아니라 기업, 공공서비스, 자영업, 자원봉사 분야의 리더, 관리자, 인사 전문가, 학습자 그리고 교육자들도 모두 활용할 수 있다.

데이비드 클러터벅 David Clutterbuck은 헨리 경영대학원, 옥스퍼드 브룩스 대학교, 셰필드 할람 대학교, 옥스퍼드 브룩스 대학교, 요크 세인트존 대학교의 초빙 교수이자 영국 애쉬리지 대학교 임원 교육학과의 부교수이다. 그는 유럽 멘토링 및 코칭 위원회의 공동 창립자이다.

주디 개넌 Judie Gannon은 영국 옥스퍼드 브룩스 대학교의 코칭과 멘토링 연구 국제 센터의 선임 강사이다.

샌드라 헤이스 Sandra Hayes는 리더, 팀 그리고 조직의 성장과 변화 분야에서 20년 이상의 경력을 가진 성인 학습과 리더십 전문가이다.

이오안나 요르다누 Ioanna Iordanou는 영국 옥스퍼드 브룩스 대학교의 인적 자원 관리(코칭 및 멘토링) 학과의 선임 강사이다.

크리스터 로 Krister Lowe는 조직심리학자이자 리더십과 팀 코치이며, 팀 코칭 존 팟캐스트의 진행자이다.

더그 맥키 Doug MacKie는 호주, 아시아 및 영국의 최고 기업에서 임원, 리더 그리고 팀을 대상으로 역량을 평가하고 개발하는 데에 25년 이상의 경험을 가진 비즈니스 심리학자이자 코치이다.

목차

머리말 8
역자 서문 11
도입 19

1부. 이론, 모델 그리고 연구 27
   1장. 구성-개발 이론: 팀 코칭을 바라보는 관점 29
   2장. 집단 코칭하기: 그룹과 팀 코칭하기 43
   3장. 시스템 팀 코칭 57
   4장. 공유 리더십 모델과 팀 코칭 75
   5장. 의도 변화 이론을 통한 팀 코칭 87
   6장. 팀 효과성 과학의 어깨 위에 서다: 팀 코칭 설계에 엄격함 만들기 101
   7장. '좋다'는 것은 무엇인가?: 팀 코칭 효과성에 관한 연구 개관 115
   8장. 설계하기, 출범하기, 팀 코칭하기: 60:30:10 법칙과 팀 코칭 개입하기 149
   9장. 팀 코칭 정의: 프랙티셔너 관점 167
   10장. 팀 기능과 기능 장애의 실용적 모델 제안 181

2부. 프랙티스 191
   11장. 의식 코칭: 시스템, 관계와 내부 알아차림을 지원하는 팀 코칭 193
   12장. 고성과 팀 코칭: 팀 효과성을 지원하는 근거 기반 시스템 211
   13장. 정서와 팀 성과: 팀 코칭 마인드셋과 팀 개입을 위한 프랙티스 225
   14장. 모든 것의 이론을 넘어서: 팀 코칭에 적용할 이론을 선택하기 위한 그룹 분석, 대화 그리고 다섯 가지 질문 245
   15장. 팀 패턴 깨기: 해결책이 문제일 때 257
   16장. 어떻게 드림팀을 만드는가?: 글로벌 가상 팀 코칭 다섯 가지 우수 사례 269
   17장. 시스템 휠 회전하기: '시스템 사고'의 마법을 실용적인 팀 코칭 도구로 전환하기 285
   18장. 팀 코칭: 강점 기반 접근법 299
   19장. 밖에서 안으로 보기: 팀 코칭을 위한 맥락 기반 접근 사례 311
   20장. 코칭 팀에 대한 대화형 접근 방법 327

3부. 훈련과 교육 341
   21장. 가상 팀 코칭: 연구에서 습득한 기술 343
   22장. 팀 코치 만들기 367

23장. 팀 코치 수퍼비전: 멀리 떨어져서 복잡성 다루기 ⋯⋯ 379
24장. 팀 코칭에서의 실행, 성찰, 학습 ⋯⋯ 393
25장. 효과적인 팀 코치의 주요 자질과 스킬 ⋯⋯ 405
26장. 팀 코치되기 ⋯⋯ 419

4부. 새로운 전망 ⋯⋯ 435
27장. 팀 리더는 팀 코칭과 팀 개발을 어떻게 도울 수 있을까? ⋯⋯ 437
28장. 가상 팀과 원격 팀 코칭하기 ⋯⋯ 449
29장. 규모에 맞는 팀 코칭: 어댑티브 리더십 문화의 출현을 위한 여건 조성 ⋯⋯ 465
30장. CDAI 및 GLP를 통한 팀 코칭 ⋯⋯ 479
31장. 팀 코칭 촉진에 드라마 치료 사용하기 ⋯⋯ 491
32장. 팀 코칭: 트렌드의 흐름인가, 아니면 조직의 정석인가? ⋯⋯ 503
33장. 자치 개발 조직에서의 팀: 동료 코칭의 필요성 ⋯⋯ 517

5부. 사례 ⋯⋯ 531
34장. 코칭은 팀 작업 수행에 어떤 도움을 주나? ⋯⋯ 533
35장. 엘리트 스포츠 조직을 위한 리더십 팀 코칭: 시스템적 관점 ⋯⋯ 541
36장. 사우스햄프턴 축구 클럽의 좋은 것에서 위대함으로 ⋯⋯ 549
37장. 명확성, 긴장감, 신뢰 그리고 코치 역량의 상호작용: 리더십 개발 프로그램에 관한 팀 코칭 ⋯⋯ 559
38장. 치안 패러다임의 변화: 근거 기반 치안 실행에서 협업과 팀 코칭의 역할 ⋯⋯ 569
39장. 팀 코칭에서 심리측정 프로파일링 사용하기 ⋯⋯ 577
40장. 글로벌 가상 팀을 위한 GROUP 코칭: 사례연구 ⋯⋯ 589

색인 ⋯⋯ 597
역자 소개 ⋯⋯ 607
발간사 ⋯⋯ 612

머리말

핸드북 제작

모든 학문의 역사에는 몇몇 사람이 자신의 족적을 남기고 싶어 하는 지점이 있다. 일반적으로 다음 중 몇 가지 또는 전부가 발생할 때가 바로 여기에 해당한다.

- 해당 학문 분야discipline의 목적, 핵심 특성, 경계에 관한 명확성이 부족하여 프랙티스practice에 장애가 된다.
- 프랙티스를 통해 어떤 분야에서 정통성을 얻기 위해 고군분투하는 경우, 다른 학문을 정통성의 원천으로 사용하려고 하다가 오히려 혼란을 더욱 가중시킨다.
- 해당 분야는 근거 기반 모범 사례의 생성과 공유를 목표로 하는 커뮤니티를 구축하기 위해 학술 연구와 프랙티셔너의 근거 기반 자료를 되도록 충분히 끌어들인다.
- 다른 학문 분야의 신뢰할 수 있는 문헌을 기반으로 해당 분야와 연구에 구조를 제공하는 모델이 나타난다.
- 해당 주제에 관한 저널, 웹사이트, 기타 일반 미디어가 관심을 끌고 긍정적인 평판을 얻는다.
- 관련 전문 협회에서 해당 분야를 자체 영역으로 병합하기 시작한다.

정확히 언제부터 이러한 기준이 팀 코칭 분야에서 충족되기 시작했는지는 논쟁의 여지가 있다. 그러나 비슷한 인식이 여러 곳에서 독립적으로 나타나고 있고, 점점 더 많아지고 있다. 팀 코칭의 경우, 편집자인 우리는 확실히 2015년 말까지는 이 분야에 대한 국제적인 경험과 연구 지식을 핸드북으로 통합해야 한다는 결론에 도달했다.

이 프로젝트는 두 지역의 독자적인 노력으로 시작되었다. 하나는 유럽과 오스트랄라시아Australasia(역자 주: 오스트레일리아, 뉴질랜드, 서남 태평양 제도를 포함하는 지역)이고, 다른 하나는 북미 지역이다. 코칭 분야의 긍정적 특징 가운데 하나는 두 지역의 반응이 경쟁 의식(누가 먼저 발표할까?)이 아니라 협업(어떻게 통합할 수 있을까?)이라는 점이었다.

이 프로젝트는 신중한 출판계에 새로운 핸드북을 만들 때가 되었다고 설득하는 것부터 시작하여 수많은 도전에 직면했다. 세 개 대륙에 기반을 둔 비교적 규모가 큰 편집팀과 함께 일하는 것은 모든 면에서 어려움을 초래했다. 많은 사람이 편리한 시간에 팀 회의를 개최해야 하는 것도 큰 어려움이었다.

그러나 구조와 내용에 다양한 관점이 있을 수 있다는 점은 불편함 그 이상이었다. 우리는 우리 자신이 하나의 팀이며 우리의 강점과 약점을 인식함으로써 팀 코칭의 모범 사례를 보여야 한다고 생각했다. 팀이 일관성 있는 작업 방식을 개발하려는 시점에 팀 코치로 활동해준 피터 호킨스Peter Hawkins에게 감사드린다.

이 책 『팀 코칭 이론과 실천The Practitioner's Handbook of Team Coaching』의 편집팀은 팀 코칭을 구성하고 이를 뒷받침하는 관련 이론과 연구, 프랙티스를 제시하고 통합했다. 이 책의 목적은 현장에 대한 포괄적인 개요를 제공하고, 나아가 팀 코칭에 대한 이해와 실천력을 높이는 것이다. 이 책은 다섯 개의 주요 파트로 구성되어 있다. 간략한 설명은 다음과 같다.

- 1부. '이론, 모델, 연구'에서는 관련 이론, 프랙티스 모델 그리고 연구에 기초한 팀 코칭 영역의 개요를 보여준다. 파트 I의 각 장은 다른 분야의 팀 코칭을 설명하는 동시에 잘 조사되고 실천된 이론과 모델에서 파생된 접근 방식으로 팀 코칭을 정립한다. 또 팀 코칭에 관한 기존 연구의 일부를 제공한다.
- 2부. '프랙티스'에서는 팀 코칭 개입에 관하여 다양한 접근 방식에 대한 개요를 제공한다. 이 파트의 목표는 팀 코칭이 실제로 어떻게 보일 수 있는지에 관한 통찰력을 제공하는 것이다. 이 장의 예시는 독자에게 팀 코칭에 관한 단계별 지침을 제공하기 위한 것은 아니지만 경험이 풍부한 팀 코치뿐만 아니라 초보자도 유용하게 사용하며 적용할 수 있는 기술과 교훈에 관한 중요한 통찰력을 제공한다.

- 3부. '훈련과 교육'은 팀 코치의 필수 스킬과 팀 코치 개발의 기반 또는 기반이 되어야 하는 역량에 관해 설명한다. 팀 코치가 되는 방법과 팀 코치를 위한 지속적인 전문성 지원이 이 파트의 핵심 주제이다.
- 4부. '새로운 전망'에서는 팀 코칭을 위한 새로운 응용 분야를 탐구한다. 여기에서는 다양한 관점에서 팀 코칭에 관해 살펴본다. 가상 팀 코칭, 규모별 팀 코칭, 팀 코칭을 용이하게 하는 드라마 치료 같은 주제를 다룬다. 이 파트에서는 팀 코칭을 다양한 맥락에서 탐색하고, 잠재력을 강조하여 팀 코칭의 미래를 볼 수 있는 간결한 창을 제공한다.
- 5부. '사례'는 다양한 맥락과 방법론을 통해 실제로 팀 코칭을 설명하는 것이 목표이다. 다른 장에서 제시된 개념적 틀을 확대하거나 뒷받침하기 위해 짧은 사례연구를 제공했던 것과는 달리, 이 파트에서는 사례를 심층적으로 탐색하는 기회를 제공한다.

세계가 직면한 도전 과제는 점점 더 복잡해지고 있으나, 많은 사람이 함께 모여 혁신 팀을 이루어 적응해갈 것이다. 독자들이 이 책에서 배운 내용을 사용하여 팀 잠재력을 더 잘 활용할 수 있기를 바란다. 우리는 이 책이 팀 코칭을 풍부하게 할 추가적이고 강력한 개념적 프레임워크, 새로운 프랙티스 모델 그리고 활발한 연구 개발에 영감을 주기를 바란다.

편집팀은 운 좋게도 이 분야의 선도적인 학자들과 프랙티셔너들을 영입하였고, 그들에게서 팀 코칭에 관한 포괄적인 내용이 포함된 이 책을 만드는 데 도움받을 수 있었다. 이 여정에 함께해준 분들에게 감사를 드린다. 우리는 흥미롭고 여전히 새롭게 부상하고 있는 팀 코칭 분야에 기여할 기회를 갖게 되어 기쁘게 생각한다.

편집자 일동
2018년 5월

역자 서문

이니셔티브는 역사를 만든다. 팀 코칭을 번역한 역자들 역시 이 분야에서 이니셔티브의 횃불을 들었다고 소회를 밝혀본다. 불과 몇 년 전, 역자가 코칭 세계에 처음 입문할 무렵, 조직개발, 코칭, 퍼실리테이션을 각각 만나 학습한 바 있다. 저마다의 역할, 기능, 파급력은 역자에게 충분히 매력적으로 다가왔고, 그 관심 영역을 확장하며 코치로서 성장해왔다. 이 책의 원서 『팀 코칭 이론과 실천』을 처음 접한 때는 지난 2021년 어느 봄날이었다. 집단이 주는 역동, 팀 구성원의 역할과 최상화, 팀의 목표와 한 방향으로 정렬될 때, 마치 오케스트라가 환상의 연주를 만들어가듯, 서로 조화롭게 창조해낼 수 있다는 막연한 생각을 하던 중이었다. 이 책은 이미 이론적으로나 실무적으로 이를 증명해낸 일종의 학술연구 논문이었다. 때마침 김상복 코치님의 제안을 받고 기쁜 마음에 뜻을 함께할 코치들로 번역팀을 구성하였고, 40개나 되는 방대한 학술논문을 번역하는 대장정을 시작했다. 계절이 두 번 바뀌었고, 그 사이 국제코칭연맹[ICF]에서 팀 코칭 핵심역량을 발표하였으며, 국내에서도 관심이 점차 뜨거워졌다.

구글 학술 검색 창에 'team coaching' 핵심어로 문서를 찾으면, 약 131만 개(2022년 10월 4일 기준)를 살펴볼 수 있다. 해크먼[Hackman]과 웨이먼[Wageman](2005)의 『A theory of team coaching』은 1,413회 인용된 바 있다. 이 책은 팀 코칭과 관련하여 활발하게 연구되는 이론과 사례, 그리고 프랙티스를 종합적으로 담고 있다. 근거 기반을 중심으로 발전한 코칭의 역사를 한 눈에 보는 것은 물론, 팀 코칭 프로세스, 정의, 모델, 접근법, 팀 코칭 수퍼비전, 가상 팀 코칭까지 글로벌 트렌드를 한눈에 볼 수 있는 책이다. 향후 국내 코칭 훈련, 코칭 수퍼비전,

팀 코치 양성의 바이블과 같은 책이 되리라 감히 말할 수 있다.

각 논문의 저자가 달라, 번역할 때 같은 목소리와 톤을 맞추기는 쉽지 않았다. 따라서 이 책의 저자 이름 옆에 일곱 명의 역자 이름도 함께 남겼다. 궁금한 사항은 역자에게 연락해도 좋겠다. 아래 40개 장을 짧게나마 소개하여 이해를 돕고자 한다.

- 1장은 구성-개발 이론 constructive-development theory(CDT)이 팀 코칭을 어떻게 설명하고 어떤 통찰력을 주는지 논점을 제공한다.
- 2장은 집단 코칭하기이다. 코칭 대화를 둘 또는 그 이상으로 확장할 때 그룹과 팀을 코칭하게 된다. 이 장에서는 그룹 코칭과 팀 코칭의 차이점과 유사점을 살펴본다
- 3장은 시스템 팀 코칭의 역사, 정의와 원칙, 핵심 모델, 프로세스 단계 모델 그리고 시스템 팀 코칭 수퍼비전을 소개한다. 시스템 팀 코칭 교육과 더불어 빠지기 쉬운 함정 일곱 가지를 정리하며 향후 과제를 제시한다.
- 4장은 공유 리더십이 팀 효과성에 미치는 영향에 대한 증거를 살펴보고, 팀 코칭이 수직적 모델에서 공유 리더십 모델로의 전환을 어떻게 촉진하는지를 제시한다.
- 5장은 의도 변화 이론 intentional change theory(ICT)과 연민심 코칭, 긍정적 정서 인자 positive emotional attractor(PEA)가 팀 코칭에 미치는 긍정적 영향을 설명하고, 관련 팀 코칭 기술과 필요한 여건에 관해 기술한다.
- 6장은 팀 코칭 분야의 효과성 관련 최신 연구에 관한 문헌 리뷰로, 팀 효과성에 영향을 미치는 주요 구성요소와 결과, 효과성 분석 모델과 미래 연구를 위한 제언으로 방향을 제시한다.
- 7장은 팀 코칭 효과성 분석과 관련하여 최근 5년간의 연구논문을 분석하여 그 구성요소, 접근 방식, 결과물에 관해 상세한 결과를 제시하고, 향후 연구 방향을 제안한다.
- 8장은 팀 효과에 미치는 영향에 관한 학술적 연구에서 패턴을 수집하여 팀 코칭에 대한 시사점을 도출함으로써 팀 코칭 프랙티스에 필요한 건전한 경험적 교훈을 제시한다.
- 9장은 팀 코칭과 퍼실리테이션 그리고 프로세스 컨설팅 등을 분명하게 구분 짓는 글로벌 기준이 없음을 설명하고 프랙티셔너의 관점에서 코칭을 효과적으로 정의한다.
- 10장은 목적과 동기, 외부 프로세스, 관계, 내부 프로세스, 학습 프로세스 등의 다섯 가지 요인이 어떻게 팀 성과와 팀 기능 장애에 영향을 미치는지 보여준다.
- 11장은 알아차림을 통해 성과를 향상하는 방법으로써 팀 코칭이 어떻게 코칭 마인드셋에

개입하여 고객의 시스템, 관계적, 정신역동적 알아차림을 불러일으켜 팀 성과에 영향을 미치는지 의식 코칭을 제시한다.

- 12장은 평가, 팀 설계 코칭, 팀 론칭, 개인 코칭, 상시 팀 코칭, 학습 및 성공 리뷰로 이어지는 근거 기반 고성과 팀 코칭 시스템을 단계별로 소개한다.
- 13장은 팀 코칭을 효과적으로 수행하기 위한 마인드셋 전환 목록과 생산적인 팀 코칭 계약을 구조화하고, 설계 및 실행하는 방법에 대한 의사결정을 끌어내는 각 마인드셋의 실제 사례를 제시한다.
- 14장은 팀 코칭에 적용할 이론을 선택하기 위한 다섯 가지 질문을 소개한다. 다섯 가지 질문은 팀이 함께 일하기를 원하는 사람은 누구인가, 이 팀의 조직적 맥락은 무엇인가 등이다.
- 15장은 문제를 변화, 통제, 예방 또는 해결하려고 시도하는데도 문제가 지속하는 악순환과 이를 깨기 위해 코치가 취할 수 있는 5단계 프로세스를 설명한다.
- 16장은 글로벌 가상 팀 global virtual teams(GVT)이 겪는 주요 코칭 도전 과제를 설명하고 경험 많은 실무 전문가와 과학적인 팀 그리고 코칭 문헌에서 도출된 모범 사례를 제공한다
- 17장은 리더십과 팀 성과에 영향을 미치는 시스템 휠과 세 가지 자기 핵심 원칙을 소개하고, 시스템 사고의 마법을 팀 코칭 도구로 전환하는 과정을 제시한다.
- 18장은 강점에 기반을 두는 팀 코칭 접근법의 근거와 선행 사례를 살펴보고, 팀 내의 재능에 대한 믿음과 강점 개발 사이의 관계를 도표로 제시한다.
- 19장은 팀 코칭 분야에서 맥락의 중요성을 강조하고, 거시-산업-조직-팀 맥락을 분석하는 중첩된 다단계 프레임워크의 각 단계별 주요 내용과 질문을 상세하게 제시한다.
- 20장은 코치-팀 구성원 사이의 주된 교류 매체인 '대화'와 '변화 이론'을 통해 코칭의 효과성을 높이는 대화 코칭 dialogue coaching 접근 방법을 다룬다.
- 21장은 언제, 어디서든 업무가 가능해진 비즈니스의 새로운 패러다임에 맞춰 가상 팀에 대해 살펴본다. 가상 팀의 정의부터 가상 팀을 효과적으로 코칭하기 위해 필요한 코치의 역량과 코칭 스킬까지 두루 다룬다.
- 22장은 팀 코치로 성장해 가는 과정을 포용, 학습, 차이, 교류 등의 키워드로 풀어가고 있다.
- 23장은 팀 코치 수퍼비전의 역할, 모델과 방법, 맥락, 평행 프로세스, 수퍼바이저 역량을 소개하여 일대일 코치에서 팀 코치로 전환하기 위해 필요한 사항을 제시한다.
- 24장은 팀 또는 그룹에서 성찰, 학습, 실행을 지원하는 코치의 역할과 학습 그룹에서 코

치의 역할을 탐색하고 새로운 통찰을 얻기 위한 성찰과 대화 과정을 지원하는 코치의 역할과 개입에서의 사회적 과정으로서 학습 개념을 다룬다.
- 25장은 현장 팀 코치들의 코칭 실습 경험을 토대로 효과적인 팀 코치의 주요 자질과 스킬을 정의한다. 효과적인 팀 코치로 성장하고 싶은 코치나 미래의 코치 지망생들에게 시사점이 있다.
- 26장은 조직 학습과 발전, 시스템 사고와 실천, 정신역동 이론과 행동 연구에 대한 이론을 바탕으로 팀 코치가 되는 것이 무엇을 의미하는지를 소개한다.
- 27장은 '팀 리더가 팀 코칭과 팀 개발을 어떻게 도울 수 있을까?'라는 질문으로 논문을 바탕으로 팀 리더의 역할을 살펴본다. 팀 리더로서 팀 활동과 이해관계자와의 협력까지 다양한 활동 속에서 코칭을 지원할 때 팀 리더는 어떤 리더십을 발휘해야 하는지를 제시한다.
- 28장은 가상 팀과 원격 팀의 코칭 영역과 가상 및 원격 팀의 상황, 팀 코치가 다르게 판단할 수 있는 영역, 장거리 팀 코칭, 문화 계층에 따른 작업과 가상 공간에서 신뢰와 연결을 구축할 수 있는 기술 등을 설명한다.
- 29장은 복잡한 글로벌 조직과 VUCA 환경에서 어댑티브 리더십adaptive leadership 문화의 출현에 적응할 수 있는 규모에 맞는 효과적인 팀 코칭의 설계, 성장 여건을 조성하는 설계 원칙, 개발 시스템을 제시한다.
- 30장은 공동 개발 행동 조사collaborative developmental action inquiry(CDAI) 이론과 프랙티스가 코칭이나 컨설팅을 통해 팀을 변화시키는 데 어떻게 활용될 수 있는지를 설명한다.
- 31장은 팀 코칭 촉진을 위한 드라마 치료를 소개하고, 신체성, 창의성, 유희성, 일터에서의 그룹 역동을 다루는 팀 코치의 역할을 제시한다.
- 32장은 업무 수행에 도움이 될 수 있는 팀 코칭의 몇 가지 근본적인 역사적 토대를 비롯해 조직 안에서 지속 가능한 팀 코칭 문화를 만들기 위한 필수 요소를 살펴본다.
- 33장은 전통적인 관리 책임 계층의 한계를 언급하며, VUCA 시대에 빠르게 변화해야 하는 팀 워크 환경에 적합한 자치 개발 조직self-governing and developmental organization(SDO)에서 새로운 유형의 팀 코칭을 소개한다.
- 34장은 팀 코칭을 실행할 때 고려해야 하는 다양한 측면(과제, 대인관계, 집단 역동과 프로세스, 대화, 성찰 등)을 항목별로 자세히 설명한다.
- 35장은 호주의 엘리트 스포츠 조직을 위한 리더십 팀 코칭을 사내 질서, 목적, 소속감, 공정 교환 등의 시스템적 관점에서 바라보고 팀 코칭에 적용할 수 있는 교훈을 제시한다.

- 36장은 영국 프리미어리그 최상위 축구 클럽인 사우스햄프턴 축구 클럽을 위해 진행한 팀 코칭 사례를 통해 팀 코칭을 뒷받침하는 5단계 프레임워크, 개입 자체의 핵심 구성요소와 후속 프로그램을 통해 어떻게 성장했는지를 소개한다.
- 37장은 팀 코칭 시 목적의 명확성, 관계 속의 긴장감, 팀 구성원과 코치의 신뢰감과 코치 역량의 상호작용을 다루고 있다.
- 38장은 근거 기반 치안 실행의 필요성을 언급하며, 치안 분야의 팀 코칭을 위해 호킨스의 다섯 가지 팀 코칭 규율 모델 적용 방안을 제시한다.
- 39장은 팀 코칭 상황에서 심리측정을 사용하는 이점과 잠재적 함정을 탐구한다. 이어서 성격, 가치관, 탈선 행동derailers이 팀 역동성에 미치는 영향을 조사한 금융 기관 사례연구로 이어진다.
- 40장은 글로벌 가상 팀을 대상으로 GROUP(Goal, Reality, Options, Understand Others, Perform) 코칭 모델을 적용한 상세한 코칭 단계별 사례 분석을 통해 향후 더 발전할 글로벌 가상 팀 대상 팀 코칭의 적용 가능성을 보여준다.

매주 학습하고, 지치지 않도록 격려하며 응원했던 역자들과의 시간은 팀 코칭을 학습하고, 훈련하는 과정을 몸소 체험한 시간이었다고 생각한다. 직장의 리더로서, 코치로서, 퍼실리테이터로서, 그 역할을 감당해낸 역자들에게 감사의 말씀을 전한다. 글로벌 트렌드를 읽고 빠른 속도로 한국형 'K-팀 코칭'의 이니셔티브가 되도록 출간 기회를 주신 김상복 코치님과 방대한 분량의 원고를 다듬고 조언하시며 역자들을 응원해주셨던 정익구 코치님, 그리고 편집팀에 진심으로 감사의 마음을 전한다. 마지막으로 역자들의 소회로 인사를 대신하고자 한다.

팀 코칭의 물결이 점점 더 거세져간다. 거대한 흐름 속에서 팀 코칭 이론과 실제적인 사례를 소개하는 책을 번역하는 일에 동참하게 되어 감사하다. 이 책을 통해 코치들이 자신의 팀 코칭 역량이 한 단계 더 개발되기를 기대한다.

- 역자 강하룡

팀 코칭의 중요성이 떠오르는 요즘, 이론과 현장에서 적용되는 사례들을 소개하는 팀 코칭 핸드북을 번역하면서 모험을 떠나는 호기심 가득한 탐험가의 마음으로 함께했다. 리모트remote 코칭 이론을 바탕으로 메타버스 코칭을 전파하는 코치로서 앞으로 팀 코칭 여정에 동행하는 코치들에게 나침반 같은 지침서가 되기를 기대해본다.

- 역자 박순천

팀 코칭의 연구와 실행 분야는 참으로 무궁무진하다. 리더십, 조직 행동, 집단 역동, 조직 문화, 조직개발, 학습 조직, 드라마 치료, 정신역동, 가상 팀 코칭 등 인접 학문 분야와의 융합, 기업과 조직을 기반으로 하는 팀 성과에 초점을 맞추되, 그 안에 팀 리더와 구성원의 알아차림과 의식의 확장까지 심도 깊은 접근을 시도한다. 지금 이 순간 코칭의 가장 매력적인 분야로서 팀 코칭은 내 가슴을 뛰게 한다. 탁월한 팀 코치, 팀 코치 수퍼바이저로서 미래 성장 비전을 꿈꾼다.

- 역자 박정화

팀 코칭의 작동 원리를 궁금해하고, 팀 코칭의 학문적 이론에 목말라 있는 분들에게 큰 도움이 되겠다는 확신이 번역을 마치고 나서 더욱 강해졌다. '한국형 K-팀 코칭'을 여러 분야의 전문가분들과 만들어가고 기업 현장에 적용하며, 전 세계에 소개하는 즐거운 상상을 해본다.

- 역자 박준혁

세 개의 대륙에 기반을 두고 팀 코칭의 국제적인 경험과 연구 지식을 통합한 결과물이다. 여러 학자들의 다양한 관점을 팀 코칭에 관심 있는 분들과 공유할 수 있어서 감사하다. 팀 코칭에 관한 이론, 모델 등의 정립부터 팀 코칭 개입에 관한 다양한 접근 방식과 팀 코치로서 필수 역량 등을 전반적으로 다룬 만큼 연구자뿐 아니라 실무자들에게도 희소식이 되리라 확신한다.

- 역자 우성희

VUCA 시대에 더욱 주목받는 팀 코칭의 과거, 현재, 미래에 대한 학문적 이론, 제반 분야별 실제적인 적용 사례와 코칭 성과, 향후 연구방향에 관한 방대한 기록이다. 적잖은 분량의 이 책을 완독하고 팀 코칭 현장에 적용한다면 조직의 성장을 위해 매진하는 우리 코치 각자에게 맥가이버 칼 같은 유용한 책이 되리라 기대한다.

- 역자 윤선동

지금과 같이 치열한 경쟁적 업무 환경에서 모든 조직은 팀이 개별 직원의 노력의 합보다 더 큰 성과를 거둘 수 있기를 기대한다. 그동안 개인 코칭을 통해 리더십 향상을 꾀하고 리더십을 통해 팀의 고성과 창출을 기대해왔다. 이제 팀에 집중할 때다. 이 책은 팀 코칭을 통해 어떻게 고성과 팀을 구축할 수 있을지에 관한 원리와 실무적인 도구를 제공한다.

- 역자 최미숙

2022년 11월
팀 코칭 이니셔티브 역자 일동

도입
팀 코칭의 정의 및 다른 팀 관련 개입^{intervention}과의 차별점

편집자: 데이비드 클러터벅^{David Chutterbuck}, 주디 개넌^{Judie Gannon}, 샌드라 헤이스^{Sandra Hayes},
이오안나 이오르다노우^{Ioanna Iordanou}, 크리스터 로^{Krister Lowe}, 더그 맥키^{Doug MacKie}
역자: 박준혁

팀과 팀 개발에 대한 관심이 점차 높아지고 있다. 이에 따라 팀 코칭을 제대로 정의하고, 팀 빌딩 등 다른 형태의 팀 관련 개입과 구별되는 팀 코칭만의 특징을 명확히 해야 할 필요성이 요구된다. 이에 앞서, 기업들이 왜 팀에 관심을 가지게 되었는지, 팀 개발을 빠르게 달성하는 것이 조직에 왜 중요한지를 살펴볼 필요가 있다. 이러한 현상의 원인에 관해 학자들이 설명하는 내용은 다음과 같다. 첫째, 복잡성의 증가로 리더 역할이 변화하고 있다. 지금의 리더들에게는 과거보다 점점 더 넓은 범위의 스킬이 요구된다. 이러한 요구 조건에 부합한 리더를 찾기

데이비드 클러터벅^{David Chutterbuck}: 데이비드는 헨리 경영대학원, 옥스퍼드 브룩스, 셰필드 할람, 요크 세인트존 대학의 객원 교수이다. 그는 『직장의 팀 코치』를 포함한 70여권의 책을 저술하거나 공동 집필했다. 코칭과 멘토링의 초창기 선구자 중 한 명인 데이비드는 현재 유럽 멘토링과 코칭 위원회의 공동 창립자였다. 데이비드는 연구원과 트레이너, 국제 코칭 및 멘토링으로 구성된 글로벌 커뮤니티를 이끌고 있다.

주디 개넌^{Judie Gannon}: 주디는 영국 옥스퍼드 브룩스 대학교의 국제 코칭 및 멘토링 연구 센터(ICCaMs)의 선임 강사로, 코칭, 멘토링과 HRM 분야의 석박사 프로그램을 가르치고 있다. 주디는 여러 저명한 학술지의 평론가이며, EMCC와 CIPD의 멤버이며, 여러 편집 위원회에서 활동하고 있다.

샌드라 헤이스^{Sandra Hayes}: 조직 컨설턴트이자 코치로 성인 학습과 개발, 협업 협상과 리더십에 대한 전문 지식을 보유하고 있다. 개인과 팀의 성과를 증진시키기 위해, 샌드라는 수천 명의 전문가들을 위한 프로그램을 디자인하고 제공했다. 샌드라는 또한 미국 뉴욕 컬럼비아 대학교의 사범대학에서 박사과정 학생들을 가르친다.

이오안나 이오르다노우^{Ioanna Iordanou}: 이오안나는 영국 옥스퍼드 브룩스 대학교의 인사관리(코칭 및 멘토링) 선임 강사이자 코칭 잡지 「이론, 연구와 실습 국제 저널과 증거 기반 코칭 및 멘토링 국제 저널」의 부편집장이다. 이오안나는 또한 『코칭의 가치와 윤리』(Sage, 2017)의 공동 저자이다.

크리스터 로^{Krister Lowe}: MA, PhD, CPCC는 조직 심리학자, 경영진 및 팀 코치, 팟캐스터이다. 크리스터는 WWW의 설립자이다. TeamCoachingZone.com과 The Team Coaching Zone Podcast의 진행자로 135개국 이상에서 청취자를 대상으로 조직 내 코칭 팀의 기술과 과학을 탐구하는 인터뷰 쇼를 진행하고 있다. Team Diagnostics, LLC와 파트너십을 맺고 Team Diagnostics Survey 및 Team Effectivity Framework 6가지 조건의 인증 강사이다.

더그 맥키^{Doug MacKie}: 더그는 경영 심리학자이자 CSA 컨설팅의 이사이다. 더그는 25년 이상의 국제 유수의 기업에서 경영진, 리더십 및 팀 역량의 평가 및 개발 경험을 보유하고 있다. 더그는 긍정적인 리더십과 혁신적 리더와 경영진 개발 분야에서 강점 기반 접근 방식의 전문 지식을 보유하고 있다.

나 양성하기는 힘들지만, 팀 다양성을 활용하면 이 문제를 해결할 가능성이 매우 커진다. 팀원 개개인이 보유한 다양한 기술과 차별화된 강점을 활용할 수 있기 때문이다(Katzenbach & Smith, 2005, 2015). 둘째, 영웅 시 되던 CEO가 복잡성이 증가한 지금의 상황에 대처하지 못해 자리에서 물러나고(Wageman, Nunes, Burruss & Hackman, 2008), 이와 동시에 고성과 팀high performing team이 똑똑한 한 명의 리더보다 21세기에 직면한 문제들을 더 잘 해결할 수 있다는 것을 우리는 목격해왔다. 마지막으로, 팀 내 분산형 리더십 모델distributed leadership models이 기존의 계층적 모델hierarchical models이나 중앙 집중식 모델centralized models보다 훨씬 더 효과적이라는 것이 학자들의 공유 리더십shared leadership 연구로 확인되고 있다(Barnett & Weidenfeller, 2016).

새로운 분야가 등장할 때마다 논쟁은 필연적으로 발생한다. 특히 새롭게 등장한 분야가 기존에 확립된 영역을 침범하는 것처럼 보이는 경우에 더욱 그러하다. 예상되는 논쟁 주제는 다음과 같다.

- **팀 코칭 훈련방식은 정말로 존재하는가?** 불과 10년 전만 해도 코칭 분야의 많은 전문가가 '코칭은 대인관계의 깊이를 다루기 때문에 일대일 관계만 성립한다'라는 입장을 보여왔다.
- **정말로 새로운 용어가 탄생한 것이 맞는가?** 새로운 훈련방식이 아니라, '오래된 병에 든 새 포도주new wine in an old bottle'인 것은 아닐까? 예전부터 컨설턴트들은 단순한 컨설팅 자문부터 팀 빌딩까지 다양한 활동에 '팀 코칭'이라는 용어를 사용하고 있었다.
- **팀 코칭이라는 훈련방식의 경계는 무엇이고, 다른 훈련방식과 구별되는 특징은 무엇인가?** 새로운 훈련방식으로 인정받기 위해서는 기존의 훈련방식(팀 리더십 코칭, 그룹 코칭, 팀 퍼실리테이션 등)과 구분되는 경계와 특징이 요구된다.
- **팀 코칭은 어떤 학문적 근원을 가지고 있는가?** 새롭게 등장한 학문은 흔히 이론적 사상과 근원에 관해 질문받게 된다. 코칭의 근원 학문으로는 심리학(특히, 긍정심리학)과 성인교육학, 상담학을 들 수 있는 반면, 팀 코칭은 이와 유사한 학문적 근원을 가지고 있지만 조직 행동, 시스템 이론, 그룹이나 가족 상담과 같은 상호작용적 인간관계에 더 초점을 맞추는 학문에 근원을 둔다.

코칭은 이미 직업으로 자리매김하고 있다(Bachkirova, Spence & Drake, 2017; Gray, 2011; Lane, Stelter & Stout-Rostron, 2014). 반면, 팀 코칭은 새로운 훈련방식이어서 그

정의부터 고민한다는 사실은 놀라운 일이 아니다. 팀 코칭이 실제 직업 기준에 부합하는지는 생각해볼 문제이다. 학자와 전문가들은 공식적인 직업이 될 수 있는지를 판별하기 위한 다양한 기준을 만들었다(Fillery-Travis & Collines, 2017). 공인 학력, 윤리 강령의 준수, 특정 자격을 갖춘 사람에게만 실무 허용하는 것, 국가 규정의 준수, 공통된 지식과 기술 등이 데이비드 스펜스David Spence(2007)가 정한 직업으로 인정하는 핵심 기준이다. 또 존 베넷John Bennett(2006, pp.241-242)은 직업 전문화를 위해 필요한 기준을 제안하였는데 전문 지식과 기술, 숙련된 단계의 학력과 교육훈련 수준, 코칭 업계 밖에서의 인정, 윤리 강령, 공식화된 조직, 영리가 아닌 이타주의 목적으로 운영되는 공공 서비스, 자격 증명 및 자율 규제, 확립된 전문가 커뮤니티, 공공 인정 등이 그것이다. 우리가 포스트 프로페셔널 시대post-professional era를 겪는 동안(Drake, 2008; Drake & Stober, 2005), 팀 코칭은 점차적으로 독특한 직업적 특성을 만들어가는 것으로 보이며, 이 가운데 일부가 이 책에서 논의되고 있다.

오랜 시간에 걸쳐 이루어진 논쟁을 통해, 직업의 정의는 진화하고 점점 명확해진다. 불과 150년 전에 의학이 직업으로 자리잡을 수 있었고, 그 이후에 이발하고 면도하고 절단 수술을 수행하던 외과 의사는 이발사라는 직업에서 자신을 해방시켰다(Goode, 1960). 따라서 팀과 관련된 일을 하는 사람들이 모두 '팀 코칭'이라는 용어를 사용하는 것은 놀라운 일이 아니다. 현재는 팀 코칭과 다른 영역 사이의 경계에 대해서 학자들이 의견을 일치시키는 초기 단계에 와 있다(Clutterbuck, 2014).

팀 코칭의 정의definition가 널리 인정받기 위해서는 다음의 세 가지 관점을 검토하여야 한다.

- 팀 코칭의 핵심은 무엇인가? 본질적인 특성이 무엇인가?
- 팀 코칭이 아닌 것은 무엇인가? 다른 것들과 명확하게 구별되지 않는 것은 무엇인가?
- 다양한 접근방법, 훈련방식, 철학을 허용하는 중간 지대가 될 수 있는가?

이 장의 후반부에서 이러한 세 가지 관점에서 다양한 출처의 팀 코칭 정의를 비교한다.

팀 코칭의 핵심은 무엇인가?

팀 코칭의 핵심 특성과 관련하여 학자들 사이에 다음과 같은 공감대가 형성되어 있다.

- 전체 팀원들이 프로세스에 참여한다.
- 코칭 정의에 부합한 비지시적이고 탐구적인 접근 방식을 취한다.

팀 코칭을 팀이 아닌 그룹에 적용할 수 있는지에 대해 의문이 들 수 있다. 대부분 학자와 프랙티셔너는 '서로를 그룹원으로 인식하고 할당된 목표 달성을 위해 노력하는 두 명 이상의 사람들'로 그룹을 정의하였다(Bratton, Forshaw, Callinen & Sawchuk, 2007, p.299). 손튼 Thornton(2016)은 '모든 팀은 그룹이 될 수 있지만, 모든 그룹이 팀이 될 수는 없다'라며 팀과 그룹을 구분하였다. 팀이 아닌 그룹(팀의 반대 개념. 단체의 의미)으로 활동한다고 조롱하거나, 특정 구성원에게 '팀 플레이어가 아니다'라는 말을 하는 경우가 이를 잘 설명한다. 카첸바흐 Katzenbach와 스미스 Smith(2015)는 '상호 책임을 지는 공동의 목적과 성과 목표를 가진 소수의 사람들'로 팀을 정의하였다. 팀과 그룹을 구분 짓는 일련의 기준이 정해졌으며(Clutterbuck, Megginson & Bajer, 2017; Katzenbach & Smith, 2015), 팀의 특징을 다음과 같이 정리하였다.

- 팀은 상대적으로 규모가 작다(보통 2명에서 10명 사이).
- 팀은 구성원들 사이에 어느 정도 상호 의존성이 있다.
- 팀은 구성원 전반에 대해, 상호 보완적인 기술을 갖고 있다.
- 팀은 목적과 목표가 분명하다.
- 팀원들은 그들의 성과에 대해 서로 책임을 묻는다.
- 팀원들은 서로 협력하기 위한 체계적이고 명확한 접근법을 가지고 있다.
- 팀원들이 모두 과제에 참여하고 각자가 일정 부분에 기여한다.
- 팀원 자격이 되는지에 대한 경계가 있다.
- 팀원들이 과업을 완수하고 목표를 달성하기 위해서는 팀원 사이의 사회적 상호작용이 필요하다.
- 팀원들은 더 큰 목표 달성을 지원하기 위해 특정한 조직적 맥락 내에서 활동한다.

팀-그룹 사이의 구분이 명확할지라도 고려해야 할 것들이 있다. 예를 들어, 팀으로 구분되었지만 집단적 특성이 결여된 경우에는 실제적인 팀이 되도록 도움을 주어야 한다. 또 팀이라고 해도 공통 목표가 약하거나 우선순위가 합의되지 않은 경우도 있을 수 있다.

팀 코칭이 아닌 것은 무엇인가?

우리는 팀 코칭이 개별 구성원을 따로 코칭하는 것이 아니라는 것을 안다. 개별 구성원을 코칭하는 것은 집단 대화를 수반하지 않기 때문이다. 그러나 팀 개입은 개인과 집단collective 코칭이 모두 포함되어 있을 뿐 아니라 다른 개발 프로세스도 포함될 수 있다. 두 가지 역할을 모두 수행하는 개인의 역동은 복잡할 뿐 아니라 개인 정보 관리에서 중대한 윤리적 딜레마에 빠질 수 있다(Clutterbuck et al., 2017). 팀 코칭인지 아닌지는 목적, 프로세스, 상호관계 측면에서 비교해보면 알 수 있다. [표 0.1]이 그 예이다.

팀의 목표, 기능 및 상호 관계와 관련된 역동과 프로세스, 그리고 코치, 퍼실리테이터, 강사의 역할은 조금씩 다를 수 있다. 팀 코치가 팀 코칭, 팀 빌딩, 팀 퍼실리테이션의 여러 영역을 오가며 지식과 스킬의 유연성을 높이고 더 긴밀한 공유 학습 경험을 요구하는 것은 이해할 만하다. 팀 코치의 역할과 개발은 이 책의 20장, 21장, 23장, 24장에 걸쳐 자세히 설명될 것이다.

[표 0.1] 팀 코칭, 팀 빌딩, 팀 퍼실리테이션의 차이점

구분	팀 코칭	팀 빌딩	팀 퍼실리테이션
목적	성과 향상	참여도 및 신뢰도 증진	팀 협업 프로세스 향상
프로세스	팀 과업과 관련된 대화 중심	팀 과업과 관련되지 않은 대화가 많은 편	팀에 프로세스. 과업, 콘텐츠 중심의 상호작용 제공
상호 관계	이슈 해결을 위한 중기mid-term의 다양한 개입	일반적으로 특정 문제와 관련된 일회성 개입	팀 프로세스에 초점을 맞춘 다양한 개입

다양한 접근 방법, 훈련방식, 철학을 허용하는 중간 지대가 될 수 있는가?

5부의 사례연구는 팀 코칭에 관한 다양한 접근 방식을 보여준다. 이를 다양한 차원으로 분류할 수 있는데, 여기서는 유연한 접근 방식과 경직된 접근 방식을 예로 들어보겠다. 유연한 접근 방식은 학습 대화를 최대한 제어하기 위한 목적이 있을 때 적용해볼 수 있다. 팀 내부 역동과 외부 환경에 대한 인식을 높이는 것이 필요할 때 유연한 접근 방식이 채택된다. 경직된 접

근 방식은 팀 구성원 모두에게 코칭으로 초점을 맞추거나, 표준화된 동일한 진단을 요구할 때 적용된다. 또는 극단적으로 팀 상황에 관계없이 해결해야 할 일반적인 문제가 있을 때도 적용할 수 있다.

팀 코칭의 정의 비교

팀 코칭을 이해하는 또 다른 방법은 팀 코칭의 다양한 정의를 살펴보는 것이다. [표 0.2]는 학술적 문헌과 실무적 문헌에서 도출한 팀 코칭의 정의를 정리한 것이다.

- 팀 레벨에 대한 가정 – 고위 리더십 팀을 지칭할 수도 있지만, 팀이라는 것은 어느 레벨이라도 가능하다.

[표 0.2] 팀 코칭의 정의

source	정의
해크먼Hackman과 웨이먼Wageman(2005)	팀원들이 팀 업무를 수행할 때 공동의 자원을 적절히 사용할 수 있도록 돕기 위한 직접적인 개입
스키핑턴Skiffington과 제우스Zeus(2000)	문제 해결과 갈등 관리, 팀 성과 모니터링, 팀과 고위 경영진 스폰서 간 조정을 촉진하는 것
호킨스Hawkins와 스미스Smith(2006)	미션을 명확히 하고 내외부 관계를 개선함으로써 팀 전체가 부분의 합보다 더 많은 기능을 수행할 수 있도록 하는 것
클러터벅Clutterbuck(2007)	보조적 성찰, 분석 및 변화를 위한 동기부여라는 코칭 원칙을 적용하여, 그룹 또는 팀의 집단 역량과 성과를 높이도록 설계된 학습 개입
클러터벅Clutterbuck(2009)	팀이 성찰과 대화를 통해 성과를 달성하는 프로세스를 개선하도록 지원하는 것
손튼Thornton(2010)	구성원의 개별 성과와 그룹 협업 및 성과에 모두 주목하여 공동 목표를 달성할 수 있게 팀을 지도하는 것
호킨스Hawkins(2011)	팀 코치는 팀 전체가 함께 있을 때와 떨어져 있을 때, 팀 전체가 함께 작업하는 과정을 통해 팀 성과와 협력 방식을 개선할 수 있도록 돕고, 또한 모든 주요 이해관계자와 더 효과적으로 협력하여 더 넓은 사업으로 혁신할 수 있게 하는 프로세스
브리튼Britton(2013)	핵심 코칭 스킬의 지원을 받는 지속적인 대화의 초점은 목표 설정, 인식에 따라 지원 조치 및 책임 창출에 있음. 코칭의 초점은 시스템 전체 또는 구성원 개개인에 맞춰질 수 있음. 팀 코칭은 결과와 관계에 초점을 맞춘 비즈니스 목표와 연계되어 있음

- 범위 – 구체적이고 사전에 정의된 단기 목표일 수도 있고, 지정되지 않은 목표를 달성하게 하는 역량 개발을 위한 장기 목표일 수도 있다.
- 소유권 – 팀 자체일 수도 있고 스폰서일 수도 있다.

다양성의 이해

현 단계에서는 코칭의 정의와 접근 방식이 다양한 것이 자연스럽고 오히려 학문 발전에 유익하다. 실제로 팀 코칭의 성격, 맥락, 내용과 기술은 계속 발전하고 있다(Clutterbuck, 2014). 시간이 지남에 따라 팀 코칭의 핵심이 무엇인지, 경계는 어디인지, 그리고 중간 지대에는 무엇이 놓여 있는지 더 명확해질 것이다. 이 책이 이와 같은 논의의 시작점을 제공한다고 확신한다.

참고문헌

Bachkirova, T., Spence, G., & Drake, D. (Eds.). (2017). *The SAGE handbook of coaching*. Thousand Oaks, CA: Sage.

Barnett, R. C., & Weidenfeller, N. K. (2016). Shared leadership and team performance. *Advances in Developing Human Resources, 18*(3), 334–351.

Bennett, J. L. (2006). An agenda for coaching- related research: A challenge for researchers. *Coaching Psychology Journal: Practice and Research, 58*(4), 240–249.

Bratton, J., Forshaw, C., Callinan, M., & Sawchuk, P. (2007). *Work and organizational behaviour: Understanding the workplace*. London, England: Palgrave Macmillan.

Clutterbuck, D. (2014). Team coaching. In E. Cox, T. Bachkirova, & D. Clutterbuck(Eds.), *The complete handbook of coaching* (pp. 271–284). London, England: Sage.

Clutterbuck, D., Megginson, D., & Bajer, A. (2016). *Building and sustaining a coaching culture*. London, England: Chartered Institute of Personnel Development Publishers.

Drake, D. B. (2008). Finding our way home: Coaching's search for identity in a new era. *Coaching: An International Journal of Theory, Research and Practice, 1*(1), 15–26.

Drake, D. B., & Stober, D. R. (2005). The rise of the post-professional: Lessons learned in thinking about coaching as an evidence- based practice. Paper presented at the Australia Conference on Evidence- Based Coaching.

Fillery- Travis, A., & Collins, R. (2017). Discipline, profession and industry: How our choices shape our future. In T. Bachkirova, G. Spence, & D. Drake (Eds.), *The SAGE handbook of coaching* (pp. 729–744). Thousand Oaks, CA: Sage.

Goode, W. J. (1960). Encroachment, charlatanism, and the emerging profession: Psychology, sociology and medicine. *American Sociological Review, 25*(6), 902–965.

Gray, D. E. (2011). Journeys towards the professionalisation of coaching: Dilemmas, dialogues and decisions along the global pathway. *Coaching: An International Journal of Theory, Research and Practice, 4*(1), 4–19.

Katzenbach, J. R., & Smith, D. K. (2005). *The wisdom of teams: Creating the high-performance organization*. Boston, MA: Harvard Business Review Press.

Katzenbach, J. R., & Smith, D. K. (2015). *The wisdom of teams: Creating the high-performance organization*. Boston, MA: Harvard Business Review Press.

Lane, D., Stelter, R., & Stout- Rostron, S. (2014). The future of coaching as a profession. In E. Cox, T. Bachkirova, & D. Clutterbuck (Eds.), *The complete handbook of coaching* (pp. 377–390). London, England: Sage Publications.

Spence, G. B. (2007). Further development of evidence- based coaching: Lessons from the rise and fall of the human potential movement. *Australian Psychologist, 42*(4), 72–78.
Thornton, C. (2016). *Group and team coaching: The secret life of groups* (2nd edn). London, England: Routledge.
Wageman, R., Nunes, D. A., Burruss, J. A., & Hackman, J. R. (2008). *Senior leadership teams: What it takes to make them great*. Boston, MA: Harvard Business Review Press.

1부
이론, 모델 그리고 연구

1장. 구성-개발 이론
팀 코칭을 바라보는 관점

저자: 샌드라 헤이스Sandra Hayes, 낸시 팝Nancy Popp
역자: 박준혁

구성주의constructivism와 개발주의developmentalism는 한 세기 넘게 인간의 지적인 삶intellectual life의 거의 모든 면에 영향을 끼친 두 가지 큰 개념이다. 이 두 가지 개념을 통합한 구성-개발 이론 constructive-developmental theory(CDT)(Kegan, 1980, 1982, 1994; Popp & Portnow, 2001)은 인간이 성장하는 메커니즘을 '구성주의'와 '개발주의'로 설명해준다. 구성주의는 자신을 둘러싼 사회, 환경에 참여를 통해 개인 스스로 현실을 구성construction해 나간다는 개념이고, 개발주의는 환경의 복잡성 증가로 인해 질적으로 다른 단계로 개인이 진화하고 발전development해 간다는 개념이다. 이 두 가지 개념은 인간이 성장하는 메커니즘뿐만 아니라 팀 코칭을 더 깊이 이해하는 데 도움이 된다.

역동적인 환경life within its surrounding dynamic environment 하에서 인간은 '자율성autonomy'과 '연결성connection'이라는 경쟁적인 요구에 직면하게 되고, 이로 인해 일종의 긴장감을 갖게 된다(Kegan, 1982; McGuigan & Popp, 2017). 이것은 생물체가 외부 환경과의 지속적인 상호작용을 통해 필연적으로 창조와 재창조를 거듭하는 자신을 재생성하는inevitably and constantly create and

---

샌드라 헤이스 Sandra Hayes: 조직 컨설턴트이자 코치로 성인학습과 개발, 협업 협상과 리더십에 관한 전문지식을 보유하고 있다. 개인과 팀의 성과를 증진시키기 위해, 샌드라는 수천 명의 전문가들을 위한 프로그램을 디자인하고 제공했다. 미국 뉴욕 컬럼비아 대학교의 사범대학에서 박사과정 학생들을 가르치고 있다.

낸시 팝 Nancy Popp: 성인학습과 발달에 대한 발달 심리학자이다. 낸시는 로버트 키건과 함께 일했던 하버드 대학교에서 석사와 박사 학위를 받았다. 낸시는 개발 코치, 컨설턴트, 연구원, 교육자, 그리고 작가이다. 낸시는 '통합 갈등: 분쟁의 새로운 과학'의 공동 저자이다.

~~recreate themselves~~ 자기 조절 시스템인 자기 생성 개념과도 일치한다(Maturana & Varela, 1972). 이러한 자기 생성 개념의 프로세스는 지속해서 변화하는 환경에서도 자율성과 정체성을 유지할 수 있게 해준다. 즉 인간은 자가 발전을 통해 의미를 창출해 나갈 수 있다(McGuigan & Popp, 2017). 이러한 사고의 흐름을 따를 경우, 팀을 이해하기 위해서는 팀을 구성하는 개인을 반드시 이해해야 한다는 결론에 이른다. 물론 팀을 이해할 필요는 있다. 이 장에서는 구성-개발 이론이 팀 코칭을 어떻게 설명하고 어떤 통찰력을 주는지 논의하고자 한다.

팀 코칭에 투자하는 주된 이유는 팀의 성과 향상에 있다(Clutterbuck, 2007). 그리고 팀 내 구성원들의 다양한 관점은 이러한 팀 성과 향상의 중요한 변수로 자리 잡아왔다(Rock, Grant & Grey, 2016). 이렇듯 다양성이 중요한 요소일 수는 있지만, 근본적으로 개인이나 그룹을 하나로 묶는 것이 더 중요하다. 한마디로 요약하면, 팀은 목표를 달성하기 위해 상호 보완적인 기술을 사용하는 개인으로 구성된다는 것이다(Clutterbuck, 2007; Hackman, 1990). 앞에서 언급했듯이 팀원들의 다양성을 활용하고, 팀원들이 방향성을 공유하는 것은 팀 성과 향상에 가장 중요한 요소이다. 이 요소들이 팀 코칭의 잠재력이기도 하다. 특히 직장에서 사람들이 자신의 경험에서 의미를 도출하는 역동성을 보일 때 더욱 그렇다.

개인이 심리적 맥락에 민감하듯이(Kegan, 1982, 1994), 팀 단위에서도 맥락에 민감하다. 맥락에 민감하다는 것은 개인이나 팀이 특정 상황에 의해 통제될 수 있다는 것을 의미한다. 최고의 팀 성과를 내기 위해 팀원 개개인은 환경의 긴장감에서 충분히 자신을 분리할 수 있어야 한다. 그래야만 더 선명한 눈으로 사물을 볼 수 있다. 높은 산에 오를 수 있어야 주변에서 무슨 일어나고 있는지 볼 수 있는 것과 같은 이치이다. 어려운 시기일수록 고성과 팀을 필요로 한다(Hawkins, 2014, p.16). 호킨스(2011, 2014)는 팀 코칭을 '구성원들이 팀 업무를 완수하기 위해 협력하고 공동 자원을 적절히 사용할 수 있게 돕기 위한 팀과의 직접적인 상호작용'이라고 정의한다(Hackman & Wageman, 2005). 팀 구성원들이 각자의 경험을 서로 어떻게 이해하는지에 따라 팀 성과는 향상할 수도 억제될 수도 있다. 구성-개발 이론을 통해, 인간은 개발 연속체developmental continuum라는 것을 이해할 수 있었을 것이다. 팀 코칭은 팀이 불가능했을 수도 있는 선택을 할 수 있게 돕는 수단이 될 수 있다.

구성-개발 이론에서는 '팀을 다양한 마인드셋의 집합'이라고 설명한다. 마인드셋은 아래에서 설명하는 바와 같이 성인들이 자신의 경험을 이해하는 독특한 논리 시스템을 의미한다. 팀 구성원 개개인이 자신의 과업, 목표 및 팀과의 관계를 보는 관점과 접근하는 방법은 다를 것이다. 공동의 목적을 가진 팀원이 된다는 것이 무엇을 의미하는지에 대해서도 개개인의 마인드셋에 따라 다르게 이해되고 실행될 것이다. 이로 인해 팀 전체가 향상된 성과와 목표 달성을 위해 다양성을 활용할 때 긴장감이 발생할 것이고, 다양한 마인드셋은 이러한 긴장에 대응하는 방식에 영향을 미칠 것이다.

팀 구성원들의 다양한 마인드셋을 이해하는 것뿐 아니라, 성장의 가장자리edge에 있는 사람들과 함께 일하는 방법을 이해해야 한다. 그러한 이해가 있어야 복잡한 팀워크를 잘 헤쳐 나갈 수 있기 때문이다. 각자의 마인드셋은 아직 보지 못했거나 이해할 수 없는 지점인 경계에 있을 수 있고, 성장 가능성이 있는 곳이 바로 이러한 경계일 수 있다. 점점 더 불확실해지고 복잡해지는 세상에서 높은 성과를 달성하고 지속할 수 있게 하는 것이 팀 코칭의 목표이므로, 팀 구성원들은 장기적으로 성장해야 하고 역량을 높여야 한다(Laske, 2003). 즉 팀 구성원들은 새로운 도전에 대처하고 더 큰 그림을 보기 위해 더욱 많은 역량을 개발해야 한다. 팀이 새로운 과제를 해결하려면 일단 잘 알려진 것부터 적용할 수 있어야 하고, 유용하지만 아직 알려지지 않은 것을 발견해야 하는데, 이때 둘 사이의 균형은 필수이다(Raynolds & Lewis, 2017).

웨이먼Wageman과 로Lowe(2016)는 팀 효과성을 위해서는 팀 내에 '적임자right people'가 필요하다고 주장한다. 팀 내 적임자란 다양한 시각과 꼭 필요한 기술을 가진 사람들을 의미한다. 그러나 웨이먼과 로는 적임자를 갖는 것이 언제나 생산적인 팀워크를 보장하지는 않을 것이라고 경고했다. 다양한 마인드셋이 창의적 사고와 문제 해결을 촉진할 수 있지만, 동시에 갈등의 근원이 될 수도 있다고 하였다. 스키핑턴Skiffington과 제우스Zeus(2000)는 팀 코칭이 문제 해결과 갈등 관리를 용이하게 한다고 주장했다. 클러터벅Clutterbuck(2006, 2007, 2013)은 팀 코칭이 숨겨진 갈등을 표면화하고 완화할 수 있다고 주장한다. 그에 따르면, 높은 성과를 내기 위해서는 갈등이 필요하다. 또 팀 코칭은 더 높은 수준의 의사소통을 촉진할 수 있고, 팀 갈등을 관리하고 성과를 개선하는 데 필요한 도구와 스킬을 제공할 수 있다고 주장한다.

호킨스(2014)는 "고성과 팀은 구성원들의 역할 합계가 아닌 더 높은 수준의 성과를 내기 위한 도전에 직면하게 된다."라고 주장하며, 고성과를 달성하기 위해서는 적절한 개발, 학습 및 지원이 필요함을 동시에 주장한다. 그는 또한 클러터벅(2007), 해크먼과 웨이먼(2005), 호킨스와 스미스Smith(2006, 2013)를 인용하며, 팀 코칭이 팀 성과에 영향을 미치는 중요한 수단이라고 주장하였다. 또 그는 해크먼과 웨이먼(2005)을 인용하며 팀 코칭이 "구성원을 돕고 팀의 일을 완수하기 위해 집단 자원을 사용하는 것"이라고 언급하였다. 호킨스는 결론적으로 팀이 자원을 최대로 활용하기 위해서는 구성원 개개인뿐만 아니라 개인의 집합체인 팀도 필요하다는 것을 분명히 보여주는 것이라고 주장한다.

켈러Keller와 매니Meaney(2017)는 5,000여 명의 임원들에게 고성과 팀에서의 경험에 관해 물었고, 팀워크가 중요한 요소라는 결론을 얻었다. 그리고 좋은 팀워크는 높은 수준의 상호작용, 신뢰, 열린 소통, 갈등을 포용하려는 의지가 높다는 특징이 있다는 것을 밝혀냈다. 다양한 마인드셋을 가진 사람들로 구성된 팀에서는 갈등을 수용하는 것이 어려울 수 있다. 팀 코칭은 팀이 부정적 갈등을 피하고 팀 내에서 더 많은 긍정적 갈등을 조성하는 데 도움이 될 수 있지만(Cutterbuck, 2006), 개개인과 팀 전체의 갈등을 내재화하여 해결하는 데는 도움이 될 수 없을 것이다. 따라서 우리는 구성-개발 이론을 통해 어떻게 팀이 더 효과적이고 건설적으로 갈등에 관여하고 우리의 이해를 얼마나 깊게 할 수 있는지를 더 면밀하게 고려해보아야 한다.

구성-개발 이론

의미를 만드는 것은 인간의 필수적인 활동이다. "의미를 만드는 맥락에 독립적인 느낌, 독립적인 경험, 독립적인 인식은 없다. 우리 자신이 의미를 만드는 맥락이기 때문이다"(Kegan, 1982). 앞에서 언급했듯이, 우리는 다양한 사회 환경과 상호작용하며 의미를 만든다. 우리가 성장함에 따라 우리의 사회적 복잡성은 더 심해지고, 더욱 복잡한 상호작용과 그에 따른 더 복잡한 의미 부여를 요구하게 된다.

안아주기 환경 holding environment

어떤 종류의 팀이라도 '안아주기 환경'은 필요하다. 위니컷Winnicott(1965)은 안아주기 환경을 설명할 때 "갓난 아기만 홀로 있는 경우는 없다. 모자 또는 모녀 관계 안에 있는 것이다."라고 말했다. 키건Kegan(1982)은 이 아이디어를 바탕으로, 우리가 누구인지, 우리의 가치관이 무엇인지, 그리고 팀의 좋은 구성원이 된다는 것이 무엇을 의미하는지에 관해 사회적 환경과 맥락으로 안아주기 환경을 인식하고자 했다. 안아주기 환경은 우리의 성장에 중요한 영향을 미친다. 예를 들어, 안아주기 환경은 우리가 현재 경험하는 방식을 지지해주기도 하고, 이의를 제기함으로써 계속 성장을 도울 수도 있다. 또 안아주기 환경은 특정 규칙과 가치에 충성하도록 요구함으로써 인간의 성장을 막을 수도 있으며, 우리가 도전하거나 배신할 경우 위협을 줄 수도 있다. 우리는 합의를 중요시하는 팀에 있는 우리 자신을 발견할 수도 있고, '혼합mixing it up'

을 중요시하는 팀에 소속되어 되도록 다양한 관점을 많이 가진 자신을 발견할 수도 있다. 규칙을 따르는 것이 가장 중요하다고 여기는 강력한 권위주의 지도자를 가진 또 다른 팀에 있는 우리 자신을 발견할 수도 있다. 팀 성격은 팀 구성원들의 명시적이고 암묵적 가치에 의해 영향받기도 한다.

사람들은 팀 내 다양성이 더 많은 아이디어, 창의성, 대안을 발현한다고 확신하므로 누구나 팀 내 다양성, 예를 들면 인종적 다양성, 성별 다양성, 종교적 다양성을 확보하기 위해 노력한다. 그렇지만 앞에 언급한 인종적, 성별, 종교적 다양성만큼이나 중요한 발달적 다양성developmental diversity은 잘 고려하지 않는데, 대부분 눈에 띄지 않기 때문인 듯하다. 사람이 자기 경험을 이해하는 복잡성은 팀 안에서 자신이 참여하는 방식에 강력한 영향을 미치게 된다. 그래서 그 복잡성이 어떤 모습이고 어떻게 작용해야 하는지를 이해하는 것이 중요한데, 이것이 발달적 다양성을 고려해야 하는 이유이다. 다음으로 팀 코칭의 의미, 팀 프로세스와 코칭의 영향에 관해 논의하겠다. 가장 일반적인 의미 창출 시스템과 팀의 구성, 프로세스, 코칭 과정에서 흔하게 나타나는 마인드셋에 관해 살펴볼 것이다.

의미 만들기와 마인드셋

구성-개발 이론에서는 '개발'을 점점 더 복잡해지는 세상에서 더욱 복잡한 의미를 만드는 과정으로 본다(Kegan, 1982; Popp & Portnow, 2001). 많은 사람이 성인기에 대해 가장 크게 오해하고 있는 가정 가운데 하나는 '모든 성인은 다른 사람의 관점을 받아들이고 자신의 관점을 잠시 접어 둘 수 있다'라고 생각하는 것이다. 이 장에서는 각 마인드셋의 복잡성과 관점, 즉 각 마인드셋이 세계와의 상호작용에서 서로 다른 의미를 만들고 그것이 다른 세상을 만드는 방법을 살펴봄으로써 오해하고 있는 가정에 도전할 것이다.

구성-개발 이론의 개발(또는 마인드셋)에는 여섯 가지 주요 '단계stages'가 있고, 각 단계 사이에는 네 개의 과도기적 하위 단계가 있다고 설명한다. 한 마인드셋에서 다음 마인드셋으로의 단계 상승은 단순한 이동이 아니라 세상과의 관계를 증진함을 의미한다. 이러한 '상승increases'은 질적인 것이다. 그리고 단계 상승은 무엇보다 먼저 나와 분리된 것에 대해 더 나은 인식을 하게 해준다(Kegan, 1982, p.68).

여기서는 성인기에 관찰할 수 있는 세 가지 주요 마인드셋만을 설명할 것이다. 이 책의 독자들에게 키건Kegan(1982, 1994), 팝Popp과 프로토노위Portnow(2001)가 연구한 온갖 종류의 마인드셋, 마인드셋 사이의 전환에 대해 심도 있는 내용까지 다뤄보고자 한다.

우리가 성인기에 가장 먼저 접하는 마인드셋은 도구 마인드셋instrumental mindset이다. 도구 마인드셋을 가진 사람은 세상에 대한 확고한 지향성, 규칙을 변함없이 따르는 집중력이 있고 타인의 정서나 의견에 휘둘리지 않는 고집이 있으며 추상적으로 생각하지 못한다는 특징을 지닌다. 이런 사람은 타인의 내면적 자기self나 정서적 자기를 상상할 수 없고 타인의 관점에서 사물을 바라볼 수도 없다. 도구 마인드셋을 가진 사람은 타인이 어떻게 반응하고 행동하는지, 타인에게서 자신이 원하는 것을 받을 수 있는지에 대해서만 민감하다. 도구 마인드셋을 가진 사람은 자신이 가진 단단한 세계관과 타인의 행동을 통해 자기 세계를 이해한다. 팀 구성원 가운데 이러한 마인드셋을 가진 사람이 있다면, 그는 팀 목표를 매우 확고한 용어로 이야기할 수 있을 것이다. 다음은 '도구 마인드셋'을 가진 사람의 예이다.

> 우리는 제품을 출시하기 위한 단계별 지침이 있습니다. 단계별로 차근차근 업무를 해결하면 됩니다. 그 정도로 쉬워요. 당신은 '우리가 왜 더 잘 지내지 못하는지'에 대해 이야기를 할 필요가 없습니다. 그것은 단지 문제를 어렵게 할 뿐입니다. 제품을 출시하는 것과는 아무 상관이 없습니다. 솔직히, 나는 왜 그렇게 복잡하게 사는지 이해를 못 하겠어요. 그냥 단계별로 일을 진행하면 됩니다.

도구 마인드셋을 가진 사람은 팀원 모두가 명확한 단계별 프로세스를 따르지 않을까 봐 걱정한다. 도구 마인드셋을 가진 사람들은 자신의 행동이 어떤 결과를 가져올지 예측할 수 있고, 타인의 반응도 예측할 수 있으며, 계획을 세우고, 규칙을 잘 준수한다. 그렇지만 상대방 입장에 서서 생각하는 힘은 약하다. 자신의 행동이 타인에게 어떤 영향을 미치는지 상대방의 관점에서 이해하지 못한다. 단지 타인이 자신과 다른 관점을 가졌다는 것을 인식할 뿐이다. 하나는 옳고 다른 하나는 틀려야 한다. 이러한 마인드셋을 가진 사람의 세계는 이중성을 통해 이해되고 갈등 해결은 규칙에 의해 짜인다. 도구 마인드셋을 가진 사람은 옳고 그름의 애매한 부분을 보지 못하므로 타협과 협업이 어렵다. 각각의 마인드셋은 그 나름의 한계가 있지만, 팀에 기여하는 방법도 각각 다르다는 점을 명심해야 한다. 도구 마인드셋을 가진 사람은 팀원들이 가치 있는 것에 집중하고, 곁길로 새지 않도록 하는 역할을 함으로써 팀에 기여한다.

다음으로 소개할 마인드셋은 사회화 마인드셋socializing mindset이다. 사회화 마인드셋은 타인의 관점을 인식하는 것뿐만 아니라 실제로 그 관점을 끌어들이고 타인에게 깊은 공감 반응을 끌어낸다. 사회화 마인드셋을 가진 사람의 나침반은 바깥쪽을 가리키며 외부 원천을 통해 방향성, 정당성, 소속감을 찾는다. 이러한 마인드셋을 가진 사람은 팀 내 선배나 전문가라고 생각되는 목소리와 자신의 목소리를 일치시키고 동일시하는 경향이 있는데, 그럴 경우 전문가에 대해 비판적 시각을 가질 수 없게 되는 문제가 발생한다. 팀 내에 어떠한 갈등이나 강한 의견 불일치가 있을 경우, 사회화 마인드셋을 가진 사람들은 많은 불안감을 느끼게 된다. 또 팀 내에서 자신과의 공감대를 찾는 것뿐만 아니라 다른 사람이 정당성을 부여한 것들과의 융합을 원할 것이다. 문서화된 전문 지식이 없으면 명확한 방향을 찾지 못하여 허우적거리는 경향도 있다.

따라서 사회화 마인드셋을 가진 사람을 전문가와 연계해주는 것은 매우 중요하다. 아래는 '사회화 마인드셋'을 가진 사람의 예이다.

> 최선의 방법을 찾는 건 우리 팀에 달렸습니다. 우린 같은 공감대를 형성해야 하는데, 그건 모두가 참여해야 한다는 것을 의미합니다. 그 이후에 우리는 팀 공동의 아이디어를 찾아야 하고 모두 그것에 동의해야 합니다. 모든 단계에서 모두의 동의를 얻는 것이 중요합니다. 그렇지만 동시에, 우리 팀에는 이미 수천 번이나 이 일을 해왔고 어떻게 하면 가장 잘 해낼 수 있는지 아는 전문가가 있습니다. 우리가 이미 완벽하게 좋은 바퀴를 가지고 있는데 왜 새로운 바퀴를 다시 만들어야 하나요? 사람들이 계속 다른 아이디어를 내놓아야 한다는 말을 들을 때마다 미치겠어요. 그런 방식으로는 아무 데도 가지 못할 겁니다. 말다툼만 하겠지요. 나는 그 모든 불협화음 때문에 매우 불편합니다.

사회화 마인드셋을 가진 사람에게 갈등과 의견 불일치는 팀 성공을 방해하는 요인이다. 통합과 화합이 성공적인 팀을 만드는 토대라고 간주하기 때문이다. 이런 마인드셋을 가진 사람들은 흔히 팀원들을 하나로 묶는 중요한 역할을 하곤 한다. 더욱이 그들이 보유한 공감능력을 활용하여 논리적이고 전문적인 팀원들까지 동참하게 만들 수 있다.

다음으로 소개할 마인드셋은 자기 주도 마인드셋self-authoring mindset이다. 이런 마인드셋을 가진 사람들은 용어에서처럼 자신을 '저자author'라고 표현하는데, 이는 타인들의 감정이나 의견에 휘둘리지 않는다는 뜻이다. 오히려 자신의 진실성과 역량을 스스로 어떻게 만들어갈지, 스스로 생성하고 스스로 정한 기준에 부합하는 삶을 살고 있는지에 더 관심을 둔다. 자기 주도 마인드셋을 가진 사람은 동시에 여러 가지 관점을 취할 능력이 있다. 또 자신의 이전 마인드셋을 소환하여 그러한 관점에서 세상이 어떻게 보이는지를 다시 이해할 수도 있다. 따라서 자기 주도 마인드셋을 가진 사람은 다양한 강점과 약점을 고려하여 자신이 유용하다고 생각하는 부분을 자신의 사고에 통합할 수 있는 사람이라고 정리해볼 수 있겠다. 자기 주도 마인드셋을 가진 사람은 자신의 관점을 알리기 위해 다른 사람의 관점을 이용하기도 한다. 아래는 '자기 주도 마인드셋'을 가진 사람의 예이다.

아이디어를 내고 실행하는 것은 전적으로 팀에 달려 있습니다. 기본적으로 우리는 창의성을 발현할 자유가 있습니다. 다른 사람의 아이디어에 신세를 지지 않는 건 정말 신이 납니다. 우리 팀에는 창의적인 사람들이 많습니다. 어떤 것이 잘 될지에 대해 활기찬 대화를 나누는 것을 좋아합니다. 대화가 지저분하게 흘러갈 때도 있지만 그조차 너무 좋습니다. 내가 생각하는 팀 내 문제점은 과거 방식대로 그냥 하고 싶어 하는 사람들이 있다는 것입니다. 잘 될 것이라고 생각해서 하는 행동인 거 같은데 나는 참기가 어렵습니다. 또 팀원들 사이에 의견 불일치가 있거나 논쟁을 할 때마다 화를 내는 사람들도 문제라고 생각합니다. 두 가지 모두 참을 수 없습니다. 왜냐하면 그것들은 모두 대화를 단절시키고 창의성을 억제하기 때문입니다. 사람들은 우리가 말다툼하거나 반대 의견을 제시하면 서로를 싫어하거나 존중하지 않고 아무것도 내놓지 못할까 봐 두려워하는 것 같아요. 만약 내가 반대하거나 누군가와 논쟁할 수 없다면, 내가 어떻게 그들의 생각이 무엇인지 알 수 있을까요?

사회화 마인드셋을 가진 사람은 갈등을 회피하거나 관계를 종료하는 데 반해, 자기 주도 마인드셋을 가진 사람은 직면한 문제를 토론하고 서로 직접적인 해결책을 모색하는 기회 갖기를 좋아한다. 자기 주도 마인드셋은 팀 내 몰입과 창의를 촉진한다. 이러한 마인드셋을 가진 구성원은 새로운 아이디어에 열린 마음을 가질 수 있도록 주변을 도울 수 있다. 팀 구성원들 각자의 독특한 경험은 매우 중요하다. 사람들은 저마다 자신이 사는 세계, 자신을 알고 있는 심리 세계를 공유한다. 팀 구성원들이 저마다 가진 그들만의 마인드셋은 자신들만의 기술과 가치를 팀에 가져다주는 방식으로 기여한다.

팀 코칭에 미치는 영향

키건(1994)의 연구에 따르면, 팀 구성원들에게 다른 구성원의 관점을 고려하도록 요구하는 것은 무리일 수 있다. 왜냐하면 다른 사람들을 이해할 수 있는 마인드를 개발하지 못했을 수 있기 때문이다. 구성원들이 각자의 마인드셋, 강점, 제약점에 모두 민감하다는 상황은 팀 코치에게 중요한 통찰력을 제공한다. 팀 코치는 이 상황에서 가장 효과적인 방법을 찾아야 한다.

1) 도구 마인드셋을 가진 사람과 일하는 방법
도구 마인드셋을 가진 사람과 함께 일할 때는 필요한 절차를 잘 따르는 그의 장점을 활용하면 좋다. 동시에 상대방이 다른 관점을 가질 수 있다는 것을 인식하게 하는 것이 도움이 된다. 상대방이 어떻게 생각하고 느낄지 상상하게 하고, 실제로 공감하게 되었는지 확인해보자. 타인과의 협력을 통해 자신에게 중요한 것을 얻을 수 있다는 연결고리를 제시하면 도구 마인드셋을 가진 사람과의 의견 차이를 완화할 수 있다.

> **팀 코칭을 위한 팁**
>
> 의미를 부여하고 창출하는 구성원들과 함께 일할 때 코치는 다른 구성원들이 하는 말에서 유용한 것을 찾도록 격려하는 질문을 해야 한다. 즉 상대방이 한 말에서 자신에게 좋은 점이나 도움이 되는 점을 말하고, 상대방이 왜 그 말을 했는지 상상해보도록 자극해야 한다. 무엇이 도움이 되었는지, 이것이 그들이 일을 완수하는 데 어떻게 도움이 되는지와 연결하는 것이 중요하다.

2) 사회화 마인드셋을 가진 사람과 일하는 방법

사회화 마인드셋을 가진 사람과 함께 일할 때는 팀 상호작용에 대한 가이드라인을 정하는 것이 좋다. 의견 차이와 갈등 자체에 대한 두려움과 불안을 줄이는 것을 목표로 해야 한다.

> **팀 코칭을 위한 팁**
>
> 사회화 마인드셋을 가진 사람에게는 다른 의견 전체에 동의할 필요는 없다는 점을 알려주는 것이 좋다. 자신의 관점을 스스로 비판해 보고, 자신이 믿는 전문가들의 관점도 비판해 보도록 하면 도움이 된다. 각 관점의 장점은 무엇인지, 단점은 무엇인지 알아보게 한다. 스스로 채택해왔던 관점이 무엇인지 구분해보고 비판적인 시각을 덧붙여 더 새롭게 탄탄한 자신만의 관점을 만들도록 해야 한다. 팀 코치는 팀 내 의견 불일치에서 야기된 긍정적인 면을 경험하도록, 타인의 관점에 감사를 표현하는 멤버들의 노력을 지지해야 한다. 코치뿐 아니라 팀 리더도 구성원들 사이의 비판적 사고를 촉진하기 위해 노력해야 한다. 타인의 관점에서 자신이 동의하는 것과 동의하지 않는 것을 찾고 분명하게 표현할 수 있도록 지원하는 것이 좋다. 비판적 사고는 팀 성공에 꼭 필요한 요소이다. 구성원 각자의 비판적 사고는 단순히 의견 불일치가 아니다. 참여할 가치가 있는 도전이다.

3) 자기 주도 마인드셋을 가진 사람과 일하는 방법

자기 주도 마인드셋을 가진 사람은 여러 관점을 취하며, 각각의 장단점을 판단하고, 각 측면을 통합하고 우선순위를 지정하여 새로운 관점을 만드는 능력이 있다. 그러나 이러한 마인드셋을 가진 사람은 본인과 같은 투시 능력이 없는 다른 구성원들에게 좌절감을 느낄 수도 있다. 자기 주도 마인드셋을 가진 사람은 다른 구성원들의 역량 범위에 대한 이해와 공감을 높이고 구성원 각자가 팀에 제공하는 것들에서 그 가치를 찾는 것을 목표로 둔다.

> **팀 코칭을 위한 팁**
>
> 자기 주도 마인드셋을 가진 사람에게 팀 코치는 서로의 독특한 마인드셋을 귀담아듣고, 상대방이 테이블에 가져온 가치에 대해 팀원들에게 감사를 표하도록 격려해야 한다. 더 깊이 귀를 기울임으로써 자기 생각과 가정에 도전하도록 요청하면, 자기 주도 마인드셋을 가진 사람은 새로운 아이디어에 대해 마음을 열고 자신의 아이디어를 다듬는 노력을 할 것이다. 또 코치는 갈등 상황이나 난상 토론에 대해 인내심을 갖도록 도와야 한다. 이런 방식으로 비생산적인 긴장을 완화하고 모두를 위한 공간을 더 많이 만들 수 있다.

집단 코칭

지금까지 팀 내 개인의 마인드셋에 관해 논의했다. 그렇다면 다양한 마인드셋으로 구성된 집단 코칭은 무엇을 의미할까? '집단적 마인드셋collective mindsets'(Graves, 1971)에 관한 연구는 거의 없었지만, 그 특징에 대해 추측해 볼 수는 있다. 우리는 팀을 빙산iceberg과 같다고 생각한다. 그리고 각 개인의 마인드셋은 빙산의 한 부분에 기여하는 중요한 요소가 된다.

키건과 레이히Lahey(2009)는 '프로세스 변화 면역력immunity to change process'을 사용하여 팀들이 집단적 마인드셋을 취하는 것이 가능하다고 주장한다. 팀은 개별적 마인드셋을 모아 집단적 마인드셋을 취하기 때문에, 집단 코칭은 이해 충돌이나 성과 이슈를 해결하는 데 특히 효과적이다. 각 팀은 빙산의 일부분인 다양한 마인드를 가진 사람들로 구성되어 있기 때문에 집단적 사고가 가능하다. 따라서 여러 마인드셋을 이해하고 이를 설명하는 구성-개발 이론을 이해함으로써, 팀 코치는 팀원들 각자가 가진 강점과 역량을 잘 활용할 수 있다. 팀 코치가 구성-개발 이론을 이해하는 것은 매우 유용하다. 팀 코치가 팀원 개개인의 잠재력을 잘 인식하게 해 주기 때문이다.

앞서 언급했듯이, 높은 성과 창출을 기대하려면 구성원들 사이의 갈등 관계의 활용이 필요하므로, 팀 코치의 또 다른 중요한 질문은 '팀의 다양성과 집단 자원을 극대화할 수 있도록 어떻게 지원할 것인가'가 될 것이다. 팀 내 갈등은 집단적으로 대응할 수도 있다. 그렇지만 구성원의 다양한 마인드셋을 활용하여 건설적인 갈등을 일으키는 팀 코칭 스킬을 활용하는 것은 매우 중요하다. 모든 팀 구성원이 갈등에 익숙하지는 않을 것이다. 갈등을 회피할 뿐만 아니라 흑백으로 상황을 보는 구성원이 있다면, 코치는 '팀이 어떻게 이 갈등 상황에 대처할 것인지'에 대한 규범을 세우는 것부터 시작해야 한다.

팀 내 의견 차이와 갈등에 대해 구성원들이 따라야 할 지침을 정하는 것은 규칙을 중시하는 도구 마인드셋을 가진 구성원에게 특히 도움이 될 수 있다. 사회적 마인드셋을 가진 구성원은 팀이 갈등을 허락해 준다고 느끼게 될 것이다. 즉 갈등을 일으키는 것이 불성실함을 의미하지 않으며, 반대로 갈등을 일으키는 것은 팀과 그 임무에 충성하는 중요한 방법이라고 인식하게 한다. 자기 주도 마인드셋을 가진 사람에게는 다른 마인드셋을 가진 구성원들이 팀을 위해 필요함을 인식할 수 있게 한다. 타인 아이디어에 대한 호기심을 팀 윤리로 확립하는 것은 성공적인 팀을 위한 중요한 토대가 될 수 있다. 의견 차이에 대해 호기심을 갖는 것은 갈등을 적대적인 것이 아닌 협동적인 것으로, 경쟁적이 아닌 협동적인 것으로 생각을 전환한다.

팀 코치의 마인드셋

코치가 한 팀 내에서 다양하고 복잡한 마인드셋에 관여하고 관리하려면, 복잡한 마인드셋을 수용하는 능력을 보유하고 있어야 한다(Kegan, 1994; McGuigan & Popp, 2017). 팀 코치는 여러 경쟁적인 관점을 동시에 수용할 수 있는 능력이 있어야 하며, 구성원들 간의 생산적인 협업을 촉진하기 위해 팀 내 문제에 대한 자신의 의견이나 느낌을 따로 둘 수 있어야 한다. 구성원 개개인의 시각을 볼 수 있어야 하고, 코치 자신의 시각과 상충되더라도 타인 관점의 가치에 감사해야 한다. 이것이 '자기 주도 마인드셋self-authoring mindset'이라고 생각한다면, 그것은 맞는 생각이다. 리더십 연구(Berger, 2002, 2012; Eigel, 1998; Heifetz & Linsky, 2002; Joiner & Josephs, 2007; Laske, 2003; Torbert & Associates, 2004)에서는 복잡한 마인드셋을 가진 코치나 리더일수록 다양한 팀 내 복잡성을 관리하는 데 더 효과적인 경향이 있다고 주장한다.

이러한 역량을 갖춘 팀 코치는 각 마인드셋이 팀에 가져다주는 고유한 가치를 인정하고 존중할 것이다. 이를 통해 팀 코치는 구성원들이 있는 곳을 더 효과적으로 활용함과 동시에 구성원들이 성장할 수 있도록 지원할 수 있다. 이러한 방식으로 팀 내 복잡성에 관여할 수 있게 되면, 구성원들이 자신의 의견을 들을 수 있고 자신의 관점을 소중히 여길 수 있는 환경이 조성된다. 팀 구성원들이 타인의 의견을 듣고 그 의견이 가치 있다고 느낄 때, 비판적 피드백에 훨씬 더 개방적으로 될 것이다. 이 모든 것이 팀의 성과와 효과를 향상할 것이다.

참고문헌

Berger, J. G. (2002). *Leadership and complexity: A developmental journey*. Washington, DC: National Security Administration.
Berger, J. G. (2012). *Changing on the job: Developing leaders for a complex world*. Stanford, CA: Stanford University Press.
Clutterbuck, D. (2006). Coaching the team at work. Retrieved from www. davidclutterbuckpartnership com/wp- content/uploads/Coaching- the-team- at-Work.pdf
Clutterbuck, D. (2007). *Coaching the team at work*. London: Good News Press.
Clutterbuck, D. (2013). Time to focus coaching on the team. *Industrial and Commercial Training, 45*(1), 18–22. https://doi.org/10.1108/00197851311296665.
Eigel, K. M. (1998). Leadership effectiveness: A constructive- developmental view and investigation (unpublished doctoral dissertation). University of Georgia, Athens.
Graves, C. (1971). A systems conception of personality: levels of existence theory. Remarks presented at the Meeting of the Washington School of Psychiatry, Washington, DC.
Hackman, J. R. (1990). Introduction. In *Work teams in organizations: An oriented framework*. Boston, MA: Addison-Wesley.
Hackman, J. R., & Wageman, R. (2005). A theory of team coaching. *Academy of Management Review, 30*(2), 269–287.
Hawkins, P. (2011). *Leadership team coaching: Developing collective transformational leadership*. Philadelphia, PA: Kogan Page.
Hawkins, P. (2014). *Leadership team coaching in practice*. Philadelphia, PA: Kogan Page.
Hawkins, P., & Smith, N. (2006). *Coaching, mentoring and organizational consultancy: Supervision and development*. Maidenhead, England: Open University Press/McGraw- Hill.
Hawkins, P., & Smith, N. (2013). *Coaching, mentoring and organizational consultancy: Supervision and development* (2nd ed.). Maidenhead, England: Open University Press (see in particular Chapter 4).
Heifetz, R. A., & Linsky, M. (2002). *Leadership on the line: Staying alive through the dangers of leading*. Cambridge, MA: Harvard Business School Press.
Joiner, B., & Josephs, S. (2007). *Leadership agility: Five levels of mastery for anticipating and initiating change*. San Francisco, CA: Jossey- Bass.
Kegan, R. (1980). *Making meaning: The constructive- developmental approach to persons and practice*. Personnel and Guidance Journal, 58(5), 373–380.
Kegan, R. (1982). *The evolving self: Problem and process in human development*. Cambridge, MA: Harvard University Press.
Kegan, R. (1994). *In over our heads: The mental demands of modern life*. Cambridge, MA: Harvard University Press.
Kegan, R., & Lahey, L. (2009). *Immunity to change: How to overcome it and unlock the potential in yourself and your organization*. Boston, MA: Harvard Business Press. 『변화 면역』. 오지연 역. 정혜. 2020.
Keller, S., & Meaney, M. (2017). High-performing teams: A timeless leadership topic. *McKinsey Quarterly*. Retrieved from www.mckinsey.com/business-functions/organization/our-insights/high-performing-teams-a-timeless-leadership-topic
Laske, O. (2003). An integrated model of developmental coaching: Researching new ways of coaching and coach education. Retrieved from http://leadershipthatworks.com/documentfiles/73.pdf

Maturana, H., & Varela, F. (1972). *Autopoiesis and cognition*. Dordrecht, The Netherlands: D. Reidel.

McGuigan, R., & Popp, N. (2017). *Integral conflict: The new science of conflict*. Albany, NY: SUNY Press.

Popp, N., & Portnow, K. (2001). Our developmental perspective on adulthood. In R. Kegan et al. (Eds.), *Toward a new pluralism in ABE/SOL classrooms: Teaching to multiple "cultures of mind."* Research Monograph, NCSALL reports #19.

Reynolds, A., & Lewis, D. (2017, March/April). Teams solve problems faster when they're more cognitively diverse. *Harvard Business Review*. Retrieved from https://hbr.org/2017/03/teams-solve-problems-faster-when-theyre-more-cognitively-diverse

Rock, D., Grant, H., & Grey, J. (2016, September). Diverse teams feel less comfortable-and that's why they perform better. *Harvard Business Review*. Retrieved from https://hbr.org/2016/09/diverse-teams-feel-less-comfortable-and-thats-why-they-perform-better

Skiffington, S., & Zeus, P. (2000). *The complete guide to coaching at work*. New York, NY: McGraw-Hill.

Torbert, W. R. & Associates (2004). *Action inquiry: The secret of timely and transforming leadership*. San Francisco, CA: Berrett-Koehler.

Wageman, R. & Lowe, K. (2016). Diagnosing & coaching teams: The 3 essential and 3 enabling conditions of team effectiveness (Part 1). Retrieved from www.teamcoachingzone.com/diagnosing-coaching-teams-3-essential-3-enabling-conditions-team-effectiveness-part-1-2/

Winnicott, D. W. (1965). *The maturational process and the facilitating environment*. New York, NY: International Universities Press.

2장. 집단 코칭하기
그룹과 팀 코칭하기

저자: 제니퍼 브리튼Jennifer Britton
역자: 강하롱

코칭 대화를 둘 또는 그 이상으로 확장할 때, 우리는 그룹과 팀을 코칭하게 된다. 이 장에서는 그룹 코칭과 팀 코칭의 차이점과 유사점을 살펴본다.

개요

이 장은 그룹 코칭과 팀 코칭과 관련된 뚜렷한 하위 분야에 대해 개괄적으로 설명한다. 이 장에서는 다음 사항에 대해 살펴본다.

- 그룹 코칭과 팀 코칭은 어떤 모습인가를 포함한 그룹 코칭과 팀 코칭 사이의 근본적인 차이점
- 개념, 설계, 코칭 역량 수준에 관한 그룹 코칭과 팀 코칭의 차이점과 유사점
  - 코치 작업과 입장stance에 영향을 미치는 다섯 가지 개념적 차이
  - 그룹, 팀과 함께 작업할 때 코칭 역량competency 구분하기

제니퍼 브리튼 Jennifer Brittons: 『효과적인 그룹 코칭Effective Group Coaching』(Wiley, 2010) 및 『개인에서 집단(그룹, 다수)인 팀과 그룹을 위한 모범 사례From One to Many』(Jossey-Bass, 2013)의 저자이다. 제니퍼의 최신 책인 효과적인 가상 대화는 가상 생태계를 탐구한다. PCC, 인증 코치(인증 및 교육 센터), 코치 교육 연구소의 공인 프로페셔널 공동 코치이다.

- 코칭 설계 시 핵심 고려사항 – 사전 프로그램부터 사후 프로그램까지
- 그룹 코칭과 팀 코칭 프로세스의 요소들에 관한 개요

그룹 코칭과 팀 코칭은 어떤 모습인가

오늘날 많은 사람에게 코칭 대화를 확장하는 것은 보편화되었으며, 코치들은 대부분 그룹 코칭과 팀 코칭 분야들을 넘나들고 있다.

다음 사례들을 살펴보자.

- **사례 1**: 코치가 어려움을 겪고 있는 팀과 함께 일하기로 계약하였다. 그 팀은 전략적으로 우선순위가 높은 새로운 프로젝트에서 성과를 내야 하는 큰 부담을 안고 있었다.
- **사례 2**: 코치는 조직 전체에서 모인 열 명의 새로운 리더들과 함께 일하도록 요청 받았다. 그들은 교차 기능적$^{cross\text{-}functional}$이며, 그룹 구성원은 부서장에서 부사장에 이르기까지 다양하였다. 또 그들은 IT, 재무, HR 부서를 담당하며 각각 다른 리더에게 보고한다.
- **사례 3**: 코치는 곤경에 처한 비영리 단체들을 지원하기 위해 자원봉사자들을 하나로 뭉치는 일에 참여하고 있다. 몇 주가 지나면서 봉사단의 리더십에 변화가 나타나기 시작했고, 봉사단 구성원들이 임시 지도부를 중심으로 자리를 잡아갔다.
- **사례 4**: 코치는 비즈니스 성장을 가속화하기 위해 코칭을 도입하려는 임원 그룹과 협력하고 있다. 코치는 이 프로그램을 등록하고자 하는 모든 참여자에게 열려 있는 공개 모집$^{public\ offering}$ 방식으로 마케팅했다.

이 네 가지 사례는 다양한 팀 코칭의 범위를 보여준다. 사례 1은 구성된 팀$^{formed\ teams}$, 프로젝트 팀$^{project\ teams}$, 가상 팀$^{virtual\ teams}$ 등 다양한 유형의 팀과 협력할 수 있는 표준적인 팀 코칭$^{standard\ team\ coaching}$ 상황이다.

팀 코칭은 보통 팀이 진행 중인 업무$^{ongoing\ work}$와 연관되어 있고, 팀의 **결과**^{results}와 **관계**^{relationships} 개선을 돕는 일에 초점을 맞춘다(Britton, 2013; Clutterbuck, 2007; Hawkins, 2011). 코치가 팀과 정기적으로 만나는 기간(주간, 격주간, 월간, 분기별)에 따라서 팀 코칭 대화가 진행된다. 팀 코칭 대화는 코치가 며칠 동안 팀에 파견되는 방식과 같이 적시에$^{just\text{-}in\text{-}time}$

집중적인intensive 방식으로 진행되기도 한다.

카첸바흐Katzenbach와 스미스Smith(1993)는 팀을 '공동의 목적과 성과 목표 그리고 상호 책임과 상호 보완 기술을 가진 소수의 사람들'이라고 정의한다.

팀 효과성 연구에 따르면 대부분 성공적인 팀은 작업 결과에 대해 상호 책임과 헌신을 공유할 뿐만 아니라, 목적, 공동 목표, 목표 측정(성과 측정) 방법에 대한 이해를 공유한다고 강조한다 (Hackman & Wageman, 2005).

이와 대조적으로 그룹은 구성원이 대개 개별 수준에서 목표, 책임, 헌신을 모색한다 (Britton, 2009; Cockerham, 2011). 그룹 코칭에서 이러한 층layers(목표, 접근 방식, 상호 책임)은 일반적으로 구성원 사이에 공유되거나 비슷하지 않고, 서로 다르고 구별된다. 다음 두 가지 사례에서 코치가 어떻게 관여할지 생각해보자.

두 번째 사례에서는 그룹 구성원이 일반적으로 공유된 목적이나 목표가 없는 그룹 상황을 강조한다. 그룹 구성원은 직접적인 리더십을 공유하지 않으며, 부서 간 특성으로 인해 목표goals나 권한mandates을 공유하지 않을 수 있다. 이는 각 개인이 독립적이고 개별적인 목표를 중심으로 작업하기 쉬운 개별화된 초점으로 이어지고, 구성원들이 상호 의존하지 않고 개개인에 초점을 맞춘다. 이는 팀 코칭에서 초점을 맞추는 집단 관점collective lens과 대조된다.

세 번째 사례는 집단을 코칭할 때, 코칭의 진화하는evolving 특성을 강조한다. 코치는 흔히 개인으로 이루어진 그룹과 함께 일하는데, 이들은 시작할 때 서로 다른 초점focus과 별개의 목표goals를 가지고 있다. 참여도가 발전함에 따라 팀 관점team lens이 등장한다. 반대로, 코치가 먼저 팀과 협력하는 경우, 탐색해보면 실제로는 개별 기여자individual contributors로 이루어진 작업 그룹work group일 때도 있다.

이번 장에서는 그룹 코칭에 초점을 맞춰 그룹 코칭과 팀 코칭 사이의 미묘하지만 중요한 차이점에 대해 살펴본다.

전체적인 차이점: 요약

[표 2.1]은 그룹 코칭과 팀 코칭을 비교한다.

[표 2.1] 그룹 코칭과 팀 코칭 비교

그룹 코칭	팀 코칭
개개인에 초점individual focus	우리에 초점we focus
개개인의 목표	집단의 목표
코칭 프로세스 중에 작업하고자 하는 방법에 관한 그룹 합의	코칭 프로세스 중에 함께 작업하고자 하는 방법에 관한 팀 합의
	장기적으로 함께 작업하고자 하는 방법에 관한 팀 합의
개별화된 행동 단계, 상호 책임accountability	집단 행동 단계, 상호 책임accountability 개별 책임에 관한 가능성

출처: (Britton, 2013)에서 각색함

차이점: 개념, 설계, 역량

그룹 코칭과 팀 코칭 사이에는 중대한 차이가 있는데, 특히 개념, 설계, 역량 수준에 상당한 차이가 있다.

개념 차이

브리튼Britton(2013)에 따르면, 개념적으로 그룹 코칭과 팀 코칭은 다음과 같은 점에서 차이가 난다.

- 위험 요소
- 관계망web of relationships
- 코칭 그룹의 라이프 사이클
- 코치의 입장stance
- 리더의 역할

위험 요소

팀 코칭에서는 팀원들에게 역동과 대인관계에 대해 서로 솔직하고 열린 자세로 임할 것을 요구하였다. 그렇지 않으면 팀원들의 관계가 더욱 취약해질 수 있다. 신뢰와 연결 구축에 중점을 두는 것은 팀 코치가 수행하는 작업의 대부분일 수 있다. 반대로, 그룹 구성원은 그들이 자연적으로 만날 수 없거나, 매일 함께 일하지 않는 사람들 속에서 더 큰 익명성을 누릴 수 있다(Britton, 2009, 2013). 따라서 문제를 더 빨리 공유하고 탐구하는 데 방해가 되는 장애물이 더 적다.

관계망

그룹 코칭에서는 코칭 과정을 시작하면서 그룹 구성원들이 처음으로 서로 만난다. 서로 다른 지리적, 문화적 배경을 가진 구성원들 사이에 신뢰trust, 안전safety, 연결connection을 구축하기 위해서는 많은 시간이 소요된다. 코칭 과정이 끝나면 대부분 그룹은 해체되고 관계가 중단된다.

팀 프로세스에서 관계는 팀 참여 전후에 모두 존재한다. 팀 프로세스에는 관계망과 확립된 역할, 공식적이거나 비공식적인 리더십이 있다. 팀의 역할, 역사, 이야기는 팀 코치가 팀 코칭 대화를 통해 탐색할 수 있는 중요한 영역이 된다(Rod & Fridjhon, 2016).

코칭 그룹의 라이프 사이클

코칭 작업을 넘어 지속되는 팀과는 달리 대부분 그룹은 코칭 대화 중에 형성되고 해체된다. 코칭 과정을 시작할 때 서로를 알아가는 데 시간을 보내는 것 외에도, 그룹 코치는 마지막에 마무리, 축하, 작별 인사를 위한 여지를 남겨야 한다. 그룹 코칭에서 개인은 학습과 행동을 수행한다. 이는 팀 자체가 변화를 유지maintaining, 지속sustaining, 구현하는implementing 도구가 되는 팀 코칭과는 대조적이다.

코치의 입장

개념적으로 코치의 입장은 그룹과 작업할 때와 팀과 작업할 때가 다르다. 그룹 상황에서 코치는 조직의 다양한 부서나 서로 다른 지리적 위치geographic locations에서 그룹을 하나로 모은다. 그룹 코치는 마치 '바퀴의 축hub on a wheel'과 같다. 반대로, 팀 코치는 팀 시스템에서 '점점 뚜렷해지거나fade in 점점 희미해fade out' 진다(Rod & Fridjhon, 2016).

팀 리더의 역할

개념적으로 또 다른 중요한 차이점은 팀 리더의 역할이다. 팀 코칭에서 팀 리더의 승인buy-in

은 팀이 변화를 일으킬 수 있도록 여지를 두는 팀 리더의 능력ability과 마찬가지로 중요하다. 대조적으로, 팀 리더는 그렇게해야 할 비즈니스적인 이유가 없는 한 그룹 코칭에 직접 관여하지 않는 경우가 많다. 주도적인 그룹 코치는 그룹 이슈의 비밀을 유지하면서도 그룹 구성원들이 자신의 행동 계획과 개별 학습을 그들의 상사와 공유하도록 배려한다.

설계 차이

그룹과 팀이 형성되는 방식을 고려할 때 설계 프로세스에서 두 가지 주요 이슈가 발생한다. 그룹에서 코치는 다음 문제를 살펴 보는 데 더 많은 시간을 할애해야 한다.

1. 그룹 구성원이 다양할 때, 공통 초점common focus을 확인identifying하거나 공동 창조하기co-creating, 또는 둘 다 하기
2. 사람들이 정기적으로 교류하지 않는 그룹에서 신뢰와 연결connection 형성하기

그룹 구성원이 다양할 때, 공통 초점을 확인하거나 공동 창조하기, 또는 둘 다 하기

그룹 코칭을 처음 접하는 코치들에게 가장 중요한 질문 가운데 하나는 '코칭에 관한 공통의 초점을 어떻게 만드는가?'이다. 그룹 구성원이 자신의 개인적인 초점 영역을 표현하는 동시에 다른 사람들과 연결하고, 공통 기반common ground을 형성하도록 지원하는 여러 방법이 있다. 코치는 이를 촉진하기 위해 다음과 같은 다양한 접근 방식을 사용할 수 있다.

- 코칭 주제 목록을 브레인스토밍한 뒤, 그룹 구성원이 컬러 동그라미 스티커colored dots를 사용하여 우선순위를 표시하는 도트모크라시Dotmocracy(Dot점 + Democracy민주주의)와 같은 프로세스를 사용하여 코칭 주제를 함께 정한다.
- 구성원들이 저마다 자신의 목표를 발견하고, 한 페이지 계획서를 작성하여 다른 사람들과 공유한다.
- 코칭 세션 사이에 동료 작업peer work을 한다.
- 소규모 그룹 대화를 촉진하기 위해 그룹을 쪼갠다.
- 코치, 그룹 구성원과 공유할 수 있는 주간 저널을 만든다(즉, Journal Engine 같은 온라인 저널 또는 전통적인 종이 저널).

그룹에서 신뢰와 연결 형성하기

참여engagement는 모든 코칭 상호작용의 토대foundation이다. 성공적인 코칭을 위해 각 그룹 구성원은 대화conversation에 몸을 기울여lean into 참여해야 한다.

(Britton, 2013)

두 번째 질문은 '사람들이 정기적으로 서로 연관되지relate 않는 그룹에서 어떻게 신뢰trust와 연결connection을 만드는가?'이다. 사람들이 코칭의 기반이 되는 더 깊은 수준의 공유sharing에 참여하려면 코치와 그룹 내 다른 사람들과 신뢰와 연결이 필수적이다. 그룹이 높은 수준의 신뢰를 나타내지 않을 때 코치는 코칭 초점coaching focus을 개인 수준individual level으로 전환하고, 더 작은 소모임 활동을 사용하여 연결을 촉진하며, 개인적인 반영 활동reflection activities을 활용하여 자기 알아차림self-awareness을 향상시킬 수 있다. 팀 코치는 '시스템 내 모든 사람들의 목소리all voices of the system'를 불러 일으켜 대화의 집단적 성격을 더욱 강조한다(Rod & Fridjhon, 2016).

신뢰 구축에는 시간이 걸린다. 그룹 구성원이 서로 다른 시간에 들어오고 나가는 자유 등록 공개 그룹open enrollment groups을 고려하는 경우에 코치는 신뢰와 연결이 낮아질 가능성을 고려해야 한다.

역량 차이

그룹 코칭과 팀 코칭은 탁월한 작업을 위해 추가 역량competencies을 활용한다. 여기에는 그룹과 팀의 역동성과 라이프 사이클에 관한 이해, 향상된 프로세스 퍼실리테이션 스킬, 주어진 시간에 다양한 스타일로 작업할 수 있는 능력이 포함된다(Britton, 2009). 터크먼의 단계Tuckman's stages(Tuckman & Jensen, 1977)와 같은 그룹 모델에 관한 이해는 코치가 여러 단계에서 지원을 조정하는 데 도움이 된다.

국제코칭연맹의 11가지 핵심 코칭 역량을 살펴보면 다음과 같은 영역에서 미묘한 차이가 더 있다.

- 코칭 계약 작성하기
- 신뢰와 친밀감 구축하기
- 목표 설정

- 알아차림 일깨우기 creating awareness
- 상호 책임 accountability

코칭 계약 작성하기

코칭 계약은 코칭의 내용, 코치의 역할 그리고 코칭받는 사람의 역할로 구성되어 있다. 여기에는 공유된 작업 방식, 그룹 계약 또는 팀 헌장 작성이 포함된다. 그룹 코칭에서 코칭 계약은 코칭 주제나 구성원이 함께 보내는 시간을 운영하는 방식과 같은 그룹 경험 수준으로 이루어진다. 반대로, 팀의 경우 코칭 계약은 코칭 업무 coaching engagement와 일상 업무 everyday work의 두 가지 수준 levels으로 이루어진다.

신뢰와 친밀감 구축하기

그룹 코칭에서 신뢰와 라포를 형성하는 것은 일반적으로 '서로 동료로서 그리고 코치와 함께'라는 두 가지 수준에서 이루어진다. 그룹 구성원이 자신의 관점, 도전, 포부를 그룹 전체와 공유하기 위해서는 연결감 sense of connection과 안전감 sense of safety이 필수적이다. 그룹 코치들은 개인 코칭을 할 때보다 그룹 코칭 작업을 시작할 때 신뢰와 관계를 구축하는 데 더 많은 시간을 할애한다. 이것은 심리적 안전 psychological safety을 보장하는 데 중요하다(Edmondson, 1999).

목표 설정

목표 goals는 모든 코칭 프로세스의 중추가 되는 핵심 요소이다. 그룹 코칭 설정에서 목표는 본질에서 개별화되고 메타 목표(역자 주: 구성원들의 모든 목표를 아우르는 상위 목표)는 그룹을 결합하는 데 도움이 된다. 예를 들어, 임원코칭 그룹은 자신의 비즈니스를 키운다는 목표(메타 목표)를 공유하지만, 임원들은 각자의 구체적인 목표와 실행 계획을 갖고 있다. 지속해서 각자의 목표에 초점을 맞추고 코칭 대화 중이나 코칭 대화 밖에서 목표 달성을 공유할 수 있는 방법을 제공하는 것이 그룹 코칭의 우선 과제이다. 이와는 대조적으로, 정기적인 팀 프랙티스(작전회의 huddles, 팀 미팅 등)는 팀 코칭 대화를 넘어 목표에 초점을 맞추는 지속 가능한 수단이 된다.

알아차림 일깨우기

그룹 코칭 상황에서 알아차림을 일깨우는 것은 일반적으로 개개인의 특성에 따라 이루어진다. 팀 코칭의 주요 추진력 thrust은 팀 수준에서 알아차림을 일깨우는 것(이 팀의 일원으로서 나는 누구인가? 또는 이 팀은 단체로서 누구인가?)과 정렬alignment에 주목하는 것이다. 호킨스Hawkins(2011)는 아홉 가지 팀 코칭 유형을 구분하여 제공하였다. 이를 활용하여 심층 프레임 코치in-depth frame coaches는 그룹 코칭의 다양한 관점을 탐색할 수 있다.

상호 책임

상호 책임 프레임워크는 서로 다른 관점을 가지고 있다. 팀 코칭에서 상호 책임은 서로에게 있는 반면, 그룹 코칭에서는 코치에 대한 그룹 구성원의 상호 책임이나 그룹 내 동료 구성원에 대한 책임에 초점을 맞출 수 있다(Britton, 2009; Cockerham, 2011). 팀은 업무 특성상 코칭 접점들coaching touchpoints 사이에 연결을 유지한다. 그룹 구성원은 코칭 대화 밖에서 연결할 필요가 없는 경우가 많다. 따라서 그룹 코치는 그룹 구성원들과 함께 어떻게, 누구에게 책임감을 느끼고 싶은지 살펴보기를 원할 것이다.

그룹 코칭 설계에 관한 고려 사항
: 프로그램 사전pre, 진행 중during, 사후post

항상 함께하는 팀과 달리, 그룹은 코칭 대화를 위해 모이고 흩어진다. 따라서 그룹 코칭을 설계할 때 몇 가지 고려할 사항이 있다.

사전 프로그램 설계 구성요소

사전 프로그램을 설계할 때 필수적인 그룹 코칭 요소는 사전 프로그램 일대일 통화pre-program one-on-one call이다. 이는 각 그룹 구성원을 파악하고, 신뢰와 친분을 쌓고, 개별 코칭 목표를 파악하는 데 도움이 된다. 전화 통화는 그룹 구성원이 얼마나 유사하거나, 서로 다른지에 관한 중요한 정보를 제공한다.

많은 코치가 각 그룹 구성원과 15분 사전 일대일 통화a fifteen-minute pre-program one-on-one call를 하기로 일정을 잡는다. 그 통화에서 다음 사항을 알게 된다.

1. 그들은 누구인가?

2. 그들이 프로그램에 참여한 이유는 무엇인가?
3. 지원해야 할 측면에서 선호 사항이나 요구 사항은 무엇인가?
4. 코칭 과정에서의 목표는 무엇인가?

(Britton, 2013)

다른 코칭 프로세스와 마찬가지로 그룹 코칭이 참가자에게 적합한지 확인하는 것이 중요하다. 그들의 주요 코칭 목표는 무엇인가? 그것은 그룹의 다른 사람들과 어떻게 연결되는가? 그들은 개인적인 코칭에 중점을 두고 깊이 들어가는 것보다 문제를 광범위하게 다루는 것을 받아들이는가? 그들은 그룹의 나머지 사람들에게 기여할 준비가 되어있는가? 그룹 워크숍이 아닌 그룹 코칭에 들어간다는 것을 이해하고 있는가?

또 사전 통화는 고객이 코칭 과정에 대해 가질 수 있는 질문에 코치가 답하는 기회를 제공한다. 통화는 첫 번째 통화의 주요 항목(모든 사전 작업, 사전 프로그램 소개, 대화에 접근하는 방법)을 검토할 수 있다. 그룹 코치는 그룹 구성원이 참여 설문지 또는 공식 코칭 계약을 작성하게 할 수 있다.

팀 코칭 사전 프로그램 설계

팀 코칭에는 다음과 같은 몇 가지 시작 활동이 있다.

- 단체와 계약 회의contracting meetings: 코치, 스폰서, 수퍼바이저, 그리고 팀의 역할과 책임을 명확하게 하기 위해서이다.
- 팀에 사전 프로그램 이메일 발송: 환영 인사, 코치의 역할 정의, 코칭 프로세스에 대해 예상할 수 있는 사항, 팀 코칭이 무엇인지 또는 무엇이 아닌지 설명한다.
- 코칭 작업에 관한 기준baseline이나 초점focus을 만들기 위해 팀을 평가assessment한다.
- 변화에 관한 개방성과 프로세스 참여에 관해 팀 리더와 점검한다. 팀 리더는 변화를 위한 환경을 조성하고 팀이 필요한 항목을 실행할 여지를 남길 것인가를 점검한다.

팀 코칭의 주요 성공 요인 가운데 하나는 작업을 위한 환경을 조성하는 팀 리더의 능력이다. 팀 리더는 팀 코칭과 상호 책임이 우선순위가 되게 하고, 코칭에서 필요하다고 확인된 변화를 위한 여지를 만든다. 그룹 구성원들이 일반적으로 조직적 맥락에서 서로 다른 리더에게 보고한다는 점을 감안할 때, 그룹 구성원의 리더는 일반적으로 코칭 프로세스에 관여하지 않는다.

프로그램 진행 중

그룹 코치가 프로그램 진행 중에 알아차리고^{aware} 싶어 하는 세 가지 주요 이슈는 다음과 같다. (1) 공유된 기대를 공동 창조하기 (2) 커뮤니케이션 채널 (3) 하이브리드 소통.

공유된 기대$^{shared\ expectations}$ 공동 창조하기

팀 코칭과 마찬가지로 첫 번째 통화의 초점은 코칭 작업을 위한 의제^{agenda}를 공동 창조하는 것이다. 그룹 코칭 프로세스에는 사람 수만큼이나 많은 목표와 목적이 있을 수 있다. 스폰서인 회사가 그룹을 모으는 기업 프로그램에서는 목표와 목적에 많은 분산^{variance}이 있음을 의미한다. 코치가 나가서 자신의 프로그램을 마케팅하는 공개 프로그램(중소기업을 위한 그룹 코칭 사례)에서는 메타 포커스$^{meta\text{-}focus}$ 측면에서 범위가 좁을 수 있지만, 한 고객과 함께 작업하는 것보다 목표 분산$^{goal\ variance}$이 더 많다.

커뮤니케이션 채널

그룹 코칭 프로세스에서 가치를 지닌 부분은 동료와의 연결과 대화^{dialogue}이다. 그룹 코치는 그룹을 하나로 모으는 사람이므로 고객이 코칭 접점 사이에서 사용할 적절한 커뮤니케이션 채널을 고려해야 한다. 오늘날에는 그룹 코치가 활용할 수 있는 많은 선택지가 있으며, 선택은 궁극적으로 고객 선호도, 접근성 그리고 코치의 능력에 따라 결정된다.

대화 진행, 업데이트 공유 그리고 목표 달성을 위한 일반적인 커뮤니케이션 채널은 'Secret Facebook group'에서 'Teachable'과 같은 개인 학습 관리 시스템, 그룹 구성원 사이의 기존 이메일에 이르기까지 다양하다. 채널 선택 시 고려해야 할 사항은 다음과 같다.

- 사람들은 무엇을 더 선호하는가?
- 얼마나 접근하기 쉬운가?
- 얼마나 안전한가?
- 참여에 장애가 되는 요인은 무엇인가?

하이브리드 소통: 코치와 일대일 접점 one-on-one touchpoints

그룹 코칭은 그룹 구성원이 작업 중인 주제에 대해 동료에게 배워 폭을 넓힐 수 있다는 점 때문에 흔히 높게 평가된다. 그렇지만 그룹 대화만으로는 그룹 구성원이 일대일 코칭에서처럼 심층 탐구할 수 있는 기회를 제공받지 못할 수 있다. 따라서 코치는 그룹 소통 외에도 코치가 각 그룹 구성원과 일대일 접점을 통해 특정 목표와 중요한 사항에 더 깊이 집중하는 하이브리드 접근 방식을 고려할 수 있다. 그룹이 가상 virtual이거나 코치가 넓은 영역에서 사람들을 모으는 경우 적절한 전략이다. 팀 코칭 환경에서는 투명한 커뮤니케이션에 대한 합의 위반 등 잠재적인 윤리적 문제에 대해 주의를 기울여야 한다.

사후 프로그램 구성요소

그룹이 형성되고, 코칭 그룹이 완료 complete된 후 해체된다는 점을 고려할 때, 완료 2주 이상 후에 사후 프로그램 후속 통화 post-program follow-up call를 하는 것이 유용할 수 있다. 사후 프로그램 통화의 목적은 다음과 같다.

- 학습, 행동, 새로운 알아차림 awareness에 대해 확인한다.
- 프로그램에 관한 피드백을 받을 수 있다. 코치는 프로그램 종료 시 피드백을 받을 수 있지만, 후속 통화는 중기적 영향과 행동에 대해 들을 수 있는 기회이다. 이는 변화, 통합적 학습, 실행 계획의 지속 가능성에 관한 통찰력을 제공한다.

팀과 함께 작업할 때 코치는 사후 프로그램 후속 조치를 추가하는 것을 고려할 수도 있다. 시간이 좀 더 연장될 수 있으므로, 팀이 실제 상황에 맞게 작업을 진행할 수 있다. 이는 팀 시스템을 전환하고 변경하는 데 시간이 더 오래 걸린다는 것을 의미한다.

팀과 그룹 모두에게 사후 프로그램 통화는 코칭 프로세스로 인한 조치, 책임, 지속적인 변화에 대해 학습하는 데 매우 유용할 수 있다. 또 투자 수익률 Return on Investment(ROI)과 자기 자본 수익률 Return on Equity(ROE) 측정을 시작하는 데 매우 중요한 평가 도구 역할을 한다.

[표 2.2]는 그룹과 팀 코칭 프로세스의 여러 단계와 요소를 대조한다.

[표 2.2] 그룹 코칭 프로세스와 팀 코칭 프로세스 개요

	코칭 계약의 관점	사전 프로그램	첫 통화	세션 사이	진행 중인 세션	마지막 통화	사후 프로그램
그룹 코칭	각 개별 그룹 멤버와 계약 관점: 일반적으로 개별 멤버와 그룹 코칭 계약 완료하기	사전 프로그램 통화 초점: 개인별 목표, 개인별 선호도, 그 개별 그룹 멤버 제약 설정 공유된 그룹 계약서 작성	소개, 상대방에 대해 알아보기(연결, 신뢰 구축) 개별 목표 계획 완료와 공유된 그룹 계약서 제작	그룹은 그룹 개별 구성원과 일대일 및 장을 진행할 수 있음 (하이브리드 프로그램) 그룹 구성원은 다른 사람들과 동료 대화를 할 수 있음 이메일 또는 가상 플랫폼 상의 그룹 소통은 통화 간에 조점을 계속 이야기해야 함	코치는 그룹 개별 구성원과 일대일로 임에 관한 체크인 주요 진행할 수 있음(하이브리드 프로그램) 그룹 통화로 보완 가능	마무리 기념 행사 개인적 수준에서다 은? (당신의 상황에서) 상호 책임 파트너는 누구인가? 일반적으로 마지막 연락 지점인 그룹 폐쇄	추속 조치 그룹 통화는 다음에 초점을 맞추어 선택 가능. 그룹 통화가 중요된 후 무엇을? 어떤 성공을 거두었나? 무엇에 도전하였나? 그룹 구성원은 목표에 어떤 진전이 있었는지 보고할 수 있음 (평가 자료 추가)
팀 코칭	계약에는 스폰서, 팀, 수퍼바이저가 포함됨 관점: 시스템 접근 방식. 시스템으로서의 팀 개발 또는 각 그룹 안에서 개인화 강화	스폰서, HR, 팀 리더와 미팅 팀 리더가 코칭 프로세스에 사용할 수 있는 환경을 만들 준비가 되어 있고 가까이 만들고 있는가? 초점 영역을 정하기 위해 팀 평가 완료하기	공동 목표를 정렬하기 위해 팀 평가에 동의하기 팀 평가에 대한 팀 계약 생성하기 (두 가지 수준: 코칭 업무, 일상 업무)	팀이 정기적인 회의(예: 팀 회의)에서 주요 코칭 주제에 관한 대화를 계속 도록 권장함 팀이 일상 대화에서 팀 계약을 어떻게 실천할지 고려함	평가, 팀, 리더에 의해 식별된 영역에 집중하기 팀 내 행동 변화에 관한 체크인	축하 어떻게 대화를 지속할 것인가? 추진력: 팀을 위해 운 대화를 확인하기 마무리: 다음에 무엇을 유지할 것인가?	팀이 집중하고 싶은 책임, 목표, 주제 영역(예: 피드백 이려운 대화)을 확인하기 위해 선택적으로 후속 전화 가능함

요약

그룹 코칭과 팀 코칭의 차이는 항상 명확하지는 않다. 미묘한 차이를 이해하며 작업하고, 각각의 '그룹화grouping'를 고유하게 탐색할 수 있는 것은 코치에게 중요한 작업이다.

고려해야 할 질문

- 나는 그룹 또는 팀과 함께 일하고 있는가?
- 많은 사람의 요구에 맞게 코칭 접근 방식과 프로세스를 어떻게 조정할 수 있는가?
- 내 그룹 또는 팀 구성원은 어떤 선호도를 가지고 있는가?
- 나는 어떤 편견이나 기본 자세로 코칭하는가? 그것이 내가 함께 일하는 그룹이나 팀을 어떻게 돕거나 방해하는가?

참고문헌

Britton, J. (2009). *Effective group coaching*. Chichester, England: John Wiley & Sons, Ltd.
Britton, J. (2013). *From one to many: Best practices for team and group coaching*. San Francisco, CA: Jossey-Bass.
Clutterbuck, D. (2007). *Coaching the team at work*. London, England: Nicholas Brealey.
Cockerham, G. (2011). *Group coaching: A comprehensive blueprint*. Bloomington, IN: iUniverse.
Edmondson, A. (1999). Psychological safety and learning behavior in work teams. *Administrative Science Quarterly, 44*(2), 350—383.
Hawkins, P. (2011). *Leadership team coaching*. London, England: Kogan Page.
Hackman, J. R., & Wageman, R. (2005). A theory of team coaching. *Academy of Management Review, 30*(2), 269—287.
Katzenbach, J. R., & Smith, D. K. (1993). *The wisdom of teams: Creating the high-performance organization*. Boston, MA: Harvard Business School Press.
Rod, A., & Fridjhon, M. (2016). *Creating intelligent teams*. Bloomington, IN: KP Publishing.
Tuckman, B., & Jensen, M. A. C. (1977). Stages of small-group development revisited. *Group and Organization Studies, 2*(4), 419—427

3장. 시스템 팀 코칭

저자: 피터 호킨스 Peter Hawkins
역자: 박정화

소개: 글로벌 도전

지난 10년 동안 팀 코칭은 크게 성장해왔고, 앞으로 10년 안에 더 성장하리라 나는 확신한다. 리들러 레포트 Ridler Report(2016)는 "조직의 76%가 향후 2년간 팀 코칭 활용도를 높일 것으로 예상한다."라고 밝혔다(Mann, 2016). 그러나 전통적인 형태의 팀 리더십과 팀 개발에 대한 접근 방식 두 가지 모두, 정부, 글로벌 기업, 신생 기업에서 비영리(또는 더 나은 용어인 이익) 부문의 조직에 이르기까지 규모와 관련성이 다양한 조직의 현재 그리고 미래의 리더십 과제를 충족시키기에 적합하지 않다.

세계는 점점 더 크고 복잡한 과제에 직면해 있으며, 이는 모든 유형의 조직에서 리더십에 영향을 미친다. 미래의 리더십에 대한 글로벌 연구(Hawkins, 2017a)에서 인터뷰했던 대부분 비즈니스 리더는 '폭발적 변화'를 이야기했으며, "우리는 몇 년 동안 VUCA(변동성 volatile, 불확실성 uncertain, 복잡성 complex, 모호성 ambiguos) 세계에서 어떻게 살아야 하는가 이야기해왔다. 지금 우리는 하루하루를 그럭저럭 살아가고 있다."라고 전했다. 존 엘링톤 John Elkington(2012)은 이렇게 요약한다. "우리는 전례 없는 시대에 살고 있다. 지구촌은 급변하는 경제, 사회, 정치 환경과 씨름하고 있다."(p.5) 내가 인터뷰와 책에서 만난 대부분 사상가들은 현재의 시스템, 대의

피터 호킨스 Peter Hawkins: 시스템 팀 코칭과 코칭 수퍼비전 분야의 글로벌 리더이다. 피터는 실제로 리더십 팀 코칭과 리더십 팀 코칭의 실제 저자이다. 그는 40년 넘게 팀 코치를 해왔고 현재 50여 개국에서 훈련을 운영하고 시스템 팀 코치를 수퍼비전하고 있다. 피터는 헨리 경영대학원의 지도 교수이며, 여러 국제 컨설팅 사업의 회장을 맡고 있다.

정치, 국제 거버넌스, 사업 수행 방법과 경제가 더 이상 목적에 적합하지 않으며, '평소처럼 사업'에 집중하는 것은 기껏해야 근시안적이고 최악의 경우 자살 행위라고 시사한다.

미래는 누구도 홀로 또는 소규모 그룹으로 파악하거나 해결할 수 있는 것 이상으로 더 크며 더 도전적이다. 이러한 도전은 75억 명의 우리 모두가 협력하여 함께 해결해야 한다. 이를 위해서는 인간의 새로운 차원의 공감, 시스템적 사고, 협력과 팀워크가 필요하다. 글로벌 기업들이 단기간의 분기 이익이라는 자석과 같은 힘에서 벗어날 수 있다면, 일상적인 이슈와 문제에 압도되지만 않는다면, 세계의 획기적인 변화를 이끌 엄청난 힘이 있음을 많은 비즈니스 리더가 인식하고 있다. 하버드 경영대학원의 로버트 G. 에클레스[Robert G. Eccles] 교수는 다음과 같은 현상을 보여주었다.

> [a] 역사적으로 국가적 해결 과제였던 변화를 경제력이 집중된 몇몇 대기업이 변화를 이끌 수 있게 되었다. 불과 1,000개의 기업이 전 세계 6만 개 이상의 상장 기업 시가총액의 절반을 차지한다. 이 거대한 영향력의 집중이 지속 가능한 사회를 향한 모든 제도적 변화 전략의 출발점이 되어야 한다.
>
> (Elkington & Zeitz, 2014, p.21)

피터 센게[Peter Senge]와 동료들(2005)은 유엔 고위 관계자의 말을 다음과 같이 인용했다.

> 나는 전 세계의 다른 많은 문제를 다루어 왔는데, 단 한 가지의 진짜 문제가 있다고 결론내렸다. 지난 몇 백년간, 기술이 우리에게 준 힘은 어느 누구의 말도 안 되는 상상을 넘어서는 수준으로 성장해왔지만, 우리의 지혜는 그렇지 못했다. 우리의 힘과 지혜의 간극이 곧바로 해소되지 않는다면, 나는 우리의 미래에 큰 희망을 갖기 힘들다고 본다.

인류가 살아남고 호모[Homo]가 진정한 사피엔스[Sapiens]가 되기 위해서는, 존재 방식과 공존 방식을 그 어느 때보다 적극적으로 적응하고 진화해야 한다. 기술적 독창성으로 다음과 같은 작업을 수행할 수 있다.

- 1830년 10억 명에서 현재 73억 명 이상으로 인구가 확대되고 있으며, 2050년에는 90억에서 100억 명에 이를 것으로 예측
- 전 세계 150억 개에 이르는 인터넷 연결 장치로 전 세계 모든 지역과 즉시 연결하는 통신 방식 고안

- 한 번의 클릭으로 세계에서 가장 큰 도서관에 보관된 것보다 더 많은 지식 습득 가능
- 인터넷을 통해 월드 와이드 웹world wide web에 접속하여 다른 사람들이 가장 좋은 것이 무엇인지 알게 되면서 건강, 장수, 풍요, 여행, 생활 방식 선택과 다이어트에 대한 기대치 향상
- 조직 관리, 자금 조달, 소유와 규제에 있어 복잡성 수준 향상

그러나 위의 인용구가 시사하는 바와 같이, 우리의 지혜는 발전의 속도를 따라가지 못했고 우리는 리더들이 우리가 집단적으로 만든 복잡성을 어떻게 관리할지 보여주기를 기대한다. 그 도전들은 우리가 계속해서 많은 희망을 투자하면서, 이후 실망하면서 비난하는 개별 리더들을 넘어서게 한다.

글로벌 기업들은 기술 혁명의 혜택을 개발하고 확산하는 데 주요 역할을 해왔으며, 이러한 혜택으로 인해 야기된 엄청난 과제와 증가하는 '기술적 독창성 대 지혜의 간극'을 해결하는 데 동참할 필요가 있다.

글로벌 기업이든 로컬 기업이든, 상업적이거나 비영리 단체이든 관계없이 모든 형태와 규모의 기업과 조직들이 도전에 참여한다면, 그 기업들은 우리가 새로운 형태의 집단 리더십을 발견하는 연구소가 될 필요가 있다.

조직의 최고위층과 조직 전반에 걸쳐 더 나은 팀워크와 회사의 이해관계자들과 공동으로 일하는 것이 회사의 성과와 복지에 큰 변화를 가져올 수 있다는 증거가 늘어나고 있다. 실제로 가츠아키 와타나베Katsuaki Watanabe는 2005년 타임지에서 "도요타는 왜 미국의 빅3를 합친 것보다 수익성이 높고, 왜 그렇게 성공적인가?"라는 질문을 받았을 때, "도요타에서는 모두가 팀으로 일한다."라고 답변했다. 심지어 공급자들을 파트너라고 부르며, 모든 구성원은 우리가 만들어야 한다고 생각하는 제품들을 만든다(Green & Toyama, 2005). 와타나베는 내부적으로 팀워크와 대외적으로 협력하는 것이 성공의 두 가지 중요한 기반임을 강조한다.

그동안 팀에 집중해왔던 코칭은 명칭, 접근 방식, 방법론과 가정에 의해 제약을 받아왔다. 연구문헌과 현장에서는 팀 빌딩, 팀 퍼실리테이션, 팀워크 또는 프로세스 컨설팅으로 불러왔다. 팀 빌딩은 팀 초기 형성기에 집중되지만, 대부분 오래된 팀들은 팀 구성원에 초점을 두고 지속해서 변화해왔다. 팀 퍼실리테이션과 프로세스 컨설팅은 팀의 업무, 성과와 별개로 프로세스, 그리고 어떻게 변화하고 있는지에 초점을 맞춘다. 팀에서 벗어난 날Team away-days은 팀과 함께 일하는 방법 가운데 하나이며, 그 자체만으로도 사무실에서 일상의 요구사항보다 훨씬 더 많은 통찰력과 좋은 의도를 만들어낼 수 있다.

팀의 과정뿐만 아니라 업무와 성과에 초점을 맞추는 팀 코칭 역시, 좋은 팀이란 효율적인 회의를 하고, 모두가 함께 잘 지내는 팀이라는 암묵적인 믿음으로 자신과 관련된 팀에 초점을 맞추는 경향이 있다. 이러한 접근 방식은 팀의 개인적 계층과 대인적 계층에 초점을 맞추게 되는데, 이 계층은 때로는 문제가 나타나고 해결되는 곳이기도 하나, 문제의 근원이 있거나 지속적인 변화를 위해 근본적으로 주의를 기울여야 하는 곳은 아니다.

배리 오쉬리Barry Oshry(2007)는 "조직의 첫 번째 법칙은 그럴 수도 있지Stuff Events Happens."라며, 아주 간단하지만 강력하게 이를 표현한다. 두 번째 법칙은 개인 경험의 95%가 실제로는 개인적인 부분이 아니라는 점이다. 팀 코칭은 개인과 대인관계에 지나치게 집중하고, 팀 내부와 외부 모두에서 팀 전체의 성과를 높이는 데는 덜 집중하는 경향을 강조할 수 있다. 우리가 효과적인 팀을 만든다면, 우리는 위대한 목적과 사명을 창조하리라는 믿음으로 행동한다. 반면, 나는 고성과 팀을 창출하는 일은 더 위대한 도전이 됨을 점차 깨닫게 된다.

시스템 팀 코칭의 역사, 정의와 원칙

많은 동료의 도움으로, 나는 2000년부터 2010년까지 시스템 팀 코칭systemic team coaching을 개발했다(Hawkins, 2011, 2014a, 2014b, 2017a; Leary-Joyce & Lines, 2017). 시스템 팀 코칭을 개발하면서, 나는 카첸바흐와 스미스Katzenbach & Smith(1993a, 1993b, 1999), 클러터벅Clutterbuck(2007), 케츠 드 브리스Kets de Vries(2005, 2011), 웨이먼Wageman 등(2008)과 웨스트West(2012)를 포함하여 팀 성과에 대해 발견할 수 있는 모든 최고의 연구문헌을 검토했다. 나와 동료들의 프랙티스 그리고 내가 지도했던 세계 여러 나라의 팀 코치들의 프랙티스 방법들을 깊이 연구하여, 새로운 형태의 팀 코칭이 필요하다는 사실을 깨닫게 됐다. 새로운 형태는 다음과 같다.

1. 최고의 코칭 프랙티스 훈련과 방법을 통해, 최고의 조직과 팀 개발의 새로운 결합을 개발한다.
2. 효과적인 팀을 결정하는 가장 중요한 요소는 공동 목적을 공유하고 있다는 사실이다. 공동의 목적은 개개인의 노력의 합이 아니라 협업을 통해서만 달성할 수 있다.
3. 팀을 고객으로 만들지 말고, 팀과 협력하여 팀이 모든 이해관계자와 공동으로 창출하는

가치를 높여야 한다.
4. 이러한 형태의 팀 코칭을 이벤트 단위로 계약하는 일은 불가능하지만, 팀과 함께 일하는 코치와 전체 팀 사이의 지속적인 파트너십이 오랜 기간에 걸쳐 필요함을 깨닫는다. 외부 워크숍과 정기 회의 모두에서, 팀이 함께 일할 때와 별도로 일하는 하나의 팀일 때, 그리고 내부 참여, 하위 조직, 조직 시스템의 다른 부분, 고객, 투자자, 파트너 조직, 지역 커뮤니티, 자연환경을 포함한 모든 이해관계자가 함께 팀으로 참여할 때를 고려한다.
5. 명확한 사명과 목적, 목표, 역할 그리고 프로세스의 명확한 설정은 효과적인 회의를 진행하고 함께 협업하는 데 필요할지 몰라도 그 자체만으로는 부족함을 깨닫는다. 팀이 팀 내부 또는 외부 회의에 참여할 때가 아니라, 팀을 위해 이해관계자를 참여시킬 때 가치가 창출됨을 깨닫게 된다.
6. 팀이 애자일 학습 팀이 될 수 있도록 지원한다. '변동성, 예측 불가능성, 복잡성, 모호성' 그리고 기하급수적인 변화의 시기에, 내일 바로 경기를 할 수 있는 집단적이고 개별적인 역량을 키우기보다는, 어제의 경기를 더 잘하도록 하는 코칭은 위험하다.

이를 고려하여, 시스템 팀 코칭을 다음과 같이 정의했다.

> 시스템 팀 코칭은 팀 코치가 팀 전체와 함께 있을 때와 떨어져 있을 때 모두 협력하는 과정으로, 팀 코치가 팀 전체의 성과와 협력 방식을 개선할 수 있도록 돕고, 모든 주요 이해관계자 그룹과 더 효과적으로 협력하여 공동으로 더 넓은 사업을 변화시킬 수 있는 집단적 리더십을 개발하는 방법이다.
>
> (Hawkins, 2011, 2014a)

이 정의에서 나는 전통적인 팀 코칭(수준 I)과 상당히 다른 시스템 팀 코칭(수준 III)과 경계가 있는 시스템으로서의 팀에 초점을 맞춘 팀 코칭(수준 II)을 구별했다.

- **수준 I. 팀 코칭**은 팀이 팀 내에서 개인에 의해 만들어진 것으로 간주하고 개인 사이의 상호 관계와 개인이 팀에서 원하는 것에 초점을 맞춘다. 공감대와 화합은 높이 평가된다. 개인과 대인관계가 중심이 되어 모든 팀 구성원을 개별적으로 지도하는 것과 팀 코칭이 혼동될 수 있다.
- **수준 II. 팀을 시스템으로 코칭**하면 팀을 살아있는 시스템으로 볼 수 있다. 팀이 부분의 합보다 더 많은 것에 초점을 맞춘다. 효과적인 회의, 창조적인 대화와 협업이 높이 평가된다.

팀 역동이 초점의 중심이다. 이러한 형태의 팀 코칭은 외부 또는 팀 미팅에서 이루어진다.
- **수준 III. 시스템 팀 코칭**은 팀을 현존하는 팀으로서 모든 이해관계자와 함께, 그리고 모든 이해관계를 위한 가치를 창출한다. 팀이 누구를 위해 봉사할지 그리고 이해관계자들이 팀이 가진 미래의 필요에 초점을 맞춘다. 'Future Back(역자 주: 미래의 목표를 세우고 이를 달성하기 위해 해야 하는 일들의 리스트를 미래에서 현재로 역순으로 이정표를 세우는 것)'과 'Outside-In(역자 주: 외부 요소가 내부 요소에 영향을 미치는 현상)' 참여는 매우 중요하다. 팀과 광범위한 시스템적 맥락 사이의 역동성은 새로운 관심의 중심이다. 이러한 시스템 팀 코칭 접근 방식을 확립하기 위해, 2011년에 『리더십 팀 코칭Leadership Team Coaching』 1판을 썼다. 이는 현재 널리 사용되는 '시스템 팀 코칭의 다섯 가지 규율 모델'이다(Hawkins, 2017a, p.169).

시스템 팀 코칭은 내부 규율에 대해 팀을 함께 지도하고, 팀이 중요한 이해관계자들과 협력하도록 하는 코칭이 포함한다. 또 팀 코칭 개입 사이와 이후에 각자의 개인과 집단 역량을 지속해서 성장시킬 수 있도록 학습 팀 지원도 포함된다.

시스템 팀 코칭을 이해하기 위해서는 이들 각각의 세 단어들이 어떻게 조화를 이루는지 모두 이해해야 한다.

시스템

시스템적 사고와 시스템적 존재는 비록 그 분야에서 발전된 많은 아이디어와 생각을 끌어내고 있지만, 시스템적 사고와 다르다. 메도우즈Meadows(2009)는 시스템을 "특징적인 행동 세트를 생성하는 패턴이나 구조에서 일관성 있게 조직되고 연결되는 요소 또는 부품의 집합이며, 그 기능이나 목적으로 분류된다."라고 정의했다(p.188).

시스템적 사고는 시스템을 분석하고 시스템에 속한 자질과 속성을 분석하는데, 이는 시스템 각 부분의 합보다 크다. 이는 많은 부분에서 물리학과 공학에 뿌리를 둔다. 이는 여전히 실체와 이를 연구하는 분석적, 기계적, 실증적 방법에 초점을 맞추고 있다.

시스템적 사고는 실체적 사고를 넘어서며(Hawkins, 2017a), 모든 시스템이 실체 내의 시스템과 그 시스템이 속한 시스템과 어떻게 지속해서 상호작용하는지와 관련이 있다. 실무에서의 리더십 팀 코칭(Hawkins, 2014b)에서 나는 사고하고 시스템화하기 위해, 적어도 세 개의 상호 연결된 중첩 시스템에 초점을 맞출 필요가 있다고 우리는 늘 제안한다. 그 세 가지는

(1) 우리의 주된 초점, (2) 그 안에 있는 시스템들, (3) 시스템의 일부일 뿐만 아니라 세 가지 모두의 연결이다.

시스템적 사고는 또, 시스템을 학습하는 사람이 시스템에 영향을 미치며, 모든 팀 구성원과 팀을 하나의 시스템으로 구성하면서 새로운 팀 코칭 시스템의 일부가 된다는 점을 항상 인식한다.

팀

실제 팀과 동일한 상사에게 보고만 하는 그룹의 차이를 보면, 팀이 팀 구성원 사이의 협업이 필요한 공동의 목적이 있다는 점이다.

> [A] 팀은 구성원이 집단으로 책임지는 공동의 목적과 목표가 있다. 이는 팀이 목표 달성을 위해, 서로 의존하며 이러한 "상호 의존성"을 무시하면 효과가 떨어짐을 의미한다.
>
> (Lary-Joyce & Lines, 2017)

팀의 공유된 목적은 개인이나 구성원들 사이의 관계보다 팀을 구축하는 데 있다.

코칭

임원코칭의 본질은 코치와 코치이^{coachee}가 공동으로 코칭을 수행하는 관계와 파트너십으로, 코치이가 자신이 속한 이해관계 속에서 이해관계자에게 더 나은 서비스를 제공할 수 있도록 지원하는 데 있다. 여기에서 말하는 이해관계자란 동료, 부하, 상사, 고객, 직원, 투자자, 지역사회 그리고 우리가 공존하는 자연환경 이상의 인간 세계를 포함한다. 개별 코칭과 마찬가지로, 시스템 팀 코칭은 파트너십이자 협업이다. 코칭은 시스템 팀 코치가 팀에 대해 또는 팀을 위해서가 아니라, 팀 고객과 이해관계자를 위해 함께 협력한다.

시스템 팀 코칭 분야는 많은 코칭 방법과 프로세스를 기반으로 둔다. 계약 방법, 질문법, 360도 피드백과 코칭에서 개발되고 팀에 적용되었던 퍼실리테이션 개입 등이 있다(예: 피터 호킨스 42개 질문의 저작권 자료 참조, Taylor & Francis가 제공하는 검토 사본).

일대일 코칭만 하더라도 팀, 조직이 광범위한 시스템과 간접적으로 협력하는 모습을 발견하게 된다. 왜냐하면 코치이가 코칭에 참여할 때, 코치이들만 참여하지 않고, 각자 추진하는 팀 역동, 자신이 몸 담고 있는 조직의 문화, 그리고 서로 공존하는 광의의 생태계를 코칭 안으로 가져오기 때문이다. 코치 개개인이 코칭하는 것뿐만 아니라, 자신이 이끌고 함께 일하는 팀의 역동성, 소속된 조직 문화, 더 넓은 생태계가 공존하기 때문이다.

시스템 팀 코칭의 핵심 모델

시스템 팀 코칭 지원을 위해 다음의 여러 핵심 모델을 개발해왔다.

1. 매우 효과적인 팀의 다섯 가지 규율과 각 규율의 코칭 방법
2. 팀 코칭 관계의 CID-CLEAR 모델
3. 특정 시스템 팀 코칭 관리 모델로, 시스템 팀 코치와 팀 리더 자신의 팀 코칭 방법 수퍼비전

팀 효과성을 위한 호킨스의 다섯 가지 규율

호킨스Hawkins 모델은 팀 효과성을 위해 다섯 가지 규율 모두를 마스터해야 하며([그림 3.1]), 시스템 팀 코치와 팀 리더들이 각 규율 내 그리고 연결을 통해 팀을 코칭할 수 있어야 한다고 제안한다.

1. **위임하기**Commissioning(역자 주: 이 책에서 위임하기는 임무 부여, 팀구성, 지원을 포함하는 광의의 개념으로 사용한다. 국내에서는 delegation, empowering을 '위임'으로 번역하고 있어서, commissioning과 혼란이 있을 수 있으나, 이 책에서는 '위임하기'로 통일하여 사용한다.): 이해관계자들이 우리에게 요구하는 바가 무엇인지 명확한가? 이사회, 투자자, 고객, 커뮤니티, 고성과 팀과 위원회 과제는 다섯 가지 규율 가운데 하나일 수 있다. 다양한 이해관계자를 통해 임무를 부여 받는다. 따라서 눈치채지 못하고 있는 이해관계자가 있는지 매우 조심해야 한다. 예를 들어, BP는 미국 동부 해안 지역의 어부들이 중요한 이해관계자라는 사실을 너무 늦게 알았다. 우리가 왜 팀으로 존재하는지를 이해하는 것이 임무의 전부이며, 우리가 협업하는 이해관계자가 이를 결정한다.
2. **명확화하기**Clarifying: 이해관계자들에게서 임무를 정확하게 부여받는 것으로는 충분하지

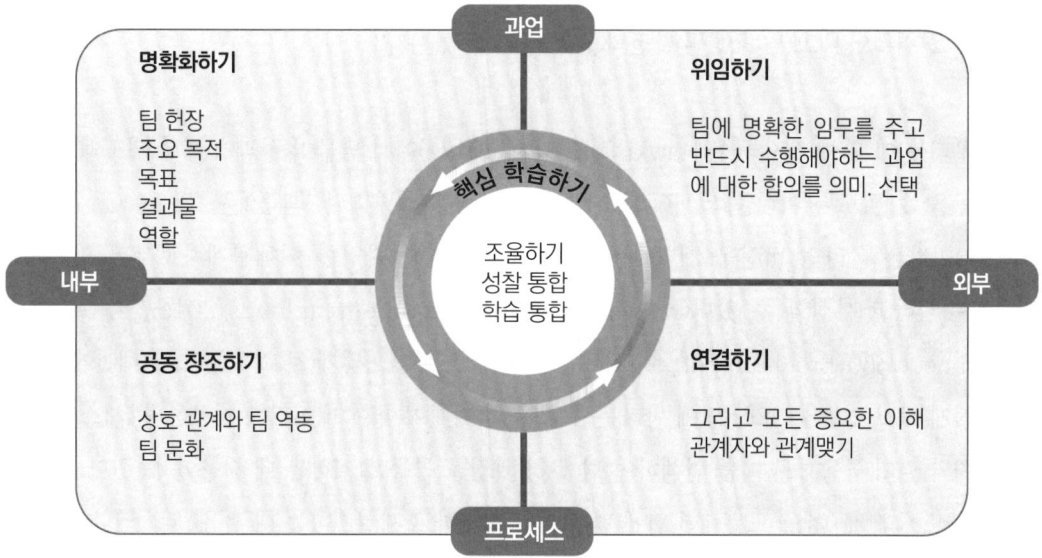

[그림 3.1] 고성과 팀과 위원회의 다섯 가지 규율

않다. 위대한 팀은 집단적 노력에 관한 자신만의 의식을 창조한다. 공동의 성과를 내기 위해 이곳에 온 목적은 무엇인가? 리더십 팀의 핵심 성과 지표(KPI)는 무엇인가? 개인 KPI뿐만 아니라 공동의 목표와 역할은 무엇인가? 어떻게 자신의 일뿐만 아니라 조직 전체에 기여하는가? 명확화하기는 팀으로서 무엇을 할 것인가를 정의한다.

3. **공동 창조하기** Co-creating: 어떻게 하면 발전적인 방식으로 협력할 수 있는가? 미리 준비한 생각을 단순히 주고받는 것이 아니라, 회의에 들어오기 전에는 누구도 떠올리지 못했던 새로운 생각을 회의에서 어떻게 만들어낼 수 있는가?

4. **연결하기** Connecting: 훌륭한 팀은 단순히 훌륭한 내부 회의를 하고 함께 잘 통하는 팀이 아니다. 팀의 진정한 가치 창출은 모든 이해관계자(고객, 공급업체, 투자자, 스폰서, 지역사회와 더 넓은 환경)와 외부적으로 협력하는 방식에 달려 있다. 또 각 팀 구성원이 외부와 교류할 때 자신이 맡은 업무 기능뿐만 아니라 팀 전체를 대표할 수 있는 능력도 중요하다.

5. **핵심 학습하기** Core learning: 만일 팀이 앞의 네 개 규율을 효과적으로 실행한다면, 오늘의 경기를 더 성공적으로 치르게 된다. 그러나 기하급수적으로 변화하는 세계에서 미래의 증가하는 도전과 복잡성에 대처하기 위해 모든 팀은 역량을 키워야 한다. 팀은 개인 학습과 집단 학습에 집중해야 한다. 더 적은 자원으로 더 높은 품질로 더 많은 작업을 수행하고, 민첩성과 복원력을 높이기 위해, 팀은 시간을 내어 팀의 발전을 위해 숙고하고 반영할 필

요가 있다. 어떻게 하면 집단 역량을 개발할 수 있는가? 어떻게 하면 팀 구성원들의 최선을 이끌어 내고 팀 구성원 발전의 원천이 될 수 있는가?

우리는 이 다섯 가지 규율(Hawkins, 2014b, 2017a)에서 팀들이 성과에 대한 피드백을 주고받을 수 있도록 여러 개의 360도 피드백 설문지를 개발했다. 최근에는 Team Connect 360이라는 온라인 버전을 개발하여 모든 팀 구성원과 다양한 이해관계자로부터 피드백을 수집하고 분석할 수 있다(www.aoec.com/wp-content/uploads/2016/12/Team-Connect-360-Brochure.pdf). 이 자료는 팀이 스스로를 어떻게 보고 있는지, 이해관계자가 어떻게 보고 있는지, 또한 팀에 바라는 두 그룹의 기대에 대한 데이터를 제공하며, 시스템 팀 코치와 팀이 공동으로 이를 탐색하여 팀 코칭 과정을 공동 설계하는 데 사용할 수 있다. 설문지는 또 6개월, 9개월 또는 1년 뒤에 팀 코칭을 평가하고 재설계하는 데 사용될 수 있다.

CID-CLEAR: 팀 코칭 프로세스 단계 모델

CID-CLEAR 모델(계약 1, 질의, 진단과 설계, 계약 2, 경청, 탐색과 실험, 조치, 검토와 평가)은 팀 코치가 팀 코칭 관계에서 거쳐야 할 단계에 대한 지침을 제공한다.

- **계약**Contract 1: 초기 계약은 흔히 인사부서나 다른 부서의 팀 리더나 담당자gate keeper 사이에서 이루어진다. 그 계약은 전체 팀과 함께해야 하기 때문에 이는 팀 코치에게 계약이 될 수 없다. 팀과 질의와 진단, 설계 단계를 진행하는 계약이다.
- **질의**Inquiry: 팀이 앞으로 나아가야 할 과제, 팀의 역사, 팀의 목적, 목표와 역할, 팀 역동을 발견하기 위한 포괄적인 질의 과정이다. 여기에는 팀 360도 설문지(아래 참조), 팀 구성원과 팀 이해관계자 인터뷰, 팀 성과 데이터 검토 등이 포함된다.
- **진단과 설계**Diagnosis and design: 질의 과정이 끝나면, 팀 전체가 이러한 도전에 대응하고 팀 개발 여정과 팀 코칭을 공동 설계하는 데 있어, 이해관계자의 요구와 팀에 대한 미래의 요구사항, 팀의 강점과 약점을 공동으로 진단해야 한다.
- **계약**Contract 2: 위 단계부터 작업 검토와 평가 방법을 포함하여 전체 팀과 계약을 개발할 수 있다.
- **경청**Listening: 여기에는 팀 코치가 내부 회의와 이해관계자와의 약속에서 팀이 어떻게 과제

를 해결하는지 깊이 경청하는 과정이 포함된다.
- **탐색과 실험**Exploring and experimenting: 팀 코치는 팀이 위에서 설명한 다섯 가지 규율 모두에서 새로운 작업 방식을 실험할 수 있도록 한다.
- **조치**Action: 또 팀 코치는 이러한 실험을 통해 얻은 교훈을 좋은 의도뿐만 아니라 명확한 약속과 행동으로 전환하고 가장 어려운 작업 중에 코칭할 수 있도록 지원한다.
- **검토와 평가**Review and evaluation: 팀 코치는 작업을 정기적으로 검토하여, 무엇이 효과가 있고 무엇이 없는지, 그리고 팀의 더 넓은 생태계에서 발생하는 새로운 과제를 고려하여 계약이 더욱 발전되도록 한다. 나는 보통 작업 시작 후 9개월에서 12개월 후에 360도 평가를 반복하고, 팀 코칭 과정이 끝난 후 3~6개월이 지나면 후속 검토를 하는 경우가 많다.

시스템 팀 코칭 수퍼비전

6단계 수퍼비전 모델(Hawkins, 2017a)은 팀 코칭 수퍼비전이 훨씬 더 복잡하며 개별 수퍼비전의 요구사항을 인식하여 개발하였다. 팀 코치들은 팀, 팀 업무, 이해관계자, 팀 구성원에 대한 방대한 양의 자료로 결국 대체로 수퍼비전이 필요하다. 따라서 이 모델은 자료를 빠르게 검토하여 근본적인 시스템 패턴을 확인할 수 있는 수단을 제공한다.

접근 방식이 어떻게 새로운 영역을 개발했는가

내가 처음 시스템 팀 코칭을 개발한 이후, 세상은 매우 다양한 수준에서 급격하게 변화했고 이에 맞추어 시스템 팀 코칭도 발전하였다. 내가 리더십 팀 코칭 1판을 저술했을 때(Hawkins, 2011), 우리는 마침 시스템 팀 코칭의 첫 번째 마스터 수준 학위 프로그램을 운영하고 있었다. 이제 AoEC(www.aoec.com)와 함께 리뉴얼 어소시에이츠Renewal Associates(www.renewalassociates.co.uk)가 남아프리카의 과정을 포함하여 일곱 번째 과정을 운영하고 있다. 또 시스템 팀 코칭의 기본과 '다섯 가지 규율 모델'을 가르치는 30개 이상, 3일 이상의 자격증 프로그램이 있다. 이 프로그램은 정기 과정으로 진행 중인 영국을 비롯하여, 중국, 미국, 호주, 싱가포르, 케냐, 남아프리카, 브라질, 덴마크, 포르투갈, 헝가리를 포함한 세계의 많은 지역에서 실시되고 있다. 프로그램에 참여했던 모든 학생과 교수진에게 나는 많이 배웠다. 이를 통해 시스템 팀 코치를 훈련하는 방법뿐 아니라 팀 코칭의 어려움, 함정과 위험, 전략 프로세스, 혁신, 팀 상호 간 코칭, 코칭 파트너십, 네트워크 그리고 스타트업 등 팀 코칭 기술 전반에 대한 지식과 이해가 깊어질 수 있었다.

이제 팀 코칭의 네 번째 발전적 수준을 설명할 수 있다고 생각한다.

> **수준 IV**: 에코시스템 팀 코칭Eco-System Team Coaching은 팀이 끊임없이 변화하는 생태계와 역동적인 관계 속에서 함께 진화하고 공유가치를 창출한다고 본다(Port & Kramer, 2011). 에코시스템 팀 코칭은 팀과 다른 연결 팀과의 상호작용(팀 상호 간 코칭)에 초점을 맞추고, 더 넓은 이해관계자들과의 전략적 대화(코칭 전략 프로세스)에 초점을 맞추고, 조직 내에서 그리고 기업 네트워크(코칭 네트워크) 또는 파트너십을 통해 팀 기반 문화를 개발한다. 구성원과 조직이 공동의 목표(동반자 관계)를 추구하기 위해 함께한다.
> (Hawkins, 2017a)

리더십 팀 코칭 3판(Hawkins, 2017a)에서는 이러한 시스템 팀 코칭의 최신 발전과 4단계 에코시스템 팀 코칭으로의 전환에 대해 살펴본다. 나는 팀 코칭 분야에 영향을 미치기 시작하는 잠재적 위협과 방해, 그리고 내가 양성하고 수퍼비전하는 수백 명의 시스템 팀 코치의 프랙티스에서 발견하게 되는 잠재적 함정과 위험(아래 참조)에 대해 살펴본다.

나는 에코시스템 팀 코칭 접근 방식이 필요한 새로운 기회와 도전의 폭발적 증가를 탐구하고자 한다. 여기에는 신생 기업과 기존 비즈니스 내의 혁신 그리고 에지 팀 코칭에 시스템 팀 코칭을 적용하는 방법, 서로 다른 부문의 조직 간 네트워크와 파트너십을 코칭하는 방법, 고립된 고성능 팀이 아니라, 부분의 총합보다 더 큰, 팀 사이의 협력을 추구할 수 있고, 팀 간 협업을 지원하는 '팀들의 팀team of teams' 접근 방식을 구축하는 방법 등이 포함된다.

시스템 팀 코칭 훈련

서구 세계에는 조직 외부와 내부의 개별 코치, 퍼실리테이터, 트레이너가 부족하지는 않다. 하지만 코칭과 파트너 기술에 숙련되고 깊이 있는 개발을 결합하며, 개인, 팀, 팀 상호 간, 조직 그리고 더 넓은 시스템 수준에 대한 관심을 결합할 수 있는 시스템 코치가 절실히 필요하다. 그러한 시스템 팀 코치 양성은 단순히 위에 언급한 모델을 학습하는 것뿐 아니라, 다섯 가지 규율의 도구 배우기, 언제 어떻게 적용하는지에 대한 사항도 아니다. 개인에서 집단적 실체로서의 팀으로 초점을 옮길 뿐 아니라, 가장 중요한 부분은 생각하고, 시스템과 에코시스템으로 발전할 수 있는 능력과 역량을 개발하는 일이다.

이러한 변화를 이루기 위해, 우리는 프로그램 참여자들을 세 가지 핵심 상호 관련 부분의 개발 여정에 참여시킨다.

1. **시스템 팀 코칭의 '무엇**what**'**: 여기에는 팀과 팀의 과제를 시스템적으로 볼 수 있는 새로운 렌즈 개발과 시스템 내에서 변화 퍼실리테이터로서의 코치 역할에 대한 명확성 개발이 포함된다.
2. **시스템 팀 코칭의 '방법**how**'**: 코치는 팀이 다섯 가지 규율에서 우수성을 개발하는 데 도움이 되는 더 넓은 도구 목록을 개발한다. 코치가 다른 상황과 문화에 맞게 다양한 접근법을 구사할 수 있도록 전문성과 유능함을 구축하는 데 초점을 맞춘다.
3. **시스템 팀 코칭의 '누구**who**'**: 어떤 면에서 세 가지 중 가장 까다로운 부분인데, 이를 위해 코치가 시스템 패턴에 맞춰 조율할 수 있는 개인 능력을 지속해서 개발하고 연마하여 팀을 가장 잘 돕도록 해야 한다. 이는 복원력 기르기도 포함한다. 즉 시스템 팀 코치가 제공하는 가장 큰 가치는 기존 행동 패턴 비추기와 이에 도전하도록 초대하는 데 있다. 이를 위해 리더십 가치를 창출하기 위해 긴장감이 건설적으로 해소될 수 있는 공간을 만드는 능력이 필요하다.

3일 인증 프로그램의 참여자들은 핵심 개념과 접근 방식에 대한 확고한 기반을 학습하고, 이를 실제 팀 또는 신중하게 구성된 팀 시뮬레이션에 적용하는 연습을 함으로써 개발 프로세스를 시작한다. 1년 수료과정 프로그램은 한 해 동안 팀 고객과의 지속적인 관계에서 학생들이 접근 방식을 적용하여, 심화, 개선, 강화하는 팀 코칭 프랙티스를 진행한다. 이 프로그램은 실제 의뢰인의 사례에서 프랙티스의 새로운 입력, 실험, 피드백, 성찰과 수퍼비전을 통해 단계별 시스템 사고의 학습과 응용을 제공하는 강력한 학습 커뮤니티 내에서 이루어지며 지속적인 학습을 장려한다.

그렇지만 시스템 전문 팀 코치를 어떻게 양성하느냐뿐만 아니라 모든 코치와 컨설턴트가 필요로 하는 팀 코칭 교육도 고민해야 한다. CEO와 고위급 리더들의 개별 코칭 시, 코칭에서 가장 자주 제기하는 문제 가운데 하나는 더 집단적이고 효과적인 리더십을 실천할 수 있도록 어떻게 팀을 발전시키고 코칭할 것인가이다. 이는 팀 코칭 방식에 대한 수퍼비전과 관련이 있다. 개별 코치로서 이를 효과적으로 수행하기 위해서는 수퍼비전과 시스템 팀 코칭을 모두 이해해야 한다. 따라서 나는 복잡한 조직 세계에서 코치를 하고 싶은 사람들을 위해 모든 코치 교육의 일환으로 두 과목 모두를 가르쳐야 한다고 생각한다. 이 핸드북이 모든 코치 교육 프로그램의 핵심 독서가 되어 점점 더 많은 코치가 흥미롭고 보람 있는 팀 코칭의 세계로 용감하게 도약할 수 있기를 바란다.

코치들은 코칭과 개인 개발에 있어 강력한 기술을 익혔으므로, 이제는 코칭 팀뿐만 아니라 다른 팀, 조직의 다른 부분 그리고 더 넓은 이해관계자와 관련된 코칭 팀으로도 기술을 확장해야 한다.

앞으로의 과제

리더십 팀 코칭(Hawkins, 2017a) 3판에서 팀 코칭의 함정 일곱 가지를 간략히 정리하고 이를 극복하는 방법을 모색한다. 일곱 가지 함정은 다음과 같다.

1. **팀 코칭을 지속적인 관계가 아닌 일련의 이벤트로 간주한다.** 많은 팀 코치는 팀이 행사(휴가/작업장/현장 외)를 운영하기 위해 고용해야 하는 상황에 처한다. 팀 코칭이 효과적이려면, 팀과 코치가 팀의 강점과 약점, 몇 가지 집단 개발 목표, 이러한 목표를 달성하는 데 도움이 되는 개발 여정 등을 파악하고 계약한 지속적인 파트너십이 필요하다. 시스템 팀 코칭은 단순히 일련의 이벤트가 아니라, 팀 코치가 없을 때도 계속되는 개발 과정이다. 현장 외부 이벤트, 팀의 정규 회의에 프로세스 컨설팅을 제공하거나 이해관계자 참여 이벤트에 참석해야 할 수도 있다. 또 팀의 효율성에 대한 기여도를 높일 수 있는 방법에 초점을 맞춘 팀 구성원의 개별 코칭도 포함된다. 이는 팀 리더에게 특히 중요하다(Hawkins, 2014a).
2. **팀 이해관계자에게 서비스하기 위한 코칭을 공동 창조하기보다, 팀 또는 팀 리더를 고객으로, 코치를 공급자로 대한다.** 시스템 팀 코칭은 단순히 코치가 수행뿐 아니라, 코치와 팀이 공동으로 팀의 이해관계자들과 더 큰 가치를 창출할 수 있는 방법에 초점을 맞추는 파트너십 노력이다. 관계를 시작할 때, 이러한 파트너십 접근법을 수립하지 못하면, 팀 코치가 이벤트별로 고용되는 중재 공급자가 되는 경우가 많아진다.

3. **팀 코칭**team coaching, **시스템으로 팀을 코칭하기**coaching the team as a system **그리고 시스템 팀 코칭**Systemic Team Coaching**의 차이를 구분하기는 쉽지 않다.** 위에서 세 가지 접근법의 큰 차이를 분명히 설명했는데, 팀 코치가 팀 구성원들이 이러한 차이를 이해하는 데 도움을 주지 않는다면, 팀 코치는 때때로 외적 가치 창출보다는 내적 관계에 초점을 맞추면서 자연스럽게 예측불허의 상태 그리고 엔트로피entropy와 퇴보regression를 맞이하게 된다.

4. **성과와 가치 창출보다는 고성과를 위한 팀 속성에 집중한다.** 때때로 팀 리더들은 달성해야 할 목적지와 목표가 있다고 믿으며, "우리가 고성과를 내는 팀이 되도록 도와달라."라고 말한다. 이후 팀 역량 프레임워크라는 획득해야 할 속성 목록을 작성하기 위해, 고성과 팀 사례와 모델을 요청한다. 시스템 팀 코칭은 항상 팀의 모든 이해관계자의 향후 요구사항으로부터 '퓨처 백과 아웃사이드인Future-back and Outsidein'(역자 주: 미래를 멀리 내다보고 그에 맞게 현재를 바라보는 시각과 외부에서 내부를 바라보는 리더의 시각)을 시작해야 한다.

5. **리더십을 수평적이기보다는 위계적으로 본다.** 내가 헨리 비즈니스 스쿨(Hawkins, 2017b)에서 주도해온 글로벌 연구에서 나타난 핵심 주제 가운데 하나는 변화하는 세상에서 목적에 맞게 리더십에 대한 사고방식이 급진적으로 변화해야 한다는 부분이었다. 리더십에 대한 지배적인 사고방식은 현재 위계적이고 역할 중심적이다. "나는 내 팀, 내 기능, 내 조직, 내 사람들(내 아래 계급에 있는 사람들)을 이끌었다."

많은 CEO가 조직 내에서 더 적은 인원을 고용하려고 하지만, 성공하기 위해서는 훨씬 더 많은 이해관계자와 효과적인 파트너십을 발전시켜야 한다고 언급했다. CEO들은 디지털화, 로봇공학, 아웃소싱의 영향이 어떻게 '조직 구조를 허무는지'에 관해 이야기했다. 동시에, 시민사회뿐 아니라 점점 더 많은 공급자, 유통업자, 고객, 투자자와 협력해야 할 필요성이 대두되며, 리더십을 덜 수직적이고 수평적으로 만들어 가고 있다.

리더들은 리더십의 주요 과제가 단순히 조직 내만이 아니라, 성공을 위해 잘 협력해야 하는 다양한 이해관계자들과의 파트너십, 그리고 시너지 창출에 있다고 이야기했다(Hawkins, 2017b).

팀 코칭은 리더십이 본질에서 이러한 급격한 변화에 대해 경각심을 갖게 한다. 그리고 리더와 리더십 팀은 다른 팀과 더 효과적으로 연결되고 스스로 성공하도록 파트너 그리고 이해관계자와 함께 조직 경계를 넘어 연결되도록 지원해야 한다.

6. **성공적인 팀이 되는 도착지를 바라본다.** 개인이든 팀이든 조직이든 종種이든 공진화co-evolution는 끝이 없는 이야기다. 레그 레반스Reg Revans는 다윈의 생각을 모든 조직에 적용할

간단한 공식으로 채택했다. L=E.C. 학습은 환경 변화율과 같거나 더 커야 한다. 따라서 팀은 자신의 생태적 틈새$^{ecological\ niche}$에서 끊임없이 배울 필요가 있다. 우리 주변 세계가 기하급수적으로 성장하는 속도(Diamandis & Kotler, 2014; Ismail, 2014; Schwab, 2016)는 평생학습의 증가율을 요구한다. 우리가 적응하는 것뿐 아니라, 우리의 생태적 틈새와 적극적인 공동 창조, 공동 진화는 점점 더 중요해지고 있다.

많은 저자가 투자수익률^{ROI}보다 학습률^{ROL}에 초점을 더 맞출 필요가 있다고 썼다.

파괴적 혁신기업 자포스^{Zappos}의 CEO인 토니 셰$^{Tony\ Shieh}$는 '위대한 브랜드나 회사는 결코 전진을 멈추지 않는 이야기'라고 말했다. 나는 이를 '위대한 팀은 생태적 틈새$^{ecological\ niche}$와 함께 공진화의 춤$^{co\text{-}volutionary\ dance}$으로 전개되기를 결코 중단하지 않는 이야기'라고 적용했다.

7. **근본적인 패러다임 바꾼다**. '실체적 사고$^{entity\ thinking}$'를 넘어서기. '실체적 사고'는 생존 단위와 번영, 또는 성공 단위가 개인, 가족, 팀, 조직, 국가, 종種^{species}과 같은 경계 실체에 위치한다는 지배적이고 암묵적 믿음에 대해 붙여진 이름이다. 이 함정은 위에 열거된 많은 다른 함정의 기초가 되며, 서양식 사고에서는 너무나 흔해서 우리는 보통 알아차리지 못한다. 우리는 '위대한 지도자', '고성과 팀', '탁월한 조직', '우리나라를 다시 위대하게 만든다', '종족을 살린다' 등을 이야기한다. 지난 200년간 서구의 사고는 제한적이고 위험한 가정에 의해 사로 잡혀 있었다. 이는 개인, 팀, 조직, 부족, 국가 또는 종족에 존재하듯 성공과 번영을 가져왔다.

개별 코칭에서 팀 코칭으로의 전환은 개인 중심적이고 자기 중심적 사고를, 팀 또는 집단 수준으로 옮기며, 구역 내에서 가장 뛰어난 고성과 팀이 되기 위한 경쟁만으로는 충분치 않다. 우리는 생존, 성공, 번영만이 아니라, 팀을 둘러싼 환경 또는 생태적 틈새에 대한 관계와 역동적 공진화로 나아가는 팀임을 인식할 필요가 있다.

성공한 회사나 고성과 팀으로 불리는 일은 독이 든 성배$^{poisoned\ chalice}$이다. 마이크로소프트의 설립자인 빌 게이츠는 "성공은 형편없는 교사이다. 이는 똑똑한 사람들에게 질 수 없다고 생각하게끔 유혹한다."라고 말한다(Ismail, 2014, p.95). 그러니, 여러분은 고성과 팀이라고 생각하지 않도록 주의하라.

나는 다양한 글에서 팀 코칭이 팀 구성원들 사이의 내부 관계를 넘어 팀 전체의 대외 관계 네트워크에 더 집중해야 하며, 스스로에 대한 팀 호감도가 아닌 더 넓은 시스템 내에서 팀의 가치 창출 기여에 더 집중해야 한다고 주장해왔다. 미래의 리더십에 관한 연구를 위해, 한 CEO와 인터뷰를 했을 때(Hawkins, 2017a), 다음과 같이 말했다. "도전 과제는 연결 관계에 있다. 부서나 구성원들에게 있지 않다." 이는 도전 과제의 진실일 뿐 아니라, 팀의 번영, 성공, 가치 창출은 언제나 실체가 아닌 관계에 있음이 진실이다.

결론

이토록 많은 기회와 도전이 있었던 때는 과거에 없었다. 지금은 가만히 서서, 우리의 영광에 안주하거나 겁먹거나 현실에 안주할 때가 아니다. 지금 이 순간, 우리는 무섭기도 하고 흥미롭기도 하지만 무엇보다 중요한 순간에 놓여있다. 향후 25년 동안, 우리는 존 매시Joanna Macy와 크리스 존스톤Chris Johnstone(2012)이 표현했던 '위대한 전환점Great Turning'의 중심에 있다. 존 엘킹턴John Elkington과 조첸 자이츠Jochen Zeitz(2014)는 인간 시스템이 붕괴되거나 돌파될 시기라고 표현하고, 피터 디아만디스Peter Diamandis와 스티븐 코틀러Steven Kotler는 풍부한 낙관론으로 '세상을 다시 만들어 갈 수 있는can remake the world' 시기라고 말한다(2014, p.27).

인류가 그 어느 때보다 빠르게 진화해야 할 뿐 아니라, '인류세 시대Anthropocene Age'(2016년 11월 1일자 뉴욕타임스 기사 참조)(역자 주: 인류세는 오존층 파괴의 원인을 밝혀 노벨화학상을 수상했던 네덜란드 화학자 파울 크뤼천Pual. J. Crutzen 박사가 2000년 국제지구권생물권연구IGBP에서 제안한 새로운 지질시대 개념 용어)가 생태계에서 다른 많은 종과 생태계의 진화와 멸종에 미치는 영향에 대해 책임져야 하는 시대에 살고 있다. 주변에서 무슨 일이 일어나고 있는지 깊이 경청하고, 품고 있는 가정과 신념을 깊이 재검토하고, 어떤 분야에서 끊임없이 재창조하고 혁신해야 할 때다.

세상은 개인, 팀, 조직 그리고 더 넓은 생태계가 동시에 학습하고, 코칭과 조직개발을 제공하면서 최고로 기능하게 하는, 함께 발전할 수 있는 새로운 통합의 접근 방식인 팀 코칭 형태를 필요로 한다.

우리는 이제 한 번에 한 사람씩 인류를 발전시킬 여유가 없다. 우리는 한 종으로서 인간의 배움이 느리고(인간이 대부분 다른 종보다 더 긴 성장 기간을 가지는 이유), 심지어 더 느리고, 자신의 환경 변화에 적응하기에 더 느리다는 사실을 깨달을 필요가 있다. 시스템 팀 코치의 역할 중 하나는 팀이 비즈니스 환경 시스템의 과제를 깨닫고, 미래에 닥칠 일을 더 잘 알아차리며, '고의적 무관심wilful blindness'을 극복하도록 돕는다(Heffernan, 2011). 이는 팀이 더 큰 위기를 맞이하기 전에, 하나의 위기를 맞이하도록 돕기 위함이다.

참고문헌

Clutterbuck, D. (2007). *Coaching the team at work*. London, England: Nicholas Brealey.
Diamandis, P. H., & Kotler, S. (2014). *Abundance: The future is better than you think*. New York, NY: Free Press
Elkington, J. (2012). *The zeronauts: Breaking the sustainability barrier*. London, England: Routledge.
Elkington, J., & Jochen Zeitz, J. (2014). *The breakthrough challenge: 10 ways to connect today's profits with tomorrow's bottom line*. San Francisco, CA: Jossey-Bass.
Green, W., & Toyama, M. (2005, July 25). 10 questions for Katsuaki Watanabe. *Time Magazine, 166*(4).
Hackman, J. R. (2011). *Collaborative intelligence: Using teams to solve hard problems*. San Francisco, CA: Berrett-Koehler.
Hawkins, P. (2011). *Leadership team coaching: Developing collective transformational leadership*. London, England: Kogan Page.
Hawkins, P. (2014a). *Leadership team coaching: Developing collective transformational leadership* (2nd ed.). London, England: Kogan Page.
Hawkins, P. (Ed.). (2014b). *Leadership team coaching in practice*. London, England: Kogan Page.
Hawkins, P. (2017a). *Leadership team coaching: Developing collective transformational leadership* (3rd ed.). London, England: Kogan Page.
Hawkins, P. (2017b). *Tomorrow's leadership and the necessary revolution in today's leadership development*. Henley, England: Henley Business School.
Hawkins, P., & Smith, N. (2013). *Coaching, mentoring and organizational consultancy: Supervision and development* (2nd ed.). Maidenhead, England: Open University Press/McGraw-Hill.
Heffernan, M. (2011). *Wilful blindness: How we ignore the obvious at our peril*. London, England: Simon & Schuster.
Ismail, S. (2014). *Exponential organisations: Why new organisations are ten times better, faster, and cheaper than yours (and what to do about it)*. New York, NY: Diversion Books.
Katzenbach, J., & Smith, D. (1993a). The discipline of teams. *Harvard Business Review, 71*(2), 111-120.
Katzenbach, J., & Smith, D. (1993b). *The wisdom of teams: Creating the high-performance organization*. Cambridge, MA: Harvard Business School Press.
Katzenbach, J., & Smith, D. (1999). *The wisdom of teams: Creating the high-performance organization* (2nd ed.). Cambridge, MA: Harvard Business School Press.
Kets de Vries, M. F. R. (2005). Leadership group coaching in action: The Zen of creating high performance teams. *Academy of Management Executive, 19*(1), 61-76.
Kets de Vries, M. F. R. (2011). *The hedgehog effect: The secrets of building high performance teams*. San Francisco, CA: Jossey-Bass.
Leary-Joyce, J., & Lines, H. (2017). *Systemic team coaching*. London, England: Academy of Executive Coaching.
Macy, J., & Johnstone, C. (2012). *Active hope: How to face the mess we're in without going crazy*. Novato, CA: New World Library.
Mann, C. (2016). *Ridler report*. London, England: Ridler.
Meadows, D. (2009). *Thinking in systems: A primer*. London, England: Earthscan.
Oshry, B. (2007). *Seeing systems: Unlocking the mysteries of organizational life* (2nd ed.). San Francisco, CA: Berrett-Koehler.
Porter, M. E., & Kramer, M. R. (2011). Shared value: How to re-invent capitalism and unleash a wave of innovation and growth. *Harvard Business Review, 89*(1/2), 62-77.
Schwab, K. (2016). *The fourth industrial revolution*. Geneva, Switzerland: World Economic Forum.
Senge, P., Jaworski, J., Scharmer, C., & Flowers, B. (2005). *Presence: Exploring profound change in people, organizations and society*. New York, NY: Doubleday.
Wageman, R., Nunes, D. A., Burruss, J. A., & Hackman, J. R. (2008). *Senior leadership teams*. Cambridge, MA: Harvard Business School Press.
West, M. A. (2012). *Effective teamwork: Practical lessons from organizational research* (3rd ed.). Oxford, England: BPS Blackwell.

4장. 공유 리더십 모델과 팀 코칭

저자: 더그 맥키Doug MacKie
역자: 우성희

인류학적 증거에 따르면 인간은 선사시대 내내 맹렬한 평등주의자egalitarian였고, 집단을 지나치게 지배하거나 동료 구성원의 능력과 역할을 제한하려는 사람들에게 끔찍한 결과를 가져왔다(Boehm, 1999). 최근까지 조직은 이 교훈을 잊고, 팀보다 개개인의 리더를 촉진하고 리더십이 아니라 리더를 강조하였다(Hawkins, 2014). 최근 이러한 집단 기억상실증은 고성과 팀, 그들의 구조, 내재한 리더십 스타일에 대한 관심이 높아지면서 사라지는 것으로 보인다(Hawkins, 2011; Wageman, Nunes, Burruss & Hackman, 2008).

부활의 주요 원동력 가운데 하나는 리더십이 훈련 가능하고, 유연하며, 조직 전체에 널리 분포되어 있다는 인식이다(MacKie, 2016). 따라서 아직 개발되지 않은 경쟁 우위의 원천을 무시하는 것은 말할 것도 없고, 개발되지 않은 리더십 풀을 무시하는 것은 필연적으로 전례 없는 수준의 이탈과 낮은 몰입을 초래할 수밖에 없었다. 이 장에서는 공유 리더십shared leadership이 팀 효과성에 미치는 영향에 대한 증거를 검토하고 팀 코칭이 수직적 리더십 모델에서 공유 리더십 모델로의 전환을 어떻게 촉진할 수 있는지에 대해 논의한다.

더그 맥키 Doug MacKie: 경영심리학자이자 CSA 컨설팅의 이사이다. 더그는 25년 이상 국제적인 유수 기업에서 경영진, 리더십 및 팀 역량의 평가 및 개발 경험을 보유하고 있다. 더그는 긍정적인 리더십과 혁신적 리더와 경영진 개발 분야에서 강점 기반 접근 방식의 전문 지식을 보유하고 있다.

정의 및 측정

현재 주목하는 것은 고성과 팀에서 발견되는 리더십 유형과 구조, 특히 팀 리더십에 대한 집단적collective, 공유적shared 그리고 분산적 모델distributed model이 지시적directive, 중앙 집중적centralised, 수직적vertical 접근 방식보다 유리한지 여부이다(Wang, Waldman & Zhang, 2014). 그렇지만 이 질문에 답하려면 공유 리더십의 구성 개념과 고성과 팀에서 성공이 어떤 양상으로 나타나는지를 모두 정의해야 한다. 공동 팀의 리더십 형태는 분산적(Bolden, 2011), 집단적(Hiller, Day & Vance, 2006), 참여적(Carte, Chidambaram & Becker, 2006), 공유적(Ulhøi & Müller, 2014)으로 다양하게 설명하였다. 그러나 이러한 모든 접근 방식은 팀 맥락에서 한 명의 수직적 리더의 노력을 강조하는 전통적인 접근 방식과 대조된다(Yammarino, Salas, Serban, Shirreffs & Shuffler, 2012).

아직까지는, 집단적 리더십의 다양한 개념들 사이에 구성 개념의 차별성이 불충분하고, 공유 리더십이 지금까지 대부분 연구의 관심을 받았기 때문에 이 장에서는 공유 리더십에 초점을 둘 것이다. 공유 리더십은 다음과 같이 정의됐다.

> 여러 팀 구성원에게 리더십 영향력이 분산되어 발생하는 새로운 팀 속성. 이는 팀과 조직 성과를 크게 향상시킬 수 있는 팀 구성원의 상호작용에 내재한 상호 영향력의 상태를 나타낸다.
>
> (Carson, Tesluk & Marrone, 2007)

공유 리더십은 흔히 리더가 팀 위에 수직적으로 배치되고 팀에 대한 공식적인 권한을 갖는 수직적 리더십과 대조된다(Pearce & Sims, 2002). 또 공유 리더십은 팀 자체보다는 팀 리더의 역할, 기술, 역량을 강조하는 다른 팀 리더십 접근법과도 대비된다(Hackman & Wageman, 2005). 따라서 공유 리더십은 리더와 부하 사이의 전통적인 구분이 현저하게 감소되는 팀에서 더 역동적인 리더십 모델을 제시한다.

팀 리더십의 변화가 가치 있는 팀 결과에 긍정적 영향을 미치는지 확인하기 위해서는 시간이 지남에 따라 관련 변화를 신뢰성 있게 측정할 수 있는 종속변수를 정의해야 한다. 왕Wang과 동료들(2014)은 팀 효과성에 대한 공유 리더십 개입의 중요성을 강조했으며 이를 네 가지 범주로 분류했다. 첫째, 팀 만족과 몰입을 포함한 태도 변화를 측정했다. 둘째, 팀 응집력과 협력을 포함한 행동 변화는 더 관찰 가능한 변화 기준을 제공했다. 마지막으로, 성과 기준은 팀이 성과에 대해 자체 평가를 하는 주관적 기준과 매출액, 수익 등을 포함한 생산성의 구체적인 척도를 제공하는 객관적 기준으로 구분되었다. 이러한 팀 효과 기준은 최근 업무와 사회적 프로세스 그리고 개인 개발 기준을 포함하도록 확장되었다(Overfield, 2016). 이러한 광범위한 기준에는 팀 코칭이 목표로 하고 강화할 수 있는 구체적인 성과(예: 팀 규범 및 역할)가 있지만, 팀이 가장 광범위한 의미에서 성공하려면 이러한 기준이 긍정적으로 일치해야 한다는 인식도 있다. 예를 들어, 팀의 사회적 프로세스와 개발 초점을 희생시키는 경우, 팀이 작업 성과를 향상할 수 있는 장기적이고 지속 가능한 가치는 없다.

팀 맥락에서 공유 리더십에 대한 결정적인 척도는 아직 없다. 다만 공유 리더십의 존재에 대한 데이터를 부분적으로 제공할 수 있는 기존 심리측정뿐만 아니라 팀의 공유 리더십 수준을 구체화할 수 있는 경로를 제공하는 다수의 구조화된 인터뷰 접근법이 있다. 모든 심리학적 평가와 마찬가지로, 결과는 필연적으로 평가가 수행되는 시기(예: 팀 수명의 시작, 중간 또는 끝)뿐만 아니라 누구에게 질문하느냐(팀 구성원 vs. 외부 이해관계자)에 따라 달라진다. 호크[Hoch]는 자신의 설문지에서 팀 맥락에서 변혁적, 거래적, 지시적, 임파워링 및 회피적 리더십[aversive leadership]을 측정하는 여러 항목을 요약했다(Hoch et al., 2010).

카슨[Carson] 등(2007)은 공유 리더십의 선행요인을 측정하기 위한 수단으로 공유된 목적, 사회적 지원 및 발언(팀 내 개인의 영향)을 평가할 것을 제안했다. 구조화된 심리측정 관점에서, 팀 개발 설문(Wageman, Hackman & Lehman, 2005)과 같은 기존의 팀에 대한 측정 도구는 팀의 권위에 대해 팀 구성원에게 질문할 때 공유 리더십을 다루지만, 관련이 그렇게 많지는 않다. 브루쏘우[Brussow](2013)는 협업, 비전, 위임 및 문화의 영역을 포함하는 공유 리더십 척도를 개발했으며 점수를 산정할 때 총합을 계산하는 방식을 채택했다. 그렇지만 척도의 신뢰성과 타당성에 대해 논문에 발표된 데이터는 없다. 마지막으로 MLQ[Multifactor Leadership Questionnaire](역자 주: MLQ는 브루스 J. 아볼리오[Bruce J. Avolio]와 버나드 M. 바스[Bernard M. Bass]가 설계한 도구로 리더십 스타일에 관한 36개 항목과 리더십 결과에 관한 9개 항목으로 구성되어 있다.) 팀(Bass & Avolio, 1997)은 팀 수준에서 전 범위 리더십 모델에 대한 통찰력을 제공하고 공유 리더십과 관련된 일부 데이터를 포착한다. 그러나 전통적으로 집단적 구성 개념보다는 개인적 구성 개념으로 간주되어온 변혁적-거래적 리더십 모델 아래서만 그렇게 한다. 공유 리더십의 구성 개념이 어떻게 정의되는지가 평가를 결정하며 이는 사회적 네트워크 분석의 일부로 밀도와 분산성을 사용하는 연구에서 명백하다(D'Innocenzo, Mathieu & Kukenburger, 2014). 여기에는 팀 내 사회적 관계의 총계를 물리적으로 매핑하거나, 팀이 "당신의 팀은 어느 정도까지 이 사람에게 리더십을 의존합니까?"와 같은 질문에 응답하도록 요구한 뒤 답변을 종합하는 작업이 포함될 수 있다.

공유 리더십은 기존의 팀 리더십 모델과 어떻게 통합되는가?

팀 맥락에서 리더십과 리더십 발전을 이해하는 것이 팀 코칭에서 핵심 역량이다. 몇몇 확립된 팀 코칭 모델(예: Wageman et al., 2008)은 리더십 개념을 팀 코칭 모델에 통합했다. 그러나 팀 맥락에서 집단적 리더십 강화에 관해서는 상대적으로 거의 쓰이지 않았다는 것은 놀라운 일이다(Zaccaro, Heinen & Shuffler, 2009). 변혁적 리더십과 같이 개인에 초점을 맞춘 리더십 문헌 대부분이 여전히 팀 효과성 향상과 관련이 있지만, 팀 리더십이 가져오는 상호 연결성, 통합성과 일관성에 대한 추가적인 초점을 놓칠 수 있다(Marks, Zaccaro & Mathieu, 2000). 팀 리더와 리더십은 전통적인 리더십 토대를 구축하지만, 개인의 목표를 조정하고 추가적인 시너지 효과가 나타나는 공유된 사회 정체성을 촉진한다. 일반적으로 팀 리더십 모델은 팀 개발 개입과 거의 동일한 방식으로 리더의 능력을 팀 효과성 조정자로 본다. 더 중요한 것은 팀워크를 장려하고 분산된 리더십 활용을 극대화하는 집단적인 팀 행동이다. 리더가 아닌 리더십에 대한 강조는 개별 강점의 집합적 활용이 어느 한 개인이 제공하는 효과를 능가하는 시너지를 제공할 것이라는 인식 때문에 팀 리더십 문헌에서 매우 두드러진다(Contractor, DeChurch, Carson, Carter & Keegan, 2012). 결과적으로, 팀 리더십의 새로운 모델은 점점 더 공유적, 분산적, 집단적, 포괄적(Nicolaides et al., 2014)이 되고 있으며, 팀 코치가 집단적 리더십 능력을 향상시키기 위해 적용할 이론적 근거와 경험적 모델을 제공한다. 또 분산형 리더십 이론과 긍정 리더십 이론 사이에는 흥미로운 시너지 효과가 있다(17장 참조). 두 가지 접근 방식 모두 부하, 자기 초월적 가치의 채택과 강점의 최대 활용에 대한 긍정적인 영향을 강조한다. 종합적으로 팀 내 특정 리더십 스타일의 개발은 더 구조적이고 과정 지향적인 접근 방식을 보완하고 강화해야 하는 효과적인 팀 코칭을 위해 추가적인 기회를 제공한다.

팀 내 공유 리더십 효과에 대한 증거는 무엇인가?

팀 리더십에 관한 대부분 문헌은 문제를 해결하는 기능적 접근법을 제공하는데, 이는 특정한 리더십 행동을 명시하는 것을 의도적으로 지양하지만 그대신 그들이 수행해야 하는 기능을 강조하여 개인의 유연성과 적응을 위해 상당한 여지를 남겨둔다(Hackman & Wagman, 2005). 그러나 방향 설정, 운영적 관리와 팀 리더십 역량 개발을 포함한 주요 리더십 기능은 팀 효과성의 구조적 모델과 분명히 중복된다(Wageman et al., 2008). 따라서 팀 리더십은 고성과 팀의 구조와 과정 요소를 가능하게 하는 대인관계 역동에 대한 템플릿을 제공한다. 또 팀 리더십은 변혁적 리더십을 포함하는 전 범위 리더십 모델full range leadership model(FRLM)과도 잘 연결된다. 팀 관련 연구 231개를 최근 메타 분석한 결과, 팀 내 변혁적 리더십은 팀 효과를 예측하는 데 거래적 리더십보다 두 배의 분산을 설명했는데(11% 대 6%), 이는 리더십 유형이 높은 성과를 내는 팀을 개발하는 데 얼마나 중요한지를 보여준다(Burke et al., 2006). 실제로 변혁적 리더십은 성장, 임파워먼트, 공유 비전 개발을 강조하기 때문에 공유 리더십의 한 형태로 분류되었다(Wang et al., 2014).

공유 리더십과 팀 효과성 사이의 관계에 대한 최근 메타 분석 리뷰(Wang et al., 2014)는 공유 리더십에 대한 독립적인 연구 결과 42개를 조사했다. 이들은 공유 리더십을 전통적인 형태(예: 거래적 리더십), 새로운 장르의 리더십(예: 변혁적 리더십) 그리고 누적된 전반적인 공유 리더십으로 구분했다. 또 팀 효과 기준을 태도적 결과(예: 직무 만족), 행동적 결과(예: 협력 및 응집력), 주관적 성과(예: 주관적 효과 측정) 그리고 객관적 효과 측정(예: 생산성)으로 구분하였다. 결과는 공유 리더십과 팀 효과 사이의 평균 상관관계는 0.35로 나타났고, 태도와 행동 결과에서 가장 높은 상관관계를 보였다(각각 0.45와 0.44). 주관적 성과와 객관적 성과(각각 0.25와 0.18)에서 낮은 상관관계가 발견되었다. 이러한 결과는 공유 리더십의 변화 이후 팀이 결과를 전달하는 데 걸리는 시간과 실험 변화에 민감한 팀 내 객관적 성과 기준을 분리하는 어려움 때문인 것으로 부분적으로 설명된다. 또 기존의 수직적 리더십에 비해 공유 리더십은 팀 성과와 관련해 독특한 긍정적 효과가 있는 것으로 나타났다.

3,198개 팀을 포함한 50개 연구에 대한 메타 분석 결과, 디노센조D'Innocenzo 등(2014)은 평균 0.21의 상관관계를 산출하여 공유 리더십과 팀 성과 사이의 상관관계에 대한 상당한 지지를 다시 발견하였다. 그러나 (상관관계의) 범위가 -0.27에서 +0.66으로 나타났는데, 이는 공유 리더십과 팀 성과 관계에서 중요한 조절변수와 매개변수가 존재함을 나타낸다. 관계성을 더 설명하기 위해, 그들은 검토된 공유 리더십을 유형별로 세 가지 하위 샘플로 구분하여 메타 분석을 수행했다: 1) 총합 유형: 공유 리더십 행동의 총합으로 복합 점수를 생성, 2) 네트워크 밀도: 네트워크에 존재하는 모든 가능한 링크의 비율을 추정하기 위해 사회적 네트워크 분

석을 사용, 3) 네트워크 중심성: 어떤 구성원이 팀 리더십의 중심이 되는지를 식별. 흥미롭게도 공유 리더십을 측정하기 위한 이 세 가지 방법론은 각각 유의미하게 다른 효과 크기를 산출하였는데(효과 크기 = 0.15, 0.35 및 0.29 여기서 0.2는 작은 효과 크기로 간주되고 0.5는 중간 효과로 간주된다(Cohen, 1988)), 이는 공유 리더십을 측정하는 방법이 팀 성과와의 관계에 큰 영향을 미친다는 것을 보여준다. 이는 총합을 계산하는 방법이 공유 리더십의 미묘한 뉘앙스를 일부 놓칠 수 있음을 시사한다. 또 공유 리더십 유형이 본 연구에서 조절변수 역할을 했다는 제안 외에도, 표본 유형(실험실 vs. 작업장)도 중요한 요소였는데, 작업장 조건에서 더 높은 효과 크기를 나타냈다.

추가적인 메타 분석 연구에서 니콜라이즈Nicolaides 등(2014)은 3,882개의 팀으로 구성된 54개의 연구 결과를 검토하여 공유 리더십과 팀 효과성 사이에 전반적으로 중간 정도의 효과 크기인 0.35가 나타남을 확인하였다. 또 이들은 공유 리더십이 수직적 리더십보다 팀 성과에 더 큰 차이(5.7%)를 일으킨다는 이전 연구결과를 다시 지지했다. 게다가, 그들은 팀 자신감이 공유 리더십의 중요한 조절변수이며 팀 성과에 대한 강력한 예측변수임을 발견했다. 상호 의존성과 팀 임기tenure를 공유 리더십과 팀 효과성 관계의 중요한 조절변수로 확인하였다. 바넷Barnett과 웨이덴펠러Weidenfeller(2016)는 현재까지 문헌을 철저히 검토한 결과, 공유 리더십과 팀 효과성의 관계는 일반적으로 정(+)적이지만, 현대 연구는 다양한 결과 기준과 종속변수를 사용했다고 결론지었다. 그리고 자기 보고식 데이터에 지나치게 의존해 최종 결론을 도출하는 데 문제가 있음을 보여주었다. 또 검토된 많은 연구는 자기 보고를 넘어 작업장에서의 영향을 측정하는 통제된 종단 연구가 없어서 본질에서 유사한 횡단연구이다. 그러나 이러한 기준(예: Pearce & Sims, 2002)을 충족하는 연구에서 여전히 공유 리더십과 팀 효과성 사이에 유의한 정의 관계를 보고하고 있다.

팀에서 공유 리더십이 가장 효과적인 때는 언제인가?

공유 리더십 모델 과제 가운데 하나는 어떤 측면을 공유할 수 있는지를 정확하게 정의하는 것이다. 모르게슨Morgeson, 드루Derue와 카람Karam(2010)은 팀 개발의 두 단계와 연관된 리더십의 15가지 측면을 파악했다. 이행 단계transition phase는 성공을 위한 팀 설립에 초점을 맞추고 있으며, 팀 구성원 개개인의 임무, 목표, 그리고 개발의 설정을 포함한다. 행동 단계action phase는 성과에 관한 것이며 산출물을 관찰하고, 집단적 성과에 도전하고 문제를 해결하는 데 초점을 맞추고 있다. 새로운 팀 구성원을 뽑거나 성과 관리 등에서 혼란과 분열을 조장하지 않으면서 리더십의 모든 측면을 한 팀 내에서 공유하고 분배할 수 있는지에 대해 어느 정도 논란이 있다(Pearce & Sims, 2002).

기존 연구 증거는 공유 리더십이 팀 효과성에 고유한 추가 역량을 더할 수 있다는 점을 시사하지만(Nicolaides et al., 2014; Wang et al., 2014), 분산 리더십 모델이 모든 팀에 적합한 것은 결코 아니다. 그렇다면, 공유 리더십의 경계 조건은 무엇일까? 팀 역량team competence(Chiu, 2014), 리더의 겸손leader humility(Chiu, 2014), 환경 복잡성environmental complexity(Wang et al., 2014) 또는 임파워링 리더십empowering leadership(Carson et al., 2007)을 포함하여 공유 리더십과 팀 효과성 사이의 관계에 대한 다수의 매개변수와 조절변수가 제안되었다. 카슨Carson 등(2007)은 공유 리더십의 선행조건에 대해 검토했는데, 공유 목적, 사회적 지원과 발언(의사결정 참여)을 촉진하는 팀 문화가 공유 리더십과 유의미한 상관관계를 가지고 있음을 확인했다.

특히 팀 내부 환경이 지원적이지 않고 이 두 변수 사이에 긍정적인 상호작용이 있을 경우 팀 코칭도 중요했다. 이는 팀 코칭이 비지원적인 팀 내부 환경을 보완할 수 있음을 시사하며, 그 반대의 경우도 마찬가지이다. 마지막으로, 회귀 분석 결과, 공유 리더십은 팀 작업의 최종 사용자가 평가한 팀 효과성의 중요한 예측 변수였으며, 이는 지원적인 환경과 팀 코칭의 효과에 추가적인 차이를 설명하는 것으로 나타났다. 명목상의 팀 리더가 자신의 팀에 권한을 위임하고 임파워링할 가능성이 낮기 때문에, 개인과 팀 역량 모두 공유 리더십의 발전에 조절 역할을 할 가능성이 크다(Chiu, 2014). 마찬가지로 리더의 겸손은 명목상의 권한과 의사결정이 팀 리더의 조건에 남아 있기보다는 집단이 권한을 부여받고 개발될 경우 팀이 더 잘 수행할 것이라는 인식을 하는 데 기본이 된다.

이러한 겸손의 근간은 강점과 능력이 풍부하고 성공적으로 개발될 수 있고 팀의 도전에 맞춰질 수 있다는 가정에 있다(17장 참조). [그림 4.1]은 공유 리더십의 선행요인, 매개변수와 조절변수를 요약해서 나타낸다.

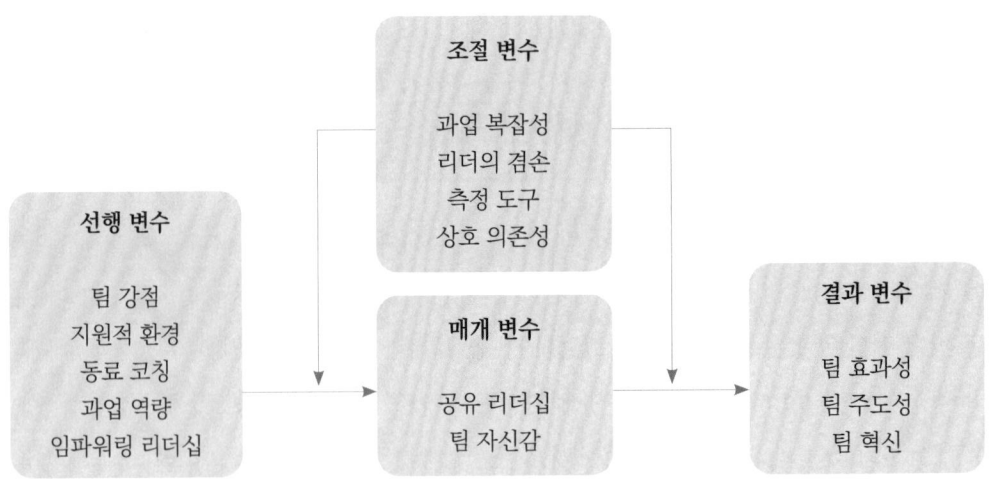

[그림 4.1] 공유 리더십의 잠재적인 매개변수 및 조절변수

공유 리더십을 위한 팀 코칭

팀을 수직적 리더십에서 공유 리더십으로 전환하도록 지원하는 것은 팀 코치에게 몇 가지 특별하고 구체적인 과제를 제시한다. 공유 리더십의 선행요인과 조절변수에 임파워링 리더십 유형과 리더의 겸손을 포함한다는 점에서 명목상의 팀 리더가 여기서 해야 할 중요한 역할이 있다. 팀 전환의 목적과 그에 따른 과제에 대한 개별화된 코칭은 리더와 부하 모두에게 필수적인 전제 조건이 되며, 그래서 시간이 지남에 따라 역할과 영향 그리고 책임이 어떻게 변화할 지에 대한 이해를 공유한다(Harris, 2013). 교육 부문의 증거는 리더십 분배가 잘 이루어지면 부하에게 동기부여와 자기 효능감 향상으로 이어질 수 있으며, 이는 다시 긍정적인 조직 결과를 향상할 수 있음을 시사한다(Sammons, Gu, Day & Ko, 2011). 그러나 팀과 명목상의 리더 모두에게 중요한 것은 이 접근법이 권력, 권한 및 통제력의 상당한 변화를 수반한다는 점을 인정하는 것이다.

팀 코치가 팀 내 공유 리더십 개발을 촉진할 수 있는 여러 진입 지점이 있다. 올바른 맥락에서 공유 리더십이 팀 효과성 향상 측면에서 기존의 수직적 리더십에 비해 증대 효과를 제공하는 것으로 보인다는 점을 고려할 때 이는 가치 있는 노력으로 보일 것이다.

첫 번째 과제는 해당 팀이 공유 리더십 향상에 초점을 맞추어서 이익을 얻기 위해 필요한 전제 조건이 있는지 확인하는 것이다. 본 논문에서 검토한 문헌에 따르면, 생산적인 선행요인에는 강점에 대한 인식, 동료 피드백과 코칭, 높은 수준의 개인적 역량과 능력, 임파워링 리더십 등이 포함된다. 팀 코칭을 위한 강점 기반 접근 방식은 이러한 기준의 많은 부분을 충족하며(17장 참조), 개별 강점의 식별identification과 개발development 그리고 그러한 강점을 팀 내 역할 및 과제와 조정하여 리더십 분배를 촉진한다(MacKie, 2016).

집단적 리더십은 여러 팀 내 역할 배분allocation 또는 선정adoption을 포함하며, 이들은 내비게이터, 엔지니어, 사회적 통합자 및 연락 담당자를 포함하여 팀 리더십에 필수적인 역할로 점차 수렴되고 있다(Carson, Tesluk, 2007; Contractor et al, 2012). 내비게이터 역할을 통해 팀은 명확한 목적과 방향을 유지할 수 있다. 엔지니어 역할은 공동 목표를 달성하기 위해 팀 작업을 구성하고 조정한다. 사회적 통합자 역할은 팀 내 건강하고 효과적인 관계를 유지하는 데 초점을 맞춘다. 마지막으로, 연락 담당자는 외부 이해관계자와의 주요 관계를 개발하고 유지한다.

이러한 역할의 점유가 개인의 강점과 선호도와 일치할 때 공유 리더십의 증대 효과를 얻을 수 있다. 흥미롭게도 이 네 가지 역할은 호킨스Hawkins(2014)의 5C 팀 코칭 모델의 네 가지 사분면에 잘 들어맞는다. 오버필드Overfield(2016)는 호건Hogan 성격 검사(Hogan & Hogan, 2007)를 기반으로 하여 팀 내에서의 역할 분류에 대한 다른 관점을 제공한다. 팀 역동을 강화하기 위한 경로로써 오버필드는 팀을 위해 심리적인 역할의 균형과 잠재적 탈선 행동derailer(역자 주: 리더가 최고의 성과를 올리는 데 방해가 되는 행동이나 성향을 의미함)을 식별하는 것이 팀 구성원을 차별화하고 결과적으로 성격 강점과 성격 선호도를 기반으로 한 공유 리더십을 개발하는 핵심 요소라고 제안한다.

팀 코치가 팀 내 공유 리더십 개발을 촉진할 수 있는 기회뿐만 아니라, 강점 기반 팀 코칭의 통합을 통해 모델을 확장할 가능성도 있다. 공유 리더십이 팀 내에서 고유한 역할을 개발해야 한다는 점을 고려할 때, 이러한 역할을 개인의 강점과 일치시키는 것이 타당하다. 개인과 팀 모두에서 강점을 식별하고 발전시키는 것에 관한 전체 문헌이 있으므로(17장 참조), 여기에서 이것이 높은 시너지 효과를 줄 가능성이 있음을 언급하는 것으로 충분하다.

결론

수천 개의 팀을 대상으로 조사한 여러 메타 분석 연구의 결과는 대부분 상황에서 공유 리더십과 팀 효과성 사이에 중요하고 긍정적이며 고유한 관계가 있음을 분명히 보여준다. 이러한 관계는 과업 상호 의존성, 과업 복잡성, 개인과 팀 역량, 팀 리더의 리더십 유형과 겸손 등 여러 가지 요인에 의해 조절된다. 따라서 공유 리더십 모델은 여러 개입 지점과 팀 코칭 개입에 대한 명확한 결과 기준에 대해 팀 코치에게 이론적, 합리적, 경험적 기초를 제공한다. 공유 리더십이 효과성 향상 측면에서 전통적인 형태의 수직적 리더십에 비해 크게 향상된다는 사실은 조직 내 팀 역량을 강화할 수 있는 강력한 기회이다.

공유 리더십은 우리의 진화된 리더십 성향뿐만 아니라 우리 자신의 역사적, 정치적 지혜와도 일치한다. 브라운Brown(2014)은 최근 정치 리더십에 대한 리뷰에서 "민주주의 내에서 강한 지도자는 그들이 주장하는 것처럼 강하거나 독립적인 경우가 드물다. 한 사람만 큰 결정을 내릴 자격이 있다는 생각은 해롭고 저항을 받는다."라고 결론을 내렸다. 이와는 반대로, 조직 내 팀에서 공유 리더십이 적극적으로 추진되어야 한다는 점은 팀 코치에게 팀 효과성을 더욱 높일 수 있는 고유한 기회를 제공한다.

참고문헌

Barnett, R. C., & Weidenfeller, N. K. (2016). Shared leadership and team perform ance. *Advances in Developing Human Resources, 18*(3), 334–351.

Bass, B. M., & Avolio, B. J. (1997). Concepts of leadership. In R. P. Vecchio (Ed.), *Leadership: Understanding the dynamics of power and influence in organizations* (pp. 3–23). Notre Dame, IN: University of Notre Dame Press.

Boehm, C. (1999). *Hierarchy in the forest: The evolution of egalitarian behavior*. Cambridge, MA: Harvard University Press.

Bolden, R. (2011). Distributed leadership in organizations: A review of theory and research. *International Journal of Management Reviews, 13*(3), 251–269.

Brown, A. (2014). *The myth of the strong leader*. Visalia, CA: Vintage Press. 『강한 리더라는 신화』 홍지영 역, 사계절. 2017.

Brussow, J. A. (2013). *Shared leadership survey*. Lawrence, KS: University of Kansas, Center for Research on Learning.

Burke, C. S., Stagl, K. C., Klein, C., Goodwin, G. F., Salas, E., & Halpin, S. M. (2006). What type of leadership behaviors are functional in teams?: A metaanalysis. *The Leadership Quarterly, 17*(3), 288–307.

Carson, J. B., Tesluk, P. E., & Marrone, J. A. (2007). Shared leadership in teams: An investigation of antecedent conditions and performance. *Academy of Management Journal, 50*, 1217–1234.

Carte, T. A., Chidambaram, L., & Becker, A. (2006). Emergent leadership in self managed virtual teams. *Group Decision and Negotiation, 15*(4), 323–343.

Chiu, C. Y. (2014). Investigating the emergence of shared leadership in teams: The roles of team proactivity, internal social context, and leader humility (Doctoral dissertation). Retrieved from UBIR Repository.

Cohen, J. (1988). *Statistical power analysis for the behavioural sciences*. Hillsdale, NJ: Lawrence Erlbaum Associates.

Contractor, N. S., DeChurch, L. A., Carson, J., Carter, D. R., & Keegan, B. (2012). The topology of collective leadership. *The Leadership Quarterly, 23*(6), 994–1011.

D'Innocenzo, L., Mathieu, J. E., & Kukenburger, M. R. (2014). A metaanalysis of different forms of shared leadershipteam performance relations. *Journal of Manage-ment*. Advance online publication. doi:10.177/014920631452205.

Hackman, J. R., & Wageman, R. (2005). A theory of team coaching. *Academy of Management Review, 30*(2), 269–287.

Harris, A. (2013). Distributed leadership: Friend or foe?. *Educational Management Administration & Leadership, 41*(5), 545–554.

Hawkins, P. (2011). *Leadership team coaching: Developing collective transformational leadership*. London, England: Kogan Page. 『리더십 팀 코칭』 강하룡, 박정화, 박준혁, 윤선동 역, 한국코칭수퍼비전아카데미. 2022.

Hawkins, P. (Ed.). (2014). *Leadership team coaching in practice: Developing high-performing teams*. London, England: Kogan Page.

Hiller, N. J., Day, D. V., & Vance, R. J. (2006). Collective enactment of leadership roles and team effectiveness: A field study. *The Leadership Quarterly, 17*(4), 387–397.

Hoch, J. E., Pearce, C. L., & Welzel, L. (2010). Is the most effective team leadership shared? The impact of shared leadership, age diversity, and coordination on team performance. *Journal of Personnel Psychology, 9*, 105–116.

Hogan, R., & Hogan, J. (2007). *Hogan personality inventory manual*. Tulsa, OK: Hogan Press.

MacKie, D. J. (2016). *Strength-based leadership coaching in organisations*. London, England: Kogan Page.

Marks, M. A., Zaccaro, S. J., & Mathieu, J. E. (2000). Performance implications of leader briefings and teaminteraction training for team adaptation to novel environ ments. *Journal of Applied Psychology, 85*(6), 971.

Morgeson, F. P., DeRue, D. S., & Karam, E. P. (2010). Leadership in teams: A func tional approach to understanding leadership structures and processes. *Journal of Management, 36*(1), 5–39.

Nicolaides, V. C., LaPort, K. A., Chen, T. R., Tomassetti, A. J., Weis, E. J., ⋯ Cortina, J. M. (2014). The shared leadership of teams: A metaanalysis of proximal, distal, and moderating relationships. *The Leadership Quarterly, 25*(5), 923–942.

Overfield, D. V. (2016). A comprehensive and integrated framework for developing leadership teams. *Consulting Psychology Journal: Practice and Research, 68*(1), 1.

Pearce, C. L., & Sims, H. P. (2002). Vertical versus shared leadership predictors of the effectiveness of change management teams: An examination of aversive, directive, transactional, transformational, and empowering leader behaviors. *Group Dynamics: Theory, Research, and Practice, 6*, 172–197.

Sammons, P., Gu, Q., Day, C., & Ko, J. (2011). Exploring the impact of school leader ship on pupil outcomes: Results from a study of academically improved and effective schools in England. *International Journal of Educational Management, 25*(1), 83–101.

Ulhøi, J. P., & Müller, S. (2014). Mapping the landscape of shared leadership: A review and synthesis. *International Journal of Leadership Studies, 8*(2), 66–87.

Wageman, R., Hackman, J. R., & Lehman, E. (2005). Team diagnostic survey: Development of an instrument. *The Journal of Applied Behavioral Science, 41*(4), 373–398.

Wageman, R., Nunes, D., Burruss, J., & Hackman, J. (2008). *Senior leadership teams: What it takes to make them great*. Boston, MA: Harvard Business School Press.

Wang, D., Waldman, D. A., & Zhang, Z. (2014). A metaanalysis of shared leader ship and team effectiveness. *Journal of Applied Psychology, 99*, 181–198.

Yammarino, F. J., Salas, E., Serban, A., Shirreffs, K., & Shuffler, M. L. (2012). Collectivist leadership approaches: Putting the "we" in leadership science and practice. *Industrial and Organizational Psychology, 5*, 382–402.

Zaccaro, S. J., Heinen, B., & Shuffler, M. (2009). Team leadership and team effec tiveness. In E. Salas, G. F. Goodwin, & C. S. Burke (Eds.), *Team effectiveness in complex organizations: Cross-disciplinary perspectives and approaches* (pp. 83–111). London, England: Routledge.

5장. 의도 변화 이론을 통한 팀 코칭

저자: 리처드 E. 보야치스Richard E. Boyatzis
역자: 윤선동

기초

지속적인 변화를 목표로 하는 모든 노력과 마찬가지로, 팀 코칭은 시스템 내부에 있는 개인, 상호 간, 조직, 나아가 지역사회 등 다양한 수준에서 도전이 일어날 때 발생한다(Hackman, 2003). 특정 기술을 이해하려면 (1) 복잡계 이론complexity theory과 고유한 티핑 포인트tipping points 관점의 의도 변화 이론intentional change theory(ICT)(Boyatzis, 2008), (2) 팀 내 연합 역동coalitional dynamics within teams(Bales, 1970), (3) 연민심 코칭 대 규범 코칭coaching with compassion versus coaching for compliance(Boyatzis, Smith & Beverridge, 2013)의 세 가지 기초적이고 이론적인 프레임워크로 검토하는 것이 중요하다.

이 장에서는 팀 개발, 성과 개선, 혁신과 지속 가능성을 위한 팀 코칭 접근법인 (1) 공유 비전 구축하기, (2) 지속 가능성을 위한 사회적 정체성 그룹social identity group(SIG) 만들기, (3) 연민심 코칭 대 규범 코칭, (4) 다양한 수준의 공명적 리더resonant leaders 개발, (5) 동료 코칭과 조직 내 코칭 문화 조성 등에 중점을 둘 것이다.

리처드 E. 보야치스 Richard E. Boyatzis: 미국 클리브랜드 케이스 웨스턴 리저브 대학(Case Western Reserve University, Cleveland, OH, USA)의 조직 행동, 심리학, 인지 과학 학과의 저명한 교수이자 ESADE의 겸임 교수이다. 그는 200편이 넘는 글과 8권의 책을 썼다. 그의 MOOC에는 75만 명 이상의 참가자가 등록되어 있다.

해크먼과 웨이먼(Hackman & Wageman, 2005)은 팀 코칭을 '구성원들이 팀 업무를 완수하기 위해 집단 자원을 조정하고 임무에 적절하게 사용할 수 있도록 돕기 위한 의도된 팀과의 직접적인 상호작용'으로 정의했다. 코치가 팀과 함께 일할 때 사용할 수 있는 많은 기술이 있다. 일부 기술은 개인과 상호 간에 지속적이고 원하는 변화를 위해 효과적으로 일하는 방법처럼 비슷하다. 반면 팀 자체가 다양한 사람들이 모여있는 있는 집합체로, 인간 노력의 독특한 특성 때문에 일부 기술은 다르기도 하다.

의도 변화 이론 Intentional change theory(ICT)

보야치스Boyatzis(2008)는 모든 인간 시스템 수준에서 지속해서 원하는 변화를 추구하는 과정에서 다섯 가지 중요한 발견이 있다고 했다. 이번 장에서는 (1) 팀의 공유된 비전 개발(팀의 이상적 자기Ideal Self), (2) 팀 문화, 규범과 가치(팀의 진정한 자기Real Self)에 대한 명확한 표상의 개발 (3) 팀을 위한 어젠다 학습하기(예: 학습 어젠다), (4) 팀에서 새로운 생각, 감정, 행동의 실험과 실행(예: 실험과 실행), (5) [그림 5.1]과 같이 팀 구성원과 팀 외부의 핵심 관계자들 사이의 공명적 관계 개발 내용으로 팀 수준에 초점을 맞춘다. 여기서 공명resonant은 관련된 사람들이 서로 조화를 이루는 것을 의미한다.

   이러한 각각의 발견은 팀원과 팀이 발전할 수 있는 인식과 관심을 불러일으킨다. 각각의 새로운 발견을 불러일으키려면 티핑 포인트가 필요할 때, 팀이 부정적 정서 인자negative emotional attractor(NEA)를 경험할 가능성이 있을 때 긍정적 정서 인자positive emotional attractor(PEA)를 각성하게 하는 것이다.

   긍정적 정서 인자PEA와 부정적 정서 인자NEA는 세 가지 축에 따라 결정되는 정신 생리학적 상태이다(Boyatzis, Rochford, & Taylor, 2015). 첫 번째 축은 부정적 영향에 대한 긍정성이다. 또 다른 축은 교감 신경계sympathetic nervous system(SNS)와 그 구성 호르몬, 부교감 신경계parasympathetic nervous system(PNS)와 그 구성요소에 자극을 주는 것이다. 세 번째 축은 신경 기본 모드 네트워크default mode network(DMN)와 작업 긍정 네트워크task positive network(TPN)의 활성화이다. 사람들은 긍정적 정서 인자의 세 가지 구성요소(긍정 정서, DMN과 PNS)를 경험하면 새로운 아이디어와 타인, 도덕적 관심에 대해 더 개방적으로 된다. 오늘날 조직에서는 장기간 반복되는 부정적 정서 인자(예: 분석에 초점을 맞춘 방어적 위협)를 경험하기 때문에 개인이나 팀을 긍정

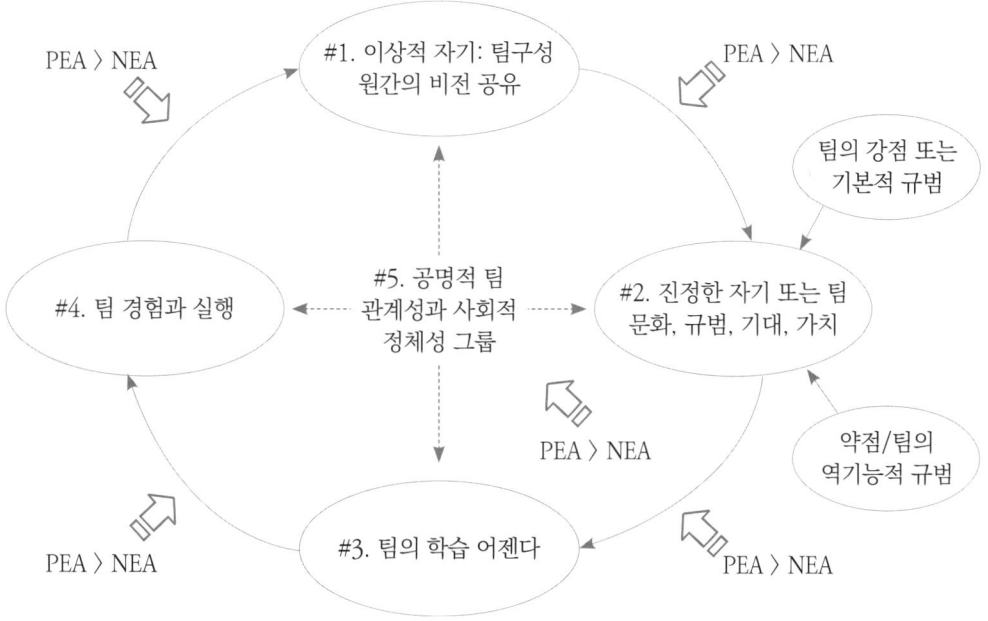

[그림 5.1] 팀 수준의 의도 변화 이론
출처: ⓒ Richard Boyatzis, 2008.

적 정서 인자로 코칭하면 학습, 변화, 적응에 도움을 줄 수 있다. 이 상태는 의도 변화 이론ICT 의 관점으로 개방되도록 도와줄 뿐만 아니라 다음 발견을 촉발하거나 연결하는 데에도 도움이 된다.

의도 변화 이론을 이용한 팀 개발은 프랙탈fractal 구조(역자 주: 일부 작은 조각이 전체와 비슷한 기하학적 형태, 즉 자기 유사성을 갖는 기하학적 구조)로, 팀은 팀 내부의 개인과 상호간, 다른 팀, 조직과 지역사회에 이르기까지 복잡한 관계 시스템 안에 존재한다. 각 단계별로 리더가 있고 핵심 팀에 영향을 미치는 사람들이 있다. 리더가 공명적이고 모든 사람과 서로 조화를 이루는 관계를 맺고 있다면, 팀은 지속적인 변화와 학습을 탐색할 수 있는 지원적인 외부 환경을 갖게 된다. 리더가 불협화음을 일으킨다면 변화가 중단되거나 적어도 억제될 가능성이 크다. 이는 결과적으로 '우리가 여기서 하는 방식이 아니에요' 또는 '여기서 생긴 게 아니에요' 등 가능성을 부정하는 방어적인 주장으로 나타날 것이다. 동시에 팀 구성원과 리더십에 의한 사회적 정체성 그룹의 구성원 또는 열정적인 구성원은 변화나 변화 유지를 위해 지속해서 노력하거나 방해할 것이다.

팀의 연합과 역동적 시스템 모델

보야치스(2010)가 말했듯이 '베니스^{Bennis}와 쉐퍼드^{Shepard}(1956)의 진보적 모델$^{progressive\ models}$, 비온^{Bion}(1961)의 재귀적 모델$^{recursive\ models}$, 모핑 모델(Bales, 1970)과 같은 그룹 개발을 이해하기 위한 몇 가지 접근법은 개발 과정에서 기회가 아니라 팀이 직면한 문제에 중점'을 둔다. 팀 내의 비선형 역동$^{non-linear\ dynamics}$은 팀 성과뿐만 아니라 적응 수준과 속도에도 분명하게 나타난다. 예를 들어,

> 팀 실행과 팀 성과 사이의 관계가 선형적^{linear}이라면, 각 실행 세션은 분명하고, 예측 가능한 성과 향상으로 이어질 것이다. 그러나 현실에서 팀 구성원은 세 번째 세션까지 향상이 안 보이다가, 네 번째 세션에서는 모든 것이 완벽하게 맞아떨어진다는 것을 안다. 이 목적론적이고 비선형적인 모델은 진화론의 영향을 많이 받은 정신역동 또는 진보적 집단 발달 이론과 매우 다르다(Akrivou, Boyatzis, & McLeod, 2006).
> (Boyatzis, 2010)

팀은 응용 학문 분야에서 복잡계 이론의 훌륭한 사례이며, 때때로 자기 조직적$^{self-organizing}$이다(Casti, 1994). 하나의 경험은 다음 경험을 낳고 팀은 진정한 리더(비공식 리더라고 함)의 유동적인 순환을 갖는다. 팀 프로세스는 대개 비선형적이고 불연속적이다. 게르식^{Gersick}(1991)은 이러한 팀의 불연속성을 '단속 평형$^{punctuated\ equilibrium}$'이라고 불렀다. 팀은 주변 환경 역동에 다소 민감한 차별화된 순간, 즉 팀 시스템의 다단계 특성에 민감성을 느낄 때 진화한다. 이러한 이유로 복잡계 이론을 통해 지속적이고 원하는 변화를 이해하는 것이 중요하다.

베일^{Bales}(1970)은 팀 역동 모델에서 아래에서 위로, 후방에서 전방으로, 부정에서 긍정적인 경로를 따라 두 명 또는 세 명 이상의 하위 그룹 사이의 팀 내 연합 역동$^{coalitional\ dynamics}$을 묘사했고, 이 시스템을 SYMLOG라고 불렀다. 팀 역동은 앞서 언급한 세 가지 차원에서 묘사되고 이해된다. 자세히 관찰하면 코치나 참여자는 시간의 흐름에 따른 사람들 사이의 관계 변화, 연합의 형성과 개혁(재형성)을 볼 수 있다. 이는 일반적인 2차원이 아닌 3차원으로 영화를 보는 것과 유사하다. 차원 외에도 SYMLOG 시스템은 팀 역동에 대한 세 가지 수준의 관찰과 문서화(행동, 가치, 이미지 수준)를 보여준다. 코치나 참여자는 시간의 경과에 따라 사람들의 활동(행동), 지지하는 가치, 은유나 유추 이미지의 측면에서 연합과 관계의 전개, 개혁을 관찰할 수 있다. 이러한 연합에 참여하는 것은 팀이 원하는 목표, 변화, 학습을 향해 지속해서 나아가도록 지도하거나 돕는 데 필수적이다.

팀을 코칭할 때 개인 대화에서 코칭 연합coaching coalitions으로 이끄는 것이 연합 형성과 개혁을 좀 더 기능적으로 쉽게 움직일 수 있다. 교묘하게 들릴 수 있으나, 코치가 역동을 보고 타당한 인식을 갖고 있다면(즉, 개인적인 편견에 더 취약한 자기 마음속 이미지가 아니라) 이는 팀을 돕는 가장 효과적이고 연민적인 방법일 수 있다.

거대한 환경 안에 존재하는 팀의 여러 수준에 걸친 정보의 양방향성은 복잡한 시스템에서 필수 조건으로(Hartwell, Hopfield, Leibler & Murray, 1999), 이는 팀 개발에서 새로운 아이디어가 아니다(Hackman, 2003). 의도 변화 이론은 공명, 리더십 관계가 여러 수준(개인, 상호, 팀, 조직)에 걸쳐 정보와 정서를 이동시킬 수 있는 방법을 예측한다.

드레퓌스Dreyfus(2008)는 우수한 성과를 내는 과학자와 엔지니어 관리자를 연구했다. 그는 팀 빌딩 중 몇 가지 차별화된 역량을 어떻게 개발하는지를 추적했는데, 이들 중년 관리자의 다수가 고등학교와 대학, 스포츠, 동아리, 생활 집단에서 처음으로 팀 빌딩 기술을 실험했다는 사실을 알아냈다. 나중에 그들이 문제를 다루는 현장에서 멀어진, 상대적으로 고립된 상태의 벤치bench 과학자나 엔지니어(역자 주: 일선 현장에서 실무적으로 활동하는 상태가 아닌 승진이나 보직 이동으로 관리업무나 행정업무를 주로 하는 것으로 번역, 반영하였음)가 되었을 때도 그들은 여전히 업무 외 활동에서 이 능력을 사용했다. 그들은 4-H 클럽과 같은 지역사회 조직과 기획 회의 등에서 팀 구성과 그룹 관리에 이를 적용했고, 새롭게 개발된 기술을 다시 업무에 도입할 수 있었다. 그들은 무의식적으로 여러 수준을 사용하여 새로운 역량을 개발하고 적용했다.

공명 리더십resonant leadership 관계는 정서적, 사회적 역량의 상호 표현(Boyatzis & McKee, 2005)과 리더와 주변 사람들이 서로 조화를 이루고 있다는 느낌이 특징이다. 의사, 변호사, 교수, 엔지니어와 기타 전문가를 위한 1년간의 임원 개발 프로그램인 케이스 웨스턴 리버스 대학교Case Western Reserve University의 웨더헤드 경영 스쿨Weatherhead School of Management에서 Professional Fellows 프로그램의 영향 연구 결과를 보면 참여자들이 프로그램 기간에 자신감을 얻었는데, 이는 개인적인 관계를 동반한 개발의 중요성을 보여준다(Ballou, Bowers, Boyatzis & Kolb, 1999).

프로그램 초기에 참여자들은 이미 자신감이 매우 높다고 말했지만, 프로그램 수료자의 프로그램 진행과 그 뒤에도 계속되는 자신감 증가는 스스로 변화관리 능력에 대한 자신감이 높아진 것과 관련이 있다고 말했다. 아이러니하게도 기존의 사회적 정체성 집단(가족, 직장 집단, 전문직 집단, 지역사회 집단)은 모든 구성원이 거의 비슷한 수준의 기득권을 갖고 있어 참여자들 개개인의 변화 욕구를 방해했다. Professional Fellows 프로그램을 통해 그들은 변화를 장려하는 새로운 사회적 정체성 그룹을 개발할 수 있었다. 이는 지지적인 팀이나 그룹에 소속되는(사회적 정체성을 느끼는) 것이 스트레스를 줄이고 부정적 정서 인자의 영향을 완화한다는 것을 보여준다(Haslam & Reicher, 2006).

연민심 코칭 대 규범 코칭 1

타인이나 팀을 도우려는 좋은 의도가 있지만 코칭을 포함한 조력 분야에서 대부분 노력은 비교적 효과적이지 않다. 코칭 영향 연구가 그 이유를 밝히기 시작했다. 25~65세의 MBA와 경영대학원생을 대상으로 한 39건의 일련의 종단 연구에서 비전과 공명적 관계에 대한 코칭은 다른 사람들이 볼 수 있는 실질적이고 지속적인 행동 변화를 일으켰고, 학습과 적응 동기를 높이는 것으로 나타났다(Ballou et al., 1999; Boyatzis & Cavanaugh, 2018; Boyatzis, Stubbs, & Taylor, 2002). 이 프로그램은 종료 후 6개월에서 2년 이후까지 평균적인 MBA 프로그램의 30배 이상의 영향, 기업과 정부 교육(Boyatzis, 2008)의 일반적인 영향의 6배 이상의 효과성을 보였고, 관련된 정서, 사회적 지능 역량 향상에도 차별화된 결과를 나타냈다(Boyatzis, 2008). 한편, 5년에서 7년 후의 영향을 평가할 때 이 프로그램은 역량 행동면에서 50%의 극적이고 지속적인 개선을 보였는데, 다른 프로그램이었다면 거의 0으로 떨어졌을 것이다.

이 프로그램이 문헌에서 연구된 다른 프로그램과 구별되는 요소로는 (1) 포괄적인 개인 비전 개발의 필요성, (2) 연민심 코칭^{coaching with compassion(CWC)} 훈련을 받은 코치와 함께한 개인 비전에 대한 심도 깊은 논의, (3) 연민심 코칭 지침과 실습을 동반하는 그룹 내 동료 코칭 세션으로 다른 활동들을 보완하는 팀 만들기 등 세 가지가 있다.

또 이러한 접근 방식으로 성인 직장인을 코칭한 일련의 비교 연구는 정서적 흥분과 호르몬 각성(Howard, 2015; Passarelli, 2015)에서 중요한 차이를 보여주고, 네트워크의 신경 활성화는 사람들이 새로운 아이디어에 더 개방적으로 되도록 도왔다(Jack, Boyatzis, Khawaja, Passarelli & Leckie, 2013; Passarelli, Jack, Boyatzis & Dawson, nd).

연민심 코칭 대 규범 코칭^{coaching for compliance(CFC)} 기술은 이 장의 뒷부분에서 설명한다. 기본 이론은 대상자들의 비전, 가치, 꿈, 열망에 호소하여 도우려고 할 때 호르몬 시스템, 특히 부교감 신경계가 더 많이 관여할 가능성이 크다고 설명한다. 기본 모드 네트워크와 같은 신경망과 긍정적인 영향은 해야 할 일을 지시하기, 조언이나 팁 주기, 건설적인 피드백 주기, 타인이 원하는 것을 강요하기와 같은 방법으로 그들을 도우려고 할 때보다 더 활성화될 가능성이 컸다(Boyatzis, Rochford & Jack, 2014). 무의식과 감정 전염의 빠른 속도(1,000분의 1초 단위로 측정) 때문에 한 팀 구성원의 정신 생리학적 상태는 0.25초 이내에 팀 내 다른 구성원을 전염시킨다. 팀 리더 또는 공식적, 비공식적 리더의 상태는 많은 사람에게 영향을 미치기 때문에 훨씬 더 전염성이 크다.

팀 코칭 기술

공유 비전 구축하기

팀 코칭의 가장 강력한 기여 가운데 하나는 팀 공유 비전을 개발하는 데 도움이 될 수 있다는 점이다. 이는 목표가 아니라 팀 구성원들이 무엇을 할 수 있거나 무엇이 될 수 있는지에 대한 꿈이다. 팀 구성원들의 깊은 목적 의식에서 비롯되며, 일부 사람들이 고귀한 목적이라고 부르는 깊고 넓은 목적을 인정하고 거기에 참여하는 것이다. 이는 우리가 빈번하게 자기 중심적인 생각과 감정에서 벗어나고, 더 크게 생각하도록 도와준다. 공유 비전은 팀 구성원과 리더십 사이에 공유되어야 하고, 개발을 위한 대화가 필요하다. 또 사람들의 의식 속에 생생하게 남아 있으려면 정기적인 모니터링과 알림도 필요하다. 비전 공유의 긍정적인 영향은 팀의 시작뿐만 아니라 팀 존재 전반에 미친다(Akrivou, Boyatzis & McLeod, 2006).

가능한 공유 비전을 검토하고 개선하기 위한 특정 기술 가운데 하나로, 코치는 팀 구성원들에게 다음 사항을 성찰하고 토론하도록 요청할 수 있다.

- 팀 구성원들의 공유 가치 또는 철학
- 팀 자체의 개발 또는 성숙 단계
- 팀 또는 팀 구성원들의 목적(단순한 팀 목표가 아니라 존재 이유)
- 팀 구성원이 원하는 유산, 조직과 조직 사명에 대한 기여
- 팀이 될 수 있고 무엇을 할 수 있는지에 대한 팀 구성원들의 꿈

긍정 탐구appreciative inquiry(AI)에 사용된 몇 가지 방법(Cooperrider & Whitney, 2005)은 12

명 이상으로 구성된 팀에서 공유 비전의 요소를 식별하는 데 도움이 될 수 있다. 연구에 따르면 12명 이상의 구성원이 있는 경우 더 많은 연합이 존재하고 팀 프로세스에 영향을 미친다. 코치는 각 팀원에게 (1) 스스로 팀의 일원이라고 자부심을 느꼈던 시기, (2) 팀이 최고였을 때를 주제로, 3명, 4명, 5명으로 참여자를 구성하여 각자의 이야기를 공유한다. 그런 다음 코치는 퍼실리테이터 역할을 하고 전체 팀을 대상으로 각 소규모 팀이 관찰하고 발견한 것을 발표한다. 소규모 하위 팀 토론에서 나타나는 반복적인 패턴이나 주제는 공유 비전의 핵심 요소가 될 수 있다. 이 프로세스는 긍정적 정서 인자를 강력하게 각성시키며, 팀 갈등과 차후 직면하게 될 이슈를 해결하는 데 유용한 긍정적인 대화(즉, 더 많은 긍정적 정서 인자)에 도움이 되는 행동 규범의 발판을 마련한다.

명확히 하자면 팀 목표가 유용하다. 팀 목표는 팀의 관심과 노력을 집중시키고, 작업 긍정 네트워크를 활성화하여 작동하게 한다. 그러나 이는 그들의 새로운 아이디어, 다른 사람, 도덕적 관심에 개방적인 신경 기본 모드 네트워크를 억제한다. 희망과 목적 의식을 불러일으키기 위해 코치는 공유 목표를 달성하기 전에 공유 비전에 집중해야 한다.

사회적 정체성 그룹 만들기

코치가 팀에 할 수 있는 또 다른 지속적인 기여는 팀 구성원들이 그룹에서 에너지와 소속감을 느끼는 사회적 정체성 그룹이 되도록 팀을 돕는 것이다. 사회적 정체성 그룹은 일련의 가치 관계와 동일시를 통해 장기적인 목적 의식을 갖게 하고(Tajfel, 1974), 다른 팀과 자기 팀을 차별화하는 데 도움이 된다.

공유 비전을 구축하기 위해 앞에서 언급한 기술 외에도, 팀의 정신과 상징을 만드는 다른 활동은 강력하다. 자랑스러운 순간과 특별한 성취에 대한 이야기로 구성원들을 상기시키고 신입 회원들과 친교를 나누는 것은 사회적 정체성 그룹을 구축하고 유지하는 데 필수적일 수 있다.

스포츠 팀, 지역사회, 전문가와 작업 그룹, 동문 조직은 타인과의 동일시를 개발하고 강화하려는 노력으로, 기술적으로 그들은 사회적 정체성 그룹을 구축하거나 유지하고 있다. 과거 그레이트풀 데드Grateful Dead 콘서트에 이어 음악 그룹 '데드헤즈Deadheads'의 팬들, 투어 중인 지미 버핏Jimmy Buffet에 이어 '패럿헤즈Parrot-heads', 전 세계 도시의 술집에서 함께 모여 승리를 위하여 소리치고 비명을 지르는 에프씨 바르카FC Barca 또는 피츠버그 스틸러Pittsburgh Steeler 팬들은 긍정적이고 희망을 느끼기 위해 사회적 정체성 그룹을 사용한다. 심지어 '트레키스Trekkies' 형태의 스타 트랙Star Trek과 같은 TV 쇼의 팬조차도 미국에서 TV 쇼의 황금기를 되찾게 하는 영향력을 만들어냈고, 다섯 개의 속편 시리즈, 열네 개의 영화, 세 개의 애니메이션 만화 시리즈와 수많은 다른 미디어 매체도 만들어냈다(Neo Art and Logic Productions, 1997, 2004). 그들의 끈기는 시리즈의 창시자인 진 로든베리Gene Roddenberry조차 놀라게 했다. 사회적 정체성 그룹은 자신이 입는 옷, 집과 사무실의 사진, 사회적 환경에서 자주 거기에 대해 이야기하여 자부심과 충성의 상징을 나타낸다.

연민심 코칭 대 규범 코칭 2

의도 변화 이론을 기초로 한 코칭 접근 방식의 영향과 코칭의 작동 방식을 보여주는 연구가 매우 많다(Boyatzis, 2008). 누군가가 지속적이고 원하는 변화 과정을 시작하도록 돕는 코치는 코치이가 가능성과 변화에 열려 있는 상태가 되도록 도와야 하며, 이는 팀에서도 마찬가지다. 무의식적인 감정적 전염 속도와 강도로 인해 한 사람에게 새로운 아이디어에 대한 개방을 높이게 하는 심리-생리적 상태는 팀이 승승장구하는 힘을 발휘하게 한다.

    긍정적 정서 인자 상태에 들어가도록 팀을 코칭하는 것은 지속적이고 원하는 변화 과정을 시작하는 유일한 방법은 아니지만 중요한 방법이다. 개인이나 상호 간 또는 팀을 긍정적 정서 인자 상태가 되도록 하는 코칭기법을 연민심 코칭coaching with compassion이라 한다(Boyatzis et al., 2013). 이 접근법에서 코치는 팀을 돕기 위해 (1) 팀 구성원들에게 영감을 주는 공유 비전 또는 깊은 목적을 생성(또는 적어도 그들의 열정, 흥분과 참여를 불러일으키는 공유 비전의 구성요소를 식별하기 시작), (2) 팀원들 사이에 감사를 표현함으로써 상호 배려, 즉 연민의 감정 불러일으키기, (3) 새로운 사회적 정체성 그룹을 만드는 데 도움이 되는 상징과 자부심에 대한 스토리텔링 구축, (4) 팀 내에서 장난치기 등 몇 가지를 시도한다.

다양한 수준의 공명적 리더 개발

리더의 기분은 팀의 기분에 영향을 미친다(Sy, Cote, & Saavedra, 2005). 같은 방식으로 코치들은 유사 치료 방식quasi-therapeutic way으로 팀 분위기에 영향을 미치는 공명 관계를 구축한다(Kets de Vries, Korotov & Florent-Treacy, 2007). 팀에는 공식, 비공식 리더가 모두 필요하다. 이 장의 앞부분에서 논의한 것처럼 해크먼^{Hackman}(2003)이 브래킷팅^{bracketing}이라고 불렀던 과제로, 여러 수준에서 소통하고 연결할 수 있는 직접적인 팀 외부의 리더가 필요하다.

팀에는 공명적 리더$^{resonant\ leader}$와 코치가 필요하다. 공명적 리더가 없는 팀은 여러 면에서 표류한다. 불협화음은 팀 기능을 유지하기 어렵게 만든다. 공명적 관계는 리더와 코치가 팀원들과 조화를 이루는 것이 특징으로(Boyatzis & McKee, 2005) 팀 리더들은 다양한 수준의 리더십이 필요하다.

모든 수준에서 공명적 리더를 개발하는 것은 어려우므로, 다양한 수준에서 고민할 필요는 없다. 장애물 가운데 하나는 흔히 팀 리더들 사이에서 관찰되는 업무 대 사람/프로세스 역할의 구분이다. 보야치스^{Boyatzis}, 로치포드^{Rochford}와 잭^{Jack}(2014)은 끊임없이 계속되는 이중성에 대해 본질에서 다름과 적대성을 지닌 두 신경망의 결과로 설명했다. 팀 구성원의 두뇌 안에서 벌어지는 이 신경 뿌리 전투에 대한 이해는 팀 내 네트워크 간 원활하고 빈번한 전환을 장려하는 기술을 식별하는 데 도움이 된다. 기본적으로 코치는 분석적이고 문제 해결적 토론(예: 재정적 토론을 포함한 모든 형태의 분석) 순간과 대인관계 민감성, 팀 프로세스에 대한 관심, 팀 안에서 장난과 유머의 순간이 번갈아 일어나도록 권장해야 한다.

복잡계 이론과 의도 변화 이론은 어떤 수준에서든 변화가 지속 가능하려면 그 이하와 그 이상 수준의 개발 작업을 포함해야 한다고 제안한다(Chen, Kirkman, Kanfer, Allen & Rosen, 2007; Simsel, Veiga, Lubatkin & Dino, 2005). 팀은 [그림 5.2]의 설명처럼 수준 사이에 정서적 메시지와 기타 메시지의 '전파^{contagion}'를 주고받는 에이전트가 필요하다.

보야치스(2010)는 뉴 잉글랜드 패트리어츠$^{New\ England\ Patriots}$와 클리블랜드 브라운즈$^{Cleveland\ Browns}$라는 두 미식축구팀이 서로 다른 시기에 같은 감독을 영입했던 사례를 제시하여 미국 프로 축구에서 이러한 다양한 수준의 관계가 미치는 영향을 설명했다.

> 벨리칙^{Belichick}이 클리블랜드 브라운즈에 있을 때는 큰 실망을 안겨주었다. 반면, 벨리칙이 패트리어츠에 합류하자 그 팀은 슈퍼볼에서 여러 차례 우승을 차지했다…. 한 가지 중요한 차이점은 선수, 코치, 구단주, 지역사회와의 관계였다. 클리블랜드에서 벨리칙은 많은 사랑을 받는 쿼터백 버니 코사르$^{Bernie\ Kosar}$를 경질하고, 구단주인 아트 모델$^{Art\ Modell}$과 심한 적대관계를 만들어 언론을 들끓게 했다. 모델은 '[벨리칙은 홍보 분야에서 내가 아는 가장 어려운 사람이었습니다…. 내가 그의 말도 안 되는 여러 헛소리를 참아냈다면 그는 여전히 우리 구단의 코치였을 것입니다'라고 말했다.
>
> (Allthingsbelichick, 2007)

그러나 벨리칙은 패트리어츠 시절에도 기존의 쿼터백인 드류 블레드소Drew Bledsoe 대신에 톰 브래디Tom Brady를 선택하는 등 어려운 결정을 내렸다. 그러나 팀은 그가 자신들과 경기를 이해하고 있고, 둘 모두에 관심을 두고 있다고 느꼈다(Levin, 2005). 벨리칙이 패트리어츠에 합류한 뒤 그의 새로운 구단주인 로버트 크래프트Robert Kraft는 다음과 같이 말했다.

> 내가 감독으로서 그리고 한 인간으로서 벨리칙을 좋아하는 이유 가운데 하나는 그가 허풍을 떨거나 자만하지 않기 때문입니다…. 나는 축구 경기 이외에 그가 가장 중점을 두는 것은 자녀들이라고 생각합니다. 나는 이 점에 대해 큰 존경심을 가지고 있어요.
>
> (Allthingsbelichick, 2007)

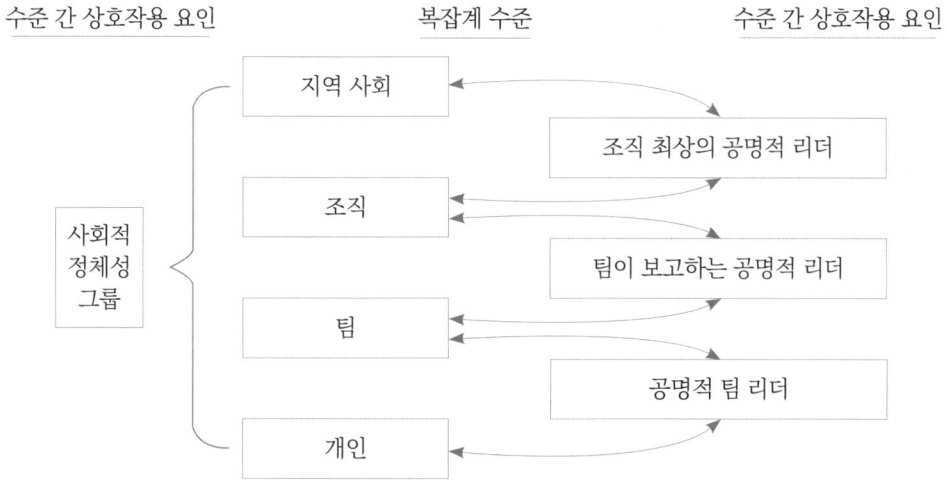

[그림 5.2] 팀의 다단계 모델과 여러 수준의 리더십 필요성
출처: 보야치스(Boyatzis, 2010)

또 다른 인터뷰에서 크래프트는 "벨리칙이 감독으로 있는 것은 에고ego와 감독 특권 때문이 아니에요. 그는 우리가 중요하다고 느끼는 가치관을 가지고 있고, 우리 팀과 가족의 얼굴을 대표합니다."(Allthingsbelichick, 2003)라고 말했다.

팀 코치는 모든 수준의 리더에게 접근할 수 있어야 한다. 코칭 프로세스에는 다양한 리더들과 협력하고 말 그대로 모든 수준에서 팀과 리더십을 동시에 개발하는 작업이 포함되어야 한다.

동료 코칭과 코칭 문화 만들기

코치가 팀에 미칠 수 있는 가장 지속적인 영향 가운데 하나는 팀 구성원들이 상호 코칭을 배우도록 돕는 것으로, 이때 코칭 기술은 연민심 코칭이 기반이어야 한다. 구성원들 가운데 상당수는 1960년대에 T-그룹 또는 감수성 훈련, 이후 지원 그룹, 1980년대 품질 서클 quality circles 과 같은 직원 참여 그룹, 1990년대 자기 관리 작업 팀, 그 이후 나타난 스터디 그룹을 기억한다. 이들은 모두 서로를 돕는 작은 집단이나 팀으로, 가장 오래된 부족관계의 한 형태이다. 오늘날 우리는 이를 그룹 또는 팀 동료 코칭이라고 부른다.

가장 쉬운 접근 방법은 이 장의 앞부분에서 논의한 몇 가지 기술을 연습하는 것이지만, 주기적으로 팀을 세 명으로 나누고 서로 코칭 연습을 하도록 요청하는 것이다. 처음에는 라운드 로빈 방식(역자 주: A→B→C→A→B… 방식으로 순환하는 것)으로, 그 다음에는 한 팀으로 진행한다. 3인조 연습은 의도 변화 이론의 네 번째 발견에서 설명한 것처럼 사람들이 새로운 행동(연민심 코칭)을 실험하고 실천하는 데 도움이 될 것이다.

3인조가 서로 연민심 코칭을 하고 높은 수준의 편안함을 느낀 뒤에는, 팀 전체와 이 과정을 해볼 수 있다. 팀이 대인관계 과정에 어려움을 겪었다면 팀 전체로 넘어가기 전에 하위 그룹에서 동료 코칭 연습을 위해 두세 명을 함께 이동시키는 것이 도움이 된다.

여러 동료 코칭 그룹이 만들어진 상태에서 이 프로세스가 반복되면, 코치는 조직에 새로운 규범이 나타나는 것을 관찰할 수 있다. 사람들은 연민심 코칭을 사용하기 시작하고 다양한 회의와 관계에서 서로를 돕기 시작할 것이다. 연민심 코칭, 즉 동기부여, 참여, 학습과 변화를 위해 효과적으로 상호 코칭하는 것은 새로운 조직 문화의 일부가 될 수 있다.

결론

자명해 보이지만 팀을 코칭하는 데는 효과적인 코칭 기법과 접근 방식이 필요하다. 오늘날 많은 개인이나 팀을 대상으로 하는 코칭은 좋은 의도를 가지고 있지만 규범 코칭이고, 부정적 정서 인자를 불러일으키기 때문에 효과성이 떨어진다. 연민심 코칭을 하거나 긍정적 정서 인자로 코칭하는 것은 사람들이 새로운 아이디어, 학습과 변화에 열린 마음을 갖도록 돕는 증거 기반 방법이다. 팀 코칭을 통해 코치는 지속적인 관계와 규범을 구축하고, 개발과 정신적 경힘을 확장하여 새로운 조직 기준이 될 수 있도록 도울 수 있다.

참고문헌

Akrivou, K., Boyatzis, R. E., & McLeod, P. L. (2006). The evolving group: Toward a prescriptive theory of intentional group development. *Journal of Management Development, 25*(7), 689-709.

Allthingsbelichick.com website (2003, 2007).

Bales, R. F. (1970). *Personality and interpersonal behavior*. New York, NY: Holt Rinehart and Winston.

Ballou, R., Bowers, D., Boyatzis, R. E., & Kolb, D. A. (1999). Fellowship in lifelong learning: An executive development program for advanced professionals. *Journal of Management Education, 23*(4), 338-354.

Bennis, W. G., & Shepard, H. A. (1956). A theory of group development. *Human Relations, 9*, 415-437.

Bion, W. R. (1961). *Experiences in groups*. New York, NY: Basic Books. 『집단에서의 경험』 현준 역, NUN. 2015.

Boyatzis, R. E. (2008). Leadership development from a complexity perspective. *Consulting Psychology Journal, 60*(4), 298-313.

Boyatzis, R. E. (2010). Coaching teams to use emotional, social and cognitive intelligence for sustainable, desired change. In M. Kets de Vries & L. Guillen (Eds.), *Beyond coaching: Creating better leaders, teams, and organizations* (pp. 168-180). New York, NY: Palgrave Macmillan.

Boyatzis, R. E., & McKee, A. (2005). *Resonant leadership: Renewing yourself and connecting with others through mindfulness, hope, and compassion*. Boston, MA: Harvard Business School Press.

Boyatzis, R. E., Rochford, K., & Jack, A. (2014). Antagonistic neural networks under\-lying differentiated leadership roles. *Frontiers in Human Neuroscience, 8*(114), 1-15.

Boyatzis, R. E., Rochford, K., & Taylor, S. N. (2015). The role of the positive emotional attractor as vision and shared vision: toward effective leadership, relationships and engagement. *Frontiers in Psychology, 6*(670). http://dx.doi.org/10.3389/fpsyg.2015.00670.

Boyatzis, R. E., Smith, M., & Beveridge, A. (2013). Coaching with compassion: Inspiring health, well-being and development in organizations. *Journal of Applied Behavioral Science, 49*(2), 153-178.

Boyatzis, R. E., Stubbs, E. C., & Taylor, S. N. (2002). Learning cognitive and emotional intelligence competencies through graduate management education. *Academy of Management Journal on Learning and Education, 1*(2), 150-162.

Casti, J. L. (1994). *Complexification: Explaining a paradoxical world through the science of surprise*. New York, NY: HarperCollins.74 Richard E. Boyatzis

Chen, G., Kirkman, B. L., Kanfer, R., Allen, D., & Rosen, B. (2007). A multilevel study of leadership, empowerment, and performance ion teams. *Journal of Applied Psychology, 92*(2), 331-346.

Cooperrider, D., & Whitney, D. (2005). *Appreciative inquiry: A positive revolution in change*. New York, NY: Berrett-Koehler. 『조직 변화의 긍정혁명』 유준희 등 역, 쟁이. 2009.

Dreyfus, C. (2008). Identifying competencies that predict effectiveness of R&D man\-agers. *Journal of Management Development, 27*(1), 76-91.

Gersick, C. J. (1991). Revolutionary change theories: A multilevel exploration of the punctuated equilibrium paradigm. *Academy of Management Review, 16*, 274-309.

Hackman, R. (2003). Learning more by crossing levels: Evidence from airplanes, hospitals, and orchestras. *Journal of Organizational Behavior, 24*, 905-922.

Hackman, R., & Wageman, R. (2005). A theory of team coaching. *Academy of Management Review, 30*(2), 269-287.

Hartwell, L. H., Hopfield, J. J., Leibler, S., & Murray, A. W. (1999, December). From molecular to modular cell biology. *Nature, 402*(suppl.), 47-52.

Haslam, S. A., & Reicher, S. (2006). Stressing the group: Social identity and the unfolding dynamics of response to stress. *Journal of Applied Psychology, 91*(5), 1037-1052.

Howard, A. (2015). Coaching to vision of mid-career dentists. *Frontiers in Psychology, 5*(1335). doi:10.3389/fpsyg.2014.01335.

Jack, A., Boyatzis, R. E., Khawaja, M., Passarelli, A. M., & Leckie, R. (2013). Visioning in the brain: An fMRI study of inspirational coaching and mentoring. *Social Neuroscience, 8*(4), 369-384.

Kets de Vries, M., Korotov, K., & Florent-Treacy, E. (2007). *Coach and couch: The psychology of making better leaders*. London, England: Palgrave Macmillan.

Levin, J. (2005). *Management secrets of the New England Patriots*. Stamford, CT: Pointer Press.

Neo Art and Logic Production (Producer), & Nygard, R. (Director). (1997). *Trekkies* [Motion picture]. US: Paramount Classics.

Neo Art and Logic Production (Producer), & Nygard, R. (Director). (2004). *Trekkies 2* [Motion picture]. US: Paramount Classics.

Passarelli, A. (2015). The neuro-emotional basis of developing leaders through personal vision. *Frontiers in Psychology, 5*: 1335. doi:10.3389/fpsyg.2014.01335.

Passarelli, A., Jack, A. I., Boyatzis, R. E., & Dawson, A. J. (n.d.). Seeing the big picture: fMRI reveals neural overlap between coaching and visual attention. Unpublished manuscript.

Simsel, Z., Veiga, J. F., Lubatkin, M. H., & Dino, R. N. (2005). Modeling the multilevel determinants of top management team behavioral integration. *Academy of Management Journal, 48*(1), 69–84.

Sy, T., Cote, S., & Saavedra, R. (2005). The contagious leader: Impact of the leader's mood on the mood of group members, group affective tone, and group process. *Journal of Applied Psychology, 90*(2), 295–305.

Tajfel, H. (1974). Social identity and intergroup behavior. *Trends and Developments: Social Science Informs, 13*(2), 65–93.

6장. 팀 효과성 과학의 어깨 위에 서다
팀 코칭 설계에 엄격함 만들기

저자: 컴 머피Colm Murphy, 멜리사 세이어Melissa Sayer
역자: 윤선동

우리는 기존 팀 코칭 문헌에서 몇 가지 중요한 차이점을 확인했다. 팀 코칭 분야가 영향력을 보여주기 위해 더 강력해야 하고, 팀 효과성 분야가 팀 코칭 프랙티스에 엄격함rigour을 구축하는 효과적인 기반이어야 함을 제안한다. 이 장에서는 문헌에서 팀 효과성을 측정하는 방법, 팀 효과성에 영향을 미치는 주요 구성요소와 결과, 팀 코칭 개입에 접근하는 방법을 탐색한다. 미래 연구를 위한 몇 가지 차이점에 초점을 맞추고 팀 코칭 프랙티스에서 이론과 실습을 결합하는 방법에 대한 통찰력을 제공할 것이다.

팀 코칭이 '새로운 신생 기술'인 반면(Hawkins, 2014, p.7), 팀 효과성 연구는 1920년대의 호손 연구(Sundstrom, McIntyre, Halfhill & Richards, 2000)와 연결된다. 팀 효과성에 대한 문헌은 요약하기 어려울 정도로(Cannon-Bowers & Bowers, 2010; Mathieu, Maynard, Rapp & Gilson, 2008) 많다(Salas, Shuffler & Thayer, 2015). 따라서 우리는 팀 효과성 관련 문헌을 종합하고, 비즈니스 조직의 팀을 기초로 먼저 연구를 시작했고(예: 실험실 연구, 스포츠 팀 또는 학생 팀 제외) 역동적이고 복잡한 환경에서 팀이 직면하는 실제 문

컴 머피 Colm Murphy: 임원 겸 팀 코치이며 더블린에 기반을 둔 다이내믹 리더십 개발의 설립자이다. 컴은 또한 스머핏 UCD Executive Development의 코칭 프로그램 책임자이다. 현재 영국 포츠머스 경영 대학원에서 팀 코칭 박사 학위를 수료하였다.

멜리사 세이어 Melissa Sayery: 퍼플 맨스 허브의 팀 코치이자 매니징 파트너이다. 아일랜드 더블린 트리니티 칼리지의 트리니티 비즈니스 스쿨에서 MBA 리더십 개발 프로그램을 담당하는 겸임 조교수이며, 여러 교육 코칭 프로그램의 프로그램 책임자이다. '팀 코칭이 조직 학습에 어떻게 기여하는가'로 박사 학위를 이수하고 있다.

제에 적용한 연구한 논문에 초점을 두었다(Overfield, 2016).

팀 효과성(Cohen & Bailey, 1997; Mathieu, Maynard, Rapp & Gilson, 2008; Salas et al., 2015) 관련 문헌 연구와 개념 모델을 사용하여 현장의 주요 결과를 요약, 강조하며, 이 장에서는 주요 팀 효과성 주제로 발간된 팀 코칭 연구와 연계할 것이다(Anderson, Anderson & Mayo, 2008; Blattner & Bacigalupo, 2007; Carr & Peters, 2013; Haug, 2011; Mulec & Roth, 2005; Woodhead, 2011).

팀 코칭 문헌연구

팀 코칭이 문헌에서 보편적으로 정의된 것은 아니지만, 가장 일반적으로 인용되는 정의는 해크먼Hackman과 웨이먼Wageman(2005), 클러터벅Clutterbuck(2007), 손튼Thornton(2010), 호킨스Hawkins(2011, 2014, 2017), 피터Peters와 카Carr(2013), 브리튼Britton(2015)의 정의이다. 문헌 검토 결과, 학자와 프랙티셔너는 팀 코칭 학문 자체에 대한 경험적 증거가 부족하다. 또한 더 큰 조직이나 팀이 속한 생태계에 대한 잠재적 기여와 관련된 경험적 증거도 불충분하며, 팀 코칭을 팀 효과성에 연결할 만한 증거 역시 부족하다는 데 의견을 모으고 있다.

언급한 저자와 다른 학자들이 제안한 정의에서 공통 요소를 도출해 보면 팀 코칭은 시간이 지남에 따라 나타나는 새로운 실천으로, 다음과 관련이 있다.

- **팀 성과 개선(특히 업무 성과)**: 업무 성과 개선의 핵심 요소는 팀이 공동 목적이나 목표를 명확하게 이해하고 공유하도록 팀 코칭을 한다. 문헌에서는 팀 성과 향상의 핵심 구성요소로 팀 업무 방식을 개선하는 것이 중요하다고 본다. 해크먼과 웨이먼(2005)은 '팀 코칭은 구성원들이 팀 업무를 완수하기 위해 집단 자원을 업무에 적절하게 사용하고 효과적으로 조정하도록 돕는 팀과의 직접적인 상호작용을 포함한다'(p.247)라고 기술하였다.
- **팀 능력과 팀 학습 능력 개발**: 우리는 팀 코칭 프랙티셔너로 양질의 팀 코칭 개입이 팀의 능력과 팀 학습 능력을 개발한다고 보며, 이는 다양한 분야의 문헌과 팀 코칭 연구자들에 의해서도 지지되고 있다. 개별 팀 구성원과 집단 수준에서 학습해야 하며, 의사소통 능력, 서로 생각을 공유하고 탐색, 성찰하는 시간이 필요하다.
- **향상된 시스템 인식 만들기**: 호킨스(2017)는 시스템system으로서의 팀을 코칭하는 것과 시

스템적 팀 코칭Systemic Team Coaching의 차이점을 명확히 했다(3장 참조). 호킨스는 가치 창출을 위해 파트너가 되기를 원하는 조직 내-조직 전반에 걸쳐 여러 중첩된 시스템을 이해하는 코치의 필요성을 설명하면서 에코시스템 팀 코칭eco-systemic team coaching을 소개했다. 여러 저자와 프랙티셔너들은 팀 코칭이 팀이 어떻게 일하고, 배우고, 서로 관련되는지를 개선하는 것 이상으로 확장되어야 한다는 데 동의한다. 우리 연구에서 팀이 핵심 이해관계자들을 종합적으로 고려하고, 팀에 위임한 사람들을 위해 가치를 창출할 의제를 적극적으로 추구할 때 팀이 성공하는 것을 확인했다.

- **집단적인 팀과 개인의 재능 지원**: 팀과 함께 작업할 때 코치의 역할은 시스템으로서의 팀을 코칭하는 것과 팀 구성원이 실시간으로 수행하는 개별 역할로 인해 복잡하다. 뮬크Mulec와 로스Roth(2005)는 팀 코칭 연구에서, 코칭은 팀원들이 팀 역할을 좀 더 명확하게 하고, 발전된 관점과 지식 공유를 지원한다고 말했다.

위 주제의 출처는 [표 6.1]에 요약하였다.

해크먼과 웨이먼(2005)과 리우Liu, 피로라-멀로Pirola-Merlo, 양Yang, 후앙Huang(2009) 연구와는 별도로, 공통점을 도출하는 데 사용된 정의와 관련된 한계는 소규모 자료 세트, 대부분 프랙티셔너의 경험과 관찰 기반, 학술 연구에 근거하지 않았다는 점이다. 결과적으로 해크먼과 웨이먼(2005)은 팀 코칭의 학술적 권위자로 자주 인용되나, 이들의 논문은 팀의 대인관계 측면을 고려하지 않았다. 이후의 팀 효과성 연구에 따르면 팀 작업과 팀의 사회적 측면이 중요한 구성요소이며(Rapp, Gilson, Mathieu, & Ruddy 2016) 일부 저자의 문헌적 정의(Clutterbuck, 2007; Hawkins, 2011; Thornton, 2010)에서 팀 응집력과 역동성이 더 강조되고 있다.

웨이먼은 최근의 팀 진단 설문조사team diagnostic survey(TDS)에서 팀 효과성을 고려할 때 심리적 안전감psychological safety을 기준에 포함했다. 팀 진단 설문조사는 팀이 대인관계와 전문적인 위험 감수를 환영하고 지지한다는 믿음으로, 아마도 대인관계 중심의 개입이 성과를 향상하지 못한다는 이전의 가설을 뛰어넘는 신호일 수 있다.

팀 코칭에 대한 여섯 개의 학술연구는 문헌 검토로 확인하였고, 주요 정보는 [표 6.2]에 요약하였다. 제한된 수의 학술 연구는 해당 분야가 아직 활발하지 않고 더 많은 연구가 필요하다는 것을 보여준다.

팀 효과성의 기준 가운데 하나는 팀의 결과물이 팀 이해관계자의 기준을 충족하거나 초과하는 것이다. 위에서 설명한 것처럼 팀 코칭 문헌에서 이해관계자의 참여는 우수한 팀 코칭의 기준이 된다. 우리는 기존의 여섯 개 연구 가운데 어느 것도 팀 코칭의 인지된 영향과 관련해서 팀 이해관계자의 관점을 고려하지 않았다는 점에 주목한다. 네 개의 논문에서 팀 코칭 개입으로 팀 협업 증가, 관계 개선과 팀 의사소통 개선 등이 보고되었다. 세 개 사례는 코칭 결과로 팀 구성원들은 더 나은 의사결정을 했음을 보여준다.

우드헤드Woodhead(2011)와 호그Haug(2011)는 개입의 특성이 심리적으로 안전한 공간을 통해 개방성, 신뢰와 존중을 구축하는 대화와 공유 기회를 만든다는 것을 확인했다(Edmondson, 1999). 앤더슨Anderson 등(2008)은 코칭 중인 팀이 직원 몰입도 점수가 동급 최고 수준에 도달했음을 강조했고, 리더십 팀의 89%가 팀 코칭에 대한 몰입 점수를 일부 또는 상당히 높게 평가했다는 것을 발견했다.

프랙티스 접근법에 대한 문헌 검토 결과, 팀 코칭 모델이 매우 적었다. 호킨스(2011)는 계약과 진단의 중요성을 강조하는 순차적 단계를 포함하는 팀 코칭 프로세스 모델인 CIDCLEAR를 제시하였다. 더 역동적이고 상황에 맞는 모델은 호킨스(2011)와 해크먼과 웨이먼(2005)의 연구에 기반을 둔 피터와 카(2013)의 모델이다. 위의 두 가지 팀 코칭 모델은 문헌 조사에서 확인된 아래의 주요 일대일 코칭 프로세스 단계를 따른다(Dingman, 2004, Fillery-Travis & Passmore, 2011에서 인용).

- 공식적 계약
- 관계 구축
- 진단
- 피드백과 성찰
- 목표 설정
- 실행과 평가

우리는 이러한 단계들이 팀과 일대일 코칭으로 권력의 평등, 협동 학습과 의사소통에 초점을 맞춰 발전한 코칭 관계의 품질을 나타낸다고 생각하며, 이는 팀 리더와 팀 구성원들에게 더 복잡하고 중요해질 것이다. 경청, 명료화, 성찰적 격려와 질문 등이 포함된 이 단계는 코칭과 유사한 프랙티스에서 협동 학습을 촉진하는 데 가장 효과적인 것으로 입증되었다(Cox, 2013).

[표 6.1] 주제문헌 리뷰

주제	문헌
팀 성과 향상(특히 업무성과)	
• 업무 방식 개선	Britton(2015), Clutterbuck(2007, 2013), Farmer(2015), Hackman & Wageman(2005), Hawkins(2011, 2014), Hicks(2010), Woodhead(2011)
• 업무 성과	Carr & Peters(2013), Hackman & Wageman(2005), Hawkins(2011), Liu, Pirola-Merlo, Yang & Huang(2009), Mulec & Roth(2005), Peters & Carr(2013), Rapp, Gilson, Mathieu & Ruddy(2016), Skiffington & Zeus(2003), Thornton(2010)
• 팀이 공동 목표를 실현	Anderson, Anderson & Mayo(2008), Brown & Grant(2010), Britton(2015), Carr & Peters(2013), Clutterbuck(2013), Farmer(2015), Mulec & Roth(2005), Britton(2015), Hawkins(2011, 2014), Thornton(2010), Ward(2008) as cited in Brown & Grant(2010)
팀 역량과 팀 학습 역량 개발	
• 팀 능력과 기술 개발	Anderson et al.(2008), Britton(2015), Carr & Peters(2013), Clutterbuck(2007, 2013), Hackman & Wageman(2005), Hawkins(2011, 2014), Hicks(2010), Liu, Pirola-Merlo & Huang(2009), Peters & Carr(2013), Skiffington & Zeus(2003), Woodhead(2011)
• 팀 사고의 질 향상	Britton(2015), Farmer(2015), Hicks(2010), Woodhead(2011)
• 내부와 외부 의사소통 개선	Carr & Peters(2013), Hawkins(2011, 2014), Peters & Carr(2013), Woodhead(2011)
• 개인과 팀 학습 – 교훈/성찰 배우기	Anderson et al.(2008), Carr & Peters(2013), Clutterbuck(2013), Farmer(2015), Hawkins(2011, 2014), Hicks(2010), Mulec & Roth(2005), Peters & Carr(2013)
시스템 인식 향상하기	
• 성공적인 팀 코칭을 위해 필요에 따라 코치가 제안하는 시스템적 접근	Anderson et al.(2008), Britton(2015), Brown & Grant(2010), Carr & Peters(2013), Clutterbuck(2013), Hackman & Wageman(2005), Hawkins(2011, 2014), Kets de Vries(2005), Rapp et al.(2016)
• 코치이의 시스템 인지도 향상	Kets de Vries(2005), Kotter(2007) as cited in Brown & Grant(2010)
• 개입을 넘어선 지속 가능한 능력	Cardon(2003), Gifford & Moral(2007) as cited in Peters & Carr(2013), Moral(2008)
• 이해관계자 참여	Anderson et al.(2008), Britton(2015), Carr & Peters(2013), Clutterbuck(2007, 2013), Hawkins(2011, 2014), Hicks(2010), Mulec & Roth(2005), Rapp et al.(2016), Woodhead(2011)
팀의 집단적/개별적 재능 지원	
• 개인과 팀 코칭	Anderson et al.(2008), Clutterbuck(2007), Hawkins(2011, 2014), Mulec & Roth(2005)
시간 경과에 따른 긴급 실행	
• 긴급 프로세스	Anderson et al.(2008), Clutterbuck(2007), Farmer(2015), Hawkins(2011, 2014), Hicks(2010)
• 시간 경과에 따른 관계	Carr & Peters(2013), Clutterbuck(2007, 2013), Farmer(2015), Hackman & Wageman(2005), Hawkins(2011, 2014), Hicks(2010)

[표 6.2] 여섯 개의 학술연구 요약

문헌	개수/연구대상 팀과 팀 구성원의 유형	사용된 연구방법	팀 코칭의 보고된 영향
Mulec & Roth (2005)	2팀(16명, 17명) 프로젝트 팀 각 팀에는 두 명의 코치가 배정	행동 연구, 행동 연구팀은 외부 코치 2명, 내부 코치 2명, 적극적인 연구자와 연구 동료, 코칭 개시자 6명으로 구성	팀 정신 증가 회의 개선 지식 공유 증가 팀 의사소통 향상 의사결정 향상
Blattner & Bacigalupo (2007)	1팀(팀 구성원 미명시) 고위 리더십 팀 코치 1명, 조직개발 실무자 1명이 코칭	한 명의 외부 코치와 한 명의 외부 조직개발 실무자가 완료한 사례연구	협업 증가 전략적 초점 확대 혁신 증가
Anderson et al. (2008)	1팀(팀원 10명) 고위 리더십 팀 두 명의 코치가 코칭	외부 코치 2명과 팀 리더의 사례연구	팀워크 증가 의사결정 향상 협업 증가 직원 헌신
Haug(2011)	1팀(팀원 5명) 고위 리더십 팀 저자가 코치	협동 행동 연구	팀 의사소통 향상 의사결정 향상 협업 증가 개인 학습 존경과 감사의 증가
Woodhead (2011)	1팀(팀원 3명) 고위 리더십 팀 저자가 코치	사례연구	의사소통 증가 관계 발전 공유 목표의 초점과 명확성 토론 시간 개방을 위한 안전한 공간 헌신 증가
Carr & Peters (2013)	2팀(6명, 8명) 고위 리더십 팀 코치 중 한 명이 각 팀을 코칭	사례연구	의사소통 증가 협업 증가 관계 발전 팀을 넘어선 긍정적인 영향 개인 학습

팀 효과성 모델

팀 효과성은 과제 결과, 팀 구성원 만족도, 팀 생존 가능성과 학습 결과(Salas, Cooke & Rosen, 2008) 등 특정 기준과 관련된 팀 성과에 대한 질적 평가로, 130개 이상의 팀 효과성 모델 또는 프레임워크가 있다(Peters & Carr, 2013).

조직적 팀에 대한 선행요인과 입력물, 입력물을 산출물로 바꾸는 프로세스, 그리고 다양한 이해관계자(Mathieu et al., 2008)가 평가하는 산출물의 범위를 이해하는 것은 팀 효과성의 핵심 프레임워크로 가장 잘 표현된다. 입력-프로세스-산출inputs-processes-outcomes(IPO)(McGrath, 1964)로 구성된 초기 팀 효과성 프레임워크는 팀 기능의 주기적인 특성(Mathieu et al., 2008)뿐만 아니라 생각과 느낌의 상태도 팀 결과물에 영향을 미친다는 인식을 보여주는 입력-매개-산출-입력input-mediator-outcome-input(IMOI) 모델로 발전했다.

팀 코칭 프레임워크 각 측면의 중요성에 대한 우리의 관점은 [그림 6.1]에 강조 표시하였다.

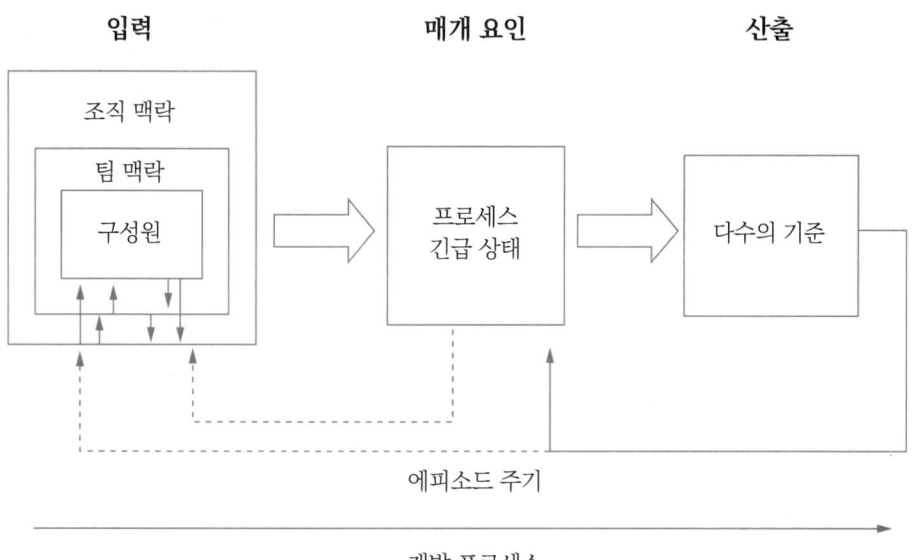

[그림 6.1] IMOI Input-Mediator-Outcome-Input 팀 효과성 프레임워크
출처: Mathieu et al. (2008, p.413). 허가 받음.

팀 입력

팀 과제(과제 상호 의존성과 표준화 수준), 팀 구성과 팀 규모와 같은 인식된 팀 입력team imputs은 팀 코치가 팀과 함께 일하기 전에 이미 고정되어 있어 협상할 여지가 없는 경우가 많다. 따라서 우리는 입력을 너무 깊이 고려하지 말 것을 제안한다. 살라스Salas 등(2015)은 팀 구성, 문화와 맥락을 중요한 입력 요소로 강조한다. 팀의 다양성과 특성, 팀 효과성 사이의 관계에 대한 연구 결과는 결론에 이르지 못했지만(Mathieu et al., 2008), 이제까지의 연구에 따르면 강력한 팀 지향성을 가진 구성원이 있는 팀이 성공할 가능성이 더 크다(Driskell, Salas &

Hughes, 2010). 이런 팀 구성 방식은 초기 팀 진단에서 살펴볼 가치가 있다. 문화와 문화적 가치는 특성보다 팀 지향성에 더 큰 예측력이 있을 수 있다(Salas et al., 2015). 맥락, 특히 팀에 대한 조직적 지원의 가치는 팀 구성원들이 상호작용하는 방식에 중요한 영향을 미치는 것으로 밝혀졌다(Wageman, Nunes, Burruss & Hackman, 2008).

팀 효과성 산출

팀 코칭이 팀 효과성에 어떻게 기여하는지 살펴보려면 팀 효과성 측정 요인을 이해하는 것이 중요하다. 코헨^{Cohen}과 베일리^{Bailey}(1997)는 팀 효과성을 다음과 같이 분류했다.

1. 팀 출력물의 양적, 질적 측면에서 평가된 성과 효과성
2. 구성원의 태도(직무 만족도, 직원 몰입도)
3. 행동적 산출물(팀 학습, 프로세스 개선)

해크먼과 웨이먼(2005)은 다음과 같은 경우 팀이 효과적인 것으로 정의한다.

1. 팀의 출력물이 고객의 기준을 충족하거나 초과한다.
2. 팀이 함께 일하는 방식이 미래에 상호 의존적으로 협력하는 능력과 생존력을 향상시킨다.
3. 팀 경험은 팀 구성원의 학습과 웰빙에 긍정적인 영향을 미친다.

팀 코치가 팀 코칭의 효과적인 결과로 측정할 수 있는 요인이 무엇인지 궁금해하는 것은 합리적이다. 우리는 위의 기준에 따라 명시적으로 계약할 것을 제안한다. 여섯 개의 팀 코칭 연구 논문 가운데 어느 것도 팀 코칭과 코칭 후 팀 효과성 사이의 연관성을 탐색한 논문은 없었다. 팀과 더 넓은 조직과 함께 팀 효과성에 대한 균형 성과표를 정의하고, 공동으로 작성하면 참여에 대한 상호 책임성, 엄격함, 초점을 높일 수 있다고 믿는다.

매개 요인: 팀 프로세스와 창발 상태

매개 요인은 어떻게 팀 입력이 산출물로 변환되는지를 설명하고, 최근의 팀 효과성 문헌에서

는 이것을 과정processes과 창발emergent 상태로 구성한다고 본다. 신뢰할 만한 프로세스 분류방법은 전환 과정-행동 과정-대인관계 과정transition processes-action processes-interpersonal processes(Cannon-Bowers & Bowers, 2010)의 3차원 에피소드 모델이다. 전환 과정은 향후 조치를 위한 단계를 설정하고 계획, 구성하는 작업 활동과 유사하다. 행동 과정은 의사소통, 조정, 성과 모니터링이 포함된다(Mathieu et al., 2008). 대인관계 과정은 집단적 자신감과 동기부여, 응집력, 신뢰, 잘 연구된 갈등 영역을 생성하고 보존하는 과정이 포함된다(Cannon-Bowers & Bowers, 2010).

창발 상태는 본질에서 역동적이며 팀의 인지, 동기부여와 정서적인 상태이다(Mathieu, Tannenbaum, Donsbach & Alliger, 2014). 여기에는 여러 대인관계 프로세스의 행동 이면에 있는 팀 자신감, 팀 신뢰, 공유된 정신 모델과 같은 팀의 생각과 감정이 포함된다(Mathieu et al., 2008).

살라스 등(2015)은 매개요인으로 팀 작업에 가장 크게 영향을 미치는 여섯 가지 중요한 고려 사항을 식별하여 실무자들이 프로세스와 창발 상태에 대한 방대하고 모순되는 문헌을 의미 있고 실용적으로 사용할 수 있도록 돕는다. [표 6.3]은 여섯 가지 제안된 실제 지침의 정의로, 팀 작업에서 매우 유용한 도구이다.

우리의 접근법

우리의 접근법은 연구에 더 깊이 몰입하면서 진화하고 있다. 여섯 개의 사례연구에서 코칭 개입이 관찰된 결과에 가장 큰 영향을 미쳤다는 것은 명확하지 않고, 이는 팀 코칭 문헌에서 상당한 차이를 보인다. 우리는 현재 박사 연구를 통해 테스트용 개념적 모델을 개발하는 데 관심을 집중하고 있어 그런 모델을 만들지는 않았다. 그러나 팀 효과성 문헌과 팀 코치 프랙티셔너로서 여러 경험을 종합하여 접근 방식에 몇 가지 프랙티스를 정립하였다.

코치 한 명이 팀 코칭을 하는 것은 작업이 너무 복잡하기 때문에 우리는 팀과 파트너 관계를 맺을 때 팀 개발과 자체 개발을 지원하기 위해 코칭 팀pair으로 작업한다. 우리는 팀 리더, 집단적 팀, 관련 이해관계자들과의 계약과 재계약 과정에서 개인, 집단, 조직의 성공 척도를 경청하고 이해한다. 우리는 수집된 데이터를 통해 팀의 현재 위치와 팀의 주요 이해관계자들이 팀을 어떻게 인식하는지를 파악하고, 팀의 긴급한 요구에 실시간으로 유연하게 대응할 수 있도

[표 6.3] 여섯 개의 학술연구 요약

비판적 고려사항	정의	실무 지침
협력	팀 오리엔테이션, 심리적 안전감, 신뢰와 집단 효능감을 포함한 팀 작업의 동기부여 요인, 조기의 성공은 집단 효능감 개발에 도움이 된다.	브루어Brewer와 크래머Kramer(1986)는 개인이 자신과 유사하다고 인식하는 타인을 신뢰하므로 팀 작업과 관련된 이전 경험을 공유하는 것이 이를 생성하는 데 유용하다는 것을 발견했다.
갈등	한 명 이상의 구성원이 가진 이해관계, 신념 또는 관점이 양립할 수 없다는 인식이다(Jehn, 1995). 작업 기반, 관계 기반, 프로세스 기반 갈등이 될 수 있으며 논쟁의 여지가 있는 관계 기반 갈등이 가장 해로울 수 있다.	토마스-킬만 갈등모델Thomas-Kilmann Conflict Model과 같은 갈등 관리 전략을 사용하여 팀의 갈등처리 방법에 대한 규범을 만든다. 좋은 팀은 심리적 안전감을 구축하고 팀원들에게 발언권을 부여하여 갈등을 처리하고 직면한다.
조정	상호 의존적 행동의 순서와 타이밍의 조정이다(Marks, Mathieu & Zaccaro, 2001).	조정에 대한 기대치를 안내하기 위해 팀 역할과 책임을 명확히 해야 한다. 조정에 관한 긍정적, 부정적인 측면을 검토하기 위해 주요 결과물을 보고한다.
의사소통	팀의 태도, 행동과 인지를 형성하고 개혁하는 정보를 주고받는 팀 구성원 상호간 프로세스이다.	정보 공유는 팀 성과를 긍정적이고 의미 있게 예측한다(Mesmer-Magnus & DeChurch, 2009). 이는 정보의 양이 아닌 공유되는 정보의 고유성에 관한 것이다. 모든 팀 구성원이 필요할 때 정보를 받고 의도한 정보의 수신을 확인하도록 규범을 만든다(McIntyre & Salas, 1995).
코칭	목표와 방향을 설정하고 오류가 발생했음을 인식하기 위한 리더십 행동 만들기로, 여러 개인이 팀 내외부에서 이런 행동을 공유할 수 있다.	팀 내 리더십 공유를 위한 환경 조성은 효과적인 팀워크를 촉진할 수 있다(Carson, Tesluk & Marrone, 2007). 리더의 중요한 역할은 팀과 개인 수준에서 팀 문제를 진단하고 해결하는 것이다.
인식	팀 구성원들의 상호작용 결과로 개발된 팀 구성원 사이의 공유된 이해이다.	고성과 팀과 특정 팀 기능에 대해 명확하게 공유된 이해를 구축한다. 다른 팀원의 역할에 대해 배운다.

록 각 워크숍에 앞서 코칭 의제를 공동으로 만든다.

우리는 목적이 있는 대화, 어려운 대화, 성찰적 대화, 비전적인 대화, 행동 지향적인 대화를 위한 시간을 마련하고 팀을 참여시킨다. 우리는 우드헤드(2011)와 호그(2011)의 문헌과 에드먼슨의 심리적 안전감 창출 연구(1999)에 기초하여 우리 자신의 강점과 약점을 공유하는 역할을 모델로 삼는다. 신뢰는 팀 코칭에서 공통적으로 논의되는 영역이지만, 팀이 성공적으로 수행할 수 있다는 자신감에 대한 논의는 향후 연구에서 더 많이 탐구할 영역이다. 우리는 팀들이 팀의 모습과 맥락, 이해관계자에 대한 공유 정신 모델을 개발하도록 계획적으로 돕는다. 이는 모든 사람이 동일한 수준에서 시작하고 팀 코칭이 진행되는 동안 계속 코칭 과정에 참여할 수 있는 언어를 제공하기 위한 기본 작업 단계이다.

우리는 행동에 전념한다. 팀에서 표출되는 행동들은 시스템 변화에 영향을 미치고 있음을 확실하게 보여주는 척도이므로 실천 목표를 명확하게 알리기 위해 노력한다. 팀의 작업 주기 단계에 주의를 기울이고, 캐논-바워스$^{Cannon-Bowers}$와 바워스^{Bowers}(2010)의 전환 과정, 행동 과정, 대인관계 과정의 3차원 에피소드 모델을 유용한 프레임으로 사용하여 어떤 코칭 과정에 집중할지를 계획한다.

위 내용은 팀 코칭과 팀 효과성과 관련된 일부 문헌연구의 결과이다. 우리는 열정적인 연구자들이 완전한 결과물을 만드는 데 동참하고, 팀 코칭이 여러 유형의 팀뿐만 아니라 리더십 팀에 미치는 영향 연구, 한두 개 이상의 팀을 포함하는 연구, 팀 이해관계자들이 팀 코칭에 미치는 영향에 대한 피드백을 제공하는 연구 등 여러분 각자가 관심이 있는 연구를 진행해 볼 것을 제안한다.

결과

우리는 지속해서 팀 코칭이 무엇인지, 어떻게 수행되며 어떤 이점을 제공하는지를 정의하여 팀 효과성 연구 기관으로 팀 코치들에게 엄격한 기준점^{benchmark}을 제공했다고 생각한다.

- 연구자가 팀 효과성 측정방법을 이해하여 팀 코칭 프랙티스에서 유효한 척도를 식별하고 추적하여, 공헌과 가치를 보여주는 방법에 대한 이해
- 연구에서 팀 코칭 개입의 안내와 집중에 영향을 미치는 팀 효과성의 주요 매개요인에 대한 이해
- 팀 코칭이 이러한 매개 요인과 결과적으로 팀 효과성에 어떻게 영향을 미치는지를 의도적으로 시연

미래 연구를 위한 제안

우리는 현재 팀 코칭의 개념적 모델을 개발하고 테스트하기 위한 연구를 하고 있다. 이 연구는 팀 코칭이 팀 효과성과 조직 학습에 어떻게 기여하는지 탐색하는 행동 연구가 될 것이다. 이 연구에서 우리는 팀 프로세스를 구축하고 유지하는 데 팀 코칭 개입이 인정받는 것, 앞으로 팀 코칭은 창발 상태에 있을 때 가장 효과적으로 영향력을 미칠 수 있다는 것, 팀 효과성과 조직 학습에 기여한다는 것 등이 우리의 가설에 더 추가되기를 기대한다.

참고문헌

Anderson, M., Anderson, D., & Mayo, W. (2008). Team coaching helps a leadership team drive cultural change at Caterpillar. *Global Business and Organizational Excellence, 27*(4), 40–45.

Blattner, J., & Bacigalupo, A. (2007). Using emotional intelligence to develop executive leadership and team and organizational development. *Consulting Psychology Journal: Practice and Research, 59*(3), 209–219.

Brewer, M. B., & Kramer, R. M. (1986). Choice behavior in social dilemmas: Effects of social identity, group size, and decision framing. *Journal of Personality and Social Psychology, 50*(3), 543.

Britton, J. (2015). Expanding the coaching conversation: Group and team coaching. *Industrial and Commercial Training, 47*(3), 116–120.

Brown, S. W., & Grant, A. M. (2010). From GROW to GROUP: Theoretical issues and a practical model for group coaching in organisations. *Coaching: An International Journal of Theory, Research and Practice, 3*(1), 30–45.

Cannon-Bowers, J. A., & Bowers, C. (2010). Team development and functioning. In S. Zedeck (Ed.), *APA handbook of industrial and organisational psychology*: Vol. 1. *Building and developing the organization*. Washington, DC: American Psychological Association.

Carr, C., & Peters, J. (2013). The experience of team coaching: A dual case study. *International Coaching Psychology Review, 8*(1), 80–98.

Carson, J. B., Tesluk, P. E., & Marrone, J. A. (2007). Shared leadership in teams: An investigation of antecedent conditions and performance. *Academy of Management Journal, 50*(5), 1217–1234.

Clutterbuck, D. (2007). *Coaching the team at work*. London, England: Nicholas Brealey.

Clutterbuck, D. (2013). Time to focus coaching on the team. *Industrial and Commercial Training, 45*(1), 18–22.

Cohen, S. G., & Bailey, D. E. (1997). What makes teams work?: Group effectiveness research from the shop floor to the executive suite. *Journal of Management, 23*(3), 239–290.

Cox, E. (2013). *Coaching understood*. London, England: Sage.

Dingman, M. E. (2004). The effects of executive coaching on job-related attitudes (Doctoral dissertation). Regent University, Virginia. Retrieved from Google Scholar.

Driskell, J. E., Salas, E., & Hughes, S. (2010). Collective orientation and team performance: Development of an individual differences measure. *Human Factors, 52*(2), 316–328. http://doi.org/10.1177/0018720809359522.

Edmondson, A. (1999). Psychological safety and learning behavior in work teams. *Administrative Science Quarterly, 44*(2), 350–383.

Farmer, S. (2015). Making sense of team coaching. *The Coaching Psychologist, 11*(2), 72–80.

Fillery-Travis, A., & Passmore, J. (2011). A critical review of executive coaching research: A decade of progress and what's to come. *Coaching: An International Journal of Theory, Research and Practice, 4*(2), 70–88.

Hackman, J. R., & Wageman, R. (2005). A theory of team coaching. *The Academy of Management Review, 30*(2), 269–287.

Haug, M. (2011). What is the relationship between coaching interventions and team effectiveness? *International Journal of Evidence Based Coaching and Mentoring, 5*, 89–100.

Hawkins, P. (2011). *Leadership team coaching: Developing collective transformational leadership*. London, England: Kogan Page.

Hawkins, P. (2014). *Leadership team coaching: Developing collective transformational leadership* (2nd edn). London, England: Kogan Page.

Hawkins, P. (2017). *Leadership team coaching: Developing collective transformational leadership* (3rd edn). London, England: Kogan Page.

Hicks, B. (2010). *Team coaching: A literature review*. Brighton, England: Institute for Employment Studies.

Ilgen, D. R., Hollenbeck, J. R., Johnson, M., & Jundt, D. (2005). Teams in organizations: From input-process-output models to IMOI models. *Annual Review of Psychology, 56*, 517–543. http://doi.org/10.1146/annurev.psych.56.091103.070250.

Jehn, K. A. (1995). A multimethod examination of the benefits and detriments of intragroup conflict. *Administrative Science Quarterly, 40*(2), 256–282.

Kets de Vries, M. F. R. (2005). Leadership group coaching in action: The Zen of creat¬ing high performance teams. *The Academy of Management Executive, 19*(1), 61–76.

Liu, C. Y., Pirola-Merlo, A., Yang, C. A., & Huang, C. (2009). Disseminating the functions of team coaching regarding research and development team effectiveness: Evidence from high-tech industries in Taiwan. *Social Behavior and Personality: An International Journal, 37*(1), 41–57.

Marks, M. A., Mathieu, J. E., & Zaccaro, S. J. (2001). A temporally based framework and taxonomy of team processes. *Academy of Management Review, 26*(3), 356–376.

Mathieu, J. E., Maynard, M. T., Rapp, T., & Gilson, L. (2008). Team effectiveness 1997–2007: A review of recent advancements and a glimpse into the future. *Journal of Management, 34*(3), 410–476. http://doi.org/10.1177/0149206308316061.

Mathieu, J. E., Tannenbaum, S. I., Donsbach, J. S., & Alliger, G. M. (2014). A review and integration of team composition models: Moving toward a dynamic and temporal framework. *Journal of Management, 40*. http://doi.org/10.1177/0149206313503014.

McGrath, J. E. (1964). *Social psychology: A brief introduction*. New York, NY: Holt, Rinehart & Winston.

McIntyre, R. M., & Salas, E. (1995). Measuring and managing for team performance: Emerging principles from complex environments. Team effectiveness and decision making in organizations. In R. A. Gruzzo, E. Salas & Associates (Eds.), *Team effective¬ness and decision making in organizations* (pp. 9–45). San Francisco, CA: Jossey-Bass.

Mesmer-Magnus, J. R., & DeChurch, L. A. (2009). Information sharing and team performance: A meta-analysis. *Journal of Applied Psychology, 94*(2), 535.

Moral, M. (2008). Executive team coaching in multinational companies. In M. Moral & G. Abbott (Eds.), *The Routledge companion to international business coaching* (pp. 256–268). New York, NY: Routledge.

Mulec, K., & Roth, J. (2005). Action, reflection, and learning-coaching in order to enhance the performance of drug development project management teams. *R&D Management, 35*(5), 483–491.

Overfield, D. V. (2016). A comprehensive and integrated framework for developing leadership teams. *Consulting Psychology Journal: Practice and Research, 68*(1), 120. http://doi.org/10.1037/cpb0000053.

Peters, J., & Carr, C. (2013). Team effectiveness and team coaching literature review. *Coaching: An International Journal of Theory, Research and Practice, 6*(2), 116–136.

Rapp, T. L., Gilson, L. L., Mathieu, J. E., & Ruddy, T. (2016). Leading empowered teams: An examination of the role of external team leaders and team coaches. *The Leadership Quarterly, 27*, 109–123.

Salas, E., Cooke, N. J., & Rosen, M. A. (2008). On teams, teamwork, and team performance: Discoveries and developments. *Human Factors, 50*(3), 540–547. http://doi.org/10.1518/001872008X288457.

Salas, E., Shuffler, M., & Thayer, A. (2015). Understanding and improving teamwork in organizations: A scientifically based practical guide. *Human Resource Management, 54*(4), 599–622.

Skiffington, S., & Zeus, P. (2003). *Behavioral coaching: How to build sustainable personal and organizational strength*. New York, NY: McGraw-Hill.

Sundstrom, E., McIntyre, M., Halfhill, T., & Richards, H. (2000). Work groups: From the Hawthorne studies to work teams of the 1990s and beyond. *Group Dynamics: Theory, Research, and Practice, 4*(1), 44–67. http://doi.org/10.1037/10892699.4.1.44.

Thornton, C. (2010). *Group and team coaching: The essential guide*. New York, NY: Routledge. 『창조적 조직을 위한 그룹 코칭과 팀 코칭』 신준석 역. 시그마프레스. 2013.

Wageman, R., Nunes, D. A., Burruss, J. A., & Hackman, J. R. (2008). *Senior leadership teams: What it takes to make them great*. Boston, MA: Harvard Business School Press Books.

Woodhead, V. (2011). How does coaching help to support team working?: A case study in the NHS. *International Journal of Evidence-Based Coaching and Mentoring, 5*, 102–119.

7장. '좋다'는 것은 무엇인가?
팀 코칭 효과성에 관한 연구 개관

저자: 재클린 피터Jacqueline Peters, 캐서린 카Catherine Carr
역자: 윤선동

비즈니스 문제와 업무 복잡성이 증가하면서 조직은 점점 더 많은 팀에 의존하게 되었고(Gude, 2016), 그 결과 팀 코칭은 매년 더 빈번하게 찾는 해결책이 되었다. 이 수요를 충족하기 위해 우리는 프랙티셔너로서 우리 일에 책임감을 갖고, 정의하고, 우리가 하는 일이 차이를 만든다는 증거를 제시하고자 한다. 전체적으로 코칭은 연간 20억 달러의 세계적인 산업으로 성장했지만 효과성 연구는 여전히 제한적이다(ICF, 2012).

이 장에서는 An International Journal of Theory, Research and Practice(Peters & Car, 2013) 등 코칭에 관해 게재된 연구 논문에서 팀 코칭 관련 연구결과를 검토하여 최신화하고 확장하였다. 팀 코칭에 관한 연구 문헌은 앤서니 그랜트Anthony Grant(2009)가 518개의 코칭 논문 가운데 여섯 개만이 '팀 코칭'이라는 용어를 사용했다고 서지목록에 주석을 기입한 이래로, 영국 고용연구소의 2010년 연구와 2013년 우리의 리뷰 이후 크게 증가했다.

이 리뷰에서는 구글스콜라Google Scholar와 펍매드PubMed, 사이인포PsycInfo와 EBSCO의 연구 데이터베이스에서 관련 논문을 체계적으로 검색했으며, 최근 5년 동안 발표된 영어 논문을 중심

재클린 피터 Jacqueline Peters: 20년 이상 수십 개의 조직에서 수백 명의 리더와 팀을 지도하여 영향력과 결과를 높여왔다. 『훌륭한 팀을 위한 50가지 팁』, 『고성과 팀 코칭과 고성과의 관계』 등 수많은 논문과 책을 저술/공동 집필했다.

캐서린 카 Catherine Carr: MCEC, PCC, RCC로서 혁신적인 코칭과 상담 심리를 통합하여 개인, 조직과 세계에 긍정적인 영향을 미치는 변화를 유도한다. 『훌륭한 팀을 위한 50가지 팁과 고성과 팀 코칭』을 공동 집필했으며, 캐나다에서 회복탄력성 분야를 이끌고 있으며, TED 토크 코치로 활동하고 있다.

으로 연구했다. '팀 코칭', '팀 코치', '비즈니스 코치', '비즈니스 코칭', '팀 효과성', '팀 성과'를 검색어로 하였다. 또 팀 코칭과 관련성이 있을 수 있는 하위 연구를 위해 개인과 임원코칭 문헌을 살펴보고, 실질적인 팀 코칭 사례를 위해 웹사이트를 조사했다.

문헌 검토 결과, 팀 코칭의 효과성에 관한 연구는 개인 코칭 연구가 수년 동안 직면한 것과 유사한 많은 문제를 겪고 있는 것으로 나타났다(Grover & Furnham, 2016). 문제에는 사례 연구에 의존하는 방법론적 이질성, 일관성 없는 종속변수 또는 팀 코칭에서 측정하는 항목, 코칭 결과를 측정하기 위해 자기 보고식 자료에 지나치게 의존하는 것이 포함되었다. 팀 코칭 방법론과 실천도 코치마다, 연구마다 크게 다르기 때문에 연구 간 결과를 비교하기 어려웠다.

따라서 '좋은' 팀 코칭이 무엇인지에 관한 질문에 답하기 위해 먼저 '성찰과 대화를 통해 팀의 성과 개선과 성과 달성 프로세스를 돕는다(Cutterbuck, 2007, p.77)'라고 정의하고자 한다. 이는 테일러Taylor와 프랜시스Francis 리뷰에서 제공하는 팀 저작권 자료team Copyright Material의 정의와 유사하다. 또한 효과성 연구자인 재클린 피터Jacqueline Peters와 캐서린 카Catherine Carr, 해크먼Hackman과 웨이먼Wageman(2005, p.269)이 팀 코칭을 '구성원들이 팀 업무를 달성하는 데 있어 집단 자원을 적절히 조정하고 업무에 적절히 활용하도록 돕기 위한 팀과의 직접적인 상호작용' 유형이라고 내린 정의와도 유사하다. 두 가지 정의 모두에서 팀 코칭은 팀과 함께 공동으로 작업하는 데 초점을 맞추고 있으며, 팀 리더 또는 팀의 모든 구성원을 개별적으로 코칭하는 것과는 구별된다.

이 핸드북은 프랙티셔너를 위한 것으로, 프랙티셔너와 고객이 가장 관심 있어 하는 사항인 팀 코칭이 팀 성과에 미치는 영향인 팀 코칭의 효과성에 초점을 맞추고자 한다. 효과성effectiveness이란 팀 코칭이 일상적인 상황에서 유익한 결과를 만들어내는 정도이다. 이는 팀 코칭이 이상적인 조건에서 어느 정도 성과를 내는지 살펴보는 팀 코칭 효과efficacy와는 구별된다. 문헌에서 살펴본 모든 연구는 실제 조건에서 수행하는 팀에 대해 논의했으므로, 그 효과는 우리가 설명하는 연구에 부합한다.

또 많은 학술 연구에 사용되는 일반적인 입력, 매개요인, 산출IMO 모델이 아닌 팀 코칭 효과성을 평가한다(Mathieu, Maynard, Rapp, 2008, p.412). 웨이먼Wagman, 누네스Nunes, 부루스Burruss와 해크먼Hackman(2008)이 연구한 세 가지 팀 효과성 기준을 사용하는 이유는 저성과 팀과의 큰 차이점을 보여주기 때문이다.

1. 고객 또는 이해관계자 기준과 기대치를 충족하거나 초과하는 결과 또는 출력물을 제공하

는 성과
2. 현재와 미래 모두 팀이 상호 의존적으로 협력할 수 있는 능력을 구축할 수 있는 것(즉, 팀이 더 나아지고 있음)
3. 팀 경험이 개별 팀 구성원의 학습, 웰빙, 발전에 긍정적으로 기여했는지 여부(Peters & Car, 2013, p.4)

따라서 훌륭한 팀 코칭은 (1) 제품을 포함한 결과 또는 출력물(R), (2) 팀과 사회적 프로세스(TP), (3) 개별 학습(IL)과 같은 개선점이 팀에 나타난다. 5개 팀 가운데 1개만이 이러한 세 가지 고성과 측정 기준을 모두 효과적으로 충족했기 때문에 팀 코칭은 큰 영향을 미칠 수 있는 잠재력이 있다(Wageman et al., 2008). 이 핸드북의 목표는 일반적으로 코칭을 제공하고 평가하는(예: 팀 리더, 팀 구성원, 코치) 사람들, 결과물을 체계적으로 측정하고 관찰하는 것을 포함하여 팀 코칭 결과에 대한 프랙티셔너들의 이해를 돕기 위함이다. 프랙티셔너들이 팀 코칭 결과 연구에서 최신 기술에 대해 더 많은 정보를 얻고, 더불어 연구에서 좀 더 영감 받기를 바란다. 팀 코칭 분야의 학술 문헌에 대한 완전한 분석적 비평은 이 장의 범위를 벗어남을 알려 둔다.

'좋은' 팀 코칭을 구성하는 요소는 무엇인가?

2013년 팀 코칭 문헌 검토에는 팀 효과성 연구가 포함되었는데, 팀 성과 결과물과 관련된 요소에 관한 엄격한 대규모 연구였다. 팀 효과성 연구는 직접적인 팀 코칭 노력에 대한 근거 기반, 증거 기반 지침을 제공하지만, 연구가 방대하여 이번 장의 범위를 벗어난다. 독자들은 어떤 요소가 팀 성과를 향상하게 하는지 이해하기 위해 몇 가지 우수한 메타 리뷰를 숙지하는 것이 좋다(Breuer, Hüffmeier & Hertel, 2016; Buljac-Samardžić, Dekker-van Doorn, van Wijngaarden & van Wijk, 2010; Gilson, Maynard, Jones, Young, Vartiainen & Hakonen, 2015; Kozlowski, Mak & Chao, 2016; Mathieu, Tannenbaum, Donsbach & Alliger, 2014; Rico, Alcover de la Hera & Tabernero, 2011; Salas, Goodwin & Burke, 2013; Tannenbaum & Cerasoli, 2013).

프랙티셔너들은 팀 코칭을 강조하는 팀 효과성에 관한 책으로 『Leading Teams(Hackman, 2002)』와 『Senior Leadership Teams(Wageman, Nunes, Burruss & Hackman, 2008)』

을 읽을 수 있다. 두 책 모두 팀 코칭을 포함하여 고위 리더십 팀의 효과성을 위한 세 가지 필수 조건과 세 가지 가능 조건을 제안하여 실무 현장에 큰 공헌을 했다. 세 가지 필수 조건은 (1) 명확한 구성원과 경계를 가진 실제 팀, (2) 팀 작업을 안내하는 강력한 목적, (3) 팀 목표를 달성할 수 있는 지식, 기술, 경험을 가진 적임자이다. 세 가지 가능 조건은 (1) 함께 일하는 방법을 안내하는 명확한 규범과 합의를 가진 10명 미만의 구성원으로 된 견고한 팀 구조, (2) 정보, 시간, 자원을 제공하는 지원적인 조직적 맥락, (3) 팀이 개별적으로 그리고 함께 성장할 수 있도록 내부 팀 구성원 또는 팀 외부 코치의 유능한 팀 코칭이다. 팀 효과성에 대한 이 여섯 가지 조건은 팀 효과성의 60%(Hackman, 2011)에서 80%(Pellerin, 2009)까지 설명하는 것으로 추정되었다.

또 팀 코칭 개입에 자주 포함되는 적절한 조건을 조성하는 몇 가지 요소는 다음과 같다. 맥이완McEwan, 루이센Ruissen, 아이즈Eys, 줌보Zumbo, 뷰챔프Beauchamp(2017)의 팀 훈련의 효과성을 연구한 51개 논문에 대한 2017년 메타 리뷰가 있다. 여기서는 팀워크의 가치를 이야기하는 교훈적인 프레젠테이션이 효과적이지 않다고 하면서, 팀워크를 배우려면 함께 일하고 '팀 만들기teaming'를 적극적으로 연습해야 한다고 결론지었다. 대인관계 갈등을 관리하고 동료의 사회적 지원을 높이기 위한 개입이 팀 성과를 향상하는 것으로 나타났다(McEwan et al., 2017).

여러 팀 효과성 연구는 공유된 비전, 목표, 절차 만들기와 같은 일반적인 팀 코칭 활동을 학문적으로 지지한다(Aubé, Rousseau & Shreblay, 2015). 탄넨바움Tannenbaum과 세라솔리Cerasoli(2013)의 메타 분석 결과, '실행 후 검토after action reviews' 또는 결과 보고가 팀 성과를 20-25% 향상시켰으며 이는 다양한 팀 코칭 모델에서 강조된 또 다른 구성요소로 작용한다고 결론지었다(Car & Peters, 2012).

하버드 비즈니스 스쿨Harvard Business School의 에이미 에드몬슨Amy Edmondson(2012)은 업무 집중도가 낮은 수준에서, 팀원들 사이에 취약해도 된다는 태도를 포함한 심리적 안전감이 어떻게 팀 효과성 결과를 매개하는지에 대해 광범위하게 저술했다. 마찬가지로 구글Google은 2년 동안 팀 성과를 연구한 결과, 심리적 안전감과 함께 신뢰도, 구조와 명확성, 의미와 영향이 최고 성과 팀을 차별화하는 다섯 가지 핵심 요소라고 결론지었다(Duhigg, 2016). 카Carr와 피터Peters(2012)는 안전감을 또 다른 팀 효과성 연구의 핵심 요소로 확인했고, 팀 코칭 사례연구 참가자는 팀 만족도와 성과 향상에 기여한 요인으로 심리적 안전감을 강조했다.

우리가 수행한 최신 전문 개발 훈련, 성공 사례 또는 다른 임시 접근방법을 기초로 팀을 코칭하는 것은 쉽다. 프랙티셔너들은 팀 성과에 영향을 미치는 것으로 밝혀진 다양한 요인에 대한 풍부한 팀 효과성 연구를 확인하는 것이 현명할 것이다.

팀 코칭 접근 방식: '좋은' 팀 '좋은' 팀 코칭은 어떤 모습인가?

많은 팀 코치가 그룹 코칭과 팀 코칭에 대한 고유한 접근 방법을 발표했으며, 코치와 리더에게 그룹 또는 팀과 함께 작업할 수 있는 잠재적인 프로세스, 활동, 팀 코치 역할에 대한 실용적인 지침을 제공하였다(Adkins, 2010; Britton, 2010, 2013; Clutterbuck, 2007; Curphy & Hogan, 2012; Dierolf, 2014; Dolny, 2009; Guttman, 2008; Hackman & Wageman, 2005; Hall, 2013; Hauser, 2014; Hawkins, 2011, 2014; Hinkson, 2001; LaFasto & Larson, 2001; Lencioni, 2002; Mitsch & Mitsch, 2010; Niemela & Lewis, 2001; Overfield, 2016; Peters & Carr, 2013; Thornton, 2010, 2016; Turner, 2013; Zeus & Skiffington, 2002). 또 다른 분야의 리더를 위해 자기 팀을 어떻게 효과적으로 코칭하는지에 대한 활동과 도구가 포함된 유용한 핸드북이 많다(Aguilar, 2016; Pellerin, 2009; Sisko, 2014). 이런 책들은 유용한 자원이며 일부는 툴킷^{toolkits} 적용에 관한 예를 포함하고 있지만, 해당 모델이 증거 기반은 아니고 비공식 사례이므로 본 리뷰에서는 논의하지 않았다. 사례에는 논의된 접근 방식의 효과성을 평가하는 데 중요한 코칭 참여 기간, 팀 규모 또는 성공 측정과 결과와 같은 정보가 포함되지 않는 경우가 많다.

다양한 방법론적 문제와 팀 코칭에서 무엇이 좋은가를 결정하는 어려움은 모든 분야의 초기 발전 과정에서 공통적으로 나타나는 문제이다. 패스모어^{Passmore}와 필러리$^{Fillery-Travis}$(2011)는 경영진 코칭 연구에서 이러한 지식 성숙 과정을 설명했다. 그들은 이를 (1) 탐색(정의와 경계), (2) 이론 구축(방법과 측정), (3) 영향을 연구하기 위한 양적 연구가 더 널리 퍼져 있는 경우 이론적 예외와 편차 식별의 3단계로 개념화하였다. 팀 코칭은 지식 구축의 1단계와 2단계 초기에 있는 것으로 보이므로 양적 연구에 한계가 있다. 그렇지만 지식 기반은 증가하고 있으며 팀 코칭 결과에 대한 연구 수는 2013년 마지막 검토 이후 두 배 이상 증가했다. 읽기 쉽도록 2013년 연구 13건과 새로운 연구 20건을 모두 포함했다.

여기서는 팀 효과성을 평가하는 데 중요한 (1) 고객 만족도, 재무 결과 또는 안전과 같은 결과 개선(R) 또는 출력물 개선, (2) 노력, 효과성 또는 협업과 같은 팀 프로세스(TP)의 개선, (3) 개별 학습(IL) 개선의 세 가지 척도에 따라 연구 결과를 분류했다. 비록 각각이 별개의 범주처럼 보이지만, 연구 결과 설명이 모호하고 결과가 어떤 범주에 깔끔하게 들어 맞는지 명확하게 구별하기 어려운 경우도 있었다. 우리는 모든 불분명한 결과를 정렬하고 범주에 할당하기 위해 내부 합의에 도달할 때까지 개별 범주화에 관해 논의했다.

팀 코칭 결과를 설명하는 실증적 연구

2013년 리뷰에서 설명한 여섯 개를 포함하여 이 리뷰에서 17개의 학술 또는 실증적 연구를 조사했으며(Buljac-Samardžić, 2012; Heimbecker, 2006; Henley Business School and Lane4, 2010; Liu, Pirola-Merlo, Yang & Huang, 2009); Liu, Lin, Huang & Lin, 2010; Wageman et al., 2008), 모두 [표 7.1]에 연대순으로 나열하였다. 이러한 실증적 연구는 학술지 또는 동료 리뷰 저널에 게재되었고 연구 방법론, 결과에 관한 토론과 팀 코칭에 대한 의미를 전반적으로 보여주고 있으므로, 이런 연구는 실무자 사례연구와 구별했다. 결과적으로 첫 번째 분야의 실증 연구는 이런 기준을 충족하는 두 가지 사례연구를 포함하였고(Carr & Peters, 2012; Gude, 2016) 나머지 사례연구는 [표 7.2]에 나열되어 있다.

누가 팀 코칭을 제공하는가?: 실증적 연구

[표 7.1]은 17개 연구 가운데 12개가 전문 코치나 팀 외부인이 실시한 코칭이 아닌, 팀 리더(연구에 따라 관리자, CEO와 경영진 혼합)가 실시한 팀 코칭 효과에 대해 보고한 것이다(Buljac- Samardžić, 2012; Buljac- Samardžić & van Woerkom, 2015; Dimas, Lourenço & Rebelo, 2016a; Dimas, Rebelo & Lourenço, 2016b; Henley University of Reading & Lane4, 2010; Higgins, Young, Weiner & Wlodarczyk, 2009-2010; Krishna & Hongwei, 2015; Liu et al., 2009, 2010; Rousseau, Aubé & Tremblay, 2013; Schaubroeck et al., 2016; Wageman et al., 2008).

모든 연구에서 팀 리더가 실시한 팀 코칭에 관한 설명은 공식적인 팀 코칭 프로그램을 수행하는 것보다 의도적으로 팀 코칭 리더십 스타일을 적용하는 리더에 중점을 두었다. 13개 연구 가운데 세 개(Henley University of Reading & Lane4, 2010; Rousseau et al., 2013; Schaubroeck et al., 2016)를 제외하고 팀 코칭 리더십 스타일은 TDS$^{\text{Team Diagnostic}}$

[표 7.1] 실증적 연구에 기반한 팀 코칭의 영향

연도	연구자	연구 유형	코칭 유형 외부, 내부, 팀 리더, 동료	주제/참여자(국가)	개입 요소 팀 코칭 리더십 스타일 및 또는 팀 코칭 프로그램/프로젝트	참여자, 코치, 기타 영향 평가	팀 코칭 영향/산출물 R=결과/산출물 TP=팀 과정 IL=개인 학습
2006	Heimbecker	양적 실험: TDS* 조건의 종류	외부 코치	8개의 커리큘럼 작성팀-코칭 받은 4개 그룹, 4개는 통제그룹(코칭 안함)(미국)	팀 코칭 프로그램 • TDS*, 팀 코칭 행동에 기초한 3개의 팀 코칭 세션	• 참여자: 팀원, 코치 • 기타: 외부 커리큘럼 전문가	TDS*에 대한 팀 리더 코칭 행동과 관련된 개선사항: • 쓰기 품질-R
2008	Wageman, Nunes, Burruss, Hackman	양적/질적 방법 병행: 인터뷰, 관찰, 설문조사	외부 컨설턴트의 평가를 받은 팀 리더	120개 고위 리더십 팀(전세계)	TDS* 행동 기반의 팀 코칭 리더십 스타일 • 주로 고위리더십팀의 효과성과 팀 코칭을 포함하여 효과성을 이끄는 6가지 조건에 대한 연구	• 참여자: 팀원 자체 평가 • 외부 컨설턴트 • 기타: 매니저 이해 관계자	TDS*에 대한 팀 코칭 행동과 관련된 개선사항: • 고객 만족도-R • 재무 결과-R • 개인 개발-IL • 팀 개발과 학습-TP
2009	Liu, Pirola-Merlo, Yang, Huang	양적: TDS* 팀 코칭 행동과 기타 팀 효과성(역우기) 질문에 기반한 설문조사	팀 리더	133개 연구개발팀(대만)	TDS* 행동에 기반한 팀 코칭 리더십 스타일	• 참여자: 팀 리더와 팀원 • 기타: 부서장	TDS*에 대한 팀 코칭 행동과 관련된 개선사항: • 노력-TP • 팀 스킬-TP • 팀 지식-TP
2009~2010	Higgins, Young, Weiner, Wlodarczyk	양적: TDS* 결과	팀 리더와 동료	25명의 학교 교육감과 그들의 새로운 개선팀(미국)	TDS*에 기초한 리더십 코칭 스타일 TDS***에 따른 동료 코칭	• 참여자: 팀 리더와 팀원	• 개인 학습과 성장-IL
2010	Liu, Lin, Huang, Lin	양적: 팀 코칭 행동에 기초한 TDS*에 설문과 기타 팀 효과성 질문	팀 리더	연구개발팀 47명(팀원 145명, 팀장/관리자 47명)(대만)	TDS*에 기초한 팀 코칭 리더십 스타일	• 참여자: 팀 리더와 팀원	TDS*에 대한 팀 코칭 행동과 관련된 개선사항: • 팀 효과성: 목표, 고객, 작시장-R

[표 7.1] 실증적 연구에 기반한 팀 코칭의 영향(계속)

연도	연구자	연구 유형	코치 유형 외부, 내부, 팀 리더, 동료	주제/참여자(국가)	개입 요소 팀 코칭 리더십 스타일 또는 팀 코칭 프로그램/프로젝트	참여자, 코치, 기타 영향 평가	팀 코칭 영향/산출물 R=결과/출력 TP=팀 과정 IL=개인 학습
2010	Reading의 Henley University와 Lane4	여론조사에 기반한 양적연구	팀 리더	팀장 243명(영국, 주로 아시아-88% 유럽인)	팀 코칭 리더십 스타일 (한정)	참여자: 팀 리더	• 참여-TP • 혁신적 해결책-R • 팀 생산성-TP • 신뢰-TP
2012	Buljac-Samardžić	양적: TDS* 설문을 포함한 분야별 설문	팀 리더	152개 장기요양팀 (네덜란드)	TDS*에 기반한 팀 코칭 리더십 스타일	참여자: 팀 리더	• TDS*에 대한 팀 코칭 동료 관련된 개선사항 • 혁신적 해결책-R • 학습-IL • 심리적 안전감-R
2012	Carr, Peters	양적 사례연구 2개와 정량적 TDS*, 이중 사례 연구 비교	기업팀 외부 코치 1명, 정부팀 내부 코치 1명	6명으로 구성된 정부팀 1개와 6명으로 구성된 재무팀 1개 (캐나다)	팀 코칭 프로그램(6-8개월) • 사전 진단 인터뷰와 TDS* 설문조사, 2일 간의 팀 출범식, 팀 리더적인 팀 코칭, 팀 리더/개인 코칭, 동료 코칭, 사주 TDS* 평가 및 학습 검토와 결과	참여자: 팀 리더와 팀원 코치 관찰 기타: 외부이해관계자, 팀 리더의 리더	• 협력-TP • 의사소통-TP • 참여-TP • 개인 학습-IL • 관계-TP • 팀 효과성(TDS*로 측정) • 생산적으로 일하기)-TP
2013	Rousseau, Aubé, Tremblay	양적: 다중 자료 (팀원, 팀 리더) 설문조사	팀 리더	공공안전직업팀 97개(97명의 매니저와 341명의 팀원)(캐나다)	다음 행동을 포함한 팀 코칭 리더십 스타일: 팀 리더 피드백, 격려, 명확한 결과물에 대한 기대, 직원 권한부여	참여자: 팀원과 팀 리더	• 혁신-TP

2013	Godfrey	혼합 방법: 인터넷 설문조사, 포커스그룹, 전화 인터뷰	외부와 내부 코치 양성(미국)	경영진을 포함한 의료 개선 팀의 코치 제공자 495명	팀 코칭 프로젝트 • 기술 개발에 중점을 두고 전화와 대면 코칭, 팀간 이메일 학습 세션, 3회의 현장 방문, 팀 이해에 중점을 둔 코칭 질문 개발, 관계 발전, 지지/격려적인 고 기술적인 지원과 조언	• 참여자: 팀원과 팀 리더 • 코치	• 건강 관리 개선방법에 대한 지식과 기술 습득-II
2013	Godfrey, Andersson-Gäre, Nelson, Nilsson, Ahlström	양적: 3개의 코칭 팀과 통제그룹으로 코칭받지 않는 4개의 팀-설문조사, 인터뷰, 사전/사후 테스트	내부 코치 (스웨덴)	간호사, 간호조무사(40명), 교직원(4명), 코치지도자(5명), 7개의 개선 팀의 495명의 의료 제공자	팀 코칭 프로그램(6개월) • 사전 단계, 실행 단계, 전환 단계에 따른 기술 중심 코칭: 전화, 대면 코칭, 팀 리더와 팀의 이메일, 현장 방문 3회. 코칭은 매뉴얼 이해, 관계 개발, 도움/권장, 기술 지원과 조언에 중점을 둠	• 참여자: 팀원, 환자, 팀 리더와 코치	• 건강관리 개선에 관한 지식과 기술 습득-II • 개인적 성장과 자신감-II
2015	Buljac-Samardzić, van Woerkom	양적: 중단 설문조사와 인터뷰	팀 리더(여러 팀을 감독하고 때때로 개입을 유지)	2개의 장기요양기관 (LTC): 122개 팀을 대표하는 팀원 423명, 관리자 49명(네덜란드)	TDS*에 기반한 팀 코칭 리더십 스타일	• 참여자: 팀 리더(설문 #1), 팀원(설문 #2)	성취가 낮은 팀에서 TDS*에 대한 팀 리더 행동 균형과 상관관계 • 효율성-TP • 팀혁신-TP • 팀 효과성(목표달성)-R • 성장적 팀과 상관관계 • 팀 효과성(목표 달성)-R

[표 7.1] 실증적 연구에 기반한 팀 코칭의 영향(계속)

연도	연구자	연구 유형	코치 유형 외부, 내부, 팀 리더, 동료	주제/참여자(국가)	개입 요소 팀 코칭 리더십 스타일 또는 팀 코칭 프로그램/팀 코칭에 따른 동료 코칭 프로젝트	참여자, 코치, 기타 영향 평가	팀 코칭 영향/산출물 R=출결과/출력 TP=팀 과정 IL=개인 학습
2015	Krishna, Hongwei	팀 혁신 성과를 위한 핵심 요인에 대한 양적 설문조사	팀 리더와 동료	43개 제약연구 및 개발팀, 190명의 팀원	TDS*에 기반한 팀 코칭 리더십 스타일 TDS***에 따른 동료 코칭	• 참여자: 팀 리더와 팀원	TDS*에 대한 팀 리더와 동료 코칭 행동과 상관관계 • 개발 시간 단축-TP • 개인 학습-IL • 혁신-R • 팀 효과성-TP
2016	Dimas, Lourenço, Rebelo	양적: 부분적으로 TDS*에 기반한 횡단 조사	팀 리더와 동료	22개 조직 75개 팀의 직원 506명(포르투갈)	TDS*에 기반한 팀 코칭 리더십 스타일 TDS***에 따른 동료 코칭	• 참여자: 팀 리더와 팀원	TDS*에 대한 팀 리더십 코칭 행동과 상관관계 • 팀원 만족-TP • 동료 상호 교정하는 역할 모델링-TP • TDS*에 의해 측정된 동료 코칭 상관관계 • 팀 만족도-TP • 팀 효과성-TP
2016	Dimas, Rebelo, Lourenço	양적: TDS*에 기반한 횡단조사	팀 리더와 동료	포르투갈 9개 기관의 52개 전문 의료 및 사회복지팀(포르투갈)	TDS*에 기반한 팀 코칭 리더십 스타일 비공식적 동료 코칭	• 참여자: 팀 리더와 팀원	TDS*에 대한 팀 리더십 코칭 행동과 상관관계 • 긍정적 감정-TP • 팀 만족도-TP • 부정적 감정 감소-TP • TDS*도 측정한 동료 코칭과의 상관관계 • 팀 리더가 평가한 팀 성과 향상-R

연도	저자	연구 방법	표본	팀 코칭 행동*	결과**	관련 요인
2016	Gude	질적 사례연구-연구원 저널 및 참가자 인터뷰	외부 코치	은행-직원 16명으로 구성된 전자은행 채널 프로젝트 팀, 10명이 연구에 자발적으로 참여(남아프리카)	팀 코칭 프로그램 • 웨이먼 등(Wageman et al., 2005)의 팀 코칭 행동, 동기부여(동맹 구축), 컨설팅(팀 역동에 초점), 교육(성장 역량 구축)을 사용하여 매월 3회 4시간 또는 6시간 세션	• 참여자: 팀 리더와 팀원 • 기타: 연구자, 코치	• 노력-TP • 팀 효과성과 팀 코칭 효과성 요인에 대한 지식-II, TP • 긍정적 상호작용-TP • 팀 학습-TP
2016	Schaubroeck	양적: 팀원 설문 1회, 팀 리더 설문 1회	팀 리더	10개 조직의 82개 작업팀 338명 직원(이스라엘)	에드먼슨(Edmondson, 1999)의 TLC 행동에 기반한 팀 코칭 리더십 스타일(TLC): 팀 리더는 팀 진행 상황에 대해 높이를 위해 회의를 하고, 문제에 대한 지속적인 상담이 가능하며, 팀에서 쉽게 접근할 수 있음	• 참여자: 팀 리더	• 팀 학습-TP • 팀 혁신-TP • 업무 성과-R

* 팀 리더 코칭 행동에는 작업과 프로세스 기반 개입, 긍정적 영역과 개선 영역에 대한 피드백, 자료의 강점 활용(Wageman et al., 2005의 TDS$^{Team Diagnostic Survey}$ 질문의 하위 질문에 기반)이 포함됩니다.

** 동료 코칭 행동에는 구성원의 스킬과 지식 사용, 최상의 접근 방식 개발, 동기부여와 헌신 축진, 문제와 갈등 해결(Wageman et al., 2005의 TDS$^{Team Diagnostic Survey}$ 질문 하위 질문에 접합 기반)이 포함됩니다.

[표 7.2] 프랙티셔너 사례연구를 기반으로 한 팀 코칭의 영향

연도	연구자/실무자	주체/참여자 (국가)	개념 구성요소	외부 코치, 내부 코치, 팀 리더, 동료	참여자, 코치, 기타인의 영향	팀 코칭 산출물 R=결과/출력 TP=팀 과정, IL=개인 학습
2005	Mulec, Roth	제약 산업의 글로벌 신제품 개발 관리 팀 2개(전 세계)	8개월간의 프로젝트 팀 코칭: 개별 팀 구성원 인터뷰, 액션러닝 인터뷰(팀 회의 참석 및 회의 시 관찰과 코칭), 팀 회의 전 팀 리더 코칭, 학습에 대한 구성원 인터뷰	내부 외부 코치 한 쌍	참여자: 팀 리더와 팀원 코치의 관찰과 성찰	• 능력 변화-T • 의사소통-P • 창의성/혁신-TP • 의사결정-TP • 정보공유-TP • 학습-TP • 회의 효율성-TP
2007	Daugaard (Clutterbuck 인용)	최고 경영진 9명 (덴마크)	1년간의 팀 코칭 프로젝트: 360도 피드백, 1년에 6회 개별 세션, 2개월마다 팀 코칭(워크숍과 정기적인 팀 회의 참여), 팀 축진과 필요에 따라 추가 개별 코칭	외부 코치	참여자: 팀 리더와 팀원 코치의 관찰과 성찰	• 협력 • 대화/커뮤니케이션-TP • 팀 학습-TP
2007	Blattner, Bacigalupo	관리팀(미국)	팀 코칭 프로젝트: 팀원 인터뷰, 감성 지능 평가 및 그룹 프로파일링, 3개월 간격으로 계획한 12시간 야외 휴양지 활동 2회	외부 코치	참여자: 팀 리더 (CEO)와 팀원 코치의 관찰	• 의사소통-TP • 협력/협업-TP • 의사결정-TP • 집중대화-TP • 긍정적 팀 풍토-TP • 생산성-TP • 신뢰-TP

연도	저자	팀	방법	코치 유형	참여자	증가한 평가부야
2008	Anderson, Anderson, Mayo	10명으로 구성된 고위 리더십 팀	리더십 Iisight 모델을 사용한 21개월 참여: 팀 리더 코칭, 인터뷰, 팀 피드백 세션, 교창 기술 워크숍, 대화형 건설팅 경험, 팀원 코칭, 순간적인 팀 코칭과 평가 인터뷰	외부 코치	참여자: 팀 리더와 팀원	• 타인 코칭-TP • 협력-TP • 의사소통-TP • 의사결정-TP • 교차 매트릭스 이니셔티브-TP • 직원 몰입도 점수-R • 참여-IL • 개인 학습-IL • 회의 효과성-TP • 팀 효과성(리더십 팀과 리더 자신의 팀)-TP
2009	Kegan, Lahey	제약회사 수석 마케팅팀 5개(독일)	6개월간의 팀 코칭 프로젝트: 개인 평가, 1:1 코칭, 팀 코칭 세션(2일 1회, 1일 2회), 동료 피드백, 코칭 후 설문조사 및 보고 세션, 3개월 후 추속 인터뷰	외부 코치	참여자: 팀 리더와 팀원	• 의사소통-TP • 개인 학습-IL • 팀 역학-TP • 동료 피드백과 코칭-TP • 팀 발달(역동)-TP • 신뢰-TP
2011	Haug	교차관리기능팀	6개월 프로젝트: 20회의 관찰 회의와 인터뷰와 성찰, 1:1 코칭, 팀 회의에 대한 이메일 피드백, 코칭 성찰	외부 코치	참여자: 팀원 코칭의 관점과 성찰 기타: 임원	• 팀 개발 가속화-TP • 1:1 코칭으로 개인의 성장과 발전-IL • 기회-TP • 문제해결-TP • 생산성-TP
2011	Woodhead	다학문적 리더십팀 3명(영국)	6개월 프로젝트: 세션당 2.5시간의 6개 세션, 웰 1회 회의와 최종 인터뷰	외부 코치	참여자: 팀 리더와 팀원 코칭의 관점과 성찰	• 공유 목표의 명확성-TP • 의사소통-TP • 의사결정-TP • 관계 개선-TP • 정보공유-TP • 서로에 대한 긍정적인 배려-TP • 심리적 안전감-TP • 팀 약속–TP

7장. '좋다'는 것은 무엇인가?

[표 7.2] 프랙티셔너 사례연구를 기반으로 한 팀 코칭의 영향(계속)

연도	연구자/실무자	주체/참여자 (국가)	개입 구성요소	외부 코치, 내부 코칭, 팀 리더, 동료	참여자, 코치, 기타인 의 영향	팀 코칭 산출물 R=결과/출력 TP=팀 과정, IL=개인 학습
2013	Miller (Britton 인용)	금융기관, 서비스 팀, 리더십 팀, 컨트리 팀의 수석 리더(캐나다)	3년 프로그램: 1.5일간의 야외 팀 활동, 6개의 팀 코칭 미팅 • 직원 피드백 인터뷰와 6개의 개별 리더 코칭 세션 • 5명의 반나절 리더십 야외 팀 활동 • 전체 국가 팀을 위한 3개의 야외 팀 활동	외부 코치	참여자: 팀 리더와 팀원 • 코치의 관찰과 성찰	• 의사소통/대화-TP • 참여-TP • 재무 결과-R • 팀 코칭의 Stellar Team Diagnostic에서 개선된 팀 효율성 점수-TP • 신뢰-TP
2013	Peters (Britton 인용)	석유 가스 팀(캐나다)	18개월 계획: • 팀 인터뷰와 팀 보고회 • 2일 팀 야외 활동 • 분기별 2시간 팀 회의 • 1년에 1~2회 2일 팀 세션	외부 코치	참여자들: 팀 리더와 팀원 • 직원과 투자자로부 터 비공식적인 긍정 적인 피드백	• 피드백과 인지도 향상-TP • 적응성-TP • 의사소통-TP • 완성된 팀 실행 계획-R • 목표 조정-TP • 문제 해결-TP • 팀 효과성 평가에서 측정된 팀 효과성(Peters, 미공개)
2013	공공 서비스 에이전시, BC 정부 (Britton 인용)	국장이 이끄는 정부 내 13명 팀 (캐나다)	8개월 계획: • 팀 코칭 오리엔테이션 • 팀원들과의 인터뷰와 이해관계자와 팀 결과 보고 • 1일 팀 출범 세션 • 6개의 팀 리더 세션 • 후속 팀 세션	내부 코치	참여자: 팀 리더와 팀원	• 의사소통-TP • 다기능 프로젝트 생성을 위한 새로운 프로세스-TP

연도	저자	팀/맥락	코치	참여자	결과
2013	Sandah (Britton 인용)	직접 서비스 의료팀(미국)	직접 환자 진료 팀을 위한 13개월 프로그램. 월간 코칭 세션. 포함된 사전/사후 프로그램 조치: • 팀 진단 평가 • The Press Ganey 환자 만족도 조사	외부 코치	• 참여자: 팀 리더와 팀원 • 외부: 환자	• 재무 결과—R • 환자 부하—R • 긍정—TP • 생산성—R • Press Ganey 환자 만족도 점수—R • Team Coaching International의 팀 진단으로 측정한 팀 효과성—TP
2013	Gilchrist, Barnes	기술 회사 Rocelo의 경영진(영국)	호킨스(2014)의 5C 모델을 기반으로 한 1년간의 팀 코칭 프로그램: • 팀원 인터뷰와 팀 회의 관찰을 통한 팀 평가, 5회의 팀 코칭 회의	외부 코치	• 참여자: 팀 리더와 팀원 • 코치의 관찰과 성찰	• 새로운 사업 전략과 구조—TP • 의사결정과 고품질 사고—TP • 팀 역동—TP
2014	Hawkins, Boyle (Hawkins 인용)	Yeovil Hospital 재단 Trust 집행팀, 이사회와 3개의 임상 부서 팀(영국)	1년 프로그램: 팀장 코칭, 팀 코칭, 이사회 개발	외부 코치	• 참여자: 팀 리더와 팀원 • 코치의 관찰과 성찰	• 고성과 팀 설문지(Hawkins, 2014)로 측정한 팀 학습과 개발—TP
2014	Jarrett, Hawkins	Finnair–경영진 10명, 리더십 팀원 120명(핀란드)	2년 프로그램: 2일간의 다중 팀 워크숍, 학습 그룹 후속 조치, 360도 피드백, 설문지, 개별 코칭과 120명으로 구성된 리더십 팀을 포함한 리더십 개발	외부 코치	• 참여자: 팀 리더와 참여자 • 코치 • 기타: 재정적 조치	• 권한위임—TP • 재정적 이익—R • 충성도—TP • 회복력—TP • 리더십과 책임 공유—TP • 신뢰—TP

7장. '좋다'는 것은 무엇인가?

[표 7.2] 프랙티셔너 사례연구들 기반으로 한 팀 코칭의 영향(계속)

연도	연구자/실무자	주제/참여자(국가)	개입 구성요소	외부 코치, 내부 코칭, 팀 리더, 동료	참여자, 코치, 기타인의 영향	팀 코칭 산출물 R=결과/출력 TP=팀 과정, IL=개인 학습
2014	Field (Hawkins 인용)	제약 자회사(호주)	6년간 리더십 개발: 개인 코칭, 팀 코칭, 360도 피드백	외부 코치	• 참여자: 팀장과 팀원 • 코치/연구자의 관점 • 기타: 외부 수상	• 직원 몰입도 조사-R • 참여 • 외부 수상(Top 30 Innovative Workplace와 Top 50 Best Places to Work)-R • 혁신적인 사고
2017	Cole	다국적 대기업 내 비즈니스 CEO와 9명의 부하 직원으로 구성된 고위 리더십 팀(아시아)	2일 간의 팀 외부 코칭(해결책 중심 기법과 코칭 팀구 기법 사용)과 6개월 후속 조치	외부 코치	• 참여자: 팀장(CEO)과 팀원	• 협업-TP • 재무 결과-R • 진행 상황 주적-TP • 팀 연결-TP • 구조화된 회의-TP

Survey(Wageman, Hackman & Lehman, 2005)에 설명된 행동에 따라 평가하였다. 행동에는 피드백 제공, 필요에 따른 작업과 프로세스 개입, 강점 활용이 포함되었다(Wageman et al., 2005). 유능한 팀 코칭(리더와 동료) 외에도 TDS는 명확한 팀 구성원, 설득력 있는 방향, 지원 구조, 지지적인 조직 맥락 등 팀 효과성을 위한 다른 조건도 측정한다.

실증적 연구 가운데 2건은 외부 코치가 실시한 팀 코칭 결과를 보고했다(Heimbecker, 2006; Gude, 2016). 연구자들은 모두 동기부여, 상담과 교육 팀 코칭 접근 모델인 웨이먼 Wageman 등(2005)에 기반을 둔 공식적인 팀 코칭 프로그램을 연구했다. 하임베커Heimbecker 연구에서 커리큘럼 작성팀 중 코칭을 한 팀과 코칭을 하지 않은 팀의 설문조사 결과에 대해 통계적 분산 분석을 했다. 흥미롭게도 이 연구는 코칭을 한 팀이 제품의 품질 향상뿐만 아니라 팀의 조직 구조 활성화와 진정한 팀이라는 긍정적인 인식이 높다는 것을 보여주었다. 이 결과는 구조 변수가 코칭한 팀과 코칭하지 않은 팀에 동일한 후광 효과를 나타낼 수 있는데도 발생했다(즉, 한 영역의 긍정적인 변화가 다른 영역의 긍정적인 인식에 영향을 미침).

하임베커(2006) 연구는 코칭을 받은 팀과 코칭을 받지 않은 팀 사이의 다양한 결과를 연구하려는 대담한 시도였다. 연구의 한계점은 수집된 설문의 50% 이상이 팀에 공식적인 팀 리더가 없고, TDS 질문에 답변하는 방법을 몰랐기 때문에 팀 코칭 변수를 평가하는 데 사용할 수 없다는 것인데, 이는 TDS 평가 자체의 한계이다. 또 프로젝트는 협업을 위해 설계되었기 때문에 팀 구성원은 코칭에서 지시, 지원과 피드백을 거의 받지 못했다. 코칭한 팀과 코칭하지 않은 팀 모두를 위한 지원 구조와 지원 맥락을 만드는 데 좀 더 주의를 기울였다면 이런 점은 사전 설계에 추가되었을 것이다. 하임베커는 또한 설문조사가 너무 길어서 사람들이 시간 안에 완료하지 못했다고 기록했다. 마지막으로, 팀원들은 동료 코칭에 정통하지 않았으며 이는 자연스럽게 팀 성과에 미치는 영향이 약했다. 하임베커는 연구 설계에 대한 관심과 팀 구성원의 작업과 인터뷰 관찰이 연구를 강화했을 것이라고 기술하였다. 우리는 연구자들이 어떤 평가가 특정 연구에 적합한지, 그리고 선택한 평가가 팀 변수를 측정하는지를 고려하는 것이 현명할 것이라 덧붙인다.

두 연구에서 모두 내부와 외부 팀 코치가 있었다(Carr & Peters, 2012; Godfrey, 2013). 두 연구 모두 팀 코치가 일정 기간 동안 팀과 상호작용하는 공식 팀 코칭 프로그램에 초점을 맞추었고, 팀 코칭 영향을 평가하기 위해 사전, 사후 평가를 실시했다.

내부 코치가 단독으로 실시한 팀 코칭 연구는 단 한 건뿐이었다(Godfrey, Andersson-Gäre, Nelson, Nilsson & Ahlström, 2013). 고드프리Godfrey는 건강관리 개선 방법에 관한 내용별 지식과 스킬 외에도 코칭에 특화된 스킬과 지식을 가르친 6개월간 시행된 팀 코칭 프로그램을 검토했다.

특히, [표 7.1]의 5개의 실증 논문은 연구의 일환으로 팀 리더와 동료 코칭 결과를 논의했다(Dimas et al., 2016a, 2016b; Higgins et al., 2009-2010; Krishna & Hongwei, 2015; Wageman et al., 2008). 동료 코칭 행동은 TDS를 기반으로 평가하였고, 여기에는 구성원의 스킬과 지식 사용, 최상의 접근 방식 개발, 동기부여와 헌신 촉진, 문제와 갈등해결이 포함되었다(Wageman et al., 2005).

요약하면 누가 팀 코칭을 제공하는지에 관한 실증 연구의 답은 12개 연구에서 팀 리더, 다섯 개 연구에서 리더와 동료, 다섯 개 연구에서 공식 코치였다. 하임베커(2006) 연구 외에 내부 리더 또는 코치, 외부 또는 동료 코치 기반 프로그램이 더 효과적인지를 알려주는 연구는 없었다. 하임베커의 연구는 위에서 설명한 것처럼 한계가 있지만, 외부 코치 운영의 장점을 강조한다.

누가 팀 코칭이 '좋다'고 결정하는가?: 실증적 연구

[표 7.1]에 있는 17개의 모든 실증적 연구에서 팀 코칭 구성원과 팀 리더가 '좋다'고 평가했다고 보고했다. 열 개 연구는 팀원과 팀 리더의 자체 보고 평가에만 의존했다(Buljac-Samardžić, 2012, 2015; Dimas et al., 2016a, 2016b; Henley University of Reading & Lane4, 2010; Higgins et al., 2009-2010; Krishna & Hongwei, 2015; Liu et al., 2010; Rousseau et al., 2013; Schaubroeck et al., 2016). 자체 보고 결과에 대한 과도한 의존은 연구에서 달성된 결과의 타당성에 의문을 제기한다(예: 다른 사람들이 참가자가 스스로 본 것과 동일한 유형과 수준의 결과를 보게 될까?).

내부 또는 외부 팀 코치를 포함하는 다섯 개 연구 모두에서 코치는 팀 구성원과 리더 외에도 팀의 효과와 기능에 대한 평가자/관찰자 중 한 명이었다(Carr & Peters, 2012; Godfrey, 2013; Godfrey et al., 2013; Gude, 2016; Heimbecker, 2006).

17개 연구 중 네 개만이 참가자 또는 코치 이외의 이해관계자가 코칭이 끝날 때 팀 효과성에 대한 피드백이나 관찰을 하였다(Carr & Peters, 2012; Heimbecker, 2006; Liu et al., 2009; Wageman et al., 2008). 특히 24%는 팀 코칭 참가자 이외 사람들의 피드백을 얻은 연구로 상대적으로 비율이 낮은데, 이는 진행 상황에 대한 자체 보고가 긍정적 확증 편향을 갖는 경향이 있기 때문이다. 객관적인 측정치와 팀 외부 이해관계자의 관찰을 바탕으로 한 결과를 보기위해 더 많은 팀 코칭 연구가 필요함을 강조한다.

'좋은' 팀 코칭 결과는 어떤 모습인가?: 실증적 연구

좋은 팀 코칭 결과는 [표 7.1]의 17가지 실증 연구에서 다양한 방식으로 정의된다. 프랙티셔너나 연구자는 결과가 나타났다고 말하기는 쉽지만, 그 결과가 중요함을 어떻게 확인할 수 있을까? 가능하다면 결과를 공통 주제로 확인하거나 통계적 타당성을 제시해야 한다. 전체적으로 이런 연구의 약 절반은 효과의 크기(결과의 강도)를 계산하기 위한 통계 분석이나 대조군을 사용하지 않았지만, 수행된 경우에는 그 연구 결과를 보고했다(Buljac-Samardžić, 2012; Dimas et al., 2016a, 2016b; Krishna & Hongwei, 2015; Liu et al., 2009, 2010; Rousseau et al., 2013, Schaubroeck et al., 2016). 참고로 17개 연구 가운데 여덟 개는 설문조사만 사용했고, 설문조사를 포함한 다중 방법을 사용한 연구는 네 개가 있다. 가능한 경우 삼각 측량이라고 하는 다중 방법을 사용하면 일반적으로 결과가 강화된다.

결과/출력(R)

17개 연구 가운데 아홉 개는 팀의 결과 또는 출력(R)이 개선되었다고 보고했다. 가장 일반적인 개선사항은 팀 해결책의 혁신성 향상으로 세 건의 연구에서 언급되었다(Buljac-Samardžić, 2012; Henley University of Reading & Lane4, 2010; Krishna & Hongwei, 2015). 세 건의 연구(Buljac-Samardžić & van Woerkom, 2015; Rousseau et al., 2013; Schaubroeck et al., 2016)는 결과로 혁신이 나왔고, 특히 팀이 프로세스에서 더 혁신적이라고 언급하여 팀 프로세스 개선(TP)에 포함했다. 루소^{Rousseau} 등(2013)은 구조 방정식 모델을 사용하여 팀 코칭이 혁신 지원을 직접적으로 증가시키고 팀 목표에 헌신함으로써 팀 행동 프로세스를 간접적으로 개선했음을 보여주었고, 그 결과 팀 혁신 구현이 강화되었다.

결과에서 보고된 다른 모든 개선 사항은 연구에 따라 상대적으로 다르다. 두 건의 연구에서 팀 목표 달성이 향상되었다(Buljac-Samardžić & van Woerkom, 2015; Liu et al., 2010). 불야크-사마르지치$^{Buljac-Samardžić}$(2012)는 장기요양팀과 신체 안전 개선을 연구했다. 쇼브로크^{Schaubroeck} 등(2016)은 팀 코칭 결과로 팀 작업 능력이 향상되었다고 보고했고, 마찬가지로 디마스^{Dimas} 등(2016a)은 관리자가 평가한 팀 결과/성과의 질과 양이 개선되었다고 언급하였다. 웨이먼^{Wageman} 등(2008)의 팀 코칭 연구는 더 높은 재무 결과와 고객 만족도에 대한 더 객관적이고 외부적인 측정과의 상관관계를 탐색한 유일한 연구였다.

팀 프로세스 개선(TP)

17개 연구 가운데 11개 연구는 팀 프로세스 개선에 주목했으며, 이 프로세스는 아래에서 더 자세히 확인할 수 있다. 개선 사항 대부분은 개별 연구에만 국한되었으며, 동시에 프로세스에서 중복되는 부분도 조사했다.

여덟 개 연구는 팀이 협력하는 방법의 개선을 설명했고, 대부분 주관적인 개선이었다. 앞에서 언급한 바와 같이, 세 건의 연구는 팀 혁신성이 향상되었다는 것을 보여주었다(Buljac-Samardić & van Weerkom, 2015; Rousseau et al., 2013; Shaubroeck et al., 2016). 루소Rousseau 외 연구진(2013)의 통계 분석 결과, 팀 리더 코칭과 팀 혁신 결과를 중재한 것은 혁신을 위한 팀 구성원 지원이었다. 쇼브록Schaubroeck 외 연구진(2016)은 회귀분석을 사용하여 팀 리더 코칭이 팀 학습을 통해 팀 혁신과 업무 성과를 향상시켰지만, 이는 부정적인 대인 커뮤니케이션이 있는 팀에만 한정되어 나타났다고 밝혔다.

두 개의 연구에서 한 팀이 생산적으로 협력하는 능력이 향상되었다는 사실을 밝혔다(Carr & Peters, 2012; Henley University of Reading & Lane 4, 2010). 기타 개선 사항으로는 팀 업무 증가(Gude, 2016; Liu et al., 2009), 효율성 향상(Buljac-Samardiich & van Weerkom, 2015), 제품 개발 시간 단축과 전반적인 팀 효과성 향상(Krishna & Hongwei, 2015) 등이 있다. 카Carr와 피터Peters(2012)는 사례연구 참가자들이 협업, 의사소통과 참여 개선을 보고했다고 밝혔다.

여섯 개의 연구는 팀이 서로 협력하는 것에 대해 어떻게 느끼는지에 대한 개선을 발표했다. 세 건의 연구에서 팀 만족도를 확인했고, 이는 특히 만족(Dimas et al., 2016a, 2016b) 또는 참여(Henley University of Reading & Lane4, 2010)로 설명하였다. 마찬가지로, 두 연구는 팀 코칭의 결과로 상호작용 가능성이 증가하거나(Gude, 2016), 긍정적 정서가 증가하거나 부정적 정서가 감소했다는 점에 주목했다(Dimas et al., 2016a). 헨리Henry 대학의 Reading & Lane4(2010)는 신뢰의 증가를, 카와 피터(2012)는 관계 개선을 언급했다. 디마스 등(2016a)의 통계 분석에 따르면 팀에 대한 구성원 만족도 편차의 70%는 팀 리더와 동료가 제공한 코칭 행동 때문인 것으로 나타났다. 디마스 등(2016b)은 동료 코칭이 리더 코칭과 팀 성과의 관계를 매개하고 구성원 만족도와 리더 코칭의 관계를 부분적으로 매개하는 것으로 기술했다. 이 연구자들은 리더가 구성원들을 코칭했을 때, 구성원들은 지지와 안전감을 느꼈고 그룹에 대해 긍정적인 감정이 증가했다고 기술했으며 이는 결국 동료 코칭 행동과 팀 성과 증가로 이어졌다.

네 개의 연구는 팀 개발과 학습(Gude, 2016; Shaubroeck et al., 2016; Wageman et al., 2008) 또는 팀 기술과 지식의 향상(Gude, 2016; Liu et al., 2009)으로 팀 학습 개선을 명명하였다. 크리슈나Krishna와 홍웨이Hongwei(2015)의 연구는 다변량 회귀 분석을 사용하여 코칭이 전체 결과의 9%를 설명하는 가장 큰 요소이며, 트랜잭션transactive 메모리 시스템(저장된 지식을 생성, 인코딩과 액세스)은 5.5%로 두 번째로 큰 요소였다.

개별 학습(IL) 향상

팀원의 개별 학습, 성장, 지식 또는 기술 개발의 향상은 17개 연구 가운데 일곱 개 연구에서 나타났다(Buljac-Samardžić, 2012; Carr & Peters, 2012; Godfrey, 2013; Godfrey et al., 2013; Gude, 2016; Higgins et al., 2009-2010; Wageman et al., 2008). 여러 다른 연구에서는 팀 학습 개선이 나타나는데, 이는 어떤 면에서는 개인 학습이 발생했음을 암시하지만 팀 학습은 웨이먼 등(2008)의 고성과 팀 측정의 팀 프로세스Team Processes(TP)로 분류된다.

요약: 실증적 연구

요약하면 팀 프로세스(TP)는 11개의 연구에서 나타난 실증적 연구의 가장 일반적인 결과 측정이었다. 결과/성과(R)는 아홉 개의 연구에서 확인되었으며 개별 학습(IL)은 일곱 개의 연구에서 나타나고 있다.

TDS는 열 개의 실증적 연구에서 일부 또는 전체 측정 도구로 사용되었다(Buljac-Samardžić, 2012; Buljac-Samardžić & van Woerkom, 2015; Dimas et al., 2016a, 2016b; Henley University of Reading & Lane4, 2010; Higgins et al., 2009-2010; Krishna & Hongwei, 2015; Liu et al., 2009, 2010; Wageman et al., 2008). TDS는 팀 구성원에 의한 주관적 평가이므로 자체 보고 편향이 내재되어 있지만, 설문지는 시간이 지남에 따라 여러 연구에서 일관된 측정 결과를 보이고 있다.

연구 목적에는 유용하지만, 프랙티셔너는 TDS 외에 다른 검증된 척도도 고려할 수 있다. 아이슬레Eisele(2015)는 스웨덴 버전 TDS의 예측 타당성을 조사했다. 그는 TDS가 구조, 조직 맥락, 코칭, 외부 프로세스를 연구하지만, 코칭과 조직 지원보다 만족도와 성과를 더 많이 예측하는 팀 간의 관계를 제외했다고 언급한다. 아이슬레는 TDS가 업무 그룹을 진단하는 데 매우 유용한 도구이지만 그 한계를 명심해야 한다고 결론지었다.

팀 혁신을 연구한 크리슈나와 홍웨이(2015), 루소 등(2013), 팀 성과와 구성원 만족도를 측정한 디마스 등(2016b) 일부 연구자들은 TDS 외에 추가 평가 도구를 사용했다. 루소 등(2013)은 일부 TDS 항목이 너무 일반적이고, 일부는 너무 구체적이며, 다른 항목은 활동적인 행동 측정이 부족하다는 점을 발견했다. 그들은 새롭고 비공식적이며 이름 없는 척도를 만들고 신뢰도를 실험했고 강력한 결과를 보여주었다. 그들이 만들고 사용한 질문의 연구와 근거는 2013년 논문에 포함되어 있다.

TDS의 경쟁자는 애스턴 팀 성과 진단지(Aston Team Performance Inventory(ATPI))로, 최근 칼레아(Callea) 등(2014)에 의해 검증되었다. ATPI는 입력물, 프로세스와 출력물을 평가하는 전체 IPO 모델 기반이다. 연구된 ATPI 입력물은 조직 지원, 팀 노력과 기술, 작업 설계와 자원이다. 프로세스 평가는 성찰, 갈등, 초점화, 참여, 조정, 창의성과 혁신, 리더십에 관해 질문한다. 마지막으로, 출력물에 대해 ATPI는 팀 효과성, 혁신, 팀 간 관계, 팀 구성원 만족도, 구성원의 팀 애착을 평가한다.

프랙티셔너 팀 코칭 사례연구

팀 코칭 접근법 또는 달성된 결과를 평가하는 데 충분한 정보를 포함하는 사례연구를 [표 7.2]에 정리하였다. 이러한 프랙티셔너 사례연구는 팀 코치에게 공식적인 팀 코칭 프로그램에 관한 설명을 제공하고 팀 코치의 실무 모델을 제시하기 때문에 가치가 있다. 예를 들어, 로렌스(Lawrence)와 와이트(Whyte)(2017)는 호주와 뉴질랜드의 팀 코치가 팀 코칭을 할 때 실제로 하는 일을 연구했다. 이 연구자들은 36명의 코치를 인터뷰하고 코치가 팀 코칭에서 다양한 전략과 접근 방식을 구현했다고 결론지었다. 코치는 배경이 다르기 때문에 팀 코칭을 구성하는 관점도 다르다. 예를 들어, 미국 허드슨 코칭 연구소(Hudson Institute of Coaching)에서 팀 코치를 조사하고 인터뷰 한 플리오파스(Pliopas), 커(Kerr)와 소신스키(Sosinski)(2014)의 관찰과 유사하게, 촉진과 프로세스 기반 개입을 통합하는 정도에 차이가 있었다. 두 연구 모두 팀 코칭이 무엇인지, 결과적으로 어떻게 그 효과를 측정할 수 있는지에 관해 아직 초기 단계에 있음을 다시 한번 보여주었다.

누가 팀 코칭을 제공하는가?: 프랙티셔너 사례연구

[표 7.2]의 16가지 사례연구와 사례 설명은 팀 코칭을 구현하는 외부 코치의 작업을 보여준다. 16개의 사례연구 가운데 14개는 외부 코치가 참여했다(Anderson et al., 2008; Blattner & Bacigalupo, 2007; Cole, 2017; Daugaard, 2007; Gilchrist & Barnes, 2013; Haug, 2011; Hawkins & Boyle, 2014: Jarrett, 2014; Kegan & Lahey, 2009; Miller, 2013; O'Sullivan & Field, 2014; Peters, 2013; Sandahl, 2013; Woodhead, 2011). 한 연구는 내부 코치와 경험이 풍부한 외부 코치(Mulec & Roth, 2005)가 참여했고, 다른 연구에서는 내부 코치(Public Service Agency, 2013)를 활용했다.

누가 팀 코칭을 '좋다'고 결정하는가?: 프랙티셔너 사례연구

우리는 16개의 실무자 사례연구 모두가 팀 코칭 참가자들, 즉 팀 구성원과 팀 리더(때로는 임원 또는 CEO)를 대상으로 한 결과를 보고했다는 점에 주목했다. 열 개의 연구에서는 코칭이 끝날 때 팀 효과성 평가에 코치 관찰이나 성찰이 명시적으로 포함되었다(Blattner & Bacigalupo, 2007; Daugard, 2007; Gilchrist & Barnes, 2013; Haug, 2011; Hawkins & Boyle, 2014; Jarrett, 2014; Miller, 2013; Mulec & Roth 2005; O'Sullivan & Field, 2014; Woodhead, 2011).

네 개의 사례연구만이 팀 코칭 참가자와 코치 이외 외부에서 얻은 피드백이나 측정결과를 보고하고 있다. 호그Haug(2011)의 질적 연구에는 프로그램 가치에 대한 경영진의 의견을 적었다. 자렛Jarrett은 재무 결과를 평가하고 보고하기 위해 조직 평가를 사용했다(Hawkins, 2014). 피터(2013)는 경영진의 의사소통 조정 증가에 관한 직원들의 비공식적인 피드백을 언급했으며, 투자자는 회사의 비전과 방향성이 명확해졌음을 높이 평가했다고 밝혔다. 산달Sandahl(2013)은 공식 설문조사에서 환자 피드백을 포함했다.

'좋은' 팀 코칭 결과는 어떤 모습인가?: 프랙티셔너 사례연구

실증 연구 분야와 유사하게, 우리는 세 가지 고성과 팀 측정, 즉 결과 또는 출력물의 개선(R), 팀 프로세스(TP), 개별 학습(IL)에 따라 사례연구를 구성했다. 사례연구에서 보고된 대부분 결과는 본질에서 주관적이다.

결과/출력(R)

16개 실무자 사례연구 가운데 여섯 개만이 개선된 결과/출력물을 보고했으며 이는 상대적으로 낮은 사례연구 비율이다. 결과/출력물을 보고한 세 건의 연구에는 재무 결과가 표시되었다(Miller, 2013; Jarrett, 2014; Sandahl, 2013). 산달의 건강관리팀 연구는 프레스 가니Press Ganey 환자 만족도 조사에서 측정된 생산성 향상, 환자 만족도와 환자 과부하 증가(참가자당 하루에 하나씩 증가)를 보고했다. 오설리반O'Sullivan과 필드Field(2014)는 팀과 조직 코칭에 참여한 뒤 호주에서 외부 상 두 개를 수상했다(혁신적인 직장 상위 30개, 가장 일하기 좋은 직장 50개)(Hawkins, 2014). 오설리반과 필드(2014)는 앤더슨Anderson 등(2008)과 함께 공식적인 직원 참여 설문조사의 결과가 크게 높아졌다고 보고했다. 마지막으로 피터(2013)의 연구에서는 경영진이 팀 실행 계획을 완성하는 것이 개선된 것으로 나타났다.

팀 프로세스(TP) 개선

사례연구에서 팀 코칭이 영향을 미치는 프로세스는 무엇인가? 가장 큰 주제는 16개의 모든 연구에서 보고한, 팀 협력방법의 개선이었다. 팀 의사소통 프로세스의 개선은 16개 사례연구 가운데 아홉 개 사례연구(Anderson et al., 2008; Blattner & Bacigalupo, 2007; Daugaard, Kegan & Lahey, 2009; Miller, 2013; Mullec & Roth 2005; Woodhead, 2011; Peters, 2013; Public Service)에서 가장 많이 나타났다. 이는 팀 코칭이 관계 개선과 팀 성과를 위한 대화 촉진에 매우 중요한 역할을 한다는 점을 고려할 때 타당하다.

의사소통 프로세스의 구체적인 개선은 일곱 개의 연구에서 언급되었으며 의사결정(Anderson et al., 2008; Blattner & Bacigalupo, 2007; Gilchrist & Barnes, 2013; Mullec & Roth 2005; Woodhead, 2011), 피드백, 코칭 또는 인식(Anderson et al., 2008; Kegan & Lahey, 2009; Peters, 2013)과 문제 해결(Haug, 2011; Peters, 2013), 정보 공유(Woodhead, 2011)가 포함된다.

다섯 개 연구는 팀이 함께 일하는 방식이 전반적으로 개선되었다고 기술했는데, 이는 팀 효과성, 팀워크 또는 팀 개발로 설명되었다(Anderson et al., 2008; Haug, 2011; Miller, 2013; Peters, 2013; Sandahl, 2013). 비슷하게 다섯 개의 사례연구에서도 협력과 협업의 전반적인 개선에 주목했다(Anderson et al., 2008; Blattner & Bacigalupo, 2007; Cole,

2017; Daugaard, 2007; Sandahl, 2013).

네 개의 연구에 따르면, 계획 수립(Haug, 2011), 공유 목표의 명확성/정렬 달성(Peters, 2013; Woodhead, 2011), 진행률 추적(Cole, 2017) 등 팀 프로세스 관리 방식이 개선되었다고 보고했다. 두 개의 연구는 팀이 새로운 교차 기능적 작업 이니셔티브 또는 프로세스를 만들었다고 말했다(Anderson et al., 2008; Public Service Agency, 2013). 이와 유사하게, 길크리스트Gilchrist와 반스Barnes(2013)는 팀 업무를 위한 새로운 비즈니스 전략과 구조를 만들었음을 언급했다.

네 개의 연구는 팀 회의와 팀워크가 보다 체계화되거나 효율화 되는 방법이 변화했음을 기술했다(Anderson et al., 2008; Cole, 2017; Kegan & Layhey, 2009; Mullec & Roth, 2005). 총 네 개의 별도 연구에서는 팀 구성원들이 함께 생각하는 방식의 변화를 보여주는데, 이는 적응성/회복탄력성과 변화 능력(Jarett, 2014; Mullec & Roth, 2005; O'Sullivan & Field, 2014; Peters & Carr, 2013)이다.

팀이 활동하는 방식의 변화는 두 개 연구(Blattner & Bacigalupo, 2007; Haug, 2011)에서는 더 생산적으로 협력하는 것으로 나타났고, 또 다른 연구(Jarett, 2014)에서는 리더십을 더 많이 위임하고 공유하는 것으로 나타났다.

열 개의 연구는 팀이 함께 일하는 것이 개선되었음을 보여주었다. 다섯 개 사례(Blattner & Bacigalupo, 2007; Jarrett, 2014; Kegan & Layhey, 2009; Miller, 2013; Woodhead, 2011)에서는 심리적 안전감 또는 신뢰 향상을, 세 개의 연구에서 긍정성 증가에 대해 구체적으로 언급하였다(Blattner & Bacigalupo, 2007; Sandahl, 2013, Woodhead, 2011).

네 개의 연구에서 팀원들이 전반적으로 느끼는 팀 참여 또는 헌신의 개선을 언급했다(Anderson et al., 2008; Miller, 2013; O'Sullivan & Field, 2014; Woodhead, 2011). 네 개의 연구에서 팀 역동, 관계, 연결과 팀 빌딩에 대한 느낌의 개선을 언급했다(Cole, 2017; Gilchrist & Barnes, 2013; Kegan & Lahey, 2009; Woodhead, 2011). 마지막 세 개의 연구에서 팀 학습 증가를 보고하였다(Daugaard, 2007; Hawkins & Boyle, 2014; Mulec & Roth, 2005).

16개 사례연구에서 관찰된 프로세스 개선 사항을 요약하면, 팀 코칭 개입 후 참가자들이 언급한 가장 큰 개선 사항은 의사소통 과정과 협력에 대한 느낌이었으며 심리적 안전감과 긍정성 증가가 공통적인 결과로 나타났다.

개별 학습 (IL) 개선

16개 사례 가운데 여섯 개는 학습, 성장 또는 개발 결과로 보고된 개별 학습 개선을 언급했다 (Anderson et al., 2008; Hawkins & Boyle, 2014; Dauugard, 2007; Haug, 2011; Kegan & Lahey, 2009; Mulec & Roth, 2005).

요약: 프랙티셔너 사례연구

산출물에 대한 사례연구 문헌을 검토했을 때 철저히 문서화되고 동료가 검토한 사례연구가 부족함을 발견했다. 방법론과 결과는 때때로 모호하게 설명되었고 사례연구라기보다는 이야기처럼 읽혔다. 인용된 결과의 대부분은 팀 리더, 구성원 또는 코치가 주관적으로 평가했다. 사례연구의 3분의 1 이상이 특별한 결과를 나타냈고, 여섯 개 가운데 다섯 개 연구는 재무 결과 또는 직원 참여도 점수를 통해 객관적으로 결과를 평가하였다. 대조적으로, 16개의 모든 사례연구는 팀 프로세스의 개선 또는 팀이 협력하는 방식과 협력에 대해 어떻게 느꼈는지를 기술했다. 마지막으로 단 여섯 개의 연구만이 개별 학습의 개선을 강조했다.

결론

팀 코칭의 '좋은 점'이 무엇인지, 누가 결정하는지에 대한 질문에 답하면서 몇 가지를 관찰할 수 있다. 첫째, 좋은 팀 코칭이 어떤 모습인지를 누가 평가하는가에 대한 편차는 미미하다. 거의 모든 연구에서 코치와 고객은 관찰, 질적 인터뷰, 평가와 그룹 피드백 세션을 통해 통찰력 또는 평가를 제공하는 기본 평가자이다. 안타깝게도 연구에 따르면 참가자는 자신이 달성한 자기 보고식 코칭 결과를 부풀리는 반면, 이해관계자는 더 객관적이다(Grover & Furnham, 2016). 의식적 또는 무의식적으로 자신이 하는 일이 가치 있다고 스스로를 안심시키기 위해 증거를 찾는 확증편향은 대다수 분야의 프랙티셔너들과 고객들에게 나타나는 현상이다.

팀 코칭 연구에는 객관적 측정, 통제 그룹의 사용, 문서화된 비즈니스 결과, 외부 이해관계자 피드백, 종단적 후속 연구, 코칭하지 않은 그룹과 코칭한 그룹 사이의 효과 크기를 비교하는 메타 분석 연구는 드물거나 존재하지 않았다. 또 측정 도구나 이론적 토대에 일관성이 없었다. 전체 또는 일부에서 가장 일반적으로 사용하는 도구는 특히 학술 연구에서, 웨이먼 등의 TDS였다. 실증적 연구는 프랙티셔너 사례연구보다 약간 더 성과나 결과물에 기반을 둔 결과를 보고하는 경향이 있지만, 팀 코칭 분야에서 전반적으로 팀 코칭 결과에 대한 연구는 여전히 상대적으로 드물다.

누가 팀 코칭을 제공하는지에 대한 질문과 관련하여 대부분 실증적 팀 코칭 결과 연구는 외부 코치가 제공하는 체계적인 팀 코칭 프로그램이 아니라 팀 리더가 직접 제공하는 코칭에 초점을 맞추었다. 대조적으로 사례연구는 일반적으로 외부 코치가 실시한 코칭을 설명하고 있고, 드물게는 내부 코치가 코칭했다. 대부분 실증적 연구에서 온전한 팀 리더가 실시한 팀 코칭 행동을 연구하는 한 가지 이유는 연구 도구로 설문조사를 사용하는 것이 쉽기 때문일 것이다.

대부분 실증적 연구는 TDS 모델(Wageman et al., 2005)을 사용하여 팀 리더와 동료 코칭 행동을 정의함으로써 연구자들에게 공통적이고 측정 가능하며 반복 가능한 질문과 연구의 기초가 되는 프레임워크를 제공한다. 팀 리더들에 의한 코칭은 다른 형태의 코칭이며, 실증적 연구에서 리더들이 팀에서 발휘하는 일상적인 리더십 스타일과 접근법으로 기술되어 있음을 강조할 필요가 있다(Buljac-Samardäichi, 2012; Buljac-Samardiitch & van Weerkom, 2015; Dimas et al., 2016a, 2016b; Henley University of Reading & Lane4 2010; Higgins, Young, Weiner & Wlodarczyk, 2009-2010; Krishna & Hongwei, 2015; Rui et al., 2009, 2010; Rousse, Aubé & Shreblay, 2013; Shaubroeck et al., 2016; Wageman et al., 2008). 이는 정기적 또는 비정기적인 평가, 1일간의 팀 세션 또는 더 짧은 팀 참여를 실시한 코치들의 팀 코칭 프로그램 사례연구와 대조된다(Anderson et al., 2008; Blattner & Bacigalupo, 2007; Cole, 2017; Daugaard, 2007; Gilchrist & Barnes, 2013; Haug, 2011; Hawkins & Boyle, 2014; Jarrett, 2014; Kegan & Lahey, 2009; Miller, 2013; Mulec & Roth 2005; Peters, 2013; O'Sullivan & Field, 2014; Public Service Agency, 2013; Sandahl, 2013; Woodhead, 2011).

또 다른 주제는 동료 코칭이 팀 코칭 개입에 계속 포함되어 긍정적인 결과를 나타낸다는 점이다. 한 연구는 동료 코칭이 리더 코칭과 성과 사이의 관계를 중재한다는 것을 보여준다(Dimas et al., 2016b). 동료 코칭 행동 연구에 관한 이러한 초점은 '뛰어난 팀은 평범한 팀, 어려움에 처한 팀보다 리더와 상호 간에 훨씬 더 많은 코칭이 이뤄진다'(pp.160-161)라는 웨이먼 등(2008)의 관찰과 일치한다. 효과적인 동료 코칭이 팀 성과에 큰 영향을 미친다는 연구 결과가 많이 나온 이유는 무엇인가?(Hackman & O'Connor, 2005; Higgins et al., 2009-2010; Wagman et al., 2008) 팀 구성원 간의 의사소통과 참여가 증가하고, 팀 구성원이 통제할 수 있는 범위 안에서 변화와 행동에 초점을 맞춘 것이 일부 이유일 수 있다(Hackman & O'Connor, 2005). 또 팀 리더의 코칭 모델링은 위험을 감수하는 학습과 안전한 팀 문화를 조성하는 것으로 보인다. 팀 리더가 동료 간 상호작용을 장려할 경우, 팀 구성원이 기반을 구축하여 지속해서 향상된 성과를 끌어낼 수 있는 모멘텀과 의사소통을 만들어 낼 수 있다. 또 디마스 등(2016b)이 지적한 바와 같이, 리더와의 상호작용보다 동료들끼리 더 빈번하게 상호작용하여 팀 결과에 더 즉각적이고 일관성 있는 영향을 미칠 수 있다. 리더의 팀 코칭 자체는 팀 성과를 높이기에 부족한 것 같다. 단, [그것은] 구성원들이 제공하는 코칭에 직접적인 영향을 미치기 때문에 팀에서는 기본이다(Dimas et al., 2016b, p.239). 팀 코치는 효과적인 팀 코칭 프로그램을 구현할 때 어떤 요소를 포함시켜야 할지 결정해야 하므로 이런 사항을 중요하게 생각할 필요가 있다.

향후 방향

팀 코칭은 본질에서 실제 환경에서, 실제 팀 맥락에서 이뤄지기 때문에 현재의 단일 사례연구 설계가 가장 보편적인 방법이라는 것은 타당하다. 이를 감안할 때, 연구자와 프랙티셔너가 시간에 따른 변화를 평가하기 위해 후속 종단연구를 하는 등 사례연구 방법론을 강화할 필요가 있다. 추가 방법으로는 팀 코칭과 훈련 대 훈련 또는 팀 코칭만을 선택할 수 있다. 이중 접근 dual approach 방식은 최근 맥이완McEwan 등(2017)이 팀 훈련에 대한 메타 리뷰에서 제시하였다.

또 연구자들은 사례연구 외에도 다양한 연구 방법론을 고려할 수 있다. 일반적으로 팀 코칭의 효과성과 팀 코칭의 다양한 요소(예: 팀 리더 코칭 또는 코칭의 포함/제외, 팀 론칭 포함과 기간, 팀 코칭 세션의 총 횟수)를 결정하기 위해 좀 더 정량적인 접근법을 취할 것을 권장한다. 또 다른 방법은 팀 코칭과 팀이 아닌 코칭 조건에서 같은 조직에 있는 두 개 이상의 팀을 비교하는 통제 그룹과 실험 연구를 하는 것으로, 조직의 다른 팀이 아닌 일부 팀에 적용되는 팀 코칭의 다양한 측면과 비교해보는 것이다.

향후 연구를 위한 추가적인 방향은 코칭 결과에 따라 팀 코치의 숙련도와 제공된 팀 코칭의 효과성 사이의 상관관계를 살펴보는 것이다. 이런 유형의 연구에 도움이 될 수 있는 한 가지 자원은 효과적인 팀 코치의 핵심 자질과 스킬을 조사한 야콕스Jacox(2016)의 연구이다. 그는 경험이 풍부한 코치들을 대상으로 좋은 팀 코칭을 위한 필수적인 15개 자질과 15개 스킬을 설명했다. 그의 연구는 결과와 상관관계가 없지만, 이 연구에 유용한 출발점을 제공할 것이다.

이러한 유형의 스킬과 결과 연구는 팀 코칭을 내부 코치가 했는지 또는 외부 코치가 했는지에 따라 달성한 결과가 변하는지도 살펴볼 수 있다. 외부 코치가 참여자의 결과에 대한 인식을 높인다는 하임베커^{Heimbecker}(2006)의 연구 결과처럼 달성된 결과에 대한 인식과 함께 측정 가능한 결과를 고려해야 한다.

연구자와 실무자는 팀 코칭의 어떤 요소가 팀 효과성을 높이는 데 가장 효과적인지, '좋은' 팀 코칭이 어떤 모습인지 계속 파악하고 정의할 수 있는 기회가 있다. 프랙티셔너는 증거 기반을 확장하면서 팀 코칭 방식을 조정하고, 제시하고, 방어할 수 있으며, 이는 팀 코칭이 팀 코치의 전유물이 아니기 때문에 더욱 중요하다. 리더는 대부분 자기 팀을 대상으로 팀 코칭할 준비가 되어 있고, 관심이 있으며, 궁극적으로는 책임이 있다.

무엇보다 코치들이 자신의 사례연구를 더 충분히 문서화해 발표할 수 있는 기회가 있다. 우리는 연구자들이 [표 7.1]과 [표 7.2]처럼 일관된 정보를 제공하는 데 중점을 두고 사례 설명 보고를 표준화하기 위한 간단한 프레임워크를 따를 것을 요청한다. 그런 다음 팀 코칭 연구자들은 달성된 결과를 분류하고, 다양한 팀 코칭 구성요소와 접근 방식을 추가로 개발하고 조사하여 모범 사례 지침을 만들 수 있다.

블랙맨^{Blackman} 등(2016)의 비즈니스 코칭에 대한 체계적인 검토에서 연구자들이 수년간 더 발전된 방법론을 요구했지만 거의 변한 것이 없었고, 실제로 팀 코칭의 경우도 마찬가지라고 기술하였다. '개인의 긍정적인 코칭 경험에 대한 일화적 설명은 풍부하지만, 코칭의 장기적 신뢰성은 단면적/종단설계에 기초한 준실험과 실험 설계를 포함하는 강력한 연구 등 증거 기반 연구를 강화해야 한다'(Blackman, Moscardo, 2016, p.476).

이 모든 것을 종합하면, 프랙티셔너들은 여러 가지 방법으로 팀 코칭 연구를 할 수 있다. 첫째, 코치들은 야콕스(2016)가 제안한 것처럼 코치로서 자신이 어떤 자질, 기술, 이론적인 틀을 가져야 하는지 성찰할 수 있다. 둘째, 코치는 연구를 통해 팀 효과성을 높이는 구조와 행동을 개발하는 데 집중하여 팀의 효과를 높이도록 기여할 수 있다. 셋째, 프랙티셔너는 정량적 평가, 비즈니스 조치와 외부 이해관계자의 피드백을 더 자주 사용하여 결과를 평가하고 팀 코칭 참가자의 자체 보고 결과를 입증할 수 있다. 넷째, TDS가 연구 목적에 유용하지만, 코치들은 에드몬슨(2012)과 기타 연구자들(Carr & Peters, 2012; Clutbuck, 2007; Duhigg, 2016)이 제안한 것처럼 구조요소 외에 심리적 안전감도 평가에 포함하여 루소 등(2013)과 칼레아 등(Callea et al., 2014)처럼 다른 평가와 수정된 척도를 고려할 수 있다.

마지막으로, 로렌스와 와이트(2017)의 연구와 플리오파스, 커와 소신스키(2014)의 사례연구는 실제 코칭 개입 구조에서 유사점과 차이점을 강조한다. 후자의 연구는 코치에게 연습 로드맵을 제시한다. 이 장에 설명한 연구는 팀 코칭에 포함해야 할 몇 가지 공통적이고 생산적인 요소로 평가, 1~2일 팀 시작/워크숍, 리더와 다른 팀 구성원의 개별 코칭, 팀 구성원 대상 코칭 교육, 진행 중인 팀 코칭 세션, 학습 검토와 다음 단계를 계획하는 최종 세션을 포함한다. 하나의 코칭 요소가 다른 요소보다 더 유용한지, 또는 내부 또는 외부 코치가 더 많은, 다른 결과를 만들어내는지는 향후 연구를 위해 남겨진 주제이다.

전반적으로 팀 코칭 연구에 대한 실천 요구는 여전히 현재 진행형이다. 우리는 여전히 '좋음'이 무엇이고, 누가 '좋음'을 정의하는지에 대한 기준을 높여야 한다. 앞으로 더 객관적으로 비즈니스 측정을 제공할수록 리더가 비즈니스와 업무 환경에서 팀 코칭을 적용하고 전념할 수 있는 더 설득력 있는 증거를 갖게 될 것이다. 팀 빌딩은 매우 재미있지만 팀 코칭은 결과에 대한 더 많은 증거를 요구한다. 팀 코칭 분야를 계속 발전시키자.

참고문헌

Adkins, L. (2010). *Coaching agile teams: A companion for scrummasters, agile coaches and project managers in transition*. Stoughton, MA: Pearson Education.

Aguilar, E. (2016). *The art of coaching teams: Building resilient communities that transforms schools*. San Francisco, CA: Jossey-Bass.

Anderson, M. C., Anderson, D. L., & Mayo, W. D. (2008). Team coaching helps a leadership team drive cultural change at Caterpillar. *Global Business and Organizational Excellence, 27*(4), 40–50.

Aubé, C., Rousseau, V., & Tremblay, S. (2015). Perceived shared understanding in teams: The motivational effect of being 'on the same page'. *British Journal of Psychology, 106*(3), 468–486. doi:10.1111/bjop. 12099.

Blackman, A., Moscardo, G., & Gray, D. E. (2016). Challenges for the theory and practice of business coaching. *Human Resource Development Review, 15*(4), 459–486. doi:10.1177/1534484316673177.

Blattner, J., & Bacigalupo, A. (2007). Using emotional intelligence to develop executive leadership and team and organizational development. *Consulting Psychology Journal: Practice and Research, 59*(3), 209–219. doi:10.1037/1065-9293.59.3.209.

Breuer, C., Hüffmeier, J., & Hertel, G. (2016). Does trust matter more in virtual teams?: A meta-analysis of trust and team effectiveness. *The Journal of Applied Psychology, 101*(8), 1151–1177.

Britton, J. (2010). *Effective group coaching: Tried and tested tools and resources for optimum coaching results*. Mississauga, ON: John Wiley & Sons, Inc.

Britton, J. (2013). *From one to many: Best practices for team and group coaching*. Mississauga, ON: John Wiley & Sons, Inc.

Buljac-Samardžić, M. (2012). Healthy teams: Analyzing and improving team performance in long term care (Doctoral dissertation). Retrieved from http://repub. eur.nl/res/pub/31784/Proefschrift_Martina_Buljac%5B2%5D.pdf.

Buljac-Samardžić, M., Dekker-van Doorn, C. M., van Wijngaarden, J. D. H., & van Wijk, K. P. (2010). Interventions to improve team effectiveness: A systematic review. *Health Policy, 94*(3), 183–195. doi:10.1016/j.healthpol.2009.09.015.

Buljac-Samardžić, M., & van Woerkom, M. (2015). Can managers coach their teams too much? *Journal of Managerial Psychology, 30*(3), 280–296. doi:10.1108/JMP-12-2012-0380.

Callea, A., Urbini, F., Benevene, P., Cortini, M., Di Lemma, L., & West, M. (2014). Psychometric properties and factor structure of the Italian version of the "Aston team performance inventory." *Team Performance Management, 20*(1/2), 6–18.doi:10.1108/TPM-05-2013-0016.

Carr, C., & Peters, J. (2012). The experience of team coaching: A dual case study (Unpublished doctoral dissertation). Middlesex University, England.

Carr, C., & Peters, J. (2013). The experience of team coaching: A dual case study. *International Coaching Psychology Review, 8*(1), 80–98.

Carr, C., & Peters, J. (2014). Coaching the co- creating within the team: Two case studies from Canada. In P. Hawkins (Ed.), *Leadership team coaching in practice: Developing high-performing teams*. London, England: Kogan Page.

Clutterbuck, D. (2007). *Coaching the team at work*. London, England: Good News Press.

Cole, T. K. (2017). Innovation Capital: Case study 2: Team Coaching. Retrieved from www.synovations.com/casestudies/innovationcapital.htm.

Curphy, G., & Hogan, R. (2012). *The rocket model: Practical advice for building high performing teams*. Tulsa, OK: Hogan Press.

Daugaard, S. (2007). Creating synergy case study. In D. Clutterbuck (Ed.), *Coaching the team at work* (pp. 84–87). London: Good News Press.

Dierolf, K. (2014). *Solution- focused team coaching. Friedrichsdorf*, Germany: Solutions-academy Verlag.

Dimas, I. D., Lourenço, P. R., & Rebelo, T. (2016a). The effects on team emotions and team effectiveness of coaching in interprofessional health and social care teams, *Journal of Interprofessional Care, 30*(4), 416–422. doi:10.3109/13561820.2016.1149454.

Dimas, I. D., Rebelo, T., & Lourenço, P. R. (2016b). Team coaching: One more clue for fostering team effectiveness, *Revue européenne de psychologie appliquée, 66*, 233–242.

Dolny, H. (2009). *Team coaching: Artists at work: South African coaches share their theory and practice*. Johannesburg, South Africa: Penguin Books.

Duhigg, C. (2016, February 25). What Google learned from its quest to build a perfect team. *New York Times Magazine*. Retrieved from www.nytimes.com/2016/02/28/magazine/what-google-learned-from-its-quest-to-build-the- perfect-team.html.

Edmondson, A. (2012). *Teaming: How organizations learn, innovate, and compete in the knowledge economy*. San Francisco, CA: Jossey- Bass. 『티밍: 조직이 학습하고 혁신하는 스마트한 방법』 오지연 역, 정혜. 2015.

Eisele, P. (2015). The predictive validity of the team diagnostic survey. *Team Performance Management, 21*(5), 293–306. Retrieved from https://search-proquest-com.proxy.queensu.ca/docview/1698970714?accountid=6180.

Gilchrist, A., & Barnes, L. (2013). Systemic team coaching case study. Retrieved from www.thelivingorganisation.co.uk/wp- content/uploads/2013/07/rocela- report.pdf.

Gilson, L. L., Maynard, M. T., Young, N. C. J., Vartiainen, M., & Hakonen, M. (2015). Virtual teams research: 10 years, 10 themes, and 10 opportunities. Journal of Management, 41(5), 1313–1337. http://dx.doi.org/10.1177/0149206314559946.

Godfrey, M. M. (2013). Improvement capability at the front lines of healthcare: Helping through leading and coaching (Unpublished doctoral dissertation). Jönköping University, Sweden.

Godfrey, M. M., Andersson- Gäre, B., Nelson, E. C., Nilsson, M., & Ahlström, G.(2013). Coaching interprofessional health care improvement teams: The coachee, the coach and the leader perspectives. *Journal of Nursing Management, 22*(4), 452–464. doi:10.1111/jonm.12068.

Grant, A. M. (2009). *Workplace, executive and life coaching: An annotated bibliography from the behavioral science and business literature*. Sydney, Australia: University of Sydney.

Grover, S., & Furnham, A. (2016). Coaching as a developmental intervention in organisations: A systematic review of its effectiveness and the mechanisms underlying it. *PloS One, 11*(7), e0159137. doi:10.1371/journal.pone.0159137.

Gude, K. (2016). The role of team coaching in enhancing the effectiveness of a project team. (Doctoral dissertation). Retrieved from http://scholar.sun.ac.za/handle/10019.1/99631.

Guttman, H. (2008). *Great business teams: Cracking the code for standout performance*. Hoboken, NJ: John Wiley and Sons, Inc.

Hackman, J. R. (2002). *Leading teams: Setting the stage for great performances*. Boston, MA: Harvard Business School Press. 『성공적인 팀의 5가지 조건』 최동석 역, 교보문고. 2006.

Hackman, J. R. (2011, June 7). Six common misperceptions about teamwork. *Harvard Business Review*. Retrieved from https://hbr.org/2011/06/six-common-misperceptions-abou.

Hackman, J. R., & O'Connor, M. (2005). *What makes for a great analytic team? Individual vs. team approaches to intelligence analysis*. Washington, DC: Intelligence Science Board, Office of the Director of Central Intelligence.

Hackman, J. R., & Wageman, R. (2005). A theory of team coaching. *Academy of Management Review, 30*, 269–287.

Hall, L. M. (2013). *Group and team coaching: Meta- coaching book 10*. Clifton, CO: Neuro- Semantics Publications.

Haug, M. (2011). What is the relationship between coaching interventions and team effectiveness? *International Journal of Evidence Based Coaching and Mentoring, 5*, 89–101.

Hauser, L. L. (2014). Shape- shifting: A behavioral team coaching model for coach education, research, and practice. *Journal of Psychological Issues in Organizational Culture, 5*(2), 48–71.

Hawkins, P. (2011). *Leadership team coaching: Developing high-performing teams*. Philadelphia, PA: Kogan Page Publishers.

Hawkins, P. (2014). *Leadership team coaching in practice: Developing collective transformational leadership*. London,

England: Kogan Page Limited.

Hawkins, P., & Boyle, G. (2014). Inter-team coaching: From team coaching to organizational transformation at Yeovil Hospital Foundation Trust. In P. Hawkins (Ed.), *Leadership team coaching in practice: Developing collective transformational leadership* (pp. 131-146). London, England: Kogan Page Limited.

Heimbecker, D. R. (2006). The effects of expert coaching on team productivity at the South Coast Educational Collaborative (Doctoral dissertation). Retrieved from http://proquest.umi.com/pqdlink?Ver=1&Exp=09-23-2017&FMT=7&DID=115 0819591&RQT=309&attempt=1&cfc=1.

Henley University of Reading and Lane4. (2010). Coaching teams at work: but powerful. Retrieved from www.henley.reading.ac.uk/web/FILES/corporate/cl_coaching_survey_coaching_teams_ at_work.pdf.

Higgins, M., Young, L., Weiner, J., & Wlodarczyk, S. (2009-2010). Leading teams of leaders: What helps team member learning? Phi Delta Kappan, 91(4), 41-45.

Hinkson. J. (2001). *The art of team coaching*. Toronto, Canada: Warwick.

ICF (2012). *ICF global coaching study*. Lexington, KY: International Coach Federation, 2012.

Jacox, W. (2016). What are the key qualities and skills of effective team coaches? (Doctoral dissertation) ? Retrieved from http://aura.antioch.edu/etds/267.

Jarrett, D. (2014). Team coaching as part of organizational transformation: A case study of Finnair. In P. Hawkins (Ed.), *Leadership team coaching in practice: Developing collective transformational leadership* (pp. 100-116). London, England: Kogan Page Limited.

Kegan, R., & Lahey, L. (2009). *Immunity to change*. Boston, MA: Harvard Business Publishing School. 『변화 면역: 우리가 변하지 못하는 진짜 이유』 오지연 역, 정혜. 2020.

Kozlowski, S. W. J., Mak, S., & Chao, G. T. (2016). Team-centric leadership: An integrative review. *Annual Review of Organizational Psychology and Organizational Behavior, 3*(1), 21-54.

Krishna, R., & Hongwei, H. (2015). Managing team innovation in the research and development (R&D) organization: Critical determinants of team effectiveness. *Therapeutic Innovation & Regulatory Science, 49*(6), 877-885.

LaFasto, F. M. J., & Larson, C. (2001). *When teams work best: 6,000 team members and leaders tell what it takes to succeed*. Thousand Oaks, CA: Sage.

Lawrence, P., & Whyte, A. (2017). What do experienced team coaches do?: Current practice in Australia and New Zealand. *International Journal of Evidence Based Coaching and Mentoring, 15*(1), 94-113.

Lencioni, P. (2002). *The five dysfunctions of a team*. San Francisco, CA: Jossey- Bass. 『팀워크의 부활: 실리콘밸리 최고의 경영 컨설턴트가 알려주는 팀이 빠지기 쉬운 5가지 함정』 서진영 역, 위즈덤하우스. 2021.

Liu, C. Y., Lin, L. S., Huang, I. C., & Lin, K. C. (2010, November). Exploring the moderating effects of LMX quality and differentiation on the relationship between team coaching and team effectiveness. Paper presented at the 17th International Conference on Management Science and Engineering, Tainan, Taiwan.

Liu, C. Y., Pirola- Merlo, A., Yang, C. A., & Huang, C. (2009). Disseminating the functions of team coaching regarding research and development team effectiveness: Evidence from high- tech industries in Taiwan. *Social Behaviour and Personality, 37*(1), 41-58.

Mathieu, J., Maynard, T., Rapp, T., & Gilson, L. (2008). Team effectiveness 1997-2007: A review of recent advancements and a glimpse into the future. *Journal of Management, 34*(23), 410-476.

Mathieu, J. E., Tannenbaum, S. I., Donsbach, J. S., & Alliger, G. M. (2014). A review and integration of team composition models moving toward a dynamic and temporal framework. *Journal of Management, 40*, 130-160.

McEwan, D., Ruissen, G. R., Eys, M. A., Zumbo, B. D., & Beauchamp, M. R. (2017). The effectiveness of teamwork training on teamwork behaviors and team performance: A systematic review and meta- analysis of controlled interventions. *PLoS One, 12*(1) http://dx.doi.org.proxy.queensu.ca/10.1371/journal.pone.0169604.

Miller, S. (2013). Voices from the field: Expanding coaching from leader to team and across the organization. In J. Britton (Ed.), *From one to many: Best practices for team and group coaching* (pp. 4-8). Mississauga, ON: John Wiley & Sons, Inc. Retrieved from www.from12many.com/401/login.php?redirect=/downloads.html.

Mitsch, D. J., & Mitsch, B. (2010). *Team advantage: The complete guide for team transformation: Coach's facilitation guide set*. San Francisco, CA: John Wiley & Sons, Inc.

Mulec, K., & Roth, J. (2005). Action, reflection, and learning and coaching in order to enhance the performance of drug development project management teams. *R&D Management, 35*, 483-491.

Niemela, C., & Lewis, R. (2001). *Leading high impact teams: The coach approach to peak performance*. Laguna Beach, CA: High Impact.

O'Sullivan, P., & Field, C. (2014). Team coaching for organizational learning and innovation: A case study of an Australian pharmaceutical subsidiary. In P. Hawkins (Ed.), *Leadership team coaching in practice: Developing collective transformational leadership* (pp. 119-127). London, England: Kogan Page.

Overfield, D. V. (2016). A comprehensive and integrated framework for developing leadership teams. *Consulting Psychology Journal: Practice and Research, 16*(68), 1-20.

Passmore, J., & Fillery- Travis, A. (2011). A critical review of executive coaching research: A decade of progress and what's to come. *Coaching: An International Journal of Theory, Research and Practice, 4*, 70-88.

Pellerin, C. J. (2009). *How NASA builds teams: Mission critical soft skills for scientists, engineers, and project teams.* Hoboken, NJ: John Wiley & Sons, Inc. 『나사 그들만의 방식: 나사가 검증하고 선택한 성과창출의 법칙』 김흥식 역, 비즈니스맵. 2010.

Peters, J. (2013). Voices from the field: Team coaching as a lever for change. In J. Britton (Ed.), *From one to many: Best practices for team and group coaching* (pp. 8-11).Mississauga, ON: John Wiley & Sons, Inc. Retrieved from www.from12many. com/401/login.php?redirect=/downloads.html.

Peters, J., & Carr, C. (2013). Team effectiveness and team coaching literature review. *Coaching: An International Journal of Theory, Research and Practice, 6*(2), 116-136, doi: 10.1080/17521882.2013.798669.

Pliopas, A., Kerr, A., & Sosinski, M. (2014). *Team coaching project.* Hudson Institute of Coaching. Retrieved from www.researchportal.coachfederation.org/Document/StreamResult.

Public Service Agency (2013). Voices from the field: Team coaching case study: British Columbia Public Service Agency. In J. Britton (Ed.), *From one to many: Best practices for team and group coaching* (pp. 11-20). Mississauga, ON: John Wiley & Sons. Retrievedfrom www.from12many.com/401/login.php?redirect=/downloads.html.

Rico, R., Alcover de la Hera, C. M., & Tabernero, C. (2011). Work team effectiveness, a review of research from the last decade (1999-2009). *Psychology in Spain, 15,* 57-79.

Rousseau, V., Aubé, C., & Tremblay, S. (2013). Team coaching and innovation in work teams. *Leadership & Organization Development Journal, 34*(4), 344-364. doi:10.1108/LODJ- 08-2011-0073.

Salas, E., Goodwin, G. F., & Burke, C. S. (2013). *Team effectiveness in complex organizations: Cross-disciplinary perspectives and approaches.* New York, NY: Routledge.

Sandahl, P. (2013). Voices from the field: Trends in team coaching and health care case study. In J. Britton (Ed.), *From one to many: Best practices for team and group coaching* (pp. 21-24). Mississauga, ON: John Wiley & Sons, Inc. Retrieved from www. from12many.com/401/login.php?redirect=/downloads.html.

Schaubroeck, J., Carmeli, A., Bhatia, S., & Paz, S. (2016). Enabling team learning when members are prone to contentious communication: The role of team leader coaching. *Human Relations, 69*(8), 1709-1727.

Sisko, A. (2014). *The ultimate collaboration & synergy guide: How to bring out the best performance and results from everyone!* Scotts Valley, CA: CreateSpace Independent Publishing Platform.

Tannenbaum, S., & Cerasoli, C. (2013). Do team and individual debriefs enhance performance?: A meta- analysis. *Human Factors: The Journal of Human Factors and Ergonomics Society, 55*(1), 231-245.

Thornton, C. (2010). *Group and team coaching: The essential guide.* New York, NY: Routledge. 『창조적 조직을 위한 그룹 코칭과 팀 코칭』 신준석 역, 시그마프레스. 2013.

Thornton, C. (2016). *Group and team coaching: The secret life of groups.* New York, NY: Routledge.

Turner, E. (2013). *Gentle interventions for team coaching: Little things that make a BIG difference.* Scotts Valley, CA: CreateSpace Independent Publishing Platform.

Wageman, R., Hackman, J. R., & Lehman, E. (2005) Team diagnostic survey: development of an instrument. *Journal of Applied Behavioral Science, 41,* 373-398.

Wageman, R., Nunes, D., Burruss, J., & Hackman, J. R. (2008). *Senior leadership teams: What it takes to make them great.* Boston, MA: Harvard Business School.

Woodhead, V. (2011). How does coaching help to support team working? A case study in the NHS, Special Issue, *International Journal of Evidence Based Coaching and Mentoring, 5,* 102-119.

Zeus, P., & Skiffington, S. (2002). *The coaching at work toolkit: A complete guide to techniques and practices.* Sydney, Australia: McGraw- Hill.

8장. 설계하기, 출범하기, 팀 코칭하기
60:30:10 법칙과 팀 코칭 개입하기

저자: 루스 웨이먼Ruth Wageman, 크리스터 로Krister Lowe
역자: 박순천

팀 코칭이라는 용어는 일종의 투사적 검사projective test(역자 주: 질문지법의 결점을 보완하는 검사로 약한 자극이나 구성요소를 주어, 특별한 경계심을 일으키지 않고, 자유롭게 반응하게 해서 개인의 욕구, 동기, 정서 등을 파악하려는 성격 진단의 한 방법)이다. 개인의 성격에 대한 평가와 피드백에서부터 팀 목적의 개혁에 이르기까지 팀 기능의 일부 측면을 개선하기 위한 다양한 개입을 팀 코칭이라고 불러왔다. 이 장에서 사용할 정의는 팀 코칭이 팀을 돕는 다른 방법과는 개념적으로 그리고 경험적으로 다르다는 학자들 사이의 새로운 합의를 반영한다. 팀 코칭은 팀 프로세스process 전반에 대한 개입이며, 시간이 지남에 따라 팀 전체whole의 효율성을 높이기 위한 것이다.

동료들이 검토하는 조직 관련 문헌에 매년 수백 건의 팀 연구가 발표된다는 점을 고려하면, 팀 프로세스에 관한 개입이 팀이 자신의 과정을 효과적으로 도식화하는 데 어떤 도움을 줄 수 있는지에 대한 잘 개발된 이론에 기반을 둔 팀 코칭 연구는 지금도 거의 없다. 프로세스 컨설팅(Schein, 1969, 1999), 개발 코칭(Kozlowski, 2008), 운영자operant 코칭(Komaki, 1986),

---

루스 웨이먼 Ruth Wageman: 하버드 대학의 리씽크 헬스 및 어소시에이트 수석 학자, 팀 진단 담당 이사이다. 팀을 연구한 최고의 학자 가운데 한 명이다. 루스의 작업은 복잡한 문제를 해결하고 시스템 변화를 이끄는 팀을 특히 강조한다. 콜롬비아, 다트머스, 하버드에서 교수로 재직했으며, 팀에 관한 많은 독창적인 연구 프로그램을 이끌어 왔다.

크리스터 로 Krister Lowe: MA, PhD, CPCC이며 조직 심리학자, 임원 및 팀 코치, 팟캐스터이다. www.teamcoachingzone.com의 설립자이다. 코칭존 팟케스트Team Coaching Zone Podcast 진행자로 135개국 이상에서 청취자를 대상으로 조직 내 코칭 팀의 예술과 과학을 탐구하는 인터뷰 쇼를 진행하고 있다. 팀 진단 회사Team Diagnostics, LLC와 파트너십을 맺고 팀 진단 서베이Team Diagnostics Survey 및 팀 효과성 프레임워크 여섯 가지 조건6 Team Effectivity Framework의 인증 강사이다.

갈등 중심의 개입(Jehn & Mannix, 2001)에 관한 오래된 연구들은 모두 팀 효과성에 영향을 미치는 주요 프로세스에 대해 서로 다르게 가정하고 있으며, 이들이 팀 성과에 약간의 영향을 주었지만 큰 일관성은 없었다(예: Bass, 1957; Fidler, 1958; Jackson, 1953; Likert, 1958; Lipitt, 1940; Manz, 1986; Manz & Sims, 1987; Schlesinger, Jackson, Butman, 1960). 코칭이 팀 구성원의 직무 참여, 진전에 방해가 될 수 있는 대인관계 문제 해결 능력, 수행 결과에 대한 집단적 책임을 어느 정도 수용하느냐에 직접적인 영향을 미칠 수 있다는 견해가 팀 코칭에 널리 퍼져 있다. 만즈Manz와 심스Sims(1987)는 자기 관리 팀의 외부 코칭, 특히 구성원에 의한 자기 관찰, 자기 평가, 자기 강화 유도와 같은 개입이 효과적인 자기 관리 팀 프로세스와 비효과적인 자기 관리 팀 프로세스의 중요한 차별화 요소임을 보여주었다. 유사하게, 외부 코치에 의한 강화는 팀의 심리적 권한을 향상하는 것으로 나타났다(예: Cohen & Spreitzer, 1994; Kirkman & Rosen, 1999).

이와 동시에 코헨Cohen, 리드포드Ledford와 스프리처Spreitzer(1996)는 '격려하는 행동encouraging behavior'(팀 동기를 높이기 위한 피드백 제공)이 매니저와 고객이 평가한 팀 성과에는 부정적으로 작용했고, 비쿤Beekun(1989)은 코치가 없는 자체 관리 팀이 코치가 있는 팀보다 성과가 월등히 뛰어나다는 사실을 발견했다. 마찬가지로 모거슨Morgeson(2005)은 직무 중심 개입이 업무에 대한 팀 인식에 부정적 영향을 미친다는 것을 보여주었다. 요약하면, 기존 연구 증거에 따르면 어떤 상황에서는 팀 코칭이 팀 자기 관리, 구성원 대인관계의 질, 그리고 팀과 업무 성과에 대한 구성원 만족을 촉진한다는 것을 시사한다. 그렇지만 다른 경우에는 팀 코칭이 부정적 또는 중립적으로 영향을 미치기도 한다.

한편, 조직이 개인 중심에서 점점 더 팀 중심적인 설계와 성과 관리 모델로 전환됨에 따라(Bersin, 2016, 2017) 팀 코칭은 이러한 변화를 지원하기 위한 하나의 대응책으로 부상하고 있다. 최근에는 임원코칭의 확산에 힘 입어 팀 코칭이 진정한 직업(Hawkins, 2018)으로 부상하기 시작했으며 기업에서도 빠르게 선택하고 있다(Ridler Report, Mann, Hope, Paterson, Roberts, Taylor, 2013, Sherpa Coaching, 2013, Henley Business School's 2017년 기업 교육 참조). 이러한 추세를 고려할 때, 팀 코칭에서 연구와 프랙티스 사이의 차이는 앞으로 몇 년 동안 더 커질 것이다. 이는 연구자와 프랙티셔너에게 기회뿐만 아니라 동시에 위험도 안겨줄 수 있을 것이다.

이 장의 목적은 팀 효과에 미치는 영향에 관한 학술적 연구에서 패턴을 수집하여 팀 코칭에 대한 시사점을 도출함으로써 팀 코칭 프랙티스에 필요한 건전한 경험적 교훈을 확인하는 것이다. 구체적으로, 팀 코칭 프랙티스에 효과적이고 필수적인 두 가지 핵심 질문을 다룬다. (1) 팀 코칭이 팀 효과성에 차이를 만들거나 만들지 못하는 조건은 무엇인가? 그리고 (2) 팀 코칭 개입의 유형과 시기는 팀 성과에 진정으로 도움이 되는가? 우리는 해크먼Hackman과 웨이먼Wageman의 60-30-10 팀 개입 규칙(Hackman, 2011; Wageman, Hackman, Nunes & Burruss, 2008)을 통해 이러한 패턴을 요약한다. 마지막으로, 팀 코칭 이론과 프랙티스를 구체화하는 분야로써 성과에 도움이 되는 연구 가능한 중요 질문에 대한 몇 가지 관찰로 마무리하고자 한다.

팀 효과성

먼저 학자들이 팀 코칭에 관한 연구에서 측정한 결과와 팀 개입의 궁극적이고 긍정적인 영향의 징후인 팀 효과성effectiveness을 정의내리고자 한다. 이는 많은 팀 코칭 모델에서 중요하면서도 흔히 잘못 정의되거나 누락되는 구성요소이다. 명확한 결과나 기준 측정값이 없으면 예측 변수나 조절 변수로써 팀 코칭은 그 상대적 중요성을 평가할 수 있는 참고 자료가 부족하다. 또 팀 효과를 명확하게 정의하면 어떤 소수의 요인이 팀 변화에 가장 큰 영향을 미칠지 파악할 수 있다. 팀 코칭은 팀 효과를 예측하는 다른 요인들과 무관하지 않다. 팀 코칭은 이러한 요인들과 어떤 관련이 있고 어떤 순서로 영향을 미치는가? 직무 수행 팀에 관한 연구에서 리차드 해크먼Richard Hackman과 광범위한 동료 그룹은 팀 효과성에 대한 3차원 정의를 명확히 하여 사용하였다(Hackman, 2002, 2011; Wageman et al., 2008).

1. 팀의 성과는 그것을 사용하는 사람들의 요구를 충족하거나 초과한다. 다시 말해서, 모든 팀은 조직 내부 또는 외부에 서비스를 제공하는 고객이나 지지층이 있으며, 팀 성과를 평가할 때 중요한 것은 고객의 기준이다.
2. 팀은 작업의 결과로 팀 역량이 향상된다. 많은 팀이 단기 직무를 달성할 수 있지만 그렇게 함에 따라 그들은 에너지, 관계 그리고 협력 능력을 소진할 수 있다. 우리는 팀이 집단역량을 약화시키기보다는 역량을 구축하는 것이 효과적이라고 생각한다.
3. 팀은 구성원의 학습과 개인 복지에 긍정적으로 기여한다.

팀 효과성에 관한 이 세 가지 정의는 팀이 조직과 다른 고객에 중요한 영향을 미치고, 팀으로서 자기 역량을 구축하거나 훼손하며, 팀 내 개인에게 영향을 미친다는 점을 인정한다. 이러한 효과성에 대한 정의는 세 가지 모두를 팀 코치의 영향을 받을 수 있는 성과 척도로 중요하게 받아들인다.

팀 효과성의 조건

나(루스 웨이먼)와 동료들은 이 세 가지 팀 효과성 기준에 확실하게 영향을 미치는 주요 요인이 무엇인지를 해결하기 위해 다양한 팀을 대상으로 많은 연구를 수행했다. 이러한 요소들을 일련의 조건으로 요약했는데, 이 조건을 갖추었을 때 팀이 긍정적 궤도에 올라설 가능성을 높이고, 성공을 향한 그들의 경로를 계획할 수 있다(Hackman, 1987, 2002; Wageman, 2001; Wageman, Fisher, 2009; Wageman, Hackman, Hackman, 2005).

팀 효과성을 위한 여섯 가지 조건6 conditions for Team Effectiveness [박스 8.1]을 간략하게 정리하자면 다음과 같다. (1) 이름뿐인 팀이라는 무한한 집합이 아니라 실제 팀이어야 한다. (2) 설득력 있는 목적을 가져야 한다. (3) 목적을 달성하기 위해 필요한 기술과 다양성을 갖춘 잘 구성된 팀이어야 한다. (4) 건전한 구조를 보여야 한다. (5) 팀워크를 지원하는 조직 맥락을 고려해야 하며, (6) 활용 가능한 전문 팀 코칭에 접근할 수 있어야 한다.

전체적으로 이러한 설계 특징은 팀을 시작할 수 있는 견고한 플랫폼을 만든다. 팀 설계의 특징을 형성하는 것은 필수적인 리더십 활동이다. 왜냐하면 고품질 팀 설계는 시간이 지남에 따라 효과적으로 팀을 이끄는 핵심 프로세스에 강력하고 지속해서 긍정적인 영향을 미치기 때문이다(Hackman, 2002; Hackman & Wageman, 2005). 또 연구 증거는 팀 효과성에 영향을 미치는 팀 코칭 개입보다 팀의 이러한 구조적, 상황적 특징의 우선순위를 명확하게 설정한다(Wageman, 2001).

예를 들어, 웨이먼(2001)은 팀 설계 특징, 주로 팀 목적의 명확성, 팀 과제 설계와 팀 성과에 대한 보상이 리더가 제공하는 문제 해결과 컨설팅 코칭보다 팀 자체 관리와 팀 성과 수준 모두에서 훨씬 더 많은 차이(42%)를 제어한다는 것을 발견했다(팀 자체 관리와 팀 성과에 대한 차이는 각각 10%와 1% 미만). 대조적으로, 고품질 팀 설계 조건은 여러 연구에서 팀 효과성 차이의 40%에서 80% 사이를 설명할 수 있으며, 이는 사회과학 연구에서 강력한 효과 크기이다(Richard, Bond, & Stokes-Zoota, 2003).

[박스 8.1] 팀 효과성 조건

1. **실제 팀**. 실제 팀은 (a) 명확한 **경계**boundary가 있고, (b) 어떤 공통적인 목적에 대해 **상호 의존적**interdependent이며, (c) 구성원들이 함께 잘 협력하는 방법을 배울 시간과 기회를 제공하는 멤버십의 **안정성**stability을 가지고 있다.
2. **설득력 있는 목적**. 전반적으로 팀 목적이 갖춰야 할 조건은 (a) **도전적인**challenging(구성원에게 활력을 불어넣는) (b) **명확한**clear(구성원이 핵심 목적을 지향하는) (c) **결과적인**consequential(구성원들이 모든 재능을 쏟아붓는) 것이다.
3. **적임자**. 잘 구성된 팀은 기본 팀워크를 포함하여 팀원들이 팀 목적을 달성하기 위해 필요한 **지식과 기술**을 갖춘 팀이다. 그들은 또한 충분히 다양하다. 그들은 일을 하는 데 있어서 다양한 관점을 찾을 수 없을 정도로 비슷하지도 않고, 서로를 이해할 수 없을 정도로 다르지도 않다.
4. **활성화 구조**. 다음 세 가지 구조적인 특징이 유능한 팀워크를 육성하는 데 핵심적이다. (a) **직무설계**task design. 팀 직무는, 구성원이 업무 절차에 대해 판단할 수 있는 자율성이 있으며, 팀이 얼마나 잘하고 있는지에 관한 규칙적이고 신뢰할 수 있는 데이터를 구성원에게 제공하는 전체적이고 의미 있는 작업이다. (b) **핵심 행동 규범**core norms of conduct. 팀은 특별히 중시되는 구성원 행동과 허용되지 않는 구성원 행동 모두를 명확하고 명시적으로 규정한다. (c) **팀 규모**team size. 팀은 작지만 유의미한 수의 개인(즉, 6~8명)으로 구성되며, 이들은 저마다 팀 목적을 실현하는 데 고유한 가치를 부여한다.
5. **지원 조직 맥락**. 작업에 필요한 물질적 자원 외에도, 세 가지 조직 맥락 특징이 특히 중요하다. (a) 보상 시스템은 우수한 팀 성과에 긍정적인 결과를 제공한다. (b) 교육 시스템은 구성원이 업무의 어떤 부분에서 기존에 갖추고 있지 않은 지식이나 기술, 경험 등에 활용할 기술 지원이나 훈련을 제공한다. (c) 정보 시스템은 팀 업무와 상황에 가장 적합한 작업 수행 전략을 선택하거나 고안하는 데 필요한 모든 데이터와 예상 자료를 팀에 제공한다.
6. **전문가 코칭 활용 가능성**. 팀은 구성원이 함께 일할 때 그들의 집단 자원을 잘 활용할 수 있도록 도와주는 전문가들을 이용할 수 있다.

여기서 설계가 이루어지고 나서 지속적인 프로세스와 팀의 과제ongoing process and task work of a team를 지원하는 팀 코칭과 효과적인 설계effective design, 출범launch과 지속적인 내부 코칭ongoing internal coaching을 포함하는 광범위한 관점의 팀 코칭을 구별하는 것이 중요하다. 많은 팀 코치는 이 세 단계 모두에서 리더, 팀과 조직을 지원한다(아래에 자세히 설명되어 있음). 본 연구에서는 주로 리더십 과제로서 지속적인 팀 코칭(내부 또는 외부 팀 코치, 팀 리더 또는 팀 구성원이 직접 수행함)을 구별한다. 우리가 보기에, 이렇게 설명하면 연구와 측정 목적을 명확하게 하지만, 팀 코치가 각 단계에서 이러한 중요한 역할을 수행할 수 없다고 암시하려는 것은 아니다.

그렇다면, 어떤 조건에서 팀 프로세스를 코칭하는 것이 팀 성과와 프로세스에 건설적인 차이를 가져올 수 있을까? 웨이먼(2001)의 연구 결과는 코칭이 좋은 팀 설계에 의해 이미 확립된 긍정적 궤도에서 상대적으로 작지만 유용한 조정을 한다는 것을 시사한다[그림 8.1]. 팀 구조나 맥락에 결함이 있으면 유능한 코칭이라도 팀 효율성에 거의 영향을 미치지 않는다.

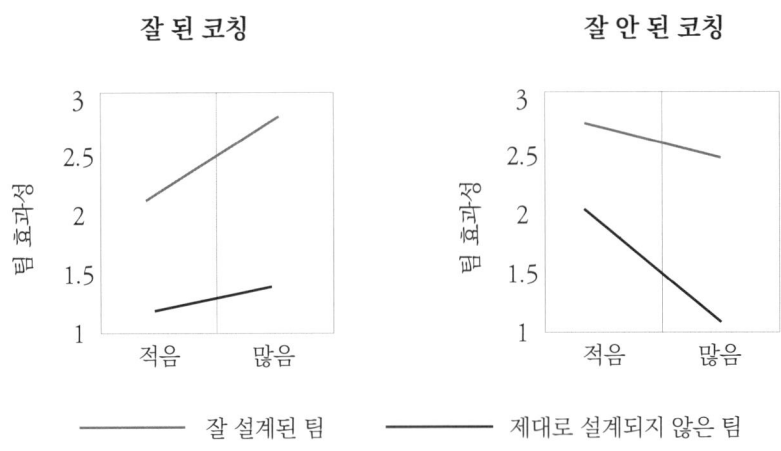

[그림 8.1] 팀 설계와 리더 코칭의 영향에 대한 웨이먼(2001)의 조사 결과

60-30-10 규칙

팀 설계와 실제hands-on팀 코칭 사이의 이러한 상호작용 효과로 인해 해크먼, 웨이먼, 피셔Fisher(2008)와 다른 학자들은 팀 효과를 개발하려는 사람들을 위한 일련의 제안을 명확하게 설명하게 되었고, 이를 60-30-10 규칙이라고 불렀다. 팀 코칭이 팀 효과성에 영향을 미칠 수

있는 조건이 무엇인지에 대한 물음에 답하기 위한 기본 제안으로 이 규칙을 제공한다.

요약해 보면 다음과 같다. 팀 결과에 영향을 미치는 가장 강력한 개입(분산의 약60%)은 먼저 기본적인 팀 설계를 제대로 하는 데서 나온다. 두 번째로 가장 강력한 효과(분산의 약30%)는 팀 수명(즉, 팀 출범)의 처음 몇 분 동안 해당 설계가 얼마나 잘 구현되었는지에 달려 있다. 과제 수행 팀을 구성할 때 개입의 힘과 지속성은 새로 구성된 승무원 일상의 처음 몇 분 동안 항공사 기장의 행동에 관한 지넷^{Ginnett}(1993)의 연구에 의해 확인된다. 그는 승무원이 함께 일하는 첫 몇 분 동안 일어난 일, 즉 목적과 구성원을 확인하고 표준을 세우는 유능하고 집중적인 브리핑이 승무원의 비행 시간 내내 함께 계속된다는 것을 발견했다.

이와 유사하게 게르식^{Gersick}(1988, 1989)은 다양한 팀 유형과 마감일^{deadline}에 걸쳐 팀이 서로에 대한 행동에서 독특한 패턴을 개발하고 팀 수명의 중반까지 명확하게 관찰 가능한 방식으로 지속하는 과제를 개발한다는 것을 발견했다. 그녀의 연구 결과에 따르면 이러한 패턴은 팀 수명의 중반까지 많은 변화에 개방적이지 않았다(Gersick, 1989).

60-30-10 규칙이 암시하는 최종 10%는 그룹이 작업을 진행할 때 실제 팀 코칭이 차지하는 팀 효과성의 변화이다. 60%와 30%에 대한 이 두 가지 아이디어가 정확하다면, 실제 팀 코칭에서 발견되는 일관되지 않고 상대적으로 약한 영향은 의미가 있다. 팀 리더나 컨설턴트에 의한 매우 유능한 코칭 조차도 문제가 있는 구조적 또는 상황적 힘에 직면하면 팀 프로세스나 성과에 실질적이거나 지속적인 개선을 가져올 수 없다(Hackman & Wageman, 2005).

조건과 팀 코칭

연구에서 도출한 기본 명제가 장점이 있다면, 팀과 리더는 물론 코치의 주요 업무는 팀이 존재하기 전에 고품질, 개념화, 사전 수행 과제작업 등 훌륭한 팀 설계를 하는 것이다. 이는 다시 설계하거나 새롭게 출범하는 기존 팀에도 해당한다. 팀 설계의 습관적인 루틴은 많은 리더가 팀 설계에 충분한 주의를 기울이지 못하고, 이를 잘 수행하는 방법에 관한 지침과 사운드 보드에서 큰 이익을 얻을 수 있음을 시사한다. 예를 들어, 120개 이상의 고위 리더십 팀을 대상으로 한 연구(Wageman et al., 2008)에서 세 개의 팀 효과성 기준에서 볼 때, 약 21%가 높은 성과를 냈고, 37%는 보통 수준이었으며, 42%는 형편없었다. 전반적으로 좋지 않은 결과는 어려움을 겪는 평범한 팀들의 중요한 설계 조건 부재로 인해 발생했다.

간단히 말해서, 팀을 만드는 사람은 다음과 같은 팀 효과성 조건에 대한 여섯 가지 중요한 질문을 더 잘할 수도 있고, 그렇지 못할 수도 있다.

1. **실제 팀**real team. 이 일은 팀이 필요한가? 이 구성원이 합리적으로 안정적인 그룹이 될 수 있을까? 어떻게 하면 사람들이 서로 효과적으로 협력하는 법을 배울 수 있을 정도로 오랫동안 함께 있을 수 있을까?
2. **설득력 있는 목적**compelling purpose: 이 팀이 고객과 조직의 사명에 기여하는 중요성은 무엇인가? 구성원들이 성공이 어떤 모습일지 알 수 있게 해줄 그림이 그려질 수 있을까?
3. **적임자**right people: 이러한 목적을 달성하기 위해 업무와 팀워크 능력을 모두 갖춘 팀원으로 누구를 부를 것인가?
4. **견고한 구조**solid structure: 어떤 규범과 업무 관행으로 그들을 성공하게 도울 것인가?
5. **지원 조직 맥락**supportive organizational context: 어떤 자원이 필요할까? 팀 우수성은 어떻게 보상받을 수 있을까?
6. **팀 코칭**team coaching: 팀은 어떻게 지속해서 프로세스의 이득은 늘리고 손실은 줄일 것인가? 누가 팀을 코칭할 것인가?

팀 효과에 미치는 영향의 60%가 의도적인 설계 작업을 통해 달성된다면, 팀을 코칭하는 사람들은 팀 리더나 팀 자체를 기본 팀 디자인 중심으로 작업함으로써 가장 큰 영향을 미칠 수 있다. 설계 질문에 답하는 것은 팀이 모이기 훨씬 전에 이루어져야 하는 리더십 행위지만, 우리가 본 것처럼 항상 그렇지는 않다. 예를 들어, 많은 CEO는 자신의 팀이 모든 직접 보고로 구성되는 것을 당연시하며, 그다음 느슨한 개인들의 모임이 개인 업무보다 더 많이 함께해야 하는 것을 명확히 하기 위해 고군분투한다(Wageman & Hackman, 2010; Wageman et al., 2008). 리더십 팀을 코칭하려면 리더십 팀에 원하는 것이 무엇인지, 또한 어떤 고위 임원이 회사 전체를 대표하여 리더십을 발휘하고 동료와 협력하여 의사결정을 내릴 수 있는지 물어봐야 할 것이다. 이러한 팀을 코칭하기 위해서는 팀 또는 리더와 협력하여 팀 설계를 검토하고, 설계 질문의 순서를 바로잡는 것이 필요하다. 예를 들어, 먼저 작업이 무엇인지, 팀 과제를 어떻게 할지, 그리고 그것을 어떻게 설득력 있는 방식으로 전달할지 생각하기 전에, 적절한 인력을 소집하고 건설적인 표준을 만들거나 자원을 확보하는 데에 리더나 팀이 할 수 있는 일은 거의 없다(Wageman, Fisher, & Hackman, 2009).

팀 효과성의 다음 30%의 차이가 팀의 기본 설계에 영향을 미치고 팀의 출범을 최대한 돕는다면, 팀을 코칭하는 사람들은 팀이나 팀 리더와 함께 효과적인 시작(또는 재출범) 어젠다를 설계하고, 핵심적인 요소를 연습하고, 프로세스를 용이하게 하고, 그 능력을 향상함으로써 상당한 영향을 미칠 수 있다.

팀원들이 처음 모였을 때, 그들은 서로에게 그리고 직무에 집중해야 한다. 이 방향은 구성원과 비구성원을 구분하는 경계를 설정하고, 구성원이 어떻게 협력할지, 각자가 무엇을 제공해야 하는지에 대한 이해를 공식화하고, 집단의 목적에 참여하는 것을 포함한다. 시작을 성공하면, 코치는 그룹이 이름만 나열하는 것에서 경계된 실제 팀으로 이동할 수 있게 돕는다.

최종 10%는 팀 작업 과정에서 팀을 실시간으로 코칭하는 것이다. 팀이 잘 구상되고, 성공적인 출범 프로세스가 나머지 다섯 가지 조건을 확립해야만, 팀은 실제로 이전 작업의 교훈 수집, 우수한 프로세스 강화, 혁신적인 직무 전략 수립 등 뛰어난 업무 프로세스 개입(Wageman, 2001)을 활용할 수 있다. 연구 결과에 따르면, 처음 다섯 가지 조건이 잘 확립되면 팀들은 매우 강력하다. 팀 환경의 급격한 변화나 완벽하지 않은 실시간 코칭에 이르기까지 모든 도전에 잘 대처할 수 있다([그림 8.1] 참조).

타이밍과 팀 코칭

60-30-10 규칙에 요약된 연구의 중요한 의미 가운데 하나는 팀 코칭 개입의 시기가 중요하다는 것이다. 코칭 개입을 위한 팀의 준비 상태(그리고 도움이 될 수 있는 특정 유형의 코칭)는 팀 라이프 사이클에 따라 다르다(Clutterbuck, 2007; Hackman & Wageman, 2005; Hawkins, 2017; Wayman et al., 2009). 피터[Peters]와 카[Carr](2013)는 팀 코칭 준비의 중요성에 대해 서면으로 다음과 같이 설명한다.

> 코칭이나 팀과의 그룹 역동성에 관한 대화를 시작하는 것은 기분 좋을 수도 있고 편리할 수도 있다. 그렇지만 당신의 노력은 마치 준비되지 않은 벽에 새로운 페인트를 칠하는 것과 같을 것이다. 곧 페인트가 벗겨질 것이다.

최근 몇 년 동안 집단 행동의 시간적 측면에 관한 연구 결과가 쏟아져 나왔으며, 그 대부분은 개입 시기와 직접적으로 관련되어 있다(예: Ancona & Chong, 1999; Fisher, 2010; Gersick & Hackman, 1990; Langfred, 2000; Okhuysen, 2001; Orlikowski & Yates, 2002 참조). 게르식(1988)의 발견은 특히 이와 관련이 있다. 수행 기간이 수일에서 수개월인 다수의 자체 관리 프로젝트 팀들의 수명주기에 관한 현장 연구에서, 그녀가 추적한 각 그룹은 처음 몇 분 동안 직무에 대한 독특한 접근 방식을 개발했음을 발견했다. 첫 번째 회의와 프로젝트 마감일 사이의 정확히 중간 시점까지 그 접근 방식을 유지했다. 거의 모든 팀이 수명의 중간 단계에서 과거 행동 패턴을 버리고 외부 수퍼바이저와 재결합하며 업무에 대안 새로운 관점을 채택하는 등 큰 변화를 겪었다. 중간 지점 전환에 따라 그룹들은 완료 시점까지 직무를 실행하는 데 초점을 맞추는 마지막 단계에 돌입했다.

따라서 팀을 돕는 코치의 능력은 팀이 직무 주기에서 어디에 있는지, 그리고 앞으로 더 나은 팀을 위해 팀의 궤적을 바꿀 기회가 무엇인지에 주의를 기울이는 것이다. 당연하게 보일지 모르지만, 우리는 많은 팀 코치가 팀 문제와 기회를 진단할 때 팀이 실제로 일하는 것을 관찰해야 한다는 것을 기억할 필요가 있다고 확인했다.

게르식과 다른 팀들의 연구 결과에서 개입을 위한 팀의 준비가 수명 주기 전체에 걸쳐 체계적으로 변화할 가능성을 제기한다. 구체적으로, 팀 수명에서 구성원들이 각 팀의 주요 성과 프로세스를 다루는 개입에 특히 개방적일 수 있는 경우가 세 번 있다. (1) 팀이 업무를 막 시작할 때, 구성원들은 그들의 일에 적용할 동기와 노력에 초점을 맞추는 개입에 특히 개방적이다. (2) 중간 지점에서 팀이 직무의 약 절반(또는 할당된 시간의 절반)을 완료했을 때, 구성원들이 자신의 업무 수행 전략을 반영하도록 돕는 개입에 특히 개방적이다. (3) 마지막으로 일이 끝나면, 팀은 팀원들이 그들의 경험을 바탕으로 팀의 지식과 기술을 보완하도록 돕는 것을 목표로 하는 개입을 즐길 준비가 되어 있다(Hackman & Wageman, 2005a).

그런데도 심지어 유능하고 시기 적절한 코칭이라 하더라도 때때로 가속화하는 하향 궤도에서 팀을 구할 수 없다. 예를 들어, 목적이 불분명하고 제대로 디자인되지 않은 팀은 지속적인 기능 장애를 일으킬 수 있는데, 팀 리더와 구성원들 모두 노력, 전략 또는 재능 사용에 심각한 문제가 있다는 것을 안다. 불행하게도, 그 기능 부족은 누가 어떻게 개입하든 지속한다. 예를 들어, 한 천연자원 기업의 임원이 결단을 내리지 않고 같은 이슈로 돌아가기를 반복했다. 곰곰이 생각해본 결과, CEO는 처음에 팀원을 선택한 것이 유망해 보였지만, 무심코 조직의 여러 직급과 기능에서 너무 많은 사람을 팀에 포함하여 공통 영역에 도달하지 못했다는 것을 알게 되었다. 기발한 코칭이라도 팀을 효과적인 지점으로 이끌지는 못했다.

설계 문제에 대한 통찰력 있는 코치는 팀 기본 설계를 변경할 기회를 파악하여 리더에게 도움을 주거나 직접 그러한 기회를 만들 수 있다(Wageman, Hackman, Nunes, 2008). 위의 예에서, CEO는 팀 구성원의 자격과 목적을 재정의하는 데 필요한 모든 권한을 가지고 있었다. 그가 해야 할 일은 적절한 순간을 기다리는 것뿐이었다. 이때 새로운 회계연도에서 출발함으로써 조직에 자연스럽게 변곡점을 만들어냈다. 팀 코치의 지원으로 구성된 팀이 제대로 작동하지 않는다는 점을 인정했고, 새 회계연도가 시작될 때 팀을 해체하고 다시 시작한다고 밝혔다. 이전 경험의 교훈으로 무장한 그는 팀이 해결하려는 기업 문제에 대해 협력할 능력을 갖춘 소수의 최고 경영진으로 규모를 축소했다. 팀 이름을 바꾼 것은 새로운 팀의 일원으로 초대받지 않은 사람들에게 좋은 일이었는데, 그가 정보를 공유하는 회의 횟수를 줄이기 위해 원래 팀을 유지했기 때문이다.

팀 재출범이라는 개념은 코칭 팀의 핵심 관행으로서 상당히 자유로울 수 있다. 그것은 지속해서 비효율적인 팀들에 대처하는 사람들에게 진정한 의지력을 제공한다. 이를 통해 제대로 설계되지 않은 목적이나 구성 또는 표준을 재구성하고 팀이 새로운 출발을 할 수 있다.

권한 구조와 팀 코칭

팀 리더십에는 여러 사람이 수행한 다양한 행동이 포함된다. 그 결과, 많은 학자와 프랙티셔너는 팀 리더십에 관한 기능적 관점을 수용했다(Ginnett, 1993; Morgeson, DeRue & Karam, 2010; Wageman & Hackman, 2009). 기능적 관점에서, 팀 리더십은 '그룹의 필요에 따라 적절하게 처리되지 않는 모든 것을 실행하거나 완수하는 것'으로 정의된다(McGrath, 1962, p.5). 리더십 기능은 조직에서 공식적인 권한을 가진 지정된 리더에 의해 수행될 수 있지만, 팀 구성원 자신 또는 팀에 대한 공식적인 권한이 없는 외부 코치가 수행할 수도 있다. 서로 다른 맥락에서 누가 중요한 팀 리더십 기능을 수행하느냐에 차이가 있으며, 이러한 차이는 팀이 운영되는 권한 구조에 의해 강력하게 추진된다(Wageman & Fisher, 2016).

예를 들어, 일선 수퍼바이저는 일반적으로 팀 목표를 명확히 하고 실무$^{hans-on}$ 코칭(Zaccaro et al., 2001)을 제공할 권한이 있지만, 팀 목적과 구성을 설정하거나 상황 조건을 변경할 권한이 없는 경우가 많다(Manz, 1992). 이러한 설계 요소는 훨씬 더 고위 임원의 권한에 속할 수 있다. 주어진 맥락에서 권한 구조는 팀을 합법적으로 구상하고, 시작하고, 코칭할 수 있는 사람에 대한 기대와 제약을 가한다. 따라서 팀의 설계 특성을 변경하고 작업 프로세스를 관리할 수 있는 권한이 어디에 있느냐가 팀 코칭 개입의 적절한 참여자를 결정하는 핵심 요소라고 주장한다.

해크먼(Hackman, 2002)은 팀 자체 또는 팀 외부 관리자가 권한을 가질 수 있는 네 가지 핵심 팀 기능을 제안했다[그림 8.2].

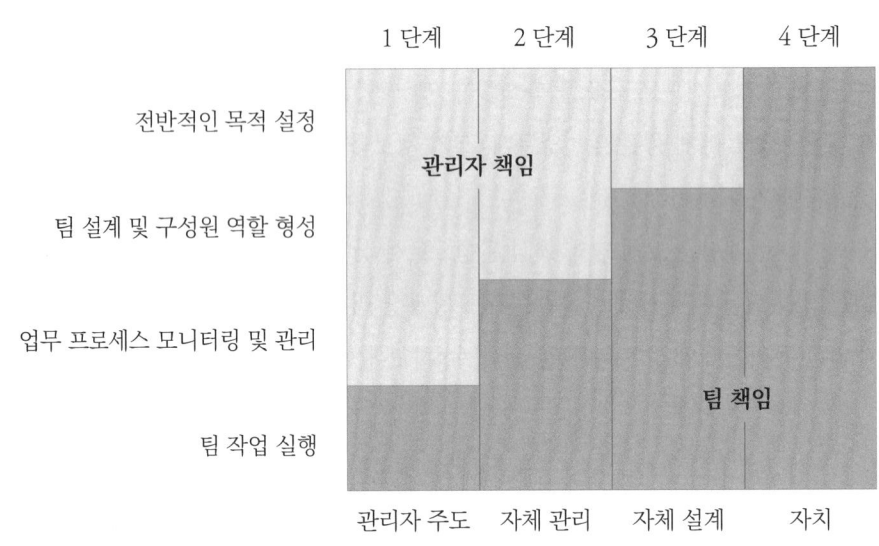

[그림 8.2] 팀 권한 단계 Levels of team authority

이것들은 (1) 팀 작업 실행, (2) 업무 프로세스 모니터링 및 관리, (3) 팀 설계(예: 구성원 선택) 및 역할(예: 정보 시스템), (4) 팀의 전반적인 목적 설정에 관한 것이다.

팀은 팀 자체 또는 팀 리더가 중요한 팀 기능에 대한 정당한 권한을 보유하는지에 따라 서로 다른 유형으로 분류될 수 있다. [그림 8.2]와 같이 자신의 과업을 완수할 수 있는 권한만 있는 팀은 관리자 주도(리더십을 행사하는 모든 권한은 관리자에게 있기 때문)로 분류된다. 자신의 업무 프로세스를 모니터링하고 관리할 수 있는 팀은 자체 관리 self-managing를 한다. 팀을 구성하고 자체 역할을 형성할 수 있는 팀은 자체적으로 설계를 한다. 그리고 네 가지 기능 모두에 대한 권한과 함께 자신의 목적을 결정할 권한이 있는 팀은 자치하는 self-governing 것으로 분류된다.

팀을 코칭 하는 사람은 개입에 핵심적으로 참여하는 사람과 전체 팀이나 팀 리더의 참여 정도를 선택할 수 있다. 예를 들어, 대부분 고위 리더십 팀은 대체로 리더에 의해 특징지어질 수 있다. CEO는 흔히 경영 업무 전반에서 어떤 측면이 팀 전체와 공유되는지, 누가 해당 업무의 일부로 초대되는지, 어떤 리소스를 활용할지, 그리고 참여 규칙을 결정할 수 있는 유일한 권한을 갖는다(Wageman, Hackman, Nunes & Burruss, 2008). 이러한 권한 구조 아래에서 팀 코치는 리더와 함께 훌륭한 팀 설계를 위해 주로 리더와 함께 노력함으로써 팀 코치와 팀 구성원 모두의 복지에 가장 큰 영향을 미칠 수 있다. 여기에는 리더의 이해와 설득력 있는 리더십 팀 목표의 명확성이 포함된다. 적절한 리더십 직무와 팀 구성(팀 구성원을 효과적으로 참여시키는 방법 포함)을 제공한다. 즉 팀의 특징인 60과 30(개념화와 출범)이 리더의 통제 아래 있을 때, 설계 기능에 대해 리더가 코칭하는 것이 팀 효과성을 위해 할 수 있는 가장 적절한 방법이 될 수 있다. 그러한 특징들은 경험자들이 리더십 팀의 일원이라는 것을 조건화할 것이다. 이와는 대조적으로, 목적, 구성과 직무에 직접 참여하게 하는 것은 리더가 초대한 경우를 제외하고는 상대적으로 거의 통제할 수 없는 문제로 진행을 촉진하기보다는 좌절감을 줄 수 있고 더 방해가 될 수 있다.

자체 관리self-managing 팀도 리더의 설계와 출범 역량에 상당한 집중이 필요하다. 연구에 따르면 리더들이 자체 관리 팀의 설계를 선택할 수 있도록 지원하는 것은 팀의 진정한 자기 관리 능력을 가속화하고 프로세스 중심의 코칭을 활용할 수 있게 한다(Wageman, 2001). 더욱이 자체 관리 팀은 업무 프로세스와 작업 프로세스에 관한 권한이 있으므로, 시간이 지남에 따라 점점 더 셀프 코칭을 할 수 있다.

자체 설계self-designing 팀에서는 60과 30이 팀의 직접적인 권한에 따라 결정된다. 따라서 코칭 세션의 핵심 참가자로서 팀 전체에 대한 강조가 극적으로 늘어난다. 자체 설계 팀은 자신의 구성원 자격, 자원, 작업 설계, 보상과 기본 구조의 다른 특징에 관한 몇 가지 결정 권한을 가진다. 조직에서 자체 설계 팀의 장점에 관한 직접적인 연구는 거의 수행되지 않았지만(Wageman & Fisher, 2012), 좋은 설계 선택은 여러 정보를 활용할 수 있고 전체 팀 문제 해결과 창의적인 아이디어 생성에서 발생할 수 있는 설계 과제에 대한 더 강력한 솔루션을 활용할 수 있다(Fahr, Lee & Fahr, 2010). 그러나 자체 설계 팀은 관심을 끌기 위해 많은 경쟁적 요구를 지니고 있다. 새로운 구성원을 영입하거나 정보를 요청하는 등 설계의 많은 측면은 팀 외부 환경(예: 조직 내 타인의 기술, 관련 정보가 있을 수 있는 곳)에 관한 작업 지식working knowledge을 필요로 한다(Ancona, Bresman 및 Caldwell, 2009). 관심이 부족한 자원이기 때문에(Hansen & Haas, 2001; March & Simon, 1958), 자체 설계를 담당하는 팀은 작업을 완료하고 자체 설계에 집중하는 데 어려움을 겪을 수 있다. 이러한 멀티태스킹은 팀 구성원이 다른 많은 책임을 질 때 특히 문제가 될 수 있다(Cummings & Haas, 2015; O'Leary et al., 2011). 유용한 팀 개입의 범위와 복잡성은 재설계와 재출범에서부터 셀프 코칭 역량 개발에 이르기까지 자체 설계 팀의 코칭에 상당한 시간과 역량을 투자해야 잘 수행할 수 있음을 시사한다.

마지막으로, 자율적인 팀들과 함께, 60, 30, 그리고 10은 모두 팀 전체의 직접적인 권한 아래에 있다. 이것이 그들을 코칭할 사람들에게 특별한 도전을 제기한다는 것을 발견했다. 예를 들어, 팀 목적을 분명히 하는 것은 그룹에서 잘 수행되는 기능이 아니라 개념적 능력과 언어에 능숙한 개인이 더 효과적으로 수행하는 기능이라는 것이 연구에서 밝혀졌다(Hackman, 2002, pp.224-225). 자치 팀은 흔히 고상하지만 추상적인 열망과 가치를 가지고 있다. 팀 방향에 관한 명확성이 부족하므로 주요 의사결정에 대한 합의에 도달하거나 팀 구성원이 함께 있지 않을 때 잘 조정된 전략적 선택을 할 수 없다. 자치 팀을 코칭하는 한 가지 의미 있는 역할은 그러한 팀 내에서 어떤 개인이 팀이 잘하는 것을 가장 잘할 수 있는지를 알아내는 것을 돕는 것이다. 학생 프로젝트 팀을 대상으로 한 현장 연구에서, 웨이먼과 고든^{Gordon}(2005)은 팀들이 그룹으로서는 무엇을 하고 개인이 독립적으로는 무엇을 하는지 결정할 때 자동 조종^{autopilot}이 작동된다는 것을 보여주었다. 그룹의 공유된 가치에 의해 구동되는 이 자동화는 흔히 작업-프로세스 적합성을 저하시킨다. 자치 팀을 코칭하기 위한 한 가지 중요한 역할은 개인들이 더 잘 수행하는 소수의 팀 기능을 식별하도록 돕는 동시에, 그룹이 가장 잘 수행하는 창의적인 아이디어 창출과 전략적 선택에 대한 헌신과 같은 기능을 그룹에 유지하는 것이다.

물론, 권한 구조 자체가 개입 지점이 될 수 있다는 점을 강조하는 것이 중요하다. 많은 팀 리더는 자기 팀이 더 자주적으로 운영될 수 있도록 길을 닦으려고 한다. 예를 들어, 일부 고위 경영진은 처음에는 자기 관리를 목적으로 한다. 즉 최고 경영자는 팀의 목적과 구성을 결정하는 권한을 보유하지만, 주요 의사결정에 관한 공동 책임을 구성원에게 물어야 한다. 그러나 상위 팀들은 흔히 이름뿐인 팀들이다(Edmondson, Roberto & Watkins, 2003; Hambrick, 1994; Wageman et al., 2008). 일부 저자는 그들의 비효율이 리더가 권력을 나누기를 꺼리는 직접적인 결과라고 제안하지만(Katzenbach, 1997), 팀이 함께 결정을 내리는 데 서툴 때 CEO들이 권한을 되찾는 대신 영역 다툼과 갈등에 휘말리는 경우도 있을 수 있다(Wageman et al., 2008). 따라서 코치의 과제는 팀이 효과적으로 운영되기 위해 고군분투하고 업무를 인수받지 않는 순간 리더들이 자제력을 발휘하도록 돕는 것일 수 있다. 이러한 패턴이 관찰되고 논평을 불러일으켰지만, 팀 권한과 관련하여 팀과 리더 행동 사이의 잠재적으로 역동적인 관계에 대한 체계적인 연구는 아직 없었다.

향후 연구 방향

우리는 팀 개입을 위한 지침으로 제안한 60-30-10 규칙을 구체화함으로써 팀에 관한 연구 토대를 제시하였다. 여기에는 타이밍의 의미와 권한 구조가 어떻게 핵심적인 코칭 참여자에게 영향을 미치는지에 관한 것을 포함한다. 우리의 제안은 팀에 대한 건전한 학문적 연구에 기반을 두고 있지만, 팀 코칭에 관한 연구는 상대적으로 적다. 마지막으로, 우리는 더 연구할 가치가 충분히 있는 팀 코칭의 이론과 실천에 관한 질문을 추가로 제안하고, 차세대 팀 학자들이 몇 가지 중요한 질문과 팀 연습의 새로운 추세를 해결하도록 격려하고자 한다.

첫째, 기본 설계 조건이 잘 확립되지 않은 팀(즉, 목적이 불명확하고, 구성에 결함이 있을 수 있는 단지 이름만 있는 팀이다)을 어떻게 효과적으로 코칭할 수 있는가? 지금까지 살펴본 바와 같이 제대로 설계되지 않은 팀은 주요 작업 프로세스에 어려움을 겪는다. 이론적으로 이는 팀을 완전히 재편성할 수 있는 권한이 없는(실제로 건설적인 옵션) 코치의 노력이 결실을 맺지 못한다는 것을 의미한다.

팀을 재구성할 기회가 열려 있지 않으면, 제대로 설계되지 않은 팀은 팀 코치에게 실패를 안겨줄 수 있다. 동시에 많은 자체 설계와 자치 그룹은 중요한 목적을 달성할 수 있는 큰 잠재력이 있으며, 많은 사람이 그렇게 하고 싶은 열망을 가지고 있다. 그들이 필요로 하는 긍정적인 작업 프로세스를 정확히 끌어낼 수 있도록 팀을 재설계하려는 강력한 목적을 가진 한정되고 재능 있는 사람들의 그룹인 임시 고품질 설계 조건을 설정하는 것이 가능한지 궁금하다. 이는 그들이 더 나은 것을 위해 설계하는 데 필요한 긍정적 작업 프로세스를 정확하게 끌어낼 수 있을 것이다. 자체 설계 팀은 일반적으로 잘 이해되지 않지만 점점 더 보편화되고 있으며(Wageman & Fisher, 2014), 우리는 그들의 독특한 도전과 가능성에 대한 이론과 발견의 개발이 필요하다고 본다.

둘째, 조직과 팀의 본질을 변화시키는 중요한 추세가 있다(Bersin, 2016, 2017). 그들은 팀을 효과적으로 코칭할 수 있는 방법에 관해 잠재적으로 중요하면서도 아직 연구되지 않은 함의를 가지고 있다. 예를 들어, 조직의 변화와 적응 속도가 증가함에 따라 어떻게 짧은 시간 안에 팀에 효과적인 코칭(예: 몇 주)을 제공할 수 있는가? 환경의 안정성이 떨어지고 복잡해짐에 따라 팀이 당면한 학습 민첩성 대 전문성 요구 사항(Burke & Hoff, 2017)은 팀 효과성에 점점 더 큰 부담이 되고 있다. 더 나은 성과로 가는 방법을 배우고, 실험하고, 혁신하여 효과성을 높여야 하는 팀을 지원하기 위한 팀 코칭의 역할은 무엇인가?

셋째, 조직이 팀 중심 설계와 팀 접근 방식으로 이동함에 따라(Bersin, 2016, 2017; Hawkins, 2017; McChrystal, 2015), 여러 팀, 중요한 임무 팀의 하위 집합을 코칭하고, 기업 전체에 팀 효율성 프레임워크를 내장하고, 고객, 파트너와 기타 이해관계자로 구성된 '팀'을 포함하여 조직의 전체 에코시스템을 코칭하는 것이 협업의 효율성에 기여하는가? 이러한 경향은 작업을 수행할 수 있는 팀 코치 또는 교차 기능 개입 팀(즉, 코치, 학습 및 개발 전문가, 비즈니스 리더 및 기타 주요 이해관계자로 구성된 팀)을 중심으로 중요한 질문 영역을 제기한다.

넷째, 조직이 점점 더 수평적으로 되고 팀 중심적이 되면서, 리더십 팀은 어떻게 변화할 것인가? 10년 전만 해도 개인의 영웅적 리더십 시대가 끝나고 집단 리더십의 여명을 알리는 것이 논란이 됐다(Hawkins, 2017; Petrie, 2015; Wagman et al., 2008).

고위 임원들이 팀 중심적으로 변모하고 있으며, 만약 그렇다면, 그 증거들이 그들이 리더 팀들보다 뛰어나다는 것을 암시하고 있는가? 오늘날 우리가 경험하는 바와 같이 전통적인 최고 리더십 팀을 변화시키거나 대체하는 새로운 형태의 자치와 자체 관리 구조가 등장할 것인가? (이 영역에서 한계를 뛰어넘기 시작한 조직과 모델의 예는 LaLoux, 2014 및 Robertson, 2015를 참조) 이러한 새로운 유형의 리더십 팀을 코칭하는 것은 이 장에 설명된 대로 다른 자치 팀, 자체 설계 또는 자체 관리 팀과 다를 수 있을까?

다섯째, 팀 문화가 성숙해지고 팀 효과성 프레임워크가 기업 전체에 내장됨에 따라 팀 코칭이 어떻게 팀 내에서 자체 관리와 리더십의 자연스러운 구성요소로 점차 내재화할 수 있을까? 다른 사람들(Clutterbuck, 2007)은 셀프 코칭 팀의 개념에 관해 썼다. 팀 코칭이 내부/외부 팀 코치와 팀 리더에 의해 수행되는 경향이 있는 현재 상태에서, 셀프 팀 코칭에 대한 팀의 준비 상태를 어떻게 평가할 수 있을까?

여섯째, 업무 공간과 업무가 점점 디지털화함에 따라 팀 코치와 팀 코칭 프로세스를 활성화하거나 비활성화하는 데 있어 기술(예: 증강 현실, 디지털 비서, 로봇, 챗봇, 팀 협업 소프트웨어, 팀 성과 관련 실시간 데이터 등)이 어떤 역할을 할 것인가? 현재 인텔리전트 소프트웨어(www.saberr.com 참조)는 '인간 팀 코치' 없이도 팀들이 성과를 예측하고 관계를 이해하며 지속적인 팀 코칭을 제공할 수 있도록 이미 제공되고 있다.

이러한 추세는 팀 코칭 연구자들이 다양하고 진화하는 형태로 팀 코칭에 대한 이해를 높일 수 있는 풍부한 기반을 제공하는 흥미로운 동향 일부에 불과하다. 팀 코칭에 관한 연구가 프랙티스에 뒤처지고 격차가 더 벌어질 가능성이 큰데도 현재 연구가 진행 중이라는 점에 유의해야 한다.

이 분야의 많은 연구자(머피Murphy, 세이어Sayer, 피터Peters 와 카Carr 등과 같은 이 책의 기고 저자 포함)가 팀 코칭 프로세스와 성과, 조직 학습, 혁신 등을 포함한 다양한 결과에 대한 연구를 수행하고 있다. 이는 팀 코칭에 관한 연구 기반을 강화하고 이론-연구-프랙티스 격차에 대응하기 시작하는 데 도움이 될 반가운 추세이다.

끝으로, 조직에서 팀 조직이 증가하는 방향으로의 전환이 30년 이상 진행되어 왔지만 최근 몇 년 동안의 가속화는 특히 두드러졌으며 가까운 미래에도 계속될 것이다. 우리는 이 장이 팀 코칭 연구자와 프랙티셔너 모두에게 이론과 연구의 견고한 기초를 제공하여 향후의 노력이 조직에서 팀 코칭이 성장하는 직업으로써 영향력을 구축하고 확장할 수 있기를 바란다.

참고문헌

Bass, B. M. (1957). Undiscriminated operant acquiescence. *Educational and Psychological Measurement, 17*(1), 83–85.
Beekun, R. I. (1989). Assessing the effectiveness of sociotechnical interventions: Antidote or fad? *Human Relations, 42*(10), 877–897.
Bersin, J. (2016). *Global human capital trends 2016: The new organization-Different by design*. Deloitte Development LLC and Deloitte University Press. Available at: www2.deloitte.com/content/dam/Deloitte/global/Documents/
Bersin, J. (2017). *HR technology disruptions for 2018: Productivity, design, and intelligence reign*. Deloitte Development LLC and Deloitte University Press. Available at marketing.bersin.com/rs/976-LMP-699/images/HRTechDisruptions2018
Clutterbuck, D. (2007). *Coaching the team at work*. London: Nicholas Brealey.
Cohen, S. G., Ledford, G. E., Jr., & Spreitzer, G. M. (1996). A predictive model of self-managing work team effectiveness. *Human Relations, 49*, 643–676.
Cohen, S. G., & Spreitzer, G. (1994). Employee involvement: The impact of selfmanaging work teams on productivity customer satisfaction and employee quality of work life. Paper presented at Academy of Management, Dallas, TX.
Fiedler, F. E. (1958). *Leader attitudes and group effectiveness*. Urbana, IL: University of Illinois Press.
Fisher, C. M. (2010). Better lagged than never: The lagged effects of process interventions on group decisions. In L.A. Toombs (Ed.), *Best paper proceedings of the Seventieth Annual Meeting of the Academy of Management*. (CD), ISSN 1543-8643.
Hackman, J. R. (2002). *Leading teams: Setting the stage for great performances*. Boston: Harvard Business Press.
Hackman, J. R. (2011). *Collaborative intelligence: Using teams to solve hard problems*. San Francisco: Berrett-Koehler.
Hackman, J. R., & Wageman, R. (2005a). When and how team leaders matter. *Research in Organizational Behavior, 26*, 39–76.
Hackman, J. R., & Wageman, R. (2005b). Toward a theory of team coaching. *Academy of Management Review, 30*, 269–287.
Hawkins, P. (2017). *Leadership team coaching: Developing collective transformational leadership* (3rd ed.). London: Kogan Page.
Jackson, J. M. (1953). The effect of changing the leadership of small work groups. *Human Relations, 6*, 25–44.
Jehn, K. A., & Mannix, E. A. (2001). The dynamic nature of conflict: A longitudinal study of intragroup conflict and group performance. *The Academy of Management Journal, 44*(2), 238–251.
Katzenbach, J. R. (1997). The myth of the top management team. *Harvard Business Review, 75*, 82–92.
Kirkman, B. L., & Rosen, B. (1999). Beyond self-management: Antecedents and consequences of team empowerment. *Academy of Management Journal, 42*(1), 58–74.
LaLoux, F. (2014). *Reinventing organizations: A guide to creating organizations inspired by the next stage of human consciousness*. Nelson Parker.
Likert, R. (1958). Effective supervision: An adaptive and relative process 1. *Personnel Psychology, 11*(3), 317–332.
Lippitt, R. (1940). An experimental study of the effect of democratic and authoritarian group atmospheres. *University of

Iowa Studies: Child Welfare, 16, 43–95.

Komaki, J. L. (1986). Toward effective supervision: An operant analysis and comparison of managers at work. *Journal of Applied Psychology, 71*, 270–279.

Kozlowski, S. W. J., & Bell, B. S. (2008). Team learning, development, and adaptation [Electronic version]. In V. I. Sessa & M. London (Eds.), *Work group learning* (pp. 15–44). Mahwah, NJ: Lawrence Erlbaum Associates.

Mann, C., Hope, S., Paterson, I., Roberts, P., & Taylor, L. (2013). *Ridler Report 2013: Trends in the use of executive coaching*. London: Ridler & Co and EMCC UK.

Manz, C. C. (1986). Self-leadership: Toward an expanded theory of self- influence processes in organizations. *Academy of Management Review, 11*(3), 585–600.

Manz, C. C., & Sims, H. P. (1987). Leading workers to lead themselves: The external leadership of self-managing work teams. *Administrative Science Quarterly, 32*, 106–128.

McChrystal, G. S., Collins, T., Silverman, D., & Fussell, C. (2015). *Team of teams: New rules of engagement for a complex world*. Harmondsworth: Penguin.

Morgeson, F. P. (2005). The external leadership of self-managing teams: Intervening in the context of novel and disruptive events. *Journal of Applied Psychology, 90*(3), 497–508.

Peters, J., & Carr, C. (2013). *High performance team coaching: A comprehensive system for leaders and coaches*. Victoria, BC: FriesenPress.

Richard, F. D., Bond, C. F., & Stokes- Zoota, J. J. (2003). One hundred years of social psychology quantitatively described. *Review of General Psychology, 7*, 331–363.

Robertson, B. J. (2015). *Holacracy: The new management system for a rapidly changing world*. New York: Henry Holt and Company.

Schein, E. H. (1969). *Process consultation: Its role in organization development*. Reading, MA: Addison- Wesley.

Schein, E. H. (1999). *Process consultation revisited: Building the helping relationship*. Reading, MA: Addison- Wesley.

Schlesinger, L., Jackson, J., & Butman, J. (1960). Leader- member interaction in management committees. *The Journal of Abnormal and Social Psychology, 61*(3), 360–364.

Sherpa Coaching. (2013). *8th annual executive coaching survey*. Cincinnati, OH: Sherpa Coaching.

Wageman, R. (1995). Interdependence and group effectiveness. *Administrative Science Quarterly, 40*, 145–180.

Wageman, R. (2001). How leaders foster self- managing team effectiveness: Design choices versus hands-on coaching. *Organization Science, 12*(5), 559–577.

Wageman, R., & Fisher, C. (2016). Who's in charge here? How team authority structure shapes the leadership of teams. In D. Day (Ed.), *Oxford handbook of leadership and organizations* (pp. 455–481). Oxford: Oxford University Press.

Wageman, R., Fisher, C. M., & Hackman, J. R. (2009). Leading teams when the time is right: Finding the best moments to act. *Organization Dynamics, 38*, 192–203.

Wageman, R., & Gordon, F. M. (2005). As the twig is bent: How group values shape emergent task interdependence in groups. *Organization Science, 16*, 687–700.

Wageman, R., & Hackman, J. R. (2010). What makes teams of leaders leadable? In N. Nohria & R. Knurana (Eds.), *Handbook of leadership theory and practice* (pp. 475–506). Boston: Harvard Business School Press.

Wageman, R., Nunes, D., Burruss, J., & Hackman, J. (2008). *Senior leadership teams: What it takes to make them great*. Boston: Harvard Business School Press.

9장. 팀 코칭 정의
프랙티셔너practitioner 관점

저자: 폴 로렌스Paul Lawrence
역자: 최미숙

코칭은 두 명이 진행하는 접근 방식(Grant et al., 2010; Peterson & Little, 2005) 정도로 일부 정의되곤 하였으나, 팀 코칭은 이제 세계 여러 나라에서 코칭의 한 형태로 인정받고 있다(Henley Business School, 2010; Sherpa Coaching, 2012, 2013). 그렇지만 팀 코칭에 대한 다양한 정의가 존재하고(Clutterbuck, 2013b; Peters & Carr, 2013), 그룹 코칭, 퍼실리테이션, 프로세스 컨설팅, 훈련 등의 분야와 구별할 수 있는 세계적으로 합의된 보편적 방법은 없는 실정이다(e.g. Carter & Hawkins, 2013). 이 장에서 우리는 최신 연구 결과를 검토하여 현재 코칭 현장에서 활약 중인 경험 많은 팀 코치가 어떤 코칭 모델, 도구와 접근 방식을 사용하는지 탐구하고자 한다. 연구 결과에 따르면 팀 코칭은 (1) 핵심 과업 합의 촉진 능력 (2) 팀 역동을 다루는 능력 (3) 시스템적 관점 적용 그리고 (4) 장기적으로 지속 가능한 성과 개선에의 집중 등의 네 가지 실천 영역으로 유의미하게 정의할 수 있다.

폴 로렌스 Paul Lawrence: BPplc에서 오랜 경력을 쌓았으며 영국, 스페인, 포르투갈, 호주, 일본에서 팀과 비즈니스를 이끌었다. 2007년부터 시드니에서 코치 겸 컨설턴트로 활약해왔다. 호주 울런공Wollongong 대학교의 시드니 경영대학원에서 코칭을 가르치고 있다.

문헌 연구

2013년 메타 리뷰에서 피터스^{Peters}와 카^{Carr}는 네 가지 모델을 '주요 팀 코칭 모델'로 뽑았다. 이 네 가지 모델 가운데 해크먼^{Hackman}, 웨이먼^{Waegman}(2005), 클러터벅^{Clutterbuck}(2007)의 모델을 유지하고 호킨스^{Hawkins}(2011)의 인용을 업데이트하였다. 마이클 모럴$^{Michael\ Moral}$의 모델은 크리스틴 손튼$^{Christine\ Thornton}$(2010, 2016)의 '팀과 그룹 연구 모델'로 대체되었다. 모럴의 모델은 문헌 연구를 통틀어 인용된 바가 거의 없는 반면, 손튼의 연구는 정신역동과 그룹 시스템 이론에 큰 영향을 받아 다른 연구와 확연하게 구분이 되었다. 우리는 해크먼과 웨이먼(2005), 클러터벅(2007), 호킨스(2011, 2014) 그리고 손튼(2010, 2016)의 연구 결과를 비교, 대조하여 세 가지 주요 비교 요인을 찾았다.

1. **과업**^{Task}. 해크먼과 웨이먼(2005)은 웨이먼, 누네스^{Nunes}, 브루스^{Burruss}, 해크먼(2008) 등이 더욱 발전시킨 팀 코칭에 대한 접근 방식을 설명한다. 그들은 코치들에게 대인관계는 다루지 말라고 분명히 조언할 정도로 과업에 초점을 맞춘다. 또 성과가 관계의 질을 가져오는 것이지 그 반대는 아니라고 주장한다. 그들은 대인관계에 집중하는 것이 매력적이고 즐거울 수 있지만, 성과 향상으로 이어질 가능성은 크지 않다고 주장한다. 이러한 관점은 프로세스 컨설팅에 대한 쉐인^{Schein}(1999)의 주장과 맥을 같이 하는데, 쉐인은 경계 관리, 과업, 대인관계의 세 가지 프로세스를 관찰해야 한다고 하였다. 이 세 가지 유형의 프로세스 가운데, 쉐인은 컨설턴트의 주요 관심사가 과업이어야 하며, 대인관계는 팀이 더 효과적으로 작업하는 데 도움이 될 때에만 유의미하다고 하였다.

2. **관계**^{Relationships}. 해크먼과 웨이먼(2005)은 과업의 중요성을 강조하지만, 팀 코치가 팀 코칭 과업 수행 중의 일정 시점에서는 업무 관계에 주의를 기울일 것을 권장한다. 해크먼과 웨이먼은 팀은 코칭의 처음, 중간, 그리고 종료 시점에 가장 참여 정도가 높다는 게르식^{Gersick}(1988, 1989)의 '단속 평형 이론$^{punctuated\ equilibrium\ theory}$'을 언급한다. 해크먼과 웨이먼(2005)은 팀의 운영 방식에 대해 신속한 결정을 해야 하는 첫 미팅에서는 동기부여 코칭이 가장 적절하다고 제안한다. 코칭의 중간 지점에 도달하면 팀은 일을 잠시 멈추고 업무 방식을 검토하며, 운영 방식에 변화를 줄지를 결정하게 된다. 이 단계에서 해크먼과 웨이먼은 더 협의적 코칭 방식을 제안한다. 마지막 단계에서 팀은 외부 이해관계자의 요구와 팀원들의 상호 협력 방식에 대해 좀 더 집중하게 되는데, 이 단계에서는 교육적인

코칭 방식이 더 효과적이라고 하였다.

게르식의 연구는 터크만^Tuckman(1965)과 터크만과 젠슨^Jensen(1977)만큼 잘 알려져 있지 않다. 형성기, 격동기, 규범기, 성과기(그리고 해산기)의 팀 발달 모델은 팀이 운영 방식 측면에서 예측 가능한 단계를 통해 발전한다는 입장이다. 게르식의 연구를 지지하면서, 해크먼과 웨이먼(2005)은 팀 발달 단계 모델의 타당성에 의문을 제기한다. 클러터벅(2007)은 팀 역동 발전 방식이 맥락에 따르고, 복잡하기 때문에 모든 팀의 발전 방식을 반영할 수 있는 보편적 모델은 존재하지 않는다고 주장하였다. 따라서 터크만의 연구는 어떤 상황에서는 유용하고, 게르식의 연구 결과는 프로젝트 팀의 기능에 한해 적용될 수 있을 것이다.

많은 학자는 팀 코치가 팀원 사이의 대인관계에 관심을 가져야 한다고 믿는다. 슬로보드니크^Slodnik와 윌레^Wile(1999)는 팀의 행동을 변화시킬 수 있는 유일한 방법은 팀의 사회 시스템을 파악하고 수정하는 것이라고 주장한다. 케츠 드 브리스^Kets de Vries(2005, p.72)는 팀 코치들이 '주요 팀원의 일상생활의 표면 아래에서 실제로 일어나는 심리와 대인관계'에 집중할 것을 제안한다. 그룹 역동에 대한 손튼(2010, 2016)의 접근 방식은 매우 관계 지향적이며 마틴^Martin(2006)은 해크먼과 웨이먼(2005)의 모델에 관계 요인이 포함되도록 수정해야 한다고 주장한다. 클러터벅(2007)은 코칭 개입의 목적은 과업에 초점을 맞춰야 하며 팀 코치는 대인관계를 어디까지 관리할 것인가 명확히 해야 한다고 주장한다.

3. **시스템적**^Systemic. 손튼(2010, 2016)의 팀 코칭 방식은 관계적이면서도 시스템적이다. 클러터벅과 마찬가지로 손튼은 코치가 팀 목표 달성을 지원하되, 코치의 관계적 역할은 관계가 의미 있고 연관성이 있을 때만 허용한다. 손튼은 시스템적 접근을 통해 팀의 기능이 광의의 시스템 기능 내에 있다고 말하며 "고객 팀이 운영되는 시스템을 무시하는 것은 위험하다…"(Thornton, 2010, p.90)라고 주장한다. 클러터벅(2007)은 효과적인 팀 코치는 특정 이슈에 영향을 미칠 수 있는 모든 사람을 분석하고 이슈의 다양한 요소들을 배치하는 '시스템적 사고'를 해야 한다고 주장한다. 호킨스(2011)는 클러터벅이 팀 밖의 관계에 충분히 집중하지 않는다고 주장한다. 호킨스는 많은 팀 코치가 너무 많은 시간을 팀 내 관계를 바라보는 데 할애한다고 주장한다. 호킨스의 다섯 가지 규율^discipline 모델에서는 내부 관계와 과업을 외부 관계와 과업으로 명확히 구분한다([그림 9.1]).

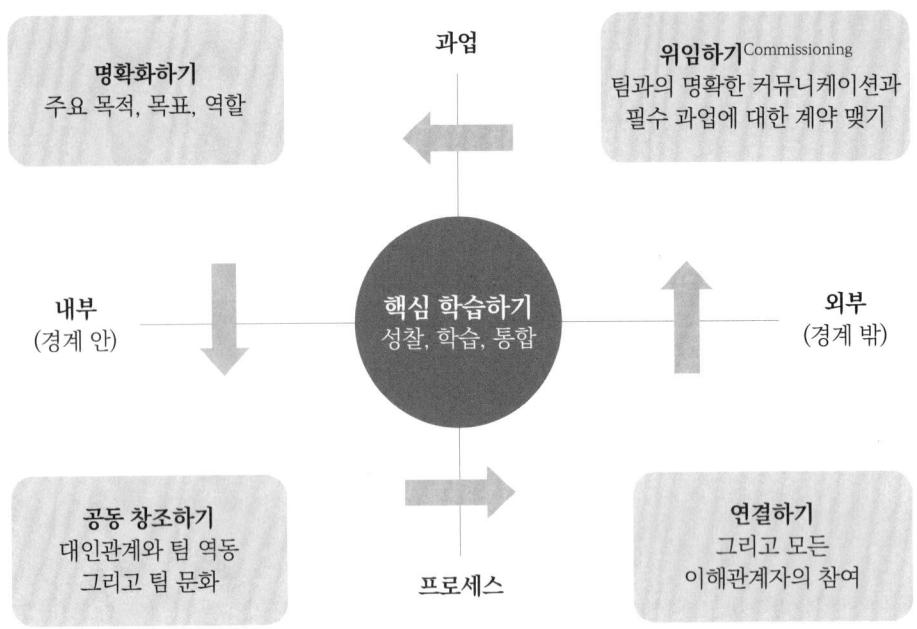

[그림 9.1] 고성과 팀의 다섯 가지 규율

출처: 호킨스Hawkins(2014)

호킨스의 다섯 가지 규율은 과업, 프로세스, 그리고 팀 내부와 외부 작업에 균등한 관심을 기울이는 것을 말한다. 호킨스에 따르면 효과적인 팀은 다음 다섯 가지가 필요하다.

1. 명확한 목적과 성공 기준(과업/외부적 초점)이 포함된 명확한 지시
2. 목적, 목표, 가치 및 작업 방식(과업/내부 집중)이 포함된 자체적 미션 개발
3. 함께 업무를 수행하는 방식에 대한 주의 집중과 지속적 검토, 그리고 공동 작업(프로세스/내부 집중)
4. 외부 이해관계자와 효과적 협력 구축(프로세스/외부 집중)
5. 팀 성과와 프로세스에 대한 객관적 고찰과 성찰, 그리고 집단적/개별적 지속적 학습

팀 코칭 철학은 학자들이 제시하는 다양한 정의에 반영되며, 이 기준을 통해 팀 코칭을 다른 분야와 구별할 수 있다. 팀 코칭을 훈련과 팀 빌딩(Lawrence & Whyte, 2017)과 구별하기는 상대적으로 쉽지만, 퍼실리테이션이나 프로세스 컨설팅과 구별하기는 쉽지 않다. 클러터벅

(2008)은 팀 퍼실리테이션이 좀 더 구조적인 반면 팀 코칭은 좀 더 교육적이라는 데에 기준을 두어 구분한다. 호킨스(2011)는 퍼실리테이터가 팀 프로세스를 책임지는데 반해 팀 코치는 팀 스스로 자체 프로세스를 관리하도록 한다고 주장한다. 이러한 구분이 보편적으로 받아들여지는 것은 아니다. 예를 들어, 스튜어트Stewart(2006)는 변화 촉진자의 주요 역할이 그룹의 프로세스를 개선하고 퍼실리테이터의 도움 없이 자체 프로세스를 관리하는 방법을 배우는 것이라고 제안한다. 호킨스(2011)는 프로세스 컨설턴트가 관계와 팀 역동에 초점을 두는 한편 접근 방식은 더 문제 중심적인 경향이 있다고 말한다. 해크먼과 웨이먼(2005)은 프로세스 컨설팅을 팀 코칭의 한 유형으로 명확히 구분하지 않는다.

조사 연구

이 장에서는 36명의 팀 코치를 대상으로 한 인터뷰 결과를 보고한다. 인터뷰에 참가한 대부분 코치는 호주에서 활동 중이다(Lawrence & Whyte, 2017). 연구 당시 인터뷰 대상자 36명은 평균 13년간의 팀 코칭 경험이 있었으며, 팀 코칭에 25%의 시간을 사용한다. 그 이외의 시간에는 개인 코칭, 퍼실리테이션, 컨설팅 그리고 기타 활동에 활약 중이다. 연구진은 양적 연구 접근법과 근거 기반 접근법을 결합한 혼합 방법론으로 접근했다(Lawrence & Whyte, 2017). 참가자들은 어느 이론과 모델이 자신의 실천practice에 도움이 되었는지, 팀 코칭에 대한 그들의 접근 방식을 설명하고, 성공과 실패 사례를 통해 코칭 접근 방식을 생생하게 표현하였다.

이론과 접근 방식에 대해 설명할 때, 응답자들은 정신역동, 게슈탈트, 휴머니스트, 내러티브, 인지행동 접근법 등 개인 코칭을 통해 학습한 모델에 관해 주로 이야기했다. 그들의 사례에서 '과정' 또는 작업 방식에서 다섯 가지의 광범위한 범주가 드러났다.

1. **과업**task. 대부분 코치는 팀이 집단적 목적과 목표에 맞게 일하도록 도와야 하고 그러한 맥락에서 역할과 결과물을 명확히 해야 한다고 말했다. 예를 들어, 한 코치는 "나는 제3의 지평인 전략을 토대로 시작하기를 원한다. 그렇게 해야 우리는 필수적인 팀 효과성을 고려할 수 있다."라고 말했다.
2. **관계**relationships. 팀 구성원 사이의 관계에 관심을 기울이고 관리한다. 예를 들어, "우리는 낮은 신뢰 관계와 긴장 상태, 그리고 공동의 목적 없이 시작했다. 처음 12개월 동안은 안

전감과 상호 이해도를 높이는데, 이는 팀 분위기를 익히고, 대화 내용을 이해하며, 서로의 성향을 파악하고 이를 체화하는 것이 주된 일이었다."

3. **대화**dialogic. 여기에서 대화형 접근법은 듣기와 의견 표현의 품질(Isacs, 1999)을 강조한다. 코치의 역할은 팀원들이 판단을 자제하고 자신의 목소리를 조절할 수 있는 공간을 만드는 것이다. 한 코치는 팀에 대화 원칙을 소개하던 상황을 소개했다. "20분 뒤 그 사람은 '알았다!'라고 소리쳤다. 그는 남의 말을 듣고 배움을 얻을 수 있다는 사실에 놀라워했다. 코칭은 강의실에 있는 모든 사람에게 관심을 기울이도록 명확히 허가하는 것이다."

4. **발전적**developmental. 시간이 흐름에 따라 팀 내 사람들의 관계가 어떻게 발전하는지 살피는 것이다. 세 명의 코치가 터크만(1965, 1977) 연구에 관해 구체적으로 언급했다.

> 두 팀이 하나로 합쳐졌고 새로운 교수진을 이끌기 위한 새로운 팀을 구성해야 하는 상황이었다. 나는 새 팀이 팀 형성 과정, 즉 그들이 어떻게 느끼고, 어떻게 되기를 원하는지 그리고 그들의 행동에 집중하도록 했다. 그들은 순조롭게 잘해냈다. '팀 형성' 뒤, 2년 동안 분기별로 팀 상황을 체크했다.

5. **시스템적**systemic. 팀 밖에서 일어나는 일과 팀 내부에서 일어나는 일 사이의 연관성에 끊임없이 주의를 기울인다. 예를 들어, "많은 코치가 시스템의 다른 부분과의 (팀 내에서 일어나는) 상호 연관성을 이해하지 못하며, 팀 스스로 시스템 내 하나의 시스템으로 인식하는 것이 얼마나 중요한지 알지 못한다."

이러한 다섯 가지 실천 영역은 [그림 9.2]와 같이 분류할 수 있다. 이 스키마schema에서 대화형 접근 방식이 기본적으로 사람 사이의 상호작용과 연관되고, 개발형 접근 방식은 주로 팀 역동의 진화와 관련이 있다는 점에서 대화형 접근 방식과 개발형 접근 방식 모두 기본적으로 관계형 접근 방식의 틀을 형성한다.

[그림 9.2] 실천practice 영역

호킨스(2014)의 모델은 인터뷰에 참여했던 코치들이 정의한 영역인 과업, 관계 그리고 시스템의 세 가지 영역을 거의 완벽하게 반영한다([그림 9.3]). 호킨스의 다섯 번째 규율인 핵심 학습만이 구체적으로 나타나지 않는다. 클러터벅(2013a, p.271) 또한 학습을 강조한다. 클러터벅은 팀 코칭을 "그룹 또는 팀의 집단적 능력과 성과를 향상하기 위해 설계된 학습 방식"이라고 정의했다.

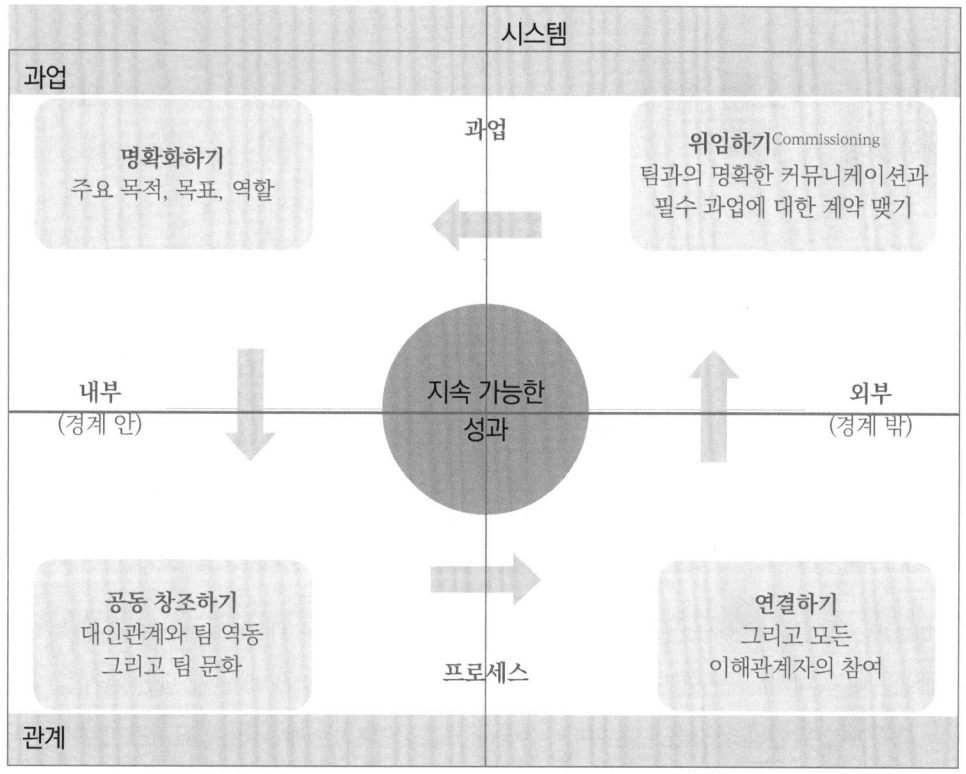

[그림 9.3] 다섯 가지 규율과 세 가지 영역

핵심 학습을 규율discipline로 부르는 것은 팀 코칭이 장기적이고 지속 가능한 성과를 높이기 위한 것임을 의미한다. 이 연구의 참가자들은 팀 코칭을 장기적이고 지속 가능한 성과 개선의 관점에서 명시적으로 정의하지는 않았지만, 팀 코칭이 12개월 이상 팀과 함께 작업했을 때 가장 큰 효과가 있다는 데 시사점이 있다. 모두가 동의한 것은 아니지만 오직 소수만이 단 한 번의 세션 또는 짧은 기간의 작업만으로도 만족한다고 말했다.

토론

문헌연구와 현장 코치들을 통해 우리는 특별히 내부 과업에 집중하는 몇 가지 팀 코칭 모델을 찾을 수 있었다. 어떤 코치들은 업무와 관계 모두에 초점을 맞추고, 어떤 코치들은 시스템적 관점에서 과업과 관계에 집중한다. 본 연구에서는 대부분 인터뷰 대상자가 코치와 팀 사이의 지속적인 관계 측면에서 팀 코칭을 정의했으며, 오직 소수만이 한두 번의 팀 코칭 개입을 팀 코칭으로 정의 내렸다.

이러한 네 가지 요소를 기준으로 팀 코칭을 정의함으로써 다음 작업을 수행할 수 있는 근거를 제공한다.

1. 팀 코칭은 훈련, 팀 빌딩, 그룹 코칭뿐만 아니라 퍼실리테이션 및 프로세스 컨설팅과 같은 개입 방식과도 차별화된다.
2. 팀 코치가 갖춰야 하는 스킬, 역량과 능력 그리고 코치의 경력개발 속성을 정의한다.

팀 코칭과 다른 방식과의 차별화

팀 코칭과 훈련을 구분하는 것은 비교적 간단하다. 기업 훈련은 대개 개인의 스킬과 역량을 향상하는 데 목적이 있는 반면, 대부분 현장 코치들에게 팀 코칭은 팀원이 집단 과제를 달성하는 과정에서 팀원의 학습을 지원한다. 훈련은 교훈적이지만, 팀 코칭은 참가자가 자신만의 통찰력과 해결책을 만들 수 있는 공간 구축을 수반한다. 이 연구의 한 인터뷰 참가자가 말했듯이, "공간을 통제하지 않고, 어떤 대화도 지배하지 않는 것이 중요하다. 팀 코칭은 훈련과 다른 형태의 강제 학습과 비교할 때, 듣기와 관찰 내용의 공유를 의미한다."

트레이너가 온전히 팀과 협력하고, 공동 학습 촉진을 위한 프로세스를 활용하며, 팀이 팀 구성원 사이의 관계를 성찰하도록 하여, 지속 가능한 성과를 높이기 위한 목적으로 시스템적 접근을 한다면 해당 트레이너를 '팀 코치'라고 부를 수 있다. 그렇지만 일반적으로 훈련과 팀 빌딩은 팀 역동이나 프로세스와 관련이 없고 팀 과업과도 분리되는 일회성 이벤트인 경향이 있다.

클러터벅(2008)은 팀 빌딩 워크숍이 흔히 관계에 초점을 맞추지만 팀의 집단 과제에 직접적 관련은 없다고 주장한다. 우리는 같은 기준으로 팀 코칭과 그룹 코칭을 구별할 수 있다. 카켄바흐Katzenbach와 스미스Smith(1993)의 정의에 의하면, 팀 코칭과 그룹 코칭 사이에는 분명한 이론적 차이가 있다. 그룹 코칭에서 우리의 목표는 프로세스를 촉진하여 개개인이 각자의 목표를 달성하도록 하는 것이다. 그룹 코치가 그룹 구성원 사이의 관계에 신경을 쓰고, 참가자들이 그룹 외부와 내부 상황에 관심을 갖는 것이 유의미해 보이지만, 그룹 코칭의 정의 상 그룹 코치는 비즈니스와 관련된 집단 목적과 목표에 직접적으로 관여하지 않는다. 이러한 이론적 구분이 실무에서 항상 효과적이지 않을 수 있다. 이러한 이유로 일부 학자들은 팀과 그룹 간 유의미한 구분은 없다고 주장할 수도 있다(Hackman, 2002). 내가 개별 목표에 집중된 그룹 코칭을 했을 때, 공통 목표를 달성하기 위해 그룹 내 대화를 촉진한 적이 있다. 예를 들어, 마케팅부의 리더들은 수개월 간 관계 구축 후에 기능 전반의 협업 강화라는 공통 의제에 합의할 수 있었다. 따라서 특정 상황에서는 '팀 코치'의 추가 스킬 발휘를 위해 효과적인 '그룹 코치'가 필요한 경우가 있을 수 있다.

이 장의 앞부분에서 언급했듯이 퍼실리테이션과 프로세스 컨설팅으로부터 팀 코칭을 구별하는 것은 그렇게 명확하지 않다. 구조와 교육 내용을 토대로 팀 코칭과 퍼실리테이션을 구별하는 것은 이 연구 인터뷰 참가자들의 견해를 반영하지 않는다. 일부 팀 코치는 상당히 시스템적 접근 방식을 취한다. "나는 필수 과업에 대해 논의한 다음 동료 코칭peer coaching 방식을 선택할지 논의한다. GROW 대화법을 가르치고 시간 활용 방법을 합의한다." 어떤 코치들은 프로세스와 관계없이 일을 하고, 어떤 코치들은 구조적인 관점에서 팀 코칭을 명확히 정의하지 않는다. "대화가 전혀 기대한 방향으로 진행되지 않아도, 나는 사전에 모든 것을 계획하곤 했다. 그래야 안심이 됐다. 그렇지만 이제는 가능한 옵션을 준비하고, 시작을 어떻게 할지 준비되면 시작한다."

구조는 팀 코칭과 퍼실리테이션 사이에서 큰 차별 요소로 보이지는 않는다. 교육 또한 그렇지 않다. 일부 코치는 "교육은 리더와 팀에 팀과 함께 사용할 인지적 프레임워크를 제공하는 것이다. 팀 역동에 대한 이해는 일반적으로 미흡하다."라며 그들의 교육적 접근법에 대해 말한다. 다른 코치들은 "나는 정해진 커리큘럼이나 프로그램을 가지고 다니지 않는다. 코칭은 매우 유기적이고 자연적으로 자유롭게 형성된다."라고 말하며, 순간에 어떻게 그들이 작업하는지 언급한다.

이 연구의 참가자들은 호킨스의 구분 방식을 더 지지했다. 스튜어트(2006)는 변화 퍼실리테이터의 주요 역할은 그룹이 프로세스를 개선하는 일을 돕는 것이라고 제안했으나, 우리 조사에 참여했던 많은 코치는 퍼실리테이터가 팀 코치로 전환하는 과정에서 그룹 역동 관계를 운영하는 역량을 설명하고자 했다. 그렇지만 그룹 퍼실리테이션은 팀 코치가 되는 데 필요한 유용한 경험으로 여겨졌다.

[표 9.1] 팀 코칭 비교

	집중 영역			
	과업	관계	시스템	지속 가능 성과
팀 코칭	해당	해당	해당	해당
훈련	해당 없음	때로	보통은 아님	해당 없음
팀 빌딩	때로	어느 정도	보통은 아님	보통은 아님
그룹 코칭	해당 없음	때로	때로	해당 없음
퍼실리테이션	해당	때로	보통은 아님	보통은 아님
프로세스 컨설팅	해당	필요 시	때로	때로

팀 코칭은 다르다. 전략, 조직, 다양한 개인 특성, 역동 관계를 다각도로 다룰 필요가 있다. 앉아서 관찰하고 알아차릴 수 있어야 한다. 그룹 퍼실리테이션을 해보지 않았다면 더 많은 어려움을 겪게 될 것이다. 나는 그룹 퍼실리테이션을 많이 해보았는데도 여전히 어려움을 느끼고 복잡한 속성 때문에 불안하다.

그룹 역동을 기준으로 팀 코칭을 정의하면 다양한 형태의 퍼실리테이션과 차별화할 수 있다. 그것이 프로세스 컨설팅과 구별하는 데 도움이 되지는 않는다. 또 팀 코칭이 반드시 문제에 초점 두는 것을 배제해야 한다고 주장하는 학자는 우리 가운데 없다(Hawkins, 2011). 개별적 실행 측면에서 볼 때 팀 코칭을 다른 개입과 구별하기보다는, 팀 코칭을 네 가지 측면, 즉 과업, 관계, 시스템과 지속 가능한 성과에 대한 명확한 초점을 둔 실행 방식으로 자리매김하는 것이 더 유용할 수 있다([표 9.1]).

이러한 다양한 방법들 사이에서 명확하게 구분하려고 노력하는데도 현장 프랙티셔너들 사이에 보편적인 합의로 이어지지는 않는다. 그렇지만 연구 결과에 따르면 그러한 정의가 많은 팀 코치에게 반향을 일으킬 것으로 본다. 공통의 정의에 따라 합의함으로써 (1) 우리 일을 다른 사람에게 일관되게 설명할 수 있고 (2) 프랙티셔너들을 위한 발전 경로를 정의할 수 있다는 점에서 유용하다.

역량과 기능 정의

과업, 관계, 시스템적 관점에서 팀 코칭을 정의하게 되면 팀 코치 개발에 분명한 영향을 미친다. 첫째, 우리는 퍼실리테이션, 그룹 코칭 등에서 쌓은 경험이 더 나은 팀 코치가 되기 위해 얼마나 중요한 역할을 할 수 있을지 명확히 알 수 있다. 클러터벅(2008, p.220)은 '퍼실리테이션 또는 팀 빌딩'의 경험과 주로 개인 코칭에 기반을 둔 팀 코치의 자격을 무시하는 것처럼 보인다. 그렇지만 그러한 관점은 경험을 과소평가하는 것일 수 있다. 만약 과업과 팀 역동 모두에 초점이 맞추어진 퍼실리테이션이라면 그 경험은 코치 지망생에게 매우 유익하다. 마찬가지로, 프로세스 컨설팅 경험 또한 매우 가치 있다. 연구에 참여한 36명의 코치 가운데 여섯 명 만이 특별히 팀/그룹 코칭에서 훈련을 받았다고 답했다. 그들은 오히려 개인 코칭 위주의 프로그램 또는 치료적 맥락에서 그룹 퍼실리테이터로 훈련을 받은 것이었다. 대부분은 개인 코칭과 그룹과의 작업을 통해 얻은 경험을 통해 팀 코칭으로 전환한 경우라고 답했다.

코치 지망생들의 개발을 좀 더 전체적으로 살펴보면, 바흐키로바Bachkirova와 로튼 스미스Lawton Smith(2015)는 스킬 습득 측면에서만 개발을 고려해서는 안 된다고 경고한다. 역량 프레임워크에는 스킬뿐만 아니라 지식, 지속적인 개발에 대한 헌신, 자기 인식/자기 성찰 등이 포함된다. 왕Wang(2013)은 효과적인 코칭이란 '다른 존재 방식different way of being'이라 말하며 그래서 효과적인 코치의 행동, 말, 신뢰 사이에 일관성이 있으며, 이 연구에 참여한 코치들은 예측할 수 없고 복잡하며 때로는 불안정한 환경에서 작업해야 하는 상황에서도 확고하며 자신감이 있어야 한다고 주장한다. 스킬 외에도 코치 지망생은 다음 사항을 고려해야 한다.

1. **지식**knowledge. 지식에 대한 신념은 코치 지망생이 개인 코칭이나 다른 팀/그룹 개입과는 관련이 없을 것 같은 새로운 이론 체계를 학습할 필요성을 깨닫는 데 도움이 된다. 예를 들어, 대화 이론, 팀 역동, 팀 개발 및 시스템/복잡성에 대해 친숙해지는 것이다.
2. **지속적인 개발에 대한 헌신**commitment to ongoing development. 우리가 만난 코치들은 평균 13년의 경력이 있었지만, 많은 코치는 팀 코칭을 해도 수월해지지 않는다고 말했다. 시간이 지날수록 개인 코칭에 대한 자신감은 점차 높아졌지만 팀 코칭은 할 때마다 새로운 도전에 직면하여 새로운 코칭을 시작할 때 한 번도 편안함을 느끼지 못했다고 어려움을 토로하며 개인 코칭과 비교하기도 한다. 효과적인 팀 코치라면 팀 코칭을 배우는 길이 절대 끝나지 않는 여정이며 모호함에 익숙해져야 하고 지속적인 학습과 발전의 길에 전념해야

하는 것에 편안함을 느껴야 한다.
3. **자기 성찰**self-reflection. 시스템적 관점에서 코칭에 접근하는 코치는 스스로 코칭하는 시스템의 일부가 돼야 함을 이해한다. 이를 위해서는 코치가 시스템 내에서 본인이 주는 영향을 이해할 수 있어야 하며, 그래서 높은 수준의 자기 인식이 필요하다. 자기 인식이 강해지는 것은 성찰력이 강해지는 것이고, 팀 코치는 성찰 방법으로써 수퍼비전의 가치를 알고 정기적으로 적합한 수퍼바이저의 조력을 받을 가능성이 크다.

결론

요약하면, 현재 팀 코칭, 팀 퍼실리테이션 그리고 프로세스 컨설팅을 분명하게 구분하는 보편적 글로벌 기준은 없다. 구조, 교육 또는 긍정적 심리와 같은 요소에 기반하여 구별하려는 시도는 맥락적 관점에서 볼 때 설득력이 없다. 그렇지만 연구 결과에 따르면, 모두가 그런 것은 아니지만 많은 활동 팀 코치가 팀이 시간이 지남에 따라 더 효과적으로 일할 수 있도록 팀을 돕는 시스템적 관점에서 일하며, 과업과 그룹 역동적인 관점에서 코칭하는 것으로 팀 코칭을 효과적으로 정의한다. 이러한 네 가지 측면은 실제로 팀 코칭과 다른 대부분 방식을 효과적으로 구분할 수 있다. 이 주장은 호주에서 활동하는 팀 코치에 대한 질적 연구에 기반을 둔 것이어서 잠정적으로만 제시될 수 있다.

또 팀 코칭 방법론과 결과를 연결하는 증거는 아직 거의 존재하지 않는다는 점에 유의해야 한다. 코칭 활동의 성공을 어떻게 정의했는지를 묻는 질문에, 연구에 참여한 대부분 코치는 팀원의 피드백, 세션 내 팀원의 행동, 이어서 추가 수주를 받았는지 등 직감적으로 판단한다고 말했다. 많은 코치가 코칭 목표를 세우고 코칭 마무리 시점에 달성 여부를 검토하는 방법에 관해 언급했지만 코칭 목표에 대한 합의를 얻기가 얼마나 어려운지, 얼마나 목표가 수시로 바뀌는지에 대해 언급했다. 소수의 코치들은 팀 밖에서 이해관계자들의 견해를 구하고 그러한 이해관계자들에게 지속적인 피드백을 구하는 방법을 이야기했다. 다양한 형태의 팀 코칭의 효과에 대한 근거 기반을 구축하는 것은 향후 연구의 또 다른 중요한 분야이다.

참고문헌

Bachkirova, T., & Lawton Smith, C. (2015). From competencies to capabilities in the assessment and accreditation of coaches. *International Journal of Evidence Based Coaching and Mentoring, 13*(2), 123-140.
Carter, A., & Hawkins, P. (2013). Team coaching. In J. Passmore, D. B. Peterson, & T. Freire (Eds.), *The Wiley Blackwell handbook of the psychology of coaching and mentoring* (pp. 175-194). Oxford, England: Wiley-Blackwell.
Clutterbuck, D. (2007). *Coaching the team at work*. London, England: Good News Press.
Clutterbuck, D. (2008). Coaching the team. In D. B. Drake, D. Brennan, & K. Gortz (Eds.), *The philosophy and practice of coaching: Insights and issues for a new era* (pp. 219-238). London, England: Wiley.
Clutterbuck, D. (2013a). Team coaching. In E. Cox, T. Bachkirova, & D. Clutterbuck (Eds.), *The complete handbook of coaching* (pp. 271-283). London, England: Sage.
Clutterbuck, D. (2013b). Time to focus coaching on the team. Industrial and Commercial Training, 45(1), 18-22.
Gersick, C. J. G. (1988). Time and transition in work teams: Toward a new model of group development. *Academy of Management Journal, 31*(1), 9-41.
Gersick, C. J. G. (1989). Marking time: Predictable transitions in task groups. *Academy of Management Journal, 32*(2), 274-309.
Grant, A. M., Cavanagh, M. J., Parker, H. M., & Passmore, J. (2010). The state of play in coaching today: A comprehensive review of the field. In G. P. Hodgkinson & J. K. Ford (Eds.), *International review of industrial and organizational psychology* (vol. 25, pp. 125-167). Chichester, England: John Wiley & Sons Ltd.
Hackman, J. R. (2002). *Leading teams: Setting the stage for great performances*. Boston, MA: Harvard Business Press. 『성공적인 팀의 5가지 조건』 최동석, 김종완 역. 교보문고. 2006.
Hackman, J. R., & Wageman, R. (2005). A theory of team coaching. *Academy of Management Review, 30*(2), 269-287.
Hawkins, P. (2011). *Leadership team coaching: Developing collective transformational leadership*. Philadelphia, PA: Kogan Page.
Hawkins, P. (2014). *Leadership team coaching: Developing collective transformational leadership* (2nd edn). Philadelphia, PA: Kogan Page.
Henley Business School (2010). Coaching teams at work: Embryonic but powerful. Retrieved from www.henley.ac.uk/web/FILES/corporate/cl_coaching_survey_ coaching_teams_at_work.pdf
Isaacs, W. (1999). *Dialogue and the art of thinking together*. New York, NY: Doubleday. 『대화의 재발견 더불어 생각하고 반성하는 방법』정경옥 역. 에코리브르. 2012.
Katzenbach, J. R., & Smith, D. K. (1993). The discipline of teams. *Harvard Business Review, 71*(2), 161-171.
Kets de Vries, M. F. R. (2005). Leadership group coaching in action: The Zen of creating high performance teams. *Academy of Management Executive, 19*(1), 61-76.
Lawrence, P., & Whyte, A. (2017). What do experienced team coaches do?: Current practice in Australia and New Zealand. *International Journal of Evidence Based Coaching and Mentoring, 15*(1), 94-113.
Martin, E. R. (2006). Team effectiveness in academic medical libraries: A multiple case study. *Journal of the Medical Library Association, 94*, 271-278.
Peters, J., & Carr, C. (2013). Team effectiveness and team coaching literature review. *Coaching: An International Journal of Theory, Research and Practice, 6*(2), 116-136.
Peterson, D. B., & Little, B. (2005). Invited reaction: Development and initial validation of an instrument measuring managerial coaching skill. *Human Resource Development Quarterly, 16*, 179-183.
Schein, E. H. (1999). *Process consultation revisited*. Boston, MA: Addison-Wesley.
Sherpa Coaching. (2012). *Seventh annual executive coaching survey*. Retrieved 9 January 2019 from https://libraryofprofessionalcoaching.com/research/coaching-surveys/sherpa-coaching-survey-2012-executive-coaching-here-to-stay/
Sherpa Coaching. (2013). *Eighth annual executive coaching survey*. Retrieved 9 January 2019 from https://libraryofprofessionalcoaching.com/wp-app/wp-content/uploads/2013/02/2013-Executive-Coaching-Survey.pdf
Slobodnik, A., & Wile, K. (1999). Taking the teeth out of team traps. *The Systems Thinker, 19*(9), 1-5.
Stewart, J. (2006). High-performing (and threshold) competencies for group facilitators. *Journal of Change Management, 6*(4), 417-439.
Thornton, C. (2010). *Group and team coaching: The essential guide*. New York, NY: Routledge. 『창조적 조직을 위한 그룹코칭과 팀 코칭』 신준석, 유보림. 시그마프레스. 2013.
Thornton, C. (2016). *Group and team coaching: The secret life of groups*. New York, NY: Routledge.
Tuckman, B. W. (1965). Developmental sequence in small groups. *Psychological Bulletin, 63*(6), 384-399.

Tuckman, B. W., & Jensen, M. A. (1977). Stages of small-group development revis- ited. *Group Organisational Studies, 2*, 419-427.
Wageman, R., Nunes, D., Burruss, J., & Hackman, J. R. (2008). *Senior leadership teams: What it takes to make them great*. Boston, MA: Harvard Business School.
Wang, Q. (2013). Structure and characteristics of effective coaching practice. *The Coaching Psychologist, 9*(1), 7-17.

10장. 팀 기능과 기능 장애의 실용적 모델 제안

저자: 데이비드 클러터벅 David Clutterbuck
역자: 최미숙

명시적이든 암묵적이든, 팀 코칭의 주된 도입의 목표로써 성과 달성 또는 성과 개선을 목적으로 한 팀 인식과 협업의 개선을 언급하곤 한다. 손튼 Thornton(2010, p.122), 클러터벅 Clutterbuck(2010), 호킨스 Hawkins(2014, p.80)의 경우 성과 달성에 속한다. 케츠 드 브리스 Kets de Vries(2005, p.68), 해크먼 Hackman과 웨이먼 Wageman(2005, p.269), 하딩엄 Hardingham, 브리얼리 Brearley, 무어하우스 Moorhouse, 벤트너 Ventner(2004) 등이 후자인 팀 인식과 협업의 개선에 속한다. 이 장에서는 각각을 대표하는 정의 가운데 하나를 선택하여 상호 대조와 비교를 해보려고 한다. 대표적인 정의로 '성찰, 분석 및 변화에 대한 동기부여의 코칭 원칙을 적용하여 그룹이나 팀의 집단 능력과 성과를 향상하도록 설계된 학습 개입'과 '팀과 팀원을 **개발**하되 … 개발의 초점은 성공보다는 개발 자체'가 있다(Hardingham et al., 2004, p.165).

윌리엄즈 Williams(2016)는 그의 석사 논문에서 팀 코칭 정의에 대해 코치이 coachees들을 대상으로 인터뷰했으나 합의점을 거의 찾지 못했다. 그렇지만 코칭에서 공통적으로 나오는 주제는 상호 이해와 협업 능력 개선 그리고 성과 장애물 극복에 관한 것이다. 팀 기능에 관한 다양한 모델 또한 이러한 양면적 특성을 대변한다.

데이비드 클러터벅 David Clutterbuck: 헨리 경영대학원, 옥스퍼드 브룩스, 셰필드 할람, 요크 세인트존 대학의 객원 교수이다. 그는 『직장의 팀 코치』를 포함한 70여 권의 책을 저술하거나 공동 집필했다. 코칭과 멘토링의 초창기 선구자 중 한 명으로 현재 유럽 멘토링 및 코칭 위원회의 공동 창립자이다. 연구원과 트레이너, 국제 코칭 및 멘토링으로 구성된 글로벌 커뮤니티를 이끌고 있다.

렌시오니Lencioni(2002)의 결손 모델deficit model은 팀의 다섯 가지 주요 기능 장애에 관해 언급하는데 (1) 신뢰 부재, (2) 갈등에 대한 두려움, (3) 헌신 부족, (4) 책임 회피, (4) 결과에 대한 무관심이 그것이다. 이 모델은 팀 내 관계와 역동의 한 측면에서 실패가 어떻게 다른 측면의 실패로 귀결될 수 있는지를 통찰력 있게 설명한다. 몇 가지 사유는 다음과 같다.

1. 결손 모델만으로는 진정한 고성과 팀이 무엇을 잘하는지에 대한 단서를 거의 제공하지 못한다(부정적 요소의 부재가 반드시 긍정적 결과를 도출하지 않는다).
2. 인과관계의 방향이 고정되었다는 가정(즉, 모델의 각 계층이 다음 계층으로 이어진다는 가정)은 매우 의심스럽다. 즉 피라미드 맨 상층부의 결과에 대한 무관심이 약속의 결여 또는 책임 회피로 이어질 수 있는 예는 쉽게 찾을 수 있다. 렌시오니의 모델은 복잡한 시스템에 대한 필수적인 선형 접근법이다.
3. 모든 성과 저해 요인은 팀 내부에 있는 것으로 가정하지만, 항상 그런 것은 아니다. 예를 들어, 해크먼과 웨이먼(2005)은 구조, 규모 그리고 자원의 중요성을 보여 주었다.

자주 인용되는 모델 가운데 하나가 호킨스(2011)의 5C 모델이다. 여기에서 5C는 Commissioning(위임하기), Recommissioning(재위임하기), Clarifying(명확화하기), Co-Creation(공동 창조), Connecting(연결하기), Core learning(핵심 학습하기)을 말한다. 호킨스는 시스템 내 시스템으로서 팀의 위치를 강조한다.

자주 인용되지는 않지만, 샴푸Champoux, 칠스Chirls, 마이어스Myers(2015)의 우수한 논문을 보면 이들은 문헌 분석을 통해 높은 성과를 내는 팀의 여섯 가지 특성을 파악하고 서로 다른 산업 분야의 여덟 개 조직의 리더들을 인터뷰하여 여섯 가지 특성이 어떻게 그들의 조직 문화에 반영되었는지 파악하였다. 여기에서 여섯 개 특성은 (1) 높은 신뢰 수준, (2) 높은 존중 수준, (3) 명확하고 공통적인 목적에 대한 헌신, (4) 갈등 관리 의지와 능력, (5) 결과에 대한 집중, (6) 권한과 책임의 일치였다. 그들은 이러한 특성에 상당한 영향을 미칠 수 있는 행동 모델을 제안하였다. 행동의 네 가지 사분면은 (1) 결과에 주요 초점을 맞춘 방향성 지시, (2) 사람에 주요 초점을 맞춘 영향력, (3) 가장 기본적인 관계에 초점을 맞추어 지원하기, (4) 품질, 정확성과 완벽성에 주요 초점을 맞춰 분석하기 등이다. 개인의 행동 성향이 팀 성공에 필수적인 요소가 될 수 있지만, 그 차이를 적절히 관리하지 못하면 생산적이지 않은 갈등을 일으킬 수 있다고 결론 내렸다.

지난 10년 동안, 나는 전 세계의 수습trainee 팀 코치들에게 이 모델들을 소개해왔다. 코치들의 피드백과 실천 내용을 보면 해당 모델에 대한 긍정적인 반응과 부정적인 반응이 상당히 혼재되어 있음을 알 수 있다. 고객과 코치들은 렌시오니 모델의 단순함을 좋아한다. 그렇지만 이것은 모델에 포함된 몇 가지 제한된 문제들만을 보여줄 뿐이다. 결함에 초점을 맞추면 강점에 기반을 둔 코칭 접근 방식의 적용이 어렵다. 고객과 코치들은 호킨스 모델의 지적 무결성intellectual integrity과 포괄성comprehensiveness을 좋아한다. 그렇지만 조직의 중간과 하부 단위의 팀에 호킨스 모델의 언어와 개념을 적용하기는 어렵다(이 책은 책 제목에서 알 수 있듯 고위 리더십 팀을 대상으로 하였다). 두 모델 모두 리더의 역할에 큰 중점을 두지 않는다.

이러한 피드백을 바탕으로, 나는 글로벌 네트워크 동료들과 함께 기존 모델의 약점을 극복할 수 있는 팀 성과team performance와 기능 장애dysfunction 모델을 만들 수 있을지 그 가능성을 연구하기 시작했고, 수습 팀 코치들이 제공한 실제 사례를 대상으로 이를 시험하기 시작했다. 특히 새로운 모델은 적용하는 이슈와 팀 모두가 포괄적이고 순환적일 필요가 있었는데, 이는 복잡한 적응 시스템에서 모든 요소가 다른 요소에 영향을 미칠 수 있기 때문이다. 우리는 또한 리더-구성원 교환 이론leader-member exchange theory(LMX)을 성과와 기능 장애의 요인으로 더 확실하게 고려하기를 원했다.

1998년 EU가 후원한 연구와 4장 직장 내 팀 코칭(Clutterbuck, 2007)에 기술한 대로, 나는 효과적인 팀들은 상호작용 프로세스를 통해 과업, 행동과 학습이라는 세 가지 핵심 영역에 지속해서 집중해 왔음을 제안한 바 있다. 팀과의 인터뷰를 분석한 결과 고성과 팀은 한 핵심 영역이 다른 영역을 지배하지 않도록 끊임없이 관심을 옮긴 것으로 나타났다. 목표 수립과 관리를 팀의 주요 프로세스의 하나로 여겨 나는 팀 목표 공유의 중요성(Hackman & Wageman, 2005)을 과업 영역에 포함시켰다. 팀과 코칭 내에서 목표 관리의 복잡성은 『목표를 넘어서Beyond Goals』에 수록된 많은 기고문에 더 자세히 드러난다(David, Clutterbuck & Megginson, 2013).

더 최근에 훈련에 도입된 팀 코칭 사례를 보면 팀의 강점과 약점이 원래 '기둥pillars'이라고 이름 붙인 다섯 가지 요인 가운데 하나에 속하는 경향이 있음을 알 수 있다. 이 요인들은 다음과 같다.

- 목적과 동기purpose and motivation
- 외부 프로세스externally facing processes

- 관계relationships
- 내부 프로세스internally facing processes
- 학습 프로세스learning processes

이러한 다섯 가지 요인은 이전 모델을 크게 보강했다. 그 내용을 보면 프로세스가 내부 또는 외부로 집중되는 경향, 목표 관리가 더 넓은 맥락(목적)의 일부이며 목표를 달성하기 위한 동기부여가 없으면 목표 명확성 자체가 효과적이지 않는 등의 차이점이 있다. 내가 다섯 가지 요인이 우연히 PERIL이라는 약어를 만든다는 것을 발견하는 데 2년이 걸렸다. 저서 『목표를 넘어서Beyond Goals』 이후, 나는 이 다섯 가지 요인 모델에 대한 논리와 증거를 계속 시험해왔다.

2015년 나는 대형 글로벌 인터넷 회사의 의뢰를 받아 최고 성과를 내는 팀의 특성을 조사하였다. 포커스 그룹 인터뷰 진행을 위한 템플릿을 개발하기 위해 구글 학술검색 사이트와 다양한 여러 참고 자료를 활용, 팀과 성과에 대한 광범위한 문헌 검색을 했다. 검색된 문헌은 모두 영어로 작성된 것이었지만 프랑스와 다른 나라의 팀 코칭 개척자들 의견도 취합했다. 다만 회사 내에서 연구 결과를 발표할 수 있는 승인을 아직 받지는 못한 상태이다.

문헌 분석 결과 수백 가지 요소를 파악했고, 그 요소들을 이후 [표 10.1]의 주제어들로 통합했다. [표 10.1]은 반복적인 주제어 중심으로 정리되었으므로 문헌에서 한두 번 밖에 인용되지 않은 중요 주제어들은 포함되지 않았을 가능성이 있다.

2015년 연구에서 주요 결과물 가운데 하나는 이러한 높은 성과를 내는 팀 내 리더의 역할

[표 10.1] 고성과 팀의 특징들

특징	예시
목적과 목표	분명한 목적 의식 분명한 목표 동기를 일으키는 목표 모두 같은 목표를 향해 작업 모두 팀과 개인의 성과 목표를 이해하고 기대 사항에 대해 인지
역할 명확성	역할 정의 미션은 구성원이 수행해야 할 의미 있는 성과 목표로 나뉨 개인과 팀 역할에 대한 헌신
성과 지향	'일반적 목표보다 좀 더 도전적 목표'
스킬	상호 보완적인 스킬과 교환 가능한 스킬 높은 수준의 정서지능
과업 프로세스	팀 구성원의 협력 방법과 과업 달성 방법에 대해 분명한 인지 의사결정 또는 행동 결정 권한

[표 10.1] 고성과 팀의 특징들(계속)

특징	예시
관계 프로세스	팀 구성원은 느슨하고 비공식적 분위기로 긴장과 갈등을 적극적으로 분산 끈끈한 가족처럼 운영
의사결정	동의하지 않음이 좋은 것이며 갈등은 관리됨 일반적인 합의에 도달 시 팀은 의사결정을 함. 합의가 어려운 경우 팀장 또는 스폰서가 의사결정을 내림. 이 경우 2차 추측 발생 가능
신뢰	서로와 팀의 목적에 확고하며 깊은 신뢰를 가지고 있음. 사람들은 자신의 감정과 의견을 자유롭게 표현. 상호 지지와 신뢰
팀 내 커뮤니케이션	다양한 방향의 의사소통 경청
심리적 안전	비판은 건설적, 문제 해결 지향적, 그리고 장애를 제거하는 것 팀은 폭넓은 토론에 참여. 내성적인 사람도 기여할 수 있는 기회를 갖게 됨 균형 잡힌 참여
협력적 프로세스	각 팀 구성원은 본인의 역할을 하고 팀 프로세스와 다른 구성원을 존중 상호 책임: 주어진 책임에 대한 개인적 의무와 더불어 공통의 목적에 대해 상호 책임을 인식 고성과 팀은 이기적이지 않음
리더십 프로세스	팀의 리더십은 결과를 내기 위해 필요할 때마다 이동함. 어떤 구성원도 팀 전체보다 더 중요하지 않다.
갈등 관리	건설적인 갈등은 환영. 사람들은 관계 갈등보다 아이디어 갈등에 더 집중
필수 다양성	다양성이 필요, 다양한 인재에 의존
책임감	본인과 동료에 대해 책임짐

이었고, 이를 토대로 우리는 '안정적 리더$^{secure\ leader}$'라는 용어를 만들었다.

국가와 문화의 차이에 관계없이 반복적으로 나타나는 안정적 리더의 특징은 다음과 같다.

1. 안정적 리더는 통제의 필요성을 느끼지 않는다. 실수가 발생하면 책임을 나눠 질 만큼 충분한 포용력을 가지고 있어서 이들은 쉽게 다른 사람을 신뢰한다.
2. 안정적 리더는 대규모 팀 관리가 불가능하고 효과적이지 않다고 인식한다. 오히려 안정적 리더는 팀원을 지원하여 그들 스스로 관리하게 하는 것을 목표로 한다.
3. 안정적 리더는 모든 정보를 받거나 구성원들 사이에 정보를 돌리는 것을 원치 않는다. 오히려 팀원 사이에 필요한 소통이 일어나는지를 더 중요하게 생각하고, 리더들의 관여가 필요할 때 필요한 정보를 받기 원한다.
4. 안정적 리더는 외부의 방해로부터 팀을 보호하는 것이 중요 목표이다. 모든 팀원이 중요한 팀 목표를 이해하고 상호 연계하도록 하는 것 또한 중요한 역할로 인식한다.

5. 그들의 자기-안정감self-security은 팀원의 피드백에 개방적인(그리고 환영하는) 환경을 만든다. 이들은 '성장 마음가짐growth mindset'을 가지고 자기 자신과 팀의 개발에 똑같이 집중한다.
6. 돌봄-팀 목표뿐만 아니라 팀 구성원 개개인에 대해서도 관심을 가진다. 안정적 리더는 팀원 사이의 교류 시간을 확보한다.
7. 안정적 리더는 그들 또한 발전 중임을 인정하고 이를 편안히 받아들인다.

따라서 모델을 더욱 발전시키는 데 있어 중요한 조정 요소moderating factor는 리더의 역할로 보인다. 리더-구성원 교환에 대한 광범위한 문헌 가운데 리더의 의사소통과 관계 형성 기술 그리고 팀 성과 사이의 연관성을 확립하는 수많은 연구가 있다(예: Lee, Gillespie, Mann & Wearing, 2010). 이 모든 데이터를 실용적이고 충분한 증거 기반 모델로 정리하는 데는 시간이 걸리며 검증은 여전히 진행 중인 활동이다.

고성과와 저성과/역기능dysfunction 지표와 관련하여 각 요인을 간략히 살펴보려고 한다.

목적과 동기

목적purpose은 팀이 무엇을 위해 존재하느냐이다. 그것은 호킨스의 '위임하기commissioning'에서의 미션과 같다. 팀의 목적은 더 넓은 조직 목적의 부분이거나 그 목적에서 파생된 것이다. 목적으로부터 전체를 부분의 합보다 더 크게 만드는 집단의 에너지가 나온다. 지표에는 공통된 비전, 목표 및 우선순위의 명확성이 있다.

외부 프로세스, 시스템과 구조

이는 고객, 공급업체, 주주, 조직 내 다른 팀, 임원진 등 여러 이해관계자들과 팀이 어떻게 상호작용하는지에 관련된다. 지표에는 평판, 목표 대비 실적, 환경적 인식(진화하는 시장, 기술, 경쟁 등)이 있고 정보와 재무 같은 자원 활용 가능성도 포함된다.

관계

관계는 사람들이 서로 함께하는 것을 좋아하는지, 서로의 능력을 존중하고, 서로에게 정직한

지 등 함께 일하는 방법에 관련된다. 지표에는 심리적 안전 수준이 있다.

내부 프로세스, 시스템과 구조

이는 외부 세계에 대한 내부 거울이며 팀이 업무 흐름을 관리하고, 서로를 지원하며, 높은 수준의 의사소통(업무 관련 및 정서)을 유지하는 방법을 포함한다. 지표는 역할 명확성과 의사결정 품질이 있다.

학습

학습은 변화하는 환경에 대응하고 지속적인 개선과 성장을 유지하는 팀의 능력이다. 지표로는 환경 변화 대응 정도, 구성원의 학습 목표의 명확성과 관련성 등이 들어간다.

[표 10.2]는 지표를 좀 더 자세히 보여준다(일부 지표는 두 개 이상의 이슈에 걸쳐 있으므로 두 번 이상 나타난다).

[그림 10.1]은 이러한 다섯 가지 요인이 어떻게 팀 성과(회색 음영)와 기능 장애(진한 회색)에 영향을 미치는지 보여준다. 흰색 상자는 리더의 자질과 행동leader's qualities and behavior(LQB)의 조정 효과를 나타낸다.

우리는 현재 시험 중인 진단 프로그램을 개발하여 각 상황에 맞는 20개의 핵심 질문으로 관련 요인을 분석했다. 팀들이 이러한 유형의 설문지를 정직하게 작성하는 데 어려움이 있어 참가자가 설문에 답변할 때, 얼마나 확신을 가지고 답변했는지를 평가했다.

결론

팀과 그룹이 어떻게 기능하는지 이해가 깊어짐에 따라 성과와 역기능 평가에 더 균형 잡힌 접근이 필요하다. 팀 코치는 팀 역동의 부분적인 스냅사진만으로 자신의 개입이 왜곡되지 않도록 더욱 주의를 기울여야 한다. 진단지를 사용하는 것이 해결책이 되는 경우도 있지만, 과업 초반에 코치가 팀 구성원을 인터뷰하는 것 또한 중요하다.

[표 10.2] 팀 기능 장애와 고성과 지표

맥락	기능 장애 지표	고성과 지표
목적과 동기	• 분명하지 않은 목적, 서로 다른 해석 • 상부와 목적 합의가 되지 않음. 상부로부터 부정확한 방향 지시 • 사람들의 중요한 가치에 대한 관련성이 약하거나 관련 없음(달성에 대한 동기가 적음)/다른 사람들의 중요 가치와 충돌 • 목표 우선순위 충돌 • 개인의 관심사가 전체보다 더 중요 • 개인과 집단의 낮은 인내심	• 더 넓은 목적(사회 또는 환경)과 연계된 높은 미션의 명확성 • 목표의 명확성 • 역할의 명확성 • 높은 수준의 개인과 전체의 에너지 • 목표 우선순위와의 밀접한 연계 • 개인보다 팀을 우선하는 의지 • 빠른 목표 검토 및 변경 • 미션에 대한 이해관계자 참여 • 높은 가치 공유 • 실패로부터 빠른 회복
외부 프로세스, 시스템, 구조	• 평판 이슈 • 중요 자원의 부족 • 정치 환경 내 운영 • 이해관계자와의 분명한 기대치 형성 실패 • 환경과 시장의 변화 • 문화의 영향	• 민첩한 위험과 기회 포착 • 이해관계자로부터의 평판 • 명확한 이해관계자의 니즈와 열망에 대한 이해 • 강력한 커뮤니케이션(듣기와 정보 주기) • 고객과 공급자의 편리한 접근 • 품질에 대한 진지한 관심
관계	• 갈등이 표출되지 않거나 거부됨 • 심리적 안전의 부재 • 사람들은 가치를 인정받지 못하고 지원받지 못한다고 느낌 • 파벌과 하위 그룹 • 전체 성과에 대한 낮은 책임 공유 의지 (비난) • 커뮤니케이션 문제(관계적)	• 필요 스킬을 겸비한 적합한 인재 • 상호 보완적인 장단점 • 높은 수준의 정직한 피드백 • 서로의 장단점 이해 • 갈등의 가치 인정 및 긍정적 접근 • 동료에 대한 높은 수준의 지원 • 심리적 안전 • 다양성 인정
내부 프로세스, 시스템 그리고 구조	• 반복되는 품질 문제 • 과업과 역할에 대한 명확성 결여 • 부적절한 검토 시스템 • 좋은(높은) 성과를 구성하는 것이 무엇인지에 대한 명확성 결여 • 불분명한 의사결정 프로세스 • 커뮤니케이션 문제(체계적)	• 팀에 누가 있고 없는지에 대한 명확성 • 적절한 팀 규모 • 분산 리더십 • 강력한 의사결정 프로세스 • 모든 사람의 강점 기반 작업 • 품질에 대한 진지한 관심 • 신속한 혁신 • 역할 명확성
학습 프로세스	• '너무 바쁜 증후군'(성찰 시간의 부재) • 개인과 집단 학습의 가치가 충분히 평가되지 않음 • 외부 관점 및/또는 아이디어의 원천 부족 • 낮은 학습 성숙도/개인 성숙도 차이 • 변화에 대한 저항 • 실수는 반복(학습되지 않음)	• 실수에 대한 긍정적인 태도 • 진화하는 환경과 연계된 학습 목표 • 성찰 습관 – 한 발짝 물러설 시간 • 피드백 요청 • 협력과 코칭 마음가짐 • 변화에 앞서기 위한 노력

출처: ⓒ 데이비드 클러터벅 & 코칭과 멘토링 인터내셔널

LQB	목적과 동기	외부 접점 프로세스	관계	내부 접점 프로세스	학습
목적과 동기	LQB	팀과 주요 이해관계자 사이의 가치 조정	공동의 목표를 향해 열정적으로 협력하는 것	우선순위의 명확성: 개인보다 집단을 우선시함	팀의 장점을 활용하고 확장할 수 있는 방법을 적극적으로 모색
외부 접점 프로세스	이해관계자가 이해하지 못함	LQB	이해관계자들과의 강력한 협업 관계	품질 문제에 신속하고 효과적으로 대응	신속한 제품 및 서비스 혁신
관계	개인의 사적인 이해 추구	이해당사자와의 갈등; 이해당사자에 대한 무례함	LQB	높은 수준의 심리적 안전은 우리가 무엇을 하는지에 대한 지속적인 질문으로 이어진다.	사람들은 서로의 발전을 지원하는 적극적인 책임을 진다.
내부 접점 프로세스	중복과 노력의 낭비	품질 문제가 인지되거나 해결되지 않음	사람들은 서로의 영역에 '간섭'하는 것을 피한다. 큰 '방 안의 코끼리'	LQB	지속적인 공정 개선 문화
학습	집단적 학습이 아닌 개인에 초점을 맞춘 학습	느린 혁신	지식과 전문성의 '저장'	변화 저항	LQB

[그림 10.1] PERIL: 팀 성과와 팀 기능 장애의 다섯 가지 요인
출처: ⓒ 데이비드 클러터벅 & 코칭과 멘토링 인터내셔널

설문지는 사전 정의된 문제만 평가할 수 있어서 팀 구성원의 이야기와 성공이나 실패에서 습득된 팀 역할에 대한 집단적 이해를 들어야만 확인 가능한 핵심 역동을 놓칠 수 있다. 이야기를 들을 때 역동을 포착할 수 있을 만큼 충분히 광범위하고 잘 입증된 맥락 모델에서 작업하는 것이 중요하다. 그렇지 않으면 팀 코치가 팀 시스템의 한 부분을 다루기 위해 무의식적으로 팀에 편승하여 연관된 다른 부분을 무시할 수 있다.

참고문헌

Champoux, T., Chirls, C., & Myers, M. (2015). *Teams that work: The six characteristics of high performing teams*. Bellview, WA: Effectiveness Institute.

Clutterbuck, D. (2007). *Coaching the team at work*. London: Nicholas Brealey.

Clutterbuck, D. (2010). Team coaching. In E. Cox, T. Bachkirova, & D. Clutterbuck (Eds.), *The complete handbook of coaching*. London: Sage.

David, S., Clutterbuck, D., & Megginson, D. (2013). *Beyond goals: Effective strategies for coaching and mentoring*. Farnham: Gower.

Hackman, J. R. & Wageman, R. (2005). A theory of team coaching. *Academy of Management Review, 30*(2), 269-287.

Hardingham, A., Brearley, M., Moorhouse, A., & Ventner, B. (2004). *The coach's coach: Personal development for personal developers*. London: CIPD.

Hawkins, P. (2014). *Leadership team coaching: Developing collective transformational leadership*. London: Kogan Page.

Kets de Vries, M. F. R. (2005). The group coaching conundrum. *International Journal of Evidence-based Coaching and Mentoring, 12*(1), 79-91.

Lee, P., Gillespie, N., Mann, L., & Wearing, A. (2010). Leadership and trust: Their effect on knowledge-sharing and team performance. *Management Learning, 41*(4), 473-491.

Lencioni, P. (2002). *The five dysfunctions of a team: A leadership fable*. San Francisco: Jossey-Bass. 『팀워크의 부활』 서진영 역. 위즈덤하우스. 2021.

Thornton, C. (2010). *Group and team coaching: The essential guide*. New York, NY: Routledge.

Williams, J. (2016). An exploration into creating readiness for team coaching (Master's dissertation). Henley Business School, University of Reading.

2부
프랙티스

11장. 의식 코칭
시스템, 관계와 내부 알아차림을 지원하는 팀 코칭

저자: 티시 로빈슨Tish Robinson과 도리 야나기Dori Yanagi

역자: 박정화

"우리에게 도움이 필요합니다!" 팀 내 불화가 지속하면서 합병에 실패한 관리자는 외쳤다. 이미 팀 내 사기는 떨어져 있었다. 대부분 회사 구성원은 서로 유대감을 형성하지 못하고 있었으며, 이로 인해 몇 년 동안 합병은 어려움을 겪고 있었다.

처음 팀 코치가 영입되었을 때, 팀 구성원들은 이전 상급자에게 정서를 표현했다는 이유로 미묘하게 조롱을 받아 자신의 경험과 정서에 관해 이야기하기를 주저했다. 팀 코치는 끈기 있게 경청하고 폭넓게 관심을 두며 개방적으로 질문했다. 어느 순간, 팀 코치는 팀에 표현되지 않은 정서가 만연해 있음을 관찰했고 이를 팀에 이야기했다. 의자에 둘러 앉아 모두가 서로를 바라보게 했다. 팀의 한 구성원은 합병 초기를 떠올리며 "많은 동료가 해고됐다. 나도 해고될까 봐 두려웠다."라고 말했다. 어두운 비구름이 거치고 푸른 하늘이 나타나듯 방 안의 에너지

티시 로빈슨 Tish Robinson: 일본 도쿄 경영대학 MBA 팀 코칭 프로그램 및 EMA 리더십 서클스 프로그램을 이끌며, 하버드, MIT, 스탠포드, 뉴욕 대학교 스턴 스쿨에서 MBA와 박사 학위를 받았다. 연구는 집단 갈등을 변화시키고, 동등한 목소리를 장려하며, 자기 결정과 안전을 촉진하는 시스템적 접근법에 초점을 맞추고 있다. 업적으로는 AOM 리치먼상, AIB 농부상Farmer Award, 그리고 세 개의 풀브라이트 펠로우십을 수상했다.

도리 야나기 Dori Yanagi: 일본 도쿄 히토쓰바시 경영대학 박사과정 학생이며 CRR 재팬의 ORSCOrganization & Relations Systems Coaching 교수이다. 티시 로빈슨과 함께 히토쓰바시 경영대학 코칭 연구단의 일원이다. ACC, ORSCC, CPCC 인증을 보유하고 있다.

가 갑자기 전환됐다. 다른 팀 구성원들도 합병의 경험과 정서를 서로 나누기 시작했고, 팀 전체가 가졌던 거대한 짐을 내려놓은 듯 분위기는 가벼워졌다.

이렇듯, 팀 코칭 개입은 서로를 알아가고 신뢰하는 여정의 시작이었다. 팀 코치의 관찰만으로도 팀에 몇 년 동안 쌓여 있던 슬픔이 사라지는 듯했다. 6개월 뒤, 팀의 한 구성원은 "생존자들이 갖게 되는 죄책감처럼, 우리 모두 해고에 대해 비슷한 두려움과 슬픔을 가진 줄 몰랐다."라고 말했다. 팀 구성원들은 자신의 취약점을 드러내고 고통스러웠던 경험과 정서를 공유함으로써, 비로소 팀 공동의 필요, 가치, 정서에 대한 알아차림을 일깨우며, 팀 구성원은 물론 팀 전체가 공감과 연결감을 개발하게 됐다고 말했다. 가장 먼저 심리적 안전감을 느끼기 시작하자, 팀 구성원은 다른 도전 과제와 불일치했던 의견을 좀 더 공개적으로 논의하게 됐다. 그 결과, 팀의 성과는 급격히 증가했다. 합병은 몇 년 전에 있었지만, 팀 코치가 개입한 이후에 비로소 팀 구성원들은 협력하고 팀이 결속될 수 있었다.

이 장면에서 팀 코치는 (1) 공유된 팀의 더 큰 맥락에 대한 시스템적 알아차림, (2) 팀 구성원들 사이의 관계에서 공유된 정서에 대한 관계적 알아차림, (3) 다양한 팀 구성원의 내부 프로세스와 이전에 표현되지 않았던 정서에 대한 개인적 알아차림 등 세 가지 유형의 알아차림을 높일 수 있었다. 첫째, 팀 코치는 인원 감축과 관련하여 팀 구성원들에게 두려움이 여전히 많이 남아 있다며 시스템에 대한 알아차림을 높였다. 둘째, 팀 코치는 서로의 취약점을 공유하는 정서를 중심으로 대화의 공간을 만들어 관계적 알아차림과 공감을 높였다. 셋째, 팀 코치는 팀 구성원 개개인의 표현되지 않은 슬픔에 관해 개인의 자각을 불러 일으켜, 팀을 막고 있는 두려움과 불신을 극복하게 했다. 이러한 알아차림의 변화도 새로운 깨달음을 불러일으키며 팀의 에너지가 전환되었다.

알아차림을 통해 성과를 향상하는 방법, 팀 코칭

팀 코칭은 개인, 관계 그리고 팀 수준에서 팀의 집단적 알아차림과 성과를 높이기 위해 설계된 시스템적 개입을 제공한다(Clutterbuck, 2013a). 대부분 연구가 알아차림과 성과 사이의 관계를 입증해온 반면, 시스템과 팀에 관한 팀 구성원들의 정서적 알아차림을 높일 수 있는 개입 방법을 탐구한 연구는 극히 드물었다. 이 장에서는 특정한 팀 코칭 개입으로, 팀 자체, 관계, 팀 전체의 역동과 문화에 대한 알아차림을 통해 팀이 어떻게 더 효과적으로 학습할 수 있는지 살펴본다.

클러터벅^{Clutterbuck}(2013a)은 팀 코칭을 '변화를 위한 지원 성찰, 분석과 변화에 대한 동기부여의 코칭 원칙을 적용하여 팀의 집단적 역량과 성과를 높이도록 설계된 학습 개입'이라고 정의한다(p.271). 팀 코칭은 팀에 지시보다 팀을 활성화하고 권한을 부여하는 데 중점을 둔다는 점에서 다른 팀 개입과 구별된다(Brown & Grant, 2010; Clutterbuck, 2013b; Farmer, 2015; Grant & Stober, 2006).

팀 코칭은 다음과 같은 이유로 팀 학습 연구의 중요한 영역이 된다.

- 팀 전체에 대한 알아차림과 서로에 대한 정서를 공유했던 팀은, 복잡한 문제 해결은 물론 창의적인 해결책을 도출하는 데 더 뛰어난 성과를 나타냈다(Aggarwal & Woolley, 2012; Engel et al., 2014, 2015; Woolley, Chabris, Pentland, Hashmi & Malone, 2011).
- 조지아 대학교에서 실시했던 설문조사 결과, 거의 세 개 회사 가운데 한 개 회사가 일종의 팀 코칭을 진행하고 있었다(Sherpa Coaching, 2017). 이는 팀 코칭이 확산하고 있음을 보여준다.
- 다른 업무 구조보다 복잡하고 혁신적이며 뛰어난 적응으로 종합적인 해결책을 제공하기 때문에, 대부분 기업 업무는 팀으로 이루어진다(Gersick & Hackman, 1990; Kets de Vries, 2015).

팀 성과에서 알아차림이 중요한 이유는 무엇인가? 울리^{Woolley} 등(2010)은 복잡성, 혁신, 적응과 종합 해결책 측면에서 가장 높은 성과를 거두어 왔던 팀은 (1) 시스템적 알아차림과 동등한 발언, 두 가지 유형의 알아차림이 특징으로 발견됐다. 팀 구성원들은 한 명 또는 두 명의 소수가 집단을 이끄는 것을 방지했으며, 165개의 팀 토론에서 알아차림 코칭으로 동등하게 기여했다. 그리고 (2) 팀 구성원들이 서로의 눈빛에서 서로의 마음을 읽을 수 있는 관계적 알아차림, 즉 표정과 눈빛에서 상대방이 무엇을 느끼는지를 이해하게 했다. 이 장에서 살펴본 세 번째 유형의 알아차림은 팀 구성원이 스스로 내적인 정서와 사고 과정을 알아차리게 한다.

개입과 코칭 마인드셋을 통해 알아차림을 높인다

팀 코칭은 팀 전체에 대한 시스템적 초점으로 코칭의 시스템적 접근 방식을 취한다. 이 장에서는 다음 세 가지 분석 수준의 알아차림을 살펴본다. (1) 시스템적 알아차림system awareness: 팀 전체에 대한 알아차림, (2) 관계적 알아차림relational awareness: 팀 구성원 사이의 관계에 대한 알아차림, (3) 개인적 알아차림individual awareness: 팀 구성원 개개인의 느낌, 신념, 가치, 사고 등에 대한 알아차림, 즉 '정신 역동' 심리적 과정에 대한 알아차림이다.

팀 코칭을 사용하는 조직에서는 팀이 문제 상황에 놓일 때까지 코치를 영입하지 않는 경우가 많다(Peters & Car, 2013; Thornton, 2010). 팀의 성과가 좋지 않다면, 팀 역동 관계에 대한 알아차림이나 의사소통이 저하된 경우가 많다(Aggarwal & Woolley, 2012; Engel et al., 2014, 2015; Woolley et al., 2010; Woolley & Malone, 2011). 팀 리더 자신과 팀 구성원 사이에서 갈등이나 이해관계가 발생할 수 있고, 팀 리더가 공정하지 않은 갈등 상황에 대응할 준비를 못 했을 수도 있다. 따라서 [그림 11.1]의 설명처럼 코칭 역량과 코칭 존재가 주도하는 코칭 개입(Hicks, 2010)을 통해 알아차림이 지원된다고 제안한다. 먼저 알아차림에 대한 정의를 내리고 코칭 개입 사례를 제시한 뒤, 팀은 이러한 개입 지원을 위한 코칭 마인드셋을 이해하게 되어 업무에서 다시 성과를 내게 된다.

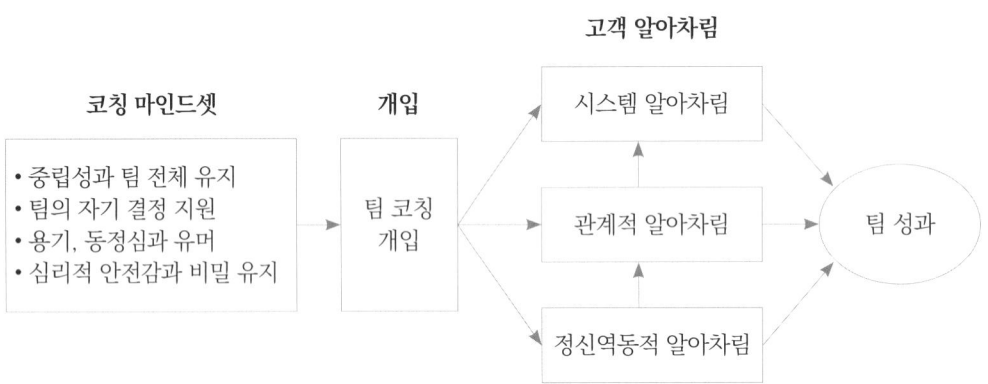

[그림 11.1] 코칭 마인드셋, 개입, 알아차림과 팀 성과 사이의 관계

팀 알아차림으로 이어지는 알아차림과 개입

세 가지 유형의 팀 알아차림: 시스템, 관계, 정신역동

팀워크와 팀 성과를 높이기 위해 팀 코칭의 핵심 목표 가운데 하나는 알아차림의 변화를 가져오는 것이다. 아르니 민델Arny Mindell(2014)이 말하는 '1차 프로세스'에서 '2차 프로세스', 즉 이는 편안하고, 친숙하며, 잘 알려진 프로세스(1차 프로세스)에서 덜 편안하고, 덜 친숙하고, 덜 알려진 프로세스(2차 프로세스)로 가는 통찰력 또는 알아차림의 변화를 수반한다. 민델(2014)이 설명한 바와 같이, 알아차림을 확장하는 프로세스는 편안하고, 친숙하며, 잘 알려진 '1차적 존재 방식'과 덜 편안하고, 덜 친숙하고, 덜 알려진 '2차적 존재 방식' 사이의 '경계'를 넘어선다. 때로는 자신의 새로운 패턴을 만들기 위해 익숙함과 낯섦 사이를 오가는 여러 차례의 여행이 필요하다. 결국, 그 가장자리를 충분히 넘나들며 덜 친숙하고, 덜 알려진 사람 사이를 유동적으로 오갈 수 있게 되고, 익숙해질 때 비로소 알아차림은 다음 지평선 밖으로 확장한다. 따라서 성장이란 덜 편안하고, 덜 친숙하며, 덜 알려진 방향으로 차례로 넘어가면서 확장하는 프로세스이다.

알아차림의 변화가 일어났는지 어떻게 알 수 있는가? 팀 분위기가 개방적이고, 연결성이 뛰어나며, 건설적인 경우가 많다. 아래에서 팀 내 세 가지 분석 수준을 나타내는 세 가지 유형의 알아차림을 중점적으로 살펴보자.

- **시스템 알아차림**: 관계, 신념, 규범, 가치, 정서 시스템으로서 팀에 대한 알아차림
- 관계 내 구성원들이 서로의 해석, 이해와 의미를 인지하는 **관계 알아차림**
- 내부 정신역동 프로세스에 대한 팀 구성원 **개인의 알아차림**

시스템 알아차림

클러터벅(2007)은 팀을 관계의 시스템으로 보고, 코치가 '시스템 사고'를 할 필요가 있다고 제안한다. 시스템 사고의 한 예로, 민델(2002)은 팀 내에서 조용한 발언quiet voices(역자 주: voice는 일과 관련하여 건설적 의견, 관심, 아이디어의 표현(Van Dyne, Ang & Botero, 2003)으로, 조직행동 분야에서는 voice를 발언 행동 또는 제언 행동으로 번역한다. 이 책에서는 '발언'이라고 옮겼다)과 힘을 잃은 발언을 포함

한 모든 발언을 듣는 일의 가치를 제안했는데, 이는 가장 힘이 약한 사람들이 시스템을 가장 정확하게 보기 때문이었다(Keltner, 2016). 슬로보드닉Slobodnik과 와일Wile(1999)은 팀의 비효율적인 행동 패턴을 개선하려면, 팀의 상호 관계 시스템을 식별하고 수정하는 시스템 접근 방식이 필요하다고 주장했다. 이를 보완하여, 샤인Schein(1999)은 팀의 효과성을 위해 컨설턴트 개입을 명시적으로 승인해야 한다고 강조했다. 시스템 알아차림을 촉진하는 개입 사례로, (1) 팀에 대한 관찰 결과를 반영하기, (2) 관점 갖기를 장려하기, (3) 신체적인 반응으로 관점과 입장을 나타내기 그리고 (4) 브레인라이팅brainwriting(역자 주: 브레인스토밍의 단점을 보완하여 아이디어를 종이에 작성하는 방식으로 진행되는 집단적 아이디어 창출 기법)이 있다.

시스템적 패턴 반영

시스템적 팀 패턴을 팀에 다시 반영하는 일은 시스템 알아차림을 높이기 위한 기본적인 개입이다. 예를 들어, 의견을 강하게 주장하는 구성원이 지배적인 팀을 살펴보면, 코치는 이러한 패턴을 팀에 다시 반영해 주고, 조용한 발언을 하는 다른 구성원이 주제에 관해 이야기를 별로 하지 못한다는 점을 관찰하여, 팀의 시스템 알아차림을 넓히도록 한다. 이는 팀의 1차 주요 프로세스인 큰 발언을 하는 구성원을 넘어, 2차 프로세스인 조용한 발언을 하는 구성원에까지 팀의 관심을 끌어 모아, 구성원들의 발언 역시 듣게 하는 역할을 한다. 이후, 코치는 팀에 "시스템으로서 무엇을 원하는가?"라고 물을 수 있다. 코치가 조용한 팀 구성원들에게 질문할 때, 구성원들은 상황을 변화시키기 위해 더 나은 통찰력을 사용할 수 있다.

팀 구성원보다 코치가 팀에서 더 많이 벗어나 있기 때문에, 코치는 때로 팀의 전체적인 시스템 그림을 더 잘 볼 수 있는 위치에 있다. 이러한 폭넓은 관점에서, 코치는 팀의 패턴을 팀에 다시 반영하고, 개인적인 경험을 넘어 나머지 팀에 미치는 영향까지 시스템 알아차림을 확대하도록 도울 수 있다.

물리적으로 관점을 이동시키고 표현하는 균형

이에 더해, 코치는 헬린저의 컨스텔레이션Hellinger's constellations(Cohen, 2006)을 팀에 적용하여 하나의 문제에 대해 모든 사람의 입장을 신속하고 효과적으로 대변할 수 있도록 팀을 지원할 수 있다. 이를 위해, 코치는 공간 안에서 팀 구성원들이 느끼는 주요 문제에 대해, 강하게 느끼는 정서는 가까운 곳에 서 보고, 덜 강하게 느끼는 정서는 멀리 서 보도록 요청한다. 방의 한쪽은 부정적인 정서로 지정될 수 있다. 이렇게 하면 조용한 발언을 포함한 팀 전체의 모든 발언이 전 구성원들에게 잘 보일 수 있어, 팀이 당면한 이슈와 관련해 시스템적으로 자신을 더 잘 알아차릴 수 있다. 이 문제에 대한 팀의 현재 입장을 물어본 다음, 코치는 앞으로 이 문제와 관련해 팀에 자신이 어떻게 보일지 물어본다. 이는 전체 시스템이 변경되더라도 변경되지 않음을 강조한다(Cohen, 2006).

신체적 관점 취하기 또한 팀에 대한 알아차림을 넓힐 수 있다. 내부적으로 경쟁이 매우 치열한 하나의 팀을 대상으로, 코치는 하위 그룹에 방을 가로질러 걷게 하고, 다른 하위 그룹과 자리를 바꿔 보게 하고, 다른 하위 그룹의 '신발'에 서보도록 요청했다. 경쟁 팀의 구성원들은 타인의 입장에서 자신을 상상하게 되자, 알아차림이 바뀌게 되었고 서로를 더욱 깊이 이해하기 시작했다. 구성원들이 새로운 관점을 경험하기 위해 물리적으로 이동하는 '신체적 관점 취하기'의 취지는 커뮤니케이션 채널 변화와 시스템 알아차림을 결합한다(Cohen, 2006).

시스템에서 동등한 발언하기, 브레인라이팅

브레인라이팅(Paulus & Yang, 2000)은 모든 사람의 발언이 공유되는 팀에 '동등한 발언'을 홍보하면서 또 다른 효과적인 개입을 제공할 수 있다. 브레인라이팅은 팀 구성원들이 고정anchoring과 순응conformity 편향을 피하기 위해, 그룹과 아이디어를 공유하고 토론하기 전에 포스트잇 노트에 저마다 자신의 아이디어를 작성하도록 구성한다. 예를 들어, 팀 구성원은 팀, 회사, 생태계(공급업체, 고객 등)를 설명하는 형용사를 작성하여 화이트보드에 팀, 회사, 공급업체, 고객 등의 목록 아래 포스트 잇을 배치할 수 있다. 이는 조직 시스템의 어떤 측면이 다른 팀보다 덜 주목받고 있는지 드러내는 동시에 모든 팀 구성원이 자신의 의견을 말할 수 있게 한다.

관계적 알아차림relational awareness

노나카Nonaka(2005)는 인간 시스템의 핵심 분석 단위로 관계를 주목한다. 관계적 알아차림은 관계에서 상대방에 대한 알아차림, 정서, 해석, 그리고 의미를 만든다. 강한 관계적 알아차림은 팀 성과와 상관관계가 있으며, 팀 구성원들이 서로의 마음을 눈빛으로 읽어내는 능력을 특징으로 한다(Woolley et al., 2010). 관계적 알아차림의 중요성은 케츠 드 브리스Kets de Vries(2005, p.72)가 강조하였는데, '표면 아래에 있는 핵심 주체들의 대인관계 세계에서 실제로 일어나는 일'에 초점을 맞춘다.

팀의 문화를 시각적으로 표현하는 한 가지 방법으로 '빙산' 이미지가 있다(Yashiro et al.,

2001). 수면 위에는 사람들의 말과 행동을 보여준다. 수면 아래에는 때로 타인에게 보이지 않는 가치, 신념, 정서, 의도, 관심, 그리고 사람들의 말과 행동을 이끄는 욕구를 보여준다. 흔히 발생하는 관계에서의 충돌은 사람들이 근본적인 가치, 신념, 정서, 의도, 이해관계를 전달하지 못하고, 문제에 대한 입장/불만/요구사항만을 전달할 때이다(일반적인 협상 장면에서의 입장과 이해관계). 그러나 사람들은 표면적인 입장에 집중하거나 누가 옳고 잘못 되었는지를 따지기보다, 자신의 근본적인 관심, 욕구, 가치관, 정서, 신념, 의도를 전달할 때 갈등을 해결하기가 훨씬 쉬워진다.

관계적 알아차림을 촉진하는 개입의 사례로, (1) 구조화된 공유를 통한 상호 공개, (2) 요구사항 표면화하기, (3) 의사소통 채널 바꾸기가 있다.

관계의 신뢰를 높이기 위한 구조화된 공유

관계적 알아차림을 얻기 위한 SUNY 스토니브룩 대학의 아서 아론[Aron]과 동료들(Melinat, Aron, Valone & Bator, 1997)의 연구는 사람들이 어떻게 상호 공개를 통해 더 큰 알아차림에 도달하고, 다른 사람에 대한 취약성을 부드럽게 증가시킬 수 있는지를 보여주었다. 구체적으로 아론의 연구는 (너무 빠르지 않게) 점차적으로 증가하는 앞뒤 자기 공개가 신뢰 증가와 일관되게 연결됨을 보여주었다. 해리 라이스의 연구에서는 다른 사람의 자기 공개에 대한 경청 반응이 신뢰 형성에 동일하게 중요하다는 점을 보완했다(Reis, Capobianco & Tsai, 2002; Reis, Clark & Holmes, 2004; Reis & Gable, 2003; Rusbult & Reis, 2004). 공개와 경청 모두 관계를 시작하는 데 중요하며, 관계의 지속적인 질을 위해 더욱 중요하다. 또 코치의 지원을 받을 수 있다.

관계에서 불만 아래에 있는 문제와 요구사항 표면화하기

팀 갈등의 중심에서 직위, 요구, 불만 등의 이해관계를 탐구하기 위한 질문을 하면, 팀 구성원들은 관계에 있는 다른 사람들을 더 잘 이해하여 팀 구성원들의 관계적 알아차림을 높일 수 있다. 한 사례로, 리더는 순환 관계에서 벗어나 있었고, 부하직원은 리더에게 세밀한 부분까지 관리를 받아 갈등을 많이 경험하고 있었다. 이러한 힘의 불균형을 감지한 코치는 "왜 함께 일하는 것이 중요한가?"라고 질문했다. 그 결과 리더는 일을 효과적으로 하기 위해서는 부하직원이 필요하다는 사실을 깨닫게 됐다. 이후 부하직원은 코칭 세션에 앞서, 리더에게 이 문제를 '위험하게' 제기하지 않게 되었고, 팀 코치가 없었으면 할 수 없는 일이었다고 공개적으로 말했다.

관계에서 정서를 표현하기 위해 커뮤니케이션 채널 바꾸기

언어에서 동작 또는 소리로 커뮤니케이션 채널을 바꾸는 것은 고객이 논의하지 못하는 어려운 정서를 표현하는 또 다른 방법을 제공한다(Dassen, 2015). 한 팀 내에서 두 명의 팀 구성원들이 서로 불신을 느끼고 있었다. 제2외국어로 영어를 구사하는 팀 구성원은 영어로 자신의 정서를 표현하는 데 어려움을 겪고 있었다. 한 구성원은 화가 나 있었고 자신을 표현하고 싶었지만 많은 말을 할 수 없었다. 코치는 두명의 팀 구성원에게 함께 들고 있던 종이를 건네며 "이 문제가 두 팀 사이에 불신을 불러일으키고 있다고 생각해 봅시다. 이 문제에 대해 어떻게 생각하는지 종이로 설명해 보십시오." 조용했던 팀 구성원은 종이를 움켜쥐고 펜으로 거칠게 찌르며 종이에 빈틈이 생길 때까지 팔을 흔들었다. 그런 다음 그 구성원은 종이를 바닥에 던져 신발로 밟으며 낮은 신음소리를 냈다. 이를 본 동료의 눈이 휘둥그레 지면서 평소 조용했던 구성원이 얼마나 화가 났는지, 서로 불신 문제를 얼마나 격렬하게 느꼈는지 알게 됐다. 종이와 같이, 언어에서 사물로 커뮤니케이션 채널을 바꾸면서, 이 조용했던 구성원은 어떻게 말로 표현할 수 없었던 정서를 표현할 수 있었는지 알게 되었다.

사물을 이용해 정서를 표현하는 채널 바꾸기는 팀 구성원들이 공유 관계나 목표에 대해 어떻게 느끼는지 표현하는 데 도움을 줄 수 있다. 같은 동료들과 함께 일하면서 코치는 두 명의 팀 구성원에게 두 번째 종이를 주며, 앞으로의 관계에서 무엇을 원하는지 답변해 달라고 요청했다. 한 팀 구성원이 종이를 들고 있는 동안, 다른 팀 구성원은 종이를 접어서 깔끔하게 접은 삼각형을 만들어 "삼각형의 한 모서리는 당신 책임이고, 다른 모서리는 내 책임이며, 세 번째 모서리는 프로젝트에서 목표를 위한 우리 공동의 책임이다."라고 말했다. 다른 팀 구성원은 삼각형으로 접은 종이를 주의 깊게 바라보며 다음과 같이 말했다.

> 나도 이런 관계를 원해요. 당신과의 관계는 내게 중요합니다. 이제 당신이 불신을 없애는 데 얼마나 강렬하게 느끼는지, 그리고 우리 둘 모두 새로운 신뢰를 쌓아가기 위해, 얼마나 동일하게 기여해야 하는지 깨닫게 됐어요.

개인의 내면 알아차림 individual internal awareness

케츠 드 브리스Kets de Vries(2005, p.72)는 '주요 선수들이 일상의 표면 아래에서 실제로 일어나고 있는 일'에 초점 맞추기가 중요하다고 강조한다. 여기서 정신역동 알아차림은 자신의 가치, 정서, 감각, 가치, 신념 등을 포함한 자신의 내부 심리 프로세스에 대한 알아차림을 말한다(Kegan, 1982). 정신역동 알아차림을 시작하면서, 키건Kegan과 이후 쿡 그로이터Cook-Greuter(2010)는 복잡성이 증가하고 더 큰 시스템을 알아차리게 되면서, 의미를 만드는 방법의 진화를 추적했다.

정신역동 알아차림은 관계적 알아차림과 복잡하게 연결되어 있다. 개인은 흔히 반복적이고 지속적인 사회와 관계적 상호작용을 통해 더 큰 정신역동 알아차림을 얻게 된다. 여기서 타인의 행동은 개인의 기대를 방해하고 개인의 새로운 해석과 통찰을 자극한다(Parmar, 2014). 이유는 팀 구성원들은 자신의 진심을 모르는 경우가 많기 때문이다. 그리고 어떻게 느끼는지 안다고 해도, 대다수 아시아의 많은 팀 구성원들은 자신의 강한 정서, 특히 강한 부정적인 정서를 말로 표현하거나 표면화하기 어렵다. 다문화 팀에서도 제2외국어로 말하는 사람들은 자신의 정서를 완전히 표현하지 못한다.

내면의 알아차림 촉진을 위한 커뮤니케이션 채널 바꾸기

커뮤니케이션 채널을 바꾸면 팀 구성원들이 신념, 가정 또는 사회화된 행동 패턴에 얽매이지 않고 자신의 정서를 탐색할 수 있다. 에이미 민델Amy Mindell(2002)은 단어와 같이 친숙하고 정상적인 커뮤니케이션 방식에서, 동작이나 그림과 같은 2차적이고 덜 친숙한 커뮤니케이션 방식으로 전환하기가 어떻게 알아차림과 통찰력 변화를 가져올 수 있는지를 탐구한 최초의 연구자이다. 이러한 변화는 사람의 관점을 바꾸거나, 억제를 풀어주거나, 잠재의식적 생각을 의식에 불러일으킬 수 있다.

예를 들어, 자신의 분노를 동작으로 표현해 달라는 요청에, 한 팀 구성원 라지Raji는 매우 날카로운 타격 동작을 보여 주었다. 코치는 라지에게 동작을 낮춰 달라고 요청했다. 라지의 온몸이 아래로 내려갈 때마다 점점 더 심하게 숙여지자, 라지의 동작은 느려졌고 얼굴에는 눈물이 흘러내리며 다른 팀 구성원들에게 평소 드러내지 않았던 분노와 슬픔이 나타났다. 라지가 나머지 팀 구성원들을 두렵게 했던 분노에서 깊은 절망과 슬픔으로 바뀌어 가면서, 분위기는 라지와 팀 내부로 옮겨갔고, 팀 구성원들은 라지와 그 슬픔에 더욱 공감하게 됐다. 그뒤에 라지는 그 슬픔이 눈에 보이지 않는 데서 온 것임을 깨달았다. 이를 분노로 표현하자 팀은 라지를 피했지만, 슬픔으로 표현하자 라지에게 손을 내밀어 팀으로 데려 갔다. 의사소통의 채널 바꾸기는 잠재의식적 정서를 표면으로 드러냈고, 동료들은 이를 보게 됐다.

이러한 개입의 기초가 되는 코칭 마인드셋

가장 중요한 코칭 역량은 마인드셋이나 코칭 프레즌스이다. 한 사람의 프레즌스는 다른 모든 코치 역량을 이끄는 마인드셋 또는 '존재 방식'이다(Anderson, Ogles, Patterson, Lambert & Vermeersch, 2009; Corbett & Coleman, 2017). 코치의 프레즌스는 모든 참여자가 잘 듣고 있다고 느끼고, 서로에게 인간적이며, 불만이나 갈등에 관한 가치와 욕구를 드러내도록 분위기를 조성하는 데 도움을 줄 수 있다. 자신에게 영향을 미치는 의사결정에 팀을 참여시키면, 의사결정과 실행 모두에서 팀의 참여가 증가한다. 따라서 코치가 팀의 자기 결정, 심리적 안전감, 비밀 유지에 대해 중립적이고 힘을 실어주도록 노력해야 한다고 강조한다. 코치 역시 '논의하기 어려운 일'을 토의해야만 하며, 무거운 상황을 가볍게 접근하는 용기가 필요하다. 이러한 마인드셋의 각 측면은 아래에서 논의된다.

중립성과 팀 전체 안아주기

중립성을 유지하기 위해, 팀과 관련이 없고 팀 리더가 자신의 권한을 남용하는 상황에서, 정직하게 평가하고 개입하도록 팀 리더의 동의나 고용관계 보장은 매우 도움이 된다(Stewart, 2006; Stoffels, 2015). 팀 구성원들이 정서적, 평판적reputational, 개인적 이해관계가 있는 갈등 상황에 관여될 때, 중립성을 유지하기가 매우 어렵다. 중립성을 향상하는 한 가지 방법은 가정이나 선입견이 전혀 없는 '초심자의 마음' 개발이다. 이러한 마인드셋은 어떤 일을 가정하는 대신 질문하며, 흔히 문화적 규범에서 벗어나 개인의 선호를 드러낸다. 여기서 우리는 깊게 듣고, 질문하고, 가정하지 않기가 공감대를 형성하는 데 도움이 될 수 있음을 제안한다.

또 코치는 팀 구성원 개개인의 발언을 시스템의 발언으로 다루는 독특한 특성과 자질을 가진 하나의 살아있는 개체로서, 팀 전체를 하나의 시스템으로 유지할 수 있어야 한다(Rod & Fridjhon, 2016). 이를 위해, 팀 코치는 팀 역동 관계를 인지해야 한다. 또 코치는 팀 내에서 동등하게 발언하도록 기회를 제공하여 측정 가능한 동등한 발언을 목표로 해야 한다. 많은 팀에서는 일부 구성원만이 대부분 시간을 주도적으로 발언하는 경향이 있는데, 발언의 횟수가 더 적은 구성원들 가운데 다수는 발언하기를 두려워하기 때문이다. 연구 결과, 동등한 발언은 더 높은 성과로 이어진다는 사실이 입증되었으나(Woolley et al., 2010), 대화를 지배하는 소수의 발언 중심으로 표준이 확립되면 동등한 발언권을 갖기 어렵다.

이를 잘 보여주는 사례로, 한 팀에서 구성원 한 명이 두려움과 고민을 털어놓기 시작하자, 그 구성원에게 집중하려는 유혹이 생겼다. 그러나 시스템의 발언에 귀 기울이기 전에, 팀 코치는 먼저 다른 팀 구성원들에게 "이 팀 구성원의 말을 들어도 괜찮습니까?"라고 자신만의 고민이 아니라 팀 전체에 문제가 될 수도 있다고 말했다. 코치는 그 구성원의 말을 들으며 계속해서 팀을 둘러보고 다른 팀 구성원들도 관찰했다. 그러자 코치는 "고개를 끄덕이는 분이 많네요. 그게 무슨 뜻이죠?"라고 말하며 팀의 반응을 반영했다. 팀 구성원의 정서 표현은 나머지 팀 구성원들에게도 각자의 고민을 털어놓게 하고 서로 가까워지는 데 도움이 됐다. 흔히 개별 팀 구성원이나 관계에서 일어나는 일은 팀의 더 큰 시스템에서 일어나는 일의 축소판이 된다.

팀의 자기 결정과 자기 효율성 지원

알뢰Alrø와 달Dahl(2015)은 문제 해결을 위한 팀 지원의 중요성을 강조한다. 실증 연구에서는 팀과 개인에게 더 높은 수준의 팀 프로세스 개선과 고객 만족도 제공을 결과변수로 증명한다(Hayamizu, 1997; Kirkman, Rosen & Gibson, 2017; Ryan & Connell, 1989; Yamauchi & Tanaka, 1998). 코치들은 팀이 자신을 가장 잘 알고 있고, 자신에게 가장 적합한 해결책을 제시할 수 있다고 생각할 때, 팀 스스로 문제를 해결하도록 지원하는 데 가장 효과적인 경우가 많다. 코치는 최선을 다한 뒤, 성과에서 자신을 제외시키고 "무슨 일이 일어나든, 운명이다."라는 철학을 유지해야 한다.

이를 잘 보여주는 사례로, 작은 스타트업 회사의 최고 리더십 팀은 권력 싸움의 결과로 성과에 어려움을 겪고 있었다. 코치는 표면에서 일어나는 일에 집중하기보다 근본적인 관계에 대해 질문하여, 시스템의 지능을 활용했다. 부사장은 "다른 사람들이 원하는 방향으로, 그리고 다른 방향으로 이끌고 있음을 보니 갑자기 회사를 그만두고 싶습니다."라며 심경을 밝혔다. 이 말을 들은 사장은 충격을 받아 부사장을 막으려 했지만, "이미 결심했고 때를 기다리고 있습니다. 우리 모두에게 최선이라고 생각합니다."라고 말했다. 이 팀은 오직 자신의 문제를 해결하기 위한 승인만이 필요했다.

용기, 연민과 유머를 자극하기

이와 연결해서, 코치는 갈등에 편안함을 느끼고, 갈등에 위축되기보다는 강한 정서로 나아가는 의지가 중요하다. 흔히 갈등을 중재할 때는, 사람들이 갈등에 더 깊이 들어가기 전에 갈등에 관한 강한 정서를 불러내서 사람들의 진심을 듣고, 스스로 발산하도록 해야 한다. 갈등이 고조될 때 개입하고, 확대된 상황을 팀에 공감하는 방식으로 다시 반영하기는 특히 중요하다. 코치들은 토론하기 어려운 사항에 관해 토론할 용기를 가지고 팀 구성원들을 지원하고, 어려운 대화가 이루어지도록 격려한다. 팀 동료를 피해왔던 몇 주 후, 유코Yuko는 매우 소심한 방법으로 팀 동료와의 어려움을 표현했다. "나는 그녀를 정말 좋아하고 존경하지만, 가끔은 그녀와 함께 일하는 것이 힘들었습니다." 코치는 유코와 팀 구성원들을 부드럽게 초대하여 서로의 정서와 필요를 탐색하게 했다. 처음에는 어색했지만 차츰 솔직하게 말하기 시작했고, 서로가 받아들이지 않고 있는 두려움을 느끼고 있음을 깨달았다.

연민은 용기와 함께 코치와 팀 간 신뢰 관계를 형성하는 데 도움이 되고, 팀 구성원들이 마음을 열 수 있는 안전한 분위기를 조성한다. 코치의 긍정적인 발언, 보편성을 증명하는 기술, 팀에 감사하기 등은 새로운 알아차림의 토대를 마련하는 데 도움이 된다. 궁극적으로 보람될지라도, 처음부터 정서를 논의하기는 매우 도전적일 수 있다.

보편성을 예시로 들면서, 코치는 갈등 중인 팀에 "팀들이 겪는 갈등은 예사로운 일이 아닙니다. 대부분 팀이 갈등을 겪습니다." 이러한 종류의 기술은 갈등이 팀 개발 과정에서 일반적인 일임을 전달한다(Wheelan, 2003). 따라서 팀 구성원들은 서로 의견이 충돌되고, 의견이 맞지 않는 일에 더 익숙해진다. 갈등이 일반화된 팀은 갈등을 논의하고 규범을 만들어 서로 더 익숙하게 협력하도록 지원하며, 이후 갈등을 극복하는 데 도움이 된다.

마지막으로, 코치의 유머와 기분 좋은 프레즌스는 때로는 팀이 편안하도록 도와준다. 평소 분위기가 매우 엄격하고 진지했던 한 고위 경영진에게, 코치가 활기찬 농담을 하며 재미있는 운동을 하면서, 팀 구성원들이 웃는 일이 많아졌다. 시간이 흐르면서 분위기가 유쾌해지면서, 팀 구성원들의 표현, 유머, 나눔이 개방적으로 변화되었다. 코칭이 끝나갈 무렵, 팀 구성원 가운데 한 명은 지난 13년간 함께 일했던 시간보다 세 번의 코칭 세션에서 팀을 더 많이 알게 됐다고 말했다.

팀 내 심리적 안전감과 비밀 유지 증진

팀 코칭의 핵심은 팀이 새롭고 복잡하며, 잠재적으로나 사회적으로 재구성된 지식과 기술을 파악하고, 훈련할 수 있는 안전한 환경을 조성하는 능력이다(Edmondson, 1999; Hunt &

Weintraub, 2002; Yukl, 2002). 심리적 안전감 제공은 안전감을 모델링하고 한 참여자가 다른 참여자를 방해할 때 개입함으로써 이루어진다. "잠시만 기다려 주세요. 들어오기 전에 'A'를 끝내도록 하세요." 심리적 안전감은 팀의 기능과 창의성에서 매우 중요하게 나타났다 (Edmondson, 1999; Nembhard & Edmondson, 2006).

비밀 유지 제공은 회사가 허용하는 범위 내에서 공유된 내용을 비공개로 유지하고, 비밀 유지 경계를 투명하게 설정함을 의미한다. 마지막으로 중립성 제공은 (1) 분쟁에서 어느 한쪽 편을 들지 않는 듯 보이거나 (2) 다자 간 분쟁에서 관련된 모든 참여자가 동등하게 보임을 의미한다(예: Kruk, 1998; Silver, 1996).

결론

이 장에서는 팀 내 세 가지 수준의 분석에서, 알아차림을 자극하기 위한 세 가지 유형의 알아차림과 개입 사례에 초점을 맞췄다. 첫째, 시스템 알아차림, 즉 팀 전체의 시스템 알아차림은 주도적 그룹의 발언에서 소수의 발언으로 초점을 전환하면서 많이 나타났다. 둘째, 관계적 알아차림은 흔히 관계적 위치와 행동에서 근본적인 의미, 정서, 신념, 가치관, 욕구로 초점을 옮기면서 나타난다는 점에 주목했다. 마지막으로, 단어 사용과 같은 친숙한 채널에서 동작, 몸짓, 그림 또는 다른 형태의 커뮤니케이션과 같이, 덜 친숙한 채널로 전환하면 때로 자신의 정서 내 과정과 시스템에 대한 개인의 알아차림이 촉발된다고 제안했다.

대부분 팀이 갈등, 단절, 이탈 또는 기타 어려움을 겪고 있으므로 코치가 참여한다. 팀 구성원들이 새롭고 알려지지 않은 정서, 도전과 알아차림을 경험하기 때문에 정서 알아차림, 관계 알아차림과 시스템 알아차림을 전환하는 과정은 도전적일 수도 있으며, 때로는 두렵기도 하다. 따라서 가장 중요한 코칭 역량은 마인드셋이나 코칭 프레즌스이다. 팀 코치의 프레즌스나 '존재 방식way of being'은 다른 모든 역량과 개입을 끌어내며, 이는 진정으로 '실천 방식ways of doing'이 된다. 코치의 프레즌스는 팀 구성원들이 상대의 발언을 듣고, 서로 인간성을 보이며, 불만이나 갈등에 대한 가치와 욕구를 공유할 수 있을 만큼 취약성을 보이는 데 도움을 준다. 코치가 중립적이어야 소수의 구성원들이나 조용한 발언을 포함해 팀 전체를 볼 수 있다. '논의하기 어려운 부분'을 논의하고 유연한 손길로 무거운 상황을 가볍게 다룰 용기가 있다면, 코치는 팀의 자기 결정, 심리적 안전감, 비밀 유지를 지원하게 된다.

프랙티스를 위한 주요 제안

프랙티스를 위한 주요 제안은 다음과 같다.

- 팀의 전체 시스템을 알아차리는 훈련을 한다. 발언이 조용한 팀 구성원들과 더 큰 팀 구성원들을 주목하고 그 조용한 발언을 이끌어낸다. 팀 전체에 영향을 미치는 언어, 특히 적극적으로 참여하지 않는 팀에 미치는 영향을 고려한다.
- 개인(지각, 피곤함, 배고픔, 압박감 등), 관계(듣지 않음, 인정됨, 존중됨 등)에서 유발하는 요인을 스스로 알아차리도록 노력한다.

이러한 알아차림을 행동으로 옮기기 위해 팀 코치는 다음을 수행해야 한다.

- 용기 있게 행동하는 동시에, 팀에 행동 패턴을 반영하도록 연민 갖기 훈련을 한다.
- 갈등 안에서 열정을 향해 나아가는 용기와 연민을 훈련한다. 강한 정서를 피하지 말고, 이러한 강한 정서를 표현하도록 촉진하며, 더 중립적인 언어를 사용하더라도 말하는 이와 같은 수준의 정서 강도를 사용하여 인정한다.
- 더 중립적이 되도록, 자신이 촉발자가 됐다는 사실을 알게 되면, 코칭 팀을 피해 있는다. 만약 팀 코칭이 촉발된 경우, 자신이 촉발자임을 인정하고, 사과하거나, 20분 이상의 휴식으로 코티솔cortisol이 가라앉도록 하여 시스템을 안정화시킨다.

코치는 코치가 직접 이동하는 범위 내에서만 팀을 지원한다(Drake, 2009). 코치는 이러한 분야에서 팀이 더 잘 인지할 수 있도록 지원하기 전에, 자신의 함정 내 촉발요인, 관계 촉발요인 그리고 시스템 전반에 대해 알고 있어야 한다(Lawrence & Whyte, 2014). 다처 켈트너Dacher Keltner(2016)가 지적한 바와 같이, 권력자는 권력자 자신보다 시스템에 대한 통찰력이 더 큰 경우가 많다. 따라서 팀은 특히 코치에 영향을 미치기 때문에, 코치의 맹점, 단점, 미숙함을 인지하게 된다. 중립성 개발, 팀의 자기 결정, 심리적 안전감, 비밀 유지를 지원할 능력, 그리고 '논의하기 어려움'을 논의할 수 있는 용기 등이 효과적인 팀 코치가 되기 위한 핵심이다.

Notes

1. 에버^{Ever}와 셀만^{Selman}(1989)은 코칭의 핵심을 이루는 필수적인 요소 또는 특성으로 파트너십 개발, 결과 도출과 비전 제정을 위한 헌신, 연민과 수용, 실천에 대한 발언과 경청, 직원 대응, 직원 고유성, 프랙티스와 준비, 코칭과 코칭에 대한 의지, 개인은 물론 그룹에 대한 감수성, 이미 성취한 것을 뛰어넘으려는 의지. 엘링거^{Ellinger}와 보스톰^{Bostrom}(2002), 맥린^{McLean} 등(2005)을 참조한다.

2. 비슷하게, 휠란^{Wheelan}과 동료들은 92개의 팀과 작업 그룹(Wheelan, 2005; Wheelan, Burchill & Tilin, 2003; Wheelan & Kesselring, 2005, Wheelan, Murphy, Tsumura & Fried Kline, 1998)을 연구조사하면서 팀워크가 수익, 주기, 고객 서비스와 환자 서비스에 의해 더 높은 결과로 이어짐을 발견했다(Wheelan, 2009). 외과 팀에서는 원활한 팀워크와 관계 의식을 갖춘 집중 치료 팀이 더 많은 생명을 구한다고 밝혀졌다(Wheelan et al., 2003). 마찬가지로 원활한 팀워크와 정서적 알아차림을 보이는 기업 팀은 규범과 신뢰가 덜 발달된 팀보다 고객 서비스에 대해 더 높은 평가를 받고, 업무를 더 빠르게 수행하며, 더 많은 수익을 창출하는 것으로 밝혀졌다(Wheelan, 2009). 팀워크가 팀 성과에 매우 중요하게 나타났기 때문에, 이 장에서는 팀워크가 더 원활하게 이루어지게 하는 알아차림, 팀 코칭 역량과 개입에 관심을 두었다.

참고문헌

Aggarwal, I., & Woolley, A. W. (2012). Two perspectives on intellectual capital and innovation in teams: collective intelligence and cognitive diversity. In C. Mukho-padyay (Ed.), *Driving the economy through innovation and entrepreneurship* (pp. 495-502). Bangalore, India: Springer.

Alrø, H., & Dahl, P. N. (2015). Dialogic group coaching: Inspiration from transformative mediation. *Journal of Workplace Learning*, 27(7), 1-11.

Anderson, T., Ogles, B. M., Patterson, C. L., Lambert, M. J., & Vermeersch, D. A. (2009). Therapist effects: Facilitative interpersonal skills as a predictor of therapist success. *Journal of Clinical Psychology*, 65(7), 755-768.

Aron, A., Melinat, E., Aron, E. N., Vallone, R. D., & Bator, R. J. (1997). The experimental generation of interpersonal closeness: A procedure and some preliminary findings. *Personality and Social Psychology Bulletin*, 23, 363-377.

Brown, S. W., & Grant, A. M. (2010). From GROW to GROUP: Theoretical issues and a practical model for group coaching in organisations. *Coaching: An International Journal of Theory, Research and Practice*, 3(1), 30-45.

Clutterbuck, D. (2007). *Coaching the team at work*. London, England: Good News Press.

Clutterbuck, D. (2013a). Team coaching. In E. Cox, T. Bachkirova, & D. Clutterbuck (Eds.), *The complete handbook of coaching* (pp. 271-283). London, England: Sage.

Clutterbuck, D. (2013b). Time to focus coaching on the team. *Industrial and Commercial Training*, 45(1), 18-22.

Cohen, D. B. (2006). "Family constellations": An innovative systemic phenomeno-logical group process from Germany. *The Family Journal: Counseling and Therapy for Couples and Families*, 14(3), 226-233.

Cook-Greuter, S. (2010). Postautonomous ego development: A study of its nature and measurement (Unpublished doctoral dissertation). Harvard University, Cambridge, MA.

Corbett, B., & Coleman, J. (2017). *BE … don't do*. Cincinnati, OH: Sherpa Coaching. Dassen, M. (2015). Drama techniques in team coaching. *International Journal of Evidence Based Coaching and Mentoring, 13*(1), 43-57.

Drake, D. B. (2009). Evidence in action: A relational view of knowledge and mastery in coaching. *International Journal of Evidence Based Coaching and Mentoring, 7*(1), 1-12.

Edmondson, A. (1999). Psychological safety and learning behavior in work teams. *Administrative Science Quarterly, 44*(2), 350-383.

Ellinger, A.D. & Bostrom, R. P. (2002). An examination of managers' belief about their roles as facilitators of learning. *Management Learning, 33*(2), 147-179.

Engel, D., Woolley, A. W., Aggarwal, I., Chabris, C. F., Takahashi, M., Nemoto, K., … Malone, T. W. (2015). Collective intelligence in computer-mediated collaboration emerges in different contexts and cultures. In *Proceedings of CHI '15: The SIGCHI Conference on Human Factors in Computing Systems*. Seoul, Korea.

Engel, D., Woolley, A. W., Jing, L. X., Chabris, C. F., & Malone, T. W. (2014). Reading the mind in the eyes or reading between the lines?: Theory of mind predicts effective collaboration equally well online and face-to-face. *PLoS ONE, 9*(12), e115212. doi:10.1371/journal.pone.0115212.

Evered, R. D. & Selman, J. C. (1989). Coaching and the art of management. *Organizational Dynamics, 18*(2), 16-32.

Farmer, S. (2015). Making sense of team coaching. *The Coaching Psychologist, 11*(2), 72-80.

Gersick, C. J. G. (1988). Time and transition in work teams: Toward a new model of group development. *Academy of Management Journal, 31*(1), 9-41.

Gersick, C. J. G. (1989). Marking time: Predictable transitions in task groups. *Academy of Management Journal, 32*(2), 274-309.

Gersick, C. J. G., & Hackman, J. R. (1990). Habitual routines in task-performing groups organizational behavior and human decision processes. *Organizational Behavior and Human Decision Processes, 47*(1), 65-97.

Grant, A. M., & Stober, D. R. (2006). *Evidence based coaching handbook*. Hoboken, NJ: Wiley.

Hayamizu, T. (1997). Between intrinsic and extrinsic motivation: Examination of reasons for academic study based on the theory of internalization. *Japanese Psychological Research, 39*(2), 98-108.

Hicks, B. (2010). *Team coaching: A literature review*. Retrieved from www.employmentstudies.co.uk/system/files/resources/files/mp88.pdf.

Hunt, J. M., & Weintraub, J. (2002). How coaching can enhance your brand as a manager. *Human Resources, 21*(2), 39-44.

Kegan, R. (1982). *The evolving self*. Cambridge, MA: Harvard University Press.

Keltner, D. (2016). *The power paradox: How we gain and lose influence*. London, England: Penguin Books.

Kets de Vries, M. F. R. (2005). Leadership group coaching in action: The Zen of creating high performance teams. *Academy of Management Executive, 19*(1), 61-76.

Kets de Vries, M. F. R. (2015). Vision without action is a hallucination: Group coaching and strategy implementation. *Organizational Dynamics, 44*, 1-8.

Kirkman, B. L., Rosen, B., Tesluk, P. E., & Gibson, C. E. (2017). The impact of team empowerment on virtual team performance: The moderating role of face-to-face interaction. *Academy of Management Journal, 47*(2).

Kruk, M. (1998). Practice issues, strategies, and models: The current state of the art of family mediation. *Family Court Review, 36*(2), 195-215.

Lawrence, P., & Whyte, A. (2014). What is coaching supervision and is it important? *Coaching: An International Journal of Theory, Research and Practice, 7*(1), 39-55.

Liu, C. Y., Pirola-Merlo, A., Yang, C. A., & Huang, C. (2009). Disseminating the functions of team coaching regarding research and development team effectiveness: Evidence from high-tech industries in Taiwan. *Social Behaviour and Personality, 37*(1), 41-58.

McLean, G. N., Yang, B., Kuo, M. C., Tolbert, A. S., & Larkin, C. (2005). Development and initial validation of an instrument measuring managerial coaching skill. *Human Resource Development Quarterly, 16*(2), 157-178.

Mindell, A. (2002). *The deep democracy of open forums: Practical steps to conflict prevention and resolution for the family, workplace, and world*. Newburyport, MA: Hampton Roads.

Mindell, A. (2014). *Sitting in the fire: Large group transformation using conflict and diversity*. Florence, OR: Deep Democracy Exchange.

Nembhard, I. M., & Edmondson, A. C. (2006). Making it safe: The effects of leader inclusiveness and professional status on psychological safety and improvement efforts in health care teams. *Journal of Organizational Behavior, 27*(7), 941-966.

Nonaka, I. (2005). *Knowledge management*. London, England: Routledge. 참고: 『지식창조경영』 정재봉 역, 디자인하우스. 2010.

Parmar, B. (2014). From intrapsychic moral awareness to the role of social disruptions, labeling, and actions in the emergence of moral issues. *Organization Studies, 35*(8), 1101-1126.

Paulus, P.B . & Yang, H. C. (2000). Idea generation in groups: A basis for creativity in organizations. *Organizational Behavior and Human Decision Processes, 82*(1), 76-87.

Peters, J., & Carr, C. (2013). Team effectiveness and team coaching literature review. *Coaching: An International Journal of Theory, Research and Practice, 6*(2), 116–136.

Reis, H. T., Capobianco, A. E., & Tsai, F. F. (2002). Finding the person in personal relationships. *Journal of Personality, 70*, 813–850.

Reis, H. T., & Gable, S. L. (2003). Toward a positive psychology of relationships. In C. L. Keyes & J. Haidt (Eds.), *Flourishing: The positive person and the good life* (pp. 129–159). Washington, DC: APA Press.

Reis, H. T., Clark, M. S., & Holmes, J. G. (2004). Perceived partner responsiveness as an organizing construct in the study of intimacy and closeness. In D. Mashek & A. Aron (Eds.), *The handbook of closeness and intimacy* (pp. 201–225). Mahwah, NJ: Lawrence Erlbaum Associates.

Rod, A., & Fridjhon, M. (2016). *Creating intelligent teams*. Cape Town, South Africa: KR Publishing.

Rusbult, C. E., & Reis, H. T. (2004). Relationship science: A casual and somewhat selective review. In H. T. Reis & C. E. Rusbult (Eds.), *Close relationships: Key readings in social psychology* (pp. 1–20). New York, NY: Psychology Press.

Ryan, R. M., & Connell, J. P. (1989). Perceived locus of causality and internalization: Examining reasons for acting in two domains. *Journal of Personality and Social Psychology, 57*(5), 749–761.

Schein, E. H. (1999). *Process consultation revisited*. Boston, MA: Addison-Wesley.

Sherpa Coaching (2017). *Executive coaching survey: The 13th annual industry review from Sherpa Coaching*. Retrieved from www.sherpacoaching.com/annual-executive-coaching-survey/

Silver, M. P. (1996). Mediation of litigious disputes. In R. J. Weiler (Ed.), *An ADR primer: Department of Continuing Legal Education* (pp. E1–E19). Toronto, Ontario: The Law Society of Upper Canada.

Slobodnik, A., & Wile, K. (1999). Taking the teeth out of team traps. *The Systems Thinker, 10*(9), 1–5.

Stewart, J. (2006). High-performing (and threshold) competencies for group facilitators. *Journal of Change Management, 6*(4), 417–439.

Stoffels, D. (2015, June). Improving team coaching. *Training Journal*, 50–52.

Thornton, C. (2010). *Group and team coaching: The essential guide*. New York, NY: Routledge.

Wheelan, S. A. (2003). An initial exploration of the internal dynamics of leadership teams. *Consulting Psychology Journal: Practice & Research, 55*(3), 179–188.

Wheelan, S. A. (2005). *Group processes: A developmental perspective* (2nd ed.). Auckland, New Zealand: Pearson Education.

Wheelan, S. A. (2009). Group size, group development, and group productivity. *Small Group Research, 40*(2), 247–262.

Wheelan, S. A., Burchill, C. N., & Tilin, F. (2003). The link between teamwork and patients' outcomes in intensive care units. *American Journal of Critical Care, 12*(6), 527–534.

Wheelan, S. A., & Kesselring, J. (2005). Link between faculty group development and elementary student performance on standardized tests. *Journal of Educational Research, 98*(6), 323.

Wheelan, S. A., Murphy, D., Tsumura, E., & Fried Kline, S. (1998). Member perceptions of internal group dynamics and productivity. *Small Group Research, 29*(3), 371–393.

Woolley, A. W., Chabris, C. F., Pentland, A., Hashmi, N., & Malone, T. W. (2010). Evidence for a collective intelligence factor in the performance of human groups. *Science, 330*(6004), 686–688.

Yamauchi, H., & Tanaka, K. (1998). Relations of autonomy, self-referenced beliefs, and self-regulated learning among Japanese children. *Psychological Reports, 82*(3), 803–816.

Yashiro, K. Araki, M., Higuchi, Y., Yamamoto, Y., & Komisaroff, K. (2001). Ibunka communication workbook (Cross-Cultural Communication Workbook). Self published.

Yukl, G. A. (2002). *Leadership in organizations* (5th ed.). Upper Saddle River, NJ: Prentice Hall. 『현대조직의 리더십 이론(8판)』 강정애 역, 시그마프레스. 2013.

12장. 고성과 팀 코칭
팀 효과성을 지원하는 근거 기반 시스템

저자: 재클린 피터스Jacqueline petersi
역자: 박준혁

지난 10년간 팀 코칭 분야에 많은 발전이 있었다. 리들러 레포트Ridler Report(2016)에 따르면 설문 대상 105개 기업 가운데 58% 기업이 팀 코칭을 활용하고 있으며, 28%는 향후 3년 내에 팀 코칭 도입을 고려한다고 응답했다(Mann, 2016). 기업의 니즈가 점차 증가함에 따라, 팀 코칭에 대한 새로운 접근 방식이 매년 발표되고 있는데, 이것이 오히려 가장 적합한 팀 코칭 접근 방식이 무엇인지 파악하기 어렵게 한다. 코칭 접근 방식과 영역이 확장됨에 따라, 코치는 논리적 방어가 가능한 방법defensible methods인 근거 기반evidence-based 팀 코칭을 준비하여 고객의 기대에 부응할 책임이 있다. 코치는 먼저 팀 코칭 프레임워크를 잘 세우는 것이 필요한데, 잘 구축된 팀 코칭 프레임워크는 사후 분석과 평가를 가능하게 하고, 복제 가능한 프로세스를 만들 수 있게 하며, 코칭 결과의 예측력도 높일 수 있다. 이 장에서는 고성과 팀을 위한 효과적이고 실용적인 팀 코칭의 프레임워크를 소개하고자 한다.

그렇다면 팀 코칭의 표준은 무엇인가? 궁극적으로, 코치는 고성과 팀의 세 가지 성공 기준인

재클린 피터스 Jacqueline peters: 20년 넘게 수십 개의 조직에서 수백 명의 리더와 팀을 코칭하여 그 영향과 결과를 극대화했다. 『훌륭한 팀을 위한 50가지 팁, 고성과 팀 코칭과 고성과 관계』를 포함한 수많은 칼럼과 책을 저술했다.

(1) 높은 성과, (2) 높은 참여와 헌신, (3) 성장과 발전, 이 모두를 달성할 수 있게 팀을 도와야 한다(Peters & Carr, 2013a; Wageman, Nunes, Burruss & Hackman, J. R., 2008). 이 장에서는 근거 기반 팀 코칭 시스템을 단계별로 차근차근 소개하고자 한다. 먼저 팀의 현재 상태를 평가하고 이해하는 것부터 시작하여, 향후 효과적인 팀을 구축하기 위해 필요한 활동과 행동의 명확한 경로까지 제공한다. 이 접근 방식은 클러터벅^{Clutterbuck}(2007), 해크먼^{Hackman}과 웨이먼^{Wageman}(2005), 호킨스^{Hawkins}(2011, 2014), 니멜라^{Niemela}와 루이스^{Lewis}(2001) 등이 지난 40년 동안의 팀 코칭 연구와 실습을 통해 구체화한 결과이다. 이후 본인의 15년간의 실습과 3년간의 박사 학위 연구를 통해 더욱 발전되었다. 학자들은 다양한 학술논문(Carr & Peters, 2012; Peters & Carr, 2013b)을 발표하였고, 피터^{Peter}와 카^{Carr}(2013)는 『고성과 팀 코칭: 리더 및 코치를 위한 종합적인 시스템$^{High\ Performance\ Team\ Coaching:\ A\ Comprehensive\ System\ for\ Leaders\ and\ Coaches}$』이라는 책을 출간하기도 하였다. 고성과 팀 코칭 시스템은 현재 전 세계, 수백 개 팀에서 실행되고 있으며 여러 코치와 저자에 의해 인용되고 있다(예: Britton, 2013; Hawkins, 2014).

이 접근법은 또한 팀 효과성 전문가인 리차드 해크먼 박사와 루스 웨이먼 박사의 연구와 저서에 강하게 영향받았는데, 그들은 팀 효과성을 위해서 팀이 잘 작동할 수 있는 적절한 조건을 갖추는 것이 중요함을 밝혀낸 학자들이다(Hackman, 2002, Wageman et al., 2008). 특히 그들은 뛰어난 팀이 차별적으로 가진 여섯 가지 조건 가운데 하나가 '유능한 팀 코치' 라는 것을 발견했다. 에이미 에드먼드슨$^{Amy\ Edmondson}$(2012)의 영향도 강하게 받았는데, 대인관계 요인과 심리적 안전 또한 팀 효율성의 핵심이며, 심리적 안전은 모든 단계에 기초하는 중요한 요소라고 강조했다.

이 모든 학자의 기여로 고성과 팀 코칭$^{High\ Performance\ Team\ Coaching}$ 시스템 6단계가 만들어졌다. 6단계는 다음과 같이 구성된다. (1) 평가^{assessment}, (2) 팀 설계를 위한 코칭$^{coaching\ for\ team\ design}$, (3) 팀 론칭$^{team\ launch}$, (4) 개인 코칭$^{individual\ coaching}$, (5) 상시 팀 코칭$^{ongoing\ team\ coaching}$, (6) 학습 및 성공 검토$^{review\ of\ learning\ and\ success}$([그림 12.1] 참조)

팀 코칭 6단계는 비즈니스 또는 팀의 3단계 라이프 사이클과도 일치한다. 즉, 게르식^{Gersick}(1988)의 단속 평형모델$^{punctuated\ equilibrium\ model}$의 전반부, 중반부, 후반부 3단계 틀을 따르고 있다. 팀 코칭에서는 팀의 라이프 사이클이 어디에 위치하고 있는지 파악하는 것이 매우 중요하다. 라이프 사이클이 어디에 있는지에 따라 팀 코칭에 가장 효과적인 활동과 방법이 달라질 수 있기 때문이다(Gersick, 1988). 많은 학자가 실증 연구를 통해 효과적인 팀 코칭의 세 가지 특징을 알아냈다. 효과적인 팀 코칭은 (1) 추진력 확보를 위한 팀 초기 단계의 동기부

[그림 12.1] 고성과 팀 코칭 시스템
출처: © Peters and Car, 2013. InnerActive Leadership Associates Inc.

여, (2) 팀 전략을 재검토하고 재평가하는 중간 단계, (3) 그간 배운 것을 지식과 스킬로 변환시키기 위한 종료 시점의 교육에 초점을 맞추고 있다(Hackman & Wageman, 2005).

이상적으로는 [그림12.1]에서 설명한 팀 코칭 시스템 6단계를 모두 구현하는 것이 좋다. 성공을 향한 가장 명확하고 강력한 경로이기 때문이다. 그렇지만 한 개 이상의 단계만 구현하더라도 소기의 목적을 얻는 경우도 있다. 고성과 팀 코칭 시스템 6단계는 유능한 팀 코치나 내부 리더에 의해 실행될 수 있다. 코치는 외부인이기 때문에 긍정적이고 객관적인 관점으로 팀을 살펴볼 수 있고(Heimbecker, 2006; Wageman et al., 2008), 내부 리더는 팀 발전을 위한 신중한 경로를 따름으로써 팀원들에게 큰 영향을 미칠 수 있다. 많은 팀 코칭 문헌을 통해 외부 코치와 내부 리더를 통한 성과는 계속 증명되고 있다(7장 참조).

6단계 고성과 팀 코칭 시스템

1단계: 평가 assessment

1단계에서는 코칭을 위한 팀의 준비 상태를 평가한다. 먼저, 함께 일하는 방법 how they work together 에 관한 논의를 이끌 팀 리더가 있는지를 살펴보아야 한다. 두 번째로는 팀 리더 또는 구성원들이 프로세스 전반에 걸쳐 일대일 코칭에 참여할 의사가 있는지를 확인해야 한다. 일대일 코칭은 비밀이 보장되고 안전한 환경에서 팀 내 리더십 문제를 해결하고, 코칭 스킬을 습득하는 도구로서 의미가 있다.

요즈음에는 팀 평가도구들이 시중에 많이 나와 있다. 팀 평가도구는 팀이 작동하고 성취하는 방식에서 보이는 강점 strength, 격차 gap, 모순 inconsistencies 을 더 잘 이해할 수 있도록 돕고 있어서 그 활용이 점차 늘어가고 있다.

좋은 평가도구는 팀 성과와 관련이 있는 행동 데이터를 제공하고, 척도 질문과 개방형 질문이 혼합된 형태로 구성되어야 할 것이다. 나름 상업용으로 검증된 평가도구로는 웨이먼 Wageman, 해크먼 Hackman, 리먼 Lehman(2005)에 의해 개발된 TDS Team Diagnostic Survey 와 Callea 등(2014)에 의해 개발된 ATPI Aston Team Performance Inventory 를 들 수 있다. 이 장에서 소개한 고성과 팀 코칭 시스템 6단계뿐 아니라 안전, 목적, 구조, 동지애, 보수, 결과 등 6개의 관계 효과성 영역까지 팀원별로 평가하여 피드백하는 진단도 있다(www.HighPerformanceRelationships.com 참고).

코치가 공식적인 팀 평가도구를 사용하지 않더라도, 팀 구성원을 대상으로 인터뷰나 온라인 설문조사를 통해 평가해볼 수도 있다. 질문 예시는 다음과 같다.

1. 더 큰 팀 성과를 향해 가장 효과적으로 작동하게 하는 팀 행동 또는 조건(예: 시간, 재능, 구조, 인센티브 등) 세 가지는 무엇인가?
2. 팀 효과성과 성과 창출을 방해하는 팀 행동 또는 조건 세 가지는 무엇인가?
3. 팀의 이해관계자(예: 이사회, 직원, 고객, 공급업체, 기타 팀 등)들이 향후 이 팀에 무엇을 요구할 것 같은가?
4. 1에서 10까지의 척도(1이 낮고 10이 높음)에서 현재 팀의 효과성을 어떻게 평가하는가?
5. 1에서 10까지의 척도(1이 낮고 10이 높음)에서 팀이 향후 12개월 동안 목표와 기대치를 달성하려면 어느 수준의 효과성이 요구되는가?
6. 팀이 훨씬 더 큰 효과와 결과를 함께 달성하기 위해서 필요한 세 가지 변화는 무엇인가?

코치는 주요 이해관계자들(예: 팀 구성원, 이사회, 고객 등)에게 위와 같은 질문을 함으로써 더 많은 통찰력을 얻을 수 있다. 팀 코치는 익명으로 답변을 요약하고 분석한 후 보고서로 정리하고, 코치가 주관한 팀 미팅을 통해 팀원들에게 공유한다. 이를 통해 팀원들은 자신의 강점, 약점, 챌린지 및 결과를 스스로 인식하게 하고 코칭 목표와 결과 설정을 위한 동기를 갖게 한다.

2단계: 팀 구조 및 설계 team structure and design

2단계 팀 구조 및 설계는 웨이먼 등(2008)이 정리하였고, 팀 효율성에 대한 세 가지 필수 조건과 세 가지 활성화 조건을 제시하였다. 팀 효율성에 대한 세 가지 필수 조건은 (1) 구성원 자격과 팀의 경계가 명확히 정의된 실제 팀, (2) 설득력 있는 명확한 목적, (3) 팀 목표 달성에 필요한 기술, 지식, 경험을 갖춘 팀원들이다.

팀 효율성에 대한 세 가지 활성화 조건은 (1) 협력 방식에 대해 명시적으로 동의한 10명 미만의 견고한 팀 구조, (2) 과제를 완료하기 위한 시간, 자원, 정보를 제공하는 조직적 맥락, (3) 유능한 팀 코치이다.

1단계 팀 평가assessment에서 팀 내 구조적인 문제나 팀 구성원의 행동이 팀 성공에 장애가 될 것으로 밝혀진 경우, 코치는 팀 리더가 이러한 결함을 해결할 수 있게 지원할 수 있다. 조직 구조, 우수 인재, 성과 관리 이슈에 관한 결정은 리더의 역할이므로, 이는 리더를 개별 코칭함으로써 해결하게 한다. 그러므로 팀 코칭의 성공을 위해서는 코치가 팀 리더와 강한 유대관계를 맺는 것이 특별히 중요하다. 보이는 곳에서뿐만 아니라 보이지 않는 곳에서의 지속적인 지원이 요구된다.

만약 팀 리더가 없다면, 조직적이고 구조적인 팀 변화를 구현할 수 있는 힘을 가진 사람과 함께 완수하여야 한다. 이는 팀의 후원자가 될 수도 있고, 팀이 조직 내 최종적으로 보고를 해야 하는 리더가 될 수 있다.

2단계 팀 구조 및 설계team structure and design는 팀 기능의 60% 이상에 기여하는 매우 중요한 단계이다(Hackman, 2011; Pellerin, 2009). 1단계 평가assessment를 통해 팀 성공에 방해가 될 수 있는 조직 구조나 팀 구성원이 확인되면 3단계 시작 전에 구성원의 전보 배치 또는 역할 변경 등의 조치가 필요할 것이다. 2단계에 집중하면, 전체 팀 코칭의 성공 가능성을 높일 수 있다. "팀 노력, 전략, 지식과 스킬에 특별히 초점을 맞춘 개입은 구성원들의 대인관계에 초점을 맞춘 개입보다 팀 효과성을 더욱 높인다."(Hackman & Wageman, 2005, p.274)

3단계: 팀 론칭team launch

팀 론칭은 일반적으로 팀이 의식적으로 합의하고 상호 의존적 목표를 명확히 하며 원하는 미래 상태를 달성하기 위해 구현해야 할 것들을 논의하는 1~3일 과정의 촉진 프로세스이다. 많은 팀 코칭 전문가는 중요한 구성요소로서 초기 팀 론칭 이벤트를 진행한다(Anderson, Anderson & Mayo, 2008; Blattner & Bacigalupo, 2007; Clutterbuck, 2007; Guttman, 2008; Hawkins, 2011; Kegan & Lahey, 2009; Wageman et al., 2008). 40년 이상 팀과 일한 경험이 있는 리차드 해크만Richard Hackman(2011)은 팀 효과성의 약 30%가 생산적인 팀 론칭과 관련이 있다고 했는데, 하루나 이틀 정도의 투자만으로도 상당한 영향을 미칠 수 있다고 하였다. 이것은 코치가 새롭게 형성된 팀을 지원하는 가장 중요한 기회가 된다. 또 팀을 새롭게 묶는 강력한 리셋 기회가 될 수 있다. 새로운 방향을 설정해야 하는 경우, 새로운 팀 구성원을 충원한 경우, 새로운 전략을 실행하거나 다른 방식의 팀으로 다시 시작하는 경우 등이 그 예이다.

3단계 팀 론칭team launch에서 코치의 업무는 다면적으로 수행되며, 프로세스 전반에 걸쳐 팀의 필요에 따라 퍼실리테이터, 컨설턴트, 코치 및 관찰자 역할을 수행한다. 코치는 공식적인 리더가 없는 경우 팀과 공동으로 어젠다 초안을 작성한다. 어젠다는 1단계 평가assessment에서 드러난 팀의 우선순위에 기초한다. 그 이후 코치는 구성원들이 팀의 현재 상태에 대해 깊이 생각할 수 있도록 안전하고 성찰적 공간을 조성하는 역할을 해야 한다. 코치는 팀이 이상적인 미래 상태를 상상하도록 돕는다. 많은 방법이 있으나 가장 쉬운 방법은 팀 구성원들을 소규모 그룹별로 소집한 후 성과, 행동, 이해관계자의 요구와 미래의 요구를 충족시키기 위해 달성해야 할 결과 수준과 품질을 논의하게 한다. 비즈니스에 대한 SWOT(강점, 약점, 기회, 위협) 분석을 하는 것도 원하는 미래 상태를 파악하는 데 도움이 될 수 있다.

팀 론칭에서의 주요 결과물은 비전, 미션, 가치, 목표, 전략, 성공 측정 및 팀 업무 협정/규범과 같은 요소를 포함하는 팀 헌장team charter이다. 팀 헌장은 팀이 무엇을 해야 하는지, 어떻게 해야 하는지, 성공 여부를 어떻게 알 수 있는지를 빠르고 명확하게 알 수 있게 해주는 짧은 요약 문서이다. 이러한 팀 헌장은 팀이 새로운 팀과 통합할 때나 새로운 구성원을 받았을 때, 그리고 이해관계자 또는 다른 팀들과 기대치에 대해 논의할 때 유용하다. 또 헌장에 대한 토론은 팀의 미래 비전을 달성하기 위한 목표, 행동 및 합의를 조정하는 데에도 도움이 된다. 이 때 코치는 구성원들이 팀 전체의 성과와 효과성에 대해 주관적 또는 객관적인 측정 방법을 결정하게 권장해야 한다.

팀 개발 초기 단계에서는 관계relationship와 팀 역동team dynamics을 주의 깊게 관리해야 한다. 팀 코치는 팀이 공통의 어휘를 만들도록 하고, 고성과 팀의 모습이 어떠한지, 성공을 위해 어떤 일을 하는지를 팀원들이 이해할 수 있게 도와야 한다. 고성과 팀에 필요한 요소에 대해 지식을 공유하고 대화를 하게 하면 유익을 얻을 수 있다. 서로의 행동을 비난하기 보다 성공을 가능하게 하는 근거 기반 효과성 행동evidence- based team effectiveness behaviours을 서로 공유하며, 성과에 대해 객관적인 방식으로 이야기하게 한다.

피터Peters(2015)는 고성과 팀이 되는 데 필요한 다섯 가지 요소(안전성, 목적, 구조, 동지애, 보수)가 있음을 연구를 통해 발견했다. 구글은 최고 성과 팀과 보통 이하의 팀을 구별하는 다섯 가지 요소 가운데 안전성, 목적, 구조의 세 가지를 특히 강조한다(Duhigg, 2016). 이렇게 팀 효과를 높이는 요소에 관한 연구를 언급하는 것은 팀 코칭에 대해 회의적인 생각을 가진 고객을 설득하는 데 유용한 접근법이다.

고성과 팀을 구성할 때 첫 번째 중요한 요소는 안전감safety이다. 안전감은 코치들이 팀 코칭 시스템의 모든 단계에서 보장해야 하는 매우 중요한 요소이다. 에이미 에드먼드슨Amy Edmondson(2012)은 심리적 안전을 '사람들이 처벌을 받을 두려움 없이 관련 생각과 감정을 자유롭게 표현하는 분위기'라고 정의한다. 그녀는 심리적 안전이 없으면 팀의 생산성이 떨어지고 혁신성이 떨어지며 효과성이 떨어진다는 점에 주목하면서 심리적 안전과 팀 성과 사이에 강한 상관관계를 발견했다. 고성과 팀의 두 번째 중요한 요소는 목적purpose이다(Wageman et al., 2008). 목적은 팀이 존재하는 이유이며 팀 헌장의 목적 섹션과 직접적으로 일치한다. 대니얼 핑크$^{Daniel\ Pink}$(2011)와 사이먼 시넥$^{Simon\ Sinek}$(2011) 등 인기 작가들도 팀과 관계의 효과성을 위해서는 분명한 목적이 중요하다고 강조하였다. 세 번째 요소는 구조^{structure}이며, 팀 구성원의 역할과 책임, 목표, 성공 측정, 팀의 업무 수행에 필요한 자원(시간, 재능, 돈 등)에 대한 문서와 함께 팀을 위한 명시적인 업무 계약이나 규범을 포함한다(Wageman et al., 2008). 고성과 팀의 네 번째 요소는 동료애^{camaraderie}이다. 팀 내에서 동료애를 쌓을 수 있는 포럼은 팀 론칭 단계에서 제공된다. 안타깝게도, '팀 빌딩'은 흔히 즐겁거나 도전적인 팀 활동을 함께하거나 성격이나 스타일 평가에 대한 토론을 통해서만 동료애를 쌓는 데 초점을 맞추고 있다. 이러한 활동은 유용하긴 하지만 고성과 팀을 만드는 데에는 충분하지 못하다(Wageman et al., 2008). 코치는 세션이 끝난 뒤 술을 곁들인 저녁식사를 함께하는 것 외에 다른 활동들로 팀 구성원들 사이에 유대감, 친족감, 우정을 불러일으킬 수 있도록 해야 한다. 코치가 팀원 사이의 동료애를 증진하기 위해 수행할 수 있는 활동은 다음과 같다.

- 팀 구성원들은 저마다 다른 사람들이 자신에 대해 모를 수 있는 개인적인 일들, 최근 직장에서 거둔 성공, 존경할 만한 사람과 그 이유, 팀에 대해 감사하는 것을 차례로 공유한다.
- 서로 공유하는 가치 목록을 작성하고, 그것들 가운데 팀 헌장의 가치 섹션에 추가하기 위한 3~5개 가치를 합의해본다.
- 서로에 대해 감사한 점을 공유하는 '속도 공유$^{speed\ sharing}$' 활동을 하며, 모든 구성원을 2인 1조로 순환시킨다.
- 팀 구성원들 간 협력을 요구하는 '속도 피드백$^{speed\ feedback}$' 활동을 진행한다. 팀 구성원들이 더 잘해주기를 바라는 것이 무엇인지를 공유하도록 하고, 모든 구성원을 2인 1조로 순환시킨다(위험도가 있으므로 세션의 중반 또는 후반에 실행하는 것을 추천).
- 탑 쌓기 게임, 발표자료 작성과 같은 활동을 함께하고, 함께 작업하면서 배운 내용, 성공 요인, 장애물 및 아이디어를 공유한다.

이러한 모든 활동은 구성원 개인이 먼저 숙고하고 메모하도록 한 다음, 조용히 다른 구성원들이 말하는 것을 듣도록 하는 것이 중요하다. 성찰, 메모, 공유로 이어지는 일련의 프로세스는 팀 내 나눔의 양과 질을 향상할 수 있는 강력한 방법이다(Mesmer-Magnus & DeChurch, 2009). 기회를 균등하게 나누는 것도 고성과 팀과 저성과 팀을 구별하는 중요한 행동이다(Woolley, Chabris, Pentland, Hashmi & Malone, 2010). 이러한 기회 나눔$^{turn-}$

taking 방식은 공식적인 팀 코칭 세션이 아니더라도 어느 미팅이나 상호작용에서도 구현할 수 있는 간단한 도구이다.

다섯 번째 요소는 보수repair이다. 보수는 코치가 팀 출범 시에 팀과 명시적으로 논의해야 하는 팀 효과성과 관련된 마지막 요소이다. 물론 프로세스 전반에 걸쳐 필요한 요소이기도 하다. 보수는 팀이 논의 시에 서로 다른 관점을 처리하는 방법에 대한 합의를 도출할 수 있도록 지원한다.

팀 코치는 팀 상호작용에서 필연적으로 발생하는 '관계 충돌relationship accidents' 또는 잘못된 의사소통, 오해 및 실수를 보수하기 위해 무엇을 할지에 대해 팀에 말할 권한과 보수할 공간을 제공해야 한다(Peters, 2015). 연구 결과에 따르면, 팀 코치가 권장할 수 있는 보수 전략은 갈등을 유발한 잘못에 대해 효과적으로 사과하고, 생산적으로 함께 나아갈 수 있도록 서로 공손히 요구하는 것이다.

팀 론칭에서 팀 효과성을 높이는 요소를 살펴보려면 첫째, 팀이 팀 헌장team charter에 통합할 수 있는 행동behaviors, 합의서agreements 및 구조structures를 이해하는 것이 도움이 된다. 둘째, 팀 론칭에서 개발된 팀 공통 어휘common vocabulary를 이해하면 좋다. 팀 공통 어휘는 코치가 구성원들의 지식, 기술, 팀워크 툴킷toolkit을 개발하여 성과를 높이고자 할 때 유용하고, 팀 코치가 계속해서 구성원들과 함께 돌아올 수 있는 맥락도 제공하기 때문이다.

4단계: 팀 리더 및 개별 코칭team leader and individual coaching

2단계에서 설명한 바와 같이, 프로세스 전반에 걸쳐 지속해서 코칭을 받는 팀 리더가 있는 경우, 팀 코칭은 더욱 효과적이다(Hawkins, 2011; Wageman et al., 2008). 코치는 팀 리더에게 피드백을 제공하고, 팀 리더가 팀 코칭 스킬을 개발하는 데 모범을 보인다. 궁극적으로 팀 리더는 팀에 상시 코칭ongoing coaching을 해야 하기 때문이다. 코치는 팀 리더가 자신의 리더십 스타일이 구성원들의 행동과 성과에 어떤 영향을 미치는지 이해할 수 있도록 도와야 한다. 또 코치는 팀 리더가 자신의 행동을 업그레이드하고 팀과 합의된 행동 도출을 지지하는 책임 파트너 역할을 해야 한다.

공식적인 팀 리더가 없는 경우, 팀 구성원 전체 또는 일부가 개별 코칭의 혜택을 받을 수 있다. 팀 리더가 있는 경우에도 한 명 이상의 구성원이 코칭에 참여하는 것이 유익할 때가 있다(Wageman et al., 2008, p.161). 팀 구성원의 개별 코칭에서는 팀의 목표와 기대에 부합하는 개인 목표를 설정하고 달성할 수 있도록 지원해야 한다. 일부 연구에서는 구성원 대상의 코칭이 팀원으로서 팀에 성공적으로 기여하기 위해 무엇을 하고 어떻게 상호작용해야 하는지를 생각할 수 있게 지원하는 내용이 포함되어 있다(Anderson et al., 2008; Blattner & Bacigalupo, 2007; Clutterbuck, 2007; Haug, 2011; Hawkins & Boyle, 2014; Jarrett, 2014; Miller, 2013; Mulec & Roth, 2005; O'Sullivan & Field, 2014; Woodhead, 2011).

5단계: 상시 팀 코칭 ongoing team coaching

상시 팀 코칭은 중요하다. 팀 코칭을 통해 팀이 실제로 협력하게 되고, 순간순간 피드백을 받으며, 시간을 갖고 의도적인 성찰을 하고 필요시 수정하는 일련의 과정을 통해 더 나은 팀이 되기 때문이다(Clutterbuck, 2007; Wageman et al., 2008). 코치는 팀이 대화의 주제를 벗어나지 않도록 역할을 해야 하며, 그들이 어떻게 협력하고 있는지에 대한 프로세스를 주기적으로 점검해야 한다. 구성원 간 상호작용에 대한 메타 인지를 발휘하는 것은 직관이 필요하기도 하는 등 쉬운 과정이 아니다. 유능하고 잘 훈련된 코치는 팀 세션을 진행하는 동안 팀을 효과적으로 지원하기 위해 코칭, 퍼실리테이션, 상담 등을 혼합하여 사용할 가능성이 크다.

팀 코칭 세션의 빈도와 횟수는 팀마다 다를 수 있다. 팀 출범 직후에 한두 번 정도의 팔로우업 follow-up 세션만을 가질 수 있고 월별, 분기별, 1년마다 팔로우업 세션이 필요할 수 있다. 상시 팀 코칭 ongoing team coaching 세션은 팀이 상호작용하고 진행 상황을 추적하며 팀 헌장을 정기적으로 검토하고 새로 고칠 수 있도록 지원하는 것에 초점을 맞추어야 한다. 5단계, 상시 팀 코칭 단계에서 코치가 해야 하는 또 다른 중요한 역할은 구성원들이 동료 코칭에 몰입할 수 있는 기술을 개발하도록 돕는 것이다(Clutterbuck, 2007, p.127). 팀 내에서 이루어지는 대부분 코칭은 실제로 동료들에 의해 이루어지기 때문이다. 웨이먼 등(2008)은 '뛰어난 팀은 보통 이하의 팀보다 팀 리더나 동료에게 훨씬 더 많은 코칭을 받는다'라고 주장한다(pp. 160-198). 팀 내 코칭 문화를 모델링하고 그 코칭 문화를 장려하는 코치를 보유한 팀은 큰 혜택을 받게 되는 것이다.

6단계: 학습 및 성공 리뷰 review learning and success

6단계 학습 및 성공 리뷰 단계에서 코치는 마무리 시점에 팀이 학습과 성공을 이루었는지 의식적이고 신중하게 검토하는 역할을 한다. 대화를 통한 배움은 효과적으로 협력하는 방법을 학습하는 데 도움이 된다. 여러 가지의 팀 코칭 접근법들은 학습에 대한 적극적인 성찰reflection 과 검토review를 포함한다(Clutterbuck, 2007; Hawkins, 2011). 웨이먼 등(2008)은 코치 없이 적극적 성찰active reflection을 하는 것은 거의 불가능하다고 하였다.

1단계 사전 평가와 마찬가지로, 사후 평가도 도움이 된다. 이러한 재평가는 온라인으로 실시할 수도 있고, 팀 구성원 및 이해관계자의 일부와 인터뷰를 할 수도 있다. 또는 조직/팀 성과를 확인하는 목적으로 수행했던 팀 평가를 다시 실행해 볼 수도 있다. 사후평가 이후에 팀 코치는 팀과 함께 평가 결과를 되새겨보는 디브리핑debriding 세션을 진행한다. 이때 코치는 팀 학습을 식별하고 팀이 달성한 가시적 성과를 축하하는 데 초점을 맞춘다. 팀 사이클의 종료 시점은 동료 코칭의 중요성 인식을 강화하고, 어떤 방식으로 팀이 성장과 발전을 지속할 수 있는지, 어떤 방식으로 서로에 대한 약속을 이행할 수 있는지 합의할 수 있는 적절한 시기이다. 이러한 합의가 된 뒤에 비로소 새로운 팀 사이클이 시작될 수 있으며, 팀은 그간 자신들이 발전시킨 기술과 도구를 사용할 수 있다. 새로운 상호 의존적 목표를 설정할 수도 있을 것이고 기존의 팀 헌장을 업데이트 할 수도 있을 것이다. 코치가 같은 팀과 계속 협력하기로 했다면, 팀 사이클 초반에 팀과 재계약해야 한다.

결론

이 장에서는 코치가 단계별로 효과적이고 자신 있게 역할을 수행할 수 있도록 강력한 연구기반의 모듈식 코칭 접근 방식modularized coaching approach으로 설명하였다. 이 방식은 모든 팀에 동일하게 적용될 필요는 없다. 1단계 평가 단계에서 고성과 팀 코칭 시스템이 요구된다고 판단했다면 이를 적용해볼 수 있다. 이 접근법은 혁신을 추구하거나 체계적인 조직 변화를 구현하는 팀에 가장 유용하다. 이 장에서 소개한 시스템의 근거 기반 단계는 팀 성과를 추진하는 활동과 전략에 일치한다. 고성과 팀 코칭 시스템을 사용하는 일부 팀의 사례는 문헌에 문서화 되어있으며(Britton, 2013; Car & Peters, 2012; Hawkins, 2014), 새로운 팀 코칭 방법에 대한 추가 아이디어를 위해 참조할 수 있다.

참고문헌

Anderson, M. C., Anderson, D. L., & Mayo, W. D. (2008). Team coaching helps a leadership team drive cultural change at Caterpillar. *Global Business and Organizational Excellence, 27*(4), 40–50.

Blattner, J., & Bacigalupo, A. (2007). Using emotional intelligence to develop executive leadership and team and organizational development. *Consulting Psychology Journal: Practice and Research, 59*(3), 209–219.

Britton, J. (2013). *From one to many: Best practices for team and group coaching*. Mississauga, ON: John Wiley & Sons, Inc.

Callea, A., Urbini, F., Benevene, P., Cortini, M., Di Lemma, L., & West, M. (2014). Psychometric properties and factor structure of the Italian version of the "Aston team performance inventory." *Team Performance Management, 20*(1/2), 6–18.

Carr, C., & Peters, J. (2012). The experience of team coaching: A dual case study (Unpublished doctoral dissertation). Middlesex University, England.

Clutterbuck, D. (2007). *Coaching the team at work*. London, England: Good News Press.

Duhigg, C. (2016, February 28). What Google learned from its quest to build a perfect team. *New York Times Magazine*. Retrieved from www.nytimes.com/2016/02/28/magazine/what-google-learned-from-its-quest-to-build-the-perfect-team.html.

Edmondson, A. (1999). Psychological safety and learning behavior in work teams. *Administrative Science Quarterly, 44*(2), 350–383.

Edmondson, A. (2012). *Teaming: How organizations learn, innovate, and compete in the knowledge economy*. San Francisco, CA: Jossey-Bass.

Gersick, C. (1988). Time and transition in work teams: Toward a new model of group development. *Academy of Management Journal, 31*(1), 9–41.

Guttman, H. (2008). *Great business teams: Cracking the code for standout performance*. Hoboken, NJ: John Wiley & Sons.

Hackman, J. R. (2002). *Leading teams: Setting the stage for great performances*. Boston, MA: Harvard Business School Press. 『성공적인 팀의 5가지 조건』. 최동석 역. 교보문고. 2006.

Hackman, J. R. (2011). Six common misperceptions about teamwork. *Harvard Business Review*. Retrieved from https://hbr.org/2011/06/six-common-misperceptions-abou.

Hackman, J. R., & Wageman, R. (2005). A theory of team coaching. *Academy of Management Review, 30*(2), 269–287.

Haug, M. (2011). What is the relationship between coaching interventions and team effectiveness? *International Journal of Evidence Based Coaching and Mentoring, 5*, 89–101.

Hawkins, P. (2011). *Leadership team coaching: Developing high-performing teams*. Philadelphia, PA: Kogan Page.

Hawkins, P. (2014). *Leadership team coaching in practice: Developing collective transformational leadership*. London, England: Kogan Page.

Hawkins, P., & Boyle, G. (2014). Inter-team coaching: From team coaching to organizational transformation at Yeovil Hospital Foundation Trust. In P. Hawkins(Ed.), *Leadership team coaching in practice: Developing collective transformational leadership*(pp. 131–146). London, England: Kogan Page.

Heimbecker, D. R. (2006). The effects of expert coaching on team productivity at the South Coast Educational Collaborative (Doctoral dissertation). Retrieved from http://proquest.umi.com/pqdlink?Ver=1&Exp=09-23-2017&FMT=7&DID=1150819591&RQT=309&attempt=1&cfc=1.

Jarrett, D. (2014). Team coaching as part of organizational transformation: A case study of Finnair. In P. Hawkins (Ed.), *Leadership team coaching in practice: Developing collective transformational leadership* (pp. 100–116). London, England: Kogan Page.

Kegan, R., & Lahey, L. (2009). *Immunity to change*. Boston, MA: Harvard Business Publishing School. 『변화 면역』. 오지연 역. 정혜. 2020.

Mann, C. (2016). *Strategic trends in the use of coaching* (6th Ridler Report). London, England: Ridler & Co. Limited.

Mesmer-Magnus, J., & DeChurch, L. (2009). Information sharing and team performance: A meta-analysis. *Journal of Applied Psychology, 94*(2), 535–546.

Miller, S. (2013). Voices from the field: Expanding coaching from leader to team and across the organization. In J. Britton (Ed.), *From one to many: Best practices for team and group coaching* (pp. 4–8). Mississauga, ON: John Wiley & Sons. Retrieved from www.from12many.com/401/login.php?redirect=/downloads.html.

Mulec, K., & Roth, J. (2005). Action, reflection, and learning and coaching in order to enhance the performance of drug development project management teams. *R&D Management, 35*, 483–491.

Niemela, C., & Lewis, R. (2001). *Leading high impact teams: The coach approach to peak performance*. Laguna Beach, CA: High Impact.

O'Sullivan, P., & Field, C. (2014). Team coaching for organizational learning and innovation: A case study of an Australian pharmaceutical subsidiary. In P. Hawkins (Ed.), *Leadership team coaching in practice: Developing collective transformational leadership*(pp. 119–127). London, England: Kogan Page.

Pellerin, C. J. (2009). *How NASA builds teams: Mission critical soft skills for scientists, engineers, and project teams*.

Hoboken, NJ: John Wiley & Sons, Inc. 『나사 그들만의 방식』. 김홍식 역. 비즈니스맵. 2010.

Peters, J. (2015). *High performance relationships: The heart and science behind success at work and home.* Calgary, AB: InnerActive Leadership Associates.

Peters, J., & Carr, C. (2013a). *High performance team coaching: A comprehensive system for leaders and coaches.* Calgary, AB: InnerActive Leadership Associates.

Peters, J., & Carr, C. (2013b). Team effectiveness and team coaching literature review. *Coaching: An International Journal of Theory, Research and Practice, 6*(2). http://dx.doi.org/10.1080/17521882.2013.798669.

Pink, D. (2011). *Drive: The surprising truth about what motivates us.* New York, NY: Riverhead Books.

Sinek, S. (2011). *Start with why: How great leaders inspire everyone to take action.* New York, NY: Penguin Books.

Wageman, R., Hackman, J. R., & Lehman, E. (2005) Team diagnostic survey: development of an instrument. *Journal of Applied Behavioral Science, 41*, 373-398.

Wageman, R., Nunes, D., Burruss, J., & Hackman, J. R. (2008). *Senior leadership teams: What it takes to make them great.* Boston, MA: Harvard Business School.

Woodhead, V. (2011). How does coaching help to support team working? A case study in the NHS. *International Journal of Evidence Based Coaching and Mentoring, 5*, 102-119.

Woolley, A. W., Chabris, C. F., Pentland, A., Hashmi, N., & Malone, T. W. (2010). Evidence for a collective intelligence factor in the performance of human groups. *Science, 330*(6004), 686-688.

13장. 정서와 팀 성과
팀 코칭 마인드셋과 팀 개입을 위한 프랙티스

저자: 기투 바루와니 Geetu Bharwaney, 스티븐 B 울프 Steven B. Wolff, 바네사 어치 드러스카트 Vanessa Urch Druskat

역자: 박순천

팀 코칭에는 팀 코칭 마인드셋이라고 하는 '존재 상태'와 팀 개입을 전달하기 위한 프랙티스가 필요하다. 이 장에서는 먼저 팀 코치가 팀 코칭을 효과적으로 수행하기 위해 마인드셋 전환 목록을 살펴보겠다. 그런 다음, 생산적인 팀 코칭 계약을 구조화하고, 설계와 실행 방법에 대한 의사결정을 끌어내는 각 마인드셋의 실제 사례를 제시한다. 우리가 제안한 마인드셋과 프랙티스는 다양한 상황에서 팀의 잠재력 발휘를 돕는 프랙티셔너들에게 정보를 제공한다. 우리의 의도는 새로운 팀 코치의 학습에 걸리는 시간을 단축하고 경험이 많은 팀 코치에게 새로운 통찰력을 제공하는 것이다.

오늘날 팀들이 직면한 문제들은 과거에 우리가 많이 사용했던 팀 효과성의 '합리적' 모델(예: 주요 이해관계자와 긴장감이 있는 팀 또는 명시된 목표를 달성하지 못한 팀)에 맞지 않는 경우

기투 바루와니 Geetu Bharwaney: 리더, 팀 및 조직의 성과와 회복탄력성을 크게 향상하기 위해 정서 중심 방법론을 최첨단으로 적용한 것으로 인정받는 글로벌 기업인 Ei World의 상무이사이다. 42개국의 CEO와 최고 경영자들의 리더십 팀을 코칭하고 상담했다.

스티븐 B 울프 Steven B. Wolff: 개인 정서지능 이론을 그룹 수준으로 확장한 팀 정서지능에 대한 세계적인 전문가이다. 조직이 훌륭한 팀을 만들어 수익을 향상할 수 있도록 지원하는 컨설팅 회사인 GEI Partners의 수석 부사장이다.

바네사 어치 드러스카트 Vanessa Urch Druskat: 팀 성과와 정서지능에 대해 국제적으로 인정받는 전문가로, 전 세계 리더 팀들의 협업, 혁신, 성과를 향상하기 위해 코칭하고 있다.

가 많다. 이런 문제는 훨씬 더 복잡하며 지금까지 만족스럽게 해결된 적이 없다(Adkins, 2010, pp.4-5). 이런 어려운 상황은 팀 코치의 마인드셋이 스킬만큼 중요한 이유이다.

아이디어와 개입은 정서지능 이론emotional intelligence(Boyatzis, Stubbs & Taylor, 2002; Mayer, Roberts & Barsade, 2008)과 팀 효과성에 대한 구조와 규범의 역할을 강조하는 해크먼의 팀 효과 이론team effectivity theory(Hackman, 1987, 2011)에서 나온다. 이번 개입은 글로벌 컨설팅 업체인 이아이 월드Ei World가 여러 부문에 걸쳐 팀 개발을 지원하고 있다(Ei World Team Effectivity Projects, 2018). 모든 개입에는 팀의 규범과 문화를 대화 수단으로 평가하고 협업과 효과 증대를 위한 팀 발전을 지원하는 연구 기반 조사인 팀 정서지능 설문조사Team Emotional Intelligence Survey(Wolff, 2018)의 배치 작업이 포함되었다.

일반적으로 팀 리더는 효율적이고 효과적인 미팅을 주도하고 팀이 개인의 지식과 기술을 향상하고 조직의 혁신과 성과를 높일 수 있도록 협업과 단결심을 구축해야 한다. 그러나 21세기는 조직 환경에 큰 변화를 가져왔다. 글로벌 경쟁의 증가, 신속한 의사결정의 필요성, 지속적인 개선의 필요성으로 인해 효과적인 팀 협업이 필수적이다(Vielmeter & Sell, 2014).

이를 위해 포춘Fortune 1,000대 기업 중 80% 이상이 경쟁 우위로 팀워크를 고려한다(Hollenbeck, Beersma & Schouten, 2012). 이러한 환경에서 협업 팀을 구성하고 이끄는 것이 그 어느 때보다 중요하다. 또 흩어진 장소에서 작업하는 매우 다양하거나 복합 기능 팀cross-functional의 구성원으로 이루어지는 경우가 많아 더욱 복잡하다. 그들의 목표는 변하지만 그 어느 때보다도 달성하기가 힘들게 느껴진다. 경험상 이러한 다면적인 팀을 구성하고 코칭할 수 있는 기술과 지식을 갖춘 팀 리더는 거의 없다. 많은 팀이 목표나 미션을 달성하지 못한다(Heckscher, 2015). 지난 10년 동안 팀 리더들이 점점 더 코치나 컨설턴트에게 도움을 요청해 온 것도 이런 맥락에서이다.

컨설턴트와 팀 코치에게 우리처럼 팀 코칭 산업의 급속한 출현은 흥분과 동시에 골칫거리이기도 했다. 최신 책이 도움이 되지만 검증된 팀 코칭 개입에 관한 명확하고 실제적인 정보는 찾기 어렵다. 이런 복잡한 21세기 팀에 대한 정보는 드물며, 오늘날 우리가 코칭하는 팀은 지난 50년간 연구자들이 연구해온 더 안정적이고 균질하게 공존하는 팀과는 다를 것이 틀림없다(Tannenbaum, Mathieu, Salas & Cohen, 2012). 예를 들어, 터크만Tuckman은 같은 학습 환경에 있는 동종 팀을 대상으로 잘 알려진 '형성기forming, 격동기storming, 규범기norming, 성과기performing' 이론을 개발했다(Tuckman, 1965).

이 장의 목표는 여러 직종의 선임 지도부와 임원진에서 협업과 팀 성과를 개선하기 위해 사용되는 다양한 팀 코칭 개입 설계와 전달 사례를 공유하여 이러한 공백을 채우는 것이다. 팀 코치가 매우 복잡한 팀 코칭 경험을 통해 배울 수 있는 아이디어와 프랙티스를 공유하고자 한다.

최종 결과는 팀 코칭 개입을 설계하는 데 유용한 일련의 사례들이다. 새로운 코치와 노련한 코치 모두에게 힘을 실어주고 높은 영향력과 지속 가능한 팀 개발을 촉진하기를 바란다. 이 장의 끝부분에 있는 부록에서는 영향력이 큰 팀 개입 사례들의 개요를 공유했다. 이 장의 범위는 이러한 구조를 어떻게 삶에 구현하느냐에 초점을 맞추었다. 문제는 팀이 개입을 어떻게 경험하는가에 관한 세부사항이다.

이론적 관점

팀 코칭 개입의 내용은 '팀 정서지능Team EI' 이론에서 비롯된다. 이 이론은 오늘날 정서의 가장 일반적인 촉발 요인인 사회적 상황, 특히 소규모 그룹이라는 조금 알려졌거나 잘 알려지지 않은 도전 과제에서 비롯된다(Fiske, 2014). 사실, 팀 연구원들은 팀들을 '정서적 인큐베이터 emotional incubators'(De Dreu, West, Fischer & MacCurtain, 2001)와 '정서의 뜨거운 침대hot-beds of emotion'(Barsade & Gibson, 1998)라고 부른다. 정서는 팀 내의 모든 행동과 상호작용에 영향을 미친다. 일이 더 복잡하고 스트레스를 받을수록, 더 많은 정서가 조장된다. 팀 정서지능 이론은 정서적으로 지능적인 팀 규범이 이 정서를 파괴적인(즉, 배제된, 갈등적인) 것이 아니라 건설적인(즉, 관여된, 생산적인) 상호작용과 에너지로 바꾼다고 제안한다. 팀 정서지능은 효과적인 팀 협업과 높은 수준의 팀 성과에 동기를 부여하는 팀 심리학적 안전, 팀 정체성 및 팀 효능을 구축하는 데 도움이 되는 일련의 아홉 가지 규범([그림 13.1])에 의해 만들어진 그룹 문화로 정의된다(Druskat & Wolff, 2001, 2008).

팀 코칭 마인드셋

개인 코칭에서 팀 코칭으로 전환하려면 마인드셋의 전환이 필요하다. 헤론Heron(2001)은 개인 코칭의 푸시 앤 풀push and pull 개념에 대한 경험적 지원을 제공했다. 이것은 최근 드 한de Haan과 닐슨Nilsson(2017)의 연구에서 검증되었다. 코칭이 수행되는 방식에 주의를 기울이는 또 다른 예는 AIIR 컨설팅(2017)이 개별 코칭에 대한 믿음과 접근 방식을 측정하는 새로운 평가인 코칭 마인드 지수에서 개인 코칭 마인드 개념을 발전시킨 것이다. 이 도구는 코치가 피드백 공유, 목표 설정 및 솔루션 찾기의 세 가지 기본 코칭 스킬을 배치할 때 사용할 수 있는 푸시 앤 풀Push & Pull 코칭 전략을 강조함으로써 헤론의 작업 활용도를 높이는 역할을 한다. 여섯 가지 풀 앤 푸시pull & push 전략을 통합하여 코치가 경험할 수 있는 코칭의 요약 스타일을 만든다. 개인 코칭에 효과가 있으려면 특정 코치 또는 코칭 상황에 적합한 코칭 스타일과 코칭 전략을 채택해야 한다. 때로는 푸시push 전략을 더 많이 사용해야 하고 때로는 풀pull 전략을 필요로 한다.

반면, 팀 코치는 시스템 또는 팀 수준 현상에 익숙할 뿐만 아니라 일관된 접근 방식이 필요하다. 팀 코치가 새로운 팀과 함께 일할 때마다 팀 코칭 스타일을 조정하는 대신, 팀과의 작업을 용이하게 할 다섯 가지 기본 코칭 마인드셋이 있다고 생각한다.

팀 코칭 마인드는 개별 코칭과 팀 코칭의 중심적인 차이점을 이해하는 데서 출발한다. 주요 차이점은 [표 13.1]에 요약되어 있다. 잘 준비된 코치는 팀 시스템의 요구에 맞게 코칭 방식을 조정할 필요성을 인식하게 된다. 예를 들어, 팀은 단순히 개인의 집합이 아니며, 개인들이 팀워크의 진정한 이점에 초점을 맞추는 코칭 개입을 설계하는 것은 주로 팀워크의 진정한 이점에 초점을 맞춘 것이 아니다. 효과적인 팀은 그들 부분의 합보다 더 크다. 그들은 개인의 공헌을 창출하기 위해 동기부여하고, 영향력을 행사하고, 결합하고, 통합하는 방법을 알고 있다. 개인 또는 대인관계 기술만으로는 촉진할 수 없는 증상이다(Baumeister, Ainsworth & Vohs, 2016).

여기서는 개개인을 코칭하는 팀과 비교하여 효과적인 팀 코칭에 필요한 다섯 가지 팀 코칭 마인드셋 또는 관점을 제시한다. 팀 코칭 계약을 시작할 때 팀이 팀 코치에게 가장 먼저 대답해야 할 질문은 다음과 같다. '이 그룹의 개인들은 한 팀으로 상호 의존적으로 함께 일할 필요가 있는가?'(Hackman, 1998) 때때로 사람들은 함께 일하지만 공동 목표를 갖고 있거나 상호 의존적으로 일하지 않는다. 즉 업무를 완료하기 위해 서로가 필요하다. 코치가 가장 먼저 고려해야 할 사항은 이 개인 그룹이 애초에 상호작용하고 협력해야 하는지에 관한 것이다. 만약 그들이 상호 의존적인 팀으로 뭉친다면 어떤 중요한 목표가 달성될 것인가? 독립적으로 계속 작업할 수 있도록 하는 것이 더 간단하고 시간이 덜 걸릴 수 있을까?

경험상, 팀 리더들은 흔히 사일로silos에서 개별 업무에 집중하는 팀원들이 함께 모여 아이디어와 정보를 공유하고 팀으로서 일한다면 아직 개발되지 않은 성과상의 이점을 가지고 있다고 믿는다. 이런 경우, 코치가 팀 리더와 상호 의존적인 팀워크를 필요로 하는 일련의 명확한

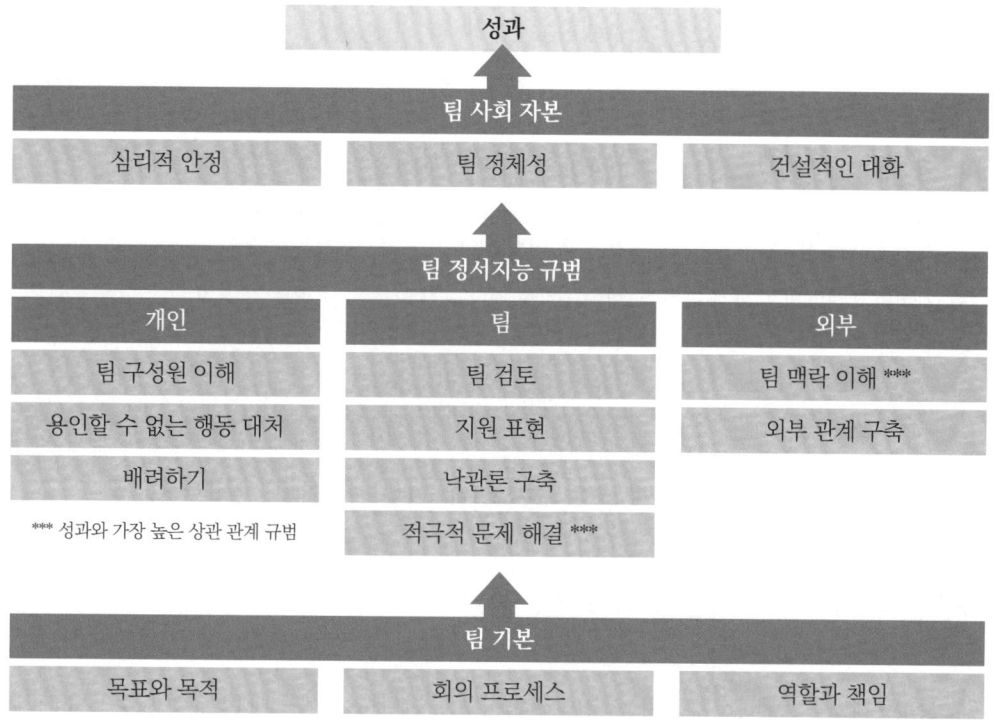

[그림 13.1] 팀 성과 필수 모델
출처: © GEI Partners and Ei World, 2018.

팀 목표를 명백하게 표현하도록 돕고 팀 구성원들이 운영 방식을 바꾸도록 동기부여하면, 코치는 팀과 더 깊은 작업을 시작한다. 이 작업에는 [표 13.1]에 명시된 팀 코칭 마인드셋이 필요하다.

[표 13.1] 팀 코칭 마인드셋

	개인 코칭 특징	팀 코칭 특징	팀 코칭 마인드셋 채택
1	대인관계 역동에 대한 개인적 영향 행동	팀 시스템 역동에 대한 상황별 영향 행동	부분이 아닌 전체를 생각하라.
2	결과에 대한 개인의 책임	결과에 대한 상호 책임	모든 사람에게 책임이 있다는 것을 기억하라.
3	정서지능 반응 발달	능동적인 정보로 정서 사용	정서의 정보 사용
4	개별 지식과 스킬의 센스 있는 개인 능력 향상	알고 있는 신생 집합체를 만드는 공유 의식 제고	집단 지혜에 접근
5	안전하고 보호받는 관계 구축 개인의 말에 경청하기	팀을 위한 안전한 공간 만들기 팀이 무엇을 말하는지 경청하기	팀 공간 유지

팀 코칭 마인드셋 #1: 부분이 아닌 전체를 생각하라

대인관계 역동에서 시스템 역동으로 전환

팀 역동은 개인을 초월한다. 코치는 팀에 일반적으로 나타나는 행동 패턴을 이해할 필요가 있다. 예를 들어, 팀의 요구는 흔히 한 팀 구성원이 먼저 운영되는 방식에 대해 언어나 비언어적 불만으로 표현된다. 아이러니하게도, 그룹은 흔히 이 사람을 희생양으로 삼거나, 팀 문제에 대해 부적절하게 그들을 비난하며, 일반적으로 그들에게 공격적인 태도를 보인다(Gemmill, 1989). 팀 코치가 팀과 효과적으로 일하기 위해 이해해야 하는 수많은 정신역동적인 문제들이 있지만, 이번 장에서 언급하고자 하는 범위에서는 벗어난다(검토를 위해 McLeod & Kettner-Polly, 2004; Smith & Berg, 1987 참조).

팀 코치는 개인의 스킬, 취향과 성격을 포함한 특성을 이해해야 하지만 집단에서는 맥락(외부 원인)의 영향을 무시한 채 근본적인 귀인오류, 즉 개인의 행동을 내부 원인에 귀속시키지 않는 것이 중요하다. 팀별로, 규범과 문화는 개인의 행동에 강한 영향을 미친다 (Johns, 2006; Lewin, 1951). 구성원들은 무엇이 받아들여질 수 있는지와 '여기서 일이 어떻게 돌아가는지'에 관한 인식된 규범에 따라 상호작용한다.

연구에 따르면 팀 문화와 프로세스는 개인의 전문 지식과 스킬보다 팀 기능에 더 중요할 수 있다(Chatman & Cha, 2003). 문화가 상호작용을 안내하는 방법은 주로 팀을 특징 짓는 행동 패턴과 팀 내 개인의 행동에 책임이 있다. 개인의 행동을 이해하려고 할 때, "내가 관찰하는 행동에 팀이 어떻게 영향을 주고 있는가?"라고 묻는다. 예를 들어, 파괴적인 행동은 팀 구성원의 우려가 들리지 않는 결과일 수 있다. 우려와 관련된 정서 에너지는 사라지지 않고, 만약 우려가 들리지 않는다면, 그 에너지는 흔히 반작용적counteractive 행동으로 나타난다.

프랙티스

최근 팀 정서지능 설문조사와 함께 개별 평가를 포함시켜 자기 인식을 높였다. 평가를 각 팀 구성원의 개인적 이익을 위한 단독 연습으로 다루는 대신, 우리는 개별 점수의 집단적 의미를 만들기 위해 팀 대화를 만들었다. 이것은 도구를 각 구성원의 반영으로 생각하고 그대로 두는 것과는 매우 다르다. 과거에는 자기 인식을 위한 도구를 통합할 때 그랬다. 예를 들어, 우리는 리더십 팀 개입의 일환으로 관리자-코치에 대한 개별 도구인 코칭 마인드 지수(AIR Consulting, 2017)를 사용했다. 개인의 자각을 위해 데이터를 사용하는 대신, 그룹 수준의 데이터는 이 팀이 직접 보고서를 위해 만드는 문화와 조직 내에서 집단적으로 운영되는 방식에 어떤 영향을 미치는지와 관련하여 논의되었다. 이 대화는 개별 평가의 배치가 지향했던 개인의 자기 인식을 훨씬 넘어선다. 팀 코치가 팀 차원의 대화를 위해 개별 도구를 사용할 수 있는 능력이 필요하며, 이러한 도구가 일반적으로 코치와 컨설턴트가 사용하는 방식에서 미묘한 변화가 있어야 한다.

부분적 사고가 아닌 전체적 사고에 대한 또 다른 적용은 팀 구성원이나 팀 리더가 개인에 대한 문제를 제기할 때, 우리는 근본 귀인 오류fundamental attribution error(역자 주: 사람에 대해 판단할 때 모든 외적인 이유들마저 내적인 이유로 돌리는 오류)의 개념을 팀 내에서 경청해야 할 사항으로 강조한다. 우리는 대화를 개인의 나쁜 행동에 초점을 맞추기보다는 팀 전체가 이 특정한 행동을 끌어내는 데에 초점을 맞추려고 노력한다. 이것은 흔히 완전히 다른 대화를 낳는다.

최근 진행한 팀 세션에서 특정한 팀원이 말할 때마다 불만스러운 듯 보이는 한 팀원이 다리를 긁고 방을 나간 것이 팀 코치로서 기억에 남았다. 상대적인 방식으로 개인에게 던지는 질문은, 예를 들어, "당신이 팀을 방해하고 있다는 것을 알고 있는가?"가 아니라, 그룹 전체에게 던지는 질문, "무엇을 토론하지 않는가?"였다. 이 질문은 팀원들이 함께 일하는 것을 즐겼지만 정서적으로 격앙된 문제들은 논쟁하지 않는다는 암시를 보여주었다는 팀 정서지능 조사 자료에 의해 유발되었다. 그 파괴적인 행동이 팀에 적절한 배출구가 없는 정서적 에너지에 의한 것일지도 모른다고 의심했다.

특정 팀의 개입에서 팀 전체에 질문을 던지고 개인을 소외시키지 않음으로써 팀은 생산적인 대화를 할 수 있었다. 이는 각 개인이 논란의 여지가 없는 주제에 대해 자신의 견해를 숙고하고 각 팀원들이 생각하는 것을 공유(한 문장으로 round-robin 형식. 역자 주: 구성원 사이에 우선순위를 두지 않고 순서대로)한 뒤 각각의 감정과 이것이 팀 내 상호작용에 미치는 영향(한마디로 설명없이 끊김없이)으로 시작했다. 방해받지 않고 다음 팀은 대화를 한 단계 더 진전시키기 위해 팀으로서 취할 수 있는 행동을 만들기 시작했다. 그 팀은 우려와 어려운 문제에 대해 논의하지 않는 것이 그들의 규범이라는 것을 알게 되었다. 그것은 그들이 실제로 열망하는 것이 아니라 어떻게 운영하느냐 하는 것이었다. 일단 이러한 인식이 형성되자, 그들은 우려를 들을 수 있었다. 정서 에너지는 이제 배출구를 갖게 되었고, 파괴적인 행동은 사라졌다.

팀 코치가 개인에서 팀으로 시스템을 전환하는 것은 매우 유용하다. 팀 코치는 "이 사람에게 무슨 일이 일어나고 있는 거죠?" 또는 "그 사람이 왜 이런 식으로 행동하는 거죠?"라고 묻는 대신 "이 사람은 팀의 요구에 대해 뭐라고 말하는가?"와 "이 사람의 행동이 팀에 대한 정보를 어떻게 주는가?"라고 물을 수 있어야 한다.

팀 코칭 마인드셋 #2: 모든 사람에게 책임이 있다는 것을 기억하라

결과에 대한 개인 책임에서 상호 책임으로 전환

팀과 함께 일할 때, 모든 구성원이 표준, 문화, 결과에 책임이 있다는 것을 인정하는 것이 중요하다. 만약 무언가가 작동하지 않는다면, 모든 사람이 직접적인 행동을 통해서 또는 문제를 해결하기 위해 목소리를 높이지 않음으로써 간접적으로 문제를 만들기도 한다. 예를 들어, 누군가가 계속해서 회의에 늦고 팀이 이전에 제 시간에 시작하기로 동의했다면, 이 문제는 늦게 나타나는 사람의 책임만이 아니다. 이러한 행동을 알아차릴 책임은 팀 전체에 있으며, 이러한 행동이 팀의 전반적인 효율성에 영향을 미치는 경우, 팀이 문제를 함께 해결할 수 있도록 팀 전체의 인식을 높이는 데 도움이 된다.

팀 코치는 이런 행동이 팀에 어떻게 영향을 주는지 살펴야 한다. 아마도 늦게 오는 사람은 매우 바쁘고 팀이 매우 사교적이라면 늦은 사람이 다른 것에 더 잘 보낼 수 있는 시간이라고 생각하고 첫 15분을 잡담으로 보낸다. 그 문제를 개별적인 문제로만 취급한다면 그것으로 문제의 근본 원인을 파악하지 못할 것이다.

이런 마인드셋 상태에서 팀장의 관점은 중요하기도 하고 그렇지 않을 수도 있다. 공식적인 팀장은 다른 구성원들보다 팀에 더 많은 힘을 행사하는 경향이 있다. 리더는 특별한 위치에 있고 궁극적인 의사결정 능력이 있을 수 있으므로, 팀장은 경계를 명확히 하는 것이 중요하다. 그런데도 모든 구성원은 리더만이 아니라 팀의 기능을 책임진다. 팀원들은 리더가 더 나은 리더가 되도록 도울 수 있고, 그 반대의 경우도 마찬가지이다.

프랙티스

최근 팀 개입을 계획할 때, 팀 리더와 지명된 추가 인원(팀 내 HR 리더)을 포함하여 매달 팀 활동을 추적하기 위해 각각 한 시간씩 네 건의 팀 책임 요청을 포함했다. 팀 세션이 끝날 때 이 사실을 발표하자 팀은 모든 팀원이 후속 상담에 참여해야 한다고 강하게 느꼈다. 팀 전체에 걸쳐 참여 수준이 매우 높다는 사실에 처음 놀랐지만, 실제로는 완벽한 솔루션이었고, 원활한 팀 세션을 넘어 전체 팀 책임감을 창출할 수 있는 유사한 기회를 제공할 토대가 마련되었다.

이번 팀 프로젝트에서는 팀원 9명 전원이 팀 대화 뒤 4개월 동안 월례 통화에 동참했다. 이러한 특정 팀 코칭 마인드를 모델링한 또 다른 방법은 모든 팀원의 이름이 포함된 팀 실행 계획을 수립하는 것이다. 이는 합의된 모든 조치에 대해 선도하고 지원하는 팀 구성원이 모두 참여함으로써 달성될 수 있다. 전체 팀 실행 계획을 팀 내 지정된 소규모 그룹이 소유하는 덩어리로 나눌 수도 있다. 최근 33명의 리더가 참여한 대규모 수석 팀 개입에서 하루 팀 세션이 끝날 때 8개의 핵심 활동이 있었다. 팀은 각 주요 약속을 이행하기 위해 각각 약 3명으로 구성된 하위 팀으로 작업했다.

다른 리더십 팀에서, 우리는 일련의 친구 대화를 통해 각 팀원들이 친구에게 팀 협력에 대한 피드백을 받고 다른 친구에게 자신의 피드백을 제공했다. 이것은 모든 사람이 책임이 있다는 것을 보여주는 또 다른 방법이었다. 이러한 변화는 모든 사람이 상호 책임을 질 수 있는 기회를 갖도록 우리의 개입 구조에서 매우 두드러진 것이었다. 팀 코치는 뒤로 물러서서 팀원들이 팀을 위해 유리한 위치를 차지하도록 허락한다.

팀 코칭 마인드 #3: 정서 정보의 사용

정서지능의 개발에서 정서를 정보로 능동적으로 사용하는 것으로 이동

개인 코치로서, 사람들이 생산적인 방법으로 정서에 반응하도록 돕기 위해 개인의 정서지능을 개발하는 일을 한다. 비록 팀 구성원들이 정서지능을 보이는 것이 중요하지만, 팀 구성원의 정서는 팀의 요구를 이해하는 데 중요하며 개인의 정서지능과는 다소 다른 방식으로 다루어져야 한다. 그 팀은 정서를 표면화하고 탐구할 수 있는 공간을 만들어야 한다.

팀 내의 정서는 흔히 팀 내에서 일어나는 어떤 일에 의해 촉발된다. 따라서 정서는 팀의 상태에 대한 지능을 제공한다. 팀 코치는 개인들이 정서를 정서적으로 지혜로운 방법으로 표현해야 하는 필요성과 그 정서 속에 포함된 정보를 이해해야 하는 필요성의 균형을 맞출 수 있도록 도와야 한다. 정서는 사회적 상황에 대한 중요한 정보를 포함하고 있기 때문에(Van Kleef, 2009), 코치는 팀이 정서에서 찾은 정보를 추출하여 정보로 사용할 수 있도록 도울 수 있다. 이것은 팀에 필요한 신호를 보낼 수 있는 정서를 없애려는 것이 아니라 정서를 유발하는 관계와 상호작용을 조사해야 한다는 것을 의미한다.

팀 코치의 중요한 과제는 팀이 정서를 표현하고 집단적으로 이해할 수 있게 돕는 것이다. 어려운 문제를 제기하는 팀원은 팀의 골칫거리처럼 느낄 수 있지만, 진실을 말하는 사람 또는 '탄광 속의 카나리아 canary in the coal mine(역자 주: 탄광 속에서 일산화탄소 농도가 올라가면 광부들에게 미리 위험을 경고하는 역할)'는 흔히 팀의 필요를 대변한다. 팀이 정서를 정보로 사용하는 것을 돕기 위해, 팀 코치는 먼저 팀에 도움이 될 수 있는 정보로서 정서의 역할에 대한 인식을 높여야 한다. 그런 다음 코치는 정서가 표면화될 수 있는 안전한 공간을 만들고 팀이 정서를 처리하고 팀의 필요에 대해 말할 수 있는 집단적 감각을 개발하도록 도와야 한다.

프랙티스
팀 정서지능 조사 보고서의 토론을 팀 내 정서의 중요성에 대한 인식을 높이기 위한 수단으로 사용한다. 노벨상 수상자이자 행동경제학자인 카너먼 kahneman(2011)이 설명하는 뇌의 두 가지 시스템을 도입함으로써 이러한 알아차림을 시작한다. 즉 우리의 의사결정에는 빠르고 정서적인 시스템과 느리고 이성적이며 인지적인 시스템이 있다는 생각이다. 팀 상황에서 정서가 발생할 때는 정서 시스템이 담당할 가능성이 크다. 팀이 설문조사 결과에 관해 논의하면서 팀 내 정서를 어떻게 처리할지에 대한 의도를 개발한다. 이러한 의도가 팀에 관철되기 어렵다는 것을 발견했다. 목소리를 높이는 것과 관련된 사회적 압력과 오래된 규범은 감정을 더 잘 처리하려는 그들의 의도를 관철하는 팀 능력에 역행하는 경향이 있다. 사회적 압력을 최소화하기 위해, 우리는 일련의 도구를 사용한다.

팀 구성원이 의도를 관철하는 데 도움이 되는 '사전적' 도구(즉, 이미 만들어지고 상황에 처한 도구)가 있다. 이것들은 유용할 수 있다. 그러나 문제를 논의하고 원하는 변화를 구체화할 때 생성된 도구('반응형' 도구라고 함)가 팀 운영 방식에서 원하는 변화를 지원하도록 특별히 설계되었기 때문에 더 잘 작동되는 경우가 많다. 각 팀은 다르고 다른 문화를 가지고 있으므로, 만들어진 도구는 팀을 위해 작동하도록 설계되어야 한다. 문제를 해결하기 위해 특정 도구를 도입하는 것이 적절할 때가 있지만, 코치는 이러한 경우와 팀이 자체 도구를 만들어야 하는 시기를 파악할 수 있어야 한다.

팀과 함께하는 작업에서는 어떤 것이 그들을 괴롭힐 때 그들이 목소리를 높이고 싶어 할 것이라는 것을 흔히 예상할 수 있다. 그런 다음 도움이 될 도구를 개발하도록 요청한다. 이것은 팀에 어려울 수 있으므로 이럴 땐 우리가 함께 일했던 한 팀이 개발한 예를 제공한다. 정서를 키우는 것은 흔히 '방 안의 코끼리에게 말을 하는 것' 같기 때문에 우리는 코끼리(예: 손으로 만든 나무 조각)를 가지고 온다. 코끼리가 사용되는 방법은 여러 가지 용도로 쓰인다. 첫째, 연구팀은 코끼리를 테이블 위에 올려놓기만 하면 코끼리가 그들의 의도를 상기시켜주는 역할을 한다. 둘째로, 만약 팀 구성원이 그들이 느끼는 무언가를 키울 필요를 느낀다면, 그들은 코끼리를 들어 올릴 수 있다. 이것은 문제를 제기하고 싶은 욕구를 보여주는 시각적 지표 역할을 한다. 팀을 방해하는 것보다 단순히 코끼리를 잡는 것이 더 쉽다. 셋째, 팀은 코끼리를 줍는 사람을 인정할 필요가 없다(비록 이 도구를 채택하는 팀은 거의 항상 그렇다). 팀에 사람이 아닌 문제를 인정할 수 있는 선택권을 주는 것은 팀의 안전감과 통제력을 증가시킨다. 만약 팀이 언제 문제를 들을 수 있을지를 결정한다면, 팀은 그것을 듣고 생산적으로 처리할 가능성이 더 크다. 코끼리를 예로 들지만 팀에 강요하지는 않는다. 그들은 자신들에게 효과가 있는 반응적인 도구를 고안할 수 있고 또 고안해야 한다.

또 다른 팀 개입에서, 한 팀은 그들이 그 순간에 발명한 반응적인 도구를 고안해냈다. 만약 그 팀이 주제를 벗어나고 있다면, 누군가가 '롭스터lobster'라고 외치곤 했는데, 이 단어는 그 순간에 누군가가 궤도를 벗어나 그들의 '딱딱한 껍질' 때문에 알아차리지 못할 수도 있다는 것을 나타내곤 했다. 이것은 특정 팀을 위한 매우 구체적인 예로서, 모든 팀이 이적할 수 있는 것은 아니다. 그것은 팀이 주제에서 벗어나는 것에 대한 근본적인 좌절감 때문에 장애물을 낮추기 위해 정서를 끄집어내는 데 도움을 주었다.

팀 코칭 마인드셋 #4: 집단 지혜에 접근

개인의 감각 형성, 개인별 지식과 기술 향상에서 공유된 감각 형성, 그리고 새로운 집단 지식 향상으로 전환

집단적으로 아는 것은 개인이 아는 것과 다르다. 집단의 힘은 다양한 관점, 지식 및 스킬을 결합하여 개인의 합보다 더 큰 지혜에 접근할 수 있다는 것이다(Hill, Brandeau, Truelove & Lineback, 2014). 문제가 복잡할 때, 그들은 문제에 대한 리치 픽쳐rich picture를 형성하기 위해 여러 개인의 관점을 요구한다. 해결책은 발견될 수 있는 것이 아니라 함께 만들어지고 발견된다. 흔히 팀 구성원들은 그 문제에 대한 느낌을 가질 것이지만, 처음에는 무엇이 본질에서 암묵적인 지식인지 명확하게 말할 수 없다. 이 정서는 '약한' 신호이고 그것은 성장하고 표현 가능한 아이디어로 떠오를 공간이 필요하다. 감독에게 힘든 일은 약한 신호를 양성하고 팀의 집단 지혜에 접근할 수 있는 공간을 만드는 데 도움을 준다. 빠르게 진행되는 우리의 문화는 명확한 지식을 선호하지만, 집단적인 이해는 반복적인 상호작용 과정을 통해 나타나기 때문에 집단 지혜에 접근하는 데는 시간이 걸린다.

팀의 집단 지혜에 접근하는 것이 좋을 것 같지만, 실제로 팀 코치는 많은 팀이 단지 일을 끝내기만 하면 되고 복잡한 문제를 해결하기 위해 개별 팀 구성원들에게 완전히 접근할 필요는 없다는 것을 명심할 필요가 있다. 코치는 먼저 팀이 업무 중심에서 벗어나야 할 시기를 파악하고 당면한 환경의 복잡성에 대한 인식을 높일 수 있게 도와야 한다. 직무 모드에서 벗어날 필요가 있는 몇 가지 예는 습관적인 루틴이 현재 상황에 적합하지 않거나 단순히 작동하지 않는 경우, 문제가 복잡할 때, 즉 알려진 해결책이 없는 경우, 팀 구성원이 반복적으로 무언가 옳지 않음을 감지하는 경우이다. 의식적인 모드로 전환해야 할 때를 아는 것은 '약한 신호', 즉 무언가가 옳지 않다는 직감이 느껴진다. 코치는 팀이 이러한 신호에 주의를 기울이고 기꺼이 협력할 수 있도록 도와야 한다.

복잡한 문제에 대한 해결책에 단서가 될 뿐만 아니라 약한 신호(그리고 흔히 그렇게 약하지 않은 신호)는 팀 프로세스에 대한 무언가가 잘 작동하지 않고 있음을 나타낼 수 있다. 이 느낌은 또한 탐구할 공간이 필요하다. 팀은 이러한 신호를 자기 반성을 위한 방아쇠로 사용할 필요가 있다. 코치는 팀원들이 무언가 잘못된 것을 감지하고 집단적인 자기 평가를 촉발할 수 있는 공간을 만들도록 도울 수 있다. 팀이 약한 신호를 사용하는 데 도움이 될 뿐만 아니라, 의식적인 모드로의 전환은 "우리가 올바른 방향에 있는가?" 또는 "걱정을 일으키는 사람이 있는가?"와 같은 중요한 질문을 하도록 자극하는 것과 같은 도구를 통해 촉진한다. 부저 전략buzzer strategy은 팀이 의도를 신중하게 수행할 수 있도록 돕는 데에도 유용하다. 예를 들어, 팀은 모든 사람의 말을 경청하고 있는지 확인하고 싶을 수 있다. 부저가 울리면, "모든 사람이 듣고 있다고 느끼는가?" 또는 "기여하지 못했다는 느낌을 가지고 있는가?"와 같은 의도가 담긴 질문을 할 수 있다.

팀이 환경에 대해 더 잘 알고 집단적 지혜에 더 잘 접근할 수 있도록 좀 더 의식적인 모드로 전환해야 한다고 판단되면, 코치는 팀이 집단적 지혜에 접근할 수 있도록 도와야 한다. 구성원들의 지혜를 가장 잘 통합할 수 있는 팀의 상태는 팀 흐름 상태team flow state(Van den Hout, Davis & Walrave, 2016)와 유사하다. 즉 '팀 흐름은 참가한 모든 팀 구성원이 공통 활동에 완전히 관여하고 직관적으로 협력하고 공동의 목적을 향하여 시너지 효과를 발휘하는 그룹 수준의 상태를 만든다.' 반 덴 후트Van den Hout 등은 (1) 공동의 목표, (2) 정렬된 개인 목표, (3) 높은 기술 통합, (4) 열린 커뮤니케이션, 그리고 (6) 상호 약속의 여섯 가지 전제 조건을 확인한다. 코치는 위의 조건을 만들어 팀이 집단 지혜에 접근할 수 있도록 도울 수 있다.

프랙티스

개입을 설계할 때, 팀 이벤트, 팀 개발 또는 다른 유형의 팀 세션 라벨 대신 '팀 대화 세션'이라는 용어를 사용해 왔다. 봄Bohm(2004)에서 영감을 받은 이 대화dialogue라는 단어의 사용은 "대화는 서로에 대해 게임을 하는 것이 아니라 서로와 함께하는 공동의 참여에 가까운 것이다."라고 강조한다. 대화에서 팀은 자신의 근본적인 가정에 의문을 제기할 수 있다. 이는 한 팀이 회의 시작 당시 존재했던 본래의 관점을 벗어나지 못하는 경우가 많은 분석, 다른 관점, 확신, 설득에 초점을 맞추는 논의와는 매우 다르다. 이러한 간단한 언어의 변화가 팀 대화를 통해 달성된 결과에 지대한 영향을 미칠 수 있다는 것을 발견했다.

대화는 능숙하게 촉진될 때 팀이 통상적으로 교환하는 방식의 근본적인 변화를 나타내며, 상호작용의 전환을 가능하게 하기 위해 의도적인 도구 배치를 필요로 한다. 예를 들어, 팀이 문제 해결에 참여하는 것을 도울 때, 보통 한 사람에게 문제에 대해 몇 분 동안 말하고 나서, 팀에 눈을 감거나 뜬 채로 몇 분 동안 성찰한 다음, 전체 팀에 눈을 돌려 각 사람에게 문제에 대해 생각할 때 떠오른 이미지나 은유를 공유하도록 요청한다. 이것은 집단적인 수준의 대화로 이어지고 공동의 의미를 창출한다. 이는 일반적으로 분리를 만드는 전략인 주제에 대한 모든 사람의 견해를 밝히는 것보다 더 강력하다.

팀 코칭 마인드셋 #5: 팀 공간 유지

안전하고 보호받는 관계 구축에서 팀을 위한 안전한 공간 구축으로 전환

개인에 대한 효과적인 코칭을 위해서 코치는 자신의 생각과 정서를 공개적으로 공유할 수 있는 안전하고 신뢰할 수 있는 관계를 형성한다. 팀 코치의 초점은 모든 팀 구성원 사이의 생각과 정서에 대한 공개적인 토론을 허용하는 팀을 위한 안전하고 보호받는 환경을 만들어야 한다. 이를 위해서는 팀 구성원들이 안전하다고 느낄 만큼 충분한 구조를 만들되, 토론이 규정되거나 통제된다고 느낄 만큼 많은 구조를 만들지는 않는 균형을 찾는다. 흔히 이런 경우 회의실의 '권한'으로서 너무 자주 개입하려는 팀 리더의 욕구를 관리하는 것이 필요하다. 또한 프로세스를 제어하고 '실내 전문가' 역할을 할 자신의 욕구를 관리해야 한다. 그 대신 코치는 팀의 대화가 이전에 논의되지 않은 문제를 탐색하는 동시에 감지, 조정 및 질문 중심으로 가장 잘 묘사되는 개입을 사용한다.

모든 팀은 특정 맥락 내에서 활동하는 사람들의 고유한 조합으로 구성되어 있다. 다른 말로 하면, 다른 팀을 비교할 때 패턴을 볼 수 있지만, 각각의 팀은 독특하다. 따라서 팀을 전진시키는 적절한 방법은 코치가 아닌 팀 자체에서 주로 나와야 한다. 팀에서 앞으로 나아갈 경로가 나올 때, (1) 그것은 개입과 변화를 이 독특한 그룹에 더 적합하게 만든다. (2) 일부 팀 구성원들이 이 팀에 대한 개입이나 변화의 적절성을 거부하도록 유도할 수 있는 '여기서 발명되지 않은 not-invented-here(역자 주: 내부에서 나온 의견이 아니기에 배척하는 태도)' 증후군을 피한다. (3) 팀은 팀을 발전시키는 데 필요한 행동 변화에 대해 더 큰 주인의식을 느낄 것이다.

따라서 코치는 각 팀원의 안전에 초점을 맞추는 대신, 팀원들이 자유롭게 위험을 감수하고 그들의 독특한 관점을 공유할 수 있는 안전한 팀 환경을 조성하여야 한다. 이러한 공간은 팀원들이 그들의 불완전한 생각과 예감까지도 공유할 수 있게 해준다(직장에서 안전한 '환경 유지'에 대한 더 포괄적인 논의, Kahn, 2001 참조).

   팀을 위한 그런 공간을 만들고 보유하기 위해서, 코치는 개인의 말을 듣는 것을 넘어 팀을 하나의 시스템으로 볼 필요가 있다. 이를 위해서는 행동 패턴을 경청하고 시스템의 요구에 대한 정보를 제공하는 미묘한 단서들에 주의를 기울여야 한다. 행동은 흔히 눈에 보이지 않는 힘에 의해 움직인다. 그렇지만, 팀 코치는 신호에 민감해야 하고, 시스템으로서 팀의 역동을 이해할 수 있으며, 눈에 보이는 행동 패턴을 만드는 데 있어서 활동 중인 더 깊은 힘에 대한 가설을 세울 수 있다.

   애자일 코칭(2010)에서 애드킨스Adkins는 팀 코치가 시간을 활용하는 최적의 구분은 실행과 존재에서 60%, 존재에서 40%라고 제안했다. 팀 코치는 시간의 40%를 팀 개입(DOING, 팀 대화 촉진 작업)을 계획하는 데 할애하고, 60%는 다섯 가지 코칭 마인드셋(존재BEING 및 이러한 팀 코칭 마인드셋의 실천 방법)을 통해 생각하는 데 할애할 것을 제안한다. 그런 다음 코치는 팀과 함께 일하는 동안 팀 과제의 핵심에 40%, 팀원의 존재에 60%를 할애해야 한다. 이는 팀 구성원 상호작용과 대화의 질을 최적화하고 고품질 작업 결과를 촉진한다.

프랙티스

팀 대화 세션을 시작할 때, 흔히 회의에서 격려하고 단념시키기 위한 행동 목록을 검토함으로써 팀에 그들의 기본 규칙을 함께 만들 것을 요청한다. 비록 효과적인 팀 대화를 위해 원하는 행동을 명시하는 지침 목록을 제안하고 이 목록을 채택할지와 추가하고자 하는 다른 사항을 물어보는 것이 더 효율적이고 효과적이라는 것을 발견했지만, 우리는 팀이 처음부터 이러한 지침을 공동 작성할 수 있도록 돕곤했다. [그림 13.2]는 팀 대화 회의를 시작할 때 제안하는 지침이다.

   또 팀 코칭 실행DOING 및 존재BEING에 대해 생각하고 40/60%의 분할이 팀 개입을 준비하는 데 시간을 보내는 방식에 반영되도록 하는 것이 유용하다.

Identify 말하기 이상의 질문을 통해 서로의 관점을 파악한다(호기심 가지기).
Notice 자신과 다른 사람의 약한 신호(느낌, 반응, 니즈, 예감)를 알아차린다.
Goal 목표는 의미 있고 공유된다. 우리는 흔히 원하는 결과로 돌아간다.
Everyone 모든 사람이 이 팀에서 일어난 일에 책임이 있다.
Ask "이 팀의 정서에서 우리는 무엇을 배우고 있는가?"라고 묻는다.
Review 팀의 활동 방식 검토(정기 체크인)

[그림 13.3] 팀 대화에 기어 넣기 *INGEAR
출처: © Ei World, 2018.

결론

팀과 함께 일하는 코치는 팀이 팀을 구성하는 개인들을 능가하는 팀 수준의 속성을 가지고 있다는 것을 인식해야 한다. 이 장에서는 팀 코치가 팀을 위해 규정하는 도구와 개입 이상의 것이 필요하다고 제안했다. 최적의 효과를 얻기 위해, 팀 코치는 그들이 '보는' 방식, 팀을 경험하는 방식, 그리고 코치로서 그들의 역할을 보는 방식을 바꾸는 사고방식이 필요하다. 이 장에서 논의된 다섯 가지 팀 코칭 마인드셋을 채택하고 이를 실천함으로써 팀 코치는 성공할 준비를 하고 효과적이고 지속 가능한 발전과 변화를 위해 코칭 팀을 구성할 것이다.

팀 코칭 마인드셋은 효과적인 팀 코치가 팀을 '보는' 방식과 코치로서의 역할을 제시하고 있다. 이러한 사고방식의 힘은 잭 웰치의 "현실을 가장 잘 보는 팀이 이긴다."라는 원문에 가장 잘 요약되어 있다. 우리에게 현실을 가장 잘 보는 코치는 팀을 하나의 시스템으로 보고, 모든 구성원들이 팀의 역동성에 기여한다는 것을 이해하고, 발굴해야 하는 정보를 담은 정서를 인식하는 사람이다. 정서가 팀에서 억제되어야 할 무언가로 취급되기보다는, 정서의 역할은 팀워크의 약하고 강한 신호로서 옹호될 수 있는데, 이것은 오늘날 조직의 건강과 성공을 위해 매우 중요한 새로운 스킬과 능력이다. 코치는 또한 적절할 때 팀 구성원들의 집단 지혜에 접근할 수 있는 공간을 마련하는 것이 중요하다는 것을 인식하고 있어야 한다. 이러한 방식은 피터 호킨스Peter Hawkins가 2017년 발간한 『리더십 팀 코칭: 변혁적 팀 리더십 개발을 넘어 Leadership Team Coaching: Developing Collective Transformation Leadership』의 부제에서 주장했던 팀 코칭의 목표를 달성할 가능성이 더 크다. 비즈니스 세계는 그 어느 때보다 이것을 필요로 한다.

요약

이 장에서는 팀 코치가 팀을 효과적으로 돕기 위해 채택할 수 있는 다섯 가지 팀 코칭 마인드셋과 이러한 마인드셋이 코칭 연습에 반영될 수 있는 방법을 다루는 팀 코치의 프레임워크를 제시했다. 팀 코치는 개인 코치와 다르게 생각해야 한다. 팀은 시스템이며 코치가 특히 관찰된 행동에 대해 이해해야 하는 시스템으로서의 속성을 가지고 있다. 만약 코치가 팀 내 행동의 근본 동인을 이해하지 못한다면, 지속적인 변화를 가져오는 것은 거의 불가능할 것이다.

일단 팀 코치가 다섯 개의 팀 코칭 마인드셋을 채택하면, 코치는 팀과 효과적으로 일하기 위한 실질적인 개입 준비가 된다. 팀 코칭 마인드셋은 지속해서 채택되며, 이를 통해 팀 코치로서 가장 효과적인 운영 방법에 접근할 수 있다.

부록 1: 영향력이 큰 팀 개입 설계

개입

제목: HR 리더십 팀 – 팀 개발

1단계: 팀 기본

- 팀 리더 – 팀의 현재 상황, 팀의 개발 필요성 및 프로젝트에 대한 포부에 대한 비밀 정보 입력
- 팀 구성원 – 팀의 비밀 정보 입력 - 장점, 도전 과제 및 포부
- 관찰된 팀 회의(3시간)
- 팀 세션 1(반나절) 시작 – 들은 내용을 공유하고 팀을 개발 과정에 참여시킨다.

2단계: 개인 및 팀 개발

개인
- 호건 설문지에 대해 일대일 단독 디브리핑
- 개인 개발 계획 형성
- 직속상사와 개별 계획 공유

팀
- 팀 설문조사 보고서를 분석하고 집중적 회의 설계를 한다.
- 팀 대화 세션 2(하루종일)
- 팀 실행 계획
- 팀의 새로운 행동을 지원하고 문제 해결을 위한 어떠한 도전에도 지속한다. (90분, 한 달 간격, 팀장 + 1)

3단계: 지속 가능한 변화

- 팀의 정상적인 작업
- 합의된 팀 작업 이행 시간: 팀 대화 세션 2.
- 세션 2 이후 팀 책임 세션(90분, 팀 대화 세션 2 이후 세 번 더 추가)을 통해 구현된 조치에 대한 추가 검토
- 새로운 개별 행동을 구현하기 위한 자체 주도적 행동

4단계: 영향 검토

- 개별 개발 계획 검토/질적 피드백 수집 팀 구성원 각각이 어떻게 기능하고 있는지에 대해 의견을 개진
- 온라인 팀 정서지능 설문조사 반복
- 팀과 함께 2차 팀 정서지능 설문을 디브리팅하고 성공을 축하

이러한 활동의 순환은 나중에 팀장이 은퇴했을 때 반복되었고 새로운 팀장이 그 역할을 맡았다. 유일한 차이점은 합의된 팀 책임 세션이 줄었다는 것이다(원래 4회가 아닌 2회).

출처: Ei World

참고문헌

Adkins, L. (2010). *Coaching agile teams: A companion for ScrumMasters, agile coaches, and project managers in transition*. Boston, MA: Pearson.

AIIR Consulting, LLC. (2017). *Practitioner's guide: Your guide to developing coaching excellence*. Based on Coaching Mindset Index Tool, a tool for measuring individual coach mindset.

Barsade, S. G., & Gibson, D. E. (1998). Group emotion: A view from top and bottom. In D. Gruenfeld (Ed.), *Research on managing groups and teams* (vol. 1, pp. 81-102). Stamford, CT: JAI Press.

Baumeister, R. F., Ainsworth, S. E., & Vohs, K. D. (2016). Are groups more or less than the sum of their members?: The moderating role of individual identification. *Behavioral and Brain Sciences, 39*, e137.

Bohm, D. (2004). *On dialogue*. London, England: Routledge Classics. 『대화란 무엇인가』 강혜정 역. 에이지21. 2021.

Boyatzis, R. E., Stubbs, E. C., & Taylor, S. N. (2002). Learning cognitive and emotional intelligence competencies through graduate management education. *Academy of Management Learning & Education, 1*(2), 150-162.

Chatman, J. A., & Cha, S. E. (2003). Leading by leveraging culture. *California Management Review, 45*(4), 20-34.

De Dreu, C. K., West, M. A., Fischer, A. H., & MacCurtain, S. (2001). Origins and consequences of emotions in organizational teams. In R. L. Payne & C. L. Cooper (Eds.), *Emotions at work: Theory, research and applications in management* (pp. 199-217). Chichester, England: Wiley.

de Haan, E., & Nilsson, V. O. (2017). Evaluating coaching behavior in managers, consultants, and coaches: A model, questionnaire, and initial findings. *Consulting Psychology Journal: Practice and Research, 69*(4), 315-333.

Druskat, V. U., & Wolff, S. B. (2001). Building the emotional intelligence of groups. *Harvard Business Review, 79*(3), 80-91.

Druskat, V. U., & Wolff, S. B. (2008). Group-level emotional intelligence. In N. M. Ashkanasy & C. L. Cooper (Eds.), *Research companion to emotion in organizations* (pp. 441-454). London, England: Edward Elgar.

Ei World Team Effectiveness Projects. (2018). Unpublished manuscript.

Fiske, S. T. (2014). *Social beings: A core motives approach to social psychology*. Hoboken, NJ: John Wiley & Sons Inc.

Gemmill, G. R. (1989). Dynamics of scapegoating in small groups. *Small Group Research, 20*, 406-418.

Hackman, J. R. (1987). The design of work teams. In J. Lorsch (Ed.), *Handbook of organizational behavior* (pp. 315-342). Englewood Cliffs, NJ: Prentice-Hall.

Hackman, J. R. (1998). Why teams don't work. In R. S. Tindale, J. Edwards, & E. J. Posavac (Eds.), *Theory and research on small groups* (pp. 245-267). New York, NY: Plenum.

Hackman, J. R. (2011). *Collaborative intelligence: Using teams to solve hard problems*. San Francisco, CA: Berrett-Koehler.

Hawkins, P. (2017). *Leadership team coaching in practice: Developing collective transformational leadership*. London, England: Kogan Page.

Heckscher, C. (2015). *Trust in a complex world: Enriching community*. Oxford, England: Oxford University Press.

Heron, J. (2001). *Helping the client: A creative practical guide*. London, England: Sage.

Hill, L. A., Brandeau, G., Truelove, E., & Lineback, K. (2014). Collective genius. *Harvard Business Review, 92*(6), 94-102.

Hollenbeck, J. R., Beersma, B., & Schouten, M. E. (2012). Beyond team types and taxonomies: A dimensional scaling conceptualization for team description. *Academy of Management Review, 37*, 82-106.

Johns, G. (2006). The essential impact of context on organizational behavior. *Academy of Management Review, 31*(2), 386-408.

Kahn, W. A. (2001). Holding environments at work. *The Journal of Applied Behavioral Science, 37*(3), 260-279.

Kahneman, D. (2011). *Thinking, fast and slow*. New York, NY: Macmillan. 『생각에 관한 생각』 이창신 역. 김영사. 2018.

Lewin, K. (1951). *Field theory in social science: Selected theoretical papers*. D. Cartwright (Ed.). New York, NY: Harper.

Mayer, J. D., Roberts, R. D. & Barsade, S. G. (2008). Human abilities: emotional intelligence. *Annual Review of Psychology, 59*, 507-536.

McLeod, P. L., & Kettner-Polley, R. B. (2004). Contributions of psychodynamic theories to understanding small groups. *Small Group Research, 35*(3), 333-361.

Smith, K. K., & Berg, D. N. (1987). *Paradoxes of group life: Understanding conflict, paralysis, and movement in group dynamics*. San Francisco, CA: Jossey-Bass.

Tannenbaum, S. I., Mathieu, J. E., Salas, E., & Cohen, D. (2012). Teams are changing: Are research and practice evolving fast enough? *Industrial and Organizational Psychology, 5*, 2-24.

Tuckman, B. W. (1965). Developmental sequence in small teams. *Psychological Bulletin, 63*, 384-399.

van den Hout, J. J., Davis, O. C., & Walrave, B. (2016). The application of team flow theory. In L. Harmat, F. Ørsted Andersen, F. Ullén, J. Wright, & G. Sadlo (Eds.), *Flow experience* (pp. 233-247). Cham, Switzerland: Springer.

Van Kleef, G. A. (2009). How emotions regulate social life: The emotions as social information (EASI) model. *Current Directions in Psychological Science, 18*(3), 184-188.

Vielmetter, G., & Sell, Y. (2014). *Leadership 2030: The six megatrends you need to understand to lead your company into the future*. New York, NY: American Management Association.

Wolff, S. B. (2018). TEI Survey Technical Manual. Retrieved from test.profwolff.org/resourcest

14장. 모든 것의 이론을 넘어서

팀 코칭에 적용할 이론을 선택하기 위한 그룹 분석,
대화^{conversation} 그리고 다섯 가지 질문

저자: 크리스틴 손튼 Christine Thornton
역자: 강하룡

이론, 실천 방식^{praxis}, 모든 것의 이론을 향한 열망

1951년에 커트 레윈$^{Kurt\ Lewin}$은 "좋은 이론만큼 실용적인^{practical} 것은 없다."라고 말했다. 이론이 현장에서 활동하는 팀 코치에게 가치가 있지만, 그렇다고 해서 모든 곳에, 언제나 좋은 이론은 없다. 그룹 분석$^{group\ analysis}$의 창시자인 파울크스^{Foulkes}는 그의 첫 번째 책(1948)의 서론에서 이론이 '모든 것의 이론$^{theory\ of\ everything}$'을 제공하는 것이 아니라, 현실의 고립된 한 측면을 이해하는 데 도움이 될 수 있다며 다음과 같이 설명한다. "인생은 복합적인 완전체$^{complex\ whole}$이다. 인생은 인위적으로 부분으로 분리되고, 분석될 수 있다. 특정한 힘이 전체 현상에 어떤 영향을 미치는지 알려면 분리해서 볼 필요가 있다." 파울크스의 연구는 30년이 지난 후 쇤^{Schön}(1983)에 의해 다음과 같이 반복되었다. "어떤 중요한 이론도 특정 사건을 예측^{predict}하거나 통제^{control}하기 위해 적용할 수 있는 규칙^{rule}을 제공하지는 않는다." 숙련된 프랙티셔너의 스킬 대부분은 서로 경쟁하는 이론이 제공하는 관점 중에서 일부를 선택하여, 어떤 개입이 이 사람들을 가장 적절하게 변화시킬 수 있는지를 결정하는 데 있다.

그렇다면, 이론이란 무엇인가? 이론은 경험을 설명하되 경험을 과도하게 단순화하는 비유^{metaphor}이며, 매우 복잡한 현실의 단축어^{shorthand}이다. 어떤 이론도 현실에 관한 완전한 설명을 제공하지 않는다. 맥락^{context}이 전부이다. 파울크스에 의하면, 좋은 이론은 우리가 현실의 일부

크리스틴 손튼$^{Christine\ Thornton}$: 크리스틴은 그룹 분석가, 감독자, 컨설턴트로 베스트셀러인 『그룹과 팀 코칭』의 저자이자 현재 The Art and Science of Work Together의 편집자이다. 크리스틴은 30년 이상 팀 코칭과 감독/PD 그룹, 대규모 그룹, 선임 리더십 및 코칭에 기여하며 영예로운 업적을 쌓아왔다.

측면을 더 명확하게 이해하게 돕는다. 인간은 패턴pattern을 만드는 존재이다(Stem, 1985). 우리는 '경험을 이해하고 패턴이 나타나는 것을 보기 위해' 우리가 관찰하는 것을 함께 조합하면서 배운다. 패턴은 '카오스 이론chaos theory' 안에 있는 혼돈에서도 발생하기 때문이다. 이론은 우리 보다 앞서 살아간 사람들이 만든 통찰에 접근할 수 있게 해준다. 이는 엄청나게 귀중한 지름길이다. 왜냐하면 우리는 한 인간의 생애 동안 모든 것을 경험할 수 없기 때문이다.

위키피디아(https://en.wikipedia.org/wiki/Theory_of_everything)에 따르면, '모든 것의 이론' 추구는 물리학의 주요 미해결 문제 가운데 하나이다. '모든 것의 이론'을 향한 욕구는 불확실한 세상uncertain world에 사는 우리에게 확실한 것certainty이 필요하다는 사실에서 비롯된다. 조직에서 사람들은 '한 가지 올바른 방법'이라는 안전성을 추구할 수 있지만, 팀 프랙티셔너는 이러한 사치를 누릴 수 없다. 우리는 현실을 희생시키면서 이 욕망에 빠져들 수 없다. 우리는 팀이라는 복잡한 세계에 통찰력을 제공하는 다양한 가설을 염두에 둘 수 있어야 한다. 우리가 하나의 이론에 너무 심취하여 그 시각을 통해서만 현실을 본다면, 우리의 인식에 심각한 왜곡을 일으킬 위험이 있다. 카너먼Kahneman(2011)은 검토되지 않은 판단unexamined judgements을 신뢰할 때 발생하는 오류에 대해 유명한 설명을 했다. 고객 특히 고위 팀들senior teams은 큰 그림을 볼 필요가 있으므로, 우리 역할의 중요한 부분은 사람들이 불확실성과 '알지 못함not knowing' 속에서 살아가는 법을 배우도록 도와 '이중 고리 학습double-loop learning'을 촉진하는 것이다(Argyris & Schon, 1978).

많은 이론이 팀의 복잡한 현실을 밝혀준다. 그런데 왜 하나의 이론이 어떤 환경에서는 잘 작동하고 다른 환경에서는 잘 작동하지 않는가? 다음에 소개할 다섯 가지 질문이 실천적 결정praxis decisions을 내리는 데 도움이 될 수 있다. 팀 코치는 각 위원회commission의 고유한 특수성에 대해 신중하게 생각해야 한다. 각각의 과제assignment에서, 심지어 경험이 많은 코치라도 익숙한 일만큼이나 많이 새로운 일을 접하게 된다. 다섯 가지 질문은 우리가 수집한 데이터에서 정보를 얻는 구조화된 방법structured way을 제공한다.

그룹 분석 탐구하기

나는 1980년대 후반에 그룹, 팀과 함께 일하기 시작했으며, 일반적으로 전략적 사고와 협업 능력을 향상시키기 위해 활동하였다. 당시에는 이미 이러한 노력에 도움이 된다고 주장하는 다양한 모델이 있었다. 이것은 대부분 보편적으로 합리적rational이며, 사람들이 직장에서 경험하는 의식적이고 통제 가능한 측면과 관련이 있었다. 그러나 가장 다루기 어려운 도전 과제는 대부분 합리적인 경기장arena이 아니라, 비합리적인irrational 경기장에서 일어났다. 나는 정신분석과 시스템 이론이 비합리적 분야를 다루는 데 유용한 관점을 갖고 있음을 발견하고 여러 체험적 교육 행사에 참석했다. 이론은 내 컨설팅 업무에 정말로 도움이 되었고, 나는 고객이 더 광범위한 문제를 이해하고 변화시킬 수 있게 도왔다.

얼마 후, 나는 런던 타비스톡 연구소Tavistock Institute의 한 그룹에서 그룹 분석 연구소Institute of Group Analysis(IGA)에 대해 들었다. 나는 호기심을 느끼고 기초 과정Foundation Course에 참여하였으며, 그룹 분석가를 수퍼바이저로 고용했다. 나는 경험과 실천 방식praxis, 이론의 포괄적인 특성에 대한 강조와 청사진blueprint이 아니라 프레임워크framework를 제공한다는 점에서 마음에 들었다. 특히 큰 그룹, 많은 사람 사이의 대화dialogue 그리고 하나의 화제topic에 대해 서로 다른 많은 견해가 경험적으로 타당하다는experienced validity 점이 좋았다. 나는 치료사therapist 자격을 얻기 위해 집단 분석을 훈련하기로 했다.

조직 컨설턴트 또는 코치로서 내 '본업day job'에 그룹 분석 원리들principles을 통합하고 싶었다. 이 작업에 몇 년이 걸렸지만, 나는 프랙티스 현장에서 내가 관찰한 것에 고무되었다. 내가 관찰한 것은 내 치료 그룹의 프로세스가 오랫동안 함께 일해온 조직 그룹의 프로세스와 동일하다는 사실이었다.

파울크스가 처음으로 설명한 이러한 프로세스는 그룹의 사람, 목적 또는 깊이depth가 아무리 다르더라도 보편적인 것처럼 보였다. 이런 관찰은 그룹 코칭과 팀 코칭(Thornton, 2010, 2016)을 구성하는 핵심이었으며, 이 책에 대한 반응을 통해 복잡한 포스트모던 환경에서 조직 프랙티셔너에게 훨씬 더 많은 것을 제공할 수 있는 학문 분야discipline라는 확신을 얻었다.

나는 다른 곳(Thornton, 2017b)에서 여섯 가지 주요 측면에 대한 분석을 제시했다. 이는 (1) 그룹 내 개인에게 주목, (2) 대인 커뮤니케이션에 관한 뉘앙스 이해, (3) 맥락에 주목, (4) 다중 관점multiple perspectives의 허용과 가치, (5) 차이에 관한 창조적 통합, (6) 불안과 리더십 투사projections를 관리하기 위한 유연한 개발 접근법developmental approach이다.

그룹 분석은 하나의 이론이 아니다. 파울크스(1948, 1990)는 깊은 원리를 지닌 큰 그림을 그렸지만, 이론은 계속 발전되었고 지금도 개발되고 있다. 이는 구성원이자 '지휘자conductors'(퍼실리테이터를 뜻하는 파울크스의 음악적인 비유)로서 실천 방식praxis과 그룹 경험에 깊이 뿌리를 두고 있다.

파울크스의 '매트릭스' 개념은 사람, 집단, 사회의 상호 개입을 묘사하는 중심 개념이며, 사람은 근본적으로 사회적인 존재라는 급진적인 명제radical proposition이다.

> 그룹 분석 이론에서는 '정신내부intrapsychic', '대인관계interpersonal', '집단 역동group dynamic' 프로세스를 식별함으로써 우리 자신을 지향하지 않는다. 우리가 추구하는 과업task에 따라 이를 서로 다른 관점standpoints에서 설명할 수 있고, 반드시 설명해야 하는 동일한 프로세스임을 우리는 믿고, 보여줄 수 있다. '사회'는 개인의 외부뿐만 아니라 개인 내부에도 있고, '정신내부'는 동시에 집단에 의해 공유되며, 집단 분석 그룹을 제외한 대부분 시간 동안 무의식적으로 두 영역 모두에서 공유된다. '내부' 또는 '외부'의 경계는 끊임없이 움직이고 있으며 이러한 변화의 경험은 특히 중요하다.
>
> (Foulkes, 1990, p.184)

이 영역의 이론인 '3자 매트릭스tripartite matrix'(Hopper & Nitzgen, 2017)는 여전히 새로운 지평을 열고 있다. 이는 너무나도 감동적이고mind-blowing, 프랙티스 지향적practice-oriented이다. 파울크스는 "우리가 하는 작업은 창의적이다. 그룹 분석가는 유연하고 자연스러우며 자발적이어야 하고, 그룹의 지도를 따르며 그룹에서 배워야 한다"고 말한다.

매트릭스는 주어진 상황에 관한 모든 관점을 평가하는 기초가 되어, 풍부한 그림을 구축한다. 이는 대화, 공동 학습 그리고 경험을 공동으로 구축하기의 중심성centrality으로도 연결된다(Rance, forthcoming).

그룹 분석은 시스템 이론systems theory과 동일하게 20세기 중반의 지적 패러다임에서 비롯되었으며, 모든 것의 상호 연결성을 강조하는 물리학과 생물학의 발전으로 우연성contingency, 복잡성complexity 그리고 카오스 사고chaos thinking에서 결실을 맺었다. 그 '아버지' 중 한 사람은 사회학자 노베르트 엘리아스Norbert Elias였다(Elias, 1937/2000). 맥락은 그룹 분석가들에게 본질적이며fundamental, 여러 관점에 놓인 가치와 결합하여 시스템과 복잡성 이론complexity theories과 맞물린다. 따라서 그룹 분석은 개인, 팀, 부서, 조직, 사회, 글로벌 수준의 상호작용 프로세스interplaying processes를 이해하고 작업할 수 있는 일관된 지적 프레임워크를 제공한다. 이는 상호 연결이 우리의 프랙티스에 영향을 미친다는 것을 의미한다. 즉 전체 그림을 염두에 둔 상태에서 작은 활동을 활용하여 팀이 다른 관점을 '얻고', 관점을 변화할 수 있게 한다.

그룹 분석적 대화(또는 '자유로운 토론')는 현실의 복잡성을 반영하며, 복잡성 사고는 우리에게 그 복잡성을 명확하게 설명할 수 있는 수단을 제공한다. 컨설턴트의 과업task은 복잡성 속에서 길을 잃지 않도록 회피하는 일이 아니다. 다른 사람들과 함께 길을 잃은 경험을 같이 하면서 '진짜 무슨 일이 일어나고 있는지'를 함께 이해하는 것이다.

대화conversation는 그룹 분석 방법이다(Rance, forthcoming; Stacey, 2005). 이는 우리가 함께 일하고 있는 팀 구성원들 사이에서, 그리고 '지금 일어나고 있는 일'에 대해 되도록 많은 설명(이론)을 고려하는 팀 코치의 마음에 동시에 적용된다. 대화는 목표이자 방법이며 결과outcome이다. 이때 결과는 팀 개발이 잘 진행되었을 때, 팀 코치로서 얻게 되는 업무의 실제적인 결과이다.

2000년 경에 나는 조직 컨설팅 분야에서 치료사 동료를 위한 세미나를 개최하였고, 여기에서 제공된 다섯 가지 (당시 네 가지) 질문의 첫 번째 공식을 고안했다. 나는 이전에 아지리스Argyris(1980)의 글을 읽었지만, 이후에야 그의 귀중한 표현인 '논의할 수 없는undiscussable'을 다섯 번째 질문의 기초로 사용했다.

다섯 가지 질문

특히 조직 관련 과제를 시작할 때, 명시적인 목표objectives와 위원commissioner(역자주: 코칭 발주자)의 무의식적인 기대 사이에 긴장감이 감돌게 된다. 성공적인 개입intervention의 핵심은 후자를 더 의식적으로 만드는 것이다. 최소한 고객보다 더 많이 인식해야 한다. 나는 계약체결을 위한 프레임워크로써 체크리스트, 즉 다섯 가지 질문을 개발했다. 질문은 이론이나 도구가 아니지만 이론이나 도구를 선택하는 데 도움이 된다. 질문은 우리의 프랙티스를 안내하는 데이터에 관한 구조화된 질의enquiry를 제공한다. 그 데이터는 자동적으로automatically 또는 체계적으로systematically 수집할 수 있다. 비록 다섯 가지 질문들은 특히 시작하는 '계약' 단계와 관련이 있지만, 나는 모든 코칭은 팀 또는 조직이 변화함에 따라 평가와 재계약의 지속적인 프로세스로 이해한다.

다섯 가지 질문

1. 팀이 함께 일하기를 원하는 사람은 누구인가?
2. 팀 코칭의 목적은 무엇인가?
3. 이 팀의 조직적 맥락은 무엇인가?
4. 나는 누구 또는 무엇으로 초대받았는가?
5. 논의할 수 없는 것은 무엇인가?

다섯 가지 질문을 읽을 때, 난감한puzzling 고객의 상황을 염두에 두고 모든 질문을 활용하여 생각해보라. 생각의 가장자리edge of thought, 시선의 모서리corner of eye, 막연한 불안감vague unease 등 모든 데이터는 잠재적으로 관련성이 있으며 퍼즐을 풀기 위한 열쇠가 될 수 있다. 손튼의 저서 『함께 일하기의 예술과 과학The Art and Science of Working Together』 3, 4, 15장에서 작업한 사례가 있다.

1. 팀이 함께 일하기를 원하는 사람은 누구인가?

고려해야 할 몇 가지 부수적인 질문은 다음과 같다.

- 추진력impetus은 어디에서 오고 있는가?
- 누가 결정을 내렸는가?
- 팀 구성원은 얼마나 등록signed up하였는가?
- 의사결정 과정 중에 팀 관계에서 특징적인 것이 있는가?
- 핵심 연락 담당자key contact는 누구인가?
- 팀의 모든 사람이 참여할 것인가? 그렇지 않은 경우 누가 참여할 것인가?
- 회원들은 참여에 관한 선택권이 있는가? 얼마나 많은 사람이 참여할 것인가?(큰 그룹에는 신중하게 관리해야 하는 추가 역동이 있다.)

다음과 같이 여러 가지 이유로 팀 리더들이 참석하는 것이 중요하다. 팀 코칭은 팀 리더들이 좀 더 효과적으로 이끌도록lead 돕는다. 특히 팀 세션에 '존재하는be' 방법에 대해 별도로 코칭하는 경우 더욱 그렇다. 리더의 부재는 팀에 비난과 무책임의 역동을 너무 쉽게 가져오며, 그들의 존재presence는 코칭의 중요성을 나타낸다.

팀 코칭은 모든 팀all the team이 참여할 경우 가장 가치있으며, 구성원이 원할 경우 더욱 가치 있다. 출석이 필수인 경우, 초기 단계에서 각 구성원을 개별적으로 만나 연결을 형성하고 코칭의 목적과 프로세스를 강화한다.

출석이 의무 사항이 아닌 경우, 출석 문제에 대해 엄격한 태도를 취하여 출석 기대치를 설정하고, 계속해서 주의를 기울인다. 전화 벨소리, 문자 메시지, 트윗, 이메일은 허용되지 않는다. 출석 문제를 체계적으로 다룸으로 코칭의 중요성을 강조하고 이에 관한 긴장을 표면화할 수 있다. 높은 지위의 내부 파트너, 이상적으로는 위원회 위원이나 팀 리더를 통해 출결을 관리하라.

2. 팀 코칭의 목적은 무엇인가?

위원회의 위원은 코칭을 통해 달성해야 하는 것이 무엇인지 알려 준다. 목표 달성을 위해 다음과 같은 질문을 하는 것이 중요하다.

- 지금까지 목적은 어떻게 달성되었는가?
- 팀 코칭의 목적은 팀 과업의 목적과 어떤 관련이 있는가?
- 팀 구성원들은 코칭의 목적에 대해 어떤 생각을 가지고 있는가?
- 코칭 세션의 횟수, 길이 그리고 빈도를 고려할 때 팀 코칭의 목적은 현실적인가?

각 개인의 참여 목적을 표현할 수 있는 기회를 제공하는 것이 중요하다. 이를 위해 개인적인 면담 시간 또는 짧은 '소개introductory' 세션을 통해 팀 구성원들이 코치를 '파악inspect'할 수 있는 기회도 제공한다. 이러한 단계를 취하더라도 첫 번째 팀 코칭 세션을 시작할 때 항상 목적에 관한 질문을 다시 검토해야 한다. 이는 구성원들이 코치의 역량에 대해 안심하게 할 수 있고, 코칭 의도의 충돌, 특히 팀 구성원의 기대와 위원회의 기대 사이에서 그 차이가 드러나게 한다.

예를 들어, 팀 '기능 장애dysfunction'는 항상 팀의 광범위한 조직적 맥락에서 표현된 기능 장애로 이해되어야 한다. '기능 장애'라는 꼬리표label를 받아들이는 것은 위험한 일이다. '기능 장애'가 현재 '위치' 모든 곳에 있는 것은 아니기 때문이다.

관찰한 기대치가 합의한 계약이나 서면 계약과 일치하지 않을 때 어떻게 하는가? 이에 관한 증거에는 잘못 정의된 불편함, 합의된 행동이 일관되게 실행되지 않음, 무언의 불만족이 있다. 문제가 제기될 때 팀이 이러한 문제를 논의하기를 원하지 않으면 '논의할 수 없는 것undiscussables'으로 처리한다. 철저하게 명시적인 목표explicit goals를 수립하고, 명시적인 목표에 관한 작업을 시작하고, 피할 수 없는 도전을 기다린다. 불편함을 견딜 준비가 되어 있어야 하며 모순contradictions과 역설paradoxes을 사용하여 그룹의 딜레마dilemmas를 표면화할 수 있어야 한다. 이러한 상황에서 수퍼비전이나 협의consultation는 매우 중요하다.

많은 사람은 팀 코칭이 '치료therapy'라고 두려워한다. 다음 질문은 미리 해볼 가치가 있다. 팀 구성원들이 '업무에 관한 감정 정보를 사용하는 것'과 '치료'를 구별할 수 있게 돕는 방법을 스스로 질문해보자. 감정 표현하기expressing feelings는 팀에 더 많은 자유와 창의성을 부여하고 업무의 압박, 조직의 무의식적인 역동성에 대해 더 완전한 이해를 가능하게 한다. 또 구성원 개개인의 건강을 증진하고, 서로 다른 사람들이 같은 것을 느낀다는 안도감으로 '동료애fellow feeling'를 느끼고, 더 큰 팀 화합으로 이어진다.

팀 코칭 세션에서 감정을 공유하도록 격려할 때는 각 개인의 품위와 웰빙well-being에 주의하고 '과다 노출over-exposure'을 미연에 방지하도록 개입한다. '과다 노출'은 남들보다 훨씬 더 많이 노출한다는 의미이다. 자기 노출의 완벽한 기준은 없고, 각 팀의 상황에 맞는 중용golden mean만 있을 뿐이다. 예를 들어, 개인적인 해석 삼가기, 절제하기, 구성원들이 자신의 감정을 동등하게 표현하도록 격려하기, 작업의 내용이나 기타 조직적 요인이나 상황적 요인과 연계하기, 팀 또는 기관의 가설 격려하기 등 다른 사람을 존중하는 행동을 모델로 삼는다.

3. 이 팀의 조직적 맥락은 무엇인가?

여기서 우리는 모든 것이 관련이 있다는 가능성을 염두에 두고 무엇이 눈에 띄는지, 어떤 패턴이 가장 자주 반복되는지 알아본다. 몇 가지 핵심 질문은 다음과 같다.

- 조직이 직면한 문제는 무엇인가?
- 조직의 맥락과 관련된 요구와 제약은 무엇인가?
- 조직 내에서 그 밖에 어떤 일이 벌어지고 있는가?

업무의 성격은 항상 조직의 역동성을 결정짓는 요소이다. 교육 시설에서는 학습 장애가, 심리치료 부서에서는 광기를 경험하기도 한다. 경험의 일부 측면은 보편적이지만, 미디어나 IT 기업에서의 경험 내용과 서비스 산업에서의 경험 내용은 매우 다르다. 마찬가지로 모두가 십 년 이상 근무한 조직은 조직 개편과 정리해고를 거친 조직과 매우 다르게 느낄 것이다. 현대의 조직 생활에서 간과되는 가장 큰 역동성 가운데 하나는 우리가 완전히 앞으로 나아가기 전에 지나 온 과거를 애도할 필요가 있다는 점이다.

맥락Context은 우리의 사고가 충분히 발휘될 수 있는 곳이다. 우리는 이 맥락과 이에 관한 요구에 대해 무엇을 알고 있는가? 이 팀에서 이러한 요인이 작용한다는 어떤 증거를 볼 수 있는가? 우리는 어떻게 더 많은 것을 배울 수 있는가?

4. 나는 누구 또는 무엇으로 초대받았는가?

이 질문은 자기의 사용use of the self에 관한 것이다. 다음 질문을 통해 무슨 일이 일어나고 있는지 이해하기 위해, 자신의 신체적, 정서적 반응을 어떻게 사용하는지 확인해 보자.

- 나는 코칭 룸에서 주로 어떤 감정을 느끼는가?
- 나중에 어떤 감정이 남는가?
- 이 팀에 관한 응답으로 어떤 말이나 행동을 해야 한다고 생각하는가?
- 이러한 충동을 어떻게 이해할 수 있으며 가장 유용한 반응은 무엇인가?

이에 관한 또 다른 단어는 '역전이counter-transference'이다. 이 미묘하고 이해하기 어려운 측면은 당신과 팀 구성원 사이에 무의식적으로 일어날 수 있는 일에 관한 중요한 정보를 제공한다. 먼저 자신이 느끼는 바를 파악한 다음, 자신의 감정이 팀, 조직 또는 더 넓은 시스템의 무언가를 거울로 비춰주는지mirrors 관찰한다. 당신이 말한 내용에서 단서를 찾는다. 다음 질문을 고려하자.

- 팀 구성원들은 자신이 갖지 못한 것을 당신에게서 얻기를 기대하고 있는가?
- 팀 구성원들은 다른 사람들이 자신에게 기대하는 것을 당신에게 기대하고 있는가?
- 이 조직에서 내 경험과 유사한 점이 있는가?(예: 고객이 기대하거나 얻는 것을 반영하거나reflect, 위협을 거울로 비춰주는가mirror?)
- 팀 구성원들이 일이나 업계 현황에 관한 감정을 전달하고 있는가?

역전이를 깔끔하게 다루기 위해서는 숙련된 동료 또는 동료 그룹과 상의해야 한다.

5. 논의할 수 없는 것undiscussables이란 무엇인가?

크리스 아지리스Chris Argyris는 무의식적인 조직 갈등에 관한 용어인 '논의할 수 없는 것'이라는 개념을 만들어냈다(Argyris, 1980, 1990). 아지리스의 연구 결과는 인터넷에서 풍부하게 찾을 수 있다. '논의할 수 없는 것'이란 모두가 '알고 있는knows' 조직 생활에 관해 이야기해서는 안 되는 불쾌한 사실이다. 아지리스는 다음과 같은 간결한 프로세스를 통해 작동 방식을 보여준다.

- 일관성이 없는inconsistent 메시지를 구성한다.
- 메시지에 일관성이 없지 않은not inconsistent 것처럼 행동한다.
- 메시지의 비일관성inconsistency과 비일관성이 없다는 듯한 행동을 논의할 수 없는 것으로 만든다.
- 논의할 수 없는 것의 논의 불가능함undiscussability도 논의할 수 없게 만든다.

예를 들어 한 CEO의 경우 논의할 수 없는 범위가 광범위하다. '강력한 리더' 역할에 관한 그녀의 동일시identification가 너무 완벽하여, 자신의 생각과 다른 상황에 대해 그녀는 어떠한 관점도 고려하지 않는다. 특히 논의할 수 없는 것은 그녀 쪽에서의 실패 가능성이다. 모든 '기능 장애'는 그녀의 직원에게 해당되며, 그녀가 무엇을 배울 수 있는 가능성은 막혀 있다. 그녀의 스태프들은 그녀의 접근 방식을 싫어하므로 '논의할 수 없는 것'을 발견한 것은 팀 코칭의 긍정적인 결과이다. 그러나 CEO와는 다르게, 논의할 수 없는 것은 실제로는 논의할 수 없는 것이 아니므로 변화의 여지는 더 많다.

논의할 수 없는 것을 찾을 때 주의해야 할 질문은 다음과 같다.

- 말하지 않은 것은 무엇인가?
- 그룹 내 화제topics에 어떤 변화가 있는가?
- 동의하지 않을 수 없는 진술은 무엇인가?
- 그룹은 언제 죽어가고, 언제 지나치게 활기를 띠는가?

팀 구성원들에게 다음과 같이 질문할 수 있다.

- 당신이 망설이는 것은 무엇인가?
- 여기에 쓰이지 않은 규칙은 무엇인가?
- 가장 친한 친구에게 논의할 수 없는 것에 대해 무엇이라고 말할까?
- 외부인이 방문한다면 어떻게 생각할까?

역설paradoxes을 강조하는 것은 당신의 일이다. 역동성dynamics, 부조화incongruitiy, 격차gap를 드러내는 데 엄격하고, 소란clamour으로 인해 그룹의 작업이 위협받을 경우 초점을 회복하기 위해 언제든 개입할 준비가 되어 있어야 한다. 더 광범위한 영향력에 관한 이해를 팀과 공유하고 그 의미를 탐색한다. 논의할 수 없는 것을 표현할 수 있도록 구성원의 수용력capacities을 개발하는 데 주의를 기울인다.

대화를 촉진하는 도구를 선택할 때 다섯 가지 질문 사용하기

다섯 가지 질문이 올바른 도구를 선택하는 데 어떻게 도움이 되는가? 예를 들어, 피해자 지원 단체와의 팀 상담에서 드라마 삼각형Drama Triangle(역자주: 카프만Karpman이 1968년에 제시한 게임을 분석할 수 있는 도구. 구성원이 박해자, 희생자, 구원자 역할을 맡아 심리극을 함)은 변화를 달성하는 데 매우 중요했다. 팀 구성원들이 박해자, 희생자, 구원자의 역동을 경험적으로 철저히 이해했기 때문이다. 팀 구성원들은 즉시 도움을 얻었다. 분명하게 드러난 진짜 희생자들 사이에서 대화가 확산하면서 도움의 실마리를 얻게 되었다. 이는 내가 작업에서 꾸준하게 사용했던 복잡한 아이디어보다 팀에 더 나은 개념이었다(Thornton, 2016, 2018).

대화conversation는 그룹 분석의 핵심 프로세스이자 목표goal이다. 팀 코칭에서도 마찬가지이다. 도구의 근본 목적은 어려운 대화를 시작하고, 불안감을 줄이고, 상황을 탈개인화하며, 현실을 유용하게 단순화하는 개념적 프레임워크를 제공하는 것이다(Thornton, 2016).

분명히 이런 역할을 하는 것은 단지 도구만이 아니다. 구조화된 접근 방식으로 대화가 이루어지게 하려면 침착하고 안심할 수 있는 인도lead, 공정한 태도, 명확한 시간 경계가 필요하다. 어려운 대화를 '포용hold'할 수 있는 팀 코치의 수용력capacity은 필수적이다(21장 참조). 어떤 팀은 도구 없이 어려운 대화를 진행할 수 있지만, 대화 도구들은 많은 팀에 유용한 다리 역할을 한다.

차이를 통한 창조적 통합 촉진

만약 모든 관점이 전체 그림을 이해하는 데 중요한 부분이라면, 근본적으로 평등주의 원칙egalitarian principle은 정상적인 계층 구조와 함께 팀 내 의사소통을 평등하게 한다. 이는 더 다양한 관점이 고려되고 더 나은 의사결정을 내릴 수 있는 가능성을 제시한다. 팀 코치의 중요한 역할 가운데 하나는 다른 사람과의 차이를 서로 인정하게 하고, 서로 배우게 하는 것이다.

우리는 다음을 통해 의사소통을 향상하게 할 수 있다. 구성원의 기여, 특히 감정을 표현하는 기여와 감정을 생각에 연결하는 기여에 세심한 관심을 표현하고 모델링^{modelling}한다. 공통점을 강조하고, 소수자의 관점에 관심을 표현하고, 파괴적인 갈등을 최소화하거나 팀이 안전지대를 너무 벗어나지 않게 개입한다. 이것을 이해하는 또 다른 방법은 대화^{dialogue}를 촉진하는 것이다. 이러한 '교류^{exchange}'의 많은 부분이 무의식적인 수준에서 발생한다는 것을 기억해야 한다.

결론

팀 코칭은 프랙티스, 이론적 알아차림, 경험적 학습 그리고 프랙티스에 관한 반영의 상호작용에 기반을 둔 복잡한 작업이다. 그룹 분석 접근 방식은 복잡한 현대 조직에서 프랙티스의 엄격함과 도전 과제를 수용할 수 있을 만큼 미묘하고 유연하며, 독보적인 프랙티스 어휘^{lexicon}를 제공한다.

참고문헌

Argyris, C. (1980). Making the undiscussable and its undiscussability discussable. *Public Administration Review, 40*(3), 205-213.
Argyris, C. (1990). *Overcoming organizational defenses*. Boston, MA: Allyn & Bacon.
Argyris, C., & Schon, D. (1978). *Organizational learning: A theory of action perspective*. Reading, MA: Addison-Wesley.
Elias, N. (1937/2000). *The civilizing process*. Oxford, England: Blackwell.
Foulkes, S. H. (1948). *Introduction to group analytic psychotherapy*. London, England: Karnac.
Foulkes, S. H. (1990). *Selected papers: Psychoanalysis and group analysis*. London, England: Karnac.
Hopper, E., & Nitzgen, D. (2017). The concepts of the social unconscious and of the matrix in the work of S. H. Foulkes. In E. Hopper & H. Weimberg (Eds.), *The social unconscious in person, group, and society: The foundation matrix extended and recon-figured* (vol. 3, pp. 3-26). New York, NY: Routledge.
Kahneman, D. (2011). *Thinking, fast and slow*. London, England: Penguin. 『생각에 관한 생각』 이창신 역. 김영사. 2018.
Lewin, K. (1951). *Field theory in social science: Selected theoretical papers*. D. Cartwright (Ed.). New York, NY: Harper.
Rance, C. (forthcoming). The art of conversation. In C. Thornton (Ed.), *The art and science of working together*. London, England: Karnac.
Schon, D. (1983). *The reflective practitioner*. London, England: Temple Smith. 『전문가의 조건』 배을규 역. 박영스토리. 2018.
Stacey, R. (2005). Organizational identity: The paradox of continuity and potential transformation at the same time. *Group Analysis, 38*, 477-494.
Stern, D. (1985). *The interpersonal world of the infant*. New York, NY: Basic Books. 『유아의 대인관계적 세계』 한동석 역. 씨아이알. 2021.
Thornton, C. (2010). *Group and team coaching: The essential guide*. New York, NY: Routledge. 『창조적 조직을 위한 그룹 코칭과 팀 코칭』 신준석 역. 시그마프레스. 2013
Thornton, C. (2016). *Group and team coaching: The secret life of groups*. New York, NY: Routledge.
Thornton, C. (2017a). Reflective practice and practical reflections: Linking thought and action in difficult places [Editorial]. *Group Analytic Contexts, 75*, 5-11. Retrieved from www.yumpu.com/en/embed/view/5ZKB6kOpqotlhRrX.
Thornton, C. (2017b). Towards a group analytic praxis for working with teams in organisations I. *Group Analysis, 50*(4), 519-536.
Thornton, C. (2018). Towards a group analytic praxis for working with teams in organisations II. *Group Analysis, 51*(1).
Thornton, C. (Ed.), (fortlicoiniing). *The art and science of working together: Practising group analysis in organisations*. London, England: Karnac.

15장. 팀 패턴 깨기
해결책이 문제일 때

저자: 앤드루 아르마타스Andrew Armatasi
역자: 최미숙

2000여 년 전 아리스토텔레스Aristotle(n.d.)는 **전체가 부분의 합보다 크다**는 사실에 주목했다. 지금과 같이 치열한 경쟁적 업무 환경에서 조직은 팀이 개별 노력의 합보다 더 큰 성과를 거두기를 희망한다. 성과를 향상하는 한 가지 방법은 코칭(Haug, 2011; Peters & Carr, 2013)을 통하는 것이다. 팀 코칭은 팀이 주어진 목표를 달성하기 위해 팀의 집단적 재능과 자원을 극대화할 수 있도록 돕는다(Clutterbuck, 2009; Hackman & Wageman, 2005; Hawkins, 2011). 특정 팀 프로세스에 집중하고, 이에 새로운 작업 방식을 도입함으로써 목표 달성을 더 잘할 수 있다(Clutterbuck, 2010).

성찰은 팀 코칭의 중요한 부분이며(Clutterbuck, 2010), 팀 효과성에 영향을 주는 중요 요소이다(Schippers, Edmondson & West, 2014; Schippers, Den Hartog, Koopman & Van Knippenberg, 2008; Widmer, Schippers & West, 2009). 팀 성찰은 특히 목표를 달성하기 위해 팀이 그들의 전략과 행동에 관해 생각하고 팀 기능을 변화시켜 나가는 것을 포함한다. MRI 전략 접근이라고 하는 정신 연구소Mental Research Institute(MRI)의 작업에 기반을 둔 전략

앤드루 아르마타스 Andrew Armatasi: 간단한 상담, 직원 지원 프로그램 그리고 기업 복지에 대한 배경 경험을 가진 경영 코치이자 심리학자이다. 국제코칭심리학회 창립 멤버로, 정신 훈련, 전략과 최면 전략의 전문가이다.

모델은 팀이 성과 장벽에 대한 해결책 시도를 구체적으로 성찰하고 평가히는 데 도움이 된다(Nardone, 2004; Watzlawick, Weakland & Fisch, 1974). 그래서 전략적 접근은 전통적 의미는 아니지만 성찰적이다.

MRI 전략 모델

코칭 목표를 달성하기 위해 다양한 심리치료 기술이 적용되었고 이 기술은 코치가 자주 사용하는 레퍼토리가 되었다(Whybrow & Palmer, 2006). 팀 코칭 프로세스와 관련된 심리학 분야 가운데 가족 치료법family therapy이 있다(Clutterbuck, 2010). 가족치료 분야는 1960년대 초에 등장했지만, 그 발전을 이끈 개념적 씨앗은 훨씬 더 이전으로 거슬러 올라간다. 인간의 상호작용과 의사소통에 초점을 맞춘 일반적 시스템 이론은 그 무렵 널리 퍼진 정신분석적 심리치료법에 대한 불만이 커짐에 따라 추진력을 얻게 되었다(Kaslow, 2007; Nardone, 2004).

설리반Sullivan의 상호작용 이론interactional theories, 베이트슨Bateson의 의사소통 연구 그리고 밀튼 에릭슨Milton Erickson의 연구에 영향을 받은 MRI는 1958년에 설립되어 변화에 대한 새로운 관점을 소개하였다. MRIMental Research Institute는 과거에 대한 탐구를 강조하지 않고, 정서 문제 해결에 대한 요구도 하지 않는다. 한 개인의 결함을 찾기보다 오히려 개인이 환경과 어떻게 상호작용하고, 결함 있는 상호작용 패턴에 갇히게 되는지를 관찰하는 데 더 집중했다(Klajs, 2016; Nardone, 2004).

MRI는 가족치료법의 발상지로 여겨진다. 예를 들어, 해결 중심 접근법이 그 파생물의 하나다(Nichols & Schwartz, 2005; Visser, 2013; Watzlawick et al., 1974; Watzlawick & Weakland, 1977).

해결 중심 모델은 MRI 연구를 토대로 개발된 변화에 대한 긍정적인 접근 방식의 일부로 볼 수 있다. 광범위한 진단을 하지 않는 점, 비병리학적 관점과 고객이 원하지 않는 것에 관심을 두지 않고 고객이 원하는 것을 지향한다는 점에서 공통점을 찾을 수 있다. 이들은 모두 고객의 불만을 최대한 간단히 해결하기 위해 현재 중심적이고 목표 지향적이며 행동 지향적이다(Bannink & Jackson, 2011; Fisch, Weakland & Segal, 1982; Visser, 2013). 액션러닝 문제 해결 기법도 마찬가지다(Argyris & Schön, 1978). 전략적 접근법과 유사하게, 액션러닝 기법도 실용적이고, 결과에 집중하며, 우리 자신의 행동이 어떻게 조직의 문제에 의도치 않게 영향을 미치는지 성찰하게 한다(Pedler, 2011). 그렇지만 MRI 접근법에서 행동이란 우리가 선택한 해결책을 의미한다.

MRI 전략적 접근법은 일반적으로 불만 자체를 제기하기보다는 **고객들이 그들의 어려움을 어떻게 처리하려고 노력하는지**에 좀 더 집중한다(Watzlawick et al., 1974). 이론에 의하면 사람들이 시도했던 해결책들이 그들이 해결하려고 하는 바로 그 문제들을 영구화시키거나 악화시킨다는 것이다. '시도된 해결책 이론attempted solutions theory'은 고객의 해결 노력을 파악하는 데 그치지 않고, 오히려 근본적으로 문제를 키우거나 유지하는 데 일조하는 시도된 해결책의 순환을 끊도록 행동 패턴을 바꾸는 데 집중한다(Weakland, Fisch, Watzlawick, & Bodin, 1974).

예를 들어, 한 팀이 갈등을 해결하기 위해 코칭을 선택하였다면 갈등 자체에 초점을 맞추는 것이 아니라 팀원들이 어떻게 이 문제를 해결하려고 노력해왔는지에 집중하는 것이다. 어떤 해결책을 시도해 보았는지 확인되면 코치는 잘못된 해결책의 고리를 끊고 좀 더 효과적인 해결책으로 바꾸는 데 도움을 준다. 전략적 치료(MRI 모델)에 기반을 두는 전략적 코칭은 비즈니스 전략을 계획하고 구현하는 것이 아니다. 전략적 코칭은 팀이 그동안 시도해왔던 해결책을 성찰하고 잘못된 해결책 패턴을 파악하여 결국에는 이를 깨도록 돕는다(Armatas, 2010; Quick, 1996; Weakland & Fisch, 2010).

시도된 해결책solution 이론

우리는 삶을 살아가면서, 불가피하게 어려움을 겪는다. 그리고 그 어려움을 해결할 방법을 찾게 된다. 결국 문제는 해결 시도를 부른다(Fisch et al., 1982). 정확히 말하면 문제 해결 과정에서의 실패와 반복된 시도가 문제를 유지하고, 심지어 악화시키는 것이다. 일상적 어려움의 잘못된 처리에서 발생하는 해결책 시도와 문제 지속성의 악순환([그림 15.1] 참조)은 MRI 전략 접근법의 기본 전제이다(Nardone, 2004; Watzlawick et al., 1974).

와츨라윅Watzlawick 등(1974)은 문제를 잘못 다루는 세 가지 일반적인 방법에 관해 다음과 같이 언급하였다.

1. 조치가 필요한 때 조치가 취해지지 않는다. 어려움을 다루는 한 가지 방법은(잘못된 방법

은) 문제가 사라지기를 바라거나, 현재 일어나는 일을 최소화하거나 해결해야 할 문제가 있다는 사실을 완전히 부정하는 것이다.

2. **해서는 안 될 때 조치를 취한다.** 이는 변경할 수 없는 어려움을 변경하려는 데 집중(이 경우 수용이 해결책임)하거나 또는 본래 존재하지 않는 문제를 해결하려고 시도하는 것이다.

3. **잘못된 조치가 취해진다.** 필요할 때 조치를 취하지만, 잘못된 조치가 취해진 경우이다. 예를 들어, 관리자는 미세 관리micromanagement를 통해 오류를 최소화하고 팀 성과를 개선하려고 시도한다. 결과가 기대에 미치지 못할 경우 관리자는 팀에 대한 통제를 강화하여 더 미세 관리를 하게 된다. 이를 1차 변화(Watzlawick et al., 1974년)라고 하는데, 이는 동일한 행동을 개선하거나 변경하려고 하는 것이다. 그렇지만 2차적 변화가 필요하다(Watzlawick et al., 1974). 이는 다른 범주의 해결책이기 때문에 흔히 반대 방향의 해결책 시도가 있을 때 발생한다. 단일 고리 학습single-loop learning과 이중 고리 학습double-loop learning이라는 액션 플래닝 학습 개념에서 유사점을 발견할 것이다. 단일 고리 학습single-loop learning에서 우리는 우리가 하고 있는 일의 오류를 수정하고 그것을 더 잘하는 방법을 추진하는 반면, 이중 고리 학습에서는 도전적인 사고 습관과 새로운 방식의 행동을 수반한다(Argyris & Schön, 1978; Sandars, 2006; Volz-Peacock, Carson & Marquardt, 2016).

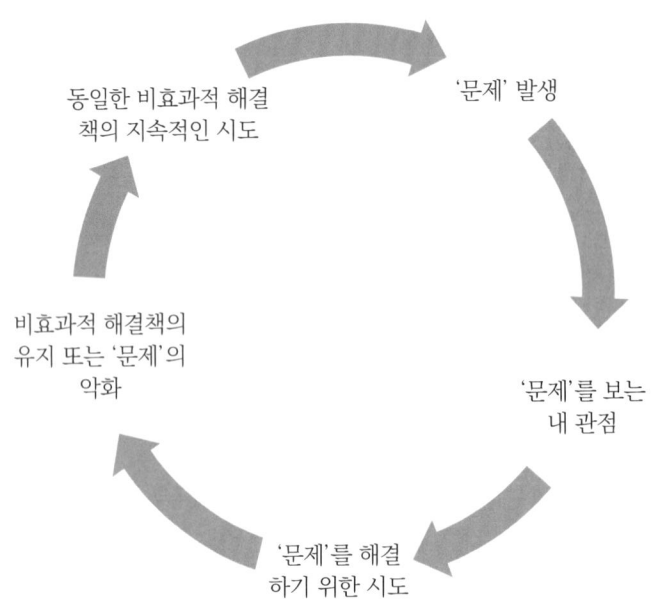

[그림 15.1] 시도된 해결책과 문제 지속 사이클

과도하게 개입하는 관리자가 좀 더 독립성을 장려하는 방식의 다른 범주의 해결책을 시도하기 위해서는 믿음 체계의 변화가 요구된다. 잘못된 해결책의 다른 일상적인 예(Hart & Randell, 2006; Rohrbaugh & Shoham, 2001)를 보면 우울한 상태에 있는 누군가를 격려하려고 하거나, 창의성을 강요하거나 사고를 억제함으로써 정신적 통제를 강화하려는 시도를 하는 것이다(일반적인 해결책은 [표 15.1] 참조). 그렇지만 논리의 변경과 방향 수정이 항상 필요한 것은 아니다. 때로는 단순한 행동 변화로도 충분하다. 예를 들어, 단순히 시간 엄수에 대한 규칙을 정할 때 늦는 사람들의 태도 변화에 초점을 맞추는 것이다.

팀 구성원들은 공통의 목표와 목적에 헌신한다(Aubé & Rouseau, 2005). 따라서 문제가 발생할 때 해결책을 찾으려는 시도에서도 잘못된 패턴에 빠질 수 있다. 팀은 습관적인 방식으로 행동하는 경향이 있는데, 심지어 이러한 행동이 그들의 목표를 달성하는 데 문제가 있을 수 있다는 증거가 있을 때도 그렇다(Gersick & Hackman, 1990). 그래서 팀은 잘못된 해결책을 고수할 가능성이 있다. 코치로서 우리의 목표는 고객들이 문제 해결의 관습적인 시도와 결별하여 문제 지속 사이클problem maintaining cycle에서 벗어나도록 하는 것이다(Fisch, 2004).

[표 15.1] 문제를 고착화시키는 시도된 해결책의 예시

목표	시도된 해결책
긍정적 관계와 의사소통	• 갈등/의견 불일치 방지 • 긴장이 고조될 때 정신분석 • 진정하도록 제안 • 사이좋게 지내거나/동의할 시 인센티브 제공
성과	• 성과 평가 빈도 증가 • 비판 • 긴박감 조성 • 미세 관리 • 너무 심각함over-thinking
권한 부여	• 사기가 꺾인 팀을 열광하게 만든다 • 더 많은 선택권을 제공함으로써 '압도된' 팀원들에게 권한 부여 • 잦은 확신 또는 과도한 준비를 통해 자신감 고취
창의력	• 창의력 처방 • 의도적 혁신

패턴 깨기: 5단계 프로세스

코치가 팀 내 잘못된 해결책 패턴을 평가하고 깰 수 있도록 5단계 프로세스를 따를 것을 제안한다. 5단계는 다음과 같다.

1. 불만 사항에 대해 질문하고 팀의 목표를 명확히 한다.
2. 시도된 해결책을 검토: 팀(그리고 관련된 다른 사람)이 문제를 어떻게 처리하고 있는지 질문한다.
3. 상황을 재구성한다. 코치이Coachees가 자신, 타인 또는 문제 상황에 대한 인식을 바꾸어 새로운 옵션을 찾을 수 있게 도와준다.
4. 고객이 더 효과적인 해결책을 찾을 수 있게 지원한다.
5. 팀이 미래 도전에 대처할 수 있게 준비한다.

1. 불만 사항에 대해 질문하고 팀의 목표를 명확히 한다.

첫 번째 단계는 불만 내용을 조사하는 것이다. 고객이 코칭을 찾게 된 동기는 무엇인가? 코치는 불만 내용을 설명하는 사례와 구체적 상황을 질문하여 문제의 추상적 정의에서 벗어나 상황을 행동적 국면으로 전환시킨다. 이는 구체적인 행동을 통해 명확한 진술을 얻고 어떤 문제 상황인지를 명확히 파악하려는 것이다(Fisch, 2004). 예를 들어, 주요 불만이 '의사소통 문제'라면, 코치는 이와 관련하여 팀이 무엇을 하는지 또는 하지 않는지를 what they do or not do 이해하고, 바람직한 방향을 어떻게 방해하는지 이해하는 데 초점을 맞춘다(Rohrbaugh & Shoham, 2001).

문제를 정의하여 팀이 해결하려는 것이 분명해지면 코치는 원하는 목표를 명확히 한다. 이 문제로 인하여 차단되고 있는 상황에서 그들이 하고 싶어 하는 것은 무엇인가? 문제가 해결되면 어떤 일이 벌어지는가? 작은 변화라도 어떤 행동의 변화가 진전이 있음을 보여주는가? 전략적 접근법은 보통 이렇게 작은 것부터 시작한다(Fisch, 2004; Fisch et al., 1982; Quick, 1996; Rohrbaugh & Shoham, 2001; Weakland et al., 1974). 상황이 개선되고 있다는 것을 인식하기 전에 어떤 작은 변화가 일어나야 하는지 물어보는 것 또한 최소한의 목표를 세울 수 있게 해준다. 미성숙한 해결책으로 성급하게 대처하지 말고 팀이 문제를 설명하게 하고 도달하고자 하는 목표를 고수하도록 해야 한다(Eubanks, 2002).

2. 시도된 해결책 검토: 팀(그리고 관련된 사람)이 문제를 어떻게 처리하고 있는지 질문한다.

두 번째 단계는 팀이 제기된 불만을 해결하기 위해 어떻게 노력해왔는지에 대한 질문이다. 코치는 팀 구성원과 팀 리더의 해결책 패턴을 찾는 동시에 문제가 지속하는 것에 일조하고 있는 다른 부서 및 동료와의 상호작용에 대해서도 질문한다. 이 단계의 질문은 시도된 해결책을 찾아내는 데 초점이 맞춰져 있다. 실패한 해결 시도, 도움이 되었던 해결 시도, 다른 사람이 권고하거나 다른 사람이 채택한 해결 시도와 현재 채택 중인 해결 시도(Heath & Atkinson, 1989; Weakland et al., 1974) 등이 그것이다. "이 문제를 해결하기 위해 어떤 노력을 기울여왔나요?" "다른 사람들은 무엇을 돕기 위해 노력해왔나요?" "어떻게 진행되고 있나요?"와 같은 간단한 질문과 이러한 노력에 대한 구체적인 설명 정도면 문제 지속 사이클$^{problem\ maintaining\ cycle}$을 밝히거나 이어서 기존 해결책 시도를 수정하거나 새로운 해결책을 개발하는 데 충분하다. 코치이는 보통 그들이 무엇을 했고 무엇을 조언받았는지를 분명하게 표현하는 데 어려움이 없다.

코치는 팀의 해결책 시도에서 공통의 실마리를 찾는 게 좋다. 예를 들어, '더 많은 통제력을 발휘'하는 것은 관리자와 감독 직위에 있는 사람들이 미세 관리$^{micro-manage}$를 하고 위임하기를 거부하며, 직원들을 신뢰하지 않을 때 발견되는 공통적인 실마리이다. 예상한 결과를 얻지 못하면 통제 행동을 증가시켜 문제 유지의 악순환에 들어간다. 해결책 패턴에서 공통적인 실마리를 인지하면 코치는 팀원들의 문제에 대한 인식을 바꿔 다른 범주의 해결책을 생각해내도록 도와줄 수 있다. 더 많은 통제 필요성 관점에서 권한 부여 관점으로 팀에 대한 인식을 바꾸게 되면 대안적 해결 시도가 이루어질 것이고 문제 강화의 패턴이 깨질 것이다(Quick, 1996).

3. 상황 재구성: 고객이 자신, 타인 또는 문제 상황에 대한 인식을 바꾸어 새로운 대안이 나타날 수 있게 돕는다.

문제에 대한 팀의 인식을 바꾸면 대안적 해결책이 받아들여지고 실행될 가능성이 커질 것이다(Soo-Hoo, 1997). 또 시도한 해결책에서 공통의 실마리를 찾아내어 문제 해결을 위한 대안적 접근 방식이 무엇인지 파악할 수 있다. 문제를 재구성하는 것은 MRI 전략 접근법의 가장 중요한 측면 가운데 하나이다(Coyne & Segal, 1982; Duterme, 2004). 와츨라윅 등(1974)

은 재구성이란 경험 상황에 대해 관점을 변경하고 동일한 상황의 사실을 동등하게 또는 훨씬 더 잘 맞는 다른 프레임에 배치하여 전체 의미를 변경하는 것으로 정의한다. 상황은 변함이 없다. 변화된 것은 그 상황에 부여하는 의미이다. 더 나은 결과를 얻기 위해 고객의 언어를 사용하고 고객의 판단 근거를 활용하는 것이 좋다(Watzlawick et al., 1974). 예를 들어, 혁신 팀이 변화를 창의적으로 본다면 문제에 대한 관점의 변화를 수용할 가능성이 높아진다.

이를 위해 코치는 팀원들의 기준에 대해 문의해야 한다. 불만을 제기하는 것에 대한 그들의 믿음과 태도를 이해하는 것이 중요하다. 그들은 당면한 문제를 어떻게 이해하고 있는가? 그들은 문제를 어떻게 보고 무엇이 문제를 일으킨다고 생각하는가? 이에 대한 그들의 근거 이론은 무엇인가? 때로는 동일한 비효율적 행동을 더 많이 하는 것뿐만 아니라 새로운 해결책을 시도하지 못하는 것은 상황에 대한 인식과 상황과 관련된 자기 자신에 대한 인식 때문이다(Fisch et al., 1982).

4. 고객이 더 효과적인 해결책을 찾아낼 수 있게 지원한다.

코치는 팀과 협력하여 새로운 행동을 끌어내고, 과거의 비효율적인 전술에서 벗어나 상당한 변화를 가져올 만한 새로운 접근을 하게 된다. 문제를 해결하기 위해 새롭게 제안된 방법들은 지금까지 비효율적으로 시험되어온 방향에서 탈피한 방향이다(Watzlawick et al., 1974). 대개는 지금까지 시도된 방법과는 정반대의 방법이다. 예를 들어, 팀원들이 그들의 우려 사항이나 좌절한 목소리를 내지 않음으로써 긴장을 초래하지 않으려던 행동에서 공공연히 의견 불일치를 표출하도록 적극 추천하는 것이 될 것이다.

이전 단계에서 코치는 탐험가나 연구원과 비슷한 역할을 맡았다. 이 단계에서 코치는 팀이 각자 다른 해결책을 시도하는 데 도움이 되는 질문을 한다. 필요하다고 판단될 때 전략 코치는 아이디어를 공유하거나 "만약 …이라면 어떻게 될지 궁금합니다."와 같이 가정적 제안을 하는 것을 주저하지 않는다. 또 작은 변화를 관찰하고 강조한다(Tomm, 1988). 전략 철학은 작고 느리게 시작하는 것이 더 큰 변화를 촉진한다는 믿음을 받아들인다. 작은 변화는 달성하기가 더 쉬우며 팀이 문제 형성과 고착을 가져오는 긴박감에서 벗어날 수 있게 해준다(Fisch et al., 1982; Rohrbaugh & Shoham, 2001).

5. 고객이 미래 도전에 대처할 수 있게 준비

문제 인식에 변화가 일어나면 마지막 목표는 새롭게 채택된 해결책 시도를 유지하는 것이다. 이 마지막 단계에서 코치는 진행 상황을 평가하고 긍정적 변화를 강화하며 고객이 미래 도전과 위기에 대처할 수 있게 준비함으로써 지속적인 개선을 지원한다. 팀이 예상하는 장애는 무엇인가? 어떻게 하면 문제와 목표를 정의하고, 비효율적으로 시도된 해결책 패턴을 검토하고, 스스로 사이클을 깰 수 있는가? 전략적 접근 방식은 프로세스에 기반을 두기 때문에 셀프 코칭으로 이어질 수 있다. 잘못된 해결책 시도를 독립적으로 식별하고 이러한 패턴을 깨는 방법을 배우는 것은 더 큰 자율성과 독립성을 촉진한다. 따라서 팀의 프로세스 내재화 지원도 간과해서는 안 된다(Armatas, 2010; Soo-Hoo, 1997).

다음은 MRI 팀의 코칭 사례이다.

MRI 팀 코칭 사례

고객.
가족 같은 문화, 무해고 정책 및 직원 이직률이 거의 0에 가까운 것으로 유명한 성공적인 소매 회사.

1. 불만 사항 및 목표 설명
   직원 몰입도 저하와 미온적인 고객 서비스 증가에 대한 우려가 커지고 있다. 직원들의 몰입도를 높이고 고객 서비스 개선을 목적으로 하고 있다. 팀원들은 변화된 모습과 변화를 수반할 직원 행동의 모습을 구체화했다.

2. 시도된 해결책 검토
   팀원들은 시도된 해결책을 안내받았지만 아무런 조치도 취해지지 않은 것을 알게 되었다.

   인식perception: "팀원을 믿으세요. 팀원들이 해낼 것입니다." 잘못된 행위를 직접적으로 언급하거나 지침을 주는 행동은 신뢰를 훼손하는 행동으로 간주되었다.

   해결책 시도solution attempts: 대부분의 경우 아무런 조치도 취해지지 않았다. 드물게 조치가 취해진 경우, 직원의 동기부여에 관련되었거나 간접적인 논의가 이루어졌다.

   결과result: 몰입된 직원들은 직격탄을 맞고 분개했다. 그들은 불만이 제기되더라도 조치가 취해지지 않을 것을 알았고, 더 기여하겠다는 동기가 줄었다. 승진이 제공된 가치가 아닌 연공서열에 따라 이루어졌다는 사실도 몰입도를 낮췄다.

3. 재구조화/인식 변화

   초기 인식initial perception: 개입은 징벌적 의미를 가지며 지원 환경을 훼손한다.

   인식 변경changed perception: 우리는 직원들에게 책임을 물으면서 지지할 수도 있다.

4. 다른 해결책 생성

   (a) 직접 피드백/토론 채택

   (b) 문제 행위에 변동이 없을 때는 (충돌 방지 방침을 유지하면서) 조치를 취했다.

   (c) 몰입된 직원들은 포상을 받거나 승진했다.

5. 앞으로의 도전에 대비하기

   (a) 팀원들은 지원적이면서도 직접적인 토론법을 연습했다.

   (b) 팀원들은 미래의 문제를 관리하기 위해 동일한 5단계 셀프 코칭법을 배웠다. 서로 간의 갈등을 더 효과적으로 해결하기 위해 독립적으로 5단계 과정을 거쳤다.

요약하면, 이 장에서는 시도된 해결책 이론이라고 하는 MRI 전략 모델의 중심 개념을 다뤘다. 우리가 어려움을 잘못 다루면 문제가 생긴다. 문제를 변화, 통제, 예방 또는 해결하려는 우리의 시도는 흔히 문제 지속성의 악순환을 야기한다. 우리의 해결책 시도는 긍정적인 피드백 고리 형성과 유지에 기여하며, 여기서 실제로 문제를 해결하려는 우리의 노력은 문제 행동을 고착시킨다(Weakland & Fisch, 2010). 어떻게 문제가 형성되고 고착되는지에 대한 MRI 전략 모델은 특정 이론적 내용 자체가 상대적으로 없고 내용 기반보다는 과정이기 때문에 다른 접근법을 배제하지 않는다(Hold, 1986; Soo-Hoo, 1997).

팀 코치를 위한 제언

코칭 이후에도 변화가 없는 경우, 전략적 모델에 따르면 코치가 문제의 공범이 되지 않도록 다른 전문가에게 고객을 추천할 것을 제안한다. 팀 코치가 코치이를 돕다 오히려 문제 지속 사이클의 일부가 될 수 있을까? 전략적인 사고방식은 코치이를 돕는 방식을 성찰할 것을 요구하는데 그렇게 해야 우리 자신의 문제 지속 패턴을 파악하고 깰 수 있다. 나는 팀 코치로서 MRI 전략 모델을 실천하는 데 유용한 몇 가지 전략적 성찰 질문을 하며 이 장을 마치려고 한다.

- 일을 더 잘하고 의도되지 않은 결과를 피하기 위해 시도된 해결책 개념을 우리는 어떻게 이용할 수 있는가?
- 고객을 돕기 위해 어떻게 노력하고 있는가?
- 우리의 해결 노력이 문제 고착화를 가져오고 있지는 않는가? 일관된(또는 끈질긴) 비지시적 입장의 문제 지속관리 특성은 무엇인가?
- 언제 고집스러운 지시적 태도나 관대한 조언이 문제를 심화시키는 잘못된 해결책 패턴이 되는가?
- 장기 또는 빈번한 코칭 계약이 언제 문제 지속 사이클problem maintaining cycle에 빠지는가?

참고문헌

Argyris, C., & Schön, D. (1978). *Organizational learning: A theory of action perspective*. Reading, MA: Addison-Wesley.

Aristotle. (n.d.). Metaphysics. (W. D. Ross, trans.). (Original work written 350 bce). Retrieved from http://classics.mit.edu/Aristotle/metaphysics.html.

Armatas, A. (2010). Breaking the pattern: When the solution is the problem. Paper pre- sented at the First International Congress of Coaching Psychology, London, England.

Aubé, C., & Rousseau, V. (2005). Team goal commitment and team effectiveness. *Group Dynamics: Theory, Research, and Practice, 9*(3), 189–204.

Bannink, F., & Jackson, P. Z. (2011). Positive psychology and solution focus: Looking at similarities and differences. *Interaction: The Journal of Solution Focus in Organizations, 3*(1), 8–20.

Clutterbuck, D. (2009). *Coaching the team at work*. London, England: Nicholas Brealey.

Clutterbuck, D. (2010). Team coaching. In E. Cox, T. Bachkirova, & D. Clutterbuck (Eds.), *The complete handbook of coaching* (pp. 271–283). London, England: Sage.

Coyne, J. C., & Segal, L. (1982). A brief, strategic interactional approach to psycho- therapy. In J. Anchin & D. J. Kiesler (Eds.), *Handbook of interpersonal psychotherapy* (pp. 248–261). New York, NY: Pergamon.

Duterme, C. (2004). "Translating" Palo Alto approach in the companies' consultancy. *Brief Strategic and Systemic Therapy European Review, 1*, 185–192.

Eubanks, R. A. (2002). The MRI reflecting team: An integrated approach. *Journal of Systemic Therapies, 21*(1), 10–19.

Fisch, M. D. (2004). So what have you done lately?: MRI brief therapy. *Journal of Systemic Therapies, 23*(4), 4–10.

Fisch, R., Weakland, J. H., & Segal, L. (1982). *The tactics of change: Doing therapy briefly*. San Francisco, CA: Jossey-Bass.

Gersick, C. J., & Hackman, J. R. (1990). Habitual routines in task-performing groups. *Organizational Behavior and Human Decision Processes, 47*, 65–97.

Hackman, R., & Wageman, R. (2005). A theory of team coaching. *The Academy of Management Review, 30*(2), 269–287.

Hart, C. L., & Randell, J. A. (2006). Ironic effects of mental control in problem solving: Evidence for the implementation of ineffective strategies. *American Journal of Academic Research, 2*(1), 40–45.

Haug, M. (2011). What is the relationship between coaching interventions and team effectiveness? *International Journal of Evidence Based Coaching and Mentoring, 5*, 89–101.

Hawkins, P. (2011). *Leadership team coaching: Developing collective transformational leadership*. Philadelphia, PA: Kogan.

Heath, A. W., & Atkinson, B. J. (1989). Solutions attempted and considered: Broad- ening assessment in brief therapy. *Journal of Strategic and Systemic Therapies, 8*(2–3), 56–57. https://doi.org/10.1521/jsst.1989.8.2-3.56.

Held, B. S. (1986). The relationship between individual psychologies and strategic/ systematic therapies reconsidered. In D. E. Efron (Ed.), *Journeys: Expansion of the strategic-systemic therapies*. New York, NY: Brunner/Mazel.

Kaslow, F. W. (2007). A brief history of the field of family psychology and therapy. In F. Shapiro., F. W. Kaslow, & L. Maxfield (Eds), *Handbook of EMDR and family therapy processes*. Hoboken, NJ: John Wiley & Sons Inc.

Klajs, K. (2016). Jay Haley: Pioneer in strategic family therapy. *Psychotherapia, 2*(177), 17-28.

Nardone, G. (2004). Notes on brief strategic therapy. *Brief Strategic and Systemic Therapy European Review, 1*, 65-73.

Nichols, M., & Schwartz, R. (2005). *Family therapy: Concepts and methods* (7th ed.). New York, NY: Prentice Hall. 『가족치료 개념과 방법 개념과 방법』 김영애 역. 시그마프레스. 2017.

Pedler, M. (2011). *Action learning in practice* (4th ed.). London, England: Gower.

Peters, J., & Carr, C. (2013). Team effectiveness and team coaching literature review. *Coaching: An International Journal of Theory, Research and Practice, 6*(2), 116-136. http://dx.doi.org/10.1080/17521882.2013.798669.

Quick, E. (1996). *Doing what works in brief therapy: A strategic solution focused approach*. San Diego, CA: Academic Press.

Rohrbaugh, M. J., & Shoham, V. (2001). Brief therapy based on interrupting ironic processes: The Palo Alto model. *Clinical Psychology, 8*(1), 66-81.

Sandars, J. (2006). Transformative learning: The challenge for reflective practice. *Work-based Learning in Primary Care, 4*(1), 6-10.

Schippers, M. C., den Hartog, D. N. D., Koopman, P. L., & van Knippenberg, D. (2008). The role of transformational leadership in enhancing team reflexivity. *Human Relations, 61*, 1593-1616. http://dx.doi.org/10.1177/0018726708096639.

Schippers, M. C., Edmondson, A. C., & West, M. A. (2014). Team reflexivity as an antidote to team information-processing failures. *Small Group Research, 56*, 731-769. http://dx.doi.org/10.1177/1046496414553473.

Soo-Hoo, T. (1997). Strategic consultation: The evolution and application of an effi- cient approach. *Consulting Psychology Journal: Practice and Research, 49*(3), 194-206.

Tomm, K. (1988). Interventive interviewing: Part III. Intending to ask lineal, circular, reflexive or strategic questions? *Family Process, 27*, 1-15.

Visser, C. F. (2013). The origin of the solution-focused approach. *International Journal of Solution-Focused Practices, 1*(1), 10-17. http://dx.doi.org/10.14335/ijsfp.v1i1.10.

Volz-Peacock, M., Carson, B., & Marquardt, M. (2016). Action learning and leadership development. *Advances in Developing Human Resources, 18*(3), 318-333.

Watzlawick, P., & Weakland, J. H. (1977). *The interactional view*. New York, NY: Norton.

Watzlawick, P., Weakland, J. H., & Fisch, R. (1974). *Change: Principles of problem formation and problem solution*. New York, NY: Norton.

Weakland, J., & Fisch, R. (2010). The strategic approach. *Journal of Systemic Therapies, 29*(4), 29-34. doi:10.1521/jsyt.2010.29.4.29.

Weakland, J. H., Fisch, R., Watzlawick, P., & Bodin, A. M. (1974). Brief therapy: Focused problem resolution. *Family Process, 13*, 141-168.

West, M. A. (2000). Reflexivity, revolution, and innovation in work teams. In M. M. Beyerlein, D. Johnson, & S. T. Beyerlein (Eds.), *Product development teams* (vol. 5, pp. 1-29). Stamford, CT: JAI Press.

Whybrow, A., & Palmer, S. (2006). Taking stock: A survey of coaching psychologists' practices and perspectives. *International Coaching Psychology Review, 1*(1), 56-70.

Widmer, P. S., Schippers, M. C., & West, M. A. (2009). Recent developments in reflexivity research: A review. *Psychology of Everyday Activity, 2*, 2-11.

16장. 어떻게 드림팀을 만드는가?
글로벌 가상 팀 코칭 다섯 가지 우수 사례

저자: 찰스 P.R. 스콧Charles P.R. Scott, 베스 기틀린Beth Gitlin, 앨리슨 파간Allyson Pagan,
유미코 모치누시Yumiko Mochinushi, 트레버 프라이Trevor Fry,
제시카 L. 와일드먼Jessica L. Wildman, 리처드 그리피스Richard Griffith

역자: 최미숙

다국적 기업의 직원 가운데 최소 85%가 전 세계 다른 지역에 기반을 둔 팀의 일원일 정도로 가상 팀은 이제 글로벌 비즈니스의 기반이 되었다(RW³ CultureWizard, 2016). 이들 팀은 조직의 성공과 성장에 매우 중요하다(EY, 2013). 따라서 조직 차원에서 팀과 인적 자본의 역량, 성과와 장기적 생존 능력을 개발하고 유지하는 것이 중요하다. 그렇지만 많은 가상 팀과 팀 리더들은 글로벌, 문화적, 기술적 경계를 넘어 협력하는 데 따르는 복잡성과 가상 팀

찰스 P.R. 스콧 Charles P.R. Scott: 팀 역동, 팀 리더십 구성, 팀 코칭에 대한 전문 지식을 갖춘 미국 플로리다 공과대학교 박사 과정중이다. 찰스는 특히 교차 문화 팀 기능, 팀 내 공유 리더십 육성, 다양성이 협업에 미치는 영향 이해에 중점을 두고 있다.

베스 기틀린 Beth Gitlin: 베스는 비즈니스 멘토링, 리더십 개발, 경영진 코칭, 그리고 그들의 조직을 위한 팀워크에 대한 증거 기반의 개입과 해결책을 제공하는 기관인 BJG 글로벌 컨설턴트의 설립자/대표. 베스는 미국 플로리다 공과대학교에서 산업/조직 심리학 박사 과정중이며 경영대학 강사이다.

앨리슨 파간 Allyson Pagan: 미국 플로리다 공과대학교에서 산업-조직 심리학을 공부하고 있는 박사 지원자이다. 앨리슨은 교육을 수료하는 동안 리더십, 군사와 국방 조직의 효과성, 다양성과 포용성, 직장 신뢰, 팀 역학과 관련된 분야에서 연구원으로 일했다.

유미코 모치누시 Yumiko Mochinushi: 미국 플로리다 공과대학교의 박사과정 지원자로 인더스 임상/조직 심리학 학위과정을 밟고 있다. 그녀는 또한 일리노이 대학교에서 인적 자원 및 산업 관계 석사 학위를 받았다. 그녀의 연구 관심사는 문화 간 관리, 해외 노동자 적응, 문화 간 평가를 포함한다.

트레버 프라이 Trevor Fry: 트레버는 미국 플로리다 테크놀로지 연구소에서 산업-조직 심리학 박사과정 지원자이다. 트레버는 2015년부터 RIOTRelationship Interaction and Optimization in Teams(팀에서의 관계 상호작용 및 최적화) 연구소의 일원이었다. 트레버의 연구는 역동적인 팀 프로세스와 직장에서의 신뢰를 조사하는 데 초점을 맞추고 있다.

제시카 L. 와일드먼 Jessica L. Wildman: 제시카는 미국 플로리다 공과대학교의 부교수이자 교차문화경영연구소의 연구책임자이다. 제시카는 팀 프로세스, 팀 성과 측정, 글로벌 가상 팀, 대인 신뢰, 문화적 역량 등 주제에 대한 30개의 출판물과 60개의 컨퍼런스 프레젠테이션을 공동 집필, 참여했다.

리처드 그리피스 Richard Griffith: 미국 플로리다공과대학 교차문화경영연구소Institute for Cross Cultural Management 전무이사로 재직 중인 리처드는 해외에서 진행되는 프레젠테이션 전문으로 문화 간 역량과 글로벌 리더십, 임원 프레젠테이션 코칭을 맡고 있다. 리처드의 글은 타임지와 월스트리트저널에 실렸다.

고유의 과제를 관리할 준비가 되어 있지 않다. 최근 연구에 따르면 글로벌 가상 팀^{global virtual team(GVT)} 구성원의 19%만이 팀 리더가 팀을 이끌 준비가 충분히 되어 있다고 생각하는 한편(RW³ CultureWizard, 2016), 임원 3명 가운데 1명은 가상 팀이 제대로 관리되지 않고 있다고 답변했다(Witchalls, Woodley & Watson, 2009). 게다가 글로벌 가상 팀의 50%는 글로벌 가상 환경만의 고유한 전략적, 운영 상의 어려움으로 인해 실패할 가능성이 높다(Zakaria, Amelinckx & Wilemon, 2004). 글로벌 가상 팀의 성과를 향상할 수 있는 한 가지 해결책은 코칭이 될 수 있는데, 코칭은 조직과 팀 그리고 개인의 효과성을 개선하는 데 점점 더 많이 활용되는 도구가 되었다(ICF, 2016).

글로벌 가상 팀은 코칭을 통해 팀이 복잡한 팀 구조의 탐색에 필요한 역량과 자신감을 개발하는 데 도움을 줄 수 있다. 기존 팀 코칭 모델을 통해 코치는 팀 구성원, 팀 리더와 팀 전체가 다음 개발 단계를 파악하고 성과를 높일 수 있게 돕는다(Clutterbuck, 2010). 그렇지만 글로벌 가상 팀은 코칭을 더욱 어렵게 만드는 글로벌 가상 팀만의 독특한 과제를 안고 있다. 여러 경계(지리, 국가, 문화, 언어, 기술 등)를 넘나들며 일해야 하는 상황은 코치의 성과와 글로벌 가상 팀의 성공에 크게 영향을 미칠 수 있다.

이 장에서는 팀의 효과성과 코칭 문헌의 검토 내용을 종합하여 글로벌 가상 팀을 어떻게 효과적으로 코칭할 수 있을지 지침을 제공하고자 한다. 첫 번째 섹션에서는 글로벌 가상 팀과 더 전통적 형태의 팀과의 차이를 설명함으로써 지식의 기초를 제공한다. 두 번째 섹션에서는 글로벌 가상 팀에서 발생하는 독특한 도전 과제를 잘 극복한 다섯 가지 우수 사례를 보여준다. 이 우수 사례는 과학 문헌, 내용 전문가 및 실제 사례를 통합함으로써 도출하였다.

글로벌 가상 팀의 특성

다국적 또는 다문화 팀^{multicultural distributed teams}, 다국적 그룹 또는 초국가 팀^{transnational team}(Scott & Wildman, 2015)으로 부르는 글로벌 가상 팀은 국경을 넘나들며 글로벌 방식으로 연결, 협업 및 의사소통한다. 우리는 글로벌 가상 팀을 시간, 문화, 언어, 국가 경계에 걸쳐 구성원들이 지리적으로 분산되어 있는 상호 의존적 가상의 팀으로 정의한다. 본질에서, 글로벌 가상 팀은 다른 언어를 사용하고, 다른 문화적 가치, 다른 업무 습관과 관습, 그리고 매우 다른 일상 경험을 가진 전 세계의 개인과 그룹으로 구성되어 있다. 최근 조사에 따르면 지리적, 기술적 장벽은 물론이고 가상 팀 구성원의 68%가 문화적 규범, 기대, 그리고 언어의 차이가 팀 성공을 가로막는 가장 큰 과제로 느낀다고 답했다(RW³ CultureWizard, 2016). 더욱이 상대적으로 동질적 팀들과 비교했을 때, 글로벌 가상 환경은 팀들이 이미 겪고 있는 다양한 문제들을 심화시킨다. 예를 들어, 대인 갈등의 위험이 더 크며(Kankanhalli, Tan & Wei, 2007), 지식 관리의 어려움(Striukova & Rayna, 2008), 목표와 요구사항에 대한 공통의 이해 부족(Guzman, Ramos, Seco & Esteban, 2010), 상호 이해 부족으로 인한 고립감(Lee-Kelley & Sankey, 2008)을 들 수 있다. 또한 리더십과 팀 구성원의 역할과 상호작용에 대한 기대감 차이(Curry, 2015; Wendt, Euwema & van Emmerik, 2009) 그리고 컴퓨터 기반 의사소통에 대한 불안감이 있다(Fuller, Vician & Brown, 2016). 글로벌 가상 팀이 겪는 큰 어려움 가운데 하나는 팀원들이 얼굴을 맞대고, 소통하고, 친분을 쌓을 기회가 드물다는 것이다.

반면에, 글로벌 가상 팀의 형성과 실행에서 다음과 같은 많은 장점이 관찰된다. 최근에 이러한 장점으로 인하여 이와 같은 형태의 팀이 글로벌 중추로 자리 잡았다. 한 가지 장점은 물리적 위치나 조직적 위치에 관계없이 최적의 자격을 갖춘 직원을 글로벌 가상 팀에 배치할 수 있다는 것이다. 따라서 기업들은 전문가를 찾아내기가 용이하고 인재풀을 확장할 수 있다(Fiol & O'Connor, 2005; Townsend, DeMarie & Hendrickson, 1998; Cascio, 2000). 문화적 다양성을 갖춘 팀(Stahl, Maznevski, Voigt & Jonsen, 2010)을 통해 창의성과 만족도를 높일 수 있으며, 추가적인 팀 프로세스 상의 이익을 실현할 수 있다(Kirkman, Rosen, Gibson, Tesluk & McPherson, 2002).

글로벌 가상 팀의 팀원은 작업을 수행하는 방법에 대해 다양한 관점으로 접근하는 경우가 많으며(Stahl et al., 2010), 이러한 다양한 접근 방식은 팀원이 과제를 수행할 때 가장 적절한 행동을 취함으로써 합리적 의사결정에 기여할 수 있다. 다양한 문화권의 팀원들이 다양한 자원에 접근하여 팀의 필요에 따라 가장 적절하게 자원을 활용할 수 있다(Mannix & Neale, 2005). 팀원마다 가지고 있는 다양한 전문 지식과 함께 다양한 자원을 활용하는 것도 팀 의사결정의 향상으로 이어질 수 있다. 글로벌 가상 팀 내 팀원 사이의 건설적 충돌은 더 나은 팀 성과, 팀 효과성 그리고 의사결정 질의 향상을 가져올 수 있다(Lipnack & Stamps, 1999; Shachaf, 2008; Townsend et al., 1998).

마지막으로, 가상 의사소통에 적합한 도구를 사용하여 팀원 사이의 의사소통을 좀 더 유연하게 할 수 있다. 예를 들어, 이메일과 온라인 파일 공유를 통해 팀 구성원들 사이의 더 유연한 의사소통이 가능하며 보관된 자료는 즉각적인 검색이 가능하다(Wildman & Griffith,

2015). 이러한 많은 도구를 써서 팀 상호작용을 향상할 수 있으며, 이는 다시 높은 수준의 효과성과 만족도로 이어질 수 있다.

글로벌 가상 팀 코칭 우수 사례

글로벌 가상 팀을 대상으로 코칭 세션을 진행하고 팀 성장을 촉진하는 데 수반되는 복잡성을 고려할 때, 코치와 리더가 사용 가능한 도구로 우수 사례를 이해하는 것이 필요하다. 이번 절에서는 모든 관련 문헌에 대한 철저한 검토를 바탕으로 코치가 글로벌 가상 팀의 성장과 변화를 주도하기 위해 취할 수 있는 가장 영향력 있는 방법을 찾아보려고 한다. 우리는 이러한 우수 사례를 (1) 의사소통의 명확성과 효과성 강조, (2) 대인관계 구축, (3) 문화적 감각 형성 촉진, (4) 공유 이해 향상, (5) 리더십 역량 강화 등의 다섯 가지 항목으로 정리해보았다. 우수 사례 도입 시기와 팀의 라이프 사이클을 신중하게 고려해야 함을 명심해야 한다. 부정적인 패턴이 나타날 경우 코칭 도입의 필요성이 가장 클 수 있지만, 팀의 패턴과 관계가 형성되기 전에 코칭하면 변화를 만들기가 쉽다.

의사소통의 명확성과 효과성 강조

현대적인 통신 기술이 있지만 글로벌 통신은 어렵다. 글로벌 가상 팀의 팀원들에게 의사소통의 부실은 흔히 제기되는 불만 사항이다. 의사소통의 부실은 신뢰를 떨어뜨리고, 사람들이 저평가되었다고 느끼게 하며, 단절감을 증가시켜 팀워크를 해친다. 코치는 (1) 응답 시간, (2) 기대 피드백 수준, (3) 모든 팀 구성원 사이의 열린 의사소통의 중요성과 같이 모든 구성원이 상호 이해할 수 있는 의사소통 표준을 개발하도록 지원해야 한다. 명확하고 효과적인 의사소통은 팀 구성원들 사이에 신뢰를 쌓고 개인 사이의 관계를 강화한다.

첫째, 팀이 사전에 회의 일정을 잡도록 장려한다. 또 회의 전에 서면으로 주제를 공유하고 원하는 회의 결과를 명확히 한다. 둘째, 폐쇄 루프 통신 전략closed-loop communication strategies을 소개한다. 폐쇄 루프 통신은 세 가지 단계를 거치는 기술이다. (1) 발신자는 메시지를 전송하고, (2) 수신자는 메시지를 수신하고 수신을 확인하며, (3) 발신자는 수신자가 메시지를 올바르게 받았는지 확인한다. 이렇게 했을 때 생산적 가상 회의를 유도할 수 있고 팀 구성원의 참여와 상호 신뢰 향상에 도움이 된다. 코칭 세션에서(특히 팀의 일일 사이클에서) 팀원들이 서로 대화할 때 수정 폐쇄 루프 통신 방식을 사용하도록 장려한다. 내용을 요약한 (들은 사람이 이해한 대로) 다음, 합의 사항을 진술하고, 질문하거나 대안을 제시함으로써, 팀은 코칭 프로세스와 가상 회의에 더 참여 의식을 느끼게 되고 말하는 사람들은 다른 사람들이 자신의 말을 경청하고 인정하며 스스로 존중 받는다고 느끼게 된다.

셋째, 되도록 리치 미디어rich media의 사용을 장려해야 한다. 리치 미디어는 의사소통의 비언어적 측면을 활용하여 모호성을 줄이는 정도를 말한다(Flammio & Amant, 2013). 리치 미디어의 사용은 사회적 존재감을 주고 전술한 폐쇄 루프 통신 기법에서 논의된 즉각적인 피드백을 제공하는 데 도움이 된다. 위에서 언급한 것처럼, 리치 의사소통 미디어 기법의 예를 보면, 가상 팀의 초기 형성 또는 복잡한 문제를 다룰 때 대면 회의를 사용하는 것이다. 이를 통해 팀 신뢰구축의 토대를 형성하고 대인관계를 구축할 수 있다(Zolin & Hinds, 2004). 대면 회의가 불가능하다면 비디오 컨퍼런스의 사용을 권장하는 것이 좋은 대안이다.

모든 통신 기술이 리치 미디어 기법을 포함할 필요는 없다. 인스턴트 메시징, 이메일 그리고 공유 파일 플랫폼과 같은 린 미디어 도구는 기록을 보관하고 정보를 조정하며 그룹 작업을 수행해야 하는 상황에서 사용할 수 있다. 예를 들어, 이메일은 특히 영어가 모국어가 아닌 사람들에게 과제 중심의 업무와 프로젝트 수행 시 조금 더 많은 시간과 생각이 요구되는 의사소통 상황에서 귀중한 도구가 될 수 있다. 가상 의사소통 도구의 사용과 범위가 증가함에 따라 특정 상황에 적절한 도구를 선택하는 것이 중요하게 되었다. 팀이 의사소통 계획을 수립하게 하고 어떻게 소통할지, 어떤 기술을 이용할지 등에 대한 가이드라인을 포함하도록 한다. 이러한 의사소통 계획은 팀 형성 초기에 수립하는 것이 좋지만, 의사소통 계획을 구조화하고 투명하게 만듦으로써 업무를 관리하고, 문화적 장벽을 허물며, 더 나은 팀 프로세스와 결과를 촉진할 수 있을 것이다.

예를 들어, 새로운 팀 형성 시 팀 헌장의 제정, 전략적 의사소통 계획 수립과 가이드라인의 개발을 통하여 글로벌 가상 팀의 조기 성공과 전체 여정이 제 궤도에서 벗어나지 않게 관리할 수 있다. 코치로서 의사소통 계획(예를 들어, 어떤 도구가 어떻게 얼마나 자주 사용되는지 등)을 촉진하는 코치의 역할은 팀이 성공가도를 달리고 팀을 효과적으로 운영하는 데 중요한 역할을 할 것이다.

대인관계 구축

코칭 세션 내내, 그리고 팀이 그들의 업무에 몰두하는 동안, 코치들에게 가장 큰 목표는 글로벌 가상 팀 내에 높은 수준의 관계를 구축하는 것이다. 관계가 강화되면 코칭 세션과 팀 내에서 팀원의 장점 발현이 더 용이하고 신뢰를 향상할 수 있다(Peters & Manz, 2007). 코치는 팀과 팀원을 알아가는 데 시간을 할애하고, 특히 초기 코칭 세션에서는 팀의 대인관계 구축에 집중해야 한다. 팀원들이 그들이 누구인지, 어디에 살고 있는지, 그들이 하고 싶은 일이 무엇인지, 그리고 그들의 삶이 어떤지 설명하도록 한다. 팀원들에게 짝을 이루어주고 코칭 세션 전에 서로 인터뷰하여 코칭 세션에 '발견한 내용'을 가지고 돌아오도록 한다.

대인관계 구축이 글로벌 가상 팀 성공에 중요한 요소인데도 글로벌 가상 팀의 팀워크에서 가장 어려운 측면 중 하나이다. 코칭 세션에서 심리적 안전(즉, 그룹 속에서 자신을 표현하기에 편안하고 안전하다는 느낌; Edmondson, 2004)이 중요한 것처럼, 코치는 팀 전체에 오랫동안 지속하는 심리적 안전과 편안함을 심어주는 데 도움이 되어야 한다. 연구에 따르면 심리적 안전과 신뢰 기반의 글로벌 가상 팀은 지리적, 문화적 장벽을 넘나들며 의사소통하고 협력해야 하는 어려움을 극복할 가능성이 훨씬 더 크다고 한다(Gibson & Gibbs, 2006). 대인관계의 깊이는 팀의 신뢰, 공유 이해, 가상 협업 수준, 공유 팀 정체성과 갈등 감소의 직접적인 예측 변수이다(Hinds & Mortensen, 2005; Peters & Manz, 2007).

팀 구성원 사이에 고품질의 관계 형성을 위해 리치 미디어 기술(예: 대면 또는 비디오 컨퍼런스)의 사용을 권장한다. 다시 말해, 팀원들이 직접 대면하는 시간이 많을수록 가상 팀 환경에서 탄탄한 대인관계를 발전시킬 가능성이 높아진다(Peters & Manz, 2007). 주요 통신회사에서 일하는 글로벌 가상 팀 구성원을 통해 수집한 자료에 따르면, 글로벌 가상 팀 형성 단계에서 적어도 한 번의 대면 만남을 가진 팀원들이 다른 글로벌 가상 팀 회원들과의 관계 커뮤니케이션에 참여할 가능성이 더 큰 것으로 나타났다(Henttonen & Blomqvist, 2005). 커크만Kirkman 등(2002)에 따르면, 세이버Sabre사는 회사 내 가상 팀 구성원들이 매년 적어도 한두 번은 직접 만나도록 권장한다. 코칭 세션에서 팀 구성원들 사이의 친밀한 관계를 촉진하는 데 보내는 시간은 '시간 낭비'가 아니라 오히려 팀 구성원들 사이의 강한 유대감 형성을 촉진하는 데 유용하다. 글로벌 가상 팀 내 상호 이해폭이 향상하고 친밀감이 높아질수록, 팀원들은 장기적으로 더 잘 협력할 것이다. 글로벌 가상 팀 내에서 관계 형성을 잘하기 위해 사전에 시간 노력을 기울이는 것은 새로 만들어지거나 발달 단계에 있는 글로벌 가상 팀을 코칭할 때 특히 유용하다.

　대인관계 구축은 글로벌 가상 팀 코치의 핵심 모범 사례로써 킥오프 미팅이나 계획 단계의 정기적인 대면 코칭 세션 등의 초기 대면 상호작용을 통해 촉진할 수 있다. 대인관계 구축은 또한 과거의 팀워크 경험을 바탕으로 글로벌 가상 팀을 구성하거나, 글로벌 가상 팀 구성원들이 가장 선호하는 미디어 채널을 사용하여 상호 소통하도록 장려함으로써 이루어질 수 있다. 탄탄한 대인관계 구축의 강화를 통해 강한 신뢰 관계, 더 높은 수준의 상호 이해와 팀 구성원들 사이의 높은 협력으로 이어질 수 있다.

　신뢰와 평등 의식 형성을 위해 사용할 수 있는 한 가지 전략은 코칭 세션을 로테이션하여 다양한 팀 구성원을 만날 수 있게 조치하는 것이다. 이렇게 하면 팀원들이 스스로 팀에 얼마나 중요한 존재인지 인지하도록 할 수 있다. 코치는 코칭 일정을 순환시켜 모든 팀 구성원의 참여가 글로벌 구성원의 참여만큼 중요함을 느끼게 할 수 있다. 특히 팀 구성원들이 같은 장소 또는 비슷한 시간대에 근무할 때 더욱 중요하다.

　또 팀 전체가 참석하더라도, 코치가 코칭하는 동안 같은 장소에 있지 않으면 팀원 중에 조용히 있는 팀원을 간과하기 쉽다. 팀의 다른 구성원과의 연결이 어렵기 때문에 글로벌 팀 내에서 권력 역동 문제는 지속해서 발생한다. 시간이 지남에 따라 이러한 권력 역동은 신뢰 저하와(Peñarroja, Orengo, Zornoza, & Hernández, 2013) 팀 단절 문제로 (O'Leary & Mortensen, 2010) 이어질 수 있다. 예를 들어, 코칭 세션에서 지사 소속의 구성원과 본사 직원 사이의 권력 역동으로 본사 직원이 대화와 의사결정을 주도할 수 있다. 코치는 팀에 그들 모두가 공동의 목표를 가지며 동등한 수준의 말할 권리가 있다고 상기시킴으로써 코칭 세션에서 힘의 권력 역동을 줄여줄 수 있다. 또 다른 전략은 각자가 말하고 듣는 시간을 주의 깊게 관찰하는 것이다. 한 사람(또는 일단의 사람들)이 대화를 지배한다면 조용한 사람들에게 초점을 맞춘다. 만약 자신의 의견 표현에 불편함이 있는 사람이 있다면, 코치는 그 사람의 생각을 그룹에 전달하여 통합시키려 노력해야 한다.

　코치로서 모든 참가자의 참여를 촉진하되 특히 소수 그룹에 속하거나 가장 소극적으로 참여하는 사람들의 참여를 촉진하는 것이 중요하다. 코칭 세션의 심리적 안전감을 향상해 모든 사람이 토론에 참여하도록 한다. 심리적으로 안전한 환경을 구축하면 팀이 공동의 목표, 공유 지식 및 상호 존중감을 발휘하여 실패를 통해서도 배울 수 있다(Carmeli & Hoffer-Gittell, 2009; Gibson & Gibbs, 2006). 팀이 신뢰를 형성할 수 있도록 계획하고 적절하게 실행한다면, 더 깊은 대인관계를 형성하고 지식 공유와 팀 인식, 그리고 미래의 갈등 대처 능력을 촉진할 것이다. 또한 폐쇄 루프 통신과 피드백을 받으려는 행동을 통해 글로벌 가상 팀이 앞으로 나아갈 때 글로벌 가상 팀 내의 문제를 완화할 수 있다.

문화적 감각 형성 촉진

문화적 차이는 글로벌 가상 팀이 처한 중대한 어려움이다. 업무 관련 문화적 가치, 암묵적 의사소통 규칙 및 행동 선호도의 차이는 팀 역동을 복잡하게 할 수 있다. 이러한 환경에서 코치들은 매우 다른 문화적 배경을 가진 사람들과 빈번하게 함께 일하게 된다. 따라서 효과적인 코치는 코칭 세션 중에 글로벌 가상 팀이 문화의 차이를 파악하고 이를 연결하기 위해 코칭 프로세스 초기에 많은 시간을 할애해야 할 수도 있다.

코칭 세션에 모든 팀원이 온전히 참여하는 것은 결과의 수용과 변화에 매우 중요하다. 문화적 차이는 코칭 세션의 참여율에 영향을 미칠 수 있다. 최대한 참여를 촉진하기 위해서는 상호작용 스타일과 리더십에 대한 선호, 글로벌 가상 팀 내 팀원 사이의 존중감을 표현하는 방법의 문화적 차이에 대해 배울 필요가 있다. 문화적 규범에서의 이러한 차이는 팀, 코치, 심지어 그러한 문화적 신념, 가치관을 공유하는 팀 구성원 마저도 눈치 채지 못한 상태로 팀의 참여 수준에 영향을 미칠 수 있다. 예를 들어, 동아시아 문화권에 속하는 사람들은 동의하지 않거나 목소리를 높이는 표현을 자제함으로써 선생님, 전문가, 연장자, 그리고 지도자들에게 존경심을 보이도록 배운다. 이것은 말을 듣고, 들은 대로 행동하도록 가르침을 받은 '유교적 유산을 가진 나라 사람들'에게 코치와 코치 사이의 불평등한 관계를 인식하고(그리고 아마도 심지어 선호) 하도록 이끌 수 있다(Jenkins, 2006, p.26).

그러나 이러한 잠재적 차이를 인식하고 사람들의 편안함 수준을 존중해야 할 필요성과 포용과 참여를 구축해야 할 중요한 필요성과의 균형을 맞추는 것이 중요하다. 서구식 코칭 방법은 너무 직접적인 것으로 인식될 수 있어 문화적으로 다양한 맥락에서 조정할 필요가 있다. 대부분 코칭 방법은 코치와 코치 사이의 평등함과 낮은 권력 거리를 가정하고 개발되었다. 다른 사람을 이해하려면 코칭의 가정과 코칭의 장기적 성공을 위해 필요한 것이 무엇인지 이해해야 한다.

팀 구성원들은 생각과 행동이 비슷해 보여도 서로 다른 문화적 렌즈를 통해 세상을 인지한다. 각 구성원은 자신과 다른 구성원의 문화 차이를 인지할 필요가 있다(Filsinger, 2014). 그렇지만 이것은 쉬운 일이 아니다. 효과적인 글로벌 가상 팀 코치는 코칭의 업무 관련 문화적 가치, 습관 그리고 코칭 선호도 관련 모든 팀 구성원 사이의 학습과 대화를 촉진해야 한다. 또 코치는 팀의 두드러진 차이점뿐만 아니라 팀이 스스로 파악하기 어려운 차이점에 대해서도 탐구적 감각을 기를 수 있는 대화를 나누도록 도와야 한다. 어떤 문화적 가치나 습관은 다른 문화적 배경을 가진 구성원들에게 이상하게 보일 수 있다. 팀 구성원들이 익숙하지 않은 가치와 습관에 개방적인 태도를 견지하도록 격려함으로써, 판단적 태도를 지양하고 세션이 진행되는 동안 긍정적이고 편안한 분위기를 만들 수 있다.

만약 여러분이 다른 문화적 배경을 가진 사람들과 일한 경험이 있다면, 그 경험을 활용해야 한다. 그 경험은 글로벌 가상 팀을 코칭하는 데 도움이 될 것이며, 고객의 문제를 이해하고 코칭 세션에서 다른 문화에 대한 팀원들의 불편함이나 불안을 인지하는 데 도움이 된다. 더욱이 문화 이론과 차원에 대한 지식은 코칭 세션에서 필요시 '문화 번역가' 역할을 수행하는 데 매우 유용하다. 이러한 스킬을 사용하여 다른 구성원에 대한 팀원의 문화적 설명을 보완하고 더 많은 정보나 맥락을 추가하여 구성원의 이해를 더 깊게 할 수 있다. 일부 문화권의 구성원들은 그들 자신을 묘사하는 것을 주저하거나 코치들이 지나치게 친절하기를 기대하기도 한다(Milner, Ostmeier & Franke, 2013). 따라서 여러분은 유연하게 접근 방식을 바꾸고 그룹 역동을 알아차려 상황에 따라 다른 의사소통 스타일을 적용해야 한다(Brown & Grant, 2010). 마지막으로 중요한 것은 문화에 대한 연구에서 비롯된 문화적 지식이 코칭 세션에 유용하다는 점이다. 그러나 동시에 이러한 지식은 고정관념의 위험을 수반한다(Curry, 2015). 따라서 균형 잡힌 접근 방식을 취하는 것이 중요하다. 코칭 세션에서 문화적 지식과 개인의 차이를 균형 있게 유지하면서 토론과 대화를 촉진해야 한다.

공유 이해 shared understanding 향상

정보를 공유하는 팀은 자신의 업무와 사명에 대한 이해를 공유하고 보완 지식을 개발할 가능성이 더 크다(DeChurch & Mesmer-Magnus, 2010). 팀 성과를 촉진하기 위해서는 모두가 같은 이해를 하고 있어야 한다. 즉 구성원은 자신의 업무와 팀 역할을 이해하고 나머지 팀의 역할과 과업을 숙지하여 노력을 결합하고 효과적으로 조정해야 한다. 팀 인지에는 여러 가지 유형이 있지만(Wildman, Salas, & Scott, 2014) 궁극적으로 과업과 팀에 대한 공유된 이해로 귀결된다. 이는 팀의 명확성과 팀워크 개선에 도움이 된다. 따라서 코칭과 같은 팀 또는 그룹 차원의 개입에서 팀에 대한 공통된 이해도를 높이는 것이 초점이 되어야 한다(Brown &

Grant, 2010).

의사소통을 장려하고 장벽을 제거하는 것이 필요하다. 그렇지만 이것이 지식 공유 개선과 팀 인식을 촉진하기 위한 충분한 조건이 되지는 않는다. 글로벌 가상 팀은 통상적 팀과 비교하여 공통 이해 개발에 있어 추가적인 장애에 직면한다. 예를 들어, 글로벌 가상 팀은 멀리 떨어져 있어 정보 교환이 어려우며, 통신 오류, 오해 및 참여율 저조로 상호 이해와 사상의 일치 또는 수렴 정도가 낮을 수 있다(Andres, 2011). 또 일반팀과 비교했을 때, 글로벌 가상 팀의 업무 이해의 융합이 지연될 수 있다(McComb, Kennedy, Perryman, Warner & Letsky, 2010). 따라서 글로벌 가상 팀은 지식 공유를 촉진하고 팀, 과업, 목표 등의 명확한 공유를 하기 위해 특별한 코칭 전략이 필요할 수 있다(McComb et al., 2010).

팀의 정보 또는 지식이 잘 공유되도록 하려면 팀 토론 방식을 구조화하고 협력적인 팀 분위기를 조성하는 것으로 시작할 수 있다(Mesmer-Magnus & DeChurch, 2009). 안드레스(Andres, 2011)에 따르면, 코칭 개입은 (1) 모든 팀원이 성공에 기여한다는 느낌의 형성, (2) 팀의 업무 수행 능력에 대한 자신감 구축, (3) 의사소통과 참여 장려, (4) 글로벌 가상 팀의 집중 영역 유지 등을 통해 팀 구성원의 이해도를 발전시킬 수 있다. 다양한 방법으로 효과적으로 팀 인지도를 촉진할 수 있다. 예를 들어, 팀 구성원들이 서로 역할과 책임에 익숙해지는 교차 훈련cross-training을 통해 이해를 공유할 수 있다고 알려져 있다(Salas & Cannon-Bowers, 1997). 따라서 새롭게 구성된 글로벌 가상 팀의 코치는 팀 구성원 각자가 자신이 맡은 역할과 전문 지식을 다른 구성원에게 설명할 수 있는 시간을 할당해야 한다. 마찬가지로 팀 구성원은 다른 사람의 인식을 수용하고 통합하기 위해 일종의 데이터 검증 또는 교차 검증cross-validation 방식을 통해 자신이 과업을 어떻게 이해하는지 논의해야 한다.

효과적인 글로벌 가상 팀 코치가 되려면 코칭 시간을 로테이션하여 모든 팀원이 동등하게 참여할 수 있게 조치한다. 되도록 많은 사람이 세션에 참여할 수 있도록 노력해야 한다. 글로벌 코칭 세션 준비의 어려움으로 쉽게 참여할 수 있는 팀 구성원만을 대상으로 코칭 세션을 진행하고 싶은 유혹을 느낄 수 있다. 코칭 세션에 참여하여 그들 자신의 관점, 아이디어, 목표, 그리고 방향을 말할 기회가 주어지지 않을 때 참석할 수 없는 개인들은 팀이 결정한 목표와 방향을 따르지 않을 가능성이 있다. 전체 팀이 참석하지 않는 한, 글로벌 가상 팀이 직면한 과제에 대한 논의와 이해는 필시 불완전하게 되고 성공을 이끌 가능성은 작아진다. 마지막으로, 외부 팀 코치는 팀 리더가 정기적으로 팀 구성원에게 정보를 분석하고 지침을 주고 지식 구조를 만들도록 권장해야 한다(Marks, Zaccaro & Mathieu, 2000).

리더십 역량 강화

글로벌 가상 팀을 인솔하여 이끄는 일은 리더들이 직면한 가장 큰 과제 가운데 하나이다. 글로벌 팀 작업에 내재된 복잡성과 장벽으로 인해 기존 팀을 이끌 때보다 실패 확률이 높다. 리더십을 선천적으로 타고 나는 것 또는 공식적으로 수행해야 하는 역할로 보기보다는 팀의 능력으로 보는 것이 그러한 장벽을 극복하는 데 도움이 될 수 있다는 증거가 있다(Hoch & Kozlowski, 2014). 모든 팀 구성원이 리더십 프로세스에 참여할수록 팀의 유능함과 적응 역량이 커진다(Day, Gronn, & Salas, 2004). 글로벌 가상 팀의 자체 리더십 능력을 향상하면 팀이 글로벌 가상 작업의 과제를 해결하는 데 도움이 될 수 있다. 이러한 리더십 능력은 여러 가지 방법으로 개발할 수 있다.

첫째, 모든 글로벌 가상 팀 구성원들이 어떻게 리더십 책임과 역할을 분배할지 열린 대화를 촉진한다. 문화와 마찬가지로, 팀이 서로 얼굴을 맞대고 협력할 때도 리더십의 책임과 역할은 불분명할 수 있다. 다른 국가나 대륙에 걸쳐 의사소통할 때 기대와 니즈의 차이를 인식하는 것은 훨씬 더 어렵다. 또한 글로벌 가상 팀 회원들과 협력하여 팀 내 리더십에 대한 설명과 역할을 요약하여 포괄적이고 상세한 리더십 헌장을 작성한다. 이 과정에서 팀 구성원들이 리더십을 책임지거나 다른 구성원들과 리더십 역할을 분담하는 것에 대한 그들의 리더십 선호도와 편안함 수준에 관해 스스로의 편견과 기대치를 탐구하도록 지도한다(Scott, Jiang, Wildman & Griffith, 2017). 팀 구성원들에게 자신을 확장하여 다른 사람의 리더십을 이끌고 지원하는 책임을 지도록 격려하는 것은 팀의 리더십 능력을 키우는 좋은 방법이다. 성공과 실패에 대한 빈번한 확인과 후속 세션을 통해 팀의 성장에 도움이 되도록 한다.

리더십 헌장이 글로벌 가상 팀의 니즈에 맞지 않는 경우 언제든 개정될 수 있다. 새롭고 창의적인 리더들에게 명확하고 투명한 공간을 제공하기 위해 헌장을 개정할 필요성이 커진다. 요약하면, 코칭 중 팀의 리더십 선호도와 책임감에 대해 투명해질수록 팀 구성원 사이의 상호 협력 가능성은 높아진다.

결론

이 장에서는 몇 가지 주요 글로벌 가상 팀 코칭 도전 과제를 강조하고, 실제 적용 경험이 있는 내용 전문가subject matter experts와 과학적인 팀 그리고 코칭 문헌에서 도출된 우수 사례를 제공하였다. 팀 코칭은 여전히 새로운 코칭 방법이라서 팀 코칭을 효과적으로 이끄는 방법에 대해서는 아직 잘 알려져 있지 않다. 그렇지만 글로벌 가상 팀의 고품질 코칭을 지원하는 전문 지식과 글로벌 가상 팀 연구를 통해 이러한 주요 우수 사례를 찾아 볼 수 있다.

경우에 따라 이러한 우수 사례는 일반적인 팀과도 관련이 있다. 그러나 코치가 어떻게 프로세스를 촉진하고 우수 사례를 만들어가는지가 코칭 성공에 매우 중요하다. 위에 정렬된 몇 가지 우수 사례들이 서로 어떻게 상호 연관되어 있으며 상호 연결되는 방식으로 구현되어야 할 필요가 있는지 고려해야 한다. 예를 들어, 글로벌 가상 팀 내에서 지식 관리를 개선하기 위한 기술을 제안했는데도 이를 제대로 이행하지 못한다면, 글로벌 가상 팀 환경에서 신뢰가 얼마나 잘 형성되어 있는지부터 살펴야 한다. 만약 신뢰도가 낮다면, 지식 관리를 개선하여 편익을 실현하기 전에 신뢰를 구축하는 기술을 구현하는 데 초점을 맞춰야 한다.

팀 내에서 리더십 능력이 어떻게 구성되느냐에 따라 팀이 기대할 수 있는 전반적인 최대 성과와 프로젝트 결과가 달라진다(D'Innocenzo, Mathieu & Kukenberger, 2016; Nicolides et al., 2014; Wang, Waldman, & Zhang, 2014). 건설적인 리더십(예: 공유 리더십)에 적극적으로 참여하는 팀원 수를 늘리면 공식적인 팀 리더의 관리 업무량을 줄일 수 있다. 공유 리더십은 가상 팀과 전통적 팀 모두에게 매우 강력한 성과 예측 변수인 것으로 알려져 있다(Hoch & Kozlowski, 2014). 팀 리더십 능력의 확장은 시간, 거리 그리고 문화 사이의 격차를 해소하여 전체 팀이 리더십을 제공받을 수 있는 구조적 지원이 된다. 공유 리더십 구축 방식은 결속된 팀에서 보이는 우수 사례이며, 초기 증거에 따르면 글로벌 가상 팀의 성공을 이끌 수 있다고 한다. 그렇지만 (특히 비서구적 배경에서) 어떤 팀원들은 전통적인 위계적 구조(Fausing, Jeppesen, Jönsson, Lewandowski & Bligh, 2013; Nicolides et al., 2014; Scott et al., 2017)에 비해 더 모호하다고 느끼거나, 이러한 리더십 구조에서 더욱 불편함을 느낄 수 있다.

공유 리더십은 다양한 분야의 팀에서 팀 성과와 더욱 강하게 관련되어 있어(Hoch & Kozlowski, 2014) 팀 내의 공유 리더십 육성을 여전히 강조해야 한다. 코칭 세션 동안 대인관계를 구축하고 팀 정체성과 소속감을 갖게 되면 팀원들이 충분히 안전하고 편안함을 느낄 수 있어 팀 리더십 공유 책임이라는 위험도 감수하게 할 것이다.

글로벌 가상 팀 형성 및 개발 프로세스의 라이프 사이클 내에 충돌이 발생할 수밖에 없다. 팀 구성원의 지리적 분포(Hinds & Mortensen, 2005; Paul, Seetharaman, Samarah &

Mykyn, 2004)와 구성원의 다양성(Kankanhalli et al., 2007; Staples & Zhao, 2006)이 갈등적 팀 역동에 크게 영향을 줄 수 있음은 연구로 잘 알려져 있다. 지리와 문화적 거리는 팀 구성원들 사이에 공유 정체성의 부족을 초래하고 그룹 간 연합의 강도를 떨어뜨린다. 기술적 조정(대면 대비 기술적 의사소통 도구 사용 증가)이 적절하지 않으면 더 많은 충돌이 야기될 수 있다.

코치의 역할은 갈등을 줄이고 성공적인 협상 결과에 도움이 되는 프로세스와 절차 도입을 촉진하는 것이다. 갈등을 줄이기 위해, 코치는 일부 연구자들이 글로벌 가상 팀 인식 결과와 긍정적 상관 관계가 있다고 제안하는 협력적 갈등 관리 스타일의 도입을 고려할 수 있다(Paul et al., 2004). 빈번하고 자발적인 의사소통 장려 또한 글로벌 가상 팀 환경에서 갈등의 증가를 완화하는 것으로 보인다(Hinds & Mortensen, 2005). 자발적 의사소통은 대인관계와 신뢰 구축을 돕는다(Scott & Wildman, 2015). 또 적절한 문화 인식 훈련의 도입은 팀 구성원의 상호 이해를 높이고 팀이 충돌하는 피해를 줄일 수 있다(Dubé & Paré, 2001).

우리는 이 장이 글로벌 가상 팀 코칭 우수 사례의 현장 적용의 이해를 돕는 미래 연구에 실제적인 지침이 되기를 바란다. [표 16.1]은 우리의 권고사항을 요약한 것이다. 글로벌 가상 팀과 팀 코칭의 교차점을 직접 조사한 연구는 거의 없기 때문에 추가 조사를 위해 해당 분야를 광범위하게 열어 두고 있다.

[표 16.1] 글로벌 가상 팀 코칭 제안 및 우수 사례 요약

의사소통의 명확성과 효과성 강조	• 의사소통 계획과 팀헌장 개발 지원 • 폐쇄 루프 의사소통 전략 활용 장려 • 리치 의사소통/미디어 방식 활용 장려
대인관계 구축	• 대면 의사소통 기회 장려 • 선호 의사소통 기술 활용 장려 • 과거 팀워크 경험 활용
문화적 감각형성 촉진	• 업무 관련 문화적 가치, 습관, 선호도에 대한 모든 팀원들의 학습과 대화 장려 • 현저한 문화적 가치, 습관, 선호도뿐만 아니라 팀원이 인지하지 못하는 것에 대해 팀원들이 솔직하게, 그리고 호기심을 가지고 문화적 감각 형성 대화 지원 • 팀 구성원이 익숙하지 않은 문화적 가치에 유연하며 판단 지향적인 태도를 취하지 않도록 장려 • 고정관념을 갖지 않기 위해 문화적 지식과 개인 차이 사이의 균형 유지 • 코칭적 접근법을 유연하게 변경하며 상황에 맞게 의사소통 스타일 적용
공유 이해 촉진	• 정기적인 업무 중심 팀 미팅뿐만 아니라 코칭 세션에 대한 의사소통 계획, 안건 및 개요 등의 계획을 작성하여 팀 토론 • 데이터 확인 또는 교차 검증 방식을 통해 팀원의 역할과 과업에 대한 상이한 이해에 대해 다른 구성원에게 설명할 시간 할당 • 글로벌 가상 팀 구성원의 멘탈 모델의 융합을 촉진하기 위해 팀 리더가 정보를 배포하고 지침과 지식 구조를 제공하도록 권장
리더십 역량 강화	• 리더의 역할, 책임, 기대 및 니즈에 대해 집중 토론 주도 • 팀 내에서 리더십이 공유되고 수행되는 방법 및 리더십 시스템에서 각 개인의 역할과 책임을 분명하게 설명하는 리더십 헌장을 개발하도록 지원 • 팀원들이 프로젝트 또는 추진과제initiative에 대한 책임감을 서서히 높여 리더십 역량 배양 장려 • 팀의 리더십 능력이 증가에 따라 리더십 헌장 수정과 수정의 필요성에 대한 전체 이해 공유

참고문헌

Andres, H. P. (2011). Shared mental model development during technology-mediated collaboration. *International Journal of e-Collaboration, 7*(3), 14–30.

Brown, S. W., & Grant, A. M. (2010). From GROW to GROUP: Theoretical issues and a practical model for group coaching in organisations. *Coaching: An International Journal of Theory, Research and Practice, 3*(1), 30–45.

Carmeli, A., & Hoffer-Gittell, J. H. (2009). High-quality relationships, psychological safety, and learning from failures in work organizations. *Journal of Organizational Behavior, 30*(6), 709–729.

Cascio, W. F. (2000). Managing a virtual workplace. *The Academy of Management Executive, 14*(3), 81–90.

Clutterbuck, D. (2010). Team coaching. In E. Cox, T. Bachkirova, & D. A. Clutter- buck (Eds.), *The complete handbook of coaching* (pp. 271–283). London, England: Sage.

Curry, C. D. (2015). Coaching global teams and global team leaders. In J. L. Wildman & R. L. Griffith (Eds.), *Leading global teams: Translating multidisciplinary science to practice* (pp. 141–168). New York, NY: Springer.

Day, D. V., Gronn, P., & Salas, E. (2004). Leadership capacity in teams. *The Leadership Quarterly, 15*(6), 857–880.

DeChurch, L. A., & Mesmer-Magnus, J. R. (2010). The cognitive underpinnings of effective teamwork: A meta-analysis.

Journal of Applied Psychology, 95(1), 32–53.

D'Innocenzo, L., Mathieu, J. E., & Kukenberger, M. R. (2016). A meta-analysis of different forms of shared leadership-team performance relations. *Journal of Management, 42*(7), 1964-1991.

Dubé, L., & Paré, G. (2001). Global virtual teams: Association for computing machinery. *Communications of the ACM, 44*(12), 71–74.

Edmondson, A. C. (2004). Learning from failure in health care: Frequent opportun- ities, pervasive barriers. *Quality and Safety in Health Care, 13*(suppl. 2), ii3–ii9.

EY (2013). *The power of many: How companies use teams to drive superior corporate performance*. Retrieved from www.ey.com/Publication/vwLUAssets/EY-The-power-of-many/$FILE/EY-The-power-of-many.pdf.

Fausing, M. S., Jeppesen, H., Jønsson, T. S., Lewandowski, J., & Bligh, M. C. (2013). Moderators of shared leadership: Work function and team autonomy. *Team Performance Management: An International Journal, 19*(5/6), 244–262.

Filsinger, C. (2014). The virtual line manager as coach: Coaching direct reports remotely and across cultures. *International Journal of Evidence Based Coaching and Mentoring, 12*(2), 188-202.

Fiol, C. M., & O'Connor, E. J. (2005). Identification in face-to-face, hybrid, and pure virtual teams: Untangling the contradictions. *Organization Science, 16*, 19–32.

Flammio, M., & Amant, K. S. (2013). Leadership in globally distributed virtual teams: Redefining the qualities of an effective leader and strategies for effective management. In E. Nokoi & K. Boateng (Eds.), *Collaborative communication processes and decision making in organizations* (pp. 140–157). London, England: ICI Global.

Fuller, R. M., Vician, C. M., & Brown, S. A. (2016). Longitudinal effects of computermediated communication anxiety on interaction in virtual teams. *IEEE Transactions on Professional Communication, 59*(3), 166–185.

Gibson, C. B., & Gibbs, J. L. (2006). Unpacking the concept of virtuality: The effects of geographic dispersion, electronic dependence, dynamic structure, and national diversity on team innovation. *Administrative Science Quarterly, 51*(3), 451–495.

Guzmán, J. G., Ramos, J. S., Seco, A. A., & Esteban, A. S. (2010). How to get mature global virtual teams: A framework to improve team process management in distributed software teams. *Software Quality Journal, 18*(4), 409–435.

Henttonen, K., & Blomqvist, K. (2005). Managing distance in a global virtual team: The evolution of trust through technology-mediated relational communication. *Strategic Change, 14*(2), 107–119.

Hinds, P. J., & Mortensen, M. (2005). Understanding conflict in geographically distributed teams: The moderating effects of shared identity, shared context, and spontaneous communication. *Organization Science, 16*(3), 290–307.

Hoch, J. E., & Kozlowski, S. W. (2014). Leading virtual teams: Hierarchical leader- ship, structural supports, and shared team leadership. *Journal of Applied Psychology, 99*(3), 390–403.

ICF. (2016). The 2016 *ICF global coaching survey*. Retrieved from www.coachfederation. org/files/FileDownloads/2016ICFGlobalCoachingStudy_ExecutiveSummary.pdf

Jenkins, J. (2006). Coaching meets the cross-cultural challenge. *Leadership in Action, 26*(5), 23–24.

Kankanhalli, A., Tan, B. C. Y., & Wei, K. K. (2007). Managing conflict in global virtual teams. *Journal of Management Information Systems, 24*(3), 237–274.

Kirkman, B. L., Rosen, B., Gibson, C. B., Tesluk, P. E., & McPherson, S. O. (2002). Five challenges to virtual team success: Lessons from Sabre, Inc. *The Academy of Management Executive, 16*(3), 67–79.

Lee-Kelley, L., & Sankey, T. (2008). Global virtual teams for value creation and project success: A case study. *International Journal of Project Management, 26*(1), 51–62.

Lipnack, J., & Stamps, J. (1999). Virtual teams: The new way to work. *Strategy & Leadership, 27*, 14–18.

Mannix, E., & Neale, M. A. (2005). What differences make a difference? *Psychological Science in the Public Interest, 6*(2), 31–55.

Marks, M. A., Zaccaro, S. J., & Mathieu, J. E. (2000). Performance implications of leader briefings and team-interaction training for team adaptation to novel environ- ments. *Journal of Applied Psychology, 85*(6), 971–986.

McComb, S., Kennedy, D., Perryman, R., Warner, N., & Letsky, M. (2010). Tem-poral patterns of mental model convergence: Implications for distributed teams interacting in electronic collaboration spaces. *Human Factors: The Journal of Human Factors and Ergonomics Society, 52*(2), 264–281.

Mesmer-Magnus, J. R., & DeChurch, L. A. (2009). Information sharing and team performance: A meta-analysis. *Journal of Applied Psychology, 94*(2), 535–546.

Milner, J., Ostmeier, E., & Franke, R. (2013). Critical incidents in cross-cultural coaching: The view from German coaches. *International Journal of Evidence Based Coaching and Mentoring, 11*(2), 19–32.

Nicolaides, V. C., LaPort, K. A., Chen, T. R., Tomassetti, A. J., Weis, E. J., ⋯ Cortina, J. M. (2014). The shared leadership of teams: A meta-analysis of proximal, distal, and moderating relationships. *The Leadership Quarterly, 25*(5), 923–942.

O'Leary, M. B., & Mortensen, M. (2010). Go (con) figure: Subgroups, imbalance, and isolates in geographically dispersed teams. *Organization Science, 21*(1), 115–131.

Paul, S., Seetharaman, P., Samarah, I., & Mykytyn, P. P. (2004). Impact of heterogeneity and collaborative conflict management style on the performance of synchronous global virtual teams. *Information & Management, 41*(3), 303–321.

Peñarroja, V., Orengo, V., Zornoza, A., & Hernández, A. (2013). The effects of vir- tuality level on task-related collaborative behaviors: The mediating role of team trust. *Computers in Human Behavior, 29*(3), 967-974.

Peters, L. M., & Manz, C. C. (2007). Identifying antecedents of virtual team collaboration. *Team Performance Management: An International Journal, 13*(3/4), 117-129.

RW3 CultureWizard (2016). *Trends in global virtual teams report*. Retrieved from http://info.rw-3.com/virtual-teams-survey-0

Salas, E., & Cannon-Bowers, J. A. (1997). Methods, tools, and strategies for team training. In M. A. Quinones & A. Ehrenstein (Eds.), *Training for a rapidly changing workplace: Applications of psych research* (pp. 249-280). Washington, DC: APA Press.

Scott, C. P. R., Jiang, H., Wildman, J. L., & Griffith, R. (2017). The impact of implicit collective leadership theories on the emergence and effectiveness of leadership networks in teams. *Human Resource Management Review*. Retrieved from www. sciencedirect.com/science/article/pii/S1053482217300244

Scott, C. P. R., & Wildman, J. L. (2014). Culture, communication, and conflict: A review of the global virtual team literature. In J. L. Wildman & R. L. Griffith (Eds.), *Leading global teams: Translating multidisciplinary science to practice* (pp. 13-32). New York, NY: Springer.

Shachaf, P. (2008). Cultural diversity and information and communication technology impacts on global virtual teams: An exploratory study. *Information & Management, 45*(2), 131-142.

Stahl, G. K., Maznevski, M. L., Voigt, A., & Jonsen, K. (2010). Unraveling the effects of cultural diversity in teams: A meta-analysis of research on multicultural work groups. *Journal of International Business Studies, 41*(4), 690-709.

Staples, D. S., & Zhao, L. (2006). The effects of cultural diversity in virtual teams versus face-to face teams. *Group Decision and Negotiation, 15*, 389-406.

Striukova, L., & Rayna, T. (2008). The role of social capital in virtual teams and organisations: Corporate value creation. *International Journal of Networking and Virtual Organisations, 5*(1), 103-119.

Townsend, A., DeMarie, S., & Hendrickson, A. (1998). Virtual teams: Technology and the workplace of the future. *The Academy of Management Executive, 12*(3), 17-29.

Wang, D., Waldman, D. A., & Zhang, Z. (2014). A meta-analysis of shared leader- ship and team effectiveness. *Journal of Applied Psychology, 99*(2), 181-198.

Wendt, H., Euwema, M. C., & van Emmerik, I. H. (2009). Leadership and team cohesiveness across cultures. *The Leadership Quarterly, 20*(3), 358-370.

Wildman, J. L., & Griffith, R. L. (2015). Leading global teams means dealing with different. In J. L. Wildman & R. L. Griffith (Eds.), *Leading global teams: Translating multidisciplinary science to practice* (pp. 1-10). New York, NY: Springer.

Wildman, J. L., Salas, E., & Scott, C. P. R. (2014). Measuring cognition in teams: A cross-domain review. *Human Factors: The Journal of Human Factors and Ergonomics Society, 56*(5), 911-941.

Witchalls, C., Woodley, M., & Watson, J. (2009). Managing virtual teams Taking a more strategic approach. *Economist Intelligence Unit*, 1-22.

Zakaria, N., Amelinckx, A., & Wilemon, D. (2004). Working together apart? Build- ing a knowledge-sharing culture for global virtual teams. *Creativity and Innovation Management, 13*(1), 15-29.

Zolin, R., & Hinds, P. J. (2004). Interpersonal trust in cross-functional, geographically distributed work: A longitudinal study. *Information and Organization, 14*(1), 1-26.

17장. 시스템 휠 회전하기
'시스템 사고'의 마법을 실용적인 팀 코칭 도구로 전환하기

저자: 리처드 보스턴Richard Boston
역자: 박정화

호킨스Hawkins(2014)는 시스템systemic 팀 코치가 여러 광범위한 시스템 내에 존재하는 하나의 시스템으로서 팀에 훨씬 더 많은 관심을 기울인다는 점을 근거로 '시스템' 팀 코칭을 다른 팀 코칭, 퍼실리테이션과 구별한다. 시스템 팀 코치는 또한 팀이 시스템적으로 사고할 수 있는 수용력capacity을 개발하도록 도와 이해관계자들과 함께 참여하고 공동 창조co-create할 수 있는 능력을 향상시킨다. '계약'은 팀과 팀의 주요 이해관계자들과 이루어지며, 코치는 일을 시작하자마자 시스템의 일부가 됨을 인정한다. 즉 팀 구성원들이 원하더라도 완전히 독립적이거나 객관적인 상태를 유지할 수는 없다. 따라서 코칭은 동반자 관계, 공동의 노력이 된다.

'시스템적으로 생각하기'는 개별 인력, 그룹 또는 팀, 회사의 본사나 물리적 자원과 같은 물리적 실체, 또는 조직의 전략, 프로세스, 정책과 같은 추상적 개념 등 시스템의 다양한 부분 사이의 복잡한 인과 관계에 주의를 기울임을 의미한다(예: Tate, 2009 참조). 호킨스(2011, 2014)가 말했듯이, 팀 코칭과 퍼실리테이션은 팀의 내부 프로세스와 정의된 목표에 초점을 맞추는 경향이 있다. 충분히 시스템적으로 접근하지 못하면 다음 두 가지 방식에서 잠재적으로 기여할 개입을 제한하게 된다.

리처드 보스턴 Richard Boston: 심리학자이자 코치이다. 조직의 성과, 문화와 기여도를 향상하는 지렛대로서 리더십과 팀 개발을 전문으로 한다. 영국에 본사를 두고 있으며 6개 대륙과 다양한 분야의 고객들과 일하는 특권을 누리고 있다.

첫째, 팀이 이해관계자들보다는 자신과 구성원들에게 집중하도록 독려하고, 코칭이 이러한 이해관계자들과의 관계와 팀의 욕구를 충족시키는 능력에 미치는 영향을 감소시킨다.

둘째, 광범위한 시스템이 팀의 현재 행동, 성과, 변화 능력에 미치는 영향, 즉 팀 코칭 개입으로 얻는 이점을 간과한다. 키건Kegan과 라헤이Lahey(2009)는 개인과 팀이 아무리 역기능적일지라도 현재의 운영 방식을 유지하고 행동 변화에 심리적 장벽의 '면역immune 시스템'을 갖고 있다고 보았다. 팀 너머에 존재하는 '면역 시스템'의 측면을 다루지 못하는 팀 코칭 개입은 팀 성과에 일시적인 개선만을 제공할 뿐이다.

그러나 시스템 팀 코치로 전환하려는 대다수 팀 코치들은 도전에 직면하게 되는데, 시스템 사고 분야가 신비주의에 가까울 정도로 매우 복잡하다는 점이다. 신비주의는 역경Ching 易經과 소크라테스 이전의 철학에서 시스템 사고에 대한 해먼드Hammond(2003)의 관찰을 반영한다. 센게Senge(Senge, Jaworski, Scharmer & Flowers, 2005)와 같은 새로운 저자들에게 시스템을 바꾸도록 설득할 수 있지만, 겉보기에 어떻게 이루어지는지 명확하게 표현되지 않는 '시스템 마술사'처럼 보일 수 있다. 사실, 많은 문헌이 전달하는 핵심 메시지, 시스템이 너무 복잡해서 진정으로 이해하기 어렵다는 생각은 용서받을 만하다. 조직의 권력은 스스로 돌아볼 때만이 드러난다는 점에서, 프랙티셔너는 단순히 시스템이 스스로 보여주거나 스스로 해결할 것이라고 믿을 수밖에 없다.

따라서 시스템 휠systems wheel은 실용적이고 사용하기 쉬우면서도 팀 코칭, 일대일 코칭, 조직 개발, 수퍼비전에서 더욱 정교한 훈련으로 익숙해지도록 창안되었다. 도구로서 시스템 휠은, GROW(Whitmore, 2006)나 호킨스(2011)의 CID-CLEAR와 같은 개인 코칭이나 팀 코칭 프로세스 모델과도 잘 어울린다. 또 탐색과 진단을 위한 질문을 만들고, 시스템 팀 코칭 활동과 개입을 생성하는 수단으로, 그리고 팀과 그 팀이 작동하는 시스템에 대한 코칭 개입의 영향을 평가하는 수단으로 활용된다.

시스템 휠 소개

시스템 휠Systems Wheel은 중심부centrepiece와 네 개의 동심원concentric ring으로 구성되며, 각 원은 [그림 17.1]에서 더 자세하게 설명된다. 이 중심부는 리더십과 팀 성과를 위한 세 가지 핵심 분야 three core disciplines(Boston, 2014, 2018)에 초점을 맞춘다. 성공을 위해서는 개인, 팀 그리고 조직 차원에서 팀이 달성해야 할 세 가지 사항이 있는데, 이는 방향성derection, 몰입commitment, 수용력capacity 구축이다. 그 사이에서 바깥쪽 두 원은 모든 인간 시스템에서 작용하는 두 가지 유형의 '시스템적 영향력'을 제시하고 있는데, 곧이어 두 원에 더 많은 영향력이 가해진다. 검은색 내부 원은 보스턴의 리더십(2014) 핵심에 있는 세 가지 'ARC 특성'에 근원을 두고 있다. 진정성 있고Authentic, 책임감 있고Responsible, 용기 있게Courageous 되면 팀과 코치가 복잡한 시스템에서 작업할 때 훨씬 더 깊고, 능숙하고, 생산적이며, 변혁적 수준으로 도약하는 데 도움이 될 수 있다(작성자가 직접 디지털 형식으로 제공하는 시스템 휠의 색상 버전).

이러한 각 구성요소는 그 자체로 유용한 증거 기반 도구이다. 그러나 시스템 휠은 부분의 합보다 크다. 각각의 원 네 개를 어느 방향으로든 '회전시킬spun' 수 있으므로, 각 원의 구성요소 세 개가 인접 휠의 구성요소와 정렬된다. 각 회전은 팀, 팀 리더, 이해관계자 그리고/또는 팀 코치가 팀 내 그리고 주변 시스템을 더 잘 이해하고 작업할 수 있게 강력한 질문을 생성하는

[그림 17.1] 시스템 휠
출처: Copyright Richard Boston 2018.

데 사용할 수 있는 다양한 개념 조합을 제공한다. 마찬가지로, 각 조합은 코치가 팀과 함께 사용할 수 있는 개입을 만드는 영감을 제공한다. 주어진 조합으로 코치가 원하는 만큼의 휠 부분을 포함하거나 제외할 수 있기 때문에 4,000개가 훨씬 넘는 '조합'이 존재한다. 따라서 이 장에서 몇 가지 사례를 제시하겠지만, 결코 완전한 것은 아니다.

휠의 중심부: 리더십과 팀 성과에 관한 세 가지 핵심 원칙

세 가지 핵심 원칙([그림 17.2] 참조)은 리더십과 팀 성과에 관한 연구에 근원을 두고 있다. 이 모델의 단순성과 용어들은 고객 기억에 남는다고 입증되었지만, 더 깊고 광범위한 토론과 성찰을 불러일으키기 위해 양파처럼 벗겨질 수 있음을 의미한다. 경험에 따르면 팀에 "성과가 낮은 팀과 성과가 높은 팀을 차별하는 것은 무엇인가?"라고 질문한 다음, 방향성, 몰입 그리고 수용력의 세 가지 핵심 원칙을 요약하여 사용하는 것이 가장 효과적인 방법이다.

[그림 17.2] 세 가지 핵심 원칙
출처: Copyright Richard Boston 2018.

'설득력 있는 방향Compelling Direction'은 웨이만Wageman 외 연구진(2008)이 고성과 팀을 위한 세 가지 필수 조건 가운데 하나이다. '방향성'이란 팀의 개별적, 집단적 목적, 목표 그리고 선행

사항을 수립하고 조정하는 것을 의미하며(예: Clutterbuck, 2007), 팀 내외부의 이해관계자가 팀장에게 이를 공유함을 의미한다(Dyer, Dyer & Dyer, 2007; Hawkins, 2011). [그림 17.1]의 동심 삼각형 사이에 정렬이 부족하면 표면 아래에서 또는 명시적으로 긴장감을 불러일으킨다. 예를 들어, 조직 수준에서 블랙베리는 시장이 지향하는 방향과 맞추지 못했으며 결과적으로 스마트폰 시장 점유율이 50%에서 0.5% 미만으로 떨어졌다(Gartner, 2017).

원하는 방향의 명확성이나 정렬이 부족하면 팀 내부와 주변 사람들이 진정으로 몰입하기 어려워진다(예: Lencioni, 2008). 또 몰입하게 하려면 팀 내부뿐만 아니라 팀과 이해관계자 사이의 신뢰, 생산적 충돌 그리고 책임(Lencioni, 2002, 2005)이 필요하다(Hawkins, 2011).

세 번째 핵심 분야인 수용력 키우기 build capacity는 팀에 방향성(예: Dyer, Dyer & Dyer, 2007; Hackman & Wageman, 2005; Wageman, Nunes, Burruss & Hackman, 2008)을 제공하기 위해 팀 내부와 주변에서 필요한 지식, 기술, 자원, 자료, 구조 그리고 프로세스를 보유하고 있는지(그리고 이를 잘 활용하고 있는지) 질문하기를 요구한다. '수용력 키우기'라는 용어는 '학습'이나 '개발'보다 팀에 더 잘 적응하는 경향이 있는데, 아마도 학습보다 더 과제 지향적으로 임무가 중요하다고 느끼기 때문이다. 물론 현실에서 수용력 키우기는 정서지능과 같은 '소프트 스킬 soft skills' 영역에 개인, 집단 학습과 개발을 포함한다(Hawkins, 2011).

대부분 팀과 조직은 팀이 세 가지 핵심 분야를 어떻게 수행하고 있는지 통찰력을 주는 풍부한 관리 정보를 보유하게 된다. 시스템 휠은 해당 자료를 조회할 때 사용할 수 있는 다양한 질문을 제시한다. 예를 들어, 현재 휠의 중심부를 사용한다.

- 시장/생태계는 어떤 방향으로 나아가고 있는가? 방향성은 얼마나 일치하는가?
- 선택한 방향을 이행하기 위해 팀/조직 내부와 주변에서 어떤 몰입이 필요한가?
- 해당 방향으로 가는 데 필요한 (개인/집단) 수용력에 어느 정도까지 접근할 수 있는가?
- 집단적 방향은 어떤 면에서 각자의 경력 열망과 일치하거나/일치하지 않는가?

세 가지 핵심 원칙을 사용하는 간단한 개입 가운데 하나는, 바닥에 X자 테이프를 붙여 두 개의 축을 만드는 것이다. 한 축은 '목표가 옳다고 100% 확신'에서 '목표가 틀렸다고 100% 확신'까지, 문제의 방향성(비전, 전략, 또는 명시된 팀 목표)이 옳다는 사람들의 믿음을 나타낸다. 다른 축은 팀이 해당 목표를 즉시 달성할 수 있는 수용력을 나타낸다(0~100% 수용력). 그런 다음, 모든 팀 구성원(그리고 잠재적으로 선택된 이해관계자)이 이러한 두 축에 관계하게 된다. 이를 통해 팀과 코치는 소수의 견해와 '중요한 차이'를 포함하여 명시된 방향에 대한 사람들의 태도를 즉시 읽을 수 있다(Eoyang & Holladay, 2013). 후속 보고에서는 관련자의 우려를 이해하고 완화하여, 팀이 방향을 조정하고 수용력의 공백을 메워 모든 관련자에게 확실하게 약속을 얻어낼 수 있게 하는 데 초점을 맞춘다.

세 가지 핵심 원칙은 또한 팀 코칭 개입의 영향을 평가하는 방법을 제공한다는 점에 주목할 필요가 있다. 예를 들어, 의뢰 고객은 성공적인 개입을 통해 팀의 방향을 명확하게 하고, 해당 방향이 더 넓은 조직 그리고/또는 팀의 주요 이해관계자가 원하는 방향과 조정하리라 예상할 수 있다. 또 팀 구성원과 이해관계자의 몰입 증가와 팀 수용력 향상도 기대할 수 있다.

두 개의 외부 고리: 팀 성과를 가능하게 하고 억제하는 시스템 영향력 systemic forces

3대 핵심 원칙을 이행할 수 있는 모든 팀의 능력^{ability}은 팀 내, 팀이 운영하는 시스템 내, 그리고 팀 주변 시스템 사이의 관계에 영향을 받는다.

이러한 시스템 영향력은 모든 시스템에 공통으로 있는 다섯 가지 특징 가운데 하나이며, 그 가운데 다수는 카프라^{Capra}(1996)의 연구에서 제시되었다. 이 장에서는 나머지 네 개를 자세히 다루지 않고 다음과 같이 요약한다.

1. **시스템 '경계'**$^{system's\ 'boundary'}$: 시스템적 사고는 시스템 사이에 실제 경계가 없다고 진정으로 받아들임을 의미하지만, 경계에 대한 알아차림은 태도와 행동에 매우 실질적인 영향을 미치므로, '경계'라는 개념은 시스템적 팀 코칭과 관련이 있다. 따라서 이들은 어느 정도 시스템 휠의 중심에 있는 동심 삼각형 사이의 경계로 표현된다.
2. **시스템 내부와 주변 '요소'**$^{'elements'\ within\ and\ around\ the\ system}$: 이 장의 시작 부분에서 구성되는 시스템의 '부분' - (회사 본사와 같은 물리적 실체, 전략, 프로세스, 정책과 같은 추상적 개념), 시스템 휠에서 이 모든 것을 명시적으로 표현하는 것은 불가능하지만, 많은 부분이 암묵적으로 표현되어 있다(예: 전략은 방향에 속하고, 프로세스는 역량에 속함).
3. **이상화**^{idealisation}, **투사**^{projection}, **희생양**^{scapegoating}, **전이**^{transference}, **역전이**$^{counter-transference}$, **역설**^{paradox}, **평행 프로세스**$^{parallel\ process}$ 등: 시스템의 다양한 요소에 작용하고 경계 내에서 그리

고 경계 사이에 작용하는 시스템 영향력에 의해 만들어진 '패턴'(Thornton, 2010).
4. **패턴과 시스템 전체의 '안정성stability'**: 안정성은 그 자체로 긍정적이거나 부정적인 것이 아니라, 심리적 안전성에 대한 팀 구성원의 느낌과 'VUCA(변동성volatile, 불확실성uncertain, 복잡성complex, 모호성ambiguos)' 운영 환경을 변경하거나 적응하는 팀/시스템의 능력에 영향을 미친다.

시스템에 나타나는 패턴과 시스템 전체의 안정성은 시스템 휠에는 나타나지 않는다. 이는 원을 추가할 만한 가치가 있다고 주장할 수 있다. 그러나 대부분 팀 코치는 이미 패턴을 찾고, 고객 팀이 패턴을 찾을 수 있게 돕는다. 실제로도 '패턴'과 '안정성'을 추가하면, 휠의 다른 부분에 비해 시스템 팀 코칭 질문을 생성하는 데 그다지 도움이 되지 않는다. '어떤 패턴이 우리가 몰입을 유지하는 데 방해가 되는가?'는 '무엇이 몰입을 유지하는 데 방해가 되는가?'에 별 도움이 되지 않으며, 심지어 훨씬 더 가치가 작다고 말할 수 있다. 따라서 시스템 휠을 사용할 때 '패턴'과 '안정성' 개념만으로도 충분할 것이다.

[그림 17.3]의 밝은 회색과 짙은 회색으로 음영 처리된 휠의 외부 원 두 개는 코칭 팀뿐만 아니라 팀 코칭을 수퍼비전하는 데에도 매우 유용하다고 입증되었다. 이는 모든 인간 시스템에서 작용하는 두 가지 다른 종류의 영향력이다. 가장 안쪽의 연한 회색 휠은 시스템 내부와 주변의 다양한 요소들 사이에서 작용하는 '마이크로 영향력'을 보여준다. 이는 '습관, 욕구 그리고 마인드셋'이다.

수용력의 방향 또는 단계적 변화에는 대개 행동 변화가 필요하며, 이는 팀 구성원(그리고 잠재적으로 이해관계자)의 오래된 습관이 아니라 새로운 습관의 학습을 의미할 수 있다. 이 사실을 알면 몰입하기 더 어려워진다. 또 새로운 방향(또는 방향 전환)을 통해 현재 욕구나 주요 이해관계자의 욕구를 일시적으로 또는 영구적으로 충족할 수 없다고 판단될 경우, 이를 이행하기는 더 어려워진다. 팀 내와 팀 주변의 기존 패턴이 아무리 파괴적이고 비논리적이거나 역효과를 내더라도 이러한 패턴이 시스템 욕구에 매우 효과적으로 도움이 될 것이라는 사실을 깨닫는 팀은 거의 없다. 효과적인 시스템 팀 코칭의 핵심은 시스템의 욕구를 존중하고 호기심을 갖는 것이다(Whittington, 2012).

그러나 일반적인 변화는 단지 습관이나 말하기와 말하기 어려운 욕구뿐만이 아니다. 상황을 진전시키기 위해 마인드셋의 변화가 필요하다. 시스템 휠의 용어로, '마인드셋'이라고 할 때, 이는 믿음, 가정 그리고 기대의 조합을 말한다(Boston, 2018).

[그림 17.3] 수행에서의 영향력

심리측정학psychometrics은 팀과 함께 습관, 욕구, 마인드셋을 탐구하는 한 가지 접근 방식을 제공한다. MBTIMyers-Briggs Type Indicator와 같은 일부 도구는 세 가지 마이크로 영향력 모두에 대한 통찰력을 제공한다. 사람들은 이 세 분야 가운데 하나를 더 깊이 파고드는 데 더 능숙하다. 예를 들어, FIRO-B는 실제 심리측정 사용 여부와 관계없이 실질적인 가치를 추가할 수 있는 욕구 탐색에 간단하게 접근할 수 있게 한다. 모두 세 가지 핵심 욕구(포용, 통제 그리고 애정/개방성)를 제안하는데, 예를 들어 슈츠Schutz(1958)와 보스턴(2018)과 같은, 강력한 탐구 라인line of inquiry을 자극하기에 충분하다.

동료, 이해관계자 그리고 팀 코치에게서 피드백이 오는가? 비밀 인터뷰, 직접 구두로 하는 피드백, 온라인 질문지 또는 포스트잇 노트를 사용한 즉석 훈련을 통해 수집되는가? 이는 개인과 집단의 습관을 밝히는 데도 유용하다.

시스템 휠을 돌리면 습관, 욕구 그리고 마인드셋의 영향에 대한 질문이 얼마든지 나올 수 있다. 예를 들면 아래와 같다.

- 팀의 현재 습관 그리고/또는 관련 습관이 집단적 몰입commitment 이행 능력에 어떤 영향을 미치는가?
- 이해관계자들의 몰입을 보장하려면 새로운 방향성은 어떤 욕구가 충족되어야 하는가?
- 현재 사고방식(예: 신념, 가정 그리고 기대) 또는 이해관계자의 사고방식은 대안이 되는 방향을 탐색하는 능력을 제한하고 있는가?

밝은 회색의 '습관, 욕구, 마인드셋' 휠은 시스템 내부와 주변의 요소들 사이에서 '마이크로 영향력'을 보여주는 반면, 어두운 회색의 휠('시간, 장소 그리고 교환')은 시스템 자체와 시스템 전체에 작용하는 '매크로 영향력'을 보여준다. 만약 더 가벼운 안쪽 휠이 나뭇잎에 불어오는 산들바람이라면, 어두운 바깥쪽 휠은 불가피하게 나뭇잎을 땅으로 끌어당기는 중력의 영향력과 같다.

시간, 장소 그리고 교환의 거시적 강점은 버트 헬린저Bert Hellinger의 작업(예: Hellinger &ten Hovel, 1999)을 인용하는 휘팅턴Whittington(2012)의 연구에 나온다. 개인, 팀 그리고 조직은 모두 시간의 흐름 속에 존재한다. 이들의 과거 경험은 현재의 습관, 욕구 그리고 마인드셋과 현재의 방향, 몰입 그리고 수용력에 영향을 미친다. 따라서 현재의 경험과 신념, 미래에 대한 가정과 기대에도 영향을 미친다.

시스템 내 개인, 팀 또는 조직의 위치는 습관, 욕구, 마인드셋 그리고 세 가지 핵심 분야에 대한 접근 방식에도 영향을 미친다. 많은 사람이 중앙보다 팀의 가장자리에 더 가깝다고 느끼면 덜 헌신적이게 된다. 또 조직의 상위, 중간, 하위 사람들은 성격보다 자신의 위치와 훨씬 더 관련이 있는, 제법 예측 가능한 습관, 욕구, 마인드셋을 개발하는 경향이 있다(Oshry, 1999, 2007). 예를 들어, '중간자'는 전형적으로 위에 있는 사람들과 아래에 있는 사람들의 욕구 사이에서 갈팡질팡하거나 그렇지 않으면 지원의 원천이 될 수 있는 같은 수준의 동료들과 멀어졌다고 느낀다. 마찬가지로 투사, 전이, 희생양, '쫓아내는 자리' 역할'ejector seat' roles 그리고 평행 프로세스와 같은 일반적인 코칭 현상은 시스템에서 한 장소에서 시작했거나 머물고 있는 자질, 문제 그리고 책임이 의식적 또는 무의식적으로 다른 장소로 옮겨진 '장소의 장애disorders of place'에 해당한다.

마지막으로 시스템에서 발생하는 모든 작업을 교환exchange으로 설명할 수 있다. '그 어떤 부분'은 사람, 물리적 자원 또는 아이디어, 호의, 초점 또는 에너지와 같은 더 추상적인 부분이든 시스템의 한 장소에서 다른 장소로 이동할 수 있도록 무언가를 제공한다. 중요한 점은 시스템이 지속적인 교환 불균형(Whittington, 2012)을 혐오하기 때문에, 만약 있다면, 지속적인 문제의 원인이 될 수 있다.

시간, 장소 그리고 교환은 코치와 코치의 팀이 자신과 자신의 시스템을 더 잘 이해하고 개입할 수 있도록 큰 영감을 준다. 예를 들면 아래와 같다.

- 중요한 사건, 기간 또는 발달 단계(예: 시간)를 배치하는 등 실내에서의 물리적 시간을 나타낸다(Tuckman, 1965). 특정 장소에서 팀이 인지적인 수준을 넘어서는 체화되고 체질적이며 정서적 경험을 만들어 낼 수 있으며, 팀 내부와 주변 모두에서 현재 상황에 대한 이유를 상당 수준 밝힐 수 있다. 예를 들어, 한 팀인 경우, 이 접근법은 광범위한 갈등, 두려움 또는 실패, 책임과 관련된 문제들이 조직의 역사상 팀 구성원이 직접 경험하지 못한, 특히 충격적인 시기에 그 근원을 두고 있음을 보여주었다.
- 팀 구성원들이 일반적인 시스템과 다른 위치에 있게 되면, 주요 이해관계자 또는 다른 팀 구성원에 대한 태도에 관한 사고방식에 변화를 가져올 수 있다. '빈 의자' 훈련은 개인 차원에서 이를 달성할 수 있다. 팀 차원, 팀 자체를 나타내는 하나의 개체로서 물리적 개체를 사용하여 시스템의 각 핵심 '요소'를 나타내는, 전체 시스템의 '지도' 작성은 도움이 된다. 그런 다음, 각 팀 구성원은 각 물체를 만지고 그 관점에서 세상을 보고 느끼려고 노력하면서 나머지 팀원에게 결과를 보고한다.
- 팀 내 그리고 팀 내 교환관계와 이해관계자 사이의 협력은 다음과 같다.
  - 프로세스 컨설팅(Schein, 1969, 1993)을 통해 이러한 거래의 특성에 대한 알아차림을 향상한다. 즉 팀 미팅에 대한 상대적인 기여를 보여주는 원형 도표, 팀 또는 이해관계자에게 단어, 은유 또는 이미지를 찾거나 질문을 제기한다. "이해관계자 X와 거래 성격상 우리가 제안하는 약속(또는 그 반대)을 어렵게 만드는 것은 무엇인가?"
- 새로운 물리적 환경을 찾고, 조성하거나, 경청, 질문 그리고 코칭 기술을 훈련하는 등 다른 종류의 교류를 유발한다.

> ### 정서의 역할
>
> 시스템 휠은 정서 모델이나 호킨스Hawkins와 스미스Smith(2006)가 개인 또는 집단적 '정서적 근거emotional ground'라고 부른 것에 대해 명시적으로 언급하지 않는다. 정서는 분명히 팀 내와 팀 사이의 역동에 큰 역할을 하며, 시스템 휠에서 여러 가지 방식으로 나타난다. 예를 들어, 욕구가 충족되거나 충족되지 않을 때 나타나는 패턴, 습관 그리고 마인드셋 기초와 표현, 약속의 질문, 진정성과 용기에 관한 표현과 저항, 그리고 각각의 모든 교류에 대한 하위 기록으로 나타난다.

내면의 휠: 진정성, 책임 그리고 용기 authenticity, responsibility and courage(ARC)

진정성, 책임 그리고 용기의 이 마지막 휠(ARC)은 시스템 설명보다 더 규범적이므로, 모든 팀 코치에게 적용될 수는 없다. 시스템 휠은 그 자체만으로도 강력한 도구이지만, 이러한 세 가지 'ARC 품질'이 팀 내 그리고 팀 주변의 시스템 영향력을 탐색하고, 이해하며, 활용하면서, 시스템 전체에 효과적으로 기여할 수 있다고 믿는다. 이러한 강력한 이유로 세 가지 'ARC 품질'은 다른 영역(Boston, 2014)에서 심도 있게 탐구할 수 있으므로, 이 장의 목적상 이 단어들이 팀과의 탐색을 위해 생성할 수 있는 몇 가지 질문에 초점 맞추기가 가장 좋다([그림 17.1] 참조).

빙산의 일각처럼 다음과 같은 질문을 할 수 있다.

- 이 팀에 얼마나 진정성/용기가 있다고 생각하는가?
- 팀 구성원 사이에 책임을 얼마나 효과적으로 분배하고 있는가?
- 팀 내에서 어떤 명백한 갈등이 실제로 상충되는 책임에서 비롯되고 있는가?

더 넓은 시스템을 가리키며, 시스템 휠의 다른 휠을 사용하는 더 복잡한 질문은 다음과 같다.

- 이해관계자 X가 우리 성공에 필요한 추가 수용력capacity을 제공하겠다고 약속하기 어렵게

만드는 경쟁적 책임은 무엇인가?
- 만약 우리가 좀 더 용감해지도록 도전한다면, 우리는 팀으로서 어떤 방향을 선택할 것인가? 이를 실현하기 위해 어떤 습관 그리고/또는 마인드셋(팀 내부 그리고 주변)을 변경해야 하는가?

그러나 더욱 시스템적으로 작동하기 위해서는 팀들에게 '더 넓은 시스템에 대한 우리의 책임은 무엇인가?'와 같은 질문에 답하게 한다. 이는 더 넓은 시스템에서, 그 자신, 목표, 그리고 사람들을 이끄는 팀들의 성향에 반대적이다. 따라서 호킨스의 진정한 시스템 팀 코칭을 통해 '팀이 더 넓은 생태계의 새로운 요구와 과제를 인식하고 대응할 수 있도록' 이러한 질문을 할 수 있다(Hawkins, 2014, p.22).

또 효과적인 개입 필요성을 평가할 때 이와 유사하게 시스템적인 부분이 중요하다. 확실히, 코치는 팀 구성원들이 상호작용(예: 교류)에서 어느 정도 더 진정성을 느끼는지 스스로 질문할 수 있다. 그러나 코치는 더 넓은 시스템에 대한 자신의 책임에 반드시 주의를 기울여야 한다. 따라서 팀이 더 넓은 시스템적 건강성과 성공에 대해 더 큰 책임을 진다고 믿도록 팀의 이해관계자들과 함께 연구했다. 그리고, 외부에서의 탐구는 팀 운영방식이 더 용기 있다는 증거를 입증하는 데 도움이 되었다.

시스템 휠은 계속 회전한다

이 장을 요약하면, 시스템 휠은 시스템 사고에 관한 문헌의 깊이와 복잡성에 대한 응답이다. 또 시스템적 팀 코칭에 참여할 때, 탐색, 개입 그리고 평가를 위한 영감의 원천으로 작동할 수 있는 단일 도구를 만들려는 시도이다. 여기에는 범위가 없지만, 이 장에서는 해당 수용력의 활용을 살펴볼 수 있다. 각각의 휠은 문헌과 훈련 모두에 근원을 두고 있으며, 휠의 각 회전은 시스템적 팀 코칭 질문과 개입에 관한 아이디어를 제안하는 다양한 구성요소의 결합을 만들어낸다. 일부는 각 휠에서 하나의 성분을 추출하고, 일부는 단일 휠에서 여러 성분을 추출하며, 다른 일부는 시스템 휠에서 성분을 수집한다. 어떤 결합은 완전히 새로운 자료를 만들어내기도 하고, 어떤 결합은 평가하고, 평가해본 프랙티스를 제시하기도 한다. 여기에 규칙은 없다. 단지 휠을 돌려, 되도록 창의적이고 영향력 있는 방법으로 나타나도록 초대할 뿐이다.

참고문헌

Boston, R. (2014). *ARC leadership: From surviving to thriving in a complex world*. London, England: LeaderSpace.
Boston, R. (2018). *The boss factor: 10 lessons in managing up for mutual gain*. London, England: LeaderSpace.
Capra, F. (1996). *The web of life*. London, England: HarperCollins. 『생명의 그물』 조효성 역. 에이콘출판. 2017.
Clutterbuck, D. (2007). *Coaching the team at work*. London, England: Nicholas Brealey.
Dyer, W. G., Dyer, G. W., Jr., & Dyer, J. H. (2007). *Team building: Proven strategies for improving team performance*. San Francisco, CA: Jossey-Bass.
Eoyang, G. H., & Holladay, R. J. (2013). *Adaptive action: Leveraging uncertainty in your organization*. Redwood City, CA: Stanford University Press.
Gartner (2017). *Market share: Final PCs, ultramobiles and mobile phones, all countries, 4Q16*. Retrieved from www.gartner.com/doc/3606031/market-share-final-pcsultramobiles.
Hackman, J. R., & Wageman, R. (2005). A theory of team coaching. *Academy of Management Review, 30*, 269–287.
Hammond, D. (2003). *The science of synthesis: Exploring the social implications of general systems theory*. Louisville, CO: University Press of Colorado.
Hawkins, P. (2011). *Leadership team coaching: Developing collective transformational leadership*. London, England: Kogan Page.
Hawkins, P. (Ed.). (2014). *Leadership team coaching in practice: Developing high-performing teams*. London, England: Kogan Page.
Hawkins, P., & Smith, N. (2006). *Coaching, mentoring and organizational consultancy: Supervision and development*. Maidenhead, England: Open University Press.
Hellinger, B., & ten Hovel, G. (1999). *Acknowledging what is: Conversations with Bert Hellinger*. Phoenix, AZ: Zeig Tucker & Theisen.
Kegan, R., & Lahey, L. (2009). *Immunity to change: How to overcome it and unlock the potential in yourself and your organization*. Cambridge, MA: Harvard Business School Press. 『변화 면역: 우리가 변하지 못하는 진짜 이유』 오지연 역. 정혜. 2020.
Lencioni, P. (2002). *The five dysfunctions of a team: A leadership fable*. San Francisco, CA: Jossey-Bass. 『팀워크의 부활: 실리콘밸리 최고 경영 컨설턴트가 알려주는 팀이 빠지기 쉬운 5가지 함정』 서진영 역. 위즈덤하우스. 2021.
Lencioni, P. (2005). *Overcoming the five dysfunctions of a team: A field guide*. San Francisco, CA: Jossey-Bass. 『탁월한 조직이 빠지기 쉬운 5가지 함정 탈출법』 이종민 역. 다산북스. 2007.
Lencioni, P. (2008). *The five temptations of a CEO: A leadership fable* (10th Anniversary Ed.). San Francisco, CA: Jossey-Bass.
Oshry, B. (1999). *Leading systems: Lessons from the power lab*. San Francisco, CA: Berrett-Koehler.
Oshry, B. (2007). *Seeing systems: Unlocking the mysteries of organizational life* (2nd edn). San Francisco, CA: Berrett-Koehler.
Schein, E. H. (1969). *Process consultation: Its role in organisational development*. London, England: Wesley.
Schein, E. H. (1993). On dialogue, culture, and organizational learning. *Organizational Dynamics, 22*, 40–51.
Schutz, W. C. (1958). *FIRO: A three-dimensional theory of interpersonal behavior*. New York, NY: Holt, Rinehart, and Winston.
Senge, P., Jaworski, J., Scharmer, C., & Flowers, B. (2005). *Presence: Exploring profound change in people, organizations and society*. Boston, MA: Nicholas Brealey.
Tate, W. (2009). *The search for leadership: An organisational perspective*. Dorset, England: Triarchy Press.
Thornton, C. (2010). *Group and team coaching*. Hove, England: Routledge. 『창조적 조직을 위한 그룹 코칭과 팀 코칭』 신준석 역. 시그마프레스. 2013.
Tuckman, B. (1965). Developmental sequence in small groups. *Psychological Bulletin, 63*(6), 384–399.
Wageman, R., Nunes, D. A., Burruss, J. A., & Hackman, J. R. (2008). *Senior leadership teams*. Cambridge, MA: Harvard Business School Press.
Whitmore, J. (2006). *Coaching for performance*. London, England: Nicholas Brealey. 『성과 향상을 위한 코칭 리더십』 김영순 역. 김영사. 2019.
Whittington, J. (2012). *Systemic coaching and constellations: An introduction to the principles, practices and applications*. London, England: Kogan Page. 『시스템 코칭과 컨스텔레이션: 개인, 팀 그리고 그룹에 대한 원칙, 실천 그리고 적용(호모코치쿠스 29)』 가향순 역. 한국코칭수퍼비전아카데미. 2022.

18장. 팀 코칭
강점 기반 접근법

저자: 더그 맥키 Doug MacKie
역자: 우성희

조직 내 리더십과 팀 개발에서 정교한 강점 분류법 개발과 이를 리더십 개발에 적용하는 접근이 전통적 결핍 모델 traditional deficit models 보다 훨씬 효과가 있다는 강력한 증거와 함께 점점 더 긍정적으로 작용하고 있다(Linley, Willars, Biswas-Diener, Garcia & Stairs, 2010; MacKie, 2014). 개인, 팀과 조직 개발에서 긍정적 접근 positive approach 의 활용이 늘어나는 데에는 많은 요인들이 있다.

첫째, 긍정심리학은 미국 심리학회장인 마틴 셀리그만 Martin Seligman 에 의해 다시 활성화됐다(Seligman & Csikszentmihalyi, 2000). 그는 긍정적인 주관적 경험, 성격 강점과 긍정적 제도에 초점을 맞춰 전통적 결핍 모델에 도전했다. 또 독립적인 인재 경영 사고방식으로의 전환은 인재가 이전에 생각했던 것보다 훨씬 더 많이 분산되고 풍부하다는 개념을 뒷받침했다(Meyers & van Woerkom, 2014). 이것은 결국 팀 내에서 개발할 수 있는 구조로서 공유 및 분산 리더십 개념을 지지했다. 마지막으로, 개인과 팀 발전에 대한 결핍 접근법은 갈등과 도전과제를 해결하는 데 초점을 맞추었지만, 흔히 이러한 결핍이 해결된 이후에 어떤 결과가 나타났는지에 관해서는 거의 언급하지 않는다는 것이 일반적인 인식이었다(9장 참조). 즉 한 팀의 결핍과 격차, 단점을 해결하는 것은 팀의 능률을 높이고, 성과를 내도록 만드는 것이 무엇인가에 관한 단서를 주지 못했다.

더그 맥키 Doug MacKie: 경영 심리학자이자 CSA 컨설팅의 이사이다. 25년 이상 국제 유수의 기업에서 경영진, 리더십과 팀 역량의 평가, 개발 경험을 보유하고 있다. 긍정적인 리더십과 혁신적 리더와 경영진 개발 분야에서 강점 기반 접근 방식의 전문 지식을 보유하고 있다.

강점 기반 팀 코칭 접근법의 합리적 활용

개인 차원에서 강점 기반 리더십 코칭의 효과를 나타내는 사례는 계속 증가한다(MacKie, 2016). 이와 같은 접근법은 주로 취약점을 해결하는 데 초점을 맞춘 전통적 결핍 접근법에 비해 분명한 증대 효과를 제공하는 것으로 보인다. 팀 차원에서는 강점 기반 접근법과 같이 특정 코칭 방법의 효과성에 관한 직접적인 사례는 많지 않다. 이는 다른 팀 코칭 방법론에 비해 차별성 있는 효과는 적지만, 팀 코칭 연구 패러다임의 발전 정도를 보여주는 지표이다. 따라서 강점 기반 팀 코칭에 대한 근거는 대부분 개별 강점 기반 코칭 문헌의 유추와 확장에서 비롯된다(MacKie, 2016).

이와는 대조적으로, 현재의 팀 코칭 개입은 강점 기반 관점을 통합하려는 특별한 시도 없이, 팀 구조(Wageman, Nunes, Buruss & Hackman, 2008), 팀 프로세스(Hawkins, 2017)와 팀 리더십(Bass & Avolio, 1997) 개입에 집중하는 경향이 있다.

이 장에서는 세 가지 차원 모두에서 강점 기반 접근 방식의 효과에 대한 근거를 검토하고, 팀 코칭에 대한 강점 기반 접근 방식에 다음 원칙이 포함되어 있음을 주장한다. 첫째, 팀 코칭은 개별 리더의 알아차림과 개발에서 시작되며, 이때 강점에 기반을 둔 접근 방식에 대한 근거가 명확하다. 둘째, 개별적으로 이루어지는 강점 기반 개발의 개별 원칙의 상당 부분이 팀과 그룹 수준의 분석에 적용될 수 있다. 예를 들어, 강점을 정리하는 것은 개인뿐만 아니라 팀 차원에서도 효과적으로 나타날 수 있다(Gordon & MacKie, 2018). 마지막으로, 팀 리더십 모델은 점점 더 공유적, 분산적, 집합적 그리고 포괄적으로(Nicolaides et al., 2014) 이루어지며, 팀의 집단 리더십과 성과를 향상하는 데 강점 기반 접근법을 적용할 수 있는 이론적 근거와 발견적heuristic 모델을 제공한다.

특히 공유 리더십은 팀 효과성 향상과 상당한 상관관계가 있으며(Wang, Waldman & Zhang, 2014), 자율권을 부여하는empowering 리더십과 동료 사이에 상호 긍정적 영향력이 있는 환경에서 강점과 기술에 따라 그들 자신을 차별화하는 유능한 팀 구성원이라는 생각에 기초한다(Barnett et al., 2016). 공유 리더십은 전통적 형태의 수직적 리더십(Nicolaides et al., 2014)을 능가하는 효과가 있으며, 팀 효율성 향상을 추구하기 위해 개인의 역량을 파악하고 강화하려는 강점 기반 접근 방식과 잘 맞는다. 공유 리더십은 복잡하고 상호 의존성이 높은 환경에서 특히 유용한 것으로 보이며, 팀 리더의 권한과 특성(겸손, 미덕)에 따라 조정된다(Chui, 2014). 팀 내 공유 리더십 수용력capacity을 강화하기 위한 강점 기반 접근 방식 역량은 후속 연구로 유망한 분야이다.

강점 기반 코칭의 근거는 무엇인가?

리더 양성에 관한 강점 기반 접근법의 근거는 점점 더 설득력이 커지고 있다. 강점 기반의 조정 이후 참여와 같은 일반적 특성의 향상과 개인 차원의 특정 리더십 향상을 위한 근거가 제시되고 있다(MacKie, 2014, 2016). 강점 기반 코칭 효과에 대한 근거는 일반적으로 개인과 팀 기반 코칭의 근거를 바탕으로 한다. 개인 코칭에 관한 여러 메타 분석 연구가 이루어졌으며, 다양한 종속변수에 영향을 미침을 증명해왔다(Grover & Furnham, 2016; Jones, Woods & Guillaume, 2016; Sonesh et al., 2015; Theeboom, Beersma & van Vianen, 2014).

이러한 연구는 강점 기반 접근법의 결과를 비교할 수 있는 유용한 기준을 제공한다. 다만, 많은 코칭 연구가 직업 현장에서 이루어지지 않았고, 자기 보고식 데이터를 활용하고 있으며, 신뢰성과 타당성을 담보할 수 없는 종속변수를 사용하고 있기 때문에 결과를 해석할 때 주의가 필요하다. 결론적으로, 리더십이나 팀 능률을 포함하여 관련 조직 변수를 개선하는 데 특정 코칭 기법이 효과적인지에 관해 명확하게 결론 내리기는 어렵다. 팀 코칭 효과에 관한 근거는 개인의 개입 효과에 관한 근거보다 상당히 부족하다고 볼 수 있다(Peters & Car, 2013). 이와 같은 연구 패러다임이 첫 걸음마를 뗀 단계지만 팀 코칭이 성과, 팀 프로세스와 개별 학습을 향상한다는 근거가 있다(7장 참조).

이에 따라 개인과 팀 차원 모두에서 일반적 코칭 방법론의 효과에 관한 근거를 준비하고 있다. 특정 강점 기반 방법론에 관한 근거는 어떠한가? 현재 행복well-being과 기타 긍정적 결과를 향상하는 강점 기반 접근법의 효과에 관한 근거가 증가하고 있다. 18개의 실험연구 검토를 통해, 기엘런Ghielen, 반 워콤van Woerkom 그리고 마이어스Meyers(2017)는 강점 기반 접근법의 효과에 관한 경계 조건을 조사했다. 연구자들은 긍정 활동 모델(Lyubomirsky & Layous, 2013)을 통해 결론을 정리했다. 여기서 강점 기반 활동은 긍정적인 감정, 생각과 행동이 증가함으로써 행복과 기타 긍정적인 결과를 증가시킨다. 또 강점 발휘deployment가 희망과 같은 심리적 자본psychological capital 변수를 통한 간접 효과뿐만 아니라 행복, 직무 성과와 창의성에 직접적이고 중요한 영향을 미칠 수 있다는 것을 발견했다.

본 저자의 연구(MacKie, 2014, 2015)는 강점 기반 리더십 코칭이 변혁적 리더십 수준에 미치는 영향을 상세히 조사했다. 비영리 부문에 대한 통제 실험 결과, 강점 기반 리더십 코칭에 대한 여러 가지 중요한 결론이 도출됐다. 첫째, 강점 기반 방법론을 사용함으로써 강점 기반 리더십 코칭 6회만에 변혁적 리더십에서 상당한 성과를 거두었다. 중요한 것은, 변혁적 리더십이 다면평가$^{multi\text{-}rater}$ 접근법을 활용하여 평가되었기 때문에, 이러한 성과는 자기 보고 수준을 넘는 것으로 인식됐다. 둘째, 코칭 프로세스가 매뉴얼로 만들어져서 모든 코치가 유사한 경험을 가지고 매뉴얼(결과적으로 강점 기반 접근법)을 준수함으로써 변혁적 리더십의 개선을 예측했다. 마지막으로, 이러한 성과는 후속조치에서도 유지되고 향상되었으며, 이는 코칭 지원이 끝난 뒤에도 이와 같은 방법론이 리더십 역량에 계속 영향을 미친다는 것을 시사한다. 이렇게 강점을 앞세운 리더십 코칭의 실효성에 관한 명확하고 실질적 근거가 보고된 것은 이번이 처음이다.

강점이 정확히 얼마나 성과에 영향을 미치는지에 관해서 몇몇 문헌에서 논의 대상이 됐다. 강점 발휘는 다양한 방식으로 결과에 영향을 미칠 수 있다. 첫째, 강점은 대개 강화된 주관적 행복의 형태로 직접적인 효과를 나타낼 수 있다. 이것은 강점 '구별과 사용 접근법$^{identify\ and\ use\ approach}$'을 강조하는 개입에서 가장 뚜렷하게 나타난다. 둘째, 긍정적 결과는 강점 발휘에 있어 강화제 역할을 하는 긍정적인 정서, 사고와 행동 증가를 통해 매개될 수 있다(Ghielen et al., 2017). (Biswas-Diener, Kashdan & Lyubchik, 2017) 마지막으로, 강점이 성과에 미치는 영향은 코치의 사고방식에 따라 완화될 수 있다. 개인이나 팀에서 강점을 찾아내는 것이 고정^{fixed} 마인드셋과 관련이 있는 반면, 강점을 찾아내고 발전시키는 것은 성장 마인드셋과 관련이 있다는 근거가 있다(Louis, 2011). 이는 코칭하기 전의 마인드가 결과의 중요성과 지속성을 예측하기 때문에 중요하다고 할 수 있다(MacKie, 2014).

강점 기반 팀 코칭 접근법의 선행 사례

강점 기반 마인드셋은 많은 참여자에게 쉽게 와 닿지 않는다. 부정적 편향은 강하고 내재하여 있으며(Rozin & Royzman, 2001), 지속해서 참여자들이 자신의 강점과 자신이 속한 팀 평가를 검토하고 고려할 때 주의를 분산시킬 것이다. 따라서 변화와 개발 준비를 촉진한다는 측면에서 팀 구성원들이 일반적으로 개발을 어떻게 보는가 뿐만 아니라 특히 강점 기반 접근법에 대한 구성원들의 성향에 초점을 맞추는 것이 중요하다. 이러한 접근 방식은 개인과 팀 요소를 모두 평가할 수 있는 변화 준비의 광범위한 개념화에 적합하다(MacKie, 2016).

강점 기반 접근법이 기존 리더십 개발 철학과 어떻게 연계되어 있는지에 대한 질문은 특히 도움이 될 수 있다. 또 지금은 팀을 강점 기반 접근 방식에 결합하고 이 방법론에 관한 일반적인 선입견에 도전해야 할 때다(Bakker & Van Woercom, 2018). 강점에 집중하는 것이 약점을 무시하고 그 안에 내포된 더 어려운 대화를 회피하는 것을 의미한다는 점에 공통적인 우려가 있다. 이는 분명하게 아니라고 할 수 있는데, 특히 팀의 기능에 상당한 영향을 미칠 탈선 행동derailer이 있을 때 더욱 그렇다. 그 대신 강점 기반 접근 방식은 강점과 결점을 모두 균형 있게 다루며, 약점을 해소하기 위한 수단으로 강점을 자주 사용하거나, 또는 강점이 과도하게 사용되어 추가 규제가 필요한 경우 약점을 재인식한다(Zhang & Chandrasekar, 2011).

강점을 평가하거나 개발하기 전에 강점의 유연성에 대한 마인드셋을 분명히 할 필요가 있다는 새로운 근거가 있다(Biswas-Diener et al., 2017; Louis, 2011). 일반적으로 고정 기반이나 성장 기반으로서보다 점진적인 관점을 나타내는 것으로 설명된다(Dweck, 2006). 개발에 관한 이 암묵적 믿음 모델은 최근 인력 전체에 걸쳐 희소성 또는 풍부성으로 강점을 가정하는지를 포함하도록 확장되었다(van Woerkom & Meyers, 2015).

강점과 재능에 관한 이러한 가정은 어떤 종류의 평가, 개발 방법론을 조직이 채택할지를 예측하는 경향이 있으므로 중요하다([그림 18.1] 참조). 또 팀 코칭 결과를 과제, 팀 그리고 개인을 기준으로 나눌 수 있다는 공감대가 형성되고 있다(Overfield, 2016; Wageman et al., 2008). 강점 기반 개입에 앞서 팀과 함께 이 문제를 제기함으로써 팀은 개별 강점 기반 개발에서 향상된 팀 프로세스와 팀 능률로 원활하게 전환할 수 있다. 이런 연결은 기능적, 심리적 역할을 팀 구성원 개개인의 강점과 일치시킨다는 중요한 이점을 강조함으로써 강화될 수 있다(Contracter, DeChurch, Carter & Keegan, 2012; Overfield, 2016).

개인 코칭과 마찬가지로 강점 기반 팀 코칭은 특정한 논리적 단계를 거친다. 먼저 팀의 강점을 평가하고 분류할 필요가 있다. 이는 개별 평가와 팀 기반 분석을 결합하여 이루어진다. 팀 구성원 전체에 걸친 개별 평가를 종합하여 팀 내의 강점과 개발 영역의 확산을 설명할 수 있다. 이 접근법을 위한 개별 강점 기반 평가에는 Realize 2 Inventory(Linley & Stoker, 2012)와 갤럽 강점 진단Gallup Strengthfinder(Asplund, Lopez, Hodges & Harter, 2007)이 포함된다.

팀 기반 평가는 일반적으로 팀 리더십, 역할, 구조와 역동성에 초점을 맞춘다. 강점이 파악되면 우선순위를 정하고 팀의 목적과 방향에 맞춰 조정해야 한다. 강점은 일반적으로 인식awareness, 정렬alignment, 페어링pairing과 활용utilisation 프로세스를 통해 개발된다. 그러나 정확한 메

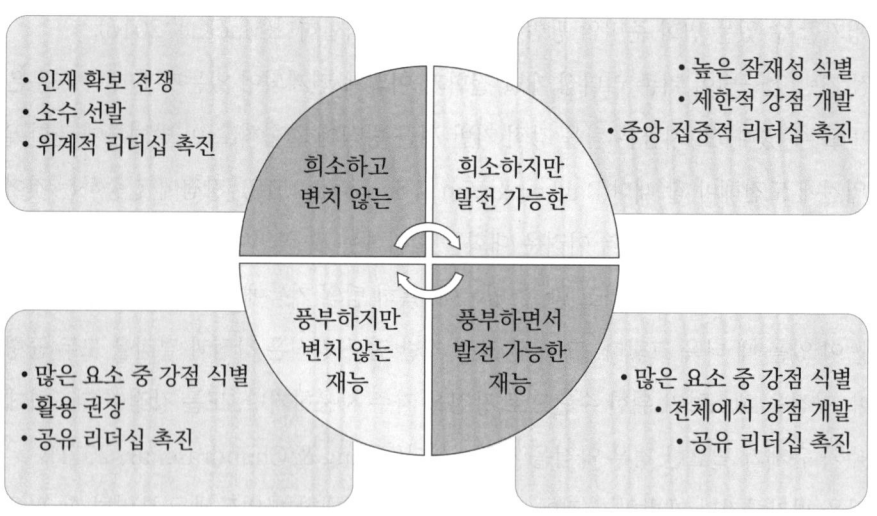

[그림 18.1] 팀 내 재능에 대한 믿음과 강점 개발 사이의 관계

커니즘은 강점이 과다, 과소 또는 경우에 따라 오용되는지에 따라 달라진다. 이어서, 강점 기반 목표는 팀 개발 계획으로 구성되고, 팀의 일상 업무에 통합되어 팀이 개발에 집중하고 전념하도록 한다. 강점 기반 팀 코칭은 팀의 발전과 효율성을 크게 향상할 수 있는 역량을 갖추고 있으며, 팀 코칭 실무자를 위한 일관성 있고 근거 기반의 방법론으로 발전하고 있다.

팀의 강점 정의와 식별

개인과 팀의 강점 파악에 도움을 주는 다양한 모델과 방법들이 있다. 많은 리더가 그들의 강점에 대한 인식이나 통찰력이 거의 없다는 근거가 있으므로 필요한 과정이라고 할 수 있다(Hill, 2001). 강점을 파악하는 방법은 평가되는 구성의 유형, 평가 과정에서 질문이 어떻게 제기되는지, 강점에 대한 평가가 발전에 어떻게 영향을 미치는지 등 다양하다(Biswas-Diener et al., 2017, MacKie, 2016).

첫째, 평가는 강점의 구조가 정의되는 방식에 따라 다양해질 수 있다. 예를 들어, 특성인지, 전문 지식 분야인지, 전문 역량인지에 따라 다양해질 수 있다. 이것은 구조가 정의되는 방식에 따라 어떻게 개발될지를 예측하기 때문에 중요하다. 예를 들어, 많은 특성과 성격 강점trait and character strength 모델(Peterson & Seligman, 2004)처럼, 강점을 상당 부분 고정된 실체fixed identitiy로 인식한다면, 특성에 대한 제한적 개발 가능성 때문에 단순히 강점의 적용 빈도를 향상하는 것을 강조하는 식별identify과 사용use 접근법을 따르는 경향이 있다. 그러나 강점을 상태state 또는 수용역량capacities으로 인식했다면(Linley & Stoker, 2012), 모델이 유연성과 성장 가능성을 시사하듯이 강점 개발에 훨씬 더 많은 초점이 맞춰진다. 결과적으로, 강점 구별 프로세스를 시작하기 전에 개인과 팀으로서 자신의 개발 역량과 관련된 팀 구성원 모두의 사고방식을 평가하는 것이 중요하다. 둘째, 개인이나 팀의 강점을 누구에게 묻느냐가 중요하다. 이때, 자기 평가의 진실성을 흐리게 할 수 있는 개인의 편견을 완화하기 위해 자기 보고 수준을 넘어 데이터를 수집해야 한다는 주장이 강하다(MacKie, 2016). 궁극적으로 자기 평가, 다면평가와 인터뷰 데이터의 조합은 개별 심리 평가에서 그랬던 것처럼 팀에서 가장 신뢰할 수 있는 형태의 강점 평가를 제공할 것이다(Cook, 2009).

이러한 정의를 서술하는 기본 모델과 가정은 강점이 어떻게 개발될 수 있는지에 대한 방향을 제시하기 때문에 중요하다. 특성 기반 강점 모델은 개발 역량의 제한성이라는 고정 마인드셋을 더 지지한다. 상태 기반 강점 모델은 새로운 영역으로 강점의 개발과 확장을 적극적으로 촉진하는 더 유연하고 후천적인 관점을 촉진한다. 개별 강점 식별 수준에 대한 도입 가능 어휘와 분류법이 점점 더 풍부해지고 있다. 이러한 모델들은 점점 더 리더십과 조직의 효과에 초점을 맞추고 있으며(예: Zenger, Folkman & Edinger, 2011), 팀 코칭 상황에 대한 적용은 더욱 적합해졌다. 팀 차원에서는 기존의 강점 분류법이 도출하는 방법은 적지만, 팀 구조, 프로세스와 리더십의 기존 모델은 강점 식별 프로세스에 도움이 된다.

그러나 주의할 점은 팀 차원에서 강점 기반 접근법을 적용하기 전에 필요한 조건이 있을 가능성이 크다는 것이다. 예를 들어, 팀은 매우 설득력 있는 방향성 측면에서 강점을 가질 수 있지만 아직 이를 수행할 인력이 없으므로, 이 강점을 더 활용한다고 해서 팀의 능률이 향상하지는 않을 것이다. 따라서 여섯 가지 조건을 필요로 하는 구조 팀structure team 모델(Hackman & Corner, 2004)은 강점 기반 팀 코칭을 위한 준비 상태 평가의 한 형태로 사용될 수 있다(Peters & Car, 2018).

또 팀 내 개인과 팀 자체에서 강점을 확인하는 방법론도 다르다. 앞서 논의한 바와 같이, 현재 강점 측정을 표방하는 다양한 심리측정학psychometrics이 있으며, 이 가운데 일부는 팀 상황에 따라 적용될 수 있다. 이러한 심리측정학은 타 영역에서도 검토되었으며(예: MacKie 2016; Roarty & Togood, 2014), 이 책에서 자세히 설명되지는 않겠지만 설명되는 구조의 유연성 수준을 중요하게 고려하여야 한다. 식별 특성과 유사한 구조가 해당 영역의 추가 역량 구축 측면에서 역효과를 낼 수 있는 강점 개발 관점의 고정 마인드셋을 장려한다는 근거가 있다(Louis, 2011).

또 강점은 절정 경험 인터뷰peak experiences interview를 통한 인터뷰 데이터를 통해서도 확인할 수 있다(Linley et al., 2010). 이 접근법은 일반적으로 개인 수준에서 적용되지만 팀들이 언제 최고의 성과를 냈는지를 집합적으로 성찰하고 그 성과를 뒷받침하는 강점을 식별하도록 하기 위해 팀으로 확장될 수 있다. 마지막으로, 팀 강점은 360도 방법론을 사용하여 평가할 수 있으며, 여기서 많은 주요 이해관계자가 주요 강점과 개발 영역에 대한 데이터를 제공하도록 요구된다. 예를 들어, 다원적 리더십 설문지 팀(Bass & Avolio, 1997)과 같은 다수의 강점과 리더십 기반 설문지를 360도 다면평가 형식으로 이용할 수 있다.

팀 내 강점 개발

팀 내 강점은 개인의 강점을 통합해 팀 역할, 도전, 성과에 적용하거나 구조, 과정, 리더십 측면에서 팀 수준 강점을 파악해 개발할 수 있다. 개별 강점을 식별하기 위한 발전된 분류법이 있으며, 성격과 상황 별 강점과 같은 개별 특성을 식별하는 심리측정학은 흔히 Realize 2 Inventory와 같은 종합 팀 개요 보고서를 생성한다(Linley & Stoker, 2012). 팀 관련 강점에 대한 분류는 아직 초기 단계에 있으며, 현재 성과가 높은 팀의 필수 구조, 프로세스와 리더십 구성요소를 식별하려고 시도하는 규정된 모델에서 직관적으로 파악해야 한다(Hackman & Wageman, 2005; Hawkins, 2017). 팀 차원에서는 또한 강점을 활용하기 전에 중요한 약점을 먼저 해결해야 하는 문제가 추가되며, 해결이 안 될 때 팀 설계나 프로세스에서 치명적인 결함은 확인되지 않을 것이다(Zhang & Chandrasekar, 2011).

팀 차원에서 강점 기반 방법론 측면의 근거는 사례와 일화 수준에 더 가깝다. 이 주장은 개인의 강점 개발과 팀 형식으로의 통합에 관한 문헌과 더 유사하다. 그러나 팀 코칭에서 강점에 기반을 두는 마인드셋을 채택하는 것은 이 단계에서 몇 가지 잠재적 진입 지점을 제공한다. 첫째, 성과가 높은 팀에 필요한 구조(Wageman et al., 2008)를 코칭에 대한 팀 준비성 평가의 한 형태로 사용할 수 있다(Peters & Car, 2013). 단계 모델stage model(예: Hawkins, 2017)은 필요한 구성요소 접근법의 일부 통찰력을 결합하지만 팀이 나아갈 논리적 순서나 단계로 방향을 지정하는 유용한 구조를 제공한다. 팀이 의뢰를 받고 전달해야 할 내용을 명확히 한 뒤에는 전달 기준에 맞게 내부 자원을 조정해야 한다. 이를 위한 필수 요소는 팀 내 역할에 따라 개인의 강점을 조정하는 것이며, 이러한 역할은 공식적이거나 비공식적일 수 있다(Contractor et al., 2012). 내비게이터, 엔지니어 등을 포함하여 성과가 높은 팀(Carson, Tesluk & Marrone, 2007)에서 자발적으로 나타나는 비공식 역할 유형에 대해서는 어느 정도 집합점이 있다. 이러한 역할은 팀 모델의 의뢰, 분류, 공동 제작과 호킨스Hawkins(2017)의 5개 부문 고성과 사분면과 연결된다. 마지막으로 분산과 공유 리더십 모델(Wang et al., 2014)은 강점을 지향하는 팀 코치가 긍정적인 팀 코칭에 참여할 수 있는 여러 기회를 제공한다. 강점-역할 조정strengths-role alignment 접근법에 대한 추가 지원을 제공할 뿐만 아니라, 강점 식별은 팀 리더십에 대한 분산 접근법과 맥락을 같이 한다(MacKie, 2018). 강점 식별과 개발 신호를 통해 공유 리더십을 촉진하면 팀 능률이 향상되어 변혁적 리더십 행동 이상의 증대 효과가 발생한다(Barnett & Weidenfeller, 2016).

팀 코칭에 대한 강점 기반 접근 방식의 실제 적용

필자의 경험에 따르면, 팀의 일상 과업에 강점에 기반을 둔 접근 방식을 적용하는 것이 핵심이라고 할 수 있다. 팀원들은 대개 개인의 장점을 파악하는 과정을 즐기지만, 이러한 접근 방식을 자신의 팀에 적용하는 것은 다소 어려워한다는 것을 발견할 수 있다. 이러한 전환을 촉진하는 다양한 연습과 활동이 있다.

- 동료 팀원들과 개인의 강점과 개발 영역을 공유한다. 이는 팀 내에서 개인의 강점에 대한 인식을 높이고 강점에 대한 피드백을 제공하며, 팀 내에서 강점을 더 잘 활용할 수 있는 방법을 고려할 기회를 제공한다. 그런 다음 팀은 모든 긴급한 과제에 적용할 수 있는 중앙 집중적 강점 저장소centralized repository of strengths를 구축할 수 있다.
- 특정 강점을 팀 과제와 연계하도록 장려한다. 이는 팀 전체에 걸쳐 개인의 책임감, 개인의 참여와 공유된 리더십을 촉진한다.
- 동료 코칭을 촉진하여 팀의 성과를 높일 수 있는 개별 강점을 파악하고 개발한다. 성과 인터뷰에 대한 변화는 특히 팀원들이 동료들의 장점을 발견하고 활용하도록 격려하는 데 도움이 될 수 있다.

- 경험적으로 지원되는 고성과 팀 모델에 대한 팀의 벤치마킹과 고성과를 뒷받침할 수 있는 가능한 강점을 기술하도록 장려한다.
- 개인의 강점을 중심으로 팀 역할의 재편을 실험. 이는 기존 팀에서 흔히 비현실적이고 실행 불가능한 공식적인 역할 변경과는 다른 과정이며, 연락 담당자, 엔지니어, 사회 통합자와 내비게이터를 포함하여 성공적인 팀이 채택하는 비공식 역할에 더 초점을 맞춘다(Carson, Tesluk & Marrone, 2007).
- 개인과 팀의 강점 개발 워크숍을 결합한다(MacKie, 2018). 이러한 결합은 팀 구성원을 강점 기반 접근 방식에 대한 사회화 측면에서 잘 작동하며, 팀 구성원의 장점을 파악하고 팀 형식으로 공유할 수 있도록 장려한다.
- 생산적이고 친사회적이며 지속 가능한 개발과 연계된 팀 규범 개발을 포함하여, 팀의 고도로 기능적인 측면에 집합적 팀의 강점을 정렬한다(Port & Kramer, 2011).
- 로사다Losada 커뮤니케이션에 대한 비공식 벤치마킹을 통해 긍정적 팀 프로세스를 확립한다(Losada & Heaffy, 2004). 특히 긍정과 부정의 비율과 옹호 대 질의에 집중하라.
- 팀원들이 순수 업무 중심에서 업무, 프로세스와 개인 개발로 결과 기준을 넓히도록 장려한다. 이를 '그것', '우리', '나'라고 하며, 참가자들은 강점을 개발하고 긍정적인 팀 프로세스를 팀 코칭 개입의 정당한 결과로 볼 수 있다.

결론

조직 내 리더십과 팀 역량 구축 측면에서 전통적 결핍 접근법에 비해 증대 효과를 제공하는 강점 기반 접근법의 효과에 대한 근거가 증가하고 있다. 리더십과 팀 개발에 관한 긍정적 접근은 전통적으로 팔로워와 팀 구성원에게 긍정적 영향을 미치고 친사회적이고 자기 초월적인 목표 추구를 나타내는 강점에 초점을 맞추는 것으로 설명했다(MacKie, 2017). 그러나 이러한 정의는 팀이 긍정적인 개인과 팀의 이점에서 사회적, 세계적 영향을 포함하도록 초점을 확장하기 위해 더욱 개발될 수 있으며 개발되어야 한다.

팀에는 최소 세 가지 수준의 강점 기반 접근법이 있다. 첫째, 팀이 처한 상황 내에서 개인의 강점을 제한하지 않고 개발하는 것, 이를 '식별과 사용' 접근법이라고 할 수 있다. 둘째, 팀 상황 내에서 본질에서 자기 초월적이고 친사회적인 강점을 식별하고 개발한다. 마지막으로, 팀 수준에서 사회적으로 변화하고 공유 가치를 입증하는 강점을 식별하는 것, 즉 팀의 임무, 비전 그리고 생산성이 더 광범위하고 긍정적이고 건설적인 사회적 영향에 맞춰 조정되고 보완된다(Port & Kramer, 2011). 윤리적 마인드와 사회적 책임을 지닌 팀 코치가 긍정적인 팀 코칭 개념을 확장하고 강화하기 위해 강점에 기반을 둔 팀 코칭에 공유 가치 개념을 통합할 수 있는 설득력 있는 사례를 제시할 수 있다.

참고문헌

Asplund, J., Lopez, S. J., Hodges, T., & Harter, J. (2007). The Clifton Strengths-Finder® 2.0 technical report: Development and validation. Princeton, NJ: The Gallup Organization.

Bakker, A. B., & van Woerkom, M. (2018). Strengths use in organizations: A positive approach of occupational health. *Canadian Psychology/Psychologie canadienne, 59*(1), 38.

Barnett, R., & Weidenfeller, N. K. (2016). Shared leadership and team performance. Advances in Developing Human Resources, 18(3), 334–351.

Bass, B. M., & Avolio, B. J. (1997). Concepts of leadership. In R. P. Vecchio (Ed.), Leadership: Understanding the dynamics of power and influence in organizations (pp. 3–23). Notre Dame, IN: University of Notre Dame Press.

Biswas-Diener, R., Kashdan, T. B., & Lyubchik, N. (2017). Psychological strengths at work. In L. G. Oades, M. F. Steger, A. Delle Fave, & J. Passmore (Eds.), *The Wiley Blackwell handbook of the psychology of positivity and strengths-based approaches at work* (pp. 34–47). Oxford, England: Wiley.

Carson, J. B., Tesluk, P. E., & Marrone, J. A. (2007). Shared leadership in teams: An investigation of antecedent conditions and performance. *Academy of Management Journal, 50*, 1217–1234.

Chiu, C. Y. (2014). Investigating the emergence of shared leadership in teams: The roles of team proactivity, internal social context, and leader humility (Doctoral dis- sertation). Retrieved from UBIR Repository.

Contractor, N. S., DeChurch, L. A., Carson, J., Carter, D. R., & Keegan, B. (2012). The topology of collective leadership. The Leadership Quarterly, 23(6), 994–1011. Cook, M. (2009). Personnel selection: Adding value through people. London, England: John Wiley & Sons.

Dweck, C. S. (2006). Mindset: The new psychology of success. New York, NY: Random House. 『마인드셋』 김준수 역, 스몰빅라이프. 2017.

Ghielen, S. T. S., van Woerkom, M., & Meyers, M. C. (2017). Promoting positive outcomes through strengths interventions: A literature review. The Journal of Positive Psychology, 13(6), 573–585.

Gordon, S., & MacKie, D. J. (2018). Team coaching. In S. Palmer & A. Whybrow (Eds.), *Handbook of coaching psychology* (2nd edn). London, England: Routledge.

Grover, S., & Furnham, A. (2016). Coaching as a developmental intervention in organisations: A systematic review of its effectiveness and the mechanisms underlying it. PloS One, 11(7), e0159137.

Hackman, J. R., & Wageman, R. (2005). A theory of team coaching. *Academy of Management Review, 30*(2), 269–287.

Hawkins, P. (2017). *Leadership team coaching: Developing collective transformational leadership* (3rd edn). London, England: Kogan Page. 『리더십 팀 코칭』 강하룡, 박정화, 박준혁, 윤선동 역, 한국코칭슈퍼비전아카데미. 2022.

Hill, J. (2001, April). How well do we know our strengths? Paper presented at the British Psychological Society Centenary Conference, Glasgow, Scotland.

Jones, R. J., Woods, S. A., & Guillaume, Y. R. (2016). The effectiveness of workplace coaching: A meta-analysis of learning and performance outcomes from coaching. Journal of Occupational and Organizational Psychology, 89(2), 249–277.

Linley, A., & Stoker, H. (2012). Technical manual and statistical properties for Realise2. In Coventry: Centre of Applied Positive Psychology. Retrieved from www.capp.co/Portals/3/Files/Realise2_Technical_Manual_V1.3_Dec_2012.pdf.

Linley, A., Willars, J., Biswas-Diener, R., Garcea, N., & Stairs, M. (2010). The strengths book: Be confident, be successful and enjoy better relationships by realis- ing the best of you. Capp Press. Retrieved from www.cappeu.com.

Losada, M., & Heaphy, E. (2004). The role of positivity and connectivity in the performance of business teams: A nonlinear dynamics model. *American Behavioral Scientist, 47*(6), 740–765.

Louis, M. C. (2011). Strengths interventions in higher education: The effect of iden- tification versus development approaches on implicit self-theory. The Journal of Positive Psychology, 6(3), 204–215.

Lyubomirsky, S., & Layous, K. (2013). How do simple positive activities increase well-being? Current Directions in Psychological Science, 22(1), 57–62.

MacKie, D. J. (2014). The effectiveness of strength-based executive coaching in enhancing full range leadership development: A controlled study. *Consulting Psychology Journal: Practice and Research, 66*, 118–137.

MacKie, D. J. (2015). The effects of coachee readiness and core self-evaluations on leadership coaching outcomes: A controlled trial. Coaching: An International Journal of Theory, Research and Practice, 8(2), 120–136.

MacKie, D. J. (2016). *Strength-based leadership coaching in organisations*. London, England: Kogan Page.

MacKie D. J. (2017). Positive approaches to leadership development. In L. Oades, M. Steger, A. Fave, & J. Passmore J. (Eds.), *The psychology of positivity and strength-based approaches at work*. Oxford, England: Wiley Blackwell.

MacKie, D. J. (2018). Strength-based leadership and team coaching in Asia-Pacific. In A. Blackman, D. Kon, & D. Clutterbuck (Eds.), *Coaching and mentoring in Asia Pacific*. London, England: Routledge.

Meyers, M. C., & van Woerkom, M. (2014). The influence of underlying philo- sophies on talent management: Theory, implications for practice, and research agenda. Journal of World Business, 49(2), 192–203.

Nicolaides, V. C., LaPort, K. A., Chen, T. R., Tomassetti, A. J., Weis, E. J., ⋯ Cortina, J. M. (2014). The shared leadership of teams: A meta-analysis of proximal, distal, and moderating relationships. *The Leadership Quarterly, 25*(5), 923–942.

Overfield, D. V. (2016). A comprehensive and integrated framework for developing leadership teams. Consulting Psychology Journal: Practice and Research, 68(1), 1. Team coaching: a strength-based approach 269

Peters, J., & Carr, C. (2013). High performance team coaching. Victoria, British Columbia: Friesen Press.

Peterson, C., & Seligman, M. E. (2004). Character strengths and virtues: A handbook and classification (vol. 1). Oxford, England: Oxford University Press.

Porter, M. E., & Kramer, M. R. (2011). The big idea: Creating shared value. Harvard Business Review, 89(1), 2.

Roarty, M., & Toogood, K. (2014). The strengths-focused guide to leadership: Identify your talents and get the most from your team. London, England: Pearson.

Rozin, P., & Royzman, E. B. (2001). Negativity bias, negativity dominance, and contagion. Personality and Social Psychology Review, 5(4), 296–320.

Seligman, M. E., & Csikszentmihalyi, M. (2000). Special issue on happiness, excel- lence, and optimal human functioning. American Psychologist, 55(1), 5–183.

Sonesh, S. C., Coultas, C. W., Marlow, S. L., Lacerenza, C. N., Reyes, D., & Salas, E. (2015). Coaching in the wild: Identifying factors that lead to success. Consulting Psychology Journal: Practice and Research, 67, 189–217.

Theeboom, T., Beersma, B., & van Vianen, A. E. (2014). Does coaching work?: A meta-analysis on the effects of coaching on individual level outcomes in an organ- izational context. The Journal of Positive Psychology, 9(1), 1–18.

van Woerkom, M., & Meyers, M. C. (2015). My strengths count! Human Resource Management, 54(1), 81–103.

Wageman, R., Nunes, D., Burruss, J., & Hackman, J. (2008). *Senior leadership teams: What it takes to make them great*. Boston, MA: Harvard Business School Press.

Wang, D., Waldman, D. A., Zhang, Z. (2014). A meta-analysis of shared leadership and team effectiveness. Journal of Applied Psychology, 99, 181–198.

Zenger, J. H., Folkman, J. R., & Edinger, S. K. (2011). Making yourself indispen- sable. Harvard Business Review, 89(10), 84–92.

Zhang, Y., & Chandrasekar, N. A. (2011). When building strength is not enough: An exploration of derailment potential and leadership strength. Journal of General Management, 36(3), 37–51.

19장. 밖에서 안으로 보기
팀 코칭을 위한 맥락 기반 접근 사례

저자: 크리시 아이어 Krish Iyer
역자: 윤선동

팀이 운영되는 맥락context을 형성하는 다양한 요소를 이해하고 해석, 활용하면 팀 코칭이 제공하는 가치를 크게 높일 수도 있고, 반대로 이를 무시할 경우 효과성과 영향을 크게 떨어뜨릴 수도 있다. 이 장에서는 팀 코칭에 참여할 때 맥락 분석을 통합하는 접근 방법에 관해 설명하고자 한다. 이 장에서 다루는 팀 맥락의 주요 측면은 아래 세 가지이다.

1. 팀 코칭에서 맥락을 고려하는 근거와 중요성('왜?')
2. 팀 코칭에서 고려해야 하는 외부 맥락의 핵심 요소('무엇을?')
3. 팀 코치가 참여할 때 외부 맥락의 영향을 평가, 분석, 처리하는 데 사용할 수 있는 통합 프레임워크의 제안('어떻게?')

왜 맥락인가?

우리가 VUCA(변동성volatile, 불확실성uncertain, 복잡성complex, 모호성ambiguous) 세계에 살고 있다

크리시 아이어 Krish Iyer: 싱가포르의 Qua Aliter Associates의 Chief Catalyst이며 컬럼비아 대학에서 교육받은 퍼실리테이터 코치로서 3M, SAP와 같은 회사를 포함하여 30년 이상의 임원 경력을 보유하고 있다. 조직의 변화, 혁신, 변혁적 리더십을 이끄는 데 초점을 맞춘 팀 코칭에 특화되어 있다.

는 사실은 이제 진부한 표현이 되었다. 전 세계의 조직과 팀, 개인은 직면한 지속적인 변화에 대처하기 위해 끊임없이 노력한다. 글로벌 컨설팅 회사인 딜로이트Deloitte는 2015년 백서에서 다음과 같이 설명했다.

> VUCA 세계에서 기업은 결코 충족시키기 어려운 고객의 높은 요구, 더 낮은 비용을 제공하는 경쟁업체로 인해 끊임없이 생산성 압박을 받고, 새로운 분야의 신생 업체 때문에 비즈니스 모델을 위협받는다. 또 변화하는 지정학적 환경과 같은 여러 가지 거시적 경향, 소셜, 모바일과 클라우드 기반 기술의 신속한 도입, 고객과 직원의 인구통계적 변화에 직면했다. 새로운 경쟁의 장인 VUCA에 온 것을 환영한다…. 오늘날 조직이 직면한 과제는 VUCA 세계에서 필요에 따라 예측, 적응, 조치, 결정을 내리고 과정을 변경하는 것이다.

지난 10년 동안 시스템적systemic 팀 코칭의 등장은 VUCA성VUCA-ness에 대한 민첩성agility과 탄력성resilience을 갖추려는 조직과 팀의 대응 방안 가운데 하나였다. 피터 호킨스Peter Hawkins(2017)가 그의 주요 저서인 『리더십 팀 코칭: 집단적 변혁적 리더십 개발Leadership Team Coaching: Developing Collective Transformational Leadership』에서 팀 코칭을 다음과 같이 정의하였다.

> 시스템적 팀 코칭systemic team coaching은 팀 코치가 팀 전체와 함께 있을 때와 떨어져 있을 때 모두, 팀과 협력하여 성과를 높이고 함께 일하는 방법을 개선하는 것이다. 또 그룹의 리더십을 개발하여 모든 주요 이해관계자들과 함께 더 효과적으로 참여하고 더 넓은 범위의 비즈니스를 혁신하고 공동의 가치를 창출하는 과정이다.

팀 코칭 자체는 새로운 학문이며, 여느 신생 학문과 마찬가지로 다양한 학자와 프랙티셔너가 주제에 접근하는 방식에 미묘한 차이가 있다. 예를 들어, 클러터벅Clutterbuck(2007)은 팀 코칭을 '성찰과 대화를 통해 팀이 성과를 향상하고 달성하는 과정을 돕는 것'으로 정의한다. 손튼Thornton(2010)은 '개인 성과, 그룹 협업과 그룹 성과 모두에 주의를 기울이면서 공동의 목표를 달성하기 위해 팀을 코칭하는 것'으로 정의하면서 개인과 그룹에 이중 초점을 두었다.

팀 코칭의 모든 접근 방식과 정의에는 두 가지 측면이 두드러진다. 첫째, 팀 코칭은 팀의 기존 성과와 효과성을 높이기 위해 존재한다. 어떤 정의도 여기에 대해 다른 견해를 갖고 있지 않다. 둘째, 성과는 진공 상태에서 발생하는 것이 아니라 팀 성과와 효과성이 존재하는 명확한 외부 맥락 속에서 발생한다.

사실, 브리튼Britton(2013)은 팀 코칭과 그룹 코칭의 차이점을 설명하면서 중요한 점을 지적하였다.

> 팀 코칭과 그룹 코칭의 주요 차이점은 코칭이 발생하는 맥락이다. 팀 코칭은 존재 이유와 목적을 가지고 운영되는 조직이나 단체의 맥락에서 이뤄진다. 목표와 비전, 가치가 존재하며 모든 팀원이 서로 다른 수준으로 공유할 것이다. 팀 코칭 맥락에서 코치는 대화를 연결하고 자신/개인, 팀과 조직의 세 가지 영향 수준에 초점을 맞출 것이다. 팀 코치는 개별 그룹 구성원의 팀뿐만 아니라 전체 시스템으로 팀을 지원할 수 있어야 한다.

따라서 끊임없이 변화하는 VUCA 세계에서 팀 코칭에 대한 접근 방식은 팀 코치가 과업, 프로세스, 이해관계자, 조직, 환경에서 발생하는 역동적 상호작용을 인식하도록 요구한다. 오늘날 팀 코치는 그 어느 때보다 맥락적 요인에 훨씬 더 잘 적응해야 한다.

그렇다면 특히 팀 코칭 영역에 적용되는 '맥락context'이란 무엇인가? 옥스퍼드 영어 사전에서는 '맥락'을 '사건, 진술 또는 아이디어의 배경을 형성하고 완전히 이해할 수 있는 측면에서의 상황'으로 정의한다. 따라서 이 장의 목적을 위해 팀 코칭에서 사용하는 '맥락'의 정의를 다음과 같이 제시한다. 팀에 적용되는 맥락은 '조직과 팀 성과에 직간접적으로 영향을 미치는 광범위한 외부 환경에서 발생하는 역동적이고 지속적인 시스템적 요인의 상호작용'을 의미한다. 다음 절에서는 팀 코치가 사용할 수 있는 맥락적 요소에 접근, 분석하고 합목적적으로 고려할 수 있도록 구조화된 프레임워크를 제공할 것이다.

인사이드 아웃에서 아웃사이드 인으로 Inside-out to outside-in

대부분 팀 코칭에서 일반적인 출발점은 팀 리더, 수퍼바이저 또는 고위 경영진이 조직에서 현재 상태와 원하는 상태 사이의 격차gap 또는 '긴장tension'을 감지할 때이다. 어떤 경우에는 이런 격차나 긴장에 대한 인식이 팀이 반드시 이행해야 하는 결과와 성공적인 성과에 나타나기도 한다. 흔히 팀 코치는 이런 성과 저하의 원인과 관련된 문제를 해결하기 위해 영입된다. 다른 경우는 미래 지향적인 팀이나 비즈니스 리더가 잠재적인 문제가 발생할 수 있음을 예측하고 팀 코칭으로 사전에 팀 내 협업 근육collaborative muscle을 개발하여 팀이 반드시 달성해야 하는 결과에 몰두하는 과정에서 생길 수 있는 문제를 예측, 식별, 해결하는 방법론으로 채택하는 경우이다.

어떤 시나리오에서나 핵심 이해관계자와의 대화는 당면 상황에 대한 관점을 확인하고, 더 나아가 성공이 어떤 모습일지 이해하는 데 필수적이다. 따라서 초기 대화의 두 가지 주요 목적은 첫째, 팀 코칭이 해결해야 하는 문제에 대한 이해(요구 분석 needs analysis), 둘째, 팀이 해결해야 할 문제와 관련된 맥락에 대한 이해(맥락 분석 contextual analysis)이다. 팀 코치는 흔히 포괄적인 요구 분석 대화를 능숙하게 진행하는데 이는 코칭 참여의 중요한 시작점이 된다. 분석은 일반적으로 '내부' 관점을 제공하며, '내부'는 팀, 기능, 조직 등이 된다. 그러나 노련하고 잘 훈련된 팀 코치는 '외부' 또는 '맥락' 측면에도 적절한 주의를 기울인다. 그러나 이 측면은 흔히 몇 가지 핵심적이고 잘못된 가정으로 인해 간과되는 경향이 있는데, 팀 코치와 팀 모두의 눈을 멀게 할 수 있는 세 가지 일반적인 가정은 다음과 같다.

- **가정 #1: 맥락은 팀 업무의 지엽적인 것으로 간주되며 팀 문제와 과제에 직접적인 영향을 미치지 않는다.** 주의 사항: 흔히 맥락적 요인이 팀이 직면한 긴장의 주요 원인일 수 있다. 맥락적 영향을 이해하면 팀이 직면한 긴장을 움직일 수 있다. 따라서 맥락적 요인을 해결하는 방법을 배우면 팀이 해결해야 할 VUCA의 힘에 더 민첩하고 탄력적으로 대처할 수 있다. 예: 최근 팀 코칭 상황에서 주요 산업용품 공급사 내 영업팀은 불편할 정도로 커지는 내부 긴장과 갈등을 겪기 시작했다. 나는 내부 팀 정렬을 돕기 위해 팀 코치로 영입되었다. 팀과 초기 상호작용하는 한 가지 방법으로 역장 분석 Force Field Analysis(이 장의 뒷부분에서 논의됨) 접근법을 사용하였다. 그들이 고려하지 않은 중요한 외부 요인은 핵심 사업에 신속하게 진출하여 고객의 상당 부분을 유인하는 온라인 경쟁업체의 출현이었다. 이로 인해 팀은 변화하는 고객과 유통망의 요구 사항에 대처하려고 고군분투했고, 이것이 팀 내 마찰로 이어졌다.

- **가정 #2: 팀은 매일 맥락에 따라 생활하므로 이미 맥락을 잘 이해하고 있을 것이다.** 주의 사항: 일부 팀에서는 이것이 사실일 수 있다. 대부분 팀은 물고기가 물을 경험하는 것처럼 맥락을 경험한다. 그들은 끊임없이 물 속에서 움직이므로 별도의 영향을 미치는 개체로 물을 인식하지 못한다. 더 나쁜 것은, 맹인과 코끼리처럼 각 팀 구성원이 맥락의 영향을 서로 다르게 경험할 수 있다는 것이다. 따라서 팀 코칭 대화의 일부로 맥락을 조사하면 팀이 전진하는 데 도움이 되는 풍성하고 생생하며 공유 가능한 통찰을 얻을 수 있다. 예: 전 세계에 분산되어 운영되는 주요 개발 조직의 고위 경영진은 부서 사일로 silos 전체에 걸쳐 '첨단 프로젝트'를 수행할 교차 기능 cross-functional 팀을 만들려고 했다. 이는 조직이 설립되고

나서 수십 년 동안 KPI를 사용하여 운영되어 온 기존 방식에 중대한 문화적 변화를 요구하는 것이었다. 나는 프로세스를 돕기 위해 팀 코치로 임명되었고 상황 분석을 위한 초기 토론에서 교차 기능 팀의 각 구성원들이 경험하는 '세계'가 모두 다르다는 공통점을 발견했다. 이 과정에 참가한 팀 구성원들이 매우 설득력 있게 표현한 또 다른 핵심 통찰은 다음과 같다. '우리는 서로 다른 기반 위에 서 있을 수 있지만, 우리 모두의 발 아래에 있는 땅이 움직이는 것은 분명하다. 우리는 나락으로 떨어지지 않기 위해 빨리 힘을 모아야한다.'

- **가정 #3: 맥락은 상황과 조직에 따라 달라지므로 해체하기가 더 어렵다.** 주의 사항: 부분적으로는 사실이지만 이 가정의 이면에는 – 우리가 맥락을 무시하고 그로 인해 맹목적으로 될 수 있을까? 팀 코칭에서 맥락적 특이성을 해결하려면 어떻게 해야 할까? 실용적 관점에서 이것은 맥락적 요인을 팀 코칭의 일부로 다루는 데 골칫거리이다. 관련 예로는 인수한 기업의 통합, 기존 역할과 관계의 재정의, 곧 있을 잠재적인 구조 조정을 포함하는 상충되고 중복되는 변화 이니셔티브에서의 지역 운영 등이 있다. 전반적인 변화 이니셔티브의 특정 측면을 주도하는 프로젝트 팀은 재정의^{redefinition} 하는 데 어려움을 겪고 있었다. 구성원들이 희생자 사고 방식에 빠지는 것을 방지하면서 다양한 변화 이니셔티브를 추진하기 위한 공통의 공유 비전을 만들기 위해 고군분투했다. 맥락 조사의 일환으로 우리는 이 장에서 다룬 프레임워크 가운데 하나인 PESTLE을 활용했고, 팀은 이해 가능한 변화를 주도하는 외부 기술과 사회적 요인에 대한 일반적인 인식에 도달할 수 있었다. 그 다음 팀은 관련 산업 조직의 동료와 시스템적으로 연결하여 변화에 대처하는 모범 사례를 이해, 수집, 공유하기로 결정했다. 피해자 사고방식은 인사이드 아웃 관점에서 새로운 아웃사이드 인을 채택하면서 '함께 미래를 창조한다'는 데에 힘을 실어주는 사고방식으로 바뀌었다.

맥락 분석을 위한 중첩된 다단계 프레임워크

팀 코치는 팀과 팀 코칭을 위해 맥락을 분석하는 통합 프레임워크가 필요하다. 비즈니스 경영 문헌에는 여러 전략적 도구와 분석 프레임워크(예: BCG Matrix, Porter's 5-Forces, PESTLE 등)가 있다. 그렇지만 프레임워크는 팀 코칭과 상대적으로 분리되어 존재하고, 팀 코치는 주어진 상황에 가장 적합한 도구나 프레임워크를 결정하는 데 혼란을 느낄 수 있다. 이 절에서는 팀 코치가 팀 기능과 관련된 맥락적 요소를 사용하여 적용할 수 있는 중첩된 다중 수준과 아웃사이드 인outside-in 프레임워크를 제안한다. 이 프레임워크는 가장 넓은/외부 수준에서 시작하여 팀 코칭 이니셔티브의 핵심 팀 과제 수준까지 네 가지 맥락으로 서로 연결된다. [그림 19.1]에 묘사된 것처럼 네 가지 아웃사이드 인(외부) 맥락 수준은 팀 도전과제로 이어지는 거시 맥락, 산업 맥락, 조직 맥락, 팀 맥락이다.

각 맥락 수준은 양파의 층으로 비유할 수 있으며([그림 19.2] 참조), 효과적인 팀 코치는 가장 바깥쪽에 있는 거시 맥락 층에서 시작하여 팀과 협력하고 대화하면서 각 후속 층을 벗겨낼 수 있어야 한다. 산업 맥락, 조직 맥락, 팀 맥락, 마지막으로 이러한 것들이 팀의 해결 과제에 개별적으로, 또는 공동으로 어떻게 영향을 미치는지에 관한 질문에 다다르게 된다. 따라서 네 가지 수준의 맥락은 팀이 직면한 문제와 관련이 있고 외부 팀 맥락에서 팀 도전 과제까지 단계적으로 이어진다.

이제 각 맥락 수준을 더 자세히 살펴보자.

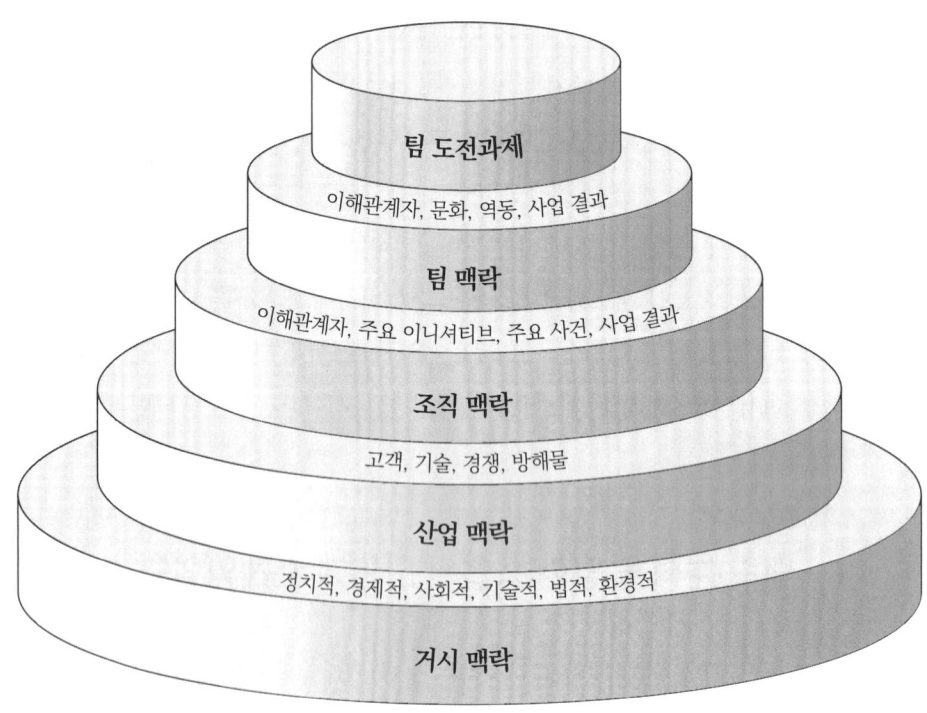

[그림 19.1] 중첩된 다단계 맥락 분석 프레임워크

[그림 19.2] 중첩된 다단계 맥락 분석 프레임워크 – 양파 링 관점

레벨 1: 거시 맥락

거시 맥락은 조직과 산업이 운영되는 광범위한 조건을 의미한다. 조직의 의사결정, 성과와 전략에 영향을 미치는 외부적인 것으로 일반적으로 통제할 수 없는 요인이다. 거시 맥락 분석은 경제적 요인, 인구통계, 법적·정치적·사회적 조건, 기술 변화, 그리고 자연적, 환경적 영향을 고려해야 한다. 거시 맥락 영향의 구체적인 예로는 이자율 변화, 문화적 트렌드의 변화, 악천후, 정부 규제와 인구 통계학적 변화 등이다.

 PESTLE 프레임워크(Aguilar, 1967)는 거시 맥락을 해체하고 후속 맥락 수준에 미치는 영향을 평가하는 데 도움이 되는 명쾌한 도구이다. PESTLE은 정치Political, 경제Economic, 사회Social, 기술Technological, 법률Legal과 환경Environmental의 약자로, 하버드 교수 프랜시스 아길라Francis Aguilar의 1967년 저서 『Scanning Business Environment』에서 발전했다.

 거시 맥락과 그 변화에 대한 평가는 다음과 같은 팀 코칭 활동의 다양한 단계에서 수행될 수 있다.

1. **발견 또는 준비 단계**: 일반적으로 이러한 대화는 요구 사항 평가 또는 검증의 일부로 수행될 수 있다. 후원자, 팀 리더, 해당 조직에서 제공하는 제품 또는 서비스의 최종 소비자와 같은 외부 인원을 포함하여 팀에 관련된 중요한 이해관계자와의 인터뷰 형식을 취할 수 있다.
2. **참여 중**: 팀과 함께 PESTLE에 대한 워크숍을 진행하는 것은 팀을 '워밍업'하는 효과적인 방법이다. '오늘날 조직과 산업에 영향을 미치는 주요 정치, 경제, 사회, 기술, 법, 환경적 요인은 무엇인가?'라는 질문에 대해 팀 코치가 진행하는 1시간 동안의 브레인스토밍 세션은 팀과 관련된 거시 맥락 문제에 대한 통찰력과 팀 코치에게 팀의 대인관계 역동, 존재 가능한 비공식 조정에 관한 통찰을 제공할 것이다. 이런 통찰은 팀 코치가 후속 단계, 특히 4단계 팀 맥락에서 팀과 함께 활용할 수 있는 풍부하고 관련성 있는 데이터를 제공한다.
3. **사후/지속 참여**: '마지막으로 만난 이후로 변경된 사항은 무엇인가?' 검토 중인 PESTLE 요소를 확인하는 것은 팀 코칭 세션이 열릴 때마다 지속해서 실행하는 것이 좋다. 이것은 조직과 팀 안에서 발생하는 일에 대한 관점을 유지하는 데 도움이 될 뿐만 아니라 팀 성과에 영향을 미치는 원동력으로 나타날 수 있는 외부 환경 변화에 대한 유용한 통찰력을 제공한다.

레벨 2: 산업 맥락

산업 맥락은 유사하거나 관련된 고객 요구에 서비스를 제공하는 동료, 경쟁자, 파트너, 공급업체로 조직과 상호작용하는 직접적인 외부 생태계를 의미한다. 환경의 VUCA성은 산업 맥락에 직접적인 영향을 미치며 신기술, 파괴적인 변화, 고객, 경쟁 활동 등의 요인을 고려해야 한다.

밀레니엄 이전에 산업과 비즈니스 맥락은 표준산업분류체계^{Standard Industrial Classification}(SIC)(1937)와 후버스^{Hoovers} 분류(www.hoovers.com) 시스템으로 대표되는 비교적 간단한 범주화와 분류에 적합했다. 지속해서 전 세계 MBA 과정의 초석이 되는 산업 분석에 대한 고전적인 접근 방식은 마이클 포터^{Michael Porter}(1979)의 5요인 분석^{Five Forces Analysis}이다. 마이클 포터의 프레임워크는 (1) 경쟁업체, (2) 고객의 교섭력, (3) 공급자의 교섭력, (4) 신규 진입자의 위협, (5) 대체 위협 등 다섯 가지 힘이라 부르는 요소를 분석하여, 특정 산업 부문과 해당 부문을 운영하는 기업의 매력을 조사한다. 포터의 프레임워크는 1980년대, 1990년대, 심지어 세기가 변한 이후에도 강력한 것으로 입증되었지만 오늘날의 팀 코칭 맥락에서 실제 산업을 분석할 때는 충분하지 않을 수 있다. 이 장을 작성하는 시점에는 전자상거래, 소셜미디어, 암호 화폐, 기타 수많은 혼란으로 인해, 매 순간 고객 가치의 새로운 원천을 생성하여 산업을 정의하고 구분하는 경계가 점점 흐려지고 있다. 이 파괴적인 변화의 시대에 산업이 재구성되고 재정렬되는 방식은 팀 성과에 직접적이고 실시간으로 영향을 미친다. 이 시나리오에서 팀 코치는 팀의 성과와 효과성에 영향을 미칠 수 있는 변화 추세, 비즈니스 모델의 혼란, 통합과 희석 효과, 경쟁 요인과 고객 선호도의 변화를 인식해야 한다.

우리는 팀 코치가 5요인에서 마이클 포터(1985)가 개발한 가치 사슬 분석$^{\text{value chain analysis}}$과 같은 프레임워크에서 한 단계 더 나아가볼 것을 제안한다. 가치 시스템과 가치 사슬에 관한 아이디어는 조직과 산업에 대한 프로세스 관점, 즉 조직을 각각의 입력, 변환 프로세스와 출력이 있는 하위 시스템으로 구성되어 있다는 것에 기반을 두었다. 입력, 변환 과정과 출력에는 자금, 노동, 자재, 장비, 건물, 토지, 행정, 관리 등 자원의 획득과 소비를 포함한다. 가치 사슬 활동이 수행하는 방식은 비용을 결정하고 이익에 영향을 미친다. [그림 19.3]은 농업 분야에 대한 가치 사슬 예이다(www.greenbelt.ca/guest_blog_thoughts_on_value_chains2010).

산업 가치 사슬에 관한 연구는 팀 코치와 팀원들에게 산업의 주요 연결과 유형에 익숙해지게 하며 고객 조직이 산업 가치에 자리매김할 수 있는 위치를 보여준다. 또 팀 코치에게 산업 용어, 산업 관계자가 사용하는 주요 용어와 널리 확장할 수 있는 주요 매트릭스에 관한 기초적인 이해를 제공한다. 예를 들어, RASM$^{\text{revenue per available seat mile}}$(사용 가능한 좌석 마일당 수익)과 CASM$^{\text{cost per available seat mile}}$(사용 가능한 좌석 마일당 비용)은 항공 업계의 일반적 지표로, 이 분야의 고객과 일하는 팀 코치는 해당 팀과의 대화에서 이러한 약어를 접할 가능성이 크다. 분석을 통해, 현직 팀 코치가 얻는 또 다른 차원의 핵심 가치는 위의 상황에서 얻은 지식을 팀 코칭 세션과 연결하여, 가정에 도전하고 새로운 관점을 생성하여 팀 코칭에 대한 전반적인 신뢰성을 높일 수 있다는 것이다.

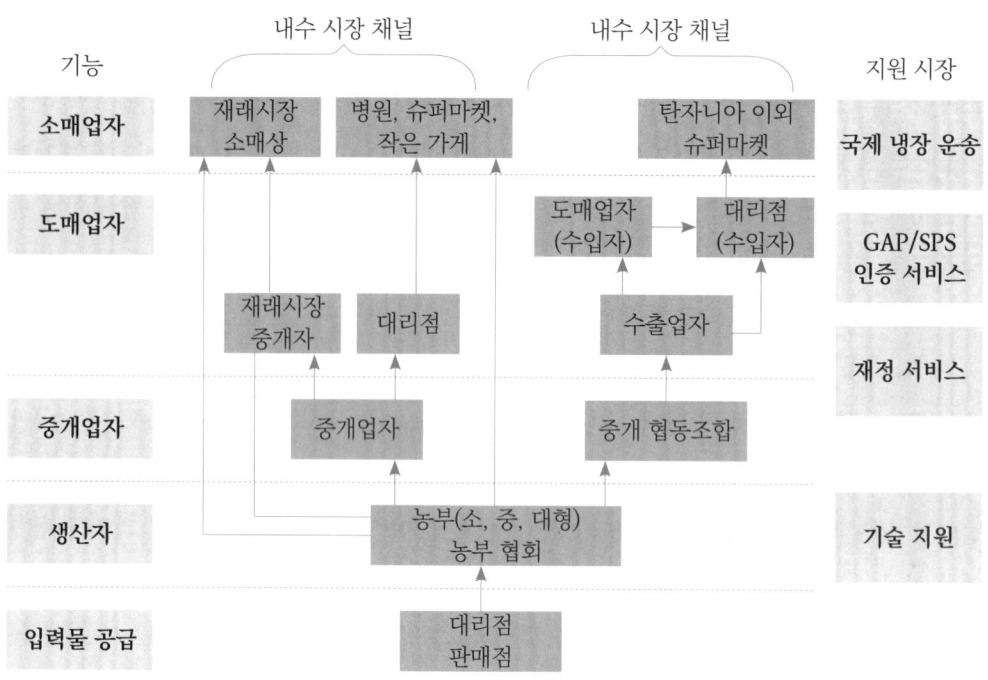

[그림 19.3] 가치 사슬 분석 사례

    대부분의 선도적인 글로벌 컨설팅 회사는 산업별로 특화되어 있고 해당 산업의 현황과 구조에 관해 정기적으로 상황별 최신 정보를 게시하고 있다(예: Bersin by Deloitte www.bersin.com/; McKinsey www.mckinsey.com/industries, Deloitte's Industry Outlooks www2.deloitte.com/us/en/pages/outlooks/industry-outlooks.html 등). 우리는 현직 팀 코치가 인터넷을 통해 자유롭게 이용할 수 있는 방대한 지식 자원을 활용하여 특정 산업 가치 사슬과 비즈니스 맥락에 익숙해질 것을 권장한다.

    거시적 맥락에 대한 논의와 마찬가지로 팀 코치는 발견/준비 단계와 팀 코칭 참여 중에 산업 맥락에 대한 자신의 이해를 활용해야 한다. 산업 맥락을 논의하기 위한 효과적인 접근 방식은 산업 또는 비즈니스 상황에 관계없이 적용할 수 있는 네 가지 핵심 주제를 중심으로 이러한 대화를 구성하는 것이다. 산업 맥락을 선명하게 하는 데 사용할 수 있는 네 가지 주제와 몇 가지 접근 질문은 다음과 같다.

1. 방해^{disruption}
    a. 우리 산업에서 발생하는 방해하는 힘은 무엇인가?
    b. 합병, 통합, 파산, 인접 영역(결제 서비스를 제공하는 통신회사처럼 한 산업에서 인접 산업으로 확장하는 업체로 정의됨), 비즈니스 모델, 새로운 기술 등과 같이 최근 우리 업계에서 목격되는 혼란스러운 사례는 무엇인가?
    c. 이러한 방해가 우리 조직과 팀에 미치는 영향은 무엇인가?

2. 경쟁
    a. 우리의 경쟁자는 누구인가? 누가 우리의 직접적인 경쟁 상대이며 누가 대안/대체품 또는 해결책을 제공하는가?
    b. 거시 맥락의 변화에 대처하기 위해 경쟁업체가 무엇을 하고 있다고 생각하는가?
    c. 경쟁 환경 변화가 우리 조직과 팀에 어떤 영향을 미칠 수 있는가?

3. 기술
    a. 우리 산업에 영향을 미치는 기술의 주요 영향력과 차원은 무엇인가?
    b. 어떤 새로운 신기술과 기술 동향을 주시해야 하는가?
    c. 이런 신기술이 고객과 경쟁업체에 어떤 영향을 미치는가?
    d. 이런 기술 환경의 변화가 우리 조직과 팀에 미치는 영향은 무엇인가?

4. 고객
    a. 업계 관점에서 볼 때 고객 선호도 추세나 변화는 무엇인가? (예를 들어, 항공산업은 새로운 고객 선호로 '효율적이고 실속 있는 서비스'라고 볼 수 있다.)
    b. 지난 3~5년 동안 새롭게 등장한 고객 부문은 무엇인가? 업계는 이러한 신규 고객에게 적절한 서비스를 제공하는가?
    c. 이런 고객의 환경 변화는 우리 조직과 팀에 어떤 영향을 미치는가?

레벨 3: 조직 맥락

조직 맥락은 실재 기업과 해당 팀이 '살고 있는 유기체organism'를 구성하는 다양한 내부 부서, 부문, 기능과 지리적 독립체로 구성된 내부 생태계를 의미한다. 조직 맥락 수준은 외부 세계(거시 맥락과 산업 맥락)가 팀의 세계와 연결되고 접점과 영향력이 분명해지기 시작하는 곳이다. 이 맥락 수준에서 검토해야 하는 요소는 주요 이해관계자, 조직 사건, 이니셔티브와 조직이 집중하는 비즈니스 결과 등이다. 팀 코치가 팀 코칭을 하기 전에 조직 맥락을 이해하면 후원자, 이해관계자 등 외부 관점에서 조직을 이해할 수 있다. 또 팀 코칭 세션 중에 조직 맥락 관점을 유지하면 팀 코치가 문제를 명확히 하고 표면화할 수 있다. 그리고 마지막으로 팀 코칭 세션 이후에 조직 맥락에 초점을 맞추면 팀 코칭 세션에서 얻은 의사결정과 학습을 현실 세계로 옮겨갈 수 있다(예: 논의한 내용을 기반으로 다르게 해야 할 일은 무엇인가?).

마이클 포터의 고전적 가치 사슬 분석은 조직 맥락을 해체하고 조직 내부의 다양한 프로세스와 인터페이스를 이해하는 데 효과적이다. 실제 맵핑은 조직에 따라 상당히 다를 수 있지만 일반적인 조직 가치 사슬은 [그림 19.4]와 같다.

[표 19.1]의 구조와 질문은 팀 코치가 조직 맥락을 더 잘 이해하는 데 도움이 될 수 있다.

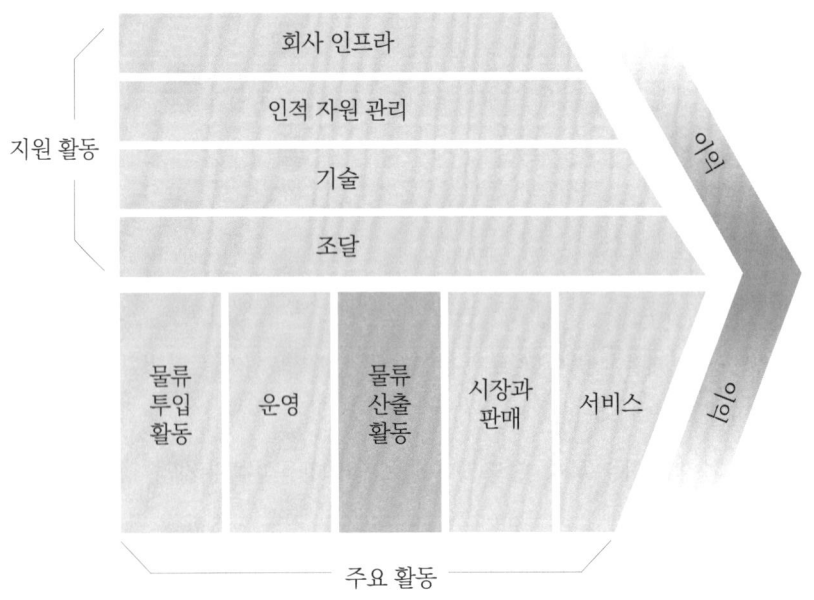

[그림 19.4] 마이클 포터의 가치 사슬

출처: Value chain. Retrieved February 16, 2018, from https://en.wikipedia.org/wiki/Value_chain.

[표 19.1] 조직 맥락과 분석 질문

조직 개요	비즈니스 전략	성과와 동료 분석
1. 회사 스냅샷: 조직이 속한 비즈니스는 무엇인가? 그들의 발전/역사에서 주요 사건은 무엇인가? 자신의 존재 이유, 비전과 사명을 어떻게 표현하는가? 스스로에게 어떤 설득력 있는 말을 하는가? 비전과 목표가 공유되고 조직 전체가 이를 일반적으로 이해하고 있다고 생각하는가? 2. 비즈니스 부문: 조직은 비즈니스를 어떤 용어/언어로 설명하는가? 3. 지리적 측면: 특정 지역에서는 우세하고 다른 지역에서는 존재하지 않는가? 4. 조직 구조: 지배적인 조직 구조는 무엇인가? 의사결정이 얼마나 중앙 집중화/분권화되어 있는가? 조직이 얼마나 매트릭스화되어 있는가? 사일로silos는 어떻게 연결되는가? 5. 경영진 프로필: 핵심 구성원은 누구인가? 그들의 배경은 무엇인가?	1. 고객 가치 사슬 분석: 조직은 어떻게 고객에게 가치를 제공하는가? 무엇을 잘하는가? 2. 전략 개요: 어떻게 승리할 계획인가? 회사 전략의 핵심 요소는 무엇인가? 무엇이 작동하는가? 무엇이 작동하지 않는가? 3. 중요한 개발/발표: 주목해야 할 최근 사건/성과/발표는 무엇인가? 이것들이 팀에 어떤 영향을 미칠 수 있는가? 4. 주요 투자: 조직이 투자하려는 주요 영역은 어디인가? 향후 3~5년 동안 조직에 어떤 자원, 프로젝트, 이니셔티브가 가장 중요한가? 이것이 팀에 어떤 영향을 미칠 수 있는가? 5. 소셜 미디어 강조점: 구글, 링크드인, 유튜브와 같은 유명한 웹, 소셜 미디어 사이트 검색창에서 조직 이름을 검색하면 무엇을 얻을 수 있는가? 최근에 고위 경영진이 어떤 포럼에서 연설했나? 그들의 핵심 메시지는 무엇인가?	1. 성과 분석: 조직과 팀이 자체적으로 측정하는 재무와 비재무적 측면의 주요 지표는 무엇인가? 추세는 어떠한가? 특히 응답, 만족도, 충성도에서 어떻게 고객 인식을 측정하는가? 고객은 어떻게 지내고 있는가? 2. 동료 분석: 동료는 누구인가? 그들은 어떻게 지내는가? 어떤 동료에게 배울 수 있는가? 그들이 하는 것에서 우리는 무엇을 배워야 하는가?

레벨 4: 팀 맥락

외부 맥락이 내부 콘텐츠로 나타나기 시작하는 단계이다. 우리는 이제 양파 층을 벗기는 과정에서 중요한 단계에 도달했으며 팀 도전과제의 내부 핵심에 근접해 있다. 다만 분석적 관점에서 이해관계자, 사업 성과, 문화의 중요한 측면, 팀에 미치는 영향과 같은 상황적 요소를 검토해야 한다.

'문화는 아침식사로 전략을 먹는다'라는 문구는 경영의 구루 피터 드러커Peter Drucker의 유명한 격언이다. 그 뒤로 조직학 학자들은 다양한 각도에서 조직에 나타나는 문화에 대한 흥미로운 주제를 연구하였다. 가장 널리 받아들여진 것은 아마도 에드가 쉐인Edgar Schein의 획기적인 저서 『조직 문화와 리더십Organizational Culture and Leadership』(2004)에서 기술한 개념으로, 정의는 다음과 같다.

> 그룹의 문화는 그룹이 외부 적응과 내부 통합의 문제를 해결하면서 학습한 공유된 기본 가정의 패턴으로, 새로운 구성원들이 이러한 문제와 관련하여 인식하고, 생각하고, 느끼는 올바른 방법이라고 배우게 될 것으로 정의할 수 있다.

쉐인은 이 정의의 운영 주체로 '그룹'을 사용한다. 정의에서 '그룹'은 더 넓은 맥락에서 조직으로 범위를 확장하거나 팀으로 좁혀도 잘 이해된다. 그는 문화가 어떤 그룹에서든 두 가지 중요한 실존적 문제인 (1) 그들의 환경에서 생존하고, 성장하고 적응하는 것, (2) 일상적인 기능과 적응, 학습 능력을 허용하는 내부 통합을 해결하는 데 도움을 주기 위해 존재한다고 설명한다. 그룹 문화에 대한 쉐인의 개념을 팀 코칭 맥락과 연결하면 현직 팀 코치는 조직 문화의 요소와 이러한 요소들이 이해관계자들 개인과 집단의 요구, 목표, 목적과 어떻게 연결되는지 이해할 수 있다. 팀 문화에 대한 토론은 또한 조직 내, 특히 팀 내에서 실제 대인관계 역동의 중요한 측면을 조명할 수 있고, 이 시점에서 팀 코칭 초점과 내용을 맥락적 요소에서 팀의 핵심 도전 과제로 옮겨갈 수 있다. 팀 역동은 대부분 팀 코칭 상황에서 팀 코치가 해결해야 하는 팀 과제의 핵심 동인이자 근본 원인이다. 해크먼Hackman(2004, 2006)과 웨이먼Wageman(2008)은 코치가 해결해야 하는 많은 대인관계 역동이 본질에서 구조적이라고 보고, 팀 코칭 측정 진단 도구인 팀 진단 조사Team Diagnostic Survey(TDS)를 개발했다. 팀 진단 조사는 '팀에 영향을 미치는 주요 구조적 조건에 대한 팀 위상의 정량적 측정을 제공한다(Wageman, Hackman & Lehman, 2005)'라고 했다. 팀 코치는 팀 진단 조사가 팀과 관련된 핵심 이슈를 다룰 때 팀 역동을 평가하고 파악하는 데 유용한 진단 도구임을 알게 될 것이다.

팀 코치가 맥락에 따라 팀 코칭 내용에 초점을 맞추어, 팀 코칭 대화를 촉진하는 명쾌하고 효과적인 프레임워크는 팀 코칭으로 수정된 커트 레윈Kurt Lewin의 역장 분석force-field analysis이다. 레윈(1943/1997)은 인간 행동이 주변 환경이나 장field의 힘에 영향을 받고, 환경 변화에 지속해서 적응해야 한다고 믿었다. 그는 조직, 그룹, 팀 변화에 영향을 미치는 요인을 이해하기 위한 프레임워크로 역장 분석 개념을 개발했다. 역장 분석은 추진력과 억제력 개념을 사용하는데, 추진력은 변화를 촉진하고 억제력은 변화를 방해한다. 여기서 힘은 물리적인 압력을 의미하는 것이 아니라 광범위한 내·외부 영향을 나타낸다. 야망, 목표, 요구, 두려움은 사람들을 무언가로 향하게 하거나 멀어지게 만드는 원동력이다. 그러나 억제력은 그 자체로 추진력을 구성하는 것이 아니라 추진력에 대항하는 작용을 하므로 성격이 다르다. 레윈은 자신의 역장 기술을 사용하여 두 가지를 질문했다.

- 현재 상황에서 프로세스가 지금 수준으로 계속되는 이유는 무엇인가?
- 어떤 조건이 이러한 상황을 변화시키는가?

역장 분석 프레임워크는 일반적으로 변화 관리에 사용되지만 팀 코칭은 본질에서 팀을 현재 위치에서 원하는 위치로 이동하는 것을 포함하므로 팀 코칭에도 즉시 적용할 수 있다.

이 참여 단계에서 팀 코치는 외부에서 양파 껍질을 벗기며 이러한 층들이 일반적으로 어떻게 팀 문화 요소를 만들어내는지 체계적인 이해를 높일 수 있을 것이다.

결론

요약하면, 외부 맥락은 때때로 보이지 않거나 숨겨진 장치로, 초연결 VUCA 시대에 팀 도전 과제의 주요 동인이다.

[그림 19.5]에서 볼 수 있듯이, 거시 맥락에서 조직 맥락에 이르기까지 구조화된 방식으로 외부 맥락의 요소들을 적용하는 것은 도전을 통해 팀을 효과적으로 이끌기 위해 중요하다. 오늘날 끊임없는 변화 속에서 이전에는 주목받지 못했던 맥락이 이제는 팀 코칭의 핵심적인 고려사항으로 자리 잡았다. 이 장에서는 팀 코치가 네 개의 중첩된 맥락 수준과 관련 분석 모델을 활용하여 팀 코칭을 이끌 것을 제안했다. 이렇게 맥락에 초점을 맞추고 실천 영역으로 가져옴으로써, 피터 호킨스(2017)가 강력하게 말한 것처럼 팀 코치들은 진정한 '에코시스템 팀 코칭'과 규모와 종류에 관계없이 더 넓은 세상의 모든 조직에서 요구하는 변화에 크게 기여하고 있다.

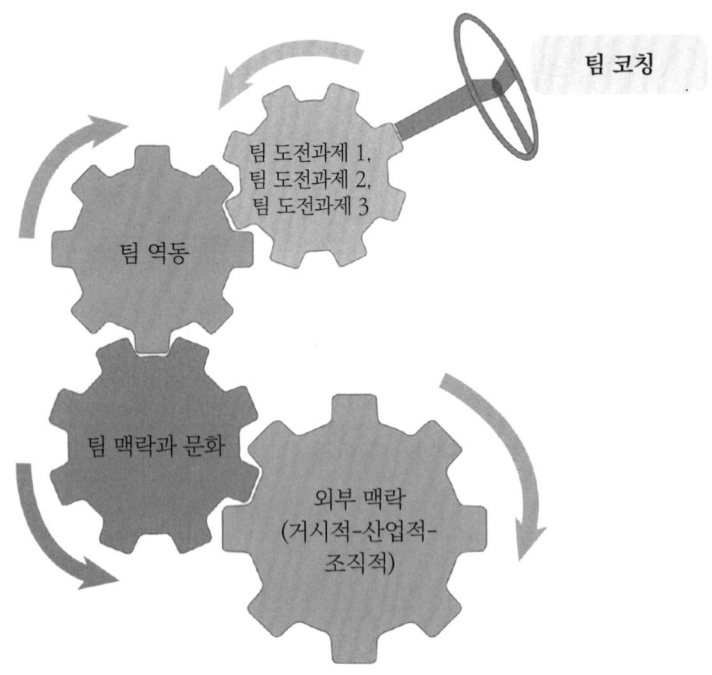

[그림 19.5] 아웃사이드 인outside in 맥락 팀 코칭 모델

참고문헌

Aguilar, F. J. (1967). *Scanning the business environment*. New York, NY: Macmillan.
Britton, J. (2013). *From one to many: Best practices for team and group coaching*. San Francisco, CA: Jossey-Bass.
Clutterbuck, D. (2007). *Coaching the team at work*. Boston, MA: Nicholas Brearley.
Deloitte US (n.d.). Disruption. Retrieved from http://deloitte.com/content/dam/Deloitte/us/Documents/risk/us-risk-deloitte-on-disruption-interior-101714.pdf.
Hackman, J. R. (2004). What makes for a good team? *Psychological Science Agenda, 18*(6). Retrieved from www.apa.org/science/about/psa/2004/06/hackman.aspx.
Hackman, J. R. (2006). *Leading teams: Setting the stage for great performances*. Boston, MA: Harvard Business School Press. 『성공적인 팀의 5가지 조건』 최동석, 김종완 역, 교보문고. 2006.
Hawkins, P. (2017). *Leadership team coaching: Developing collective transformational leadership*. London, England: Kogan Page.
Lewin, K. ([1943] 1997). Defining the "field at a given time." In K. Lewin (Ed.), *Resolving social conflicts and field theory in social science* (pp. 200–211). Washington, DC: American Psychological Association.
Porter, M. E. (1979). How competitive forces shape strategy. *Harvard Business Review, 57*(2), 137–145.
Porter, M. E. (1985). *Competitive advantage: Creating and sustaining superior performance*. New York, NY: Simon & Schuster. 『마이클 포터의 경쟁우위』 조동성 역, 21세기북스. 2008.
Schein, E. H. (2004). *Organizational culture and leadership* (3rd ed.). San Francisco: Jossey-Bass.
Thornton, C. (2010). *Group and team coaching: The essential guide*. London, England: Routledge.
Value Chain. (n.d.). Retrieved October 14, 2018 from Wikipedia. https://en.wikipedia.org/wiki/Value_chain.
Wageman, R. (2008). *Senior leadership teams: What it takes to make them great*. Boston, MA: Harvard Business School Press.
Wageman, R., Hackman, R. J., & Lehman, E. (2005). Team diagnostic survey: Development of an instrument. *The Journal of Applied Behavioral Science, 41*(4), 373.

20장. 코칭 팀에 대한 대화형 접근 방법

저자: 폴 로렌스Paul Lawrence, 세라 힐Sarah Hill, 안드레아스 프리슬란트Andreas Priestland,
세실리아 포레스탈Cecilia Forrestal, 플로리스 롬머츠Floris Rommerts,
이슬라 히슬롭Isla Hyslop, 모니카 매닝Monica Manning
역자: 박준혁

개인 코칭의 발전과 비교해볼 때 팀 코칭은 상당히 뒤쳐져 있지만(Hawkins, 2014), 다양한 접근 방법과 모델을 생성해내며 꾸준히 발전하고 있다(Peters & Carr, 2013). 이 장에서는 팀 코칭에 대한 대화형 접근 방법dialogic approach에 대해 아이작스Isaacs(1999)의 선구적인 연구를 기반으로 설명하고자 한다. 이 접근법은 일반적인 팀 코칭의 틀(예: Hawkins, 2014)과도 잘 맞아떨어지는 것으로 보이며, 현대 조직개발 및 변화 이론과도 일치한다. 대화형 팀 코칭 모

폴 로렌스 Paul Lawrence: 폴은 영국, 스페인, 포르투갈, 호주, 일본의 BP plc에서 오랜 기업 경력을 누렸다. 폴은 2007년부터 시드니에 위치한 코치 겸 컨설턴트로 일하고 있다. 호주 울롱공 대학교, 시드니 경영대학원에서 코칭을 가르치고 있다.

세라 힐 Sarah Hill: Dialogix의 관리 파트너이다. 세라는 개인, 팀과 전체 시스템을 아우르는 대화와 구조역학 개입론자로 일하고 있다. 『어디서 그렇게 행동하는 법을 배웠나?』의 저자이다.

안드레아스 프리슬란트 Andreas Priestland: 안드레아스는 행동과학자로 리더십 교육과 조직 학습, 변화에 초점을 맞춘 틈새 컨설팅인 Ltd. 학습 프로젝트의 소유주이자 이사이다. 안드레아스는 대기업 다국적 기업에서 20여 년간 일했고 지금은 국제적 자문을 하고 있다.

세실리아 포레스탈 Cecilia Forrestal: 아일랜드 더블린에 본부를 둔 사회정의 NGO 단체인 커뮤니티 액션 네트워크(CAN)와 함께 일하고 있다. 건강과 주거의 불평등을 해결하기 위해 인권에 기반한 접근법이 어떻게 사용될 수 있느냐에 관심을 두고 있다.

플로리스 롬머츠 Floris Rommerts: 플로리스는 전문 클래식 가수, 교육자, 매니저, 그리고 지난 30년 동안 국제 트레이너-강사 및 코치로 활동하였다. 플로리스는 대화 소통, 창의적 과정, 그리고 학습 조직의 진화에 초점을 맞추고 있다. 플로리스는 현재 혁신 민주주의에 관한 책을 쓰고 있다.

이슬라 히슬롭 Isla Hyslop: 이슬라는 영국 공공 부문에서 20년 이상 근무해 온 조직 개발 전문가로, 주로 NHS에서 일하고 있다. 이슬라는 크고 작은 변화를 통해 조직을 지원하고, 고위 경영진과 협력하여 문화 변화를 전달하고 인력 관리 수준을 높인다.

모니카 매닝 Monica Manning: 아일랜드 더블린에 본부를 둔 사회정의 NGO 단체인 커뮤니티 액션 네트워크(CAN)와 함께 일하고 있다. 모니카는 전체 시스템 변화에 대한 강한 의지를 가진 경험 많은 대화 진행자이다.

델에는 코치가 팀을 직접 대면하기 전과 후에 고려해야 할 과제가 포함된다. 모델의 중심에는 '컨테이너container'가 있으며, 이 컨테이너의 구성 및 유지관리는 코치가 지속해서 수행해야 하는 중요한 작업이 된다. 이 장은 '대화dialogue'라는 단어가 무엇을 의미하는지 정의한 뒤 모델을 설명한다.

대화dialogue

아이작스(1999)는 대화를 dialogue와 conversation으로 구별한다([그림 20.1]). 대화를 준비할 때, 사람들은 항상 '보류suspend'하려는 의도와 '방어defend'하려는 의도 사이의 선택에 직면하게 된다. 만약 우리가 방어defend를 선택한다면, 우리는 고정되고 닫힌 자세로 대화conversation에 들어가게 되는데, 이때 스스로 선호하는 입장에서 다른 사람과 협상하는 '숙련된 토론skilled discussion'과 다른 사람의 입장을 공격하는 '논쟁debate'으로 구분된다고 아이작스(1999)는 주장하였다.

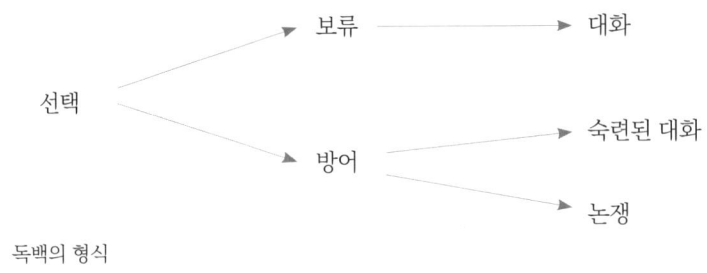

[그림 20.1] 독백과 대화
출처: Isaacs(1999) 응용

우리가 보류suspend하기로 결정한다면, 그리고 상대방도 같은 보류를 결정한다면 우리는 비로소 대화dialogue에 참여하는 것을 선택한 것이다. 여기서 보류는 자기 주장을 고집하지 않고 열린 마음 상태가 됨을 의미한다.

아이작스(1999)는 '보류'란 우리가 생각하는 것을 억압하는 것이 아니라고 주장한다. 오히려 우리의 생각을 가볍게 하고, 그것에 대해 행동할 것을 강요하지 않고, 우리의 생각을 인정하고 알아차리는 것을 의미한다. 이는 다른 사람들의 생각과 의견의 다양성 속에서 함께 존재하는 우리의 생각이 무엇인지를 뒤로 물러서서 보는 과정을 의미한다. 'suspend'라는 단어는 인도-유럽 어족의 단어 'spen'에서 유래되었는데, 이것은 마치 헛간의 두 기둥 사이에 있는 거미줄처럼 튀어나온다는 뜻이다. 보류한다는 것은 속도를 늦추고 뒤로 물러서는 과정을 의미하고, 언제 특정 관점을 옹호할 수 있는지 인식하는 능력을 의미한다. 예를 들어, 회의에 늦는 것은 분명히 잘못된 일이기 때문에 나는 그 사람에게 시간 엄수의 중요성을 인지시킬 수 있다. 그렇지만, 시간 엄수에 대한 가치는 어느 정도까지 개인적이거나 문화적인 것이며, 모든 사람이 가져야 할 보편적인 가치가 아니라는 것을 인식할 수 있어야 한다. 이렇게 정의된 대화dialogue는 현대 조직개발 이론(Bushe & Marshak, 2015; Werkman, 2010)과 변화 이론(Grant & Marshak, 2011; Jabri, Adrian & Boje, 2008; Thurlow & Helms Mills, 2009)의 중심에 자리잡고 있다.

대화와 팀 코칭

궁극적으로 팀 코칭의 목적은 팀이 더 효과적이 되도록 돕는 것이다. 팀원들 사이의 주된 교류 매체는 대화인데, 그 대화의 일부는 이메일이나 인터넷과 같은 기술에 의해 매개될 수 있다. 비디오 기술이 발달했지만 여전히 대부분 팀은 대면하여 상호작용하고 있다. 대화형 코칭dialogic coaching의 기본 전제는 대화의 질이 높을수록 팀이 더 효과적으로 된다는 것이다. 그렇다고 해서 대화형 코치가 대화의 질에만 집중한다는 뜻은 아니다. 예를 들어, 팀은 목적을 달성하기 위해 팀 구성원 개개인이 해야 하는 역할과 목표에 대해 구체적으로 이야기를 나눌 수 있다. 대화형 코치dialogic coach는 이러한 논의가 이루어지는 상황에서 항상 대화의 질에 주의를 기울여야 하고, 팀 구성원들이 성찰할 수 있게 대화의 거울에 비추어 줄 수 있어야 한다.

아이작(1999)은 대화에 참여하기 위해서는 참가자들이 근본적인 가정을 탐색하고 이슈 아래에 놓인 더 큰 질문들을 알아챌 수 있어야 한다고 주장한다. 대화dialogue는 새로운 통찰력과 가능성, 창의성, 그리고 혁신의 출현을 촉진한다. 반대로 독백monologue에 참여하는 것은 자기주장에 집중하는 것이고, 자신의 관점에서 다른 사람들을 설득한다는 것이다. [*여기서의 독백은 [그림 20.1]에서 '방어'에 해당] 독백에서의 대화는 이미 결정된 대화라고 할 수 있는데, 이는 다른 사람들의 관점뿐 아니라 자기 관점의 본질에 대한 호기심이 부족하기 때문에 발생한다. 숙련된 대화skilled conversation에 참여하는 것조차 새로운 가능성과 통찰력을 창출할 가능성이 작다. 숙련된 대화는 이미 존재하는 것을 바탕으로 새로운 복합적인 결과를 만들어내는 종합 과정인 협상과 같다. 대화형 코칭dialogic coaching만이 심층 탐색과 새로운 통찰력 창출을 가능하게 하는 공간을 만들어 주는데, 이것이 대화형 코칭의 주된 기능이라고 할 수 있다.

컨테이너container

대화에 참여한다는 것은 다른 사람들의 견해와 관점에 대해 호기심을 갖는 것이고, 가볍게나마 자신의 견해와 관점에 대해 목소리를 내는 용기를 갖는 것이다. 경청(Tyler, 2011; Woodcock, 2010)과 목소리 내기voicing(Battilana et al., 2010; Marshak & Grant, 2008)라는 두 가지 특성은 모두 리더십의 기본 속성이다. 단기적인 성과에 초점을 두는 사회적 분위기는 신속한 의사결정과 개인의 책임감을 높게 평가하는 환경을 조성한다. 타인의 의견을 경청하기보다 내 주장을 옹호하는 마음을 더 키울 것 같은 환경인 것이다. 또 불확실성과 취약성은 공개되기보다 통합으로 촉진될 가능성이 커지는 환경이다. 그러므로 대화형 팀 코치dialogic team coach의 역할은 새로운 것이 밝혀질 수 있는, 듣는 것이 안전하다고 느끼는 공간을 만드는 것이다. 아이작스(1999)는 이 공간을 '컨테이너container'라고 명명했고, 창조적인 변화가 일어날 수 있고, 여러 사람의 의견을 담을 수 있을 만큼 충분히 강한 그릇이라고 하였다.

따라서 대화형 팀 코치의 주요 업무는 (1) 컨테이너 구축 준비, (2) 컨테이너 구축 및 유지관리, (3) 컨테이너 종료, 이렇게 세 가지로 정리된다([그림 20.2]).

1. 준비Preparing

계약하기Contracting

대부분 팀 코칭 저자는 팀의 주요 과제가 자신의 집단적 목적을 명확히 하는 것에 있다는 데에 동의한다(예: Clutterbuck, 2007; Hackman & Wageman, 2005; Hawkins, 2014). 그러므로 대화형 팀 코치는 다른 팀 코치와 마찬가지로 팀이 참여하고자 하는 대화의 목적을 확립하는 데 초점을 맞춘다. 계약 과정은 간단하지 않을 수 있다. 팀 리더와 팀 구성원들은 팀 코

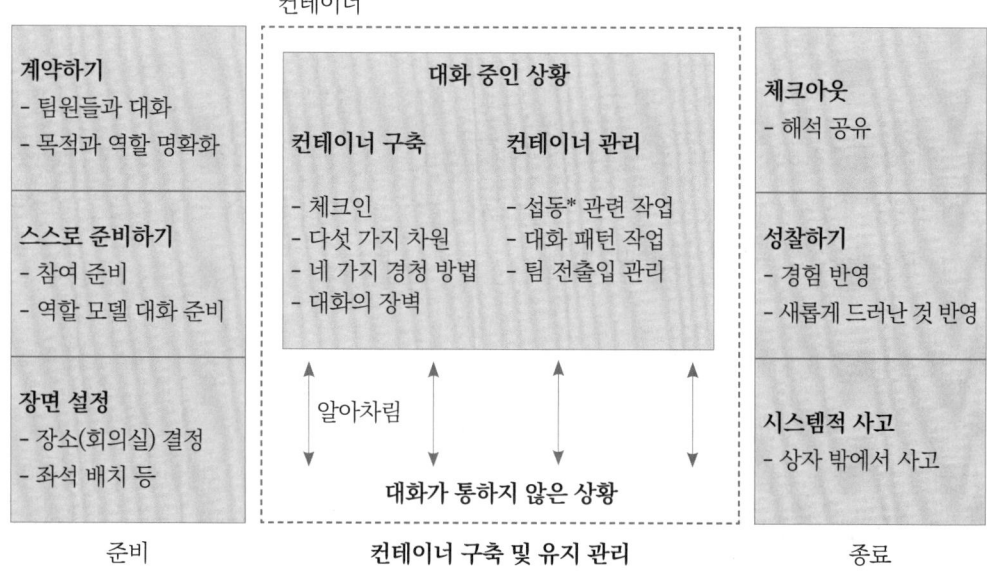

[그림 20.2] 대화 코치dialogue coach의 과업

* 섭동: 행성의 궤도가 다른 천체의 힘에 의해 정상적인 타원을 벗어나는 현상

칭의 목적이 무엇인지에 대해 서로 다른 관점을 가질 수 있다. 또 계약 시점에 대해 코치마다 다른 견해를 가질 수도 있다. 우리의 견해는 다음과 같다.

a) 계약은 상시 과정on-going process이다. 대화를 통해 새로운 통찰력과 아이디어가 생성되면, 새로운 의도와 목적도 등장할 수 있다. 대화형 팀 코치는 대화의 패턴과 목적의 계속적인 진화에 주의를 기울인다.

b) 컨테이너 구축에는 시간이 걸린다. 필요로 하는 컨테이너 규모는 이미 있는 컨테이너 수준에 따라 달라진다. 대화형 팀 코치는 목적을 제시하는 데 주의를 기울이게 되는데, 이때 근본적인 목적은 어느 정도까지 드러날 가능성이 있다.

c) 코칭 계약 전에 팀원들은 컨테이너 구성에 관한 자신의 견해를 공개적으로 표현할 수 있다. 이 프로세스를 통해 코치는 팀 코칭에 대한 대화형 접근 방식이 가장 효과적인 개입인지를 결정하는 시스템적 이슈를 조기에 파악할 수 있다.

스스로 준비하기 preparing self

대화형 코치는 외부 관찰자가 아니다. 팀 코치는 팀 구성원들과 함께 대화에 참여하기 위해 그곳에 있는 것이다. 동시에, 코치는 컨테이너를 만들고 관리하는 데 집중해야 한다. 대화형 코치는 다른 전문가(예: 공동 코치 co-coach 또는 코칭 수퍼바이저)의 도움을 받아 적절한 준비를 해야 하는 까다로운 역할을 수행하게 된다.

장면 설정 scene setting

사무실 한가운데 유리 벽이 가로막고 있는 방에서 테이블에 둘러앉아 컨테이너를 만들려는 시도는 성공할 것 같지 않다. 다른 직원이 리더를 찾으러 올 것 같고, 휴대폰을 쳐다보고 싶은 유혹이 너무 강해져서 저항할 수 없는 산만함이 가득한 환경이다. 대화형 코치는 계약 과정의 일환으로 팀과 장면 설정 scene setting 수준을 결정한다. 일부 대화형 코치는 테이블과 책상을 함께 사용하는 것을 좋아한다. 사람들을 장벽이 없는 의자에 원형으로 앉히는 것은 대화를 위한 실용적인 설정이다. 원형 구조에서는 모두가 서로를 바라볼 수 있고, 상대방이 하는 말에 비교적 쉽게 주의를 기울일 수 있다. 이런 세팅의 필요성은 사람들이 본인의 전자기기를 보고 있을 때 더욱 분명해진다. 팀의 모든 구성원의 시선에 갑자기 모이는 것 또한, 치료나 공동체 노래와 비교되는 대립적인 경험이 될 수 있다! 어떤 장면 설정이 합의되든 참가자들에게 그 설정을 선택하게 된 이유를 설명하면서 연습의 목적과 연계하는 것이 현명한 방법이다.

2. 컨테이너 구축 building the container

컨테이너를 만드는 공식은 없다. 컨테이너를 만드는 것은 어느 정도 직관적인 프로세스이며, 시간이 지남에 따라 팀 코치는 더욱 능숙하게 해낼 수 있을 것이다. 이 절에서는 실무자들이 동료들에게 어떤 접근 방식을 사용하는지 배우도록 격려하면서, 몇 가지 통찰력과 관점을 공유하고자 한다.

체크인 checking-in

대화에 참여하는 것은 그 순간에 존재하는 것이다. 산만함의 원천은 바로 옆에 있는 것에만 국한되지 않는다. 예를 들어, 딸이 아침 11시에 시험결과를 받는다는 사실을 알고 있다면, 이는 내가 대화에 온전히 집중할 수 있는 능력에 영향을 미칠 것이다. 그렇지만 누군가가 내 이런 이유를 모른 채 내가 산만하다는 것을 알아차린다면, 그들은 내 산만함을 설명하려고 '그는 지루해하고 있고 이 팀에서 일하는 데 관심이 없다'라며 이야기를 꾸며낼 것이다. 매 세션을 시작할 때마다 체크인을 하는 목적은 사람들이 더 넓은 시스템에서 어떤 일이 일어나는지 준비하도록 돕고자 하는 데 있다. 다시 한번 강조하면, 체크인의 목적을 설명하는 것은 매우 중요하다. 그렇지 않으면 팀들이 스스로를 공개하지 않는 일상과 다를 바가 없게 된다. 예를 들어, 우리가 그 큰 사업을 따냈는지 듣기를 기다리며 내가 초조해하고 있다는 것은 말하지 않고, '난 괜찮아, 일할 준비가 됐어'라고만 말할 수 있다.

다섯 가지 차원 five dimensions

아이작스(1999)는 최적의 대화 조건을 만들기 위해 실천가가 참고할 수 있는 다섯 가지 차원을 제안하였다.

1. 이상 ideal을 일깨워라. 대화에는 목적이 있다. 집단이 대화를 통해 표출하는 것을 더 명확하게 표현하도록 돕는 것이 컨테이너를 만드는 데 도움이 된다.
2. 큰 소리로 꿈꾸는 것을 지지하라. 대화는 듣는 것뿐만 아니라 목소리를 내는 것도 중요하다. 우리는 모두 어느 정도 스스로를 검열한다. 사람들이 그들의 마음속에 있는 것을 말하게끔 독려하는 것은 더 큰 위험을 감수하게 할 것이다.
3. 경청을 깊게 하라. 사람들이 큰 소리로 꿈을 꾸면 어떤 일이 일어날까? 대화형 코치는 사람들에게 더욱 경청해야 하고, 더 많은 호기심과 판단력을 가지고 경청하도록 독려해야 한다.
4. 상대방이 안전감을 느끼게 하라. 만약 전적으로 경청에만 초점을 맞추고 판단력이 저하된다면, 이것은 사람들이 도전을 회피하는 결과를 초래할 수 있다. 대화형 코치는 사람들이 도전하도록 격려한다. 이러한 맥락에서 존중은 모든 이의 관점이 타당하다는 견해를

갖는다는 것을 의미한다.
5. 사람들을 잠시 멈추게 하라. 사람들이 도전에 어떻게 반응하는가? 그들은 곧장 도전을 반박하는가? 아니면 도전의 본질을 탐구하려고 하는가?

네 가지 경청 방법 four ways to listen

'깊은 경청', '적극적인 경청'과 같은 아이디어가 항상 사람들에게 울려 퍼지는 것은 아니다. 누군가가 말하는 것에 정말 열심히 귀를 기울이려는 진정한 시도를 할 수는 있지만, 여전히 의도된 메시지와 연결하는 데는 성공하지 못한다. 너무 열심히 들었기 때문에 상대가 말한 모든 단어를 되짚어 말할 수 있었을지도 모르지만, 상대의 근본적인 의도를 의심하지는 않았기 때문에 그 단어의 의미를 잘못 해석할 수 있다. 연구를 통해, 여러 가지 경청 방법에 관해 이야기하는 것이 유용하다는 것을 발견했고 경청 모델을 고안해냈다([그림 20.3]). 소음 경청 listening for noise은 방 안에 또 다른 목소리가 존재하지 않는다고 간주한 채 듣는 것을 의미한다. 이것은 모든 에너지가 나를 옹호하는 데에만 집중될 때, 듣는 방법이다. 어느 누구에게 방해받지 않고 내 입장을 옹호하고 있을 때 대화를 잠시 중단하고 경청한다. 만약 단어를 듣고 있다면 listening for words, 상대가 말하는 내용에는 주의를 기울이지만, 그 각각의 단어에 자신만의 의미를 부여하고 있을 것이다. 근본적인 의도를 경청하는 것 listening for intention은 질문을 명확히 하고 다른 말로 바꾸어 말하는 것을 동반할 가능성이 있다. 마지막으로, 만약 정체성에 귀를 기울인다면 listening for identity, 상대가 말하려고 하는 것뿐만 아니라 왜 그것을 말하려고 하는지에 관심을 갖게 될 것이다. 상대가 말하는 것이 그의 가치, 믿음, 그리고 삶에서의 경험들과 어떻게 관련이 있는지 이해하려고 노력한다. 이 경청 모델을 팀과 공유하여 무조건 한 가지 방법으로

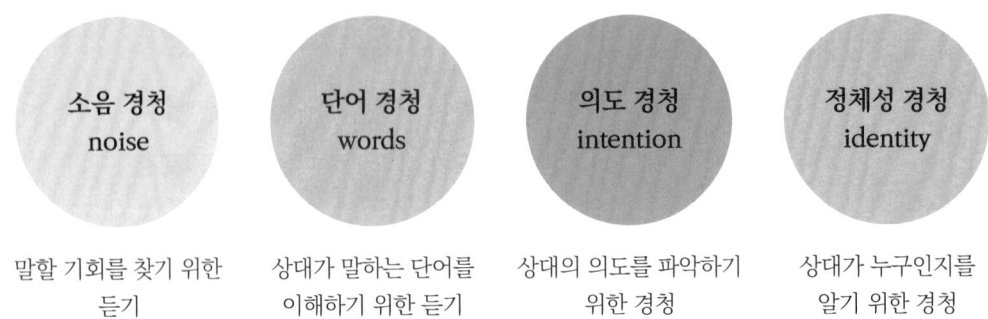

[그림 20.3] 경청의 4가지 방법

듣기 위해 많은 에너지를 쏟는 대신, 네 가지의 다른 경청 방법을 적용해 볼 수 있을 것이다.

대화의 장벽 barriers to dialogue

아이작스(1999)는 컨테이너 구축에 방해가 될 수 있는 요소인 대화의 네 가지 장벽을 언급했다.

1. **추상적 개념**. 단순화를 통해 복잡성을 이해하려고 시도한다. 모델화하여 생각해보는 것은 단순화 전략 가운데 하나가 될 수는 있다. 세상을 이해할 수 있는 모델을 머릿속으로 만들지만, 무의식 중에 그 모델들이 마치 '현실'을 구성하는 것처럼 생각하고 행동할 수 있다. 예를 들어, 당신은 마케팅 일을 하고 나는 영업 일을 하고 있다고 가정해보자. 비록 추상적인 모델일 뿐이지만, 이 정신적 구조가 나에게 다가올 현실로 인식하게 할 수도 있다. 그러나 내가 생각한 추상적인 개념들이 상대가 생각한 추상적인 개념들과 충돌한다면, 서로 간의 대화는 독백 형식이 될 가능성이 높다.
2. **옛 추억 회상**. 어떤 문제에 직면했을 때, 자연스럽게 과거로 돌아가서 효과가 있었던 경험을 찾는다. 만약 내가 과거에 효과가 있었던 경험에 지나치게 애착을 갖게 된다면, 내 과거의 경험은 상대의 과거 경험과 부딪치게 될 것이고, 결국 대화는 독백 형식으로 끝나게 될 것이다.
3. **확실성**. 많은 사람은 모든 질문에는 하나의 최선의 답이 있다고 생각한다. 즉 확신을 좋아한다. 일반적으로 조직을 운영하는 경영진과 이사회에 확실성을 제공해줄 것을 요구하지만, 이러한 확실성에 대한 추구는 대화에 방해가 될 수 있다.
4. **판단력**. 대부분 사람은 판단한다. 그리고 판단하지 않기가 어렵다는 것을 안다. 만약 이러한 판단에 대해 알아차리지 못한다면, '판단 충돌'에 휘말릴지도 모른다.

3. 컨테이너 유지관리 managing the container

섭동 攝動(역주: 행동을 다스림) 관련 작업 working with perturbance

대화 중 이견이 표면화되면 팀 내 긴장감이 올라갈 수 있다. 컨테이너 container 는 그 장력을 견딜 수 있을 만큼 강해야 한다. 서던Southern(2015)은 컨테이너의 내용물이 거품을 일으키기 시작할 때 발생하는 일에 대해 체계적으로 생각할 수 있도록 간단한 피라미드 모델을 설명했다([그림 20.4]).

1. 팀은 먼저 **사건**event에 집중할 수 있다. 예를 들어, 수Sue가 데이비드David에게 소리를 지르고 화를 내며 방에서 나간다. 만약에 팀이 단지 이 사건에만 집중한다면, 그것은 판단의 단일론적 교환monologic exchange of judgements에 들어갈 가능성이 있다.
2. 팀은 사건event보다 더 깊이 살펴볼 수도 있다. 즉 팀은 행동 패턴을 강화하는 정책, 규칙 및 시스템 등 **지지 구조**supporting structure에 주의를 기울일 수 있다. 수가 방에서 나간 이유는 토론할 수 없는 문제를 논의하려는 시도가 지지를 받지 못해 좌절했기 때문일 수 있다.
3. 더 깊이 들어가 보면, 팀은 **행동과 대화 패턴**pattern of action and conversation에 주의를 기울일 수 있다. 수의 행동은 팀 전체의 대화 패턴 측면에서 본다면 다른 의미를 갖는다. 다음 절에서 이를 더 자세히 설명하겠다.
4. 마지막으로 행동 패턴 아래에는 **신념과 가정**belief and assumption이 있다. 어떤 구성원들은 수의 행동이 부적절하다고 느낄 수 있는 반면, 또 다른 구성원들은 수의 열린 감정 표현이 의사소통을 위한 중요한 수단이라고 생각할 수 있다. 팀이 상호작용하는 방법은 그 방안에 존재하는 다양한 신념과 가정을 반영하게 된다.

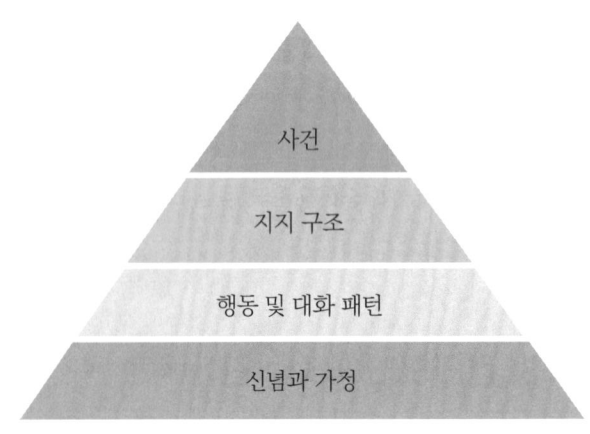

[그림 20.4] 컨테이너 내부

대화 패턴 작업 working with patterns of conversation

대화형 코치는 팀원들의 대화 패턴을 알아차리고, 그 패턴에 관해 서로 이야기할 수 있게 해 준다. 칸토르(Kantor, 2012)가 그러한 언어의 한 가지 예로써 다층 모델인 '구조 역동 structural dynamics'을 고안해냈다. 구조 역동의 구성요소 가운데 하나는 모든 발언을 네 가지 범주의 하나로 분류하는 틀인 '4인 모델 four-player model'이다. 네 가지 범주는 행동개시를 의미하는 움직임 move, 움직임의 확인과 완료를 의미하는 팔로우 follow, 움직임을 수정하고 도전하는 반대 oppose, 대화 또는 환경적 맥락에 대한 관점을 제공하는 방관 bystand으로 구성된다. 4인 모델을 통해 팀은 고착된 패턴을 식별하고 이러한 패턴에서 벗어날 수 있게 된다. 고착된 패턴의 예로는 정중한 순응이다. 반대 의견 부재, 방관, 팀 리더가 제시하는 모든 제안에 모두 동의하는 행동을 보인다. 또 다른 예는 팀원들이 반복적인 토론 패턴으로 참여하는 경우이다. 팀은 사실상 팀 구성원들이 함께 만든 대화의 특정 패턴으로 되돌아가는 경향이 있다. 팀 코치의 역할은 팀이 민첩하게 상호작용 패턴을 관리할 수 있게 돕는 것이다.

팀 전출입 관리 managing arrivals and departures

팀은 팀 구성원 간, 팀 구성원과 팀 외부인 간의 역동 관계를 가진 역동적인 독립체이다. 구성원들은 오고 가지만, 이것이 항상 모델에 반영되는 것은 아니다. 몇 달 동안 함께 일하면서 저성과자가 떠나고 신입 직원들이 들어오는 과정을 경험해왔다. 그런 다음 코칭이 시작되었다. 사람들이 예상치 못하게 떠나게 되거나 외부 의제로 인해 팀을 재구성해야 하는 일들이 생겼다. 팀 코치의 역할은 팀이 컨테이너의 온전함 integrity of the container에 초점을 잃지 않고 변화를 탐색할 수 있도록 돕는 것이다. 팀은 구성원들을 환영하고 작별 인사를 하기 위해 새로운 의식을 만들어 내야 할 필요가 있을 것이고, 팀의 역동 관계는 끊임없이 유동적이라는 생각을 받아들여야 할 것이다.

4. 종료 exiting

체크아웃 checking-out

체크아웃은 체크인의 반대 개념이다. 대화를 종료하는 팀 구성원들은 그 경험에 대한 해석을 가지고 떠나게 되는데, 코치가 떠날 사람들에게 각자의 해석을 공유할 수 있는 자리를 마련해 주지 않는다면, 사람들은 상충되는 해석을 가지고 현업으로 돌아가게 될 것이다. 체크아웃은 대화의 끝을 알리는 일종의 의식으로, 사람들이 자신이 경험한 것을 공개적으로 말하고, 다른 사람들의 경험에 귀를 기울이는 풍성한 대화의 끝을 의미한다. 다시 한번, 체크아웃의 중요성을 강조하고자 한다. 체크아웃을 간과하면 '수가 방을 떠나게 된 이유에 대해 아직도 생각해 보고 있어'라는 말 대신에 '좋았어'와 같은 표면적인 말만 하는 일상으로 팀이 회귀할 수 있다.

성찰하기 reflecting

대화형 팀 코칭은 정의상 다른 팀 코칭 형태보다 덜 구조화 되어있다. 만약 변화라는 것이 긴급하고 예측할 수 없다는 생각에 동의한다면, 사건들 자체로 인해서가 아니라 그 사건들에 대한 반응에 의해 놀라게 되는 경우가 많을 것이다. 자기성찰은 자주 순환하는 것이고(Bachkirova, 2011), 그래서 예를 들어, 대화형 팀 코치는 수퍼비전을 통해 다른 사람들과 함께 성찰할 수 있다. 팀 코치가 팀과 어떻게 계약했는가에 따라, 코치는 팀 리더의 성찰을 용이하게 하는 역할을 수행할 수도 있다.

시스템적 사고 thinking systemically

대화형 코치의 또 다른 역할은 팀이 더 넓은 시스템에서 팀 기능 function을 고려하도록 장려하는 것이다. 코칭 방에서 일어난 일에 대해 질문하는 것은 한 가지 질문이지만, 일부 저자가 정의한 대로(Hawkins, 2014) 이것은 진정한 시스템적 관점은 아니다. 코치는 방 안에서 일어난 일이 방 밖에서 일어나고 있는 일을 어떻게 반영하는지 성찰할 수 있어야 한다. 개인이 조직 시스템 전체의 구성요소일 뿐인 것처럼, 팀 또한 조직 시스템 전체의 구성요소일 뿐이다. 물론 팀은 더 복잡하고 흔히 더 활동적인 구성요소이긴 하다.

결론

이 장에서 대화 및 변화 이론을 활용한 팀 코칭에 대한 특정 접근 방식을 개략적으로 설명하였다.

핵심 의도는 대화dialogue 원칙과 이러한 원칙들이 어떻게 특정한 하나의 표현으로 나타날 수 있는지에 대한 개요를 제시하는 것이었다. 대화형 팀 코칭의 중심에는 '컨테이너'가 있다. 컨테이너는 사람들이 새로운 관점을 즐기고, 말할 필요가 있는 것을 말하고, 대화에 참여하기에 안전하다고 느끼는 목적의 공간이다. 대화를 통해 새로운 통찰력과 이해 수준이 드러난다. 이러한 형태의 코칭 방식을 더 자세히 탐구하고자 하는 분들을 위해, 대화 영역과 조직 변화에 대한 대화적 접근법에 관해 더 많이 읽을 것을 권한다. 또 코치는 대화형 코칭 방식에 관심이 있는 다른 팀 코치들과 함께 작업하고, 경험이 풍부한 팀 코치 관리자의 지원을 받는 등 점차적으로 자신의 실무에 도입하는 방안을 모색할 것을 권장한다.

참고문헌

Bachkirova, T. (2011). *Developmental coaching: Working with the self*. Maidenhead, England: McGraw-Hill.

Battilana, J., Gilmartin, M., Sengul, M., Pache, A., & Alexander, J. A. (2010). Leadership competencies for implementing planned organizational change. *The Leadership Quarterly, 21*, 422-438.

Bushe, G. R., &Marshak, R. J. (Eds.). (2015). *The theory and practice of transformational change*. Oakland, CA: Berrett-Koehler.

Clutterbuck, D. (2007). *Coaching the team at work*. London, England: Good News Press.

Grant, D., &Marshak, R. J. (2011). Toward a discourse-centered understanding of organizational change. *Journal of Applied Behavioral Science, 47*(2), 204-235.

Hackman, J. R., &Wageman, R. (2005). A theory of team coaching. *Academy of Management Review, 30*(2), 269-287.

Hawkins, P. (2014). *Leadership team coaching in practice*. London, England: Kogan Page.

Isaacs, W. (1999). *Dialogue and the art of thinking together*. New York, NY: Doubleday. 『대화의 재발견』 정경옥 역, 에코리브르. 2012.

Jabri, M., Adrian, A. D., & Boje, D. (2008). Reconsidering the role of conversations in change communication: A contribution based on Bakhtin. *Journal of Organizational Change Management, 21*(6), 667-685.

Kantor, D. (2012). *Reading the room*. San Francisco, CA: Jossey-Bass.

Marshak, R. M., &Grant, D. (2008). Organizational discourse and new organization development practices. *British Journal of Management, 19*, S7-S19.

Peters, J., &Carr, C. (2013). Team effectiveness and team coaching literature review. *Coaching: An International Journal of Theory, Research and Practice, 6*(2), 116-136.

Southern, N. (2015). Framing inquiry: The art of engaging great questions. In G. R. Bushe & R. J. Marshak (Eds.), *The theory and practice of transformational change*(pp. 269-290). Oakland, CA: Berrett-Koehler.

Thurlow, A., &Helms Mills, J. (2009). Change, talk and sensemaking. *Journal of Organizational Change Management, 22*(5), 459-479.

Tyler, J. A. (2011). Reclaiming rare listening as a means of organizational reenchantment. *Journal of Organizational Change Management, 24*(1), 143-157.

Werkman, R. (2010). Reinventing organization development: how a sensemaking perspective can enrich OD theories and interventions. *Journal of Change Management, 10*(4), 421-438.

Woodcock, C. (2010). The listening guide for coaching: Exploring qualitative, relational, voice- centred, evidence-based methodology for coaches. *Coaching: An International Journal of Theory, Research and Practice, 3*(2), 144-154.

3부

훈련과 교육

21장. 가상 팀 코칭
연구에서 습득한 기술

저자: 팸 밴 다이크Pam Van Dyke

역자: 우성희

코칭은 과거에도, 현재에도, 많은 연구자, 이론가의 아이디어와 이론을 아우르는 복합적이고 역동적으로 진화하는 분야다. 코치들은 성과를 개선하기 위해 수십 년간 애써왔다(Short & Short, 2005). 비록 운동선수 코치들이 처음 시작했다고 해도(Gallway,1976), 코치들은 음악, 언어, 드라마 등 다양한 분야에서 더 나은 성과를 목적으로 개인들을 도와왔다. 사업가들도 성과 향상을 위해 코치들을 찾고 고용해왔다(Weller & Weller, 2004).

세계화로 조직이 더욱 복합적으로 구성되면서 성과 향상과 효과적으로 리더십을 달성하는 것도 더 복잡해졌다. 조직은 리더의 효율성을 향상하기 위해 임원코칭을 선택하는데(Weller & Weller, 2004), 이는 연구자들의 관심이 높아지면서 기업에서 널리 사용되는 성과 전략이다 (Kampa-Kokesch & Anderson, 2001). 연구문헌은 지난 10년간 크게 성장했지만, 아직 현실적으로 차이가 있고, 그 가운데 하나가 '그룹 코칭 환경'이라는 연구다. 코칭 분야가 독립적인 직업으로 인식되기까지 많은 일이 남아있다.

어느 분야든 성과 향상을 위한 첫 단계는 개선 필요성을 확인하고 인식하는 것이다. 그런 자

팸 밴 다이크 Pam Van Dyke: 입증된 코칭 방법론을 사용하여 다양한 역량과 상황에서 개인, 팀, 그룹을 코칭했으며, 대면과 가상 모두에서 이를 수행했다. 평생 학습자인 팸은 6개의 학위와 PCC 코칭 자격증을 보유하고 있다.

기 인식은 스스로 얻기 어려우며, 통찰력은 흔히 다른 사람들의 도움을 받아 향상되는 경우가 많다(Kets de Vries, 2005). 일대일 코칭이 효과적이지만, 많은 경우 그룹 기술을 사용하여 개인 수준에서 헌신과 책무성을 더 향상시킨다(Cohen & Bailey, 1997; Hogg & Tindale, 2003; Kets de Vries, 2005). 개인이 속한 집단은 인식, 감정, 행동에 관한 근간이다(Lewin, 1945). 그룹으로서 참여하게 되면 개인으로서는 성취하기 어려운 개선과 결과로 이어질 수 있다(Kets de Vries, 2005).

개선이 필요한 영역을 인식하고 해결할 수 없는 리더는 자신을 위험에 빠뜨린다. "문제점을 보지 못하는 경영자는 자신의 문제로 인해 효율성과 경력이 위험에 처하게 된다(Kaplan, 1991, p.3)." 가장 큰 문제는 자신의 약점이 아니라 본인의 경험을 인정하고 배우지 못하는 것이라고 카플란Kaplan은 생각한다. 정확한 자기 평가를 개발하는 것이 리더들이 알아야할 가장 기본적인 도전 가운데 하나이다(Kaplan, 1991).

다른 사람들의 인식을 높이기 위해 사용하는 한 가지 접근 방식은 '그룹'이라는 수단이다. 그룹은 개인들이 일대일로 경험하는 것보다 더 빠르게 (Lewin, 1945) 더 깊고 유의미한 수준에 다다를 수 있도록 도와준다. 흔히 정식으로 구성되었든 아니든, 그룹이라는 수단은 다른 사람들의 변화를 일으키는 데 매우 강력하다. 공식 그룹, 비공식 그룹, 가족 그룹, 조직 그룹, 태스크 그룹, 서바이벌 그룹, 테라피 그룹 등 모두 변화되는 경험을 하게 된다(Bion, 1961). 그룹의 일원이 됨으로써 각자는 실제 자신보다 더 넓어지고 커지는 그리고 더 나은 경험을 하게 된다. 그룹의 멤버가 되는 것은 우리의 자아를 충족시켜주는 방법이다(Kets de Vries, 1991). 그룹은 사람들의 삶을 변화시켰고, 개인과 조직의 생산성을 변화시키는 원동력이 되었다. 반면에, 일대일 개입interventions은 같은 수준의 효과가 없었다(Stober & Grant, 2006).

이 연구는 그룹 경험과 코칭이 교차되는 점에 자리하고 있다. 이 연구는 개인의 목표를 성취하기 위해, 그룹 프로세스라는 수단을 이용하여 전문적인 임원코치의 코칭을 받는 개인들의 집단 탐구로 정의할 수 있다. 비즈니스 전문가들이 가상 그룹 코칭 과정을 경험하는 방법을 조사하고 이해하면 리더십 개발과 그룹 역동group dynamics에 유익한 통찰력을 탐색할 수 있을 뿐만 아니라 성인들이 가상의 커뮤니티에서 학습하는 방식에 대한 통찰력을 얻을 수 있을 것이다. 이런 통찰력은 코칭과 그룹 역동 연구에 기여할 수 있으며, 그 결과 이 연구의 결론으로 더 효과적인 리더가 등장할 수 있다.

배경

메리 베스 오닐Mary Beth O'Neill의 책 『임원코칭의 근간과 진수』의 첫째 줄에 "나는 임원코치를 목표로 삼지 않았다. 나는 그렇게 진화했다(O'Neil, 2000, p.xi)."라는 문장이 있다. 이는 성인 교육, 비즈니스, 경영학 분야의 변화 주체가 어떻게 코칭에 관심을 두고, 전문 코치로 일하는지를 말해준다(Grant, 2003).

코칭은 변화와 성장을 위한 효과적인 수단으로 신뢰성을 갖춘 실행 가능한 분야로 자리매김하는 과정에 있다(Kets de Vries, 2005 ; Stober & Grant, 2006).

> 코칭 실습을 과학과 기존의 적용 가능한 지식 기반과 연결하는 것은 신뢰성을 높인다. 그리고 주로 기술과 스킬에 초점을 맞추는 것에서 코치 교육의 관련 지식을 더 넓고 깊게 이해하는 것으로 전환하는 중요한 단계다.
>
> (Stober & Grant, 2006, p.1)

동시에 코칭 서비스의 소비자인 인사 담당자와 조직은 그들을 위해 코치를 고용하는 방법이 더욱 정교해졌다. 이들은 코치가 실시하는 평가부터 보유한 자격 증명에 이르기까지 질문한다. 5년, 심지어 10년 전에도 마찬가지였다(Brok, 2008). 게다가 코칭 계약을 맺기 전에 개인과 기업 고객 모두 객관적 사실들, 코칭에 관한 데이터를 요구한다. 이는 코칭 효과에 대해 다른 유형의 코칭 대화를 강요하는 것이다(Grant, 2003).

이러한 요구에 부응하여 사이언티스트-프랙티셔너 모델scientist-practitioner model(역자주: 볼더 모델Boulder Model이라고도 하는 이 모델은 응용심리학자에게 연구와 과학적 실천의 기초를 제공하는 대학원 프로그램을 위한 교육 모델임), 그리고 코칭 관련 연구에 대한 관심이 지난 10년간 나타났다. 실증 연구empirical research 논문은 1993년 이후로 네 배가 증가했다(Stober & Grant, 2006).

코칭에 관한 최초의 검토 논문은 1937년에 출판되었으며, 1937년에서 2009년 5월 1일 사이에 총 518편의 논문이 출판되었다. 1937년에서 1999년사이의 62년동안 총 93개의 박사학위 논문과 실증 연구들이 이루어진 반면, 2000년에서 2009년 5월까지 총 425편의 박사학위 논문, 실증 연구 등이 발표됐다. 1980년 이후로 156개의 연구결과가 출판되었으며, 104건의 사례연구, 36개의 대상 관련 연구, 그리고 16개의 주제 간 연구가 있다. 주제 간 연구 중 12건 만이 랜덤 연구였으며, 코칭에 대해 확실한 근거 기반 접근 방식으로 더 나아가기 위해서는 더 많은 주제 간 연구, 특히 무작위 결과 연구가 필요하다(Grant, 2009, p.113).

코칭 분야에서 많은 경험적 데이터가 늘어났지만, 팀 코칭과 그룹 코칭이 특히 어떻게 정의되어져 왔는지에 관한 유효한 연구는 없었다. 동료 코칭, 팀 코칭, 그룹 코칭이라는 용어를 더 자세히 살펴봤을 때, 그 용어를 언급한 문헌은 내 연구의 초점을 반영하지 못했다. 예를 들어, 현 연구문헌에서 그룹 코칭이라는 용어가 사용되었을 때, 흔히 팀 코칭 또는 동료 코칭이라는 용어와 같은 의미로 사용된다(Aplleby & Phillips, 2007; Barrett, 2006; Brock, 2008; Goldsmith, Morgan & Ogg, 2004; Kets de Vries, 2005; Showers, Murphy & Joyce, 1996; Thorn, McLeod & Goldsmith, 2007). 이로 인해 코칭 커뮤니티 내에서 상당한 혼란이 생겼으며, 경우에 따라 이러한 코칭 방법론에 관한 설명이 늦춰지기도 했다.

이는 전반적으로 코칭에 대한 관심이 높아지고 있지만 비즈니스 전문가를 위한 그룹 코칭에 관한 이해와 범위가 이론적으로 명확하지 않다는 점을 강조한다. 정의가 명확하지 않다는 사실은 용어를 같은 의미로 사용하는 전문가들 사이에서 혼란을 일으킨다. 또 직업으로서의 코칭에 대해 자주 언급하지만 코치들 사이에서도 직업으로서의 기술에 관한 합의가 여전히 부족하다. 여기에는 진입 장벽, 공유된 이론과 지식 체계, 대학 수준의 공식 자격, 회원 규제 방법, 윤리 강령과 표준으로 인정되는 공인 국가 자격 또는 면허규정이 포함된다(Bullock, Stallybrass, & Trombley, 1988; Williams, 1995).

'직업profession'이라는 단어 자체는 '주장하다profess'라는 단어에서 유래했으나, 원래는 인정이나 선언을 가리키는 종교적인 언어였다. 신학, 의학, 법률의 세 가지 확립된 학문들에 따르면, 직업 또는 학문에는 다음의 것들을 갖고 있어야 한다.

- 직업의 목적과 목표를 명시한 정의된 범위
- 교육, 경험, 전문성 개발을 위한 자격 요건
- 주어진 환경에서, 해야 할 것과 하지 말아야 할 것을 안내하는 전문적인 행동 양식
- 전문성 유지를 위한 공인 인증
- 다른 동료 그룹과 일치하는 표준(Williams, 1995).

이 목록을 살펴보면 코칭 분야가 코칭계 안팎에서 인정받는 직업으로 완전히 자리잡기 위해서 아직 해야 할 일이 있다. 일부 영역에서는 구성원에 관한 행동규범, 범위와 기준이 명시되어 있지만 널리 확산되지 않았다. 코칭 프랙티셔너에게 명확히 도움이 되는 이 분야의 실증 연구는 비교적 적다(Natale & Diamante, 2005).

코칭에 관한 관심이 높아지면서 코칭 관련 출판물이 많아져 코칭 문헌 저변을 늘리는 데 전반적으로 도움이 되고 있다. 더 많은 연구가 진행되고, 동료 평가peer-reviewed 논문들이 나올수록 코칭 분야에 관한 이해도는 높아졌다. 그러나 여전히 그룹 코칭과 관련된 문헌은 현저하게 차이가 난다.

분야가 발전함에 따라 경험적으로 검증된 지식과 엄격한 검토와 출판 과정 그리고 합의된 공통 언어로 견고한 기반을 구축해야 한다(Grant, 2004). 어느 분야이든 새롭게 시작하는 분야에서는 정의, 관행, 또는 범위가 합의되지 않아서 어려움을 겪는다(Skiffington & Zeus, 2008). 이러한 점을 생각하여 그룹 코칭에 관한 연구를 하기로 했으며, 실증적 연구에 공헌하기를 기대한다.

가상 작업공간

언제, 어디서든 가능한 업무가 비즈니스의 새로운 패러다임이 되었다. 오늘날 많은 조직에서 원격으로 일하는 것은 새로운 현실이 되었다. 어디서, 언제, 어떻게 일하는지 전체적인 의미와 맥락을 살펴보자. 인터넷 시대는 디지털 시대로 바뀌었고, 상황이 매우 빠르게 진행되므로 우리의 관심을 끌 새로운 디지털 매체가 등장하는 데는 일주일도 걸리지 않는다.

오늘날 기술이 비즈니스 수행방식을 바꾼 것은 틀림없다. 기술 사용이 늘어남으로써 여러 수준에 있는 직원들 사이의 상호작용 패턴을 변화시켰다. 업무 수행이나 프로젝트 완료, 그리고 개인 개발은 더는 대면으로만 이루어지지 않는다. 이런 변화와 기술 발전은 직원들의 일상 업무와 생활 방식을 변화시켰다. 더구나 글로벌화의 영향으로 조직은 기존의 사무 환경에서 벗어나 가상으로 확대되었다.

2018년 현재, 디지털의 통합, 상호작용 없이는 업무 현장을 생각하기 힘들다. 한 설문 결과 CEO 가운데 34% 이상이 2020년까지 직장의 50% 이상 원격으로 바뀔 것이라고 답했다(Pudwell, 2016). 우리가 만든 가상의 디지털 세계는 더는 부분적인 것이 아닌, 완전한 힘을 가지고 존재한다.

기술 변화는 어떻게 리더십 개발 방법을 제공하게 되는지와 코칭을 포함한 비즈니스 세계의 모든 영역에 영향을 주었다. 인터넷, 전화를 통해 고객과 가상으로 코칭을 하는 선호도와 능력에 관한 기대가 높아지고 있다. 현재도 개인, 팀, 그룹을 포함한 코칭의 85% 이상이 가상으로 이루어진다. 이같이 선호도가 높아짐에 따라 지속적인 교육과 가상 코칭 효과를 보여주는 연구는 중요하다.

가상 팀

세계화와 통신기술이 발전함에 따라 조직의 업무수행 방법으로 가상 팀을 설립하고 활용하는 것이 점차 일반화되었다. 이는 새롭게 일하는 방법이며, 어떤 상황에서는 필수여서 시작한 것이 이제는 일을 완성하는 데 선호하는 방법이 되었다. "순식간에, 사람들은 일을 하기 위해 더는 같은 장소에 있지 않아도 된다. 지금은 많은 사람이 거리, 시차, 그리고 물리적 조직 경계를 초월한 가상 팀에서 일한다(Lipnack & Stamps, 1997, p.1)." 최근에 키스 페라지Keith Ferrazzi는 그의 저서인 『올바른 가상 팀 구성』에서 1,700명 이상의 직원을 대상으로 설문조사를 했으며, 이 가운데 79%가 원격 또는 분산된 팀에서 빈번하게 작업한다고 답했다(Ferrazzi, 2014).

조직은 지리적 위치에 관계없이 조직 전체의 직원을 활용함으로써 얻을 수 있는 이점을 인식하기 시작했다. 다시 말하면, 상황에 따라 팀 구성원은 조직의 다른 부서 사람들과 다른 세계에 있는 사람들의 아이디어와 관점으로부터 이익을 얻을 수 있다는 것이다. 어떤 면에서는 행동의 다양성이 되었다. 조직은 전략적으로 다른 관점과 배경, 문화, 지역의 직원들로 팀을 구성할 수 있다. 이는 조직이 다양성에 대한 약속을 어떻게 운영방식으로 구현해낼지를 보여줄 수 있는 기회다. 그리고 그 경험은 모두에게 더 풍부해진다.

가상 팀 정의

와이파이 접속이 쉬워짐에 따라 노트북, 스마트폰, 화상전화 등 여러 다른 정보기기들로 사람들은 언제, 어디서든 일할 수 있게 되었다.

밀레니얼 세대의 유입과 맞물린 디지털 매체 사용의 증가는 가상 팀 작업의 필요성을 강조했다. 이러한 새로운 업무방식에 적응하는 데 힘들어하는 조직이 있는가 하면, 가상 팀을 수년간 운영해온 조직도 있다. 조직은 기능적인 부분, 지리적 경계, 문화, 시차를 넘어 가상 공간에서 일함으로써 얻는 이점을 인식하기 시작했다. 팀 구성원들이 이런 다양성에 노출되었을 때, 사고방식이 확산하고 새로운 발견으로 궁극적으로 조직에 이익이 된다.

나는 가상 팀과 함께 작업하면서 다음과 같이 가상 팀에 관한 몇 가지 정의를 접했다.

- 가상 팀은 '기술을 통해 같은 목적을 성취하기 위해 함께 일하는, 거리를 초월한 분산된 그룹'이다(Brake, 2006, p. 116).
- 가상 팀은 구성원들이 지리적으로 떨어져 있지만, 이메일, 전화, 화상회의, 인터넷 기반 포럼 등 다양한 형태의 커뮤니케이션으로 연결된 팀이다(Lipnack & Stamps, 2010).
- 가상 팀은 물리적으로 다른 위치에 있는 사람들로 만들어진 팀이다(Ferrazzi, 2014).
- 가상 팀은 같은 결과를 내기 위해 함께 일하는 두 명 이상의 단체이나, 물리적으로 같은 장소에 있지 않는다(Van Dyke, 2017).

가상 팀 코칭

지난 10년 동안, 코칭은 성과 향상과 전문성 개발을 위한 방법으로 떠올랐다. 더 많은 조직이 그들 내부의 리더와 팀에 존재하는 성과 격차를 해소하기 위해 코치를 고용한다. 조직 개발 연구에 따르면 5개 팀 가운데 1개 팀만이 높은 성과를 거둔 것으로 간주된다(https://coachfederation.org/blog/index.php/1565/). 이 결과는 많은 양의 시간과 돈이 성과가 저조한 팀에 쓰인 것이므로 주목해야 한다.

조직은 직원들이 잠재력을 발휘할 수 있도록 참신하고 혁신적인 방법을 모색해왔다. 그들에게 새로운 개념을 가르치는 것이 아니라 학습할 수 있도록 지원하는 것이다. 팀 코칭은 성과를 최적화하는 도구이다. 국제코칭연맹International Coaching Federation에서 실시한 조사에 따르면 기업들은 성과를 가속화하기 위해 조직 전체에 코칭을 확대하고자 하는 것으로 나타났다(www.coachingperformance.com/).

점점 더 많은 경영진이 코칭의 이점과 투자수익률ROI을 직접 경험하면서, 코칭은 직원들의 생산성과 성과를 지원하기 위해 중요해졌다. 팀에서 팀 코치를 요구하는 경우도 흔하다. 실행 가능한 해결책으로서, 또는 방법론으로서의 코칭은 경영진에서 팀에 이르기까지 단계적으로 확대되고 있다.

방법론적 실행 가능성

재계와 코칭계, 모두 팀 코칭이 실행 가능한 코칭 방법론으로 효과적인지 의문을 제기했다. 조직은 팀 지원 기능을 요청할 때 팀 빌딩, 팀 퍼실리테이션과 팀 코칭을 혼동한다. 이는 주요 이해관계자들과 소통하는 코치 프랙티셔너가 공통점과 차이점을 명확하게 밝히는 것이 중요하다는 점을 강조한다.

혼란이 존재하지만, 이는 드문 일이 아니며 개인 코칭 초기에 발생했던 것과 비슷하다. 조직 개발 분야는 팀과 리더십 개발 분야, 특히 팀 코칭에 많은 기여를 해왔다. 이는 지난 20년 동안 발생한 상당한 개선과 함께 팀 개발과 관련된 다양한 접근법과 방법론을 조직에 교육하는 데 도움을 주었다(Hawkins, 2014,; Senge, 1990).

팀 코칭과 그룹 코칭에 관한 연구문헌도 증가하여 둘 이상의 코칭 유형과 관련된 다양한 방법과 접근 방식을 더욱 명확히 하는 데 도움이 되었다. 실제로 팀과 그룹 코칭 영역에서 수행한 내 자신의 실증 연구를 통해 팀 코칭의 실현 가능성이 강조되었으며, 이 내용은 이 장 뒷 부분에서 설명한다.

[그림 21.1]은 조직 어디에서 팀 코칭이 발생하는지 묘사한다. 그것은 코칭과 팀 역동, 그리고 조직 환경이 교차되는 지점에서 일어난다.

팀 코칭에서 코칭 계약의 주요 시작점은 온전한 팀 리더에 의해 주도된다(Barrett, 2006; Skiffington & Zeus, 2008). 코치는 팀의 각 개인의 목표가 아닌, 리더의 목표에 초점을 맞춘다. 코칭 계약의 목적은 일반적으로 완전한 하나의 팀으로서 성과나 효과를 개선하는 데 있다.

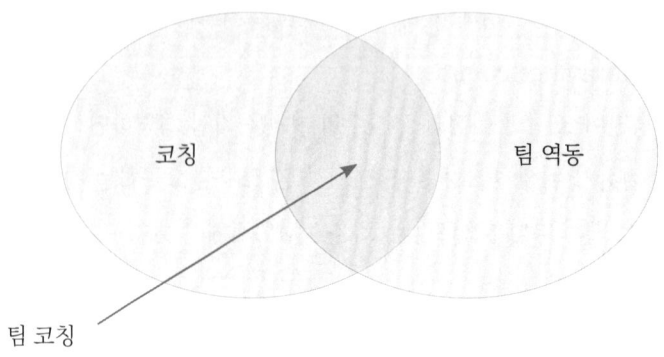

[그림 21.1] 팀 코칭 교차 지점

나는 이러한 코칭 방식을 주로 코칭에 관한 수직적 접근 방식이라고 불렀다. 즉 코치는 리더, 팀 리더 또는 임원 스폰서와 먼저 계약을 맺는다([그림 21.2]). 팀과 계약하기 전에 초기 목표가 결정되며, 어떤 경우에는 코치가 동시에 모든 사람과 계약을 맺기도 한다. 팀 코치는 고객에게 가장 이익이 되는 것이 무엇인지 알고 고객이 누구인지, 즉 리더와 팀 또는 팀 전체를 동일한 고객으로 명확히 하는 것이 중요하다.

팀 코칭은 팀 구성, 신설된 팀 개발, 팀 생산성 향상, 팀 갈등 해결 등에 활용된다. 때로는 팀 코칭은 동료 코칭을 통해 팀 효과성을 높일 수 있다(Appleby & Phillips, 2007; Barrett, 2006; Brock, 2008; Goldsmith et al., 2004; Kets de Vries, 2005; showers et al., 1996; Skiffington & Zeus, 2008; Thorn et al., 2007).

[그림 21.2] 팀 코칭의 정의

대면 코칭

이 영역은 다른 분야보다 전체적으로 인터뷰를 통해 종합적인 의견을 더 많이 구했다. 이 범주의 데이터 양이 많아서 의견들을 검토하고 분석하는 것은 흥미로웠다. 응답은 긍정적이거나 부정적이었다. 예를 들어 "가상 경험을 해서 정말 좋았어요."(참가자 #3) 또는 반대로 "난 일대일로 하는 것이 훨씬 좋아요."(참가자 #5) 같은 것들이다. 가상과 대면에서 참가자들의 선호도 차이에서 중간은 없어 보였다. 의견으로 보았을 때, 21명의 참가자로 이루어진 그룹 조사에서 가상 코칭을 선호한 사람들과 대면 코칭을 선호하는 사람들만 있는 것은 분명했다.

또 대다수가 가상 코칭보다 대면 코칭을 선호하는 것으로 확인됐다. 39개의 의견 가운데 64%는 그룹 경험의 가상적 측면에 대해 부정적이었으며, 나머지 36%는 긍정적이었다. 그렇지만 참가자들이 자주 그들의 대면 코칭과 코칭하지 않는 것의 선호도 차이에 대해 명확히 밝히는 것은 유념해야 한다. 데이터는 아직도 기회, 시간, 환경 조건이 맞아 떨어지면 대면 코칭을 선호한다는 것을 의미한다. 그러나 이 특정한 17명(81%)의 참가자들은 대면을 선호하지만, 결국 가상 팀 코칭 프로세스에서도 아무런 문제가 없었다.

코치 역량

역량은 스킬, 능력, 그리고 지식의 조합이다(Nelson & Ortmeir, 2011). 효과적인 가상 팀 코치가 되기 위해서는 코치 프랙티셔너에게 어떤 역량이 요구되는가? 이것은 내가 진행했던 가상 그룹과 팀 코칭 연구에서 했던 질문이다. 이 장에서는 질문에 관한 결과를 토의할 것이고, 가상 팀 코칭을 진행하며 연관된 두 가지 범주에 관해 탐구할 것이다. 두 가지 범주는 (1) 코칭의 고유한 역량, (2) 가상 코칭에 특화된 역량, 즉 가상 지능 virtual intelligence이다.

내가 인터뷰했거나 가르쳤던 대부분 코치들은 여러 가지 코칭 방식을 수행하는 데 있어서 스킬에 자신이 있었다. 그렇지만 한 가지 이상의 접근 방식을 묻자 그들은 자주 개인 코칭을 이야기했다. 비록 우리 대부분이 친숙하고 편안한 것에 의존하는 것을 이해한다고 해도, 팀을 코칭할 때 몇 가지 특정 스킬이 필요하며, 가상 팀을 코칭할 때는 추가적인 스킬이 필요하다. 이 장에서 강조한 스킬과 역량은 모두 지식과 연습을 통해 기를 수 있다.

가상 팀 코칭에 필요한 몇 가지 역량들은 가상 개인 코칭에서 필요한 역량과 똑같다는 것을 유념해야 한다. 적극적 경청, 신뢰와 친밀감 구축, 강력한 질문 등이다. 이렇게 동일한 스킬이 필요하기 때문에 일부 코치는 팀 코칭을 할 때 동일한 역량을 적용하고 그것으로 충분하다고 생각할 수 있지만 그렇지 않다. 그런 코칭 역량의 필요와 사용에 동의를 하지만, 연구에 따르면 구체적인 가상 팀 코칭 스킬이 필요하다. 그것에 관해 논의해보자.

역량: 비즈니스 통찰력

비즈니스 통찰력의 정의

간단히 이야기해서, 비즈니스 통찰력은 조직이 비즈니스 환경에서 어떻게 운영되는지 기본적으로 이해하는 것이다.

- 비즈니스 상황 판단을 날카롭고 빠르게 하는가
- 기업의 비즈니스 모델에 관한 통찰력, 전략적 방향과 목표를 이해하고 있는가

코칭 스킬

- 조직에 영향을 주는 비즈니스 동향과 문제를 파악할 수 있는 능력
- 팀의 목표와 목적의 맥락 안에서 조직 내 정치, 관행과 동향을 파악할 수 있는 능력
- 조직이 돈을 어떻게 벌고 일을 처리하는지 설명할 수 있는 능력
- 조직 내의 공식, 비공식 네트워크를 식별할 수 있는 능력

스킬 개발 팁

이 스킬을 직접 개발해야만 했던 사람으로서, 스킬을 개발하기 위한 몇 가지 쉬운 방법을 나누려 한다.

- 비즈니스 간행물을 탐독하라.
- 경영 아카데미 등 비즈니스 중심 컨퍼런스에 참석하라.
- 비즈니스 서비스(www.hbr.org, www.aom.org)를 구독하라.

훌륭한 개인 코치는 개인이 활동하는 상황을 이해해야 하지만, 조직 내에서 팀과 함께 일할 때는 개별 코칭 스킬은 어느 수준까지만 다다를 수 있다. 코칭 분야가 사회 각계 각층의 사람들에게 인기가 있고, 일부는 비즈니스 영역 밖에도 자리를 잡았을 수 있다는 점을 고려할 때 특히 그렇다.

역량: 그룹 프로세스

나는 코치들과 그룹 프로세스 연구를 진행했고, 그들을 이 주제로 가르치면서 코치들이 그룹 프로세스의 개념에 낯설어한다는 것을 발견했다. 코칭이라는 것을 어떻게 인식해야 하는지, 개인이나, 그룹, 팀이 목표를 달성하기 위해 효과적으로 코칭을 어떻게 해야 하는지를 말이다. 코치는 가끔 행동, 감정, 그리고 그룹 프로세스에 관련된 행위를 이야기하지만, 더 중요한 것은 그룹 프로세스로서 인지하고, 행동 변화에 영향을 미치는 수단으로 그룹 프로세스를 효과적으로 밝히는 능력은 부족하다.

그룹 프로세스가 잘 연구된 분야라 해도, 가상 팀이나 그룹 코칭 경험에 관해 특히 초점을 맞춘 연구는 거의 없다. 이 분야에서 내가 수행한 경험적인 연구는 내 실무 관행뿐만 아니라 코칭 커뮤니티에서 가상 팀과 그룹 코칭에 관한 대화를 알리는 데 도움이 되었다. 그룹 프로세스를 주제로 한 연구 데이터에는 (1) 그룹 역동group dynamics, (2) 그룹 결속Group cohesion의 두 가지 하위 범주가 있었다. 그룹 프로세스를 깊이 정의하기 위해 각각 이번 절에서 언급하겠다.

에드거샤인Edgar Schein은 그의 저서인 『프로세스 컨설팅Process Consultation』(1988)에서 컨설팅과 관련된 프로세스 컨설팅의 정의를 설명한다. 이는 그룹 프로세스를 이해하는 데 좋은 토대를 제공하며 팀 코칭의 논의에도 적용할 수 있다.

> 프로세스 컨설팅이란, 고객이 정의한 상황을 개선하기 위해 고객의 환경에서 발생하는 프로세스 이벤트를 인지하고 이해하며 이에 따라 행동하는 데 도움을 주는 컨설턴트의 총체적인 활동이다. 프로세스 컨설턴트는 고객에게 자신의 주변, 내부, 그리고 자신과 다른 사람들 사이에 무슨 일이 일어나고 있는지에 관한 통찰력을 주려고 한다. 그런 통찰력을 바탕으로 컨설턴트는 고객이 상황에 대해 무엇을 해야 할지 결정할 수 있도록 돕는다.
>
> (Schein, 1988, p.11)

그룹 역동의 정의

카트라이트Cartwright와 잰더Zander는 그룹 역동 분야에서 가장 많은 연구를 했다고 여겨지며, 이 용어에 관해 공식적으로 정의를 내렸다. 그룹 역동이란 '집단의 성격, 발전의 법칙, 개인, 다른 집단과 더 큰 기관과의 상호 관계에 관한 지식을 발전시키는 데 중점을 두는 탐구 분야'이다(Cartwright & Zander, 1968, p.7). 그룹 역동성의 창시자로 여겨지는 커트 레윈$^{Kurt\ Lewin}$은 그룹 역동을 단순히 집단과 개인이 변화하는 상황에 대응하고 행동할 때 나타나는 과정이라고 표현했다(Lewin, 1951). 이 연구자들에 앞서 프랑스의 심리학자 구스타브 르 본$^{Gustave\ Le\ Bon}$은 그의 저서 『군중$^{The\ Crowd}$』에서 개인이 어떤 그룹에 가입했을 때 어떻게 변화하는지 묘사했다(Le Bon, 1895). 수행한 연구에서 참여자들은 팀에 있는 동안 어떻게 존재하는지를 배우고, 어떻게 그룹에 강점이 있는지를 토론했다. 그들의 그룹이나 팀의 전체 맥락 안에서 확실하게 형성된 단결력이 있었다(Van Dyke, 2012, 연구 참가자 #9).

르 본의 기록은 연구들보다 120년 이상 전에 나왔지만, 한 집단의 사람들과 함께할 때 개인들이 변화하는 것에 관한 설명은 가상 팀 코칭 과정에 종사하는 많은 비즈니스 전문가에게 해당한다는 것이 입증되었다. 그 과정에서 그룹이 그들에게 미친 영향에 관해 토론할 때 매우 활기를 띠었다.

코칭 스킬

- 그룹 또는 팀의 분위기와 감정을 정확하게 파악하는 능력
- 팀에 영향을 미칠 수 있는, 팀 내에 존재하거나 존재하지 않는 의사소통 패턴과 행동을 식별할 수 있는 능력
- 팀의 시스템 내외에서 에너지를 식별하고 촉진할 수 있는 능력

스킬 개발 팁

그룹 프로세스에 노출되어 본 적이 없는 코치들은 생각보다 그룹 프로세스에 익숙할 수 있다. 그렇지만 한동안 코칭을 해온 코치들에게는 이런 스킬이 발전하기 힘들 수도 있지만 불가능한 것은 아니다.

- 팀 또는 그룹의 구성원이 돼라.
- 그룹에 있을 때에는 관찰자가 돼라.
- 보디랭귀지, 톤, 행동, 어조를 주의해라.
- 커뮤니케이션 패턴 모델과 이론, 즉 CCM$^{Coordinated\ Communication\ of\ Meaning}$을 배워라.

다른 사람들이 이 스킬을 강화하는 것을 본 내가 생각하는 가장 좋은 방법은 먼저 이 스킬을 더 발전시켜야 할 필요성을 인정하는 것이다. 앞서 말했듯이, 가끔 어떤 사람들은 잘 모를 때 오히려 안다고 믿는다. 이 스킬은 그룹 안에서 부지런하고, 다른 이들의 행동을 관찰함으로써 개발될 수 있다. 연습을 통해 다른 사람의 다양한 행동을 습득하는 방법을 배울 수 있으며, 그 뒤 동료와 디브리핑을 통해 관찰 결과를 비교할 수 있다. 이것은 그들이 관련된 팀의 감정, 행동 등을 정확하게 인지했는지에 관해 신선한 피드백을 제공하는 데 도움이 된다.

그룹 결속의 정의

간단히 말하자면, 그룹 결속은 팀이나 그룹의 구성원들이 팀의 일원이 되거나 팀에 남기를 원하는 정도를 의미한다. 그룹 결속은 팀 구성원들 간 서로를 향한 친밀감과 가까움이다. 높은 수준의 결속력을 가진 팀은 구성원들이 팀의 목적과 목표에 기여하는 데 힘을 쏟는 경향을 가진다. 이 점은 일반적인 상황에서 조직 내 가상 팀이 꾸려져 서로를 물리적으로 만날 수 없을 때 우려스러운 부분이 될 수 있다. 결속력을 구축하는 것과 관련하여 의도적임은 더욱 중요하다. 다른 곳에서 옮겨와 팀에 합류했거나, 계약 종료 되거나, 피상적인 수준을 넘어 관계를 발전시킬 수 있을 만큼 오랫동안 관여하지 않는 구성원들은 화합하지 못하며, 집단 사이의 결속력에도 영향을 미친다. 결속력은 개인이 팀원들에게 관심과 가치를 유지하도록 도와줌으로써 팀에 기여한다. 팀 구성원들은 팀의 목적에 더 기여하고 더 오래 계약이 유지된다(Cartwright & Zander, 1968).

조직에 따라 다양한 이유와 목적으로 팀이 구성될 수 있다. 프로젝트 팀, 단기 팀, 장기 팀, 자기 주도 작업 팀과 특별 팀이 있으며 모두 다른 동기와 참여 수준을 가질 수 있다. 팀의 목적이나 기간에 관계없이 미리 정해진 임기 동안 함께하려는 구성원의 관심과 의지는 결속을 만드는 능력을 반영한다. 팀원들이 서로에 대해 느끼는 친밀감은 결속을 만드는 코치의 능력에 직접적인 영향을 미친다.

스킬 개발 팁

- 친밀한 코치로서 얼마나 편안한지 알아보기 위해서 FIRO-B 평가를 받아볼 것. FIRO-B

는 대인관계 욕구와 행동 진단이다. 이 평가가 편안함을 만들려고 하는 당신의 의지를 말해줄 것이다.
- 안전하고 개방된 환경을 조성하는 능력에 대해 친구와 가족으로부터 피드백을 구할 것
- 신뢰를 구축하는 능력에 관한 인식을 얻기 위해서 개인과 팀 코칭하는 모습을 녹화할 것

역량: 퍼실리테이션

코칭 분야에는 이전에 다른 산업과 직업에서 온 전문가들이 포함되어 있으며, 따라서 코칭과 퍼실리테이션 스킬과 관련하여 다양하게 전문성을 개발하는 단계에 있다. 연구 데이터에 따르면 이 역량은 중요하며, 코칭이 원활하고 효과적으로 진행되었는지와 팀이 소외감이나 혼란을 느끼는지의 차이를 만들었다.

퍼실리테이션 스킬의 중요

그룹 역동은 그룹이나 팀 전체 안에서 개인의 감정, 반응, 행동에 초점을 맞추는 반면, 퍼실리테이션 역량은 효과적으로 결정을 내리고 목표에 도달하는 데 필요한 과정에 더 초점을 맞춘다. 정보를 제시하고 내용을 가르치며 과정을 용이하게 하는 데에는 뚜렷한 차이가 있다. 대개는 퍼실리테이션으로 혼동하고 있으나 퍼실리테이션은 팀, 그룹, 조직, 네트워크와 커뮤니티를 위해 설계되었다. 이는 그룹 내에서 논의된 내용보다는 어떤 일을 하는 방법에 초점을 맞춘다. 코치는 중립적인 장소에서 팀이나 그룹의 개인이 합의된 목적지를 향해 A지점에서 B지점으로 이동할 수 있도록 돕는다. "퍼실리테이션은 한 그룹의 사람들이 자신들이 합의한 방법으로 그들의 목적을 성취할 수 있게 한다(Hunter, 2007, p.19)."

퍼실리테이션 정의

퍼실리테이션의 핵심은 팀 내의 모든 사람이 그들에게 영향을 미치는 결정에 참여할 수 있도록 돕는 방법에 관한 것이다. 퍼실리테이션은 더 편리하거나 용이하게 하는 역량이다. 퍼실리테이션은 그룹의 모든 사람이 동등한 발언권과 참여할 권리를 갖고, 근간이 평등하며, 팀에

의해 결정을 내린다는 전제에서 출발한다. 이는 고객/코치이^{Coachee}가 주제를 정하고 추진한다는 점에서 코칭에 관한 자연스러운 보완책이다. 퍼실리테이션 역량의 기저에는 협력, 합의, 집단 지성과 각 개인의 내재적 가치가 있다(Hunter, 2007; Van Dyke, 2014).

퍼실리테이션 스킬 개발

- 퍼실리테이션 스킬 관련 글을 읽어라 – 셀 수 없이 많은 양의 글이 있다.
- 퍼실리테이션 스킬을 가르치는 수업을 수강하라. 인터넷으로도 가능하다. www.interactionassoiates.com
- 강점과 약점을 인지하기 위해 당신이 역량을 활용한 팀과 그룹에게서 피드백을 구하라.

여기서 목록화한 퍼실리테이션 역량의 개념 가운데 몇 가지는 익숙할 수도 있고 또는 설명이 필요할 수도 있지만, 이 개념을 가상 팀 코칭에 적용시킬 때 몇 가지는 바꿀 수 있다.

역량: 가상 퍼실리테이션

코치들이 저지르는 가장 큰 실수 하나는 가상으로 촉진하기에 충분한 기본적인 퍼실리테이션 스킬이 있다고 믿는 것이지만 그렇지 않다. 효과적인 가상 퍼실리테이션을 위해서는 기본적인 스킬과 몇 가지 다른 특정 스킬이 필요하다.

가상 퍼실리테이션의 정의

가상 퍼실리테이션은 전화 회의, 웹엑스$^{\text{Web-Ex}}$, 줌^{Zoom}, 스카이프^{Skype}, 또는 고투미팅$^{\text{Go-To-Meeting}}$과 같은 다양한 디지털 매체를 통해 진행한다. 이러한 매체는 기술적으로 발전했으며 여러 가지 방법으로 연결할 수 있다. 최신 상태를 유지하고 자신과 코칭 팀에 적합한 매체를 선택하는 것이 중요하다. 코치로서 정기적으로 가상 팀 코칭을 할 예정이라면 가상 매체의 최신 정보를 유지하는 것이 중요하다. 상황은 빠르게 변화하고 있으며 새로운 기술은 사용자에게 더 창의적인 옵션과 기능을 제공한다.

스킬 개발: 가상 퍼실리테이션

가상 팀을 코칭하는 코치는 팀 코칭 세션 동안 참여와 상호작용을 유지하는 스킬이 필요하다. 매력적인 가상 프레즌스virtual presence를 위해서는 기술과 예술이 모두 존재한다. 또 피드백에서 배우고 연습하기 위해서는 어느 정도의 몰입이 필요하다. 가장 좋은 피드백은 자신의 녹음을 듣는 것이며 상당한 가상 지능이 필요하다. 가상 프레즌스를 만드는 것은 그들의 편안함 수준이 어느 정도인지 이해함으로써 코칭 세션 전에 시작된다. 경험을 통해 얻은 교훈 가운데 하나는 모든 사람이 가상에 관심을 갖고 편안하거나 효과적인 것은 아니라는 것이다. 다음에는 가상 코칭 스킬을 자세히 설명한다.

역량: 가상 지능

다니엘 골드만Daniel Goleman은 정서지능EI에 관해 광범위하게 저술했으며 직장에서 정서지능의 중요성에 대해 기업 교육에 도움을 주었다. 지난 10년 동안 정서지수EQ와 지능지수IQ의 중요성과 관련성을 비교하는 책과 기사가 넘쳐났다(Goleman, 1997, 1998, 2006).

이를 통해 우리는 대인관계에 더 주의를 기울였다. 디지털 시대에는 다른 사람들과 관계를 맺는 방식에서 가상화에 특화된 스킬이 더 필요하다. 가상지능을 개발하는 방법은 다양하며, 연구에서 밝혀진 중요한 스킬 가운데 커뮤니케이션과 연결성 두 가지 주요 카테고리로 정했다. 다음의 그룹에는 이메일, 회의 통화, 화상 통화가 포함된다. 많은 사람이 이메일을 대신해 문자를 보내지만 내 연구는 특별히 이메일에 중점을 두었다.

스킬 개발: 가상 커뮤니케이션

언어, 비언어 커뮤니케이션에 관해 가장 일반적으로 자주 논의되는 연구는 로스앤젤레스 캘리포니아 대학의 앨버트 메라비언Albert Mehrabian 교수가 진행한 연구이다. 1970년대에 이루어진 그의 연구는, 의사소통의 7%만이 언어로, 38%만이 음성으로, 55%가 보디랭귀지와 시각으로 표현된다고 주장했다(Mehrabian, 1971). 커뮤니케이션 학자들은 백분율 분석에 관한 논쟁은 하더라도, 많은 의사소통이 비언어적으로 옮겨지는것에 대해서는 모두 동의한다. 따라서 가상 팀 코치는 가상으로 전달되는 비언어적 표현의 뉘앙스를 예민하게 알아차려야 한다. 다음은 완전하지는 않지만 가상 커뮤니케이션에 도움이 되는 스킬 목록이다.

간결성

상사가 그녀에게 '월스트리트 저널 버전이 아닌 USA 투데이 버전'을 달라고 말한 적이 있다 (pers. comm., M. May, 2009). 그 당시에는 기분이 이상했지만 곰곰이 생각해보니 그 말이 옳았다는 걸 깨달았다. 외향적인 성격이 강한 나는 소통할 때 장황한 경향이 있었고, 대부분 필요하지 않았다. 그 사건은 나에게 명확하고 간결하게 말하는 기술을 배우게 했다. 다음은 쉬울 수 있지만, 가상 환경인 경우에는 다음 순서로 실행한다.

- 연습: 가능한 적은 단어로 대화하는 것을 배운다.
- 연습: 솔직한 사람에게서 피드백을 구한다.
- 연습을 더 한다.

명료함

- 평범한 영어를 사용하라. 당신의 지능을 보여주는 것은 얼마나 복잡하게 만들 수 있는지가 아니라 얼마나 간단하게 만들 수 있는지이다.
- 언제, 어디서, 어떻게 등을 공식화하고 나머지는 생략한다.
- 질문을 한다.

일관성

- 가상 신뢰를 만드는 가장 좋은 방법은 예측 가능해지는 것이다.
- 행동 항목을 말로 설명하고 실행한다.

스킬 개발: 가상 연결

팀 코칭 인증 과정에서는 내가 코칭하는 팀뿐만 아니라 코치에 관한 대인관계 욕구검사 Fundamental Interpersonal Relations Orientation-Behavior™ 또는 FIRO-B® 검사를 시행한다. 이 평가는 제2차 세계대전 중 윌리엄 슐츠 William Shultz가 고성과 군사팀의 일하는 방식을 이해하고 예측하기 위해 개발한 것이다. 그는 FIRO-B 도구로 대인관계 이론을 발전시켰다. 이는 개인의 대인관계 욕구와 특정 행동, 즉 소속 욕구inclusion와 통제 욕구control 그리고 정서 욕구affection를 얼마나 편안하게 느끼는지 확인하는 데 도움이 된다(Ryan & Maguire, 2010). 나는 이 도구가 코치가 대인관계 연결을 통해 자신의 편안함을 확인하는 데 도움이 된다는 것을 알았다. 연구에서 발견한 것은 팀을 코칭하는 모든 코치가 편안한 가상 프레즌스를 효과적으로 만들기 위해 애쓰는 것은 아니라는 것이다. 코치가 효과적이고 생산적인 가상 팀 코칭에 필요한 환경 조성 필요성을 자각하는 것은 중요하다. 적극적인 경청과 개방성, 접근성과 같이 가상으로 연결되는 분위기를 만드는 데 도움이 되는 몇 가지 행동이 있다.

적극적 경청

모든 코치가 지켜야 하는 원칙이지만 가상일 때 적극적 경청은 더 신중해야 한다. 우리가 배우는 것의 약 85%는 듣기를 통해 이루어지지만, 우리는 듣는 것의 25%만 이해하고 우리 중 2%만이 듣기에 특화된 과정을 수강한 적이 있다(http://interactionassociates.com/insights/blog/power-listening). 적극적 경청은 상대방의 말을 단순히 듣는 것뿐만 아니라 그 사람이 하는 말을 듣고 관찰하는 것을 의미한다. 이는 말하기는 쉽지만 팀원들이 표현하는 것이 듣고 경험한 내용인지, 의도와 영향이 일치하는지 확인하는 것은 코치의 책임이다.

개방성과 접근성

개방성과 접근성을 표현하는 가장 좋은 스킬 가운데 하나는 경청 스킬을 마스터하는 것이다. 우리가 말하는 것보다 더 많이 경청함으로써 우리는 다른 사람들이 대화에 참여할 수 있는 공간을 만든다. 신경 언어 프로그래밍NLP은 사람의 마음, 몸, 언어가 상호작용한다는 것을 제안하는 의사소통에 관한 접근 방식이다(Seymour & O'Connor, 1990). 사람들은 당신이 그들을 이해하고 있다고 느낄 때 신뢰감이 생기고 안전감이 조성된다.

역량: 기술적 예리함 technical astuteness

앞서 언급한 바와 같이 기술의 발전은 우리 사회에 다양한 방식으로 영향을 미친다. 우리는 변화의 수용 여부와 관계없이 가상으로 의사소통해야 했다. 최신 상태를 유지하기 위해 노력하지 않으면 우리는 기술에 뒤쳐질 것이다. 조사에 따르면 코칭의 기술적 측면을 필요악으로 경험하는 사람도 있고, 방해물로 보는 사람도 있으며, 어떤 이들은 수용하기도 한다. 가상 팀 코치의 실행계획은 처음부터 성공을 위해 팀을 효과적이고 효율적으로 구성하는 코치의 능력과 강한 상관관계가 있다. 기술적 혼란은 주제에 집중하는 팀의 능력을 쉽게 저하시킬 수 있다. 이는 학습 의욕과도 직접적으로 관련이 있으며, 일부의 경우 그 과정과 서로에게서 배우면서 계속 코칭에 참여했다.

스킬 개발: 가상 기술

내가 만난 대부분 코치들은 컴퓨터공학이나 정보기술 학위가 없었다. 가상 팀 코칭을 하려면 사용 가능한 다양한 매체에 관해 부지런히 최신 정보를 학습하고 유지해야 한다. 코치가 필요로 하는 기술적 지식은 고객의 교양 수준 sophistication 에 비례해야 한다. 다음 제안은 내가 기술적으로 기민한 상태를 유지하는 데 도움이 되었다.

- 고객이 친숙한 다양한 매체에 관심을 가져라(즉, Zoom, Skype, Slack 등).
- 국제코칭연맹 International Coaching Federation(미국 기반) 또는 국제코칭협회 International Association of Coaching(영국 기반)와 같은 코칭 협회에 계속 참여하라. 웹사이트를 통해 자주 새로운 매체를 소개한다.
- 코칭과 비즈니스 정기 간행물은 코칭의 최신 기술에 관한 정보를 공유한다.
- 다양한 플랫폼을 광고하는 여러 공급업체가 주최하는 무료 온라인 웨비나를 활용하라.
- 가상 커뮤니케이션에 관한 광고를 보려면 링크드인 LinkedIn 과 같은 사이트를 보라.

최신 상태를 유지하기 위해 어떤 방법을 사용하든 가장 중요한 것은 관련성을 유지하기 위해 최신 정보를 유지하는 것이다.

스킬 격차 해소

코칭 교육전문가

몇 년간 가상 팀과 그룹 코칭을 담당해 왔지만 여전히 코치, 코칭 교육 전문가, 연구원이 가상 1인 이상 코칭에 관심을 보인다는 것을 알았다. 팀 코칭과 그룹 코칭이라는 용어가 여전히 표면화되고 있기 때문에 이해할 수 있다. 그러나 기술이 발전하고 디지털 시대가 도래함에 따라서 사람들은 더 다양한 가상 옵션virtual options을 기대한다. 코칭 교육 전문가는 코치가 대면 또는 가상으로 팀을 코칭하는 데 필요한 스킬을 습득할 수 있도록 지원해야 한다. 내가 2003년에 다녔던 코칭 프로그램은 코칭 기초 과정을 제공했지만 팀이나 그룹 코칭에 특화된 과정은 없었고 가상으로 코칭을 다루는 과정도 없었다. 대부분의 코칭 프로그램은 코칭 핵심 요소에 초점을 맞춘 과정을 제공한다. 팀과 그룹 코칭은 '핵심'으로 간주되지 않으므로 프로그램에서 항상 제공되는 것은 아니다. 코칭 커뮤니티로서 둘 이상의 코칭과 가상 코칭 모두에서 스킬 개발의 중요성을 인식할 수 있다.

향후 연구에 관한 시사점

가상 팀과 그룹 코칭 프로세스에 참여한 21명의 응답자의 대답을 통해 가상 팀과 그룹 코칭 프로그램에 참여하기로 했던 비즈니스 전문가를 이해하게 되었다. 데이터는 다음 사항에 영향을 줄 수 있다.

- 임원코치가 가상 팀 코칭 프로그램을 구성하는 방법
- 비즈니스 전문가가 가상 팀 코칭을 활용하여 비즈니스 영역 확장과 관련된 목표를 설정하고 달성하는 방법

- 퍼실리테이터가 세계화의 영향을 고려하여 가상 팀을 촉진하기 위한 장비를 갖추는 방법
- 개인의 대인관계 욕구와 그룹 소속이 개인의 성과에 기여하는 방법
- 개인의 학습 스타일이 팀 환경에서 학습을 더 편안하게 찾는 방법

이 연구는 가상 팀 코칭에 관한 대화에 기여했으며 효과적인 팀 코치의 필요한 특정 역량을 명확히 하는 데 도움이 되었다. 연구에는 미국 이외의 지역에 거주하며 국내에서 가상 팀 또는 그룹 코칭 프로그램에 참여하는 세 명의 참가자가 포함되었다. 연구 범위는 가상 그룹의 코칭 프로세스가 비즈니스 운영 전반에 끼친 영향에 관한 견해를 듣기 위해 이들 참여자와 같은 사무실에 있는 사람들과의 토론으로 확대될 수 있다. 연구 참가자의 직접 보고와 중요한 다른 사람의 답변을 통해 가상 그룹 코칭 프로세스의 가치에 관한 추가 통찰력을 얻을 수 있다.

향후 연구를 위한 또 다른 작업은 연구원이 지속해서 참가자와 연락을 유지하는 것이다. 가상 팀 코칭 프로세스가 끝난 뒤에도 참가자와의 관계를 유지하는 목적은 팀의 책임감이 행동 변화를 유지하는 데 어느정도 기여했는지 관찰하는 것이다. 다시말해, 참가자들이 특히 주간 목표 설정과 달성에서 조금 더 엄격하게 강화했는가?

본 연구는 대안적 연구 방향으로 21명의 참가자들의 생활 경험을 더 심층적으로 살펴보는 현상학적 연구 방법론으로 실시할 수 있다. 구체적으로, 생활 공간(공간성), 생활 신체(신체성), 생활 인간관계(관계성), 생활 시간(시간성)이다(Denzin & Lincoln, 2003). 사람들이 다양한 상황에서 다르게 '보기' 때문에 이러한 모든 것을 고려한다. 실시한 인터뷰에서 참가자 가운데 일부는 비즈니스 방식뿐만 아니라 생활 방식도 바꾸었다.

1. 참가자 가운데 가상 그룹 코칭 프로세스(예: 주간 비즈니스 목표 설정)에 참석한 결과 의사결정 프로세스에 변화를 준 사람이 있는가?
2. 동료가 책임지는 것은 가상 그룹 코칭 프로세스에서 달성할 수 있었던 결과에 어떤 영향을 미쳤는가?
3. 참가자들이 이 그룹 코칭 과정에 대면으로 참여했다면 결과와 경험이 같았을까?

코칭 분야가 발전하고 더 많은 학자가 코칭 분야를 연구하려고 함에 따라 이러한 질문들에 관한 해답이 급성장하는 분야가 전문 분야로 발전하는 데 도움이 될 것이다.

결론

코칭 분야가 급성장하면서 모범 사례가 관행의 표준으로 통합되었다. 이러한 추가 지식은 전 세계 코칭 실무자들에게 도움이 되었지만, 여전히 해야 할 일과 연구가 남아있다. 특히 가상 팀 코칭과 같은 틈새 분야에서는 더욱 그렇다.

이 장에서는 가상으로 팀을 효과적으로 코칭하는 데 필요한 역량에 관해 논의했다. 지식, 기술, 능력을 포함하여 여러 가지 다른 구성요소가 함께 작동한다. 무엇이 필요하고 무엇이 효과적인지에 관한 논의를 계속하면서 코칭 분야는 성숙하고 발전할 것이며, 그렇게 함으로써 규율과 교육 프로그램이 강화될 것이다.

참고문헌

Appleby, C., & Phillips, C. (2007, October). Team coaching: A systems approach to team development. Seminar presented at the Organizational Development National Conference, Baltimore, MD.

Barrett, P. T. (2006). The effects of group coaching on executive health and team effectiveness: A quasi-experimental field study. *Dissertations Abstracts International* (3227469).

Bion, W. (1961). *Experience in groups*. New York, NY: Brunner-Routledge.

Brake, T. (2006). Leading global virtual teams. *Industrial and Commercial Training, 38*(3), 116-121.

Brock, V. (2008). Grounded theory of the roots and emergence of coaching (Unpub- lished doctoral dissertation). International University of Professional Studies, Maui, Hawaii.

Bullock, A., Stallybrass, O., & Trombley, S. (Eds.). (1988). *The Fontana dictionary of modern thought*. London, England: Fontana.

Cartwright, D., & Zander, A. (1968). *Group dynamics: Research and theory* (3rd ed.). New York, NY: Harper & Row.

Cohen, S., & Bailey, D. (1997). What makes teams work: Group effectiveness research from the shop floor to the executive suite. *Journal of Management, 23*, 239-290.

Denzin, N. K., & Lincoln, Y. S. (Eds.). (2003). *The landscape of qualitative research: Theories and issues*. Thousand Oaks, CA: Sage Publications.

Ferrazzi, K. (2014, December). Getting virtual teams right. *Harvard Business Review*. Gallwey, T. (1976). Inner tennis: Playing the game. New York, NY: Random House.

Goldsmith, M., Morgan, H., & Ogg, A. (Eds.). (2004). *Leading organizational learning: Harnessing the power of knowledge*. San Francisco, CA: Jossey-Bass.

Goleman, D. (1997). *Emotional intelligence*. New York, NY: Bantam Books.

Goleman, D. (1998). *Working with emotional intelligence*. New York, NY: Bantam Books.

Goleman, D. (2006). *Social intelligence: The new science of human relationships*. New York: Bantam Books.

Grant, A. (2003, November 12). Keeping up with the cheese!: Research as a foun- dation for professional coaching of the future. Paper presented at the Coaching Research Symposium, Denver, CO.

Grant, A. (2004). Keeping up with the cheese!: Research as a foundation for profes- sional coaching of the future. In I. F. Stein & L. A. Belsten (Eds.), *Proceedings of the first ICF coaching research symposium* (pp. 1-19). Lexington, KY: International Coach Federation.

Grant, A. M. (2009). *Workplace, executive and life coaching: An annotated bibliography from the behavioural science and business literature*. Sydney, Australia: University of Sydney.

Hawkins, P. (2014). *Leading team coaching*. London, England: Kogan Page.

Hogg, M., & Tindale, S. (2003). *Blackwell handbook of social psychology: Group processes*. Malden, MA: Blackwell.

Hunter, D. (2007). *The art of facilitation*. San Francisco, CA: Jossey-Bass. 『그룹 시너지 창출 퍼실리테이션』 정혜선 역. 시그마프레스. 2012.

Kampa-Kokesch, S., & Anderson, M. (2001). Executive coach: A comprehensive review of the literature. *Consulting Psychology Journal: Research and Practice, 53*(4), 205–228.

Kaplan, R. (1991). *Beyond ambition: How driven managers can lead better and live better.* San Francisco, CA: Jossey-Bass.

Kets de Vries, M. (1991). *Organizations on the couch.* San Francisco, CA: Jossey-Bass.

Kets de Vries, M. (2005). Leadership group coaching in action: Zen of creating high performance teams. *Academy of Management Executive, 19*(1), 61–76.

Le Bon, G. (1895). *The crowd.* London, England: Ernest Benn.

Lewin, K. (1945). *Resolving social conflicts: Selected papers on group dynamics.* New York, NY: Harper & Brothers.

Lewin, K. (1951). *Field theory in social science: Selected theoretical papers.* D. Cartwright (Ed.). New York, NY: Harper.

Lipnack, J., & Stamps, J. (1997). *Virtual teams.* New York, NY: John Wiley & Sons.

Lipnack, J., & Stamps, J. (2010). *Leading virtual teams.* Boston, MA: Harvard Business School.

Mehrabian, A. (1971). *Silent messages.* Belmont, CA: Wadsworth.

Natale, S., & Diamante, T. (2005). The five stages of executive coaching: Better process makes better practice. *Journal of Business Ethics, 59*(4), 361–374.

Nelson, S. E., & Ortmeier, J. G. (2011). *Awaken, align, accelerate: A guide to great leadership.* Edina, MN: Beaver's Pond Press.

O'Neill, M. (2000). *Executive coaching with backbone and heart: A systems approach to engaging leaders with their challenges.* San Francisco, CA: Jossey-Bass.

Pudwell, S. (2016, February 4). The rise of telecommuting: 45 percent of US employees work from home. *Beta News.*

Ryan, B., & Maguire, O. (2010, November 16). An examination of the construct validity of the FIRO-B (pp. 419–425). Received 13 April 1970.

Schein, E. (1988). *Process consultation: Its role in organizational development.* Reading, MA: Addison-Wesley.

Senge, P. (1990) *The fifth discipline: The art and practice of learning organizations.* New York, NY: Doubleday Publishing.

Seymour, J., & O'Connor, J. (1990). *Introducing neuro-linguistic programming: The new psychology of personal excellence.* San Francisco, CA: HarperCollins.

Short, S., & Short, M. (2005). Role of the coach in the coach-athlete relationship. *Lancet, 366*, S20–S30.

Showers, B., Murphy, C., & Joyce, B. (1996). The River City program: Staff development becomes school improvement. In B. Joyce & E. Calhoun (Eds.), *Learning experiences in school renewal: An exploration of five successful programs* (pp. 13–51). Eugene, OR: ERIC Clearinghouse on Educational Management.

Skiffington, S., & Zeus, P. (2008). *Behavioral coaching: How to build sustainable personal and organizational strength.* New York, NY: McGraw-Hill.

Stober, D., & Grant, A. (Eds.). (2006). *Evidence-based coaching handbook: Putting best practices to work for your clients.* Hoboken, NJ: John Wiley & Sons.

Thorn, A., McLeod, M., & Goldsmith, M. (2007). Peer coaching overview. Unpub- lished manuscript.

Van Dyke, P. R. (2012). Virtual group coaching: The experience of business profes- sionals in the process (Doctoral dissertation). Retrieved from ProQuest Disserta- tions & Theses Database (UMI No. 3546895).

Van Dyke, P. R. (2014). Virtual group coaching: A curriculum for coaches and edu- cators. *Journal of Psychological Issues in Organizational Culture, 5,* 72–86.

Van Dyke, P. R. (2017). *Virtual group coaching: A research study.* Colleyville, TX: Crossgate Publishing House.

Weller, D., & Weller, K. (2004). Coaching and performance: Substantiating the link. *Leadership in Action, 24*(2), 20–21.

Williams, J. L. (1995). What makes a profession a profession? *Professional Safety, 43*(1), 18.

22장. 팀 코치 만들기

저자: 크리스틴 손튼 Christine Thornton
역자: 강하룡

팀 코칭을 배우는 것은 미묘한 프로세스 subtle process이다. 이는 단일 교육 경험이나 심지어 장기 간의 훈련 경험으로 축약할 수 없고, 역량 기반 인증 프로세스 competency-based accreditation process의 요소로도 축약할 수 없다. 우리는 생각에 도움이 되지 않는 상황에서도 반영할 수 있는 능력을 유지하면서, 자신을 '게임 속 얼굴 skin in the game'을 한 채, 생각하고 느끼는 배우로 사용하는 법을 배운다(역자 주: 본 장에서 설명하고 있는 타티아나 바흐키로바의 자기의 사용 use of the self 개념 참조).

여기에는 두 가지 구별되는 단계가 있다. 팀과 효과적으로 일하기 전에 먼저 근본 스킬 fundamental skill인 그룹을 '포용하는 hold' 방법을 배워야 한다. 팀 생활 life of a team에 개입하는 것은 더 복잡하며 complex, 추가적인 수용력 capacities이 필요하다(Scanlon, 2017; Thornton, 2017).

이 장에서는 어떻게 학습 경험이 효과적인 그룹 프랙티셔너를 만드는지 그 방법에 중점을 둔다. 내용은 다음과 같다.

- 그룹과 함께 전문 지식을 배우고 개발하는 근본 프로세스 fundamental processes를 검토한다.

크리스틴 손튼 Christine Thornton: 크리스틴은 그룹 분석가, 감독자, 컨설턴트로 베스트셀러인 『그룹과 팀 코칭』의 저자이자 현재 The Art and Science of Work Together의 편집자이다. 크리스틴은 30년 이상 팀 코칭과 감독/PD 그룹, 대규모 그룹, 선임 리더십 및 코칭에 기여하며 영예로운 업적을 쌓아왔다.

- 개인적/전문가적 개발 경계$^{development\ boundary}$를 다룬다.
- 필수 스킬$^{essential\ skill}$인 '포용^{holding}'에 관해 설명한다.
- 팀 실천 방식$^{team\ praxis}$에 필요한 추가 요소를 언급한다. 내용은 이 책의 13장과 연결된다.

우리의 학습 프로세스는 함께 일하는 팀의 학습 프로세스를 비추면서^{mirror}, 동시에 학습 프로세스에 비추어진다^{mirrored}. 관련된 복잡성^{complexities}에 관해 깊이 이해하기 위해 이것을 염두에 두고 읽어야 한다.

학습^{learning}, 차이^{difference}, 교류^{exchange}

태어날 때부터 부모와 아기가 '대화^{talk}'할 때처럼 학습은 관계에서 일어난다. 평생동안 이러한 학습 대부분은 우리가 언어를 배우기 전과 마찬가지로 말로 하지 않고^{unspoken}, 정서적^{emotional}이며, 비언어적^{nonverbal}이다. 소속감$^{sense\ of\ belonging}$과 수용감$^{sense\ of\ acceptance}$은 놀이의 리듬을 통해 차이를 경험함과 동시에 강화된다. 사물의 틀을 짜는 방식인 언어 그 자체는 학습에 결정적이지만, 학습의 나중 측면이다(Stem, 1985; Trevarthen, 1979).

많은 사람이 선천적으로 집단에 재능이 있다. 우리는 비의식적$^{non-conscious}$이고 비언어적인$^{non-verbal}$ 의사소통을 잘 이해하도록 적응해왔다. 신경과학적 발견은 우리의 뇌가 다른 사람들에게 반응하도록 구성되어 있다는 사실을 시사하고, '정서지능$^{emotional\ intelligence}$의 사회 지능$^{social\ intelligence}$으로의 확장'을 주장한 대니얼 골먼$^{Daniel\ Goleman}$(2006)을 지지한다. 대니얼 골먼은 뛰어난 리더에게는 다른 사람의 기분과 경험에 영향을 미치는 능력이 필수적이라고 주장한다. 발달 심리학자이자 정신분석가인 대니얼 스턴$^{Daniel\ Stern}$은 '암묵적 지식$^{implicit\ knowing}$', 즉 '비상징적$^{non-symbolic}$, 비언어적^{nonverbal}, 절차적 알아차림$^{procedural\ awarenesses}$'에 관해 다음과 같이 말한다.

> 우리는 이를 몸으로 느끼고 마음으로 감지한다. 그룹이 경험하는 것이 무엇인지 파악할 수도 있다. 우리의 신경계는 다른 사람의 신경계에 포착되도록^{captured} 구성되어 있다. 우리는 다른 사람들의 경험에 공감하며 참여하고, 다른 사람들은 우리 경험에 참여한다. 그룹 구성원의 다양한 관점은 이러한 눈에 띄지 않는 데이터$^{unnoticed\ data}$의 커뮤니케이션을 증폭^{amplify}시킨다.

학습은 차이^{difference}에서 일어난다. 왜냐하면 차이가 새로운 정보를 가져오기 때문이다. '교류exchange'는 한 사람의 경험에서 새롭거나 다르거나 이전에 알려지지 않은 것과의 만남encounter 이다(Thornton, 2004). 차이가 없으면 변화도 발전도 없다. 그러나 차이는 우리가 이를 받아들이는 동안 충격을 안겨준다. 우리는 새로운 데이터를 수용하도록 우리의 세계를 다시 만들어야 한다. 이것조차 싫다면 배움의 기회를 거부해야 한다.

그룹 안에서의 교류는 일대일 관계보다 더 많은 학습을 가능하게 한다. 그룹 안에는 훨씬 더 넓은 기회가 있다. 그룹 구성원 사이의 '생각 음식food for thought'은 코치에게서 나오는 것보다 받아먹기 쉽다. 몇 가지 관점의 현실검증reality testing은 또한 정확한 피드백의 확률을 증가시킨다.

교류는 이따금의 '아하' 순간만이 아니다. '아하' 순간은 새로운 패턴으로 정보를 재정렬하는 경험이지만 교류에서 일반적으로 통용되는 것은 아니다. 교류는 오히려 새로운 정보, 다른 관점과 그 영향implications을 받아들이는 지속적이고 반복적인 과정이다. 이는 눈에 보이지 않는 끊임없는 프로세스이다.

그룹은 시간이 지남에 따라 구성원들이 서로 깊이 알게 되고 불일치나 모순을 빠르게 알아차리므로 학습이 잘 일어난다. 이들은 다음과 같이 상호 간의 호의well-wishing를 개발하고, 기꺼이 위험을 감수할 의지가 있다.

> 사람들이 어느 정도 비슷하게 하는 생각이에요. 당신에게만 넌지시 말하자면, 당신은 좀 특이하지만 뭐 괜찮아요.

> 그룹의 일원이 되었으나 내가 쉽게 떠날 수 있는 상황이 되었을 때 비로소 나는 소속감이 강화되는 것을 경험하였다. 특정한 순간이라기보다는 전체 과정을 통해 그룹의 일원이 되는 경험을 하였다….

> 사람들이 서로를 쳐다보고 모두가 조금씩 킥킥 웃었다. 그러나 나중에 곰곰이 생각해보면 이런 사소한 장면들이 실제로 소속감 강화에 꽤 도움이 되었다.

단어도 물론 중요하지만, 중요한 의미는 집단의 삶을 풍요롭게 하는 언어 이전 학습 과정preverbal learning processes과 정서적 조율emotional attunement을 통해서도 전달된다. 단어는 흔히 '암묵적 지식'을 통해 이미 비언어적으로 전달된 피드백을 정확하게 확인해 준다.

노벨상 수상자인 다니엘 카네만Daniel Kahneman은 스킬을 습득하기 위해서는 두 가지 기본 조건이 있다고 주장한다.

- 예측 가능하게 충분히 규칙적인 환경
- 장기간의 프랙티스를 통해 이러한 규칙성regularities을 배울 수 있는 기회

프랙티셔너가 직관적인 전문 지식을 개발하는 일은 피드백의 품질, 피드백의 직접성immediacy, 그리고 충분한 실습 기회에 달려 있다(Kahneman, 2011). 그룹의 정규 구성원은 이런 기회를 제공받는다.

그러므로 사려 깊은 그룹 구성원이 되는 것과 그룹과 함께 일하는 것을 배우는 방법은 같을 수 없다. 선택 사항에는 그룹 분석 훈련 프로그램, 반영적 개인 개발reflective personal development(PD) 그룹, 수퍼비전 그룹이 포함된다. '좋은good' 그룹의 일원이 되는 것은 우리를 기분 좋게 만들고, 시간이 지나면서 자신감confidence과 능력competence을 향상시킨다. 개별 코칭은 한 사람으로부터의 피드백을 제공하지만, 그룹에서의 학습은 훨씬 더 넓은 범위의 자각perceptions과 반응responses을 제공하므로 이슈의 모든 측면을 이해할 수 있는 더 풍부한 매개체가 된다. 각 구성원은 주어진 상황의 다른 측면을 포용하거나 반영한다. 이러한 거울로 비춰주기mirroring(Foulkes, 1948)에는 발표자의 무의식적인 반응, 이야기에 나오는 다른 사람들의 감정이나 반응, 일반적인 반응, 맥락적 반응 등을 포함한다. 반영 프로세스reflection process를 통해 그 상황이 방 안에서 생생하게 살아난다. 그룹의 다른 구성원들이 실시간으로, 느낌 있게 퍼즐의 나머지 조각들을 거울로 비춰준다mirroring. 우리는 생각thinking과 감정feeling을 강조하는데, 순간 순간의 정서적인 내용emotional content에는 가장 깊은 배움이 담겨 있다.

전문성 개발에 관한 전문가의 견해

도날드 쇤Donald Schon은 '반영적 프랙티셔너reflective practitioner'(1983)라는 아이디어를 만들어냈는데, 이는 직업적 전문 지식professional expertise이 어떻게 개인적으로in the individual 발전하는지에 관한 사고방식이다. "프랙티셔너가 예술적인 기교artistry를 발휘할 때, 그의 직관적인 지식은 그것에 관한 어떤 묘사보다 항상 풍부한 정보를 제공해 준다." 숙련된 프랙티셔너가 시연하는 복잡한 스킬 조합complex skills mix을 분석하기는 어렵지만, 이를 보면 우리는 알 수 있다.

쇤은 우리가 '자신의 성과에 집착하거나 불만족스러울 때' 반영할reflect 가능성이 가장 크며, 반영은 불확실하거나 새로운 상황을 이해하는 데 도움을 준다고 말한다. 이러한 관점은 예측

할 수 없는 새로운 경험에서 학습이 일어난다는 아이디어와 일치하며, 우연히도 생각이 좌절과 관련하여 발생한다는 비온Bion의 아이디어와도 일치한다(Bion, 1962).

타티아나 바흐키로바Tatiana Bachkirova는 코칭 결과를 달성하기위해 코치의 자기self를 중심에 둔다. 타티아나는 "이것은 코칭 프로세스의 복잡성complexity과 예측 불가능성unpredictability을 인식하고, 코칭에 관한 복잡 적응 시스템 관점complex-adaptive-system perspective과 일치한다."라고 언급한다(Bachkirova, 2016).

많은 사람은 그룹에 타고난 재능natural flair을 가지고 있다. 만약 우리가 '그룹과 잘 어울린다good with groups'면 어떻게 이것을 이해하고, 그것을 바탕으로 어떻게 팀에 창의적으로 참여할 수 있을까? 그룹으로 작업할 때 불안을 느낀다면 팀으로 작업할 때 어떻게 더 큰 자신감과 편안함을 찾을 수 있을까? 개인 코칭에서와 마찬가지로 정답은 자기의 사용use of the self 즉 그룹에 적응된 자기self attuned to the group의 사용에 있다.

많은 이론가가 학습은 피할 수 없는 사회적 맥락이라는 사실을 증명한다(Whitehead, 2001). 그룹은 우리의 독창적인 요소original element였으며 잘 작동하는 그룹에 있으면 안전감feeling of security과 행복감feeling of well-being을 느낄 수 있다. 반대로, 우리는 나쁜 그룹 경험을 크게 두려워한다. 그룹 내 우리의 반응은 대부분 의식 수준 아래에서below the conscious level 자동적automatic이다.

그룹과 함께 일하는 법을 배우는 것은 우리를 억제하는 학습된 불안anxieties과 방어defences를 탈학습하는unlearning 것을 포함한다. 모든 학습은 사회적 맥락 안에서 이루어지므로 그룹은 자연스럽게 학습의 장이 된다. 실제로, 허핑턴Huffington(2006)은 일대일 코칭이 폭발적으로 증가한 이유가 적대적인 조직적 맥락에서 다른 사람들과 함께 일하는 복잡성과 어려움에서 벗어나기 위해서라고 주장한다. 팀의 실제 상황real situation과 도전 과제challenges를 다루는 책임감 있는 팀 코칭은 개인 코칭보다 조직에 더 분명하고 직접적으로 유용하다.

수십 년 동안이나 쇤의 가까운 동료였던 크리스 아지리스Chris Argyris는 조직 학습 연구에 엄청난 공헌을 했다. 그의 공식formulations 가운데 하나는 '신봉 이론espoused theory'과 '사용 이론theory in use' 사이의 격차gap이다. 즉 우리가 말하는 것과 행동하는 것 사이의 개념으로, 무의식적unconscious이고 비의식적인 충돌non-conscious conflicts에 관한 생각을 광범위하게 접근할 수 있게 만들었다. 피터 센게Peter Senge는 아지리스의 행동을 다음과 같이 묘사한다.

> 몇 분만에 그룹 전체의 기민함alertness과 현존성presentness 수준이 10단계 상승하는 것을 보았다. 아지리스의 개인적인 카리스마가 아니라 일반화generalisations를 끌어내는 능숙한 프랙티스 덕분에 우리 행동의

기초가 되는 미묘한 추론 패턴subtle patterns of reasoning과 그러한 패턴들이 어떻게 우리를 계속해서 곤경에 빠뜨리는지를 알게 되었다.

(Senge, 1990, p.182)

'사용 이론'을 강조하고, 이를 '신봉 이론'과 대조하는 아지리스의 능력은 '사용 이론'을 일반화하는 그의 연구에서 학습과 변화의 원동력이다. 효과성effectiveness(여기서는 학습의 동의어)은 둘 사이의 격차를 좁히는 데에서 발생한다.

쇤과 마찬가지로 랄프 스테이시Ralph Stacey는 전문 지식expertise이 어떻게 발전하는지에 관심이 있다. "규칙, 절차, 모델을 따르면 유능한 성과competent performance를 낼 수 있지만 숙련된 전문적 성과proficient, expert performance는 규칙, 절차, 모델을 넘어서야 한다(2012, p.107)." 그는 '실용적 판단practical judgment'과 관련된 전문적인 프랙티셔너 스킬의 복잡한 세트complex set of expert practitioner skills를 다음과 같이 설명한다. "실용적 판단은 규칙을 따르는 활동이 아니라 패턴을 인식하는 활동이다(2012, p.108)."

스테이시는 '성찰적 프랙티셔너reflexive practitioner'라는 개념을 '반영적 프랙티스너reflective practitioner'를 넘어선 단계로 제시한다. 스테이시는 그룹 분석가이므로 그에게 성찰성reflexivity은 불가피하게 사회적일 수밖에 없다.

성찰성reflexivity은 항상 다른 사람들과 함께 경험에 참여하고 경험을 창조하는 사람이 바로 우리이기 때문에 우리의 경험 밖에 서서 그것을 관찰하는 것의 불가능성impossibility을 가리킨다. 우리는 상호 의존적인 개인interdependent individuals이므로, 성찰성은 우리와 관련된 다른 사람들이 우리와 어떻게 상호작용하고 있는지 생각하는 것을 포함해야 한다. 이것은 우리의 역사에 함께 관심을 기울이며noticing 생각하는 것과 우리가 속한 더 넓은 공동체communities의 역사에 관해 더 넓게 관심을 기울이며 생각하는 것을 포함한다. 성찰적 프랙티스reflexive practice는 사람들이 그들이 무엇을 하는지에 관해 함께 반영하는 것 이상을 포함하므로 반영적 프랙티스reflective practice 그 이상이며, 그들이 무엇을 하고 있는지에 대해 어떻게 생각하고 있는지 더 많이 묻고 있다.

(2012, p.112)

그의 관심은 현재 여기에 있는 다른 사람들과의 상호작용뿐만 아니라 시간이 지남에 따라 그들이 포함되어 있는 더 넓은 공동체에 있다는 점에 주목해야 한다. 개인적인 위치position와 책임responsibility뿐만 아니라 맥락context도 성찰 개념에 필수적이다.

스테이시는 그룹 분석가로 교육을 받기 전에 복잡성 이론가였으며, 복잡성 사고는 팀 작업에 관한 전문성을 개발하는 데 필수적이다. 그룹 분석 훈련의 요점은 우리가 그룹에 완전히 속하고(Foulkes, 1990) 그래서 이용 가능한 데이터에 풍부하게 접근하는 것이다.

개인적 개발과 직업적 개발을 어떻게 구별할 것인가?

개인적 개발과 직업적 개발의 경계는 복잡하고intricate 서로 침투 가능permeable하다. 사생활에서 우리를 도전하는 것은 직업적으로도 도전할 가능성이 크고, 그 경험은 겹친다. 여기 건강 문제로 결석하는 고객들을 관리하는 방법에 관해 반영하는reflecting 프랙티셔너가 있다.

> 그룹 구성원들은 재빨리 나에게 다시 집중했다. 그들은 내가 정말로 두려워하는 것은 비록 짧은 시간일지라도 내가 다른 사람들에게 의존하는 것임을 알게 도와주었다. 이것을 이슈로 내세우는 것조차도 내게는 '이기적'으로 느껴질 정도였다.
>
> 한 시간 반 뒤, 그들이 나를 도우려는 제안을 '거절'하였을 때 나는 그들이 느끼는 감정을 가족과 친구들 관점에서 볼 수 있었다. 그 결과 매우 감사하게도 내가 '어려움'에 처한 그 긴 시간 동안, 나는 도움을 받을 수 있었다. 나는 '걱정마, 내가 감당할 수 있어'가 아니라 '네, 부탁이에요'라고 말할 수 있다는 것을 배웠다.

이 사례를 순전히 개인적인 것으로만 간주하는 것은 실수다. 코치의 태도 변화는 코치가 고객과 함께 일하는 범위를 확장할 것이다.

학습learning, 포용holding, 감정feelings

개별 또는 그룹 학습의 기본 조건basic conditions은 포용과 교류exchange이며, 안전safety과 도전challenge이라고도 한다(Thornton, 2016). 우리는 대부분 위험을 감수할 만큼 안전하다고 느꼈던 때를 기억할 수 있으며, 어떤 학습 과정이든 초기 핵심 과제는 수용acceptance, 신뢰 그리고 안전한 분위기를 조성하는 것이다. 이를 통해 학습에 내재된 취약성을 관리할 수 있다. 그룹과 함께 안전하고 효과적으로 작업하려면 경험적 학습과 이론적 학습을 통해 타고난 수용력innate capacity

을 심화해야 한다.

'포용'은 모든 기능 그룹의 기본 조건basic condition이며 특히 초기에 중요하다. 그것은 어떤 느낌인가?

> 처음에 당신이 그룹을 관리하는 방식은 경계가 명확하다는 것을 의미했다. 내가 생각할 수 있는 가장 가까운 비유는 엄마 품에 안긴 아기와 같다. 아기는 주위를 움직일 수 있지만 여전히 엄마가 자기를 보호하고 있다는 것을 안다. 어떤 면에서는 그룹 구성원들이 여기저기 돌아다니는 것을 당신이 보호하고 있다. 아주 구체적으로는, 나는 그룹의 출입 관리의 중요성과 그룹 내에서 발생하는 무의식적인 상호작용을 인식하는 것의 중요성을 배웠다.
> 주말을 보내면서 배운 것을 지금도 깨닫고 실천하고 있다. 여러분의 전문성, 환대, 그리고 친절에 감사드리며, 여러분 모두에게 행운을 빈다.

좋은 포용good holding이란 무엇인가? 처음에는 경계가 확실하고 친절하게 환영하는 태도가 자신감 있는 모습만큼이나 중요하다. 여기에는 다음이 포함된다. 참가자 개별 환영하기, 업무에 관한 명확한 지도lead 제공하기, 행동 모델링modelling behaviour, 그룹에서 발생하는 모든 일에 참여하기, 감정feeling이 중요한 정보를 가지고 있다는 사실 전달하기, 그 감정을 단어로 표현하는 것 장려하기이다. 그룹 프레임워크를 포용하는holding 경계 관리자boundary-keeper의 역할은 다음과 같이 매우 실용적이다.

- 자기 업무에 집중한다.
- 관계자의 관리 아래 개개인을 연결한다links.
- 모든 감정이 허용된다고 소통한다.

목소리 내기와 탐색을 장려하고, 감정과 행동의 차이를 강조하고, 구성원들이 문제나 새로운 정보, 행동과 연결하게 돕는 일을 포함하여 감정feeling을 다루는 작업이 핵심이다. 어떤 사람들은 직장에서 우리의 경험에 대해 감정을 드러내지 않아야 하고unemotional, 영향을 받지 않아야 하며unaffected, '비즈니스적'이라는 것은 감정을 드러내지 않는 것을 의미한다는 잘못된 믿음을 가지고 있다. 이는 사람들에게 일에 관한 많은 유용한 정보를 의도적으로 무시하게 만들고, 딜레마에 관한 창의적인 해결책을 찾지 못하게 한다. 밀려난 정서emotion는 대부분 내용상 불편하다. 따라서 '포용'은 '어려운 정서 담아내기containing difficult emotions'를 포함하여 구성원들이 알아차릴 수 있게 한다. 이를 소화하고 통합하면 직장 생활에서 더 넓은 범위의 정보를 사용할 수 있게 된다.

정서emotion 경험은 정서가 지나가도록 하여 사람을 '앞으로 전진하게move on' 한다. 그룹에서는 감정feeling이 증폭되어 감정을 더 쉽게 표면화할 수 있다. 일에 의해서 생성된 감정은 개인적인 감정과 구별해야 한다. 그러면 우리는 더 완전한 이해를 바탕으로 행동하거나 행동하지 않기로 결정할 수 있다.

> 그룹에서 나온 더 큰 프로젝트, 즉 큰 작업 부하workload(그리고 세 명의 동료)를 얻기 위해 제 개인적인 스킬과 잠재적인 협력 네트워크를 더 잘 활용하자는 아이디어를 계속 이어갔다는 것을 아셔야 합니다. 사실 저는 정말로 그 프로젝트를 따낼 수 있을 것이라고 기대하지 않았습니다. 저는 그룹 프로세스 규율discipline의 혜택과 집중해야 할 부분에 관한 팀 구성원들의 의견이 없었더라면 입찰에 참여할 생각도 못했을 것입니다. 그때 저는 직감적으로 사용 가능한 자원을 최대한 활용하지도 못했다는 것을 알았습니다. 그래서 그 프로젝트를 위해 생각을 말하고, 이를 반영하고 그룹 구성원들이 논평하게 하는 상황을 의식적으로 유지하였습니다.

구성원들은 자신의 업무 상황을 충분히 이해하고 업무 과제에 대해 느끼는 것과 생각하는 것을 통합하여 더 자유롭게 행동할 수 있다. 이 프로세스는 더 큰 자신감과 효과성effectiveness의 핵심이다.

포용은 침해하는 프로세스intrusive process가 아니다. 도움을 주기 위해 너무 빨리 뛰어들지 않고, 그룹이 무엇을 할 수 있는지 보기 위해서는 자제력이 필요하다. 다음 세 사람은 그룹 코치 훈련 과정에서 배운 것을 말한다.

> 저는 제가 너무 빠르게 생각한다는 것을 알기 때문에, 질문을 하며 뛰어들기 전에 먼저 숫자를 둘까지 셉니다. 다른 사람들이 기회를 가질 수 있게 속도를 줄이는 것이 중요합니다.
> 나는 두 발로 뛰어들고 싶어 하는 나 자신을 더 잘 통제합니다. 내가 원하는 만큼은 아니지만 더 많이 제어하게 되었습니다.
> 적게 말하고, 덜 지시합니다. 침묵을 지키면 더 편안해집니다.

이러한 자제력을 개발하는 일은 매우 중요하다. 이는 그룹 구성원들이 더 활동적이 되어 자신감을 얻고 그룹을 '안전'하게 포용할 수 있게 해준다. 핵심 키워드는 '수용acceptance'이다

(Foulkes, 1990). 따라서 구성원의 필요와 감정을 포용하는 그룹의 수용력capacity은 지속해서 갱신된다. 이러한 안정감을 느끼기 위해서는 우리가 직접 경험해야 한다.

역설적이게도 우리가 가장 온전히 우리 자신이 될 때는 그룹 안에 있을 때이다. 우리는 다른 사람들이 우리와 다르게 느끼고, 서로 다른 것에 웃는다는 사실을 알게 된다. 그러나 어떤 하나가 다른 것보다 더 나은 것은 아니다. 우리의 개성을 정의하는 것은 차이다. 수용적인 그룹에서조차도 서로의 차이로 인해 개인은 자기를 표현할 때 위험에 빠질 수 있으며, 자신을 '공격strike'하고 선택을 변경시킬 수 있는 무언가를 만날 가능성이 있다.

> 내가 어떻게 세상에 내 모습을 드러내는지에 관한 피드백을 받고, 다른 사람들이 어떻게 나를 '완전히 다른 사람'으로 생각하는지 듣는 것은 흥미롭고 놀라운 일이었습니다.
> 나는 내가 많이 동화되었다고 확신하지만, 너무 잘 동화되어서 구체적인 사례를 말하기 어렵습니다. 그 그룹에서 그들은 나를 어떻게 보는지 나에게 말해주었고, 이는 매우 도움이 되었습니다. 전반적으로, 나는 좀 더 자동적으로automatically 반영하는reflective 법을 배웠고, 내가 원하는 대로 일이 진행되지 않을 때 반영할 시간을 만드는 법을 배웠습니다. 나는 주관적인 입장과 객관적인 입장 사이에서 더 유연하게 움직일 수 있게 되었고, 다른 관점에서 사물을 볼 수 있게 되었습니다. 이는 나의 다른 모든 독서 및 CPD와도 연결된 지속적인 스킬 개발입니다. 전반적으로, 나는 생각뿐만 아니라 감정과 더 연결하도록 노력하고, 개입하고intervene 덜 하려고do less 노력하고 있습니다.

그룹 작업과 그룹 전문 지식을 팀에 적용하기

그룹과 함께 일하기 위해서는 불안을 견딜 수 있어야 하고, 압박감 속에서도 적응하여 발걸음이 빨라야 한다. 우리는 필요할 때 용기 있게 개입하고, 그룹이 스스로 필요한 일을 할 수 있을 때는 행동을 삼간다. 우리는 우리 자신의 한계와 그들의 한계를 보고 받아들일 수 있다. 이는 다른 사람들에 관한 심리적인 반응성psychological responsiveness과 호기심과 따뜻함을 포함하는데, 둘 다 그룹에서 가장 쉽게 발달된다.

한 그룹의 사람들을 포용한다는 것은 한 사람과 함께하는 것보다 더 강한 투사projections와 더 어려운 감정difficult feelings을 담아낸다containing는 것을 의미한다. 팀과 함께 일할 때 이러한 스트레스는 배가된다. 왜냐하면 우리는 더 광범위한 시스템broader system이 팀에 미치는 영향impact, 즉 조직 구성원들이 가진 모든 압박pressures과 '사용 이론', 특히 무의식적인 압박도 포용하고 있기 때문이다.

팀과 함께 일하려면 상당한 그룹 경험, 관련 이론 이해 그리고 몇 가지 추가 능력capabilities이 필요하다. 팀 맥락을 따라 학습하고 일시적으로 거주하기, 팀의 리더와 효과적인 업무 제휴를 구축하기 위한 재치와 회복탄력성resilience, 리더, 팀, 조직 그리고 직책과 같은 역할 모호성을 용인하고 창의적으로 작업하기 등이 그것이다. 팀과 효과적으로 일하기 위해서는 그룹에 대한 전문 지식group expertise과 비즈니스 지혜business wisdom를 가진 사람의 수퍼비전이 필수적이다.

팀과 함께 일하려면 코치가 광범위한 조직, 산업, 사회적 요소를 포함하는 팀 맥락에 참여해야 한다. 시스템과 복잡성 이론, 그리고 아지리스(1980)의 '논의할 수 없는 것undiscussables'과 같은 무의식적인 프로세스unconscious processes를 이해하고 말하는 방법에 관한 지식은 필수적이다. 우리는 또 이러한 프로세스들과 함께 작업할 수 있게 이러한 프로세스들이 어떤 느낌인지 그룹 내에서 경험해야 한다. 팀 '도구들'이 유용할 수 있지만, 팀 환경team setting의 전체 복잡성full complexity을 적절히 표현하지는 못한다(Thornton, 2016).

우리는 우리의 개입이 미치는 더 넓은 영향broader implications에 대해 사려 깊게 생각하는 직업 윤리의식이 필요하다. 모든 종류의 조직과 함께 일할 수 있는 코치는 없다. 우리는 고객 조직과 가치를 충분히 조율하여 일시적으로 고객의 세계에 거주할 수 있도록 해야 하며, 도전할 수 있는 능력을 유지하면서 변화 프로세스를 지원해야 한다. 우리는 항상 조직의 경계, 즉 내부와 외부 모두에서 일한다.

마지막으로, 우리는 겸손이 필요하다.

우리는 항상 해답의 일부만 가지고 있다. 경험이 풍부한 팀 코치들도 '잘못'할 수 있다.

카네만은 주관적인 확신을 실제 성과와 대조한다. "사람들이 자신의 직관을 확신한다고 해서 그 타당성validity을 신뢰할 수 있는 것은 아니다." 그리고 카네만은 진정한 전문가는 자신의 한계를 알고 있다는 사실을 우리에게 일깨운다(Kahneman, 2011, p.239).

많은 조직에서 정황conditions만으로는 '생각에 도움이 되지 않는다.' 따라서 우리는 함께 생각할 경험이 풍부한 동료가 있어야 한다. 수퍼비전이 그 열쇠이다. 경험이 많은 팀 프랙티셔너는 일의 맥락이 일의 성공과 많은 관련이 있다고 말할 것이고, 심지어 무엇이 성공이라고 여겨질 수 있는지에 관해서도 말할 것이다. 전문성을 키울 수는 있지만 우리의 영향력에는 한계가 있음을 기억해야 한다. 궁극적으로 팀 코칭에서 숙련됨을 유지하고, '현장에서' 필수적인 관점 essential perspective을 갖기 위해 우리는 그룹에서 지속해서 경험해야 한다.

참고문헌

Argyris, C. (1980). Making the undiscussable and its undiscussability discussable. *Public Administration Review, 40*(3), 205-213.
Argyris, C., & Schon, D. (1974). *Theory in practice: Increasing professional effectiveness*. San Francisco, CA: Jossey-Bass.
Bachkirova, T. (2016). The self of the coach: Conceptualization, issues, and opportunities for practitioner development. *Coaching Psychology Journal: Practice and Research, 68*(2), 143-156.
Bion, W. R. (1962). A theory of thinking. *International Journal of Psychoanalysis, 43*, 306-310.
Foulkes, S. H. (1948). *An introduction to group analytic psychotherapy*. London, England: Routledge.
Foulkes, S. H. (1990). *Selected papers: Psychoanalysis and group analysis*. London, England: Kamac.
Goleman, D. (2006). *Social intelligence: The new science of human relationships*. New York, NY: Random House.
Huffington, C. (2006). A contextualised approach to coaching. In H. Brunning (Ed.), *Executive coaching: Systems-psychodynamic perspective* (pp. 41-78). London, England: Kamac.
Kahneman, D. (2011). *Thinking, fast and slow*. London, England: Penguin. 『생각에 관한 생각』 이창신 역. 김영사. 2018.
Scanlon, C. (2017, March). Working with disappointment in difficult places: Group-analytic perspectives on reflective practice and team development (RPTD) in organisations. *Group Analytic Contexts, 75*, 22-37. Retrieved from www.yumpu.com/en/embed/view/5ZKB6kOpqotlhRrX
Schon, D. (1983). *The reflective practitioner*. London, England: Temple Smith. 『전문가의 조건』 배을규 역. 박영스토리. 2018.
Senge, P. (1990). *The fifth discipline*. London, England: Century Business. 『제5경영』 안중호 역. 세종서적. 1996.
Stacey, R. (2012). *The tools and techniques of leadership and management: Meeting the challenge of complexity*. Hove, England: Routledge.
Stem, D. (1985). *The interpersonal world of the infant*. New York, NY: Basic Books. 『유아의 대인관계적 세계』 한동석 역. 씨아이알. 2021.
Thornton, C. (2004). Borrowing my self: An exploration of exchange as a groupspecific therapeutic factor. *Group Analysis, 37*(2), 305—320.
Thornton, C. (2016). *Group and team coaching: The secret life of groups*. New York, NY: Routledge.
Thornton, C. (2017). Towards a group analytic praxis for working with teams in organisations I. *Group Analysis, 50*(4), 519-536.
Trevarthen, C. (1979). Communication & cooperation in early infancy: A description of primary intersubjectivity. In M. Bullowa (Ed.), *Before speech: The beginning of interpersonal communication* (pp. 321-348). Cambridge, England: Cambridge University Press.
Whitehead, C. (2001). Social mirrors and shared experiential worlds. *Journal of Consciousness Studies, 8*(4), 12-32.

23장. 팀 코치 수퍼비전
멀리 떨어져서 복잡성 다루기

저자: 엘리슨 호지Alison Hodge, 데이비드 클러터벅David Clutterbuck
역자: 박정화

일대일 코치에서 팀 코치로 전환하기 위해서는, 스킬, 자신감 그리고 역동적인 복잡성을 다룰 수 있는 능력 향상이 상당히 요구된다. 따라서 팀 코치 수퍼비전은 고객과의 일대일 수퍼비전 코치와 비교할 때, 수퍼바이저의 기술과 지식을 상응하는 수준으로 향상해야 한다. 그렇지만 이 장을 지원하기 위해 특별히 수행한 팀 코치와 수퍼바이저에 관한 설문조사(Clutterbuck & Hodge, 2017) 외에는 이러한 가정을 뒷받침할 실증적 증거를 찾기 어렵다.

이 장에서는 상황, 프로세스, 역할, 방법과 모델, 내용(코치가 가져오는 문제)과 역량 관점에서 팀 코치 수퍼비전을 살펴본다. 또 최근 부상하고 있는 이 주제의 연구를 위한 의제를 개발하고자 한다.

엘리슨 호지 Alison Hodge: EMCC의 공인 마스터 프랙티셔너 수준의 경영진 코치이자, APECS의 공인 경영진 코칭 수퍼바이저이다. 엘리슨은 2014년 미들섹스 대학교에서 코칭 수퍼바이저로 DProf(전문연구박사)로 학위를 받았으며, 내외부 경영진 코치의 개인, 그룹과 함께 전 세계적으로 코칭 수퍼바이저로 일하고 있다.
데이비드 클러터벅 David Clutterbuck: 데이비드는 헨리 경영대학원, 옥스퍼드 브룩스, 셰필드 할람, 요크 세인트존 대학의 객원 교수이다. 그는 『직장의 팀 코치』를 포함한 70여 권의 책을 저술하거나 공동 집필했다. 코칭과 멘토링의 초창기 선구자 가운데 한 명인 데이비드는 현재 유럽 멘토링과 코칭 위원회의 공동 창립자였다. 데이비드는 연구원과 트레이너, 국제 코칭과 멘토링으로 구성된 글로벌 커뮤니티를 이끌고 있다.

연구 배경

이 책의 다른 장에서는 팀 코칭과 팀 구성 그리고 프로세스 컨설팅과 같은 기타(때로 중복되는) 개입 사이의 차이점에 대한 뉘앙스를 살펴본다. 이러한 목적을 위해 (1) 팀 내부 역동 관계와 주변 세계에 대한 팀의 알아차림을 높이기 위한 코칭 스타일을 채택하고 (2) 개별 코칭과 달리 팀 전체가 함께 작업하며 (3) 해당 팀 리더의 코칭과는 다르게, 외부 코치(또는 둘 이상의 코치가 함께 일하는)가 개입한다. 나는 이러한 정의에 부합하지 않는 접근법이 과소평가 되지 않기를 바라며, 단지 아래 내용을 논의하기 위해 정의를 명확히 하고자 하는 것임을 밝힌다.

수퍼비전 실행에서, 우리는 숙련된 코치가 가져오는 문제의 범위가 점점 더 코치들이 일하는 팀과 관련된 사례가 포함되어 있음을 관찰한다. 일부 코치는 의도적으로 포트폴리오를 일대일 코칭에서 팀 코칭으로 확장하기 시작했고, 다른 코치는 자신이 받은 개인 코칭에 만족하는 경영진 고객이 일부 프로세스를 팀에 적용하고자 할 때 이러한 포트폴리오에 관심을 두기도 했다.

자기 알아차림 수련을 진행 중인 팀 코치는 두 개의 공으로 하는 저글링에서 여섯 개의 공으로 하는 저글링으로 비유^{analog}된다. 일대일 코칭에 대해 때때로 수퍼비전은 대화를 통제해야 할 필요성을 설명한다. 수퍼비전은 대화가 원하는 대로 발전하도록 하며, 항상 해결책 찾기를 기대하지 않도록 하는 데 도움을 준다. 팀 코칭은 팀이 사회적 시스템으로서 복잡하고(Ringer, 2002), 통제력을 주장하려는 본능(대부분 불가능하고 코칭 역할에 심각한 손상을 입히는)이 그만큼 강하기 때문에 통제하기 어려울 가능성이 훨씬 크다. 우리가 수퍼비전 실행에서 만난 모든 팀 코치는 초기 팀 코칭 과제에서 심하게 상처를 입었던 흉터가 있다고 해도 과언이 아니다. 형식적인 대화를 필요로 하는 경우(내가 알아야 할 것을 어떻게 더 빨리 배울 수 있는가?), 규범적인 경우(나는 어떤 손상을 일으킬 위험이 있는가?), 그리고 회복적인 경우(내가 이 까다로운 역할에 적합한가?)와 같은 모든 형태의 대화가 있다. 나는 팀의 저항이 변했을 때 어떻게 내 자신감을 회복할 수 있는지 질문해 본다.

프로세스

팀 코칭 프로세스에는 여러 모델이 있으며, 이러한 모델이 언제나 과업과 코칭 대화를 충분하고도 명확하게 구분하지 않는다. 팀 코치 수퍼바이저는 간단한 설명만으로도 코치가 초래할 수 있는 몇 가지 문제를 해결할 수 있다. 단순하게 두 가지 모두를 통합하는 하나의 모델을 선택했다(Clutterbuck, 2007)([표 23.1]). 수퍼비전은 이러한 프로세스 단계와 조합을 다룰 수 있다. 차례대로 살펴보자.

[표 23.1] 팀 코칭 프로세스와 팀 코칭 대화

팀 코칭 프로세스	팀 코칭 대화
1 준비: 팀과 팀의 맥락 이해	1 계약: 서로에게 어떤 책임을 지는가?
2 범위 지정과 축소: 작업은 합리적인가? 그 방법은 무엇인가?	2 가장 중요한 목표
	3 문제의 정의: 지금 그것이 왜 중요한가?
3 프로세스 스킬 개발: 팀이 코칭 방법을 배울 수 있도록 지원	4 맥락: 시스템 이해
	5 재정의
4 코칭 대화	6 개인과 집단적 사고방식 모색
5 프로세스 검토: 기대와 계약 재검토	7 앞으로 나아갈 수 있는 대안
6 프로세스 이전transfer: 팀이 스스로 코칭하는 방법을 배움	8 결정: 결정하지 않기로 한 결정 포함
	9 재계약
7 결과 검토: 코칭 결과로 달라진 점은 무엇인가?	

대부분 팀 코치는 초기에 담당했던 팀의 그림으로, 어떻게 코치 배정을 저해하는 요소들을 드러내지 않게 되었는지에 관한 이야기 한두 개 정도는 갖고 있다. 내 경험으로 볼 때, 팀과 팀의 맥락을 이해하기 위해서는 탐색 인터뷰에 최소한 많은 시간을 투자해야 한다. 코치는 자신이 필요한 자료를 수집하는 방법에 대한 사전 작업과 형식적인 논의를 주장하는 데 수퍼바이저의 승인을 얻어야 한다.

계약은 과제와 코칭 대화의 초석이다. 우리 자신의 경험에 비추어 보면, 팀 코치들이 수퍼비전을 받는 대부분 이슈는 계약의 실패에서 비롯된다. 팀 코치와 관련된 여러 가지 계약 문제는 아래와 같다(Turner & Hawkins, 2016).

- 스폰서와의 계약
- 개인과 단체가 팀과 계약
- 팀 리더와의 계약
- 2인 코칭 팀으로 코칭 수행이 증가하는 경우, 공동 코치와 계약
- 코치 자신과의 계약 – 코치 자신은 얼마나 많이 전달할 준비가 되어 있는가, 팀 발전을 위

해 얼마나 많은 책임을 져야 하는가, 자신의 행복을 어떻게 관리할 것인가 등을 명확히 해야 한다.

쉽게 빠질 수 있는 함정은 이러한 계약 가운데 어느 하나라도 간과되거나 다른 계약과 상충될 때이다. 상황을 더욱 복잡하게 만드는 명시적이거나 암묵적인 계약(또는 동시에)도 존재한다(Carroll, 2005).

- 팀 리더와 팀 사이
- 팀 리더와 스폰서 사이
- 팀 구성원과 각 구성원 사이(팀 내에서 인정된 하위 그룹과 인정되지 않은 하위 그룹 포함)

팀 내에서 학습과 코칭 프로세스에 책임이 있다는 '기대 조성하기'는 계약의 일부이다. 그렇지만 코칭 기회를 최대한 활용하는 데 필요한 기술을 팀에 교육하려면 추가적인 노력을 기울여야 한다. 퍼실리테이션 역할에 익숙한 코치들은 이러한 관계의 초기 권력 이양으로 어려움을 겪을 수 있다.

효과적인 코칭 대화는 구조(광범위하고 목적이 있는 프레임워크)와 흐름(문제, 아이디어와 통찰력이 발생할 때 이슈 다루기)의 균형을 유지한다. 회의실에서 안건이 여러 개 있을 때, 이를 통제하지 않고 '대화로 조율하기'는 팀 코치와 수퍼바이저의 강도 높은 검토로 이어지는 중대한 도전이 된다.

코칭 프로세스의 점진적인 인수인계 관리와 함께, 언제 재계약해야 하는가를 아는 것은 팀 코치의 핵심 역량이다. 두 가지 모두, 팀 코치들이 수퍼바이저와 함께 탐구해야 할 수많은 딜레마를 자극한다.

마지막으로, 결과 검토 단계에서 빈번한 수퍼비전 이슈로 등장하는 것은, 바라지 않았던 결과를 수용하는 방법, 그리고 더 중요하고 장기적인 성과를 식별하는 방법이다. 의뢰인들은 실질적이고 측정 가능한 단기 성과에 초점을 맞추는 경향이 있지만, 팀 역량과 관계의 장기적인 개선은 팀 코칭 효과를 더 정확하게 나타내는 지표가 될 수 있다.

역할

팀 코치 수퍼비전에는 수퍼바이저, 코치, 수퍼비전 자체의 세 가지 중요한 역할이 있다. 연구에 따르면(Clutterbuck & Hodge, 2017), 팀 코치는 다양한 이유로 수퍼바이저를 찾는다. 팀 코치는 도전 과제와 시스템 관련 직무에 관한 새로운 알아차림과 아이디어를 얻을 기회를 모색한다. 동시에, 팀 역동과 관계 내에서 심리적으로나 코칭 업무 측면에서도 팀 코치들이 어떤 일이 일어나는지 명확히 알도록 수퍼바이저가 통찰력을 제공해주기를 바란다. 여기서도 수퍼바이저는 코치와 팀 사이, 그리고 개별 팀 구성원들 사이에서 나타날 수 있는 평행 프로세스parallel process(Casey, 1993)를 코치가 식별할 수 있도록 지원하는 중요한 역할을 할 수 있다.

지금까지 확인한 바와 같이, 팀 코칭 과제에서 발생하는 요구 사항과 도전으로 코치는 수퍼비전을 통해 자신감을 쌓고 팀 코칭 중에 발생하는 지속적인 사건을 준비하고 관리할 수 있도록 지원받는다. 마찬가지로 코치들은 수퍼비전 공간 안에서 과제 접근 방식을 배우고, 뒤로 물러서기도 하고, 새로 고칠 수 있는 컨테이너container를 제공한다는 사실을 알게 된다. 여기에는 시스템 내의 고객에게 받는 피드백 이상으로, 전문 자격을 갖춘 수퍼바이저로부터의 피드백이 포함될 수 있다.

수퍼비전의 역할은 처음에는 이러한 니즈가 있는 코치를 지원하지만, 코치의 시야를 넓혀 갖고 있던 문제를 스스로 해결하도록 한다. 따라서 수퍼바이저는 수퍼비전의 형식적formative, 규범적normative, 복원적restorative 의도를 충족시켜야 한다(Proctor, 2000).

코치 또는 수퍼바이저의 역할은 코칭 세션 전, 중, 그들의 고객과 수퍼바이지들이 더 깊은 통찰력을 얻을 수 있도록 자신들이 성찰하도록 하는 것이다. 이는 수퍼바이지 자신이 수퍼바이저에게 무엇을 원하는가, 왜, 그리고 자기 알아차림과 자기 도전의 의지를 명확히 할 것을 요구한다. 수퍼바이저와 연계하여 수퍼바이지 자신의 관계 시스템을 관리해야 한다. 수퍼비전 관계는 어떤 다른 역할을 대신할 수 있는가?

모델과 방법

아직 확실한 수퍼비전 모델은 없다. 수퍼바이저들은 일대일 코칭에서 기존 모델을 팀 상황에 적응하는 경향이 있다. 이 분야에서 가장 일반적으로 사용되는 몇 가지 모델과 정보를 제공하거나 조정하는 방법에 관해 살펴본다.

복잡한 팀 코칭 환경은 몇 가지 주요 관점을 열어준다(Whelan 2005). 특히 (1) 팀의 내부 시스템, (2) 개별 팀 구성원과 코치 사이의 관계, (3) 리더와 코치 사이의 관계([표 23.2])가 눈에 띤다.

만화경kaleidoscope은 팀 구성원이 계층 구조에 있거나 매트릭스 조직 내에서 다른 팀의 구성원이 될 경우 훨씬 더 복잡해진다.

클러터벅의 일곱 가지 대화 모델(Clutterbuck, 2011)은 일대일 코칭 내에서 공개적이고 은밀한 대화에 대한 성찰로 초대한다.

- 코칭 세션 전 고객의 내부 대화
- 코칭 세션 전 코치의 내부 대화
- 코칭 세션 중 고객의 내부 대화
- 구어체(명시적) 대화
- 세션 중 코치의 내부 대화
- 고객의 후속 성찰
- 코치의 후속 성찰

여기서 대부분 문제는 말로 표현하는 대화에서 일어나지 않고, 말로 표현되지 않는 대화에서 발생되며, 따라서 심리적 계약과 관계에 영향을 미친다는 것을 알 수 있다(Carroll, 2005).

다시 한번, 팀 코칭으로 인해 복잡성이 증가한다. 그룹 프로세스(Corey & Corey, 1997; Kantor, 2012; Ringer, 2002)는 팀이 나누지 않는 대화가 팀의 성과와 분위기에 더 많은 영향을 미칠 수 있음을 보여준다. 팀 코칭에 앞서 개별 팀 구성원들 사이의 사적인 내부 대화는 그룹 프로세스나 자기 공개와 관련된 광범위한 두려움과 연관성이 있을 수 있다. "지적이면서, 관여하지 않는 수준으로 유지하자."라는 말은 큰 소리로 말하라는 것이 아니다! 몇몇 팀 구성원들의 마음속에 있는 무언의 대화는 긍정적이든 부정적이든 갑작스럽고 급격한 분위기 전환을 위해 오직 한 사람만이 목소리를 낼 필요가 있다.

[표 23.2] 팀 코칭에 공존하는 여러 관계

팀의 내부 시스템	팀 성과는 구성원들이 어떻게 상호작용하느냐에 따라 상당히 달라진다. 의사소통 프로세스, 업무 프로세스, 관계 등이 모두 영향을 미친다. 공식적인 시스템과 프로세스보다 비공식적인 시스템과 프로세스가 더 중요할 수 있다.
개별 팀 구성원과 코치 사이의 관계	팀 구성원 개개인과 팀 코치 사이에는 때때로 모순되는 여러 관계가 있다. 비밀 유지와 같은 이슈를 관리하는 일도 문제가 될 수 있다.
리더와 코치 사이의 관계	팀 리더와 특별한 관계 맺기는 팀 코칭 프로세스를 저해할 수 있지만, 팀 리더의 지원을 받는 일은 중요하다.

일곱 눈 모델7-eyed model(Hawkins & Shohet, 2000)은 일반적으로 코칭 수퍼비전에서 가장 많이 언급되는 모델이다. 이 모델을 통해 수퍼바이저와 수퍼바이지는 코치, 코치이와 이해관계자가 일대일 코칭 과제에서 일곱 가지 다른 렌즈를 통해 탐색하며, 수퍼비전이 수행되는 동안 더 넓은 맥락의 영향과 코칭 과제에 어떤 영향을 미칠 수 있는지 파악할 수 있다.

효과적인 수퍼비전을 지원하고, 팀 코칭 수퍼비전에 정보를 제공할 수 있는 더 넓은 분야에서 활용되는 다른 모델을 다음과 같다.

- 6단계 모델the Six Step Model(Hawkins, 2014)은 팀 코칭 과제를 관리하는 프로세스 단계에 대한 명확한 지침을 제공한다. 이를 통해 코치와 수퍼바이저 모두에게 공유된 필터를 제공할 수 있다.
- 관계, 에너지와 '무의식unconscious'의 평행 프로세스 사용parallel process(Casey, 1993)이 핵심인 전체 스펙트럼 모델Full Spectrum Model(Murdoch, Adamson, & Orriss, 2006)이다. 이를 통해 코치와 수퍼바이저는 팀 코칭 맥락에서 공존하는 다층적multi-layered 관계를 고려하고 탐구할 수 있다.

이 모델은 수퍼바이저가 심리, 에너지와 평행 프로세에서 능숙하게 작업하고 성인 학습에 필요한 조건에 주의를 기울여야 할 필요성을 더 자세히 서술한다. 전체 스펙트럼 모델의 핵심적인 접근 방식은 역동적, 시스템적, 인지적 그리고 사색적이다.

(Murdoch 2013, Murdoch & Arnold, 2013: xxx)

- 컨스텔레이션 시스템 수퍼비전systemic supervision with constellations(Moral, 2011; Whittington, 2016)은 코치가 개별 팀 구성원을 넘어, 더 넓은 시스템과 여러 이해관계자가 팀 내에서 일어나는 일에 어떤 영향을 미칠 수 있는지 더 큰 그림을 볼 수 있도록 도와준다.
- 수퍼비전의 세 가지 기둥three pillars of supervision(Hodge, 2016)은 수퍼바이저가 핵심 조건과 안전한 컨테이너를 만들어 코치가 고객 시스템에서 발생할 수 있는 일의 복잡성, 때로는 혼란스러움과 예측 불가능성을 살펴보도록 돕는다. 이는 스스로 자기 성찰과 수퍼비전 실행을 통해 코치의 학습과 발전을 지원한다.
- 시스템 모델(Gray & Jackson, 2011)은 코치가 발전과 변화라는 수퍼비전의 전반적인 목적을 충족하기 위해 조직적이고 사회적인 컨테이너 내에서 계약하고 가르치는 수퍼비전 업무를 강조한다.

수퍼비전 방법 면에서, 연구에 의해 다시 알려졌듯이, 팀 코치들은 특정한 접근 방식에 의존하지 않고 다양한 자원을 활용한다. 어떤 이들은 일대일 수퍼비전에 참여하는 반면, 다른 이들은 (동료들과 함께하는 것을 포함한) 그룹 수퍼비전이 다양한 관점에서 이익을 얻을 수 있을 뿐만 아니라, 그룹에 속한 자신들의 과정을 탐색할 수 있기 때문에 더 효과적이라고 생각한다(Bernard & Goodyear, 2009). 이러한 통찰을 통해 고객 그룹 환경에서 효과적으로 작동할 수 있는 팀 코치들의 역량과 능력을 개발한다.

이 작업의 복잡성과 요구를 고려할 때, 팀 코치는 그룹 치유, 액션러닝 세트 또는 그룹 분석과 같은 추가적인 형태의 전문적인 지원을 고려하는 것이 유용할 수 있으며, 따라서 코치는 자신의 패턴과 반응을 인지하게 된다.

맥락

팀 코치들은 수퍼비전이 일을 실행함에 있어 자신들을 지원하는 필수적인 역할임을 알게 되었다. 이는 설문조사에서 확인되었듯이, 팀 코치가 수퍼비전에서 제기하는 이슈의 범위와 실천 사례를 통해 확인할 수 있다.

- 코치가 고객 시스템 내에서 일어나는 일과 그렇지 않은 일로 인해 막히거나 스트레스를

받는다고 느낄 때, 그리고 팀이 변화하지 않는 것처럼 보일 때
- 선언된 변경 사항이나 의도된 변경 사항에 관여하기 위한 지명된 팀의 개별적, 집단적 약속과 역량
- 프로젝트의 예측 불가능성, 특히 팀 내 또는 팀 구성원, 의뢰인(일반적으로 CEO) 사이의 관계, 그리고 코치 자신과의 관계
- 팀 구성원의 개인적 공개를 가능하게 하는 적절한 조건 사이의 미묘한 균형을 공동 조성하고, 참가자가 개입으로 인한 결과와 변화의 증거를 더 잘 볼 수 있는 방식으로 참여
- 팀이 일하는 더 넓은 시스템(예: 문화, 국제 경제 또는 정치가 다른 전 세계에 위치한 대규모 조직)이 참가 팀의 변화를 억제하거나 방해할 수 있는 영향
- 목적 또는 설계의 검토가 필요할 수 있는 계약 문제
- 시스템의 복잡성을 고려할 때, 일어날 수 있는 일에 대한 가능한 해석을 탐구하여 하나의 접근 방식에 집착하기보다는 가능한 여러 개입을 식별
- 특히 신뢰의 급격한 상실이 발생할 수 있는 경우, 팀 내의 독성이나 '장애' 관계를 탐색하고 이를 해소(Lencioni, 2000).
- 팀에 영향을 미치거나 그룹과 직무에 기여하고 가치를 추가하고자 할 때, 코치가 갖는 무력감, 좌절감 또는 자신감 상실

또 '평행 프로세스parallel process'라고 알려진 현상이 있다(Casey, 1993). 수퍼바이저/수퍼바이지의 프로세스와 관계는 두 가지 수준에서 중요한 정보를 제공한다. (1) 수퍼비전 관계 자체는 고객 시스템에서 일어나는 일에 대한 통찰력을 제공할 수 있으므로, 코치는 고객과 어떻게 진행할지 계획할 수 있다. (2) 수퍼비전 상대에 대한 관찰, 모델링 그리고 피드백을 통해 코치는 이러한 알아차림과 행동을 고객 관계에 반영하여 고객이 코치와 관계 맺는 방식에 영향을 미친다(Critchley, 2010; Drake, 2011; Hawkins & Smith, 2006; Hay, 2007).

행동과 존재 방식을 모델링할 수 있는 코치의 능력은 그룹의 안전감, 몰입 그리고 참여에 크게 기여할 수 있다. 이를 통해 팀 구성원들은 서로 더 나은 관계를 형성할 수 있으며, 과제를 달성할 수 있는 생산적인 대화에 참여할 수 있다.

수퍼바이저 역량

코칭 전문기관 가운데 일부는 이미 팀 코칭을 위한 구체적인 역량을 연구하고 있으며, 전문 수퍼비전 협회(APECS, 2017)가 기준을 제정했다.

연구조사 결과, 팀 코치의 피드백과 자체 경험을 통해, 수퍼바이저는 다음을 포함한 광범위한 지식과 경험이 필요함을 분명하게 밝혔다.

- 일대일 그리고 팀 코칭에 관한 경험과 전문 지식
- 고학력 또는 심리적 배경
- 수퍼비전에 대한 전문적인 자격(코칭 수퍼비전이어야 할 필요는 없음)
- 그룹 프로세스 그리고 그룹 퍼실리테이션에 대한 강력한 기반
- 실제로 팀에서 일하고 팀을 이끄는 이상적인 경험
- 문화 전반과 원격을 포함한 조직 구조에 대한 이해
- 팀 코칭의 범위, 인적자원Human Resource(HR), 재무, IT, L&D Learning & Develpoment, 조직개발 Organizational Development(OD) 그리고 기타 모든 핵심 기업의 기능으로 어떻게 확장되는지 이해

손튼Thornton(2010)은 팀 코칭에 대한 그룹 수퍼비전과 이에 따른 필요한 기술과 자원을 지원하기 위해 수퍼바이저가 직면한 몇 가지 주요 장점과 단점을 설명한다. 그 검토는 이러한 발견을 뒷받침한다.

연구에서 수퍼바이저들은 팀 코치가 직면하는 사항과 동일한 문제들, 예를 들어 고객 시스템의 복잡성, 코치가 코칭하는 고객 팀의 심리 역동, 그리고 평행 프로세스에서 자신들을 끌어들이지 않는다는 사실을 인정했다.

코치들이 팀 역동(예: 투사와 전이)에서 자신을 분리하도록, 그리고 새로운 통찰력과 관점을 얻도록, 고객 시스템 외부에 머물러야 할 필요성과 중요성을 인정했다.

이러한 요소를 고려할 때, 수퍼바이저가 직면하는 몇 가지 문제는 다음과 같다.

1. 수퍼비전에 대한 현실적인 기대치를 합의한다.
   - 코치에 대한 수퍼비전의 중요성과 관련성에 관한 이해
   - 수퍼비전을 위한 충분한 시간 할당. 때로는 코치가 이러한 복잡한 사례를 45분 또는 1시

간 안에 처리하기를 기대하지만, 과제의 서로 다른 단계에서 일어날 수 있는 일을 탐색하고 풀어내기에도 충분치 않다.
- 수퍼바이저로서 팀 코칭에 대한 충분한 경험이나 이해 확보
- 팀 코치의 지속적인 개발을 지원하기 위한 팀 코칭 역량에 관한 명확한 정의
- 시스템과 그룹 역동에 관한 이해(Bion, 1968; Brown, 2000; Von Bertalanffy, 1968)

2. 복잡성, 의식적 편견과 무의식적 편견의 다른 수준을 이해한다.
- 제시되는 상황의 복잡성에 계속 관여한다.
- 정부, 비영리, 상업, 대기업, 중소기업 등 다양한 맥락에서 팀이나 단체와 협력하는 데 개인적으로 경험한다.
- 팀 개발 단계와 코치의 자기 알아차림과 경험의 균형을 유지한다.

3. 수퍼비전의 경계를 유지한다.
- '팀 코치를 수퍼비전하기'보다는 '팀을 코칭하기'를 지향한다.
- 전체 시스템을 충분히 넓은 시야로 유지한다.
- 코칭의 수퍼비전 목적을 잃어버리고, 프로젝트 관리와 같은 더 넓은 시각으로 전환한다.
- 팀 시스템의 복잡성에 말려 들지 않고 순간적인 집중력을 발휘한다.
- 팀 전체에 초점을 맞추고 특정 팀 구성원 한 명에게 초점을 맞추지 않는다.
- 그룹과 함께 일하는 데, 확실한 배경 없이 팀을 맡을 때 코치에 대한 지침을 제공한다.
- 효과적인 수퍼비전을 위해 시간을 충분하게 확보한다.
- 공감대를 형성하는 동안, 고객과 이야기를 나누지 않는다.
- 역량을 의심받을 때, 지속적인 지원과 격려를 제공하고 더 높은 수준으로 코칭한다.

설문조사의 가장 일반적인 주제는 일대일 관계에 비해, 팀 코칭의 복잡성과 관련이 있다. 수퍼바이저는 여러 관계와 얽히고설킨 그룹 역동에 대해 시스템적 관점을 가질 수 있어야 한다. 그룹은 해당 에이전트가 초대된 경우에도 선의의 개입에 대해 과민한 면역 반응을 일으킨다. 수퍼바이저가 코치에게 책임을 전가할 수 있는 권위 있는 인물이 되고자 무의식적으로 기대하기 등 익숙한 패턴을 감지할 수 있어야 한다. 집단 행동 이론에 대한 기초 지식도 중요하지만, 설문조사 응답 결과, 가장 중요한 점은 팀 코칭 또는 팀 퍼실리테이션 환경에서의 폭넓은 경험이다.

연구 의제를 향하여

우리는 초기 연구조사를 쿼드 연구Quad research라고 설명했다. 왜냐하면 이는 매우 넓고 얕은 시야를 가지고 있었기 때문이다. 이 조사는 온라인 설문조사의 형태로 진행됐는데, 온라인 설문조사는 미래에 더 구체적인 연구를 할 수 있는 기초적인 수준의 정보를 제공했다.

이번 설문조사는 수퍼비전 협회, 팀 코칭 영역 등 특정 네트워크뿐만 아니라 일반 코칭과 코칭 수퍼비전 네트워크 등 다수의 네트워크를 통해 전 세계에 배포됐다. 총 55명의 응답자가 있었는데, 32명의 팀 코치, 23명의 팀 코치의 수퍼바이저, 20명은 다른 맥락에서 두 역할을 모두 수행했다. 설문조사는 두 부분으로 나뉘었는데, 하나는 팀 코치를 대상으로 하고, 다른 하나는 팀 코치의 수퍼바이저를 대상으로 하였다. 주제 분석을 이용하여 통계 데이터를 수집하고 분석했다.

이러한 종류의 연구는 확인된 주제에 대한 질적, 양적 조사 모두 더 높은 수준으로 허용하는 접근법을 사용하여 어디에서 더 깊이 탐구해야 할지를 결정하는 데 중요했다. 다음과 같이 제안된 주제도 있다.

- 팀 코치의 핵심 역량은 무엇인가? 이는 각 상황에 따라 다르며, 상황에 따라 요구되는 역량에 어떤 영향을 미치는가?
- 개별 코치 수퍼바이저 또는 팀 코치 수퍼바이저가 되고자 하는 팀 코치에게 효과적이고 지속적인 개발의 사다리developmental ladder는 무엇인가?
- 팀 코치 수퍼바이저는 일대일 수퍼비전보다 행동에서 더 멀리 떨어져 있을 때 어떻게 여러 시스템에 대한 충분한 알아차림을 개발할 수 있는가?
- 일대일 수퍼비전과 비교하여, 팀 코치 수퍼비전의 구조와 프로세스에 어떤 차이가 있는가? 이런 차이에서 실질적으로 시사하는 바는 무엇인가?
- 팀 코치는 어떤 문제를 수퍼비전할지 어떻게 결정하는가?
- 분석 도구의 역할은 무엇인가?
- 팀 코칭에서 어떤 윤리적 문제가 발생하며, 이와 관련하여 수퍼바이저의 역할은 무엇인가?
- 팀 코치 수퍼비전 모델은 어떤 모습이며, 이를 가장 잘 개발할 수 있는 방법은 무엇인가?

결론

최근 팀 코칭이 코칭의 스펙트럼 내에서 인정받는 분야로 부상하고 있고, 이에 따른 근거 기반 연구가 상대적으로 부족한 현실(Carr & Peters, 2013)을 고려할 때, 팀 코치 수퍼비전 또한 확립되기보다는 떠오르는 분야라는 것은 그리 놀라운 일이 아니다. 팀 코칭 수퍼비전이 훨씬 더 복잡하다는 사실은 도전과제이자 중요한 기회이다. 코치가 수퍼비전을 배우면, 더 복잡한 이해의 세계가 열리고 코칭 실천이 강화된다. 같은 방식으로, (자신의 경험과 비공식 인터뷰를 바탕으로) 수퍼바이저가 일대일 코치와 팀 코치 수퍼비전을 마칠 때 유사한 진화가 일어날 수 있다고 추론된다. 더 복잡해지고 모르는 바를 더 많이 받아들이게 되면, 알아차림은 확장된다!

참고문헌

APECS. (2017). *Accredited executive team coach*. Retrieved from www.apecs.org/apecs-accredited-executive-team-coach-category-description.

Bernard, J. M., & Goodyear, R. K. (2009). *Fundamentals of clinical supervision*. New York, NY: Pearson.

Bion, R. (1968). *Experiences in groups*. London, England: Tavistock.

Brown, R. (2000). *Group processes*. Hoboken, NJ: Blackwell.

Carr, C., & Peters, J. (2013). The experience and impact of team coaching: A dual case study. *International Coaching Psychology Review, 8*(1), 80–98.

Carroll, M. (2005). Psychological contracts with and within organisations. In R. Tribe & J. Morrissey (Eds.), *Handbook of professional and ethical practice for psychologists, counsellors and psychotherapists*. Hove, England: Brunner-Routledge.

Casey, P. (1993). *Managing learning in organisations*. Maidenhead,, England: Open University Press.

Clutterbuck, D. (2007). *Coaching the team at work*. London, England: Nicholas Brealey.

Clutterbuck, D. (2011). Using the seven conversations in supervision. In T. Bachkirova, P. Jackson, & D. Clutterbuck (Eds.), *Coaching and mentoring supervision* (pp. 55–66). Maidenhead, England: Open University Press.

Clutterbuck, D., & Hodge, A. (2017). *Team coaching supervision survey*. Marlborough, England: EMCC Books. Retrieved from www.emccbooks.org/book/book/research-conference.

Corey, M. S., & Corey, G. (1997). *Groups: Process and practice* (5th ed.). Pacific Grove, CA: Brooks Cole.

Critchley, B. (2010). Relational coaching: Taking the coaching high road. *Journal of Management Development, 29*(10), 851–863.

Drake, D. (2011). What do coaches need to know?: Using the Mastery Window to assess and develop expertise. *Coaching: An International Journal of Theory, Research and Practice, 4*(2), 138–155.

Gray, D. E., & Jackson, P. (2011). Coaching supervision in the historical context of psychotherapeutic and counseling models: A meta-model. In T. Bachkirova, P. Jackson, & D. Clutterbuck (Eds.), *Coaching and mentoring supervision: Theory and practice*. Maidenhead, England: McGraw-Hill.

Hawkins, P. (2014). *Leadership team coaching* (2nd ed.). London, England: Kogan Page.

Hawkins, P., & Shohet, R. (2000). *Supervision in the helping professions* (2nd ed.). Maidenhead, England: McGraw-Hill.

Hawkins, P., & Smith, N. (2006). *Coaching, mentoring and organizational consultancy: Supervision and development*. Maidenhead, England: Open University Press/McGraw-Hill.

Hay, J. (2007). *Reflective practice and supervision for coaches*. Maidenhead, England: Open University Press.

Hodge, A. (2016). The value of coaching supervision as a development process and its contribution to continued professional and personal wellbeing for executive coaches. *International Journal of Evidence Based Coaching and Mentoring, 14*(2), 87–102.

Kantor, D. (2012). *Reading the room*. San Francisco, CA: Jossey-Bass.
Lencioni, P. (2002). *The five dysfunctions of a team*. San Francisco, CA: Jossey-Bass.
Moral, M. (2011). A French model of supervision: Supervising a "several to several" coaching journey. In T. Bachkirova, P. Jackson, & D. Clutterbuck (Eds.), *Coaching and mentoring supervision*. Maidenhead, England: Open University Press.
Murdoch, E., Adamson, F., & Orriss, M. (2015). Full spectrum model. Retrieved from https://coachingsupervisionacademy.com/full-spectrum-model/.
Proctor, B. (2000). *Group supervision*. London, England: Sage.
Ringer, T. M. (2002). *Group action*. London, England: Jessica Kingsley.
Thornton, C. (2010). *Group and team coaching*. London, England: Routledge.
Turner, E., & Hawkins, P. (2016). Multi-stakeholder contracting in executive/business coaching: An analysis of practice and recommendations for gaining maximum value. *International Journal of Evidence Based Coaching and Mentoring, 14*(2), 48-65.
Von Bertalanffy, L. (1968). *General systems theory*. New York, NY: George Brasilia.
Whelan, S. A. (2005). *Creating effective teams*. London, England: Sage.
Whittington, J. (2016). *Systemic coaching & constellations* (2nd ed.). London, England: Kogan Page. 『시스템 코칭과 컨스텔레이션: 개인, 팀 그리고 그룹에 대한 원칙, 실천 그리고 적용(호모코치쿠스 29)』 가향순 역. 한국코칭수퍼비전아카데미. 2022.

24장. 팀 코칭에서의 실행, 성찰, 학습

저자: 찬다나 사날Chandana Sanyal, 데이비드 E. 그레이David E. Gray

역자: 박순천

이 장의 목적은 팀 또는 그룹에서 성찰, 학습, 실행을 지원하는 코치의 역할을 검토하는 것이다. 이 장에서는 학습 그룹에서 코치 또는 조언자 역할을 탐색하는 것으로 시작한다. 예를 들어, 코치의 역할은 팀이 현재 상황을 고려하고 성찰하도록 이끌기 위한 질문을 던지는 것이다 (Marquardt, Leonard, Freedman & Hill, 2009). 이는 성과와 프로세스를 결합한 방식으로 공통의 팀 성과를 달성하기 위해 팀과 함께 협력하는 팀 코치의 역할과 대조된다(Hackman & Wageman, 2005).

새로운 통찰을 얻기 위한 성찰과 대화의 과정을 지원하는 코치의 역할과 개입에서의 사회적 과정으로서 학습 개념이 탐구된다. 따라서 이 장의 또 다른 목적은 액션러닝을 팀 코칭과 구별하는 것뿐만 아니라 이들 사이에서 일부 중복된 부분을 더 명확하게 이해하는 것이다. 일반적으로 액션러닝 퍼실리테이터를 '코치'라고 부르고, 팀 코칭이라는 용어도 그룹 코칭과 서

찬다나 사날 Chandana Sanyal: 찬다나는 영국 미들섹스 대학교 경영대학원의 인적 자원 관리 및 개발 선임 강사이며, 인사 개발 및 고등 교육 아카데미의 동료 회원이다. 찬다나의 전문 교육 및 연구 분야는 개인, 팀 및 조직 학습, 리더십 개발, 코칭, 멘토링 및 액션러닝을 포함한다.

데이비드 E. 그레이 David E. Gray: 데이비드[BSc(Econ), MA(Ed), MSc(Cert Ed), 박사(PhD), FRSA]는 영국 그리니치 대학교의 리더십 및 조직 행동 교수이다. 데이비드의 연구 관심사는 연구 방법, 코칭 및 멘토링, 중소기업에서의 직업 정체성 및 경영 학습 등이다. 데이비드의 책에는 『현실 세계에서 연구하기Doing Research in the Real World』(2018)와 『코칭 및 멘토링에 대한 중요한 논쟁A Critical Introduction to Coaching and Mentoring』(2016)이 포함되어 있다(Bob Garvey, David Lane과 함께).

로 바꾸어 사용된다는 점에 유의해야 한다. 이 두 가지에 대한 차이점은 이 장의 뒷부분에서 다루어진다.

그룹 내 학습

그룹이 개인의 학습과 변화를 촉진하는 과정은 널리 논의되고 있지만 합의된 이론은 없다(Thornton, 2016). 집단이 왜 학습하고, 어떻게 학습하는지를 알아보기 위해서는 생존, 안전, 웰빙을 위해 집단에 속해 살아남은 존재로서 우리의 기원으로 거슬러 올라갈 수 있다. 우리는 그룹 내에서 무의식적이고 비언어적인 의사소통을 이해하는 데 잘 적응하고 있으며, 대부분 반응은 자동적인 경향이 있다. 스턴Stern(2004, p.76)은 우리의 '비상징적, 비언어적, 절차적 의식'을 '몸과 마음으로 함께 느낄 수 있는' 암묵적 앎으로 정의한다. 그는 '신경계는 다른 사람들의 신경계에 의해 포착되도록 구성되어 있다. 공감하고 참여하며, 그들은 우리의 경험에 참여한다'라고 주장한다.

따라서 그룹 환경에서 개별 구성원의 다양한 관점을 공유함에 따라 이전에는 관찰되지 않았던 지식의 측면이 의식 영역으로 유입되어 그룹 구성원들에게 더 깊은 학습 경험을 위한 기회를 제공한다. 이러한 이유로, 대인관계 영역에서, 그룹은 다른 모든 종류의 직업 개발보다 높은 점수를 받는다. 이러한 관점에서, 팀 코칭과 같은 그룹 학습 기회를 확립할 수 있다. 팀 과제 달성을 위한 그들의 집단적 재능과 자원을 극대화할 수 있도록 지원한다(Hackman & Wageman, 2005; Hawkins, 2011). 새로운 통찰력을 얻는 것(Dilworth & Willis, 2003)은 그룹 구성원들에게 훨씬 더 넓은 범위의 인식과 반응을 제공한다.

그러나 팀 코칭과 액션러닝의 맥락에서 효과적인 그룹 학습을 보장하려면 숙련된 그룹 코치나 퍼실리테이터가 필요하다. 그러한 집단에서 의사소통을 할 때, 개인의 인식은 항상 이전의 개인적인 경험에 의해 영향을 받고 때로는 왜곡된다. 더욱이 메시지 내용은 그 사람과 그들의 감정에 대한 단서들로 가득할 수 있다. 때때로 개인들은 그들 자신에 대해 긍정적 측면을 투영하고, 다른 때는 투사가 자신이 좋아하지 않는 부분을 무의식적으로 다른 사람들에게 돌릴 수 있는 방어 메커니즘이 될 수 있다. 예측이 긍정적이든 부정적이든, 그것은 자기 인식을 감소시킨다. 이때, 그룹 퍼실리테이터와 팀 코치는 그룹 내에서 학습을 극대화하기 위해 이러한 문제가 발생했을 때 이를 다루고 해결할 수 있다(Thornton, 2016). 그러나 모든 그룹 프로세스가 동일한 것은 아니며, 해당 프로세스 내에서 코치나 퍼실리테이터의 역할도 아니다. 다음으로 팀 코칭의 최근 현상에 대해 살펴보기 전에 액션러닝 그룹 프로세스와 코치/퍼실리테이터의 역할에 관해 알아보겠다.

액션러닝과 코치의 역할

액션러닝은 실제 문제를 해결하기 위해 소규모 개인 그룹을 기반으로 개인과 조직을 개발하는 방법이다. 원래 레반스Revans(1980)는 관리자 양성을 위해 액션러닝을 개발했다. 액션러닝은 학습을 복잡한 문제에 직면한 관리자들이 다른 사람과 함께 그리고 다른 사람에게서 가장 잘 배우는 사회적 과정으로 본다. 또 새로운 통찰력을 얻고 실제 비즈니스 문제를 해결하기 위한 목적으로 동료와의 경쟁 환경뿐만 아니라 지원 환경에서 자신의 작업을 성찰하는 과정이다(Dilworth & Willis, 2003). 학습과 행동에 대한 강조는 액션러닝 문헌에서 자주 논의되는 과제의 하나이다(Rigg, 2006). 그가 지적했듯이, 레반스Revans(1998)의 경우, '배움 없이는 어떤 행동도 있을 수 없고, 행동 없이는 어떤 배움도 있을 수 없다'라고 언급했듯이, 학습과 행동은 분리될 수 없다. 오닐O'Neil과 마르식Marsick(2007) 그리고 페들러Pedler(2011)와 같은 다른 연구자들도 이러한 균형을 강조하며, 액션러닝은 참가자들이 학습할 수 있는 조직의 문제나 작업 프로젝트를 사용할 수 있게 한다고 제안한다. 레오나드Leonard(2015)는 액션러닝 과정 내에서 실행, 학습과 해결책 사이의 관계를 명확히 하는 데 있어, 액션러닝의 첫 번째 목적이 복잡하고 중대하며 긴급한 문제에 대한 효과적이고 창의적인 해결책을 달성하는 것이어야 한다고 주장한다. 소포 외 연구자들(Sofo, Yeo & Villafañe, 2010)은 액션러닝이 체계적이지 않고 복잡한 문제를 통해 이중 루프 학습을 촉진하려고 한다는 것을 확인하였다. 이러한 문제는 조직적 맥락에서 흔히 발생하며, 이어지는 학습 유형은 학습자와 자신의 환경에 모두 영향을 미칠 수 있는 행동의 전조인 경우가 많다(Marquardt et al., 2009; McLoughlin, 2004).

기존의 액션러닝 모델은 그룹 프로세스를 지원하는 촉진자의 역할을 설명하지만, 더 현대적인 버전에서는 코치의 역할에 관해 설명한다. 따라서 액션러닝 코치는 개별 그룹 구성원들이 과제를 더 잘 그리고 더 빨리 수행하도록 돕는다(Rimanoczy & Turner, 2008). 코치는 또한 민감하고 명확하게 구조, 규칙과 세션 속도를 확립한다(예: Marquardt et al., 2009; Rimanoczy & Turner, 2008; Sanyal, 2017). 오닐과 마르식(2014)은 참가자들이 자신의 가정^assumptions, 사고와 행동 패턴에 도전하게 하고(Boud & Walker, 1993) 자신의 관행에 의문을 제기하게 하는 액션러닝 코치의 역할을 강력히 옹호한다(Cho & Bong, 2010).

따라서, 액션러닝 코치의 주된 초점은 전문가 관점을 가르치거나 제공하는 것이 아니라 참가자들이 프로젝트 작업과 서로에게서 배울 수 있는 조건을 만드는 것이다. 코치는 팀과 함께 일하는 방법으로 답을 주기보다는 질문을 주로 사용하려고 한다(O'Neil & Marsick, 2007). 코치는 또한 비판적 성찰에서 학습 기회를 창출하는 데 중요한 역할을 하며(O'Neil, 1999), 다른 액션러닝 구성원이 문제를 해결하기 위해 이러한 사회적 학습 과정에 참여하도록 권장하고 권한을 부여한다(Sanyal, 2017). 예를 들어, 액션러닝이 리더십을 개발하는 방법으로 사용될 때, 액션러닝 코치는 조직의 규범에 몰입하지 않으며 정치적 이슈에 구속되지 않으므로 외부인의 관점에서 질문하는 것이 더 자유로울 수 있다. 케이시^Casey(2011)는 코치가 그룹 구성원들이 다른 생각을 할 수 있도록 도전해야 한다고 강조한다. 따라서 어려운 대화를 '붙잡는^Hold' 코치의 능력은 학습을 촉진하는 데 필수적이다(Thornton, 2016; Winnicott, 1965, 1971).

그러나 학습이 가능하기 전에 참가자가 개인 정보를 공개하고, 자신과 그룹의 다른 사람들에게 질문하고 성찰하며, 조직에 도전하는 것과 같은 위험을 감수할 수 있다고 느끼려면 충분한 신뢰가 필요하다(Casey, 2011; O'Neil & Marsick, 2007). 액션러닝 코치는 프로세스와 결과, 결과에 대한 효율성과 책임뿐만 아니라 구성원 사이의 형평성을 보장한다. 코치는 교실에 기반을 둔 문제 해결이나 개입을 제공하는 교사나 훈련 관리자도 아니고, 생산성과 효율성 측면에서 책임지는 작업 감독자도 아니다. 오히려 코치는 그룹 구성원들에게 학습, 경청, 공감, 인식과 가정에 도전, 비판적 성찰, 문제 재구성, 효과적으로 피드백 주고받기와 성찰적 사고 방법을 안내할 수 있는 독립적인 사람이다(Bruner, Beaty & Frost, 1997).

또 액션러닝 코치의 역할은 구성원들이 자신이 달성하고 있는 것, 어렵다고 느끼는 것, 사용하는 프로세스와 이러한 프로세스의 의미에 집중할 수 있도록 도와야 한다. 코치가 없다면, 이 모든 것은 우연과 그룹 구성원의 우발적이거나 유리한 프로세스 기술 적용에 맡겨질 것이다(Marquardt et al., 2009). 소포 외 연구자들(Sofo, Yeo & Villafañe, 2010)은 액션러닝 코치가 그룹 구성원이 내부 환경뿐만 아니라 외부 환경을 이해할 수 있도록 유념해야 하고 시간을 할애해야 한다고 제안한다. 따라서 코치는 그룹이 개인, 팀과 조직으로서 달성할 수 있는 가능한 성과와 문제 해결 수준을 성찰할 수 있도록 지원한다(Sofo, 2006).

전반적으로, 액션러닝 코치의 상호작용은 자신의 경험과 비판적 성찰을 통한 자아 발견을 목표로 더 깊은 수준으로 마음을 열게 한다(O'Neil & Marsick, 2014). 리그^Rigg(2006, p.199)

는 퍼실리테이터의 역할을 수행할 때 그녀가 말하는 '이중 언어 사용'에 대한 주장을 펼치며, 프로세스와 전문가 촉진 사이의 균형을 전환하는 데 가치가 있다고 주장한다. 퍼실리테이터들은, 특히 공공 부문 맥락에서, 공공 정책 언어뿐만 아니라 학습과 성장의 언어도 말한다. 리그(2006, p.200)의 경우, 궁극적인 가치는 이러한 두 가지 능력을 결합할 수 있을 만큼 충분히 숙련된 퍼실리테이터 또는 코치이며, 어떤 속도로든 '더 넓은 조직이나 더 넓은 시스템과 관련된 지식을 창출할 수 있는' 능력을 갖게 된다. 따라서 실제로 복잡한 정서, 무의식적 과정에 대한 통찰력에 의문을 제기하고 기존의 힘과 더 능동적인 촉진 역할에 도전한다는 생각은 비판적 액션러닝에서 필수적인 요건이다(Vince, 2008). 레이놀즈Reynolds(1998)는 또한 가정에 의문을 제기하고, 개인의 초점이 아닌 사회적 초점을 가지고, 권력 관계 분석에 특히 주의를 기울이고, 해방에 관심을 가져 다른 형태의 성찰과 비판적 성찰을 구별한다. 그러므로 퍼실리테이션의 역할은 중요한 차이를 나타내며, 특히 중요한 액션러닝에서는 전문 퍼실리테이터나 코치 역할에 더 중점을 둔다.

팀 코칭에서 코치의 역할

팀 코칭은 코칭 분야에서 점점 더 확산하고 있다. 이는 팀 업무를 효과적으로 수행하기 위해 팀의 집단적 재능과 자원을 극대화할 수 있게 지원하는 포괄적이고 체계적인 접근 방식으로 정의된다(Carr & Peters, 2013; Hackman & Wageman, 2005; Hawkins, 2011). 그레이외 연구자들(Gray, Garvey & Lane, 2016)이 언급하는 바와 같이 조직의 팀 코칭은 일반적으로 다음과 같은 문제를 해결한다.

- 조직 전략에 대한 동의와 약속을 얻는 것
- 그룹 간 및 그룹 내 커뮤니케이션 개선
- 갈등 해결
- 의사소통 관리, 정보 및 기대치를 상하좌우로 관리

액션러닝에서와 마찬가지로 팀 코칭에서도 코치의 역할은 매우 중요하다. 레디Reddy(1994, p.8)는 이 역할을 '집단이 합의된 목표를 효과적으로 달성할 수 있도록 돕기 위한 목적으로 그룹에서 진행 중인 이벤트와 역동성에 대한 합리적이고 의도적인 개입'으로 정의한다. 해크먼Hackman과 웨이먼Wageman(2005)은 또한 팀 과제에 초점을 맞추고 팀 코칭이 팀원들이 팀 업무를 수행하는 데 그들의 집단 자원을 조정하고 적절하게 사용하는 것을 돕기 위한 팀과의 직접적인 상호작용을 가능하게 한다고 제안한다. 호킨스Hawkins(2011)는 팀 코치가 팀 전체와 협력하여 주요 이해관계자 그룹과 협력하여 집단 성과를 개선한다는 데 동의한다.

반면에 클러터벅(2009, p.97)은 팀 코칭을 '성찰과 대화를 통해 팀 성과와 성과를 달성하는 프로세스를 개선하는 데 도움을 주는 것'으로 정의한다. 이러한 관점에 따르면, 팀 코치는 팀 내에서 더 긴급하고 특정한 깨달음을 얻기보다는 사고의 질quality of thinking에 도움을 준다. 코치는 팀이 자체 자원에서 새로운 과제를 관리할 수 있는 장기적인 기술과 역량을 구축할 수 있게 지원한다(Clutterbuck, 2009). 팀 코칭은 추가적인 평가, 피드백, 협의 방향 및 팀 성과에 대한 집중이 필요한 반면, 액션러닝과 같은 퍼실리테이션은 대화를 위한 공간을 창출한다는 점을 언급하면서 퍼실리테이션과 코칭 사이의 유용한 구별을 제공한다. 클러터벅(Clutterbuck, 2009, 2010)은 팀 코치가 관계나 구조에 포괄적이고 균형 잡힌 방식으로 초점을 맞추는지 사이의 긴장을 다루고 성과 목표를 달성하기 위해 관계 요인을 사용하는 것이 팀 코치가 따라야 할 현명한 방향일 수 있다고 제안한다.

이러한 정의는 팀 코칭의 목적이 시간이 지남에 따라 팀 구성원을 지원하고 돕는 것임을 보여준다. 따라서 팀 코칭은 이전 학습을 지속하고 발전시킬 수 있는 기회를 여러 번 갖는 것을 포함한다. 여기서 특징적인 것은 그 관계가 여러 가지라는 것이다. 각 팀 구성원은 코치와 관계를 맺을 수 있으며, 팀 구성원으로서 또는 팀 전체로서 서로 관계를 맺을 수 있다. 이것은 학습 선택, 기회, 가능성을 더한다.

그러나, 팀 코칭의 강조점은 집단의 자원을 사용하여 팀 과제를 완수하는 것(Hackman & Wageman, 2005), 성찰과 대화를 통해 개인과 팀 성과를 향상하는 것(Clutterbuck, 2009), 새로운 기술과 능력을 배우는 학습과 개발(Thornton, 2016) 등을 정의하고 또한 강조하고 있는 점이 다르다. 따라서 코칭의 목적은 다를 수 있으며 코치의 역할과 과제를 결정한다.

팀 코칭과 액션러닝 코칭: 비교 분석

팀 코칭과 액션러닝은 모두 상대적인 개발 프로세스이다. 두 가지 모두 학습의 통합과 실습의 통합을 지원하기 위해 흔히 수개월에 걸쳐 이루어진다. 따라서 액션러닝과 팀 코칭에는 공통적인 몇 가지 핵심 주제가 있다.

액션러닝과 팀 코칭의 유사점

1. **학습 환경과 신뢰 관계를 구축한다.** 액션러닝과 팀 코칭 모두에서 구성원과 구성원 사이의 신뢰 관계를 구축 및 유지하고, 상호 만족스러운 존중, 신뢰와 표현의 자유로운 환경을 조성하는 것이다(Flaherty, 1999; O'Neil & Marsick, 2007). 코치는 정치적으로 중립을 유지하고(Goglio, Diamante & Urban, 1998), 구성원들에게 무조건적이고 긍정적인 관심으로 다가가(Eggers & Clark, 2000) 이러한 목표를 달성한다(O'Neil & Marsick, 2014). 따라서 코치의 개인적 자질, 지식, 경험과 스킬은 두 가지 개입 모두에서 학습 환경을 조성하는 데 필수적이다. 팀 코칭과 액션러닝 과정 모두에서 다른 그룹 구성원과의 관계에도 상당한 중요성이 부여된다.

2. **학습과 행동을 가능하게 한다.** 액션러닝과 팀 코칭 모두에서 코치는 주로 질문, 성찰과 행동을 통해 학습을 지원하는 프로세스를 만드는 데 관심이 있다. 바테스Vaartjes(2005)는 특정한 목적이나 결과를 달성하기 위해 정보를 얻고, 설계하고, 수행하는 행동을 위한 '의도적 행동'을 언급한다. 그란트Grant(2001)는 코칭 심리를 뒷받침하는 구성 가운데 하나로 행동 지향성을 강조한다. 와이트워스 외 연구진(Whitworth et al., 1998, p.79)은 지속적인 변화가 '시간 경과에 따른 행동과 학습 주기'에서 발생하며, 행동은 고객이 원하는 결과를 향한 추진력을 유지하는 메커니즘이기 때문에 코칭 목적에 중심적이라고 제안한다. 액션러닝에서 실제 학습은 조치가 취해지지 않는 한 가능하지 않은 것으로 간주한다(Marquardt, 1999; Revans, 1982). 코치는 참가자들의 학습에 개입하여 도전하고 질문하고 칭찬해야 한다(Dotlich & Noel, 1998). 질문은 해답을 찾기 위한 것이 아니라 연결과 의미 형성의 의식적인 과정을 통해 암묵적 가정과 표면적, 암묵적 지식에 대한 인식을 높이기 위한 더 깊은 성찰을 장려하기 위한 것이다(Dotlich & Noel, 1998; Marquardt 1999; Passfield, 1996).

3. **변화를 위한 역량 구축.** 바테스는 코칭과 액션러닝 모두 자기 주도적 변화에 대한 인간의 능력에 대한 믿음에 의해 뒷받침된다는 점에서 그들의 근본적인 패러다임에서 유사성을 보여준다고 제안한다. 이는 팀 코칭과 액션러닝 모두에서 개인이 변화에 대한 타고

난 능력을 가지고 있으며, 대안적 구성 경험을 지원하는 프로세스와 함께 자신의 개별 구성과 사회적 해석에 대한 조사를 지원하는 프로세스를 통해 변화가 촉진될 수 있음을 의미한다. 코치는 프로세스의 효과적인 적용에 대해 분명히 책임이 있지만, 결과 달성에 대한 책임은 액션러닝 그룹의 구성원이나 팀 구성원에게 있다. 이런 식으로 개인은 대안적이고 선호하는 현실을 만드는 데 적극적일 수 있다. 코치는 원하는 결과를 달성하기 위해 목적적 행동을 위한 능력과 책무를 강화함으로써 변화의 달성을 지원한다(Vaartjes, 2005).

따라서 팀 코칭과 액션러닝의 기본 특징, 패러다임과 방식이 상당히 유사하다. 이 두 가지 개입 모두 개인과 조직 개발에 적용될 수 있으며, 지원 관계 환경 내에서 역량과 능력을 모두 개선하려는 의도를 공유할 수 있다. 그러나 이 두 가지 개입에는 몇 가지 중요한 차이점이 있다.

액션러닝과 팀 코칭의 차이점

1. **개인 대 그룹 또는 팀의 문제이다**. 액션러닝에서, 각각의 구성원들은 그들의 문제나 문제들을 그룹 과정에 가져온다. 액션러닝은 개인과 사회 발전을 촉진하기 위해 현재의 맥락과 비교하여 개별 참가자의 솔직한 설명을 표면화하는 데 중점을 두고 '경험에서 오는 의미'(Raelin, 1997)를 만들려고 한다(Marquardt, 1999). 팀 코칭에서 그룹은 팀이며 팀 문제에 대해 서로 협력한다. 개인 이슈는 이 과정을 통해 수면 위로 떠오를 수 있지만 궁극적인 초점은 팀이 직면한 집단적 이슈를 해결하는 것이다. 오코너O'Connor와 카바나Cavanagh(2016)는 팀 코칭이 내부적으로 기술 수준에 집중하고 팀 목표 달성과 관련된 팀 내부의 역동에 관심이 있을 때만 이루어진다고 제안한다.

2. **'인사이드 아웃' 대 '아웃사이드 인'**Inside-out vs outside-in. 액션러닝의 이론적 프레임워크는 '지식은 내부에서 사회적으로 구성되고 생성된다'(Zuber-Skerritt, 2002, p.5)라는 가정에 기초하며, 이는 통찰력과 행동을 성찰함으로써 촉진되는 '인사이드 아웃' 과정이다(Passfield, 1996). 그러나 팀 코칭에서 코칭 대화는 의도적으로 실용적일 수 있으며(Flaherty, 1999), 적시에 올바른 것을 표면화하는 데 효과적일 수 있으며 피드백 프로세스를 포함할 수 있다(Crane, 1999; Dotlich & Cairo, 1999). 이는 주로 코치가 미리 정의된 모델과 도구를 사용하여 정보를 생성하고 관리를 잘하면 통찰력을 발휘하는 경우가

많다. 바테스는 이것이 코치에 의해 적극적으로 촉진되는 '아웃사이드 인' 과정이라고 제안한다. 따라서, 액션러닝에서는 개별 문제가 액션러닝 세트 내에서 제기된 다음 그룹에서 해결된다. 반면, 팀 코칭은 코칭 프로세스를 통해 근본적인 문제가 나중에 수면 위로 떠오를 수 있지만, 달성하거나 해결해야 할 결과는 개입 시작 시점에 미리 정의되거나 윤곽이 드러날 수 있다. 따라서 팀 코칭은 '지속적인 이벤트와 그룹의 역동성에 대한 합리적이고 의도적인 개입'(Reddy, 1994, p.4)이며, 코치는 그룹이 합의한 목표를 달성하도록 지원한다.

3. **질문 통찰력과 비판적 성찰**. 질문 통찰력과 비판적 성찰에 대한 강조는 액션러닝의 구별되는 특징이다. 오닐과 마르식(2007)은 액션러닝 코치가 프로세스 수준에서 팀을 참여시킨 다음 더 깊은 수준의 질문으로 마음을 열게 할 것을 제안한다. 오닐(1999, p.128)은 또한 다음과 같이 주장한다. '그것은 다르다. 프로세스 컨설턴트로서 당신은 프로세스와 함께 움직인다. 당신은 사람들이 그 안에 머물면서 무슨 일이 일어나는지 알도록 돕는다. 학습 코치로서 당신은 훨씬 더 많은 수준에 있다.' 이와는 대조적으로, 팀 코칭에서는 팀 분석을 가능하게 하고 어려운 팀 대화를 다루기 위해 도구와 모델을 사용하는 경우가 많다(경험 많은 팀 코치는 이러한 도구에 지나치게 의존하지 않는다). 따라서 팀 코칭 내에서, 팀의 내부 대화에 대한 모든 초점은 팀 목표 달성에 중요한 정도에만 관련이 있다(O'Connor & Cavanagh, 2016). 따라서 최소한, 집단 목표를 달성하기 위해 성찰의 수준과 깊이를 제한한다.

결론

액션러닝과 같이 팀이나 그룹에서 성찰, 학습과 실행을 지원하는 코치의 역할을 검토하는 데 있어, 이러한 개입에는 유사점과 차이점이 모두 있다는 것은 분명하다. 코칭과 액션러닝의 통합 모델은 두 가지 실행에 의해 제공되는 강점을 활용할 수 있다(Vaartjes, 2005). 따라서 그룹 내 관계와 학습 환경을 발전시키는 코치의 역할은 두 가지 개입에 모두 필수적이다. '의도적 행동'을 강조하면 개인과 집단의 결과를 보장하고 모든 참가자들의 학습과 발전을 향상할 것이다. 마지막으로, 액션러닝은 질문 통찰력과 비판적 성찰에 추가적인 강점을 제공하므로, 이 요소를 팀 코칭 프로세스에 채택하여 더 깊은 통찰력과 학습을 가능하게 할 수 있다. 이러한 실천은 경험적 학습의 기본이며, 따라서 팀 코칭과 액션러닝의 성과를 향상하기 위한 엄격함, 구조와 강조점을 제공한다.

참고문헌

Boud, D., & Walker, D. (1993). Barriers to reflection on experience. In D. Boud, R. Cohen, & D. Walker (Eds.), *Using experience for learning* (pp. 73–86). Bristol, PA:SRHE and Open University Press.

Bruner, T., Beaty, L., & Frost, P. (1997). Participating in action learning. In M.Pedler (Ed.), *Action learning in practice* (pp. 279–289) . Aldershot, England: Gower.

Carr, C., & Peters, J. (2013). The experience of team coaching: A dual case study. *International Coaching Psychology Review, 8*(1), 80–98.

Casey, D. (2011). David Casey on the role of the set advisor. In M. Pedler (Ed.), *Action learning in practice* (4th edn) (pp. 55–70). Burlington, VT: Gower.

Cho, Y., & Bong, H.-C. (2010). Identifying balanced action learning: Cases of South Korean practices. *Action Learning: Research and Practice, 7*, 137–150.

Clutterbuck, D. (2009). *Coaching the team at work*. London, England: Nicholas Brealey.

Clutterbuck, D. (2010). Team coaching. In E. Cox, T. Bachkirova, & D. A. Clutterbuck (Eds.), *The complete handbook of coaching* (pp. 271–283). London, England: Sage.

Crane, T. G. (1999). *The heart of coaching: Using transformational coaching to create a high performance culture*, San Diego: FTA Press.

Dilworth, R. L., & Willis, V. J. (2003). *Action learning: Images and pathways*. Melbourne, FL: Krieger.

Dotlich, D. L. & Cairo, P. C. (1999). *Action coaching: How to leverage individual performance for company success*. San Francisco: Jossey-Bass.

Dotlich, D. L., & Noel, J. L. (1998). *Action learning: How the world's top companies are recreating their leaders and themselves*. San Francisco, CA: Jossey-Bass.

Eggers, J. H., & Clark, D. (2000). Executive coaching that wins . *IVEY Business Journal, September/October*, 66–70.

Flaherty, J. (1999). *Coaching: Evoking excellence in others*. Oxford, England: Butterworth-Heinemann.『기적의 코칭』기업상담학회 코칭상담연구회 역, 학지사. 2019.

Goglio, L., Diamante, T., & Urban, J. M. (1998). Coaching a leader: Leveraging change at the top. *Journal of Management Development, 17*(2), 93–105.

Grant, A. M. (2001). Towards a psychology of coaching: The impact of coaching on metacognition, mental health and goal attainment (Doctoral dissertation). Retrieved from www.psych.usyd.edu.au/coach/AMG_PhD_2001.pdf

Gray, D. E., Garvey, B., & Lane, D. (2016). *A critical introduction to coaching and mentoring*. London, England: Sage.

Hackman, J. R., & Wageman, R. (2005). A theory of team coaching. *Academy of Management Review, 30*(2), 269–287.

Hawkins, P. (2011). *Leadership team coaching: Developing collective transformational leadership*. Philadelphia, PA: Kogan Page Publishers.

Kolb, D. A., Rubin, I. M., & McIntyre, J. M. (1984). *Organization psychology: An experiential approach* (4th edn). Englewood Cliffs, NJ: Prentice Hall.

Leonard, H. S. (2015). Understanding the causal path between action, learning, and solutions: Maximizing the power of action learning to achieve great results. *Action Learning: Research and Practice, 12*(1), 22–36.

Marquardt, M. J. (1999). *Action learning in action: Transforming problems and people for worldclass organizational learning*. Palo Alto, CA: Davies-Black.

Marquardt, M. J., Leonard, H. S., Freedman, A., & Hill, C. (2009). *Action learning for developing leaders and organizations: Principles, strategies, and cases*. Washington, DC: American Psychological Association.

McLoughlin, D. (2004). There can be no learning without action and no action without learning. *European Journal of Marketing, 38*, 433–445.

O'Connor, S., & Cavanagh, M. (2016). Group and team coaching. In T. Bachkirova, G. Spence, & D. Drake (Eds.), *The SAGE handbook of coaching*. London, England: Sage.

O'Neil, J. (1999). The study of learning advisors in action learning (Unpublished doctoral dissertation). Teachers College, Columbia University, New York.

O'Neil, J., & Marsick, V. J. (2007). *Understanding action learning*. New York, NY: AMA-COM.

O'Neil, J., & Marsick, V. J. (2014). Action learning coaching. *Advances in Developing Human Resources, 16*(2), 202–221.

Passfield, R. (1996). Action learning: A paradigm whose time has come. Paper presented at 6th National Vocational and Educational Conference, Coffs Harbour, New South Wales, Australia.
Pedler, M. (2011). *Action learning in practice*. London, England: Gower.
Raelin, J. A. (1997). Action learning and action science: Are they different? *Organizational Dynamics, 25*(5), 21-34.
Reddy, W. B. (1994). *Intervention skills: Process consultation for small groups and teams*. San Francisco, CA: Pfeiffer.
Revans, R. W. (1980). *Action learning: New techniques of management*. London, England: Blond & Briggs.
Revans, R. W. (1982). *The origin and growth of action learning*. London, England: Chartwell Bratt.
Revans, R. W. (1998). *ABC of action learning: Empowering managers to act and learn from action*. London, England: Tavistock.
Reynolds, M. (1998). Reflection and critical reflection in management learning. *Management Learning, 29*(2), 183-200.
Rigg, C. (2006). Action learning in the public service system: Issues, tensions and a future agenda. In C. Rigg & S. Richards (Eds.), *Action learning, leadership and organizational development in public services* (pp. 195-206). London, England: Routledge.
Rimanoczy, I., & Turner, E. (2008). *Action reflection learning: Solving real business problems by connecting learning with earning*. Palo Alto, CA: Davies-Black.
Sanyal, C. (2017). Learning, action and solutions in action learning: Investigation of facilitation practice using the concept of living theories. *Action Learning: Research and Practice, 14*, 1-15.
Sofo, F. (2006). The art of questioning: An individual and organizational practice. *Business Digest, 165*(7), 19-20.
Sofo, F., Yeo, R. K., & Villafañe, J. (2010). Optimizing the learning in action learning: Reflective questions, levels of learning, and coaching. *Advances in Developing Human Resources, 12*(2), 205-224.
Stern, D. N. (2004). *The present moment in psychotherapy and everyday life*. New York, NY: Norton.
Thornton, C. (2016). *Group and team coaching: The secret life of groups*. London, England: Routledge.
Vaartjes, V. (2005). Integrating action learning practices into executive coaching to enhance business results. *International Journal of Evidence Based Coaching and Mentoring, 3*(1), 1-17.
Vince, R. (2008). 'Learning-in-action' and 'learning inaction': Advancing the theory and practice of critical action learning. *Action Learning: Research and Practice, 5*(2), 93-104.
Whitworth, L., Kimsey-House, H., House, H., Sandahl, P., Sandahl, P., & House, H. (1998). *Co-active coaching*. Palo Alto, CA: Davies-Black.
Winnicott, D. W. (1965). *The capacity to be alone in the maturational processes and the facilitating environment: Studies in the theory of emotional development*. New York, NY: International University Press.
Winnicott, D. W. (1971). *Playing and reality*. London, England: Psychology Press.
Zuber-Skerritt, O. (2002). The concept of action learning. *Learning Organization, 9*, 114-124.

25장. 효과적인 팀 코치의 주요 자질과 스킬

저자: 빌 제이콕스 Bill Jacox
역자: 최미숙

팀 전문가인 J. 리차드 해크만 J. Richard Hackman(2002)은, 팀은 개인보다 더 많은 재능과 경험, 더 많은 자원, 그리고 더 높은 운영 유연성이 있어서 개인보다 더 많은 성과를 달성할 수 있다고 주장한다. 역할 명확성 문제("여기서 책임자는 누구인가요?")와 의사소통 문제("당신이 그 문제를 처리하고 있다고 생각했어요!")는 팀 성과 향상에 방해가 될 수 있다. 개인 차원에서 임원코칭은 임원의 학습과 개발에 효과적이었다. 이를 팀 수준으로 확대하면 잘 훈련된 유능한 팀 코치에 의해 팀에 내재한 장애물을 헤쳐 나갈 수 있게 도와서 기대 이상의 결과를 도출할 수 있는 능력을 크게 향상할 수 있다. 전통적인 명령과 통제 command and control 모델에 따라 작동하는 지배적 리더십 패러다임이 미국과 그 외의 국가들에서 좀 더 협력적 팀 모델로 계속 전환됨에 따라 팀의 영향력 또한 중요해지고 있다. 팀 코칭은 이러한 패러다임의 성공적 전환에 점점 더 중요한 역할을 하게 될 것이다.

빌 제이콕스 Bill Jacox: 미국 알라메다 카운티 훈련 및 교육 센터 소장으로, 공공 부문 기관에 전문 조직 개발을 보조하고 있다. 조직의 성과 목표 달성을 위하여 고품질의 종합적인 학습 전략과 프로그램을 개발하고 제공하는 것이 빌의 전문 분야이다.

팀 코칭의 필요성

팀 코칭은 팀 코칭 전문가의 경험을 통해 개발되고 새롭고 빠르게 성장하는 전문 실천 방식이다. 팀 코칭은 복잡하고 역동적이며, 어떤 면에서는 컨설팅, 퍼실리테이션, 그리고 훈련 등과 유사하지만 이들과 다르게 정의하며 구별하기 어렵다.

리더십 현상으로서 팀 코칭 개념은 어디에서 유래되었는가? 왜 이제야 인식되기 시작한 것일까? 급변하는 조직 환경을 반영하여 전통적인 명령과 통제, 규정 준수 패러다임이 아니라, 포용inclusion, 관여involvement, 그리고 참가participation를 기반으로 두는 새로운 경영 문화는 직원 권한 부여, 학습과 개발에 초점을 맞춘 촉진적 행동을 요구한다. 새로운 기술이나 지식을 습득하는 데 효과적인 전통적 훈련과는 달리, 촉진적 행동은 코칭을 통해 가장 잘 달성된다(Hamlin, Ellinger & Beattie, 2006). 팀 코칭 리더십은 만즈Manz와 심즈Sims가 처음 구분한 이래 다른 여러 학자들이 분석에 참여하였다(Hackman & Wageman, 2005). 팀 코칭 리더십은 팀을 코칭하고 팀의 자율적 자기 관리에 집중한다. 팀 리더가 때때로 팀 외부에 있고 팀의 일상 업무 활동에 관여하지 않는 상황에서 이는 특히 중요하다. 만즈와 심즈(1987)는 자기 관찰, 자기 평가, 자기 강화를 통해 팀의 자기 관리를 장려하고 코칭하는 팀 리더가 그렇지 않은 리더보다 20% 더 효과적이라고 주장한다. 일부 학자들은 팀 리더의 지원적 코칭이 학습과 적응과 같은 더 효과적인 그룹 프로세스로 이어질 수 있으며, 궁극적으로는 팀 성과 수준을 높일 수 있다고 주장한다(Edmondson, 1999; Wageman, 2001). 이러한 리더들은 코칭적 행동을 통해 팀이 주요 기능을 수행할 수 있도록 팀을 개발한다. 그들은 코칭적 행동을 통해 팀원들이 업무를 맡아 함께 완수하도록 독려한다. 코칭 리더 또는 내부 팀 코치 모두 팀원이 주어진 자원을 업무에 적절하게 사용하도록 돕는 한편, 팀원이 겪는 제반 성과 문제를 해결하는 데 도움을 준다(Hackman & Wageman, 2005). 그들은 팀원이 수행해야 하는 일상적인 업무에 적극적으로 개입하거나 책임을 지지 않도록 주의한다.

가장 효과적인 팀 코치는 누구인가?

코칭은 일상적인 관리와 리더십의 주요 활동이며 관리자와 리더들이 오늘날의 경쟁적이고 변화하는 세계에서 정말 효과적이고 성공하기 위해서는 코치로서 완벽하게 유능해질 필요가 있다는 공감대가 형성되어 있다(Britton, 2013; Clutterbuck, 2007; Goldberg, 2003; Hackman, 2002; Hawkins, 2011; Riddle, 2008; Thornton, 2010; Wageman & Hackman, 2010). 그렇지만 이러한 의견 대부분은 데이터에 기반을 둔 실증적 경험을 통해 도출된 경험적 증거라기보다는 개인의 신념과 규범적 논리에 더 바탕을 두고 있다. 효과적인 관리자와 리더로 인식되고 판단되기 위해 경영managerial 코칭 행동을 포함한 어떠한 특정 관리나 리더십 행동을 보여야 하는지에 대한 연구 결과는 거의 알려진 것이 없다(Hamlin et al., 2006).

이 연구의 저자는, 현직 팀 코치들과 지망생들이 자신의 내부 팀을 더 효과적으로 코칭하는 것이든 외부 코치로 일하는 것이든 관계없이 그들을 좀 더 프로답게 만드는 중요 성공 요인을 이해하고, 효과적인 팀 코치의 핵심 자질qualities과 스킬skills에 관한 합의를 끌어내기 위한 목적으로 연구를 수행하였다. 그 결과는 팀 코치와 팀 코치에게 서비스 받기를 원하는 사람들이 팀 코치를 선발하는 데 더 합리적이며, 정보에 입각한 결정을 내리는 데 도움이 되는 일종의 벤치마크 또는 기준으로 사용될 수 있다. 또 현재와 미래의 팀 코치 훈련 프로그램을 위한 커리큘럼 개발에 사용될 수 있다.

연구 방법

델파이 기법Delphi method을 이용하여 주제에 관한 전문 지식과 경험을 가진 다양한 내용 전문가들의 의견을 수집하고 통합하였다. 세 번에 걸쳐 독립적인 데이터를 취합하여 효과적인 팀 코치의 핵심적인 자질과 스킬에 대해 합의를 이루는 데 모든 참가자가 동등하게 의견을 제시하도록 했다.

연구 질문은 "효과적인 팀 코치의 핵심 자질과 스킬은 무엇인가?"였다. 이 연구 전반적인 목표는 효과적인 팀 코치의 프로파일을 개발하고, 어떤 타고난 자질과 학습된 스킬이 가장 성공적인 팀 코칭 결과에 기여할 가능성이 큰지를 발견하는 것이었다. 이 연구의 참가자는 미국의 7개 주와 다른 3개국을 대표하는 20명(여성 8명, 남성 12명)의 팀 코치들로, 팀 코치의 평균 경력은 17년이었다.

델파이 프로세스는 기본적으로 참가자들에게 백지 한 장을 제공하고 참가자에게 팀 코칭 효과성의 요소를 제시하도록 요청하며 특별히 팀 코치의 자질과 스킬이 무엇인지에 집중하여 검토하게 한다. 여기서 자질은 '개인이 가진 고유한 특성characteristic, 속성attribute 또는 특징feature'

으로 정의하며 스킬은 '훈련, 경험 또는 연습에서 얻게 된 어떤 것을 할 수 있는 능력'으로 정의한다. 이 연구의 첫 번째 연구에서, 참가자들에게 효과적인 팀 코치가 될 수 있다고 믿는 핵심 자질, 스킬 또는 기타 중요한 성공 요인을 설명하도록 요청했다. 첫 연구에서 25개의 자질과 25개의 스킬이 도출되었다. 2차 조사에서는 1차 연구 결과에 리커트Likert 척도를 적용하여 80%의 공감대를 얻은 자질과 스킬 만이 3차 연구까지 진출하도록 했다. 세 번째 연구에서는 최종 결과물을 중요도 순으로 정리했다. 최종 결과는 다음과 같다.

자질

- 자신과 타인에게 미치는 영향을 인식한다.
- 환경과 자기 자신에 적응한다.
- 차이점을 인식하고 팀의 모든 구성원을 참여시킨다.
- 성급하게 결론 내리지 않는다.
- 정서적 긴장을 잘 참는다.
- 어려운 질문을 하는 것을 두려워하지 않는다.
- 사람과 맥락을 잘 읽는다.
- 다른 사람의 관점에서 사물을 본다.
- 각 팀원을 공정하게 존중감을 가지고 대한다.
- 친근하다.
- 말과 행동을 일치시킨다.
- 객관적 초점을 유지한다.
- 어려운 상황을 편안하게 탐색할 수 있다.
- 패턴과 프로세스의 복잡성을 효과적으로 찾는다.

스킬

- 그룹을 원활하게 촉진한다.
- 그룹 역동에 관해 명확하고 깊이 있게 이해한다.
- 명시적, 묵시적 메시지를 모두 듣는다.

- 다양한 성격의 사람들과 연결하고 신뢰를 구축한다.
- 사람들을 끌어들여 프로세스에 참여시킨다.
- 프레임워크, 개념, 접근 방식 그리고 기법 등 강력한 도구를 활용한다.
- 참아야 할 때를 안다.
- 피드백을 요구하고 줄 수 있다.
- 명확하고 분명하게 계약을 체결할 수 있다.
- 성공을 축하한다.
- 무엇보다 해를 끼치지 않는다.

무엇이 팀 코치를 효과적이게 만드는가?

자질

연구 참가자들은 그들이 생각하기에 팀 코치의 효과성에 영향을 주는 14가지 자질을 확인하여 합의에 이르렀다. 여기에서 자질이라는 것은 개인이 보유한 고유한 특성, 속성 또는 특징으로 정의하였다. 아래 상위 5개 자질에 관해 자세히 설명한다.

자신과 타인에게 미치는 영향을 인식한다

여러 팀원과 팀 내의 복잡한 해석, 영향, 지도, 제안, 촉진, 기다림, 반응을 하며 또는 팀원에게 관여하는 등의 복잡한 업무를 수행하는 것을 고려할 때, 팀 코치의 자기 인식self-awareness과 영향은 매우 중요하다. 이러한 인식이 부족한 사람은 팀에 효과적으로 영향을 미치지 못하며 오히려 일을 강하게 밀어붙임으로써 팀이 그들 자신의 사적인 관심사에 매몰되게 만들 수 있다. 관련 설문조사 의견 가운데 한 참가자는 다음과 같이 언급하였다.

> 코치는 언제 '입을 다물어야' 하는지 알아야 하며, 무슨 생각을 하는지 순간적으로 불쑥 말해서는 안 된다. 그들은 인내심을 가져야 하며 사려 깊게 행동해야 한다. 팀 구성원이나 팀 전체에 건설적인 피드백을 제공하기로 하면 팀코치는 팀이나 팀 구성원에 관해 아는 정보를 고려하여 (1) **어떤 의도**를 가졌는지 (2) **어떻게** 말해야 하는지를 **주의 깊게** 생각해보아야 한다 …. 물론 코치는 개인의 의제가 언제 방해가 될 수 있는지 **알 수 있는** 자각이 필요하며, 이러한 편견을 줄이거나 제거하기 위해 노력해야 한다.

어떤 코치들은 '도구로서의 자기self-as-instrument'라는 용어를 소개하고 '자기 도구가 적절할 때 자신과 다른 사람에게 가장 잘 봉사하는 방법을 아는 것, 도구로서의 자기를 조절하거나 중단해야 할 때를 아는 것'이 중요하다고 말한다. 어떤 코치들은 맹점에 관해 언급했다. 즉 코치가 권력, 성별, 문화 등 무의식적인 것에서도 다른 사람에게 미칠 수 있는 영향을 스스로 인지하는 것뿐만 아니라, 프로세스에 자신의 의제를 표출하지 않도록 자신의 맹점과 편견을 지속적이고 엄격하게 검사하여야 한다고 주장한다.

환경과 자기 자신에 적응한다

어떤 면에서 이 자질은 자기 자신에게 '적응'하는 것이 자신을 자각하는 것과 유사하다는 점에서 앞서 기술한 자질과 밀접하게 관련되어 있으며, 위에서 설명한 많은 내용이 본 자질에 중첩된다고 할 수 있다. 또 앞서 기술한 자질의 중요성을 재차 강조한다고 볼 수 있다. 아래에서 논의하겠지만 자신의 환경에 적응한다는 것은 다른 사람에게 미치는 영향을 인식하는 것과는 다르다.

팀 코치는 흔히 팀과 팀이 운영되는 조직 밖에 있으며 어느 정도까지는 그들이 '투입'되는 조직 문화에 대해 되도록 빨리 배워야 한다. 이러한 지식 가운데 일부는 조직 웹 사이트에 게시되어 있는 서면 정보 조사와 팀과의 대면에 앞서 관리자와 다른 직원들을 면담함으로써 최소한의 정보를 얻을 수 있다. 이 정보 또한 유용하지만 현장에서 환경을 읽을 필요성, 특히 팀과 큰 조직 전반에서 실제로 무슨 일이 일어나는지 아는 것을 대체하지는 못한다(이 가운데 중요한 부분은 두 번째로 순위가 높은 팀 코칭 기술인 그룹 역동에 관해 명확하고 깊이 이해하기이며, 나중에 더 자세히 논의할 것이다). 연구에 참여한 코치들은 이를 '사실을 빨리 발견할 수 있는 능력', '상황을 읽고 결과에 도달하기 위한 접근 방식을 유연하게 파악할 수 있는 능력', '팀(그리고 팀 전체)의 각 개인이 프로세스에서 표현되거나 묵시적인 에너지에 역동적으로 관여할 수 있는 능력'이라고 설명한다. 또 다른 참가자는 '팀을 복잡한 관계 네트워크의 일부로 보고 이 관점을 통해 그룹을 움직이는 더 큰 힘과 프로세스가 무엇인지에 대한 통찰력을 준다는' 점에서 '상황에 대한 다차원적 이해'라고 설명한다. 또 다른 참가자는 "개인과 팀의 행동은 환경에 따라 달라질 수 있으므로 팀이 운영되는 환경에 관한 지식은 코치에게 매우 중요하다."라고 주장한다.

차이점을 인식하고 팀의 모든 구성원을 참여시킨다

복잡한 문제에 대한 해결책을 만드는 데 팀이 매우 강력한 이유 가운데 하나는 다양한 관점, 경험, 재능, 지식 그리고 기술을 활용하기 때문이다. 팀들이 팀원 각자의 장점을 활용하지 못하고 부분의 합보다 큰 것을 창출하지 못할 때, 그러한 잠재력을 발산할 방법을 알아내기 위해 팀 코치를 투입한다. 따라서 팀 모든 구성원의 차이점을 인식하고 모두를 참여시키는 능력은 효과적인 팀 코치에게 매우 중요하다.

한 참가자는 이것을,

> 개별 팀 구성원의 정체성에 영향을 미치는 다양한 요인과 정체성의 상호작용이 억압되거나 소외되기보다 존중되고 확인되어 팀에 엄청나게 창발하고 생성하는 힘을 주는 방식에 대해 교육받는 것이라고 설명한다.

또 다른 참가자는 '다양한 관점을 듣고 공간을 만드는 데서 끝나는 것이 아니라 팀 구성원이 다양한 관점을 공유하도록 적극적으로 요구하고 촉진할 수 있는 능력'이라고 설명한다. 한편 다른 참가자는 "다양한 시각과 관점을 인정하는 것의 중요성이다. 이로 인해 충돌이 발생할 수 있지만, 반드시 끈끈한 유대관계(효과적이고 성공적인 경우)와 더 높은 성과(더 균형 잡힌 솔루션)에 기여한다."라고 설명한다.

성급하게 결론 내리지 마라

팀 코칭의 도전 과제 가운데 하나는 팀이 스스로 결과를 찾아낼 수 있도록 효과적인 프로세스를 구성하는 대신 조언과 제안을 하면서 너무 빨리 팀에 개입하지 않는 것이다. 이는 특히 팀 코칭에 처음 발을 들여놓는 사람들에게 어려운 일이다. 한 참가자는 "거의 항상 코칭에 실패하는 사람들을 보면 너무 많이 개입하기 [때문이다]."라고 주장한다.

나는 팀 코칭의 성공 비결은 자신과 다른 사람들과의 관계를 유지하는 것뿐만 아니라 **그들이 주체가 되는** 프로세스에 사람들을 참여시키는 기술이라고 생각한다. 코칭은 지도하고, 질문하고, 탐색하고, 그룹이 주도하는 프로세스이다. 나는 좋은 의도를 가진 많은 퍼실리테이터와 팀 코치가 퍼실리테이터 또는 팀 중 누가 정말로 코칭의 주체인지에 대한 질문에 곧장 답변하지 못하는 것을 보아왔다.

다른 설문 응답자들은 이를 '관찰하고 억제할 수 있는 능력'과 '코치는 팀이 만들어낸 원인, 해결책, 결과 또는 목표가 아니라 촉진자 역할이라는 지속적인 인식, 프로세스와 성공이 중심이지 코치의 에고가 아님을 지속해서 인식'하는 것이라고 설명한다. 다른 참가자는 '당신이 팀에 대해 처음 들은 이야기를 믿지 않고 다른 통찰력이 나타날 때까지 기다리는 것'이라고 말했다.

정서적 긴장을 잘 참는다
그룹 역동의 복잡성과 불확실성을 고려할 때, 특히 팀 코치가 팀을 '고쳐야' 할 필요가 있고 기능이 잘 발휘되지 않는 팀 프로세스에 개입해야 하는 일반적인 상황에서 정서적인 긴장을 잘 견딜 수 있는 능력은 매우 중요하다.

한 참가자는 "대부분 매우 중요한 등급의 자질들은 정서지능으로 묶을 수 있다."라고 주장한다. 여러 참가자들이 이에 동의했고 많은 코치가 '정서를 건설적으로 다루는 능력, 어려운 논의에 관여하고 지원적인 방식으로 사람들에게 도전하는 능력' 그리고 "팀 문제에 얽매이지 않고, 자신과 팀의 정서를 인식, 모니터링, 관리할 수 있는 '공간 유지'" 등의 용어를 사용하여 중요도를 설명하였다.

스킬

연구 참가자들은 팀 코치의 효과성에 영향을 미친다고 믿는 11개의 스킬을 파악하고 합의하였는데, 여기에서 스킬이란 훈련, 경험 또는 연습을 통해 배운 것을 할 수 있는 능력으로 정의된다. 이러한 스킬 가운데 상위 4개 스킬을 강조하여 여기에서 논의하고자 한다.

그룹을 잘 촉진하기
이 스킬은 '그룹 역동에 관해 명확하고 깊이 이해하기'와 함께 개인 코칭과 팀 코칭 사이의 가장 큰 차이를 표여 준다.

참가자들은 가장 높은 순위를 차지한 스킬에 초점을 맞춰 토론했다:

> 첫 번째 스킬인 그룹 활동을 잘 촉진하기를 생각하면… 추적하기와 얼마나 그것이 중요한지 … 생각하게 된다. 내가 여러 사람과 있을 때, 나는 그들과의 모든 역동을 계속 추적한다. 나는 각자가 다른 사람들에게 어떻게 반응하는지 그리고 그들이 나와 어떻게 함께하는지를 계속 추적한다. 나는 많은 것을 추적한다. 나는 내 주위에 눈과 귀가 있다고 느낄 만한 환경에 있다 …. 그룹을 잘 촉진하는 측면에서 코치에게 필수적인 스킬인 그룹을 잘 촉진하는 데 도움이 되는 5~6개의 스킬(또는 그 이상)이 있을 수 있다.

다른 참가자는 다음과 같이 말했다.

> 나도 동의한다. 나는 그룹을 촉진하는 것이 반드시 스킬이라기보다는 증상이라고 생각한다. 결과물이다. 우리는 6가지, 7가지, 9가지 또는 10가지 스킬을 활용하여, 특히 아래에 열거된 많은 것들로 그룹을 촉진한다.

그룹을 촉진하는 능력은 성공적인 팀 코칭의 수행에 총체적으로 중요한 추적하기와 같은 몇 가지 특정 스킬을 포함한 일종의 '메타' 스킬 역할을 한다. 팀 코칭 자체와 마찬가지로 정의하기 어려울 수 있지만 올바르게 수행하면 구분이 가능한 스킬이다. 한 참가자는 그룹을 잘 촉진하는 복잡한 과정에 일종의 '마술'이 있다고 말한다.

> 나는 개인에게 반응하는 같은 방식으로 집단에 반응해야 한다. 갑자기 제기된 문제로, 그룹이 매우 예상치 못한 곳으로 향해 갈 수 있어도 나는 그들을 도울 준비가 되어 있어야 한다. 흔히 그것은 대립, 다툼, 또는 아무도 좋아하지 않는 완전히 황당한 생각일 수 있다. 상호작용 측면에서 항상 의미가 있지 않은 무엇인가에서 의미를 만들 수 있도록 도와야 한다. 최악의 경우 그룹 코칭 방식은 코치가 대화를 통제할 수 있는 일종의 장소이며 기껏해야 훨씬 더 반응적이고 이끌어 가는 것일 수 있다. 그런데 마법처럼 그룹은 그들이 예상하지 못했던 곳으로, 갈 수 있을 것으로 믿지도 못했던 곳에 도달할 수 있으며 나는 그러한 미지의 상황에 대비해야 한다.

그룹 역동에 관해 명확하고 깊이 이해하기

이 스킬은 복잡한 시스템을 다루며 따라서 복잡성 리더십 complexity leadership 이론과 가장 밀접하게 연관되어 있다. '그룹을 잘 촉진하기' 스킬과 함께 이 스킬은 이미 개인을 잘 코칭하는 사람이 효과적인 팀 코칭으로 성공적으로 전환하는 데 매우 중요하다.

참가자들은 이것을 '그룹 마인드셋과 사고방식의 자기 강화적 성향에 대한 인식'과 상호작용에 영향을 미치는 역동을 경험할 때 팀 역동을 인식하고 거기에 이름을 붙이고 명확하게 하고 팀에 권한을 부여하는 능력으로 설명했다(예, 팀 기본 규칙을 수립했는가? 팀이 언제 혼란을 겪는지 아는가? 언제 개별적, 집단적 사고의 흐름이 있는지 아는가?).

또 다른 참가자는 이를 그룹 역동, 특히 공개되거나 은밀한 그룹 역동, 팀 역할(공식적 또는 비공식적), 역할 명확성, 경계와 경계의 역할, 그리고 권한, 자기 승인, 권력, 추진 과제 그리고 팀 효과성 단계를 이해하는 것이라고 주장한다.

명시적, 묵시적 메시지 모두 듣기

이 스킬은 각 개인뿐만 아니라 그룹 전체에 적극적으로 그리고 공감적으로 경청하는 능력이 높은 수준의 정서지능을 필요로 한다는 점에서 정서지능과 관련이 있다.

한 참가자는 이 스킬을 "표면 위와 아래에서 말하는 내용을 모두 이해하려는 의도를 가지고 경청하는 능동적인 프로세스이다. 사람들이 전달하고자 하는 암묵적이고 명시적인 메시지를 적극적이고 깊게 경청하는 능력이다."라고 설명했다. 또 다른 참석자는 "모든 선입견과 생각들을 보류하고 말과는 다른 방식으로 의사소통하는 것들을 듣는 것"이라고 주장한다.

다양한 성격의 사람과 신뢰 구축하기

이 스킬 또한 정서적 수준에서, 이른바 연결을 만드는 것이 신뢰를 쌓는 기초가 된다는 점에서 정서지능과 관련이 있다.

한 참가자의 표현에 따르면, 팀 코치는 다양한 성격의 사람들과 신뢰를 쌓을 수 있고 "팀 내의 특정 개인에 대한 편애에 저항하고 개인들을 소외시키지 않으면서 오히려 집단 목표에 가장 잘 부합하는 것에 초점을 맞춘다."라고 하였다.

그룹과 좋은 라포를 형성할 수 있는 능력으로 설명할 수 있다. 한 참가자는 라포 형성 능력을 팀 내에서 신뢰, 편안함, 안전, 유머(적절한 시기와 경우) 그리고 가벼움을 촉진하는 능력이라고 설명한다. 코치가 내성적이든 외향적이든, 코치가 접근성, 진정한 역동성, 그리고 다른 사람들과 함께 일하는 것의 진정한 즐거움을 안다면, 그 코치는 훨씬 더 성공적으로 팀과의 관계를 구축할 수 있을 것이다.

팀 코치와 개인 코치의 특성은 무엇인가?

전문 영역에서 팀 코치가 좀 더 새로운 개념임을 고려할 때, 경험이 풍부한 팀 코치는 풍부한 개인 코칭 경험이 있을 가능성이 크다. 따라서 본 연구의 전체 과정에서 팀 코칭과 개인 코칭에 필요한 자질과 스킬 사이의 많은 중복이 있음을 인식하여 참가자들에게 이러한 차이점을 명확하게 설명하도록 요청했다. 한 참가자는 "팀 코칭은 팀(그리고 그룹 역동)의 사회적 시스템 측면 때문에 좋은 코치가 되기 위해 필요한 스킬과 자질 가운데 일부는 같더라도 개인 코칭과 동일하지는 않다."라고 설명했다.

그렇다면 개인 코칭과 팀 코칭의 주된 차이점은 팀 코칭이 개인 코칭보다 추적해야 할 역동이 더 많아서 좀 더 복합적이며 복잡한 것이라고 할 수 있을까? 한 참가자는 이러한 차이를 개인 코칭은 '가까이 기대기leaning in'이고 팀 코칭은 '뒤로 기대기leaning back'로 그 차이를 설명한다.

> 나는 그룹이 실제로 프로세스를 주도한다는 것을 잘 안다. 개인 코칭도 그러하기는 하지만 개인 코칭에서 좀 더 참여하고 가까이 기대기, 그룹 코칭 맥락에서는 좀 더 뒤로 기대기를 하며 더 많은 공간을 만들어서 그룹이 더 많은 책임을 지도록 한다. 나는 두 가지 코칭 모두 그 공간 안에 있지만 개인 코칭에서 조금 더 참여한다고 할 수 있다.

따라서 팀과 개별 코칭 사이의 주된 차이점은 코치가 팀 코칭 환경에 내재한 복잡성 증가에 어떻게 접근하느냐에 관한 것으로 보인다. 즉 코치는 개인 코칭 상황보다 그룹 코칭 환경에서 '가까이 참여'를 하는 데 더 어려움이 많다. 한 개인에게 좁고 레이저 같은 초점을 맞추는 대신, 팀 코치는 팀 전체의 모든 추가적인 복잡성과 함께 더 큰 그림을 그릴 수 있도록 그들의 초점을 넓혀야 한다.

코치는 팀 코칭 과제를 어떻게 준비해야 하는가?

특정 스킬과 모델이나 팀에 적용하기 위한 노하우 툴킷toolkit보다 더 중요한 것은 팀 코치가 먼저 팀 코칭 마인드셋을 갖추는 능력이다. 팀 코칭은 위에서 설명한 바와 같이 역동적인 방식으로 상호작용하는 다양한 요소를 고려해야 하는 독특한 방식이다. 팀 코칭에 내재된 역동적인 상호작용을 기대하는 마인드셋을 가진 다음 팀에 관한 정보를 최대한 많이 모으는 것이 순서다. 그런 다음 팀 코치는 '툴킷'을 정리해야 한다. 올바른 사고방식과 팀에 대한 정보가 없으면 프레임워크, 개념, 접근법 그리고 기법의 강력한 툴킷은 효과적이지 못하거나 최악의 경우 쓸모가 없기 때문이다. 한 참석자는 이를 전술에 앞서 전략을 준비하는 것이라고 설명했다.

> 그래서 내 머릿속에는 내가 누구인지, 그들이 누구인지, 일종의 전략적인 큰 그림에서 시작하여 전술적 움직임으로 넘어간다…. 다음에 내가 할 수도 있고 하지 않을 수도 있는 행동으로 넘어 간다.

팀 코칭 상황에 가장 잘 대비할 수 있는 방법에 관해 질문했을 때 이 참가자는 자동차 은유를 활용하여 자신의 관점을 다음과 같이 설명했다.

> 나는 그룹이 무엇을 하려고 하느냐에 따라 다르다고 생각한다. 개인 코칭의 경우에는 두 사람이 모두 운전대에 손을 얹고 추는 춤이다. 내가 그룹을 코칭할 때, 그룹은 그룹 자체와 소통하는 것이 너무 복잡해서, 그룹이 어디로 갈지 모른다. 그래서 참가자들이 하고자 하는 것이 무엇이냐에 따라 다르다는 말로 귀결된다.

개인 코칭으로 이 차량의 은유를 더욱 발전시키면 코치가 코치이와 운전석에서 핸들을 함께 잡을 준비를 해야 한다. 팀 코칭은 코치가 뒷좌석에 앉지만, 차가 도로를 벗어나기 시작하면 코치가 앞으로 나와 핸들을 잡을 준비가 되어 있거나 코치는 차가 올바른 방향으로 가는지 물으면서 뒷좌석에 그대로 앉아 있어야 한다. 팀 코칭에서는 앞좌석에서 직접 운전하는 것을 줄이고 뒷좌석에서 간접적으로 운전할 준비가 되어 있어야 한다.

성공적인 팀 코치가 되게 하는 선천적인 자질이 있는가?

팀 코치 지망생들은 효과적 팀 코칭이 거의 인정받지 못하는 힘든 일이라는 것을 이해하는 것이 중요하다. 따라서 효과적인 팀 코치는 어느 정도의 겸손과 내적 동기부여가 필요하다. 한 참가자는 이를 다음과 같이 묘사한다.

> 예전에 어떤 멘토가 나에게 최고의 퍼실리테이터는 그룹이 기억하지 못하는 사람이라고 말한 적이 있다. 그들은 퍼실리테이터를 기억하지 못한다. 그들은 자신들 [팀]이 한 일을 기억한다. 이는 개인 코칭을 하는 코치에게도 해당되지만 팀 코치들에게는 정말 의미하는 바가 크다. 만약 사람들이 나를 많이 기억하고 있다면, 내가 그들의 과정에 너무 관여했다는 반증이다. 그들은 그들이 한 일을 기억해야 한다.

이러한 인정의 부족은 업무에 대해 성취감이 필요한 코치들에게 개인적으로 어려울 수 있을 뿐만 아니라 코칭 이해관계자들은 심지어 업무 진행 방식에 관해 질문할 수도 있다. "그룹 퍼실리테이터들은 바람과 같고, 코치의 존재는 [어디서] 측정하기가 어렵기 때문에…. 이것의 단점은 때로 '왜 우리가 이 사람에게 돈을 주는 거죠?'와 같이 검증하기 어렵다."는 것이다.

어느 정도 겸손함의 필요성과 관련되어 요구되는 능력은 그룹 구성원이 답변을 요구하며 코치를 찾을 때 이를 받아낼 수 있는 능숙한 능력이다.

팀 코칭의 일부는 답을 찾기 위해 (팀 코치가 아닌) 팀 구성원이 서로를 찾아야만 하도록 구조화하는 것이다. 서로에게 관심을 갖고 배우며, 코치나 퍼실리테이터 또는 교사를 먼저 찾는 문화적 규범과 본능적인 경향을 깨야 한다. 나는 이 모든 것이 참가자들이 실제로 서로 참여하는 그룹 프로세스가 되도록 하기 위해 팀 코치가 보유하거나 배양해야 하는 스킬이라고 생각한다.

팀 코칭의 마법

이 연구에서는 팀 코치들이 자신의 전문 실무 경험을 토대로 효과적인 팀 코치의 주요 자질과 스킬에 대해 집단적 합의에 도달하였다. 많은 연구 참가자는 팀 코칭의 '마법'을 만들어내는 것은 코치 자신이 포함된 복잡한 시스템 내에서 이러한 자질과 스킬의 상호작용이라고 설명했다.

이는 코치가 자신을 표현하는 방식, 그룹 구성원과 상호작용하고 일하는 방식, 팀 성과를 위해 열심히 일하고 책임을 지는 방식에서 위의 모든 자질과 스킬이 결합되는 방식에 관한 것이다. 이 모든 것에는 변동성의 요소가 있다. 내가 함께 일한 일부 코치는 탁월했고 일부 코치는 그렇지 못했다. 그렇지만 탁월한 코치는 누구나 인성적으로 훌륭한 사람이었고, 따뜻하고, 품위 있고, 정직하였으며, 무례하거나 성급하지 않고 솔직하게 이야기했다. 그리고 개인이 서로 협력하여 최상의 결과를 얻기 위해 최선을 다했다.

대부분 팀 코치는 개인 코칭도 겸하기 때문에 연구 내내 팀 코칭에 필요한 사항을 개인 코칭과 끊임없이 비교하였다. 예를 들면 다음과 같다.

요약하면, 개인 코칭보다 팀 코칭의 특성상 코치가 다양한 사람들과 신뢰를 쌓고, 포용적이며, 다양한 접근 방식과 도구를 사용할 수 있어야 하며 신뢰감을 보여주고(말한 대로 행동하여), 유능하며, 상업적으로 적용 가능하고, 자기 인식을 하는 것이 중요하다. 코치는 그룹에서 하나의 불변의 존재이기 때문에 '도구로서의 자기 self-as-instrument'가 중요한 초점이 된다. 그룹 역동을 인지하는 것도 중요한데 왜냐하면 코치가 언제 공개적인 행동과 은밀한 행동을 모니터링할지 도움이 되기 때문이다. 또 그룹이 '그룹의 일을 얼마나 하고 있는지' 또는 일반적인 그룹 역할을 하고 있는지 이해하는 데 도움이 된다.

팀 코치는 독특하고 중요한 위치에 있으며, 지속해서 영향력을 행사할 수 있다. 마지막으로 코치 지망생들에게 상기시킨다. 프로세스는 코치가 주체가 되는 것이 아니라 팀이 주체가 되어야 함을 절대 잊지 말아야 한다.

나는 언제나 상류로 올라가서 그 집단에 무엇이 필요한지 물어본 다음, 하류로 돌아와 그 관점에서 답하려고 노력했다. 이것이 핵심이다. 만약 내가 그룹이 무엇을 필요로 하는지 안다면, 내 행동은 자연스러울 것이다. 다시 말해, 나는 행동 하거나 학습한다기 보다는 "아, 이것이 사람들이 필요로 하는 것이고, 나는 필요한 것을 제공해야 하는 위치에 있다."가 핵심이다.

참고문헌

Britton, J. J. (2013). *From one to many*. Mississauga, ON: Jossey-Bass.
Clutterbuck, D. (2007). *Coaching the team at work*. London, England: Nicholas Brealey.
Edmondson, A. C. (1999). Psychological safety and learning behavior in work teams. *Administrative Science Quarterly, 44*, 350-383. doi:10.2307/2666999.
Goldberg, S. (2003). Team effectiveness coaching: An innovative approach for sup- porting teams in complex systems. *Leadership and Management in Engineering, 3*(1), 15-17. doi:10.1061/(ASCE)15326748(2003)3:1(15).
Hackman, J. R. (2002). *Leading teams*. Boston, MA: Harvard Business School Press.『성공적인 팀의 5가지 조건』최동석, 김종완 역. 교보문고. 2006.
Hackman, J. R., & Wageman, R. (2005). A theory of team coaching. *Academy of Management Review, 30*(2), 269-287. doi:10.5465/AMR.2005.16387885.
Hamlin, R. G., Ellinger, A. D., & Beattie, R. S. (2006). Coaching at the heart of managerial effectiveness: A cross-cultural study of managerial behaviours. *Human Resource Development International, 9*(3), 305-331. doi:10.1080/13678860600893524.
Hawkins, P. (2011). *Leadership team coaching*. London, England: Kogan Page.
Manz, C. C., & Sims, H. P. (1987). Leading workers to lead themselves: The external leadership of self-managing work teams. *Administrative Science Quarterly, 32*, 106–128.
Riddle, D. (2008). Senior leadership team coaching. Center for Creative Leadership. White Paper. Retrieved from www.ccl.org.
Thornton, C. (2010). *Group and team coaching*. London, England: Routledge.『창조적 조직을 위한 그룹 코칭과 팀 코칭』신준석 역. 시그마프레스. 2013.
Wageman, R. (2001). How leaders foster self-managing team effectiveness: Design choices versus hands-on coaching. *Organization Science, 12*(5), 559-577. doi:10.1287/orsc.12.5.559.10094.
Wageman, R., & Hackman, R. J. (2010). What makes teams of leaders leadable. In N. Nohria & R. Khurana (Eds.), *Handbook of leadership theory and practice* (pp. 475-505). Boston, MA: Harvard Business School Press. doi:10.1108/02621711211243908.

26장. 팀 코치되기

저자: 메리 하토그Mary Hartog
역자: 박순천

이 장의 목적은 조직 학습과 발전, 시스템 사고와 실천, 정신 역동 이론과 행동 연구에 대한 이론을 바탕으로 팀 코치가 되는 것이 무엇을 의미하는지 탐구하는 것이다. 이 장에서는 일대일 코칭과 팀 코칭의 차이를 다루며 팀 코치에 필요한 광범위하고 부가적인 스킬과 기반 지식을 강조한다. 클러터벅Clutterbuck(2009)에 이어, 이 장은 팀 코칭이 성과 향상 서비스에서 독특한 목적을 제공한다고 주장한다.

팀 코칭을 정의하고 팀이 중요한 이유를 상기시키기 위해 그룹과 팀을 구분하는 것으로 시작한다. 그런 다음 센게Senge(1990)의 작업을 바탕으로 팀 코치가 자신의 '학습 조직' 모델을 사용하여 작업 범위를 지정하고 이해하는 방법과 계약 기준으로 사용하는 방법을 고려한다. 조직 학습에 대한 센게의 접근 방식은 이후 그룹 및 팀 역동에 대한 토론과 대화와 탐구 기술을 촉진하는 팀 코치의 작업을 위한 기초가 된다. 마지막으로, 팀 코치가 되기 위한 학습 과정을 검토하여 결론 내리기 전에 시스템적 이론과 프랙티스 및 행동 연구에서 팀 코칭의 수행을 위한 지침과 프레임워크를 사용하는 것으로 전환한다.

메리 하토그 Mary Hartog: Middlex University 경영대학원의 리더십 및 조직 실무 책임자이다. 메리Mary는 액션러닝과 팀 코칭을 핵심 개발 도구로 사용하여 맞춤형 실무 기반 자격을 통해 조직과 함께 재능과 리더십을 개발하고 비즈니스 성장을 강화한다.

팀 코칭 정의

클러터벅^{Clutterbuck}(2009)은 팀 코치의 역할은 팀이 성과를 향상하는 데 도움을 주는 것이라고 제안한다. 그는 팀 코치의 역할과 러닝 퍼실리테이터의 역할을 구분한다. 촉진된 학습 그룹에서는 개인이 자신의 학습 주제를 가지고 시작한다. 팀에서는 개인 학습 외에 개인 학습 과정을 공유할 수 있다. 손튼^{Thornton}(2010)에 따르면, 이들은 공동의 목적을 더 효과적으로 달성할 수 있도록 '팀을 위해 한다'라고 말한다. 그의 관점은 팀 코칭의 학습과 변화의 목적이 개인과 조직의 성과를 모두 향상하는 데 있다는 점을 강조한다. 또 코칭 과제는 팀 구성 활동과 '먼 옛날^{away day}'에서 시작될 수 있지만, 이는 코치가 팀원들이 어떻게 협력하는지 관찰할 수 있는 시작점에 불과하다는 점을 인정한다.

그룹과 팀

손튼(2010)은 조직이 그룹으로 구성되어 있다는 점을 강조하며, 그룹이 조직의 핵심 목적과 목표에 맞춰 정렬되는 방식이 우수한 성과를 달성하는 데 중요하게 기여한다고 제안한다. 그는 그룹과 팀을 구분하면서 모든 팀이 그룹이지만 모든 그룹이 팀인 것은 아니라고 언급했다. 그룹과 팀의 구분이 쉽게 모호하게 나타날 수 있기 때문에 이것은 중요한 차별화 요소이다. 게다가 팀은 코칭 개입 전에 확립된 의사소통, 네트워크와 관계 패턴을 가지고 존재하는 경우가 많다. 그러나 팀 코치에게는 팀을 만드는 것에 대한 명확성과 관심이 중요하다.

웨스트^{West}(2012, p.28)는 다음과 같이 팀을 정의했다. 팀은 도전적인 임무를 수행하며, 도전적이고 공유된 목표를 달성하기 위해 일하는 개인으로서보다는 함께 일하는 그룹에 의해 완성되고, 긴밀하고 상호 의존적으로 일하는 소규모 그룹을 포함한다. 그는 자신이 의료기관에서 수행한 연구에 관해 보고하면서, 많은 의료 전문가가 팀을 이루어 일한다고 보고하지만, 모두가 목표를 공유했는지, 상호 의존적으로 일했는지, 또는 목표와 성과를 검토하기 위해 정기적으로 모임을 갖는지 확인할 수 있는 것은 아니라고 말한다. 첫째, 이는 팀이 무엇인지에 대한 이해가 크게 다르다는 것을 시사한다. 게다가 웨스트가 제안한 방식으로 일하는 그룹은 더 낮은 환자 사망률, 직원과 환자 부상 감소, 괴롭힘 보고 감소, 그리고 질병과 결근 경험 감소에서 더 나은 결과를 얻는 경향이 있다. 웨스트(2012)는 이런 방식으로 일하지 않는 집단을 '유사팀^{pseudo teams}'이라고 부른다.

손튼(2010)과 웨스트(2012)는 개인이 혼자서는 할 수 없는 것들을 함께 성취하기 위해 협력하고 적응할 수 있는 그룹의 힘과 능력에 관해 이야기한다. 함께 일하는 것은 인간 성취의 토대이며, 비즈니스와 조직의 '진정한' 팀들이 가장 뛰어난 개인보다 성공에 더 효과적으로 기여할 수 있는 이유를 설명하는 데 도움이 된다. 그룹은 또한 다른 사람들과의 상호작용을 통해 개인에게 자아 의식을 제공한다. 정체성과 소속감은 의심할 여지없이 효과적으로 작업하기 위한 강력한 구성요소이다. 그러나 더 근본적으로 인간의 노력에서 중요한 관계는 배우고 번창할 기회를 제공하는 관계이며, 이러한 점에서 관계가 개인보다 앞선다(Leale, 1982).

팀 구성과 성과

팀이 효과적으로 운영되기 전에, 그들은 인식 가능한 그룹 형태 단계를 거치고, 뒤이어 '격동기^{storming}'와 이상적으로 '규범기^{norming}'를 거친다(Tuckman, 1965). 그 과정에서, 구성원들은 업무의 통제권, 그들의 역할, 그리고 팀 내에서 그들이 어떻게 일할지에 대해 싸울 수 있다. 모든 그룹이 팀이 아니라는 손튼의 권고를 받아들인다면, 한 그룹이 한 팀이 되었다고 말하기 전에 팀 구성 과정의 중요성을 더 충분히 이해해야 한다. 후친스키^{Huczynski}와 부카난^{Buchanan}(1985)은 멤버들과 밀접하게 교류하고 성과에 대해 서로 의존도가 높으며, 서로에게 심리적으로 민감하고, 거의 직관적이며, 자신들을 강하게 인식하는 축구팀을 예로 들어 그룹 심리학의 중요성을 지적한다.

'이 그룹이 팀인가'라는 질문을 통해 어느 팀 코치에게나 실질적인 출발점이 되고 팀 코치 개발을 위한 유용한 출발점이 된다.

팀 코칭의 범위와 계약

클라인^{Kline}(2009)은 코치의 주된 역할은 효과적으로 '생각하는 환경'을 조성하고 방해를 피하는 것이라고 말한다. 코치가 팀 내에서 이러한 성과를 달성하는 방법은 개인 코칭 때와는 상당히 다르며, 상당히 다른 범위의 과업을 나타낸다.

일대일 코칭에서는 코치와 코치이가 생각하는 환경이 조성된다. 대조적으로, 팀 코칭에서는 '생각하는 환경'이 서로 다른 개인들의 그룹을 위해 조성되어야 한다. 이러한 환경을 안전한 방식으로 조성하고 포함하려면 팀 코치가 팀의 '역동dynamic'과 조직 및 기타 이해관계자들과 관련된 작업 또는 수행 업무에 대해 체계적으로 생각해야 한다(Senge, 1990). 이를 위해 코치는 개인이 함께 있을 때 어떻게 행동하는지, 서로 어떤 관계를 맺는지, 함께 생각할 때 어떻게 생각하는지 관심을 기울일 필요가 있다. 예를 들어, 팀 코치는 그룹이 하나의 팀으로 조화롭게 일한다는 증거를 찾아야 하고, 반대로 팀 관계에서 긴장과 갈등의 증거를 찾아야 한다. 팀 코치는 팀 구성원 사이의 관계에 주의를 기울여야 하며, 작업에 대한 동맹과 공유된 관점이 어디에 있는지 또는 팀 구성원들이 과제를 어떻게 인식하고, 이야기하고, 생각하는지에 명확하고 결정적인 차이가 있는지를 파악해야 한다. 팀 코치의 역할은 이러한 차이를 팀 내 다양성을 바탕으로 긍정적인 방법(터크만의 격동Tuckman's storming)을 활용하여 팀 내 사고력(터크만의 규범Tuckman's norming)을 확장하여 앞으로 나아가는 것이다.

조직 학습, 개발과 변화를 이해하는 것은 팀 코치 개발을 위한 핵심 지식과 기술 구성요소이다. 센게의 조직 학습을 위한 다섯 가지 규율(Senge, 1990)과 같은 모델을 사용하여 작업 범위를 지정하는 데 유용한 맵을 제공하여 이를 가능하게 할 수 있다. 또는 팀 코치가 효과적인 팀워크를 돕거나 방해할 수 있는 작업 영역을 탐색할 수 있게 한다. 센게(1990)의 다섯 가지 규율과는 불가분의 관계에 있다.

1. **공유 비전**은 팀이 과업과 우선순위를 공유하도록 돕는 것과 관련이 있다. 이것은 팀 코치가 조직이 팀의 업무와 어떻게 연결되는지 해석하고 명확히 하는 데 도움을 줄 수 있는 고전적인 조직 개발 연습이다.
2. **정신 모델**은 팀이 자신의 차이점을 보고, 이를 활용하여 작업하며, 성과에 대한 장벽이 아닌 기회로 활용할 수 있도록 돕는 데 관심이 있다. 이는 팀 코치에게 가장 어려운 작업 영역이다. 차이가 일반적으로 충돌을 일으켜 작업 수행에 방해가 될 수 있기 때문이다. 이 분야에서 일하려면 팀 코치가 팀이 차이를 용인할 수 있는 능력을 확장하는 기술과 도구를 개발해야 한다. 결과적으로, 이것은 팀이 함께 반영하고 개인들이 그들 자신과 서로의 생각과 그들이 일하는 방식에 대한 입장에 대해 성찰하도록 도울 것이다.
3. **개인의 숙련**은 개인의 발달과 관련이 있다. 팀 코치는 개인마다 수행해야 할 학습 여정이 있다는 것을 인식하고, 사고와 학습 역량을 지원하고, 개인의 발전이 팀 개발과 효율성의 과정과 함께 진행된다는 것을 인식하는 것이 중요하다. 개인과 팀 요구 사항의 균형을 맞추는 것은 고도의 기술과 섬세함을 요구한다.

4. **팀 학습**은 팀 코치의 업무에서 일대일 코칭과 가장 다른 측면이다. 센게(1990)가 시사하듯이, 팀과 조직의 역량을 그 부분의 합계를 넘어 확장함으로써 조직의 성과에 가장 큰 차이를 만들 수 있는 것은 바로 팀들이다. 팀이 배울 수 있는 가장 중요한 기술은 대화와 탐구력이다. 팀이 이러한 기술을 배울 수 있도록 코치는 지원과 도전이 동등하게 작동하는 팀 학습을 위한 안전한 공간을 만들어야 한다.
5. **시스템 사고**가 이 모델의 핵심이다. 이 모델은 규율이 서로 긴밀하게 연결되고 보완되는 방법을 인식하기 때문이다. 시스템 사고는 팀 구성원 사이의 관계와 팀과 더 넓은 조직 사이의 관계를 볼 수 있는 전체와의 관계에 관한 것이다. 이는 팀 코치가 팀 업무가 위치한 역동적이고 사회적, 정치적 맥락의 풍부한 그림을 만드는 데 도움을 줄 수 있다. 부분과 전체 사이의 관계는 다섯 가지 규율과 조직 전략을 수립하는 팀 능력을 연결하고 뒷받침한다. 이를 이해하면 팀 코치가 코칭 계약에 관해 생각하고 다른 이해관계자들과 협상하는 데 도움이 될 수 있다.

팀 코칭 계약

코칭 관계와 계약은 코치가 윤리적으로 일하고 조직 시스템에 존재하는 여러 관계를 관리할 수 있게 하는 데 핵심적인 역할을 한다.

팀 코치는 '내부의 의견'(Skinner, 2012)과 이러한 의견이 코칭 개입을 이해하고 수행하는 데 어떤 영향을 미칠 수 있는지 유념해야 한다. 이것은 문제가 어떻게 제시되고 팀 구성원들이 어떻게 여기는지에 영향을 미칠 수 있다. 프로세스 컨설팅 관점에서 '고객' 개념에 대한 세인Schain의 1997년 연구는 계약 프로세스에 대한 유용한 지침을 제공한다. 프로세스 상담에서 컨설턴트, 즉 이 경우 코치가 유일한 전문가는 아닐 것이며, 클라인Kline(2009)이 상기시켜 주듯 해답은 고객이 가지고 있다. 팀 코치의 일은 이것들을 끌어내는 것을 돕는 것이다.

실스Sills(2012)는 관리 계약을 다루는 코칭 작업 계약과 코칭 관계 자체를 위한 계약에 대한 포괄적인 프레임워크를 제공하며, 후자는 작업 과정에서 검토되는 프로세스이다. 단순히 '실행 후'가 아니라 '실행 중'에 성찰할 수 있는 능력을 개발하려면 특히 계약 단계에서 팀 코치가 더 높은 수준의 인식을 필요로 한다(Schön, 1983, 1987). 계약 관계를 투명하게 하고 팀이 효과적으로 수행하도록 지원하기 위해서는 '작업'이 무엇인지, 조직 이해관계자가 무엇을 기대하는지, 코칭 개입의 목적을 팀이 이해하는지를 명확히 하는 것이 필수적이다. 모든 코칭 관계와 같이 팀 코칭은 참가자와의 작업 관계, 라포rapport, 신뢰를 확립하는 데 주의를 기울일 때 가장 효과적이다.

팀이 되려는 집단은 '이 주변에서 일이 어떻게 처리되는가'라는 얘기를 가지고 오는 경우가 많으며(Schein, 2010) 그들의 작업 스타일과 태도에 독특한 하위 문화를 구현하고 전시하는 경우가 많다. 그들은 이 '이야기'를 코칭 환경으로, 때로는 해결되지 않은 감정과 상처, 그리고 팀 라이프의 '의논할 수 없는', 이 모든 것들은 학습과 변화에 방해가 될 수 있다. 그 결과, 팀은 한 장소에서 또는 한 작업에서 함께 일하는 단순한 개인 그룹 이상으로 구성된다. 팀들은 코칭 개입이 '실제로' 무엇에 대한 믿음과 기대에 영향을 미칠 수 있는 광범위한 조직 정치에 의해 형성되는 그들 만의 독특한 역동 관계를 가지고 있다.

코치와 팀 사이에 신뢰와 라포를 형성하는 관계적인 코칭 접근 방식은 조직이 본질에서 거대한 관계의 네트워크라는 인식과 함께할 때 성공할 가능성이 더 크다. 팀 코칭의 성공과 효과적인 팀 코치 개발의 핵심 요소인 계약의 범위와 성격에 관해 이러한 수준의 이해가 필요하다.

그룹 역동과 대화: 과업과 목적

팀 코칭의 기본 목적은 팀이 비즈니스에 가치를 더할 수 있도록 효과적인 팀워크를 지원하는 것이다. 목적의 명확성, 공동 목표와 팀 구성원 자격, 팀 규모와 구성을 올바르게 하는 것, 팀 구성원 자격의 상대적 안정성, 팀워크가 필요한 업무 수행이 모두 기본이다(West, 2012). 팀은 적절한 역할에 필요한 기술을 갖춘 적합한 인력과 팀의 효과적인 기능을 가능하게 하거나 방해하지 않을 사람을 포함해야 한다. 팀 코치가 팀이 효과적으로 기능하고 임무를 완수할 수 있도록 하려면 이러한 기본 조건이 처음부터 갖춰져야 한다.

과업 성찰 task reflexivity

웨스트(2012)는 '과업 성찰'을 개발하는 팀의 중요성을 지적한다. 이것은 팀이 목표를 달성하기 위해 어떻게 협력하는지, 그리고 팀의 작업 방식을 어떻게 모니터링하고 검토하는지에 관한 것이다. 이는 팀이 개인 및 집단적으로 성찰하는 능력을 개발하고 팀 업무 관계에 도움되는 것과 방해되는 것이 무엇인지를 배우는 것을 목표로 하는 팀 코치의 역할을 시사한다. 따라서 목표 공유와 목표 달성은 팀 코칭과 성과 개선의 실질적인 과제이다. 그러나 의미심장하게도, 그룹 생활의 '의식이 없거나 숨겨진' 측면, 즉 효과적인 수행을 돕거나 방해하는 집단 역동을 언급할 때, 셰인과 센게의 이전 언급을 상기시키는 것은 손튼(2010)이다. 이처럼 팀 코치의 주된 역할은 팀 과업을 달성하면서 역동성과 함께 작업하는 과정과 능력이다. 따라서 이러한 역동과 책임에 대해 배우는 것이 팀 코치 개발의 핵심이다.

예를 들어, 개인이 팀에 가입하고 팀의 소중한 일원으로 받아들여지길 원한다면, 이것은 포용, 소속감, 애정의 문제로 가득 찰 수 있다. 스미스Smith와 베르그Berg(1997)는 그룹이 재귀적이고 자기 참조적이며 역설적인 역동을 설정하면서 양극화하는 경향이 있다고 주장한다. 팀 목적이 무엇인지에 대해 명확성과 합의가 부족한 경우, 팀은 비온Bion(1961)이 말하는 퇴행적 역동에 관여할 가능성이 높다. 이것은 집단이 역행과 발달 행동 사이를 순환하면서 방어적인 형태로 과제를 벗어나 뒤로 이동하는 것이다. 전형적으로, 이것은 팀이 팀 발전의 터크먼Tuckman 격동기storming stage에 갇힐 때 발생할 수 있다.

위와 연계된 것이 '팀 성찰'(Schippers, West & Dawson, 2015)이다. 이는 팀이 자신의 작업 방식과 기능을 성찰하고 적응시켜 까다로운 작업 환경에서 혁신을 풀어낼 수 있는 수준이다. 시퍼스Schippers 등이 73개 학생 팀을 대상으로 한 연구에서 팀 성찰력은 팀 성적이 좋지 않은 조건에서 팀 기능을 향상하여 일이 잘 풀리지 않을 때 특히 도움이 될 수 있음을 시사했다.

어떤 경우에는 팀이 분열될 수 있는데, 이는 구성원들이 임무에서 손을 떼거나 탈퇴하면서 드러난다. 팀 코치는 팀이 실제 수행 과제에 집중하고 있는지, 어느 정도까지 관여하고 있는지, 또는 '투쟁이나 도피' 행동에 관여하고 있는지 관심을 기울일 필요가 있다(Bion, 1961). 그들끼리 다투거나 코칭 세션에 나타나지 않는 것이 그 예이다. 개인이 다른 팀원들과 동맹을 맺을 경우, 이 또한 팀을 업무에서 빼는 결과를 초래할 수 있다. 비온Bion은 이것을 페어링이라고 한다. 그가 식별한 또 다른 역동은 의존성이다. 팀이 맡은 일에 대한 책임을 회피하고 팀장이나 코치의 지시를 기다리는 것이다. 이러한 상황에서 팀 코치는 팀이 수행 과제에 다시 집중할 수 있도록 돕고 팀원과 함께 작업과 팀 워크에 대한 기본적인 가정을 확인해야 한다. 즉 정신 모델mental models(Senge, 1990)을 재검토할 필요가 있다.

그룹 역동의 또 다른 측면은 휘태커Whittaker와 리버만Lieberman(1964)에 의해 다루어지는데, 그들은 개인이나 하위 그룹이 전체 그룹과 더 넓은 시스템이 인정하기 어렵거나 힘들어하는 극성을 나타내도록 강요하는 일이 흔하게 일어날 수 있다고 제안한다. 글렁크Glunk와 폴리니Follini(2011)의 최근 연구는 '양극성'과 지도자가 복잡성과 역설성을 동시에 잡아야 할 필요성에 대해 논의한다. 이러한 종류의 극성을 개발하는 것은 팀이 차이를 용인하고 통합하는 데 도움이 되도록 팀 코치의 역량 강화 과제가 될 수 있다. 실제 수행 과제에 대한 의견 차이가 심해질 수 있다(Glunk & Follini, 2011). 팀원들이 서로 격렬하게 반대하다가 빠져 업무를 방해한다. 글렁크와 폴리니는 코칭 공간이 이러한 상반된 부분을 허용해야 한다고 주장하며 극성 코칭의 실천을 지지한다. 이를 위해서는 조건 없는 긍정적 고려, 공감과 일치성이 팀 코치의 실천과 가치의 중심이며, 상대 포지션 각각의 장단점을 인식해야 한다(Rogers, 1961). 윌버Wilbur의 2001년 철학인 '경계 없음'은 이 시점에서 팀 코치의 작업에 영향을 미치며, 이러한 차이점들이 팀원들이 함께 생각하고 배우는 능력에 어떤 영향을 미치는지, 나아가 팀원들이 반대 의견과 고착된 관점을 느슨하게 하는 데 도움이 되는지를 인정한다. 실제로 이러한 역동 관계는 주요 업무 자체가 경합될 때 발생할 가능성이 높다. 고등교육의 한 예를 들면, 학술 단체의 주요 업무가 교육인지 연구인지에 대해 팀들이 동의를 끌어내려고 고군분투할 때 발생할 수 있다.

이러한 역동 속에서 팀 코치의 목적은 팀원들이 각 극pole을 탐색하고 포용하며 변화를 가져오는 대화 공간을 만드는 데 도움을 주는 것이다. 팀 코치에게 이 일은 고도의 자기 반영적 인식과 호기심이 요구된다. 이는 지속해서 개인과 전문적 개발에 대한 헌신을 요구하는 복잡한 기술이며 수퍼비전을 포함한 성찰적 관행의 개발을 통해 가장 잘 달성된다.

대화

팀과 함께 대화dialogue와 탐구 기술을 키우는 것은 팀 코치가 집단적 사고 환경과 변혁적 대화를 할 수 있는 공간을 조성할 때 중요하게 여기는 부분이다.

토론과 달리 대화는 경청과 방해하지 않는 것을 배우는 것이다. 팀 학습 도구로써 대화를 도입하는 것이 팀 코치의 업무 가운데 하나다. 대화 프로토콜에는 모든 사람이 자신의 목소리를 들을 수 있는 기회를 갖게 함으로써 생각의 차이와 다양성이 나타나게 하는 내용이 담겨 있다. 대화가 사고과정을 느리게 해 사고 환경을 넓힌다. 이러한 동적 프로세스를 구성하고 유지하는 것은 팀 코칭이 일대일 코칭과 크게 다르고 최대의 보상을 약속하는 부분이다.

감사appreciation와 질문inquiry은 중요한 대화 기술이며, 클라인Kline의 '생각할 시간time to think council'(2009, p.228)은 팀 코치에게 유용한 개념을 제공한다. 원의 사용에 대한 클라인의 지지와 그것을 마법의 원으로 묘사하는 것은 이 작업이 중요하다는 신호이며 대화와 평화 중개를 위해 원을 성공적으로 사용한 전통 공동체의 이야기에 기반을 둔다. 토킹 스틱talking sticks과 같은 도구들은 경청을 지원하고 방해받지 않는 등 규칙을 부드럽게 시행하기 위해 사용되어 팀이 대화의 규율을 배우는 데 도움을 줄 수 있다.

대화를 통해 코치는 팀이 대화를 배울 수 있는 안전한 공간을 만든다. 이를 위해 우선 팀 구성원들을 안심시켜야 하는데, 코칭 관계와 코칭 과제에 대한 불안감을 없애는 것이 도움이 된다. 이는 코치와 팀 간 긍정적인 관계를 형성하는 데도 도움이 된다. 코칭 관계가 시작되고 팀 코칭 세션이 시작될 때 코치는 각 팀원을 '체크인'하도록 초대할 수 있다. '체크인'을 통해 팀원들은 자신의 기분, 가정이나 직장에서 일어나는 다른 일 때문에 정신이 산만해진 경우, 회의에 참석하기 위해 어떤 여정을 보냈는지, 코칭 세션에서 무엇을 기대하는지 등을 공유할 수 있다. 그룹 및 팀 프로세스에 대한 이러한 초점은 팀원들이 더 힘든 작업이 진행되기 전에 관계적이고 감정적인 수준에서 서로 연결할 수 있도록 도와준다. 마찬가지로 '이 그룹의 문제점은 무엇인가?'라고 묻는 대신 '이 팀이 잘하는 것이 무엇인가?'와 같이 더 긍정적으로 구성된 질문은 효과적인 코칭 관계의 토대를 마련한다. 팀 내에서 그리고 코치와의 관계에서 신뢰를 쌓으며, 나중에 팀 코칭 세션에서 코치가 더 어려운 문제를 탐색할 수 있도록 지원한다.

팀 역동과 대화를 통해 작업하려면 코치가 자신의 그림자가 자신의 작업에 영향을 미칠 가능성을 인식해야 한다(De Haan & Kasozi, 2014). 이것은 양극성을 다룰 때 특히 중요하다. 로완Rowan(1981)은 이를 '반대자들의 상호 의존성'이라고 표현하며 '나는 내 미움을 이해하는 순간 내 사랑을 진정으로 이해한다'라고 했다. 따라서 팀 코치의 반영적이고 성찰적인 연습의 중요한 측면은 이러한 상황이 발생하거나 발생할 수 있는 시점을 인지하고 감지하는 것이다. 쇤Schön(1983)의 경우 '성찰'을 통해 이를 달성하고, 셀비니Selvini(1980)의 경우 팀과 함께 일할 때 '중립성'을 유지함으로써 '모두와 아무도'에 동시에 정렬된다. 앞서 인정했듯이, 이러한 높은 수준의 스킬은 팀 코치의 지속적인 전문성 개발을 요구한다.

팀 학습에 미치는 영향

팀이 효과적으로 배우고 수행할 수 있는 능력은 의심할 여지없이 복잡하며, 배움의 잠재력은 갈등 없는 관계를 구축할 때 불안과 어려움으로 방해를 받는다. 그 결과, 스콧 펙Scott Peck(1987)은 인간은 집단 속에서 진정으로 깊은 관계를 쌓는 것을 꺼리는 경향이 있으며, 피상적인 수준으로 유지하는 것을 선호한다고 주장한다. 그는 학습은 개인의 선입견을 버리고 다른 관점이 들어올 수 있는 여지를 주는 능력에 의해 제한되며, 이것이 대화와 옹호, 탐구가 팀 코칭 업무에 매우 중요한 이유라고 제안한다.

학습은 시스템 내의 피드백을 통해서도 발생한다(Bateson, 1972). 로사다Losada와 헤피Heaphy(2004)는 비선형 역동에서 연결성의 강도는 수학적으로 팀에서 경험한 긍정과 부정 담화, 그리고 피드백 비율과 연관되어 있다고 말한다. 의미심장하게도 이것은 피드백이 팀 성과에 직접적인 영향을 미치며 부정적인 피드백이 더 많이 발생하여 성과가 좋지 않음을 예측하고 그 반대의 경우도 마찬가지임을 시사한다. 로사다의 초기 연구는 세 가지 양극적 차원(긍정과 부정, 탐구와 옹호 그리고 자신과 타인)을 사용하여 연간 전략을 수립하는 팀들의 구두 커뮤니케이션을 코드화했는데, 각 측면은 서로 다른 정서 공간을 생성해 효과적이고 높은 성과를 내는 데 영향을 미친다. 그들은 변화에 적응하고 복잡한 환경을 다루는 조직의 능력을 특징 짓는 것은 긍정적 피드백 프로세스와 부정적 피드백 프로세스 사이의 상호작용이라고 제안한다. 로사다와 헤피의 지적처럼 각 구성원의 기여가 독려되는 긍정의 힘을 살려 팀들이 해방되는 새로운 질서를 공략할 수 있게 돕는 것이 과제이다.

대인관계 행동과 팀 역동

슈츠Schutz(1958)는 코치가 팀 구성원들 사이의 포용inclusion, 통제, 애정의 상호작용을 탐구할 수 있는 대인 역동 이론을 제시한다. 이러한 요소들은 팀 코치가 배워야 할 원시적인 인간의 욕구를 나타낸다. 팀 구성원 개개인의 경우, 포용은 다음과 같은 질문을 요구한다. "나는 참가할 것인가 아니면 빠질 것인가?" 팀 코치의 경우, 팀 내에서 자신의 위치에 대한 개인의 생각을 이해하는 것이 작업에 대한 참여(또는 부족)를 설명하고 일부 개인이 그룹 내에서 가장자리에 있거나 그룹 밖에서 일하는 이유를 설명하는 데 도움이 될 수 있다. 나아가 팀과 더 넓은 시스템에서 누가 작업을 제어할 수 있는지 발견하는 것도 코치가 팀의 역동 관계를 더 완벽하게 이해하는 데 도움이 된다. 게다가 한 팀에서 애정이 어떻게 교환되거나 보류되는지에 관심을 기울이는 것은 개인들이 어떻게 느끼고 행동하는지 빛을 비춰줄 수 있다.

감정과 정서는 효과적인 팀워크에 큰 역할을 하며, 숨겨져 있지만 우리가 사회적 존재로서 생존과 진화하는 능력을 연마하게 한다. 스턴Stern(2004)은 이러한 생존 능력이 인간 신경계가 사회 집단에 있을 때 공통의 '존재감'을 발달시킬 수 있게 했다고 주장한다. 이는 팀원들 사이에 표출된 깊이 있는 이슈에 대한 대응으로 팀 역동에서 공유된 감정이 나타나는 팀 코칭의 특징이다. 이 데이터에 대한 우리의 깊은 인식은 팀 코칭 연습에 강력한 도구를 제공한다.

팀 코치의 과제는 이러한 문제를 탐색할 수 있도록 그룹을 유지하고 구성원들의 보안security과 위험의 균형을 맞추는 것이다. 손튼(2010)에 따르면 위험과 보안의 균형은 모든 코칭의 근간이라고 한다. 중요한 것은 팀 코치의 학습과 개발에는 안전하고 포괄적인 학습 공간을 효과적으로 지원하기 위해 정서 영역과 함께 일하는 것을 포함해야 한다는 점이다.

팀 코칭을 위한 프레임워크

이론적 프레임워크와 지침은 팀 코칭 실천에 엄격함을 제공할 수 있다. 그러한 두 가지 프레임워크는 시스템 이론과 행동 연구이다.

시스템 이론과 시스템 프랙티스

코칭에서 시스템 이론의 적용은 가족 치료사의 작업으로 알 수 있다. 팀의 한 형태인 가족은 스스로 조직할 수 있는 '살아있는 시스템'이라는 믿음이다. 시스템 이론은 시스템과 시스템 내 사람들 사이의 관계에 초점을 맞춘다. 시스템 이론은 시스템 내의 모든 요소가 서로 연결되어 있고 변화를 방해하기보다는 도움을 받도록 조정이 필요하므로 개별 또는 시스템의 한 부분을 단독으로 변경하려고 시도하더라도 '문제'가 해결되지 않을 것이라고 인식한다. '악의 문화'가 존재하고 특정 개인을 '문제'로 간주하는 조직에서는 관계의 역동성이 간과된다. 변화가 일어나려면, 사람들은 더 넓은 시스템적 관점이 최선일 것이라는 전망을 믿거나 받아들여야 한다.

셀비니(1980)는 가족 치료 세션의 진행자를 위한 세 가지 지침을 제시했다. (1) 가설hypothesising, (2) 순환성circularity, (3) 중립성neutrality. 이와 같은 지침은 팀 코치에게도 실천할 수 있는 프레임워크를 제공한다.

1. **가설**은 먼저 문제가 무엇인지 발견한 다음 관계와 그 역동 관계를 이해하는 것과 관련이 있다. 가설은 팀 구성원들이 시스템에서 일어나는 일에 대해 제공할 수 있는 생각이나 설명이 어떤 실질을 가지고 있는지 시험하거나 확인하기 위해 잠정적으로 사용되는 도구이다.
2. **순환성**은 시스템의 피드백과 관련이 있으며 학습의 사이버네틱cybernetic 이론에 뿌리를 두

고 있다. 순환 질문 기법은 시스템 내에서 조회를 용이하게 하고 사고와 학습의 공간을 만든다. 예를 들어, 가족이나 팀원이 했던 말을 되새기는 것이다. 또 다른 예는 가상의 질문, 즉 '만약 x가 여기 있다면 그들은 이 문제에 대해 뭐라고 말할까?'이다.

3. **중립성**은 팀 코치가 팀 구성원과 시스템에 어떻게 관여하는지에 관한 것이다. 중립은 견해를 가지지 않거나 단순히 객관적인 것이 아니라, 세션의 지휘자가 가족(팀) 구성원들과 더 넓은 체계에 어떻게 정렬하는지와 관련이 있으며, 셀비니(1980)의 '모든 사람과 아무도 동시에 정렬하지 말라'는 권고에 더 가깝다.

실행 연구 action research

실행 연구 또한 팀 코칭에 맞게 조정될 수 있는 프레임워크를 제공한다. 실행 연구는 팀 개발이 핵심 과제인 조직 개발(Holbeche & Cheung-Judge, 2011)의 동반자이다. 실행 연구는 변화를 촉진하기 위해 조직 시스템에 개입하기 위한 시스템적 프레임워크를 제공한다. 그것은 발달과 변화의 단계를 뒷받침할 수 있는 실행과 성찰의 주기에 의해 구별된다.

'참여 원칙 participatory principle'은 실행 연구의 핵심이다(Reason, 1994). 이는 컨설턴트가 전문가가 아니라 팀과 조직의 사람들이라는 것을 받아들이는 셰인의 '프로세스 컨설팅' 접근법(1997)과 일치한다. 그가 옹호하는 프로세스 접근 방식은 팀 코치의 책임과 집중과 일치하며, 팀 코치는 협업 작업 및 질의 과정을 통해 팀이 수행 작업을 책임지도록 보장한다.

'일반 경험적 방법 general empirical method'(Couglan & Brannick, 2014)은 팀 코치에게 상황 설정부터 시작하여 작업 수행을 위한 조직 프레임워크를 제공한다. 이는 코칭 개요를 설명하고 개입이 이루어지는 기관의 맥락을 이해하는 데 중요하다.

일단 맥락이 확립되면, 주기의 첫 번째 단계는 개입을 위한 구성이나 계획이다. 참여 원칙을 바탕으로 팀 코치는 팀이 이 프로세스를 주도하도록 장려하여 다른 주요 이해관계자의 의견을 수렴함으로써 시스템 전체에 걸쳐 공통된 목적 의식을 촉진한다. 이 과정 단계에서는 코칭 계약을 강화하고 명확히 할 수 있는 기회도 제공한다.

그 다음에는 계획된 개입이 뒤따르는데, 여기서 본래의 팀 코칭 작업으로 들어간다. 팀은 성과 과제, 개선사항 또는 변화를 달성할 책임이 있고 팀 코치는 팀 역동성과 함께 작업하는 과정을 책임진다. 주기의 마지막 부분은 모든 당사자가 진행 상황을 반영할 수 있는 기회를 제공하고, 이 반영은 후속 개입(조치)의 반복에 대한 개선 사항을 알려주는 검토 및 평가 과정과 관련이 있다. 팀 코치에게 평가는 프로젝트 목표와 프로세스 개입 사이를 왔다 갔다 하며 진행 상황을 표시하고 다음 실행 연구 사이클과 작업 단계로 이동하는 지속적인 프로세스 역할을 한다.

번즈Burnes(2004)는, 레윈Lewin이 변화에 대한 계획된 접근법에 기여한 바를 재평가하면서, 레빈이 통합 접근법으로 계획된 변화를 위한 3단계 모델을 의도했다고 주장한다. 그는 3단계 모델에 대한 비판, 예를 들어 오늘날 조직이 발견하는 복잡성에 비해 지나치게 단순하다는 비판은 이러한 중요한 사실을 놓치고 있다고 주장한다. 간단히 말해서, 현장 이론은 변화에 대항하는 변화와 구속력이 있다는 것을 인식하고 있으며, 이 두 가지 모두 집단 환경에 영향을 미친다. 비즈니스에서는 브렉시트Brexit 등 외부 비즈니스 환경 변화가 업무 조직 방식, 팀 차원에서는 팀이 다르게 일하고 행동해야 하는 방식에 변화가 필요하다는 신호탄이 될 수 있다. 그러나 행동 변화는 느린 프로세스인 경향이 있으며, 팀원들이 변화(저항)를 꺼릴 수 있다. 레윈 (1951)은 집단 생활의 리듬을 설명하기 위해 '준-정적 평형 상태quasi-stationary equilibrium'(역자 주: '매우 천천히 변하여' 각 순간마다 '평형상태'로 간주할 수 있는 이상적인 과정)라는 용어를 사용했다. 레윈의 3단계 모델 첫 번째 단계는 이 평형 상태, 즉 일시적으로 정지된 상태를 인식한다. 그러나 변화가 이러한 리듬과 일상에 지장을 줄 때, 오래된 일상과 행동은 '해빙unfrozen'이 필요하다. 그러나 원하는 변경 사항이 적용되면 새로운 일상과 행동을 수립해야 한다. 이 단계는 레윈의 모델에서 '재동결re-freeze'로 설명한다. 계획된 변화에 대한 레윈의 광범위한 기여에 대한 이해를 공유하는 것은 팀 코치가 수행해야 할 작업을 설명하는 데 도움이 될 수 있다. 이 모델은 변화 과정을 설명하는 데 도움이 될 수 있으며, 팀이 빠르게 발전하는 운영 환경에서 성과 과제를 효과적으로 달성하기 위해 어떻게, 어떤 행동이나 작업 방식이 변경되어야 하는지를 파악하는 데 도움이 될 수 있다.

기본적으로 시스템 이론과 실행 연구는 모두 인간의 탐구 과정이다. 합의된 목표를 향한 조사, 학습과 변화의 여정으로 팀을 이끄는 구조를 제공한다. 이러한 프레임워크는 팀 코칭의 개입 목적과 과정의 투명성을 촉진하며, 여기에는 작업의 구성과 평가에서 시스템의 모든 구성원 의견을 수렴하여 변화 가능성과 지속성을 높인다.

결론: 팀 코치가 되기 위한 학습 과정

팀 코칭은 훈련, 교육과 개발이 필요하며 이 장에서 핵심으로 식별된 전문 지식과 프랙티스의 특정 영역을 다룰 수 있다. 팀 코치가 되는 것은 기본으로 돌아가서 팀을 만드는 것, 팀을 효과적으로 만드는 것과 팀 구성원이 되는 것이 어떤 느낌인지에 대한 기본을 다시 살펴보는 것을 포함한다. 학습 과정의 핵심 부분은 팀 역동과 팀 역동 관계를 잘 이해하는 것이다. 팀 코칭을 위한 경험적 학습은 연습생 팀 코치가 팀에 있는 것이 어떤 감정인지를 상기시키는 데 도움이 된다. 이를 위해서는 일대일 코치와 코치 지망생의 심리 개발 여정이 필요하다. 팀 코치를 위한 여정은 컨설팅 그룹, 동료 및 튜터 수퍼비전, 성찰적인 연습과 작문을 통해 효과적으로 지원할 수 있다. 더욱이 조직 학습에서 코칭 심리학, 시스템적 사고와 프랙티스에 이르기까지 다양한 레퍼토리에 걸쳐 이론과 프랙티스를 연결하는 통합적인 발전적 접근은 효율적인 팀 코치가 되기 위해 필수적이다.

필자의 경우도 평생 배우면서 조직 학습과 변화를 통해 팀 코치가 되는 여정을 알게 되었고, 최근에는 경험적 학습 요소가 강한 팀 코칭 프로그램에 참여하는 경험을 통해 더욱 강화되었다.

지식과 기술 외에도, 팀 코치는 반성적이고 성찰적인 실무자가 되는 법을 배워야 하며, 따라서 자기 인식과 정서지능에 대한 역량을 확장해야 한다. 여기에는 로완^{Rowan}(2001)이 말하는 '성숙한 자아$^{mature\ ego}$'를 개발하는 심리적 여정이 수반되는데, 이 과정에서 코치는 자신의 방어적인 일상을 인식하고 놓을 수 있다. 또 팀 코칭이라는 임무가 탈선하는 것을 방지하기 위해 코치에게 투사될 수 있는 팀원들의 어려운 감정을 관리할 수 있는 개인적 회복 능력의 증대가 필요하다.

마지막으로, 시스템적 실천과 행동 연구의 방법론적 프레임워크는 팀 코칭 실천을 위한 지침과 업무를 조직화하고 반영하기 위한 구조를 제공할 수 있다.

참고문헌

Bateson, G. (1972). *Steps to an ecology of mind*. Chicago: University of Chicago Press. 『마음의 생태학』 박대식 역, 책세상. 2006.

Bion, W. (1961). *Experiences in groups*. London, England: Tavistock. 『집단에서의 경험』 현준 역, NUN. 2015.

Burnes, B. (2004). Kurt Lewin and the planned approach to change: A re-appraisal. *Journal of Management Studies*, 41(6), 977-1022.

Clutterbuck, D. (2009). *Coaching the team at work*. London, England: Nicholas Brealey.

Coughlan, D., & Brannick, T. (2014). *Doing action research in your own organisation*. London, England: Sage.

De Haan, E., & Kasozi, A. (2014). *The leadership shadow: How to recognize and avoid derailment, hubris and overdrive*. London, England: Kogan Page.
Glunk, U., & Follini, B. (2011). Polarities in executive coaching. *Journal of Management Development, 30*(2), 222–230.
Holbeche, L., & Cheung-Judge, M. Y. (2011). *Organisation development: A practitioners guide to OD and HR* (2nd edn). London, England: Kogan Page.
Huczynski, A., & Buchanan, D. (1985). *Organizational behaviour: An introductory text* (2nd ed.). Upper Saddle River, NJ: Prentice Hall.
Kline, N. (2009). *More time to think: A way of being IN the world*. Wharfedale, England: Fisher King.
Leale, M. R. M. (1982). Resistances and the group analytic process. *Group Analysis, 15*(2), 97–110.
Lewin, K. (1951). *Field theory in social science: Selected theoretical papers*. D. Cartwright (Ed.). New York, NY: Harper.
Losada, M., & Heaphy, E. (2004). The role of positivity and connectivity in performance of business teams: A nonlinear dynamics model. *American Behavioural Scientist, 47*, 740.
Reason, P. (Ed.). (1994). *Participation in human inquiry*. London, England: Sage.
Rogers, C. (1961). *On becoming a person*. Boston: Houghton Mifflin.
Rowan, J. (1981). On making sense. In P. Reason & J. Rowan (Eds.), *Human inquiry: A source book of new paradigm research* (pp. 113–140). Chichester, England: John Wiley & Sons, Ltd.
Rowan, J. (2001). The humanistic approach to action research. In P. Reason & H. Bradbury (Eds.), *The handbook of action research: Participative inquiry and practice* (pp. 114–123). London, England: Sage.
Schein, E. H. (1997). The concept of "client" from a process consultation perspective: A guide for change agents. *Journal of Organizational Change Management, 10*(3), 202–216.
Schein, E. H. (2010). *Culture and leadership* (4th edn). San Francisco, CA: Jossey-Bass.
Schippers, M. C., West, M. A., & Dawson, J. F. (2015). Team reflexivity and innovation: The moderating role of team context. *Journal of Management, 41*(3), 769–788.
Schön, D. (1983). *The reflective practitioner*. New York, NY: Basic Books.
Schön, D. (1987). *Educating the reflective practitioner*. San Francisco: Jossey-Bass.
Schutz, W. C. (1958). *FIRO: A three dimensional theory of interpersonal behaviour*. Oxford, England: Rinehart.
Scott Peck, M. (1987). *The different drum: The creation of true community – the first step to world peace*. London, England: Arrow.
Selvini, M. (1980). Hypothesizing, circularity and neutrality: Three guidelines for the conductor of the session. *Family Process, 19*(1), 3–12.
Senge, P. (1990). *The fifth discipline: The art and practice of the learning organisation*. London, England: Doubleday/Bantam.
Sills, C, (2012). The coaching contract –A mutual commitment. In E. de Haan and C. Sills (Eds.), *Coaching relationships: The relational coaching field book*. London, England: Libri.
Skinner, D. (2012). Outside forces in the coaching room: How to work with multiparty contracts. In E. de Haan & C. Sills (Eds), *Coaching relationships: The relational coaching fieldbook* (pp. 111–125). Farringdon, England: Libri.
Smith, K. K., & Berg, D. N. (1997). *Paradoxes of group life*. London, England: Wiley.
Stern, D. N. (2004). *The present moment in psychotherapy and everyday life*. New York, NY: Norton.
Thornton, C. (2010). *Group and team coaching: The essential guide*. New York, NY: Routledge.
Tuckman, B. W. (1965). Developmental sequence in small groups. *Psychological Bulletin, 63*, 384–399.
West, M. A. (2012). *Effective teamwork: Practical lessons from organizational research* (3rd edn). Oxford: Blackwell.
Whittaker, D. S., & Lieberman, M. A. (1964). *Psychotherapy through the group process*. Oxford, England Atherton Press.
Wilbur, K. (2001). *No boundary: Eastern and Western approaches to personal growth*. Boston, MA: Shambala. 『무경계: 나는 누구인가에 관한 동서고금의 통합적 접근』 김철수 역, 정신세계사. 2012.

4부

새로운 전망

27장. 팀 리더는 팀 코칭과 팀 개발을 어떻게 도울 수 있을까?

저자: 수 폰타나즈 Sue Fontannaz

역자: 우성희

서문

이 장의 목적은 팀 리더의 팀 코칭 프로세스와 팀 개발을 지원하는 팀 리더의 역할을 알아보는 것이다. 이 장에서는 28년 동안의 팀 리더십과 코칭 경험 그리고 팀 리더십 개발을 지원하는 코칭 역할에 관한 최근 박사 연구 논문을 바탕으로 설명한다. 이 장의 목적상 팀 리더는 고위 경영진에게 보고하는 역할을 하기 때문에 매일 팀의 활동에 관여하는 동시에 조직 안에서 이해관계자와 코칭 스폰서 네트워크와 협력하며 코칭을 지원해야 한다. 팀과 팀 리더십의 연관성을 높이는 몇 가지 배경을 제공하여 토론을 진행하고 팀 코칭에서 팀 리더의 연관성을 보여준다. 이 장에서는 팀 웰빙, 팀 개발, 팀 성과 사이에 균형을 잡아야 하는 팀 리더의 외줄타기 tightrope walker 역할에 관한 설명이 이어진다. 또 팀 리더는 코칭을 옹호하는 역할을 하고, 팀 코치가 팀 역동과 조직 문화와 관련된 복잡성을 탐색하는 것을 돕는 역할도 할 수 있다.

새로운 코칭 문화를 창조해내는 팀 리더의 역할 역시 추가할 수 있다. 팀 리더는 또한 팀 코칭을 할 수도 있는데, 이 역할은 학습과 개발에서 높은 성장 영역으로 알려져 있다. 현장 관리

수 폰타나즈 Sue Fontannaz: 팀 기반 조직 설계의 선도적인 글로벌 과제를 해결하기 위해 연구, 이론과 실천을 통합하는 데 전념하는 연구 전문가이다. 수는 조직 내 코칭 문화를 장려하기 위한 리더십과 팀 코칭에 중점을 두고 개인 개발과 팀 성과를 조율하는 데 주력하고 있다.

자line managers 또는 동료 코칭은 공인 인재개발 기관Chartered Institute of Personnel Development(CIPD)에 의해 상위 세 가지 학습과 개발 관행 가운데 하나로 알려져 있으며, 조사 대상 조직의 65%가 향후 2년간의 성장을 예측한다(CIPD, 2015). 코치로서 팀 리더의 신규 역할은 2016년 국제코칭연맹ICF의 글로벌 코칭 연구에서 최초로 코칭 프랙티셔너의 정의가 확장되었다. 조직에서 코칭 스킬과 접근 방식을 접목하는 관리자와 리더를 포함했다. 이 조사에 따르면 5만 3,000명의 전문 코칭 프랙티셔너와 1만 900명의 관리자/리더들이 코칭 스킬을 사용하고 있다.

학자들이 코칭을 중요한 리더십 능력(Grant & Hartley, 2016; Hackman & Wageman, 2005)으로 여기지만 코칭과 팀 리더십을 통합하는 데에는 어려움이 있다. 웨이먼Wageman, 해크먼Hackman과 리먼Lehman(2004)은 팀 전체의 코칭이 팀 리더십 과정의 마지막 단계에 이루어짐을 알았다. 이는 리더가 팀 리더십의 다른 면들보다 팀 코칭에 덜 집중하고 있음을 보여주는데, 팀 리더가 코칭의 잠재적 이익을 과소평가하거나 코칭 스킬이 없기 때문일 수 있다. 또 팀 리더가 시간을 두고 경쟁하는 우선순위에 밀려 팀을 코칭하는 능력이 제한될 수도 있다. 비티Beatie, 김Kim, 하겐Hagen, 이건Egan, 엘링거Ellinger와 햄린Hamlin(2014)은 팀 코칭에서 관리자는 팀원들 사이의 역동을 관리해야 해서 가장 어려울 수 있다고 말한다. 이해관계의 충돌이나 비밀 유지 문제에 관한 이슈가 있어서 코치로서 관리자의 실효성에 대한 의문이 제기된다(Wheeler, 2011). 이러한 이유로 이 장에서는 팀 리더가 외부 코치에 의한 팀 코칭을 어떻게 도울 수 있을지에 논의의 중점을 둔다.

팀과 팀 리더십에 관한 중점에 대해

애자일agile 팀 중심 모델이 전통적인 계층적 조직 구조를 대체하는 근본적인 변화가 일어나고 있다. 140개국의 1만 명이 넘는 인사 관리자human resources(HR)와 비즈니스 리더를 대상으로 실행한 글로벌 연구에서, 2017년도 주요 HR 과제는 팀 중심의 조직 설계로 전환하는 것이었다. 이 과제는 98%의 조직이 민첩성agility을 '중요함' 또는 '매우 중요함'으로 생각하며 2년연속 1위를 차지했다(Malley, 2017, p.7). 팀 기반 조직 설계로의 변화는 팀 리더십에 더 중점을 둘 필요가 있음을 나타내지만, 개별 리더 중심의 구조부터 팀 내에서 비공식적으로 나타나는 분산된 공유 리더십까지 다양한 팀 리더십 모델이 존재한다. 공유 리더십은 피어스Pearce와 콩거Conger(2003, P.1)가 '그룹이나 조직의 목표 달성을 위해 서로 이끄는 것을 목적으로 하는 개인들 사이의 역동적이고 상호적인 영향 프로세스'라고 정의했다. 이러한 관점을 바탕으로, 페어허스트Fairhurst와 그랜트Grant(2010, P.172)는 리더십은 공동으로 설계되고 '지명된 리더든 새로운 리더든designated or emergent leaders 리더십 행위자 사이의 복잡한 상호작용을 통해 지속해서 협상'된다고 말한다. 바넷Barnett과 바이덴펠러Weidenfeller(2016)는 조직이 팀 중심 설계로 전환되면서 공유 리더십에 대한 관심이 높아지고 있음을 발견했다.

팀 중심 모델을 지향하는 추세 속에서 팀이 효과적으로 기능하려면 여전히 공식적인 체계가 필요하다. 2016년 스와츠Swartz, 보달-슈피겔호프Bohdal-Spiegelhoff, 그레치코Gretczko와 슬론Sloan(2016)은 89%의 회사들이 공식적인 리더십을 '중요함' 또는 '매우 중요함'으로 여긴다는 것을 밝혀냈다(2015년 87%에서 증가). 또 팀 성과에서 리더 행동의 중요성을 강조하는 조직 관련 연구도 증가하고 있다(DeRue, Nahrgang, Wellman & Humphrey, 2011; Druskat & Wheeler, 2003; Zaccaro, Rittman & Marks, 2001). 계층적 리더십과 공유 리더십 모델의 존재는 팀 코칭의 복잡성을 보여준다. 이 복잡성은 팀 리더들이 팀에 참여하기 전에 팀의 어느 맥락에서 리더십이 자리잡고 있는지를 이해하기 위해 참여하는 팀 코치와 팀 리더의 연관성을 강조한다. 게다가 팀 리더의 역할이 조직적인 맥락에서 영향력이 있는 것으로 인지되는 반면에 팀 코칭에 관한 연구에서 대부분 무시되어 왔다.

팀 코칭 저자들(Clutterbuck, 2007; Hackman & Wageman, 2005; Hawkins, 2011; Thornton, 2010)은 팀 코칭에서 영향력을 발휘하는 팀 리더의 역할을 인식해왔으나, 어떻게 팀 리더가 코칭이나 광범위한 팀 개발 과정에서 영향력을 발휘하는지에 관해서는 명확하지 않다. 이 장에서는 실제 경험과 현재 발간된 박사 연구 논문을 바탕으로 팀 코칭 지원과 관련된 다양한 팀 리더의 역할을 제시한다. 이 장은 도구적 사례연구instrumental case study에 의존하며 해석주의적, 구성주의적 이론 관점에서 정보를 얻는데, 이러한 관점은 팀 코칭에 대한 근거 기반의 기여와 다양한 관점을 모두 고려하였다. 세계적인 요트 경주A global sailing race는 코칭 연구와 팀 리더십 개발에 대한 새로운 맥락을 제시했으며, 데이Day, 고든Gordon과 핑크Fink(2012)는 스포츠 상황에서 복잡한 조직적 현상을 연구했다. 리더십과 팀 코칭을 활용하여 팀 성과에 기여할 수 있는 팀 리더십을 개발했다. 사례 연구는 사회적으로 동적 맥락을 단순화하고 확대했다. 선장, 팀원, 외부 코칭 팀과 경주 조직 팀 등을 포함한 다양한 수준의 50명 참가자들을 대상으로 반구조적 인터뷰를 진행했다. 데이터 분석에는 인터뷰의 주제별 분석이 포함되었으며, 경기 시작부터 끝까지 선장의 일일 블로그를 검토하였다. 선장에서 더 넓은 팀으로 리더십이 이동됨에 따라 팀 리더십 개발의 시간적 관점을 제공하기 위함이었다. 이러한 맥락에서,

선장은 톤tone을 설정하는 데 영향력이 있는 것으로 인식되었다. 게다가 팀 리더십은 경주가 지속될수록 공유 리더십으로 나타났다. 이 공유 리더십은 선장이 팀 내에서 코칭 문화를 촉진한 고성과 팀에서 더 뚜렷했다. 연구에서 보이듯이, 팀 리더가 팀 코칭 프로세스와 팀 전체에 대한 팀 리더십 개발을 돕는 다양한 역할에 관한 여러 관점이 나타난다. 이런 관점은 팀 코칭과 팀 개발에서 팀 리더 역할의 복잡함을 보여준다. 이러한 역할은 또한 자기 관리와 팀 리더십과 관련 있는 것으로 여겨지며 이런 맥락으로 팀 전체에 분산될 수 있다. 이 논의의 목적은 팀 코칭을 위한 추가적인 논쟁과 팀 리더의 특정 역할에 관한 연구를 촉구하는 데 있다.

팀 웰빙, 팀 개발, 팀 성과 간 외줄타기 역할자로의 팀 리더

리더는 팀과 더 넓은 조직 사이에 위치하고 있다. 따라서 팀 리더는 팀의 웰빙과 개발, 조직의 지속 가능성과 성장 사이의 균형을 유지해야 한다. 사례연구는 개발과 성과의 연관성을 강조했다. 고성과 팀은 지속적인 성과를 위해 이러한 균형을 꾸준히 관리했다. 그랜트Grant(2017, p.44)는 웰빙을 고려하지 않고 성과에 초점을 맞추면 사람들을 고통, 기능 장애 및 번아웃burn out(현대 조직에 너무 익숙하지만 의도치 않은 결과)으로 몰아넣을 위험이 있다고 경고했다. 우승에 대한 지나친 강조가 팀 성과를 어떻게 저해하는지 한 팀원은 다음과 같이 설명했다. "선장은 승리에 집착하게 되었고, 훨씬 더 강하게 밀어부치면서 일이 잘못되기 시작했다."

이전의 경주에서 승리한 선장에 대해 한 경주 감독은 다음과 같이 말한다. "그는 승리에 대해 올바른 방향과 균형을 제시하는 유일한 선장 가운데 한 명이고 팀원에게 좋은 경험과 성공을 주어 행복감을 유지시킨다."

만약 팀의 웰빙/개발 또는 팀 성과에 너무 집중되어 있다면, 코칭 프로세스와 팀 개발이 모두 저하된다. 고위 경영진이 코칭을 조직 성과를 방해하는 것으로 여기며 간과하는 반면에, 아마도 팀원들은 더 많은 성과를 짜 내기 위한 경영진의 시도로 받아들이기 쉽다. 팀의 웰빙과 성과에서 이러한 역설적 상황은 기능적 리더십functional leadership 접근으로 간주되며 이는 팀 리더십과 관련 있는 것으로 여겨진다(Kozlowski, Mak & Chao, 2016).

이러한 기류는 코칭의 다양한 성과에서도 존재하며, 이는 개발(Cox, 2013)과 웰빙well-being(Grant, 2013)에서부터 성과 중심(Tschannen-Moran, 2014)에까지 이른다. 사람들의 웰빙과 개발에 관한 관점은 팀 성과에 관한 업무 관점과 함께 균형을 이루어야 한다. 이러한 긴장은 팀 코칭에서 분명하며, 다른 학자들은 관계적 또는 프로세스 관점relational or process perspective에 집중한다(Lawrence & Whyte, 2017). 팀 리더는 팀 웰빙과 성과라는 상충되는 요구사항의 조절을 통한 외줄타기 역할을 통해 균형을 맞출 수 있다. 팀 개발과 웰빙 그리고 성과와 연계한 효과적인 프로세스로서 팀 코칭을 강조함으로써, 팀 리더는 이러한 균형적 행동 안에 내재된 긴장감을 해결하고 조직 전략을 맞추도록 해야 한다.

코칭 챔피언으로서 팀 리더

팀 리더는 외부 주주와 내부 팀원들과 코칭의 장점에 관해 소통함으로써 코칭 챔피언으로 행동할 수 있다. 고성과 팀의 선장은 팀 코칭을 장려할 필요성을 강조했다. "확실히 팀원들을 독려하고, '네'라고 말하게 하는 것은 좋은 아이디어이며, 이는 현재와 미래의 자기 자신은 물론 더 나아가 팀에도 이득이 된다."

팀 리더는 팀과 광범위한 조직 맥락에서 영향력을 발휘하는 것으로 여겨진다. 이러한 역할은 호주에서 진행한 36개 팀 코칭의 실증적 연구에서 확인된 것처럼 대부분 코치는 넓은 범위에서 체계적으로 접근하는 데에 집중하는 것을 발견했고 적절한 것으로 알려져 있다. 이러한 접근은 팀 밖에서 어떤 일이 일어나는지에 대한 고려이며 이는 조직에서 팀원과 타인 사이의 관계와 팀 역할에 따른 맥락을 포함한다(Lawrence & Whyte, 2017). 이러한 맥락 속에서 팀 리더는 주주와 다른 이해관계자들이 코칭에 참여할 수 있도록 지원하고 팀 코칭을 옹호하는 주요한 역할을 할 수 있다.

코칭은 유용한 것(Theeboom, Beersma & Van Vianen, 2013)으로 알려져 있는 반면에 코칭 실행 단계에서는 몇몇 회의론자들이 존재한다. 코칭의 인지도는 아마도 어떤 맥락에서는 초기 상태일 수 있고, 특히 결핍 기반 관점deficitbased perspective에서는 부정적으로 인식될 수 있다. 사례연구에서 경주 감독은 다음과 같이 부정적으로 표현했다.

> 코칭에 드는 복잡한 비용은 항상 걱정이 된다. 정말로 성취하거나 오랜 시간이 걸릴 수도 있어 일이 일어나기까지 나는 정말 알 수 없었다. 코칭에 관한 일반적인 생각은 문제 해결력이다. 나는 코칭이 무엇을 하는지 알 수 없음에 대한 걱정일 수 있으며, 하면 좋지만 코칭은 매우 비싸다고 생각한다.

미히오티스^{Mihiotis}와 아르지로^{Argirou}(2016, p.459)는 이러한 회의적 관점을 인식하고 "망설임과 오해를 줄여라^{diminishes second thoughts and misconceptions}."라는 생산적인 방식의 코칭을 제시했다. 팀 리더는 팀이 코칭에 참여할 수 있도록 독려하는 역할을 할 수 있으며, 코칭에 대한 팀의 기대감을 관리할 수 있다. 구체적으로 팀 리더는 외부 코치를 영입하여 팀 코칭에 참여하도록 독려하며, 팀의 코칭 기대감을 확실하게 하고, 코칭 성과를 높이고 팀 발달 과정으로 받아들일 수 있도록 돕는다. 팀 리더는 코칭의 장점을 팀 안에서 인지할 수 있도록 중요한 역할을 하며 이는 웰빙, 개발과 팀 성과를 포함한다. 그랜트^{Grant}(2017, p.44)는 웰빙을 평형 상태로 정의하는데 이는 "개인들에게 주어지는 자원은 도전적인 과제를 성취하는 데 충분하다."라고 말하며 기술과 역량 형태로 자원을 구축함으로써 개인의 웰빙에 기여하는 코칭의 발달 성향을 제시한다.

조직 성과에 대한 팀 개발과 웰빙을 조정함으로써, 팀 리더는 충분한 자원으로 팀 코칭을 지원하기 위해 외부 이해관계자에게 영향력을 발휘할 수 있다. 특히 팀 리더는 코칭에 충분한 시간이 할당되도록 고위 경영진에게 코칭의 이점을 전달할 수 있다. 코칭 시간은 우선순위가 필요하기에 팀은 성과 압박에 대한 경쟁 맥락 속에서 팀 발달에 집중하는 역량을 가지게 된다. 고위 경영진과의 이러한 약속이 없으면 팀 성과에만 초점이 맞춰질 위험이 있다. 고위 경영진에게 코칭의 장점을 설명함으로써, 팀 리더는 팀과 코치 모두를 지원할 수 있다. 팀 코칭을 옹호함으로써 팀 리더는 팀 발달을 돕는 코칭 프로세스에 참여하도록 독려한다.

방향 제시자로서의 팀 리더

팀 리더는 방향 제시자로서 코칭에 참여하는 기간에 외부 코치와 팀 모두에게 역할을 할 수 있다. 특정 맥락적 상황에 직면한 팀에 통찰을 제공함으로써, 팀 리더는 더 광범위한 조직적 맥락의 복잡함 속에서 팀 코칭에게 방향을 제시할 수 있다. 팀 리더는 또한 팀 내의 사회적 역학적인 관계에 대한 통찰을 제공할 수 있고, 이것은 어떻게 팀이 코치와 연계될 수 있는지에 대해 영향력을 발휘한다. 사례연구에서 예를 들어 코치는 코칭 기간에 팀 내의 긴장감을 인지한다: "갈등과 오래된 주제는 독특한 성격과 그것들이 전체 팀원에게 미치는 영향, 그리고 팀원들이 어떻게 대하는지를 알게 된다."

케츠 드 브리스^{Kets de Vries}, 플로랑 트레이시^{Florent-Treacy}와 코로토프^{Korotov}(2015)는 팀 코칭의 복잡

함을 더욱 잘 보여주는 팀 리더와 팀 사이의 참여를 통해서 종속성/독립성/상호 의존성 패턴의 범주를 확인했다. 이러한 참여 패턴과 팀 발달 과정은 팀 코치와 공유할 수 있다. 팀 리더는 또한 팀 코칭에 대한 인지도와 기대감에 대해 코치에게 조언해줄 수 있고 코칭 참여에 영향을 주는 어떤 과거 코칭 경험에 관해 논의할 수 있다. 경주 감독 가운데 한 명은 코칭에 대한 명확한 기대감이 없는 것에 대한 타격을 다음과 같이 말했다. "그들은 코칭이 만병통치약처럼 모든 문제에 대한 해결책으로 여기지만 실제 그렇지 않다. 그래서 다음번에는 참여도가 떨어진다."

팀 내 명확한 기대감이 부족하면 팀 개발에 참여하기를 꺼릴 수 있다. 팀 리더는 일상의 경험을 통해 배우기 위해 기회를 포착함으로써 팀의 방향 제시자 역할을 할 수 있다. 경험은 발달의 주요한 영향 요인으로 인지된다(DeRue & Wellman, 2009; Dewey, 1938; Knowles, 1968; Kolb, 1984, 2015; Piaget, 1970). 콜브Kolb(2015, p.37)는 아이디어는 '사고의 고정되고 불변하는 요소'가 아니며, 경험과 성찰을 통해 형성과 재형성되며, 이는 경험적 학습 주기를 초래한다고 인식했다. 학습 기회로써 과거 경험을 재구성함으로써(Barnson, 2014; Petriglieri, Wood & Petriglieri, 2011), 팀 리더는 코칭이 팀 상황과 팀 코칭 지원을 통한 균형 발달 과제와 관련이 있는지를 확인하고 팀 코치와 협력할 수 있다. 이러한 관점은 로렌스Lawrence와 화이트Whyte(2017)의 과제와 일치하며, 숙련된 팀 코치가 개발과 웰빙을 위해 도전과 지원의 균형을 유지하는 것을 인정한다.

팀 코칭 프로세스는 팀 리더십 문헌에서 자주 언급되는 공동 목표의 가정을 검토하는 데 더 많은 관심이 필요하다. 이 가정은 월리스Wallace(1970)의 작업을 인용한 드루DeRue(2011)에 의해 논박이 되는데 그는 상호 독립적인 목표 달성을 위해 개인들이 협력하고 참여해야 하는 것을 인지해야 사회 구조social structures가 나타난다고 제안했다. 한 구성원이 설명한 것처럼 사례 연구에는 사회적 역동성과 경쟁 의제에 대한 증거가 있었다. "우리 팀은 재난이었기에 코칭이 필요하다. 내전이 일어났으며, 사람들은 서로 화를 내고 아무도 서로를 이해하지 못했다."

팀 리더는, 사회적 역동성에 영향력을 주고 광범위한 조직 전략과 상호 의존적 목표를 일치시켜 팀 개발과 조직의 성과를 연결하고 팀 코칭 프로세스에서 팀의 이행과 참여를 장려한다. 더불어 팀 리더는 잠재적 문제를 인지하기 위해 팀과 지속해서 대화하며 이는 성과 기대와 팀 발달의 균형에서 나올 수 있는 부분으로 여정을 안내할 수 있다. 팀 리더는 또한 조직 성과를 위한 개발 전략으로 코칭을 적용하여 전통적 성과 경영 프로세스에서 전환할 수 있다. 팀 내부 코칭과 선장을 관리하는 경주 감독관은 다음과 같이 말한다.

그들의 성과 관리와 코칭에 대한 차이점은 … 잘 모르겠지만 … 선장의 성과 관리가 더 어렵고 특히 그들

> 이 멀리 떨어져 있을 때 … 나는 성과 관리 관점에서 코칭에 더 집중하는 경향이 있다.

이 발췌본은 균형적인 성과 관리와 코칭의 균형을 유지하는 문제를 강조하며 코치로서 팀 리더의 복잡성을 반영한다. 그랜트Grant(2017, p.43)는 3세대 코칭을 요구하는데, 이는 팀 리더의 코칭 민첩성을 개발하는 것이다. 강제적이고 엄격하며 시간 제약적 성과 리뷰 대화 모델과 상반되는 '성과와 개발 대화가 일상적 표본이 되는 대화 문화'를 생성하는 것을 말한다. 그랜트(2017, p.45)에 따르면, 코칭과 개발은 "비공식적 일상의 협력적 대화이며 이는 사람들이 업무에서 효과적으로 소통할 수 있으며 일상적인 업무를 잘 해나갈 수 있게 한다." 이러한 관점은 팀 리더의 지속적인 코칭이 일상적 경험과 거리를 두고 발생할 수 있는 전통적인 성과 관리보다 이로울 수 있음을 제시한다. 코칭과 성과 관리를 조정함으로써 팀 리더는 팀 개발과 조직 성과 사이에 존재하는 내재된 긴장을 해결할 수 있다. 게다가 팀 리더는 팀 코칭의 영향을 벤치마킹할 수 있으며 이는 팀 코치와 팀에 중요하다.

코칭 문화를 만드는 팀 리더

더 큰 협력과 사회적 학습과 함께 학습 문화를 만들어가는 변화가 일어나고 있다(CIPD, 2015). 햄린Hamlin, 엘린저Ellinger와 비티Beatie(2006)는 관리적 코칭 행동에 대한 실증적으로 메타분석을 했고, "효과적인 매니저와 경영진들은 그들 경영실무의 핵심에 효과적인 코칭을 포함시켰다."라고 했다. 이러한 관점은 호킨스Hawkins(2012)에 의해 알려졌는데 그는 조직에서 코칭 개입과 고과를 통합하는 '코칭 인프라coaching infrastructure'의 필요성을 설명한다.

앤더슨Anderson과 앤더슨Anderson(2005)은 관리 또는 리더십 스타일에서 통합 코칭을 요구했다. 팀 리더는 팀 학습을 지원하기 위해 코칭 문화를 만드는 중요한 역할을 할 수 있다. "코칭 문화는 이행, 지속성, 리더십에서 헌신을 요구한다."라고 주장한 린봄Lindbom(2007, p.102)은 코칭 문화를 만드는 데 리더십의 중요성을 강조한다. 보편적인 코칭 문화를 만드는 접근 방식은 매니저에게 코칭 기술을 훈련시키는 것이라고 린봄은 말한다. "연결성과 상황적으로 어지럽고 복잡한 사회 시스템"(P.80) 안에서 에반스Evans(2011)는 또한 조직에서 통합 코칭의 복잡함에 대한 문제를 제시하면서 주목했다. 그의 연구는 변화 관리와 통합 코칭에서 리더십의 중심적 역할을 강조한다.

반 뉘워부르크Van Nieuwerburgh와 패스모어Passmore(2012)는 학습을 위한 코칭 문화 조성을 탐구하고, 신뢰의 필수적 요소는 학습을 위한 코칭 문화를 개발하는 안전한 학습 환경의 통합 생성을 통해 배양된다고 주장했다. 버신Bersin과 어소시에이츠 엘엘씨Associates LLC(2011)는 또한 고성과 코칭 문화를 만드는 중요한 요소들을 확장하기 위해 좋은 환경을 생성하는 것이라고 확인했다. 이러한 연구는 조직 환경에 코칭을 안착하는 것의 복잡함과 코칭 문화 창조를 지원하는 팀 리더의 역할을 인식하는 것이다.

팀 코칭은 팀 리더가 조직에서 코칭 스킬을 개발하는 잠재력을 제공하며 이는 팀 안에서 코칭 문화를 장려한다. 팀 리더는 자신의 역량을 개발하기 위한 강력한 이행과 일상 경험을 통한 학습을 장려하는 코칭 스타일의 리더십을 이용하는 롤 모델이 될 수 있다. 호킨스(2011)는 팀 리더십 역할의 이중성을 확인했고 팀 코칭 모델인 5Cs를 제안했다. 이 모델은 팀 개발 과정에 맞춰 팀 리더십의 역동성을 보여준다. 팀이 발전하면서 팀 리더의 역할이 팀 코칭 스타일로 변화하고 있다. 사례연구에서 코치는 어떻게 코칭이 팀 리더에게 팀 내 리더십을 공유할 수 있을지에 대해 "힘과 영향력을 위임해서 어떻게 팀원들에게 그들이 물러난 것처럼 느끼지 않고 결정권을 줄 수 있을지에 대한 방법"이라고 말한다.

팀 리더는 코칭 스타일 리더십을 채택함으로써 팀의 웰빙과 성과를 높이는 중심적 역할을 할 수 있다. 사례연구는 이런 리더십 스타일이 공유 리더십의 등장과 팀 내에서 공유 리더십 과정을 지원하는 코칭 문화 형성을 촉진할 수 있음을 밝혔다.

집단 학습 육성자로서의 팀 리더

학습과 발달은 시간이 걸린다. 허스트Hirst, 만Mann, 베인Bain, 피롤라-멜로Pirola-Merlo 그리고 리치버Richver(2004)는 리더십 학습과 촉진적 리더십 행동 정립 사이의 기간을 4~8개월로 확인했다. 개발에 시간이 걸림에 따라 팀 리더는 코칭 참여 기간 또는 그 이후에 팀 발달을 도울 수 있다. 이런 관점에서 데이Day, 플리너Fleenor, 앳워터Atwater, 스텀Sturm 그리고 맥키McKee(2014)는 '일상적 리더십 활동을 통한 지속적 실행이 실질적 개발의 핵심'임을 인식했다(p.18).

팀 리더는 팀 코칭에서 조직적 맥락에 이르기까지 집단 학습의 전이를 장려할 수 있다. 탄넨바움Tannenbaum, 비어드Beard, 맥날McNall 그리고 살라스Salas(2010)는 이러한 전이의 연관성을 인식하고 팀이 비공식적 학습 기회를 이용하여 반드시 경험을 통한 학습으로 점점 능숙해져야 한다고 말한다. 저자들에 따르면, 이 전이는 배움에 대한 의식적 의도, 피드백 수집, 경험 반영 등을 요구한다. 그러나 저자들은 어떻게 팀이 이런 학습 민첩성을 개발하는지 탐구해보지 않았다. 팀 리더는 일상의 경험에서 얻는 집단 학습과 성찰을 장려하기 위해 육성자로서 행동하고, 팀의 새로운 존재 방식을 시행하도록 장려함으로써 팀을 지원할 수 있다. 사례연구는 선장이 언급한 대로 어떻게 이러한 과정이 나타나는지를 예로 제공한다.

> 우리는 많은 훈련과 시간을 쏟는다. 나는 리더 자리에 좋은 사람들이 있다고 생각하고 그들은 대체로 새로운 사람들과 대부분 훈련 시간을 갖는다. 그 훈련은 전부 다 내가 한 것이 아니었고, 리더십을 중심으로 구성원들 사이에 서로를 훈련시켰다.

발췌문은 코칭 웹coaching web을 보여주는데, 이것은 선장이 팀 코치로서 행동하고 팀 개발의 집단 학습을 양육하는 것이다. 팀 리더는 팀원들이 팀 내에서 코칭 웹의 출현을 통해 서로가 코칭하는 것을 장려하는 중요한 역할을 할 수 있다.

결론

최근 박사 연구는 어떻게 코칭이 팀 리더 개발과 팀 리더십 발달에 집중함으로써 팀 리더십 개발과 팀 성과에 도움을 줄 수 있는지를 강조한다. 연구를 통해 코칭에서 팀 리더를 위한 다섯 가지 명확한 역할을 확인했다. 첫째는 팀의 웰빙/개발과 성과 사이에서 줄타기를 함과 동시에 조직 주주들의 성과 기대에 따른 개인 요구의 균형을 유지하여 팀 리더가 코칭에서 중심적인 역할을 하는 것이다. 둘째, 팀 내외부의 다양한 이해관계자들에게 코칭 프로세스를 옹호함으로써, 팀 리더는 팀 전체에 지원과 이행을 확실히 보장하여 조직 내 리더십을 심화하는 데 기여한다. 셋째, 팀 리더는 외부 코치와 팀 모두에게 기대를 명확히 하고 팀 목적에 맞출 수 있도록 방향을 제시하는 역할을 한다. 넷째, 팀 리더는 롤모델링 역할을 통해 학습 개방성을 넓히고 팀이 일상의 경험에서 학습할 수 있는 환경을 제공함으로써 학습 코칭 문화를 만들 수 있다. 마지막으로, 팀 리더는 팀의 개발을 지원하기 위해 집단 학습을 육성하는 역할을 한다.

이렇게 하여 팀 리더는 팀 코칭을 확장하고 학습을 다시 조직에 사용할 수 있도록 한다. 이렇게 영향력 있는 팀 코칭 역할을 하는데도 팀 코칭에서 리더의 역할은 연구가 많이 되지 않았다. 팀 리더가 팀 개발을 돕기 위해 어떤 다양한 방식으로 진행하는지를 이해하기 위해서는 더 많은 연구가 필요하다.

참고문헌

Anderson, D., & Anderson, M. (2005). *Coaching that counts: Harnessing the power of leadership coaching to deliver strategic value*. Burlington, MA: Elsevier Butterworth-Heinemann.

Barnett, R., & Weidenfeller, K. (2016). Shared leadership and team performance. *Advances in Developing Human Resources, 18*(3), 334–351.

Barnson, S. (2014). Toward a theory of coaching paradox. *Quest, 66*(4), 371–384.

Bass, B., & Bass, R. (2008). *The Bass handbook of leadership: Theory, research and managerial applications*. New York, NY: Free Press.

Beatie, R., Kim, S., Hagen, M., Egan, T., Ellinger, A., & Hamlin, R. (2014). Managerial coaching: A review of the empirical literature and development of a model to guide future practice. *Advances in Developing Human Resources, 16*(2), 184–201.

Bersin & Associates. (2011). *High impact performance management: Maximising performance coaching*. Oakland, CA: Bersin & Associates.

CIPD (Chartered Institute of Personnel Development) (2015). Learning and development 2015 annual survey report. Retrieved from www.cipd.co.uk

Clutterbuck, D. (2007). *Coaching the team at work*. London, England: Good News Press.

Cox, E. (2013). *Coaching understood: A pragmatic inquiry into the coaching process*. London, England: Sage.

Day, D., Fleenor, J., Atwater, L., Sturm, R., & McKee, R. (2014). Advances in leader and leadership development: A review of 25 years of research and theory. *Leadership Quarterly, 25*(1), 63–82.

Day, D., Gordon, S., & Fink, C. (2012). The sporting life: Exploring organizations through the lens of sport. *Academy of Management Annals, 6*(1), 397–433.

DeRue, D. (2011). Adaptive leadership theory: Leading and following as a complex adaptive process. *Research in Organizational Behaviour, 31*(1), 125–150.

DeRue, D., Nahrgang, J., Wellman, N., & Humphrey, S. (2011). Trait and behavi- oural theories of leadership: An integration and meta-analytic test of their relative validity. *Personnel Psychology, 64*(1), 7–52.

DeRue, D., & Wellman, N. (2009). Developing leaders via experience: The role of developmental challenge, learning orientation and feedback availability. *Journal of Applied Psychology, 94*(4), 859–875.

Dewey, J. (1938). *Education and experience*. New York, NY: Simon & Schuster.

Druskat, V., & Wheeler, J. (2003). Managing from the boundary: The effective leadership of self-managing work teams. *Academy of Management Journal, 46*(4), 435–457.

Evans, G. (2011). Second order observations on a coaching programme: The changes in organizational culture. *International Journal of Evidence Based Coaching and Mentoring*, (Special Issue 5), 570–587.

Fairhurst, G., & Grant, D. (2010). The social construction of leadership: A sailing guide. *Management Communication Quarterly, 24*(2), 171–210.

Grant, A. (2013). *The efficacy of coaching: The Wiley-Blackwell handbook of the psychology of coaching and mentoring*. Chichester, England: John Wiley & Sons, Ltd.

Grant, A. (2017). The third "generation" of workplace coaching: Creating a culture of quality conversations. *Coaching: An International Journal of Theory, Research and Practice, 10*(1), 37–53.

Grant, A., & Hartley, M. (2016). Developing the leader as coach: Insights, strategies and tips for embedding coaching skills in the workplace. *Coaching: An International Journal of Theory, Research and Practice, 6*(2), 102–115.

Hackman, J., & Wageman, R. (2005). A theory of team coaching. *Academy of Management Review, 30*(2), 269–287.

Hamlin, R., Ellinger, A., & Beatie, R. (2006). Coaching at the heart of management effectiveness: A cross-cultural study of managerial behaviours. *Human Resource Development International, 9*(3), 305–331.

Hawkins, P. (2011). *Leadership team coaching: Developing collective transformational leadership*. Philadelphia, PA: London: Kogan Page.

Hawkins, P. (2012). *Creating a coaching culture*. Maidenhead, England: Open University Press.

Hirst, G., Mann, L., Bain, P., Pirola-Merlo, A., & Richver, A. (2004). Learning to lead: The development and testing of a model of leadership learning. *The Leadership Quarterly, 15*(3), 311–327.

Kets de Vries, M., Florent-Treacy, E., & Korotov, K. (2015). Psychodynamic issues in organizational leadership. In J. Passmore (Ed.), *Wiley-Blackwell handbook of the psychology of leadership, change and organizational development* (pp. 65–88). Oxford, England: Wiley-Blackwell.

Knowles, M. (1968). Andragogy, not pedagogy. *Adult Leadership, 16*(10), 350–352, 386.

Kolb, D. (1984). *Experiential learning: Experience as the source of learning and development*. Englewood Cliffs, NJ: Prentice Hall.

Kolb, D. (2015). *Experiential learning: Experience as the source of learning and development* (2nd edn). New York, NY: Pearson.

Kozlowski, S., Mak, S., & Chao, G. (2016). Team-centric leadership: An integrative review. *Annual Review of Organizational Psychology and Organizational Behavior, 3*(1), 21–54.

Lawrence, P., & Whyte, A. (2017). What do experienced team coaches do?: Current practice in Australia and New Zealand. *International Journal of Evidence Based Coaching and Mentoring, 15*(1), 94–113.

Lindbom, D. (2007). A culture of coaching: The challenge of managing performance for long-term results. *Organization Development Journal, 25*(2), 101–106.

Malley, A. (2017). Global human capital trends 2017. Retrieved from www.deloitte.com/content/dam/Deloitte/global/Documents/HumanCapital/hc-2017-global-human-capital-trends-gx.pdf

Mihiotis, A., & Argirou, N. (2016). Coaching: From challenge to opportunity. *Journal of Management Development, 35*(4), 448–463.

Pearce, C., & Conger, J. (2003). All those years ago: The historical underpinnings of shared leadership. In C. Pearce & J. Conger (Eds.), *Shared leadership: Reframing the hows and whys of leadership* (pp. 1–18). Thousand Oaks, CA: Sage.

Petriglieri, G., Wood, J., & Petriglieri, J. (2011). Up close and personal: Building foundations for leaders' development through the personalisation of management learning. *Academy of Management Learning & Education, 10*(3), 430–450.

Piaget, J. (1970). *The place of the sciences of man in the system of the sciences*. New York, NY: Harper Torchbooks.

Swartz, J., Bohdal-Spiegelhoff, U., Gretczko, M., & Sloan, N. (2016). Global human capital trends 2016: The new organization: Different by design. Retrieved from https://documents.dupress.deloitte.com/HCTrends2016

Tannenbaum, S. I., Beard, R. L., McNall, L. A., & Salas, E. (2010). Informal learning and development in organizations. In S. W. J. Kozlowski & E. Salas (Eds.), *Learning, training, and development in organizations* (pp. 303–332). New York, NY: Routledge.

Theeboom, T., Beersma, B., & Van Vianen, A. (2013). Does coaching work?: A meta-analysis on the effects of coaching on individual level outcomes in an organizational context. *The Journal of Positive Psychology, 9*(1), 1–18.

Thornton, C. (2010). *Group and team coaching: The essential guide*. London, England: Routledge.

Tschannen-Moran, B. (2014). Skills and performance coaching. In E. Cox, T. Bachkirova, & D. Clutterbuck (Eds.), *The complete handbook of coaching* (2nd ed.) (pp. 201–214). London, England: Sage.

van Nieuwerburgh, C., & Passmore, J. (2012). Creating coaching cultures for learning. In C. van Nieuwerburgh (Ed.), *Coaching in education: Getting better results for students, educators, and parents* (pp. 153–172). London, England: Karnac Books.

Wageman, R., Hackman, J., & Lehman, E. (2004). Development of the team diag- nostic survey, Working Paper. Hanover, NH: Tuck School, Dartmouth College.

Wallace, A. (1970). *Culture and personality*. New York, NY: Holt, Rinehart and Winston.

Wheeler, L. (2011). How does the adoption of coaching behaviours by line managers contribute to the achievement of organizational goals? *International Journal of Evidence Based Coaching and Mentoring, 9*(1), 1–15.

Yukl, G. (2010). *Leadership in organizations* (7th edn). Upper Saddle River, NJ: Pren- tice Hall.

Zaccaro, S., Rittman, A., & Marks, M. (2001). Team leadership. *Leadership Quarterly, 12*(4), 451–483.

28장. 가상 팀과 원격 팀 코칭하기

저자: 제니퍼 브리튼Jennifer Britton
역자: 박순천

기술이 계속 발전함에 따라 사실상 온전한 팀뿐 아니라 가상 팀과 원격 팀을 코칭해야 하는 팀 코치들이 늘고 있다. IBM과 같은 조직들이 공동 작업 모델co-located model of working(역자주: 그룹이 함께 배치된 작업방식)로 복귀하고 있지만, 많은 조직이 본질에서 가상화되고 글로벌한 성격을 띠고 있으며, 다른 조직들도 다양한 이유로 인해 현재 이 영역으로 확장하고 있다. 기술, 문화, 복잡성, 매트릭스와 같은 많은 요소는 팀 코치가 코칭에서 고려해야 하는 미묘한 강조 요소이다.

이 장에서는 가상 팀과 원격 팀의 코칭 영역에 관해 알아보고 다음과 같은 일반적인 문제를 중점적으로 살펴보고자 한다.

- 오늘날 가상 팀과 원격 팀의 상황
- 팀 코치가 다르게 판단할 수 있는 세 가지 영역
- 장거리 팀 코칭: 기술 단계
- 문화 계층에 따른 작업: 보이는 것과 보이지 않는 것
- 가상 팀과 함께 탐색할 수 있는 영역

제니퍼 브리튼 Jennifer Britton: 『효과적인 그룹 코칭Effective Group Coaching』(Wiley, 2010)과 『개인에서 집단으로From One to Many: 팀과 그룹을 위한 모범 사례』(Jossey-Bass, 2013)의 저자이다. 제니퍼의 최신 책인 『효과적인 가상 대화』는 가상 생태계를 탐구한다. 제니퍼는 PCC, 이사회 인증 코치(인증 및 교육 센터) 및 코치 교육 연구소의 공인 프로페셔널 공동 코치이다.

- 가상 팀과 원격 팀을 코칭할 때 여섯 가지 요소
- 가상 공간에서 신뢰와 연결을 구축할 수 있는 기술

가상 팀과 원격 팀의 상황

팀 코치들은 몇 가지 이유로 가상virtually으로 일을 하게 된다. 먼저, 직접적으로 만나지 않고도 지리적으로 Y축으로 분산되어 있는 원격 팀과 일하기도 한다. 오늘날의 원격 팀은 캐나다와 같이 하나의 국가에서 여섯 개의 표준시간대에 도시가 가로질러 분산되어 있기도 하고, 세계적으로 서너 개의 대륙에서 온 팀원들로 구성되어 있는 팀 등 다양하다. 코치는 또한 관리자가 다르지만 공유 프로젝트 수행을 위해 모아진 개인의 집합인 가상 팀과 일할 수도 있다.

페라지 그린라이트Ferrazzi-Greenlight의 연구에 따르면 설문에 응한 79%의 사람들이 자주 또는 항상 적어도 하나의 분산 또는 가상 팀의 일원으로 일한 적이 있다고 응답했다(Ferrazzi, 2015). 컬쳐 위자드culture Wizard의 2016년 연구에서도 22% 사람들이 가상 팀 훈련에 참여한 적이 있다고 했다(Culture Wizard, 2016).

이 장에서는 가상 또는 원격 팀을 코칭하는 코치에 초점을 맞추었다. 글로벌 팀이든, 주요 도시 중심이나 지역 중심지에 분산된 팀이든 가상 팀과 원격 팀은 다음과 같은 고유한 특성이 있다.

- 각 팀 구성원의 자율성 및 독립성 수준 차이
- 표준시간대 차이
- 문화 차이
- 팀 구성원이 하나 이상의 매트릭스 관계의 일부가 될 수 있는 가능성
- 서로 다른 수준의 팀 친화력
- 낮은 수준의 신뢰 및 연결

소벨 로제스키Sobel Lojeski와 레일리Reilly(2008)는 물리적 거리와 가상 거리를 구분했다. 물리적 거리는 같은 장소에 있지 않고 전화, 웹, 이메일 등 소통 채널을 이용하는 팀과 그룹을 말한다. 가상 거리는 기능, 문화, 보고 구조에 의해 만들어진 분리를 말한다. 팀은 이 연속체에 따

라 달라질 수 있다. 그들의 연구에서 '가상 거리가 상대적으로 높을 때, 다음의 중요한 성공 요소들은 상당히 저하된다'라고 언급했다.

- 혁신이 90% 이상 감소하고 경쟁 우위에 심각한 영향을 미친다.
- 정시/예산에 따른 프로젝트 성과가 50% 이상 저하되고 회사에 수백만 달러의 비용이 소요될 수 있다.
- 신뢰는 80% 이상 감소한다.
- 직무 만족도가 80% 이상 떨어진다.
- 목표와 역할의 명확성이 60% 이상 감소한다.
- 바람직한 시민 행동은 70% 이상 뒤떨어진다.

이러한 이유로 팀 코치는 팀이 신뢰를 향상하고 행동을 바꾸고, 목표와 행동에 대한 명확성을 갖도록 하기 위해 초기에 참여할 수 있다. 이러한 점을 염두에 두고, 팀 코치가 가상 팀이나 원격 팀과 작업할 때 발견할 수 있는 차이점은 무엇일까? 팀 코치가 더 탐험하고 싶어 할 분야는 무엇인가?

팀 코치가 찾을 수 있는 세 가지 영역

다른 팀과 마찬가지로 가상 및 원격 팀 코칭 프로세스는 팀 리더가 참여하고 코칭 가능 이슈가 제시되었을 때 도움이 된다. 팀 코칭은 현재 팀에 가장 적합한 방법이며 모든 팀원이 코칭 프로세스에 참여할 준비가 되어 있다.

또한 가상 팀과 원격 팀을 코칭 할 때 다음과 같은 세 가지 차이점을 해결해야 한다.

1. "내가 함께 일하는 조직의 형태는 무엇인가?"를 알아내는 것
2. 서로에 대한 지식 부족
3. 팀 중심 기여도와 개인 기여도의 균형은 어떻게 되는가?

"내가 함께 일하는 조직의 형태는 무엇인가?"를 알아내는 것

오늘날의 디지털 및 가상 세계에서 가상 팀과 원격 팀이라는 용어는 새로운 의미를 갖는다. 많은 조직에서 이 용어를 같은 의미로 사용하지만 다른 의미로 쓰일 수 있다. 코치는 먼저 스폰서와 함께 팀의 실체, 즉 원격 팀인지, 가상 팀인지, 그룹인지 파악한다.

어떤 용어로 쓰이는지 항상 명확하지는 않지만 이것은 '렌즈'에 영향을 미쳐 어떤 형태의 코칭을 진행할지, 누가 참여할지 등이 결정된다. 이로 인하여 코치가 그룹에 초점을 맞출지 아니면 팀 구성원과 구성원의 개별적인 행동에 초점을 맞춰야 할지 판별한다.

서로에 대한 지식 부족

팀 구성원 사이에 접점이 적기 때문에 가상 팀과 각 팀 구성원이 하는 일이 무엇이고 그들이 선호하는 것이 무엇인지 등 팀 구성원에 대한 지식이 부족할 수 있다. 팀원들이 '이메일을 넘어서' 서로 만난 적이 없는 것은 흔한 일이다. 가상 팀은 접점이 계획되거나 시스템화될 때 유용하다. '점심을 먹는 공간에서 누군가와 마주칠' 수 있는 전통적인 팀과 달리, 가상 팀은 일반적으로 인스턴트 메시징 또는 라이브 스트리밍과 같은 기술을 사용하지 않는 한 이러한 이점을 누릴 수 없다.

팀 코치는 기본 규칙과 업무 방식을 수립하는 것 외에도 팀원들이 서로에 대해 더 많이 배우고 선호도를 탐색하도록 적극적으로 유도할 수 있다. 이는 개별 문화와 함께 팀 구성원이 다음 항목을 학습하는 데 도움이 될 수 있다.

- 특정 문제(예: 기술적 문제)에 관해 누구에게 문의해야 하는지 여부
- 커뮤니케이션 측면에서 사람들의 선호 사항: 짧고 간략하며 요점만 있는 이메일과 상세하고 문맥이 풍부한 전화 통화
- 업무 스타일 측면의 선호도(비례적 대 독립적)

팀 중심 기여도와 개인 기여도의 균형은 어떻게 되는가?

팀 코치 프랙티셔너들은 같은 장소에 있지 않은 팀과 일할 때 일련의 협력 관계를 맺게 된다.

일부 팀은 세 개 지역에 여러 명의 팀원을 두고 있는 반면, 어떤 팀은 다른 위치에서 일하는 사람들과 함께 물리적으로 함께하지 않을 수도 있다. 집단적 팀 초점과 개인의 발전, 공동의 목적을 중심으로 초기에 명확히 정렬하는 것이 중요하다.

장거리 팀 코칭: 기술 단계

글로벌 또는 대륙 전체의 가상 팀을 코칭할 때 시간대를 통해 사일로^{silos}(역자 주: 회사 안에 성이나 담을 쌓고 외부와 소통하지 않는 부서를 가리키는 말로 해석한다)가 생성될 수 있다. 결국, 한 팀원이 팀 미팅에 참여하기 위해 계속 남아있거나 일찍 도착해야 할 때 억울함을 느낄 수도 있다. 팀 구성원들 사이에서 고립감은 일반적이다(Duarte & Snyder, 2006). 기술은 원거리 업무에서 코칭을 가능하게 하는 중요한 요소가 된다. 코치는 각 팀원과 떨어져 있을 뿐만 아니라 각 팀원도 다른 팀원과 떨어져 있다. 원거리 코칭 실행에 대해서는 별도의 장이 마련될 수 있다. 팀 전체에 더는 불평등을 만들지 않기 위해 팀 코치는 다음을 보장하는 기술과 플랫폼을 선택할 수 있다.

- 접근성과 용이성
- 각자의 목소리를 들을 수 있게 한다.
- 다양한 유형의 팀 대화를 할 수 있는 플랫폼: 소그룹, 여론조사, 상호작용
- 구성원 사이에 최대의 연결과 팀 구성원에 대한 시각적 정보$^{visual\ cue}$
- 시각적 기준점$^{visual\ anchor\ points}$

이 마지막 지점에서 팀 코치 프랙티셔너는 팀과 협력하여 되도록 많은 시각적 정보를 제공하는 플랫폼을 선택하고 팀 구성원 사이에 불일치나 구별이 발생하는지 알아챌 수 있도록 한다.

다른 팀 코칭 참여와 마찬가지로 팀 코칭 대화 중에 일이 '그냥 발생'하지 않는다. 팀 코칭의 힘은 팀이 이러한 대화를 일상 업무에 통합하기 시작하는 접점 사이에서 발생한다(Britton, 2013). 팀 코칭을 넘어 팀이 어떻게 대화를 이어갈지 논의하는 것이 중요하다. 따라서 팀 코치는 가상 팀이 새로운 기술을 시도할 수 있는 원동력이 될 수 있다.

문화 계층에 따른 작업: 보이는 것과 보이지 않는 것

팀 코치들이 경험하게 될 가상 공간에서의 팀 멤버십에 의해 형성된 가장 중요한 요소 가운데 하나가 문화 계층이다. 문화는 '우리가 일을 하는 방식'이며, 지리, 직업 또는 성별을 포함한 많은 요소에 의해 영향받는다.

한 나라에 흩어져 있는 팀이라도 문화적 선호도가 다를 수 있다. 캐나다와 미국의 서부 해안과 동부 해안, 또는 중서부 지역에 존재하는 다른 문화를 생각해보자. 홉스테드[Hofstede](1980)와 로진스키[Rosinski](2003)를 포함한 다수의 연구자들이 이 주제를 탐구했다. 두아르테[Duarte]와 스나이더[Snyder](2006)는 '문화는 구성원이 팀에 대한 의무를 이행하는 방법에 영향을 미칠 수 있다'라고 썼다.

팀 코칭에서 문화는 팀 구성원이 다음 작업을 수행하는 방법에 영향을 미칠 수 있다.

- 갈등을 표출하고 해결 방법을 선택한다.
- 맡겨진 일에 대해 "예, 아니오"라고 대답한다.
- 문제를 끝까지 처리한다.
- 당면한 어려움을 플래그로 표시한다.
- 의사결정: 더 개인주의인가, 아니면 집단주의인가?
- 공식적, 비공식적 리더십 선호
- 공동 작업 또는 독립적인 작업을 선택한다.

홉스테드가 주장한 바와 같이, 우리의 문화는 계층과 평등에 대한 인식이나 욕구뿐만 아니라 우리가 직간접적으로 소통하는 방식, 개인주의나 집단의 일원으로서 우리가 두는 가치(개인주의 대 집단주의)와 같은 요소들에 영향을 미친다. 이 주제는 가상 영역에서 코치와 모든 그룹 작업자의 확장된 학습을 보장한다.

팀 코치는 홉스테드가 식별한 다양한 영역의 팀 구성에 대해 알고 있어야 하며 팀이 인지할 수 있도록 도와야 한다.

- 개인주의-집단주의
- 불확실성 회피

- 권력 거리(사회 계층의 강도)
- 남성성-여성성(과제 지향 대 사람 지향)
- 장기 지향
- 방종 대 자제력

이 문화 요소들 가운데 처음 네 가지를 살펴보는 것이 팀 코치에게 도움이 될 것이다.

- **개인주의 대 집단주의**: 팀 구성원이 '나 먼저'와 '팀' 또는 '공공의 선collective good'에 어느 정도 초점을 맞추는가? 가상 팀에서 개인주의 또는 집단주의는 팀 구성원이 집단적인 팀 업무에 집중하는 것과 개인 우선순위에 영향을 미친다.
- **불확실성 회피는 불확실성과 모호성을 다루는 데 있어 수용 정도이다**. 일부 팀 구성원은 '즉흥적으로 하는 것winging it'에 익숙할 수 있는 반면, 다른 팀 구성원은 정해진 프로세스를 기대할 수 있다. 팀 코치는 팀이 팀으로, 개인으로 이 연속선에서 팀의 위치가 어디에 있는지를 파악하는 데 도움이 되도록 대화를 촉진할 수 있다.
- **권력 거리는 사회적 계층 구조의 영역을 탐구한다**: 권력 거리가 높은 문화는 상사와 부하 사이에 분명한 차이와 함께 계층화된다. 권력 거리가 낮은 문화는 리더와 팀원을 상호 의존적인 존재로 본다. 사람들이 멀리서 작업하는 가상 팀의 현실을 감안할 때 이것은 일부 팀 구성원과 리더가 '스트레치 영역stretch zone'(역자 주: 높은 성과를 위해 학습과 도전을 추구하는 영역이다. 안전지대comfort zone가 확장되면 스트레치 영역으로 진입하게 된다.)으로 찾을 수 있는 영역이다. 팀 구성원들이 여러 시간대에 걸쳐 있을 때는 세세한 관리가 쉽지 않다.
- **남성성 대 여성성**: 이 문화 척도는 업무 지향과 사람 지향에 대한 선호도를 탐구한다. 문화마다 다른 일을 하는 것과 다른 사람을 통해 일하는 것에 다른 중점을 둔다. 팀 구성원 개개인의 입장에서 업무 대 관계에 중점을 두는 것은 무엇인가? '일하기 위해 산다'는 남성성 욕구와 '살기 위해 일한다'는 여성 문화 사이에 팀 내 갈등이 생길 수 있다. 이러한 문화적 척도는 팀 내 역할, 힘의 사용 대 협상, 그리고 우선순위에 영향을 미칠 것이다.

문화 계층에 대한 탐구는 코칭 대화의 중요한 통로가 될 수 있다. 뛰어난 팀 코치는 함께 일하는 팀의 문화를 더 많이 알면 도움이 될 것이다. 문화는 의사소통, 대인관계 역동, 그리고 팀 구성원들이 서로 참여하고, 관여하고, 상호작용하는 방법에 영향을 미친다.

가상 팀을 통한 팀 코칭 탐구 영역

각 팀이 가져오는 특정 중점 영역 외에도, 팀 코치들이 가상 및 원격 팀과 함께 살펴보고자 하는 다른 공통 요소가 있다. 여기에는 다음 사항이 포함된다.

- 팀의 정체성 개발
- 팀 합의서와 업무 방식 공동 작성
- 주제 붙이기와 가정 탐색
- 시각적 기준점 작성

팀 코칭의 중요한 초점은 팀이 자신만의 고유한 정체성이나 업무를 수행하는 방식을 개발할 수 있도록 지원하는 것이다.

실제로 팀 코치는 팀과 함께 그들 팀 문화의 틀을 반복하고 언제 팀 문화가(팀 내 존재하는 다른 모든 문화와 구별될 수 있는) 개별 문화(지리, 직업적 친화력)를 능가하는지 알도록 한다. 팀이 자신만의 행동 규범을 만들도록 지원하는 것, 특히 여기에서 우리가 일을 하는 방식을 나타내는 행동을 나타내는 것은 계속해서 고성과 문화를 정의하는 것이다. 다른 유형의 팀과 마찬가지로 가상 팀이 팀 계약/업무 방식 또는 기본 규칙을 정의할 수 있도록 지원하는 것은 모든 팀 코칭 프로세스의 기초가 된다(Britton, 2013).

대부분 가상 팀 구성원은 매트릭스 관리로 일을 한다. 예를 들어, 남아메리카에 있는 팀 구성원의 경우, 현지 사무소에서 일하지만 지역 본부 팀의 일원으로 일할 수 있다. 해당 개인은 일상적인 지원 목적으로 현지 사무소에 보고할 수 있다. 그렇다면 팀 멤버십은 어떻게 운영되는가? 어떤 팀이 우선순위가 있는가?

팀 코치는 팀이 팀으로서 다음을 수행하는 방법을 포함한 질문을 탐구할 수 있도록 지원한다.

- 갈등 해결과 공론화
- 불편한 문제 또는 동의하지 않는 문제 제기
- 이슈의 우선순위
- 한 일 보고
- 책무 이행

이것들을 논의하는 데 유용한 다른 질문은 다음과 같다.

- 언제 팀 문화가 개인 문화를 능가할 수 있을까?
- 언제 현지 사무소의 필요성, 우선순위, 업무방식이 지역 본부에 우선할까?
- 우리가 속한 다른 팀에서는 어떻게 이러한 관행을 발전시킬 수 있을까?

팀 계약과 작업 방식 공동 작성

가상 팀과 원격 팀은 팀 코칭을 위한 기본 규칙을 공동 설계하는 데 시간을 할애할 때 유용하며, 이는 일상 업무 방식의 일부가 될 수도 있다. 이러한 것들에 대해 미리 명시하는 것은 나타날 수 있는 가정을 극복하는 데 도움이 된다. 일반적인 기본 원칙은 다음과 같다.

- 팀 개발에 대한 지속적인 집중
- 업무의 다른 영역에 통합
- 대화를 계속하려는 의도적 초점
- 다른 매트릭스 관리자의 참여
- 비밀 보장
- 팀 문화를 언제 다른 계층으로 전가할까?

기본 규칙을 만드는 것 외에도, 팀 코칭의 성공을 위해 가상 또는 원격 팀을 설정하는 것은 다음을 포함할 수 있다.

- 대화를 시작하기 위한 더 많은 준비. 사전 작업은 이것을 뒷받침할 수 있다.
- 가장 낮은 공통분모로 작업하거나 모두가 참여할 수 있는 플랫폼을 선택한다.
- 학습 내용을 전달하고 잠그는 사후 작업의 의도성
- 가상 공간에서 신뢰와 연결을 구축하기 위한 기술

이 모든 것들은 설계, 관계 구축 그리고 지원에 대한 도전과 기회를 제기한다.

이름 붙이기와 가정 확인하기

자체 가정assumptions을 확인하는 것은 가상 공간에서 새로운 계층을 차지한다. 가상 팀과 더 많은 작업을 수행할 코치는 모든 팀 구성원과 일치할 수도 있고 그렇지 않을 수도 있는 문화적 편견과 가정을 탐색하는 것이 도움이 된다. 우리 자신의 사회적, 문화적 정체성과 편견에 대해 더 많이 배우는 것은 숙련된 팀 코치들에게 중요한 성장 영역이다. 편견은 속도와 접근뿐만 아니라 우리의 언어(단어 선택, 은유)를 형성한다.

시각적 기준점 작성

가상 팀을 시각적으로 더 많이 참여시킬수록 더 좋다. 스트리밍 옵션streaming options으로 이동하는 것부터 언어 차이를 고려하는 것까지. 1980년대 3M/UM(Vogel, Dickson & Lehman, 1986)의 연구는 뇌가 시각 정보를 텍스트보다 6만 배 빠르게 처리한다는 것을 보여주었다.

글로벌 팀에서는 제2, 제3, 제4 외국어로 일하는 팀원을 두는 것이 일반적이다. 많은 코칭 모델에서 주로 말을 통해 강조된다는 점을 고려할 때, 팀 코치는 코칭 대화를 시각적 기준점으로 확장함으로써 이점을 얻을 수 있다(Britton, 2013, 2017a, 2017b). 새로운 팀에 합류하는 팀원을 생각해보라. 이들이 쓰는 영어는 강하지만 대화 내용을 따라가기 힘들고, 미묘한 단어를 들으며 따라한다. 이 팀 구성원은 화면에서 읽을 수 있는 서면 지시사항이나 개별 팀 구성원이 자신의 통찰력을 공유하고 자신만의 언어를 만들 수 있는 사진으로 작업하는 등의 지원을 더 잘 받을 수 있다.

가상 및 원격 팀을 코칭 할 때 여섯 가지 요소

코치는 중요한 대화가 일어나도록 불꽃spark을 튀기든지 선동자instigator가 되어야 한다. 팀이 대화를 통해 얻을 수 있는 여섯 가지 요소는 다음과 같다.

1. **보고 관계에 대한 명확성**. 그들은 어떤 문제에 대해 누구에게 보고해야 하는가? 보고는 언제 필요한가? 매트릭스 보고 관계가 존재한다면, 그들은 누구에게 보고하는가? 어떤

이슈를 공동으로 보고해야 하는가?

2. 근무 시간, 접근 방식, 휴식 시간, 작업 기록과 공유 방법 등 **업무에 대한 기대치에 대한 명확성**은 가상 및 원격 공간에서 흔히 작은 이슈에서 큰 이슈로 이어진다.

3. **팀과 조직 전체의 다른 사람들과 연결할 수 있는 기술과 능력**. 원격 근무는 고독한 노력이 될 수 있으며, 대면 팀에 소셜 타임이 중요한 것처럼 가상 팀에도 대면 시간이 중요하다.

4. **정기적인 체크인과 피드백**. 정기적인 체크인과 피드백은 다음과 같은 질문을 중심으로 이루어질 수 있다.
   - 어떻게 되어가는가?
   - 무엇이 잘 작동하고 무엇이 작동하지 않는가?
   - 어떤 지원이 필요한가?
   - 현재 우선순위는 무엇인가?
   - 필요한 결과를 얻기 위해 필요한 자원은 무엇인가?

5. **플랫폼을 통해 서로를 보고 팀과 연결할 수 있다**. 팀은 서로를 알아가는 데 더 많은 시간을 할애하여 창의성을 발휘할 수 있으며 분기별 또는 정기적으로 마주하는 시간을 줄여서는 안 된다. 활용할 수 있는 접근 방식에는 비디오 스트리밍 또는 가상 작업 세션 등이 있으며, 이 세션에서는 사람들이 각자의 위치에서 다 함께 실시간으로 프로젝트를 수행할 수 있다.

6. **이슈 발생시 이를 알리는 방법에 대한 명확성**. 어떤 문제를 언제 제기해야 하는가? 그들은 누구에게 문제를 제기해야 하는가? 언제 가능하며 어떻게 해야 하는가?

가상 공간에서 신뢰와 연결을 구축하는 기술

핵심 코칭 역량 가운데 하나는 고객과의 신뢰와 친밀감 조성(ICF 핵심 역량 #3)이다. 코칭 대화의 '딥퍼 다이브Deeper Dive'(역자 주: 돈독한 관계를 위해 깊이 이해하고자 함)를 촉진하기 위해서는 팀원과 신뢰와 유대감을 쌓고 팀원이 서로 유대감을 쌓을 수 있도록 돕는 것이 중요하다.

에이미 에드먼슨Amy Edmondson의 심리적 안전 개념을 '팀이 대인관계 위험 감수에 안전하다는 공통된 믿음'(1999)으로 정의하는 등 팀과 그룹 과정에서 신뢰의 중요한 역할에 대한 연구가 증가하고 있다.

반대 의견, 다양한 의견과 우선순위를 공유하여 팀원들이 위험을 감수할 수 있는 이 안전한 공간을 만드는 것은 '차이를 극복하는 작업'이 표준인 가상 팀에겐 매우 중요하다.

가상 연결을 구축하기 위해 사용할 수 있는 몇 가지 기술이 있다.

- 중간 휴식 시간
- 비디오 스트리밍
- 사전 미팅
- 지인들/동료 파트너
- 소개

목표 수준과 팀 사이의 관계와 관련하여 어떤 다른 요소가 도움이 될 수 있는지 고려한다.

안전 실현 - 가상으로! Creating safety – virtually!

그룹들이 좀 더 깊은 대화를 하기 위해 안전은 필수적이며, 다음 조치들을 취함으로써 촉진될 수 있다.

- 공유 그룹과 팀 계약 또는 작업 방식 공동 작성 - 어떻게 같이 운영할까? 이러한 행동 합의가 어떻게 우리의 일상 업무로 해석될까?
- 통화 시작과 함께 기대하는 바를 동시에 작성한다. 여기에는 호출의 목적, 무엇을 위한 것인지, 최종 결과와 예상되는 결과(입력, 상호작용 등)에 대한 명확성이 포함되어야 한다.
- 모든 사람이 어디로 가는지 알 수 있도록 가상 팀과 함께 로드맵 작성
- 참가자들이 서로 연결될 수 있는 기회를 만든다.
- 모든 그룹 구성원이 우려의 목소리를 낼 수 있는 기회를 제공한다.
- 대화 공간에 적합한 언어, 단어 선택 및 접근법 사용
- 맥락에 적합한 플랫폼 사용 및 액세스 방법에 대한 지시사항 제공
- 전진하는 데 도움이 되는 자료 제공(한 페이지, 팀이 사용할 수 있는 메모)
- 학습과 대화를 개인적으로 그리고 전문적 맥락과 연결한다(해당되는 경우).

(브리튼에서 각색 Adapted from Britton, 2017b, p.50)

신뢰 구축

신뢰는 오늘날 비즈니스에 통용되며, 많은 팀 개발 모델의 기초 또는 핵심에 들어가 있다. 가상 팀에 대한 신뢰는 사용 언어와 팀 미팅이 몇 시에 열리는지 등의 요소를 통해 인식될 수 있는 권력 차이가 포함된 추가적인 복잡성이 있다. 예를 들어, 미팅이 항상 하루 중 일정 시간에 진행되어, 이로 인하여 일부 팀원에게는 혜택이 되고 일부 팀원에게는 불편함을 초래하는가?

신뢰를 가지고 함께 가는 것이 에드먼슨의 심리적 안전 개념이다.

신뢰와 안전은 가상 팀에 다음과 같은 영향을 미친다.

- 내 자신과 내 차이점에 대해 얼마나 많은 것을 공유하는지;
- 권력 역동
- 문제를 제기하거나 그룹의 순리에 어긋나는 위험을 얼마나 감수할 수 있는지
- 내 지역 또는 지역에서 문제를 얼마나 진전시킬 의향이 있는지.

코치로서 우리는 팀 구성원 사이의 신뢰와 팀 자체와의 신뢰 관계 개발이라는 두 가지 수준에서 가상 팀과 협력하기를 바란다.

『효과적인 가상 대화』(Britton, 2017b)에서 언급된 바와 같이, 신뢰를 쌓는 데 기여하는 몇 가지 활동이 있다.

- **공정하기** – 공정성과 형평성을 인식하는 것은 팀 코칭 대화가 가상으로 나타나기 위한 필수 조건이다. 팀 코치로서 자신이 공정하게 인식되는지, 모두의 소리를 듣는지, 그리고 공동 의제에 초점을 맞추는지 확인해야 한다.
- **명확한 커뮤니케이션 제공** – 가상 공간의 명확성은 단어 선택뿐만 아니라 다른 커뮤니케이션이 어떻게 수행되어야 하는지를 고려해야 한다. 당신의 언어가 모든 사람의 모국어가 아닐 경우에 대비해서 당신이 말하는 것을 글로써 보충하는가? 언어는 어떻게 해석되고 있는가? 코칭 용어를 피하고 사용하는 용어를 명확히 하고 있는가?
- **공유된 기대치 형성** – 참여에 대한 공통된 기대치를 형성한다.
- **강점을 바탕으로 구축** – 팀 구성원이 활용할 수 있는 강점은 무엇인가?
- **무엇이 효과가 있고 없는지에 대한 책임** – 책임을 지는 것은 취약성과 후속 조치를 모델

링하는 데 중요한 부분이다. 일이 잘 안 풀리면, 책임을 지라. 일이 잘 풀릴 때, 다른 관련된 사람들을 인정해준다.

- **시각적으로, 그리고 팀 전체에 걸쳐 사람들을 연결** – 처음에는 불편했지만 스트리밍의 시각적 연결은 강력한 연결과 관계 구축자가 될 수 있다. 임의의 그룹으로 소모임을 만들어 사람들을 연결하도록 한다.
- **비밀 보장** – 비밀 보장은 모든 코칭 프로세스의 초석이다. 코칭 대화는 효과적인지, 아닌지, 가능한지에 대한 통찰력을 서로 연결하고 공유할 수 있는 안전한 공간이며, 보복에 대한 두려움 없이 서로 다른 위치에 있는 다른 팀과 공유할 수 있다는 것을 아는 것이 중요하다.
- **프로세스 명확화** – 가상 공간에서 프로세스에 집중하는 것이 대화를 촉진하는 데 도움이 된다. 안전 공간을 만들어 더 깊이 있는 수준으로 대화할 때 무엇을 기대할 수 있을지 사람들에게 알려 준다. 대화의 초점이 맞는 부분과 초점이 맞지 않는 부분에 대해 팀과 함께 경계와 범위를 확인한다.

결론

오늘날의 글로벌 환경을 고려할 때 가상 팀과 원격 팀의 규모는 계속 증가할 가능성이 크다. 원격 또는 가상 팀과 더 효과적인 코칭을 위해 코치로서 스킬과 실행 능력을 성장시키려면 다음 단계에 해야 할 것이 무엇인가?

참고문헌

Britton, J. (2013). *From one to many: Best practices for team and group coaching*. SanFrancisco:Jossey-Bass.
Britton, J. (2017a, May 30). 6 things new virtual teams need [Blog post]. Retrieved from www.potentialsrealized.com/teams-365-blog/teams365-1246-five-things-new-virtual-team-leaders-need
Britton, J. (2017b). *Effective virtual conversations: Engaging digital dialogue for better learning, relationships and results*. Toronto, Ontario: Potentials Realized Media.
Culture Wizard. (2016). Trends in global virtual teams: Virtual teams survey report 2016. Retrieved from http://cdn.culturewizard.com/PDF/Trends_in_VT_Report_4-17-2016.pdf
Duarte, D., & Snyder, N. T.(2006). *Mastering virtual teams: Strategies, tools, and techniques that succeed* (3rd ed.). San Francisco,CA: Jossey-Bass.
Edmondson, A. (1999). Psychological safety and learning in work teams. *Administrative Science Quarterly, 354*. Retrieved from http://web.mit.edu/curhan/www/docs/Articles/15341_Readings/Organizational_Learning_and_Change/

Edmondson_1999_Psychological_safety.pdf

Ferrazzi, K. (2015). Getting virtual *teams right*. *Harvard Business Review*. Retrieved from https://hbr.org/2014/12/getting-virtual-teams-right

Hofstede, G. (1980). *Culture's consequences: International differences in work-related values*. Beverly Hills, CA: Sage.

Rosinski, P. (2003). *Coaching across cultures: New tools for leveraging national, corporate and professional differences*. London, England: Nicholas Brealey.

Sobel Lojeski, K., & Reilly, R. R (2008). *Uniting the virtual workforce: Transforming leadership and innovation in the globally integrated enterprise*. Hoboken, NJ: John Wiley & Sons.

Vogel, D. R., Dickson, G. W., & Lehman, J. A. (1986). Persuasion and the role of visual presentation support: The UM/3M study, Working Paper. Retrieved from http://misrc.umn.edu/workingpapers/fullpapers/1986/8611.pdf

29장. 규모에 맞는 팀 코칭
어댑티브 리더십 문화의 출현을 위한 여건 조성

저자: 카렌 C. 예인멘^{Karen C. Yeyinmen}과 메리 스테이시^{Mary Stacey}

역자: 박정화

이 장에서는 복잡한 글로벌 조직에서 어댑티브^{adaptive} 리더십[1] 문화가 출현하도록 돕는 규모에 맞는 리더십 팀 코칭 프로세스의 성공을 위한 필수 고려사항을 제공한다. 또 시스템 내에서 역량 구축과 변화를 위해 여러 규모(개인, 팀, 문화)를 역동적으로 상호 연결하며, 혁신을 선도하도록 지속해서 유지, 발전시키는 '규모에 맞는^{at scale}' 리더십 코칭 팀을 설계할 수 있는 숙련된 코치들을 위한 지침을 제공한다. 이 장은 오늘날 리더 팀들이 운영하는 복잡한 조건들을 간략히 설명하면서 시작한다. 이후 오늘날 글로벌 조직과 시스템에서 중요한 학습과 리더십 프랙티스를 시행할 어댑티브 리더십 문화의 출현을 지원하고, 필요한 설계 기능을 강조하며, 규모에 맞는 리더십 팀 코칭의 주요 고려사항을 살펴본다.

카렌 C. 예인멘^{Karen C. Yeyinmen}: 캐런은 리더십 연구원, 코치, 컨설턴트, 실행연구가, 그리고 하버드 교육 리뷰의 전 공동 의장 겸 편집자이다. 그녀는 브라운 대학교에서 학사 학위를, 보스턴 대학에서 MBA를, 하버드 교육대학원에서 EdD를 취득했다.

메리 스테이시^{Mary Stacey}: Context Consulting의 설립자이자 경영진 코치이며 복잡한 글로벌 환경을 위한 리더십 개발 설계자이다. 메리는 캐나다 토론토 대학교에서 전략 리더십 고급 프로그램을 가르치며 심리언어학 학사(캐나다 요크 대학교)와 리더십학 석사(캐나다 로열 로드 대학교)를 받았다.

1) 하버드대학교 리더십 센터의 공동 설립자 로널드 A. 하이페츠^{Ronald A. Heifetz}, 리더십 개발의 권위자 알렉산더 그래쇼^{Alexander Grashow}, 하버드 케네디스쿨 교수로 25년간 재직한 마티 린스키^{Marty Linsky}의 공동 저서, 『Adaptive Leadership』이 국내에서 『어댑티브 리더십』으로 번역되어 출간되었다. 이 장에서 어댑티브 리더십으로 번역하였으며, 문장 안에서 adaptive인 경우, '적응하는', '적응형'으로 번역했다.

글로벌 리더십 팀
: 복잡한 상황으로 인해 적응력이 떨어지는 문제 발생

조직 문화는 간단히 '여기서 우리가 일하는 방식'으로 정의할 수 있다(McGuire & Rodes, 2009). 그렇지만 오늘날 '여기'는 경영진과 리더십의 구분이 거의 없었던 산업시대와는 크게 다른 곳이다. 산업시대의 경영자들은 적어도 안정성, 예측 가능성 그리고 통제성에 대한 환상을 만들면서 잘 알려진 반복 가능한 프로세스를 규모에 맞게 가장 효율적으로 실행하는 데 초점을 맞췄다(McCrystal, 2015). 오늘날 글로벌 리더십 팀의 '여기'는 변화가 빠르게 일어나고, 미래를 정확하게 예측할 수 없으며, 시스템 전반의 중요한 맥락 관계에서 나타나는 새로운 도전으로 여러 해석의 여지가 있다.

이제는 어디서나 볼 수 있는 약어인, VUCA(변동성volatile, 불확실성uncertain, 복잡성complex, 모호성ambiguous)는 리더십 팀이 매일 탐색해야 하는 지형적 특징의 전경을 보여준다([그림 29.1] 참조).

[그림 29.1] VUCA 환경의 가장 중요한 요소
출처: Copyright 2017 by Context Consulting.

팀은 여전히 권한, 전문 지식 그리고 절차를 통해 해결할 수 있는 수많은 운영 및 기술적 문제에 직면해 있지만, 복잡하고 혼란스러우며, 새롭고 확장된 접근 방식을 요구하는 적응적 과제에 점점 더 많이 직면하고 있다(Holman, 2010). 기술적인 문제와 달리 적응적 과제는, 이미 알려진 해결책이 없고, 뿌리가 깊으며, 잘 이해되지 않는 상황에서의 가능한 사항에 대한 사고 습관이자, 가정과 비전처럼 보이지 않는 영역의 변화를 포함한 학습을 통해 해결할 수 있다(Heifetz, 1994).

따라서 '여기'는 바뀌었지만, 대부분 리더십 팀이 문화를 형성하는 접근 방식은 바뀌지 않았다. 리더 팀은 더 빠른 속도로 더 많은 일을 실행함이 현실적이지만, 글로벌 거미줄과 같은 이해관계자 네트워크에서 이러한 일들을 그 어느 때보다도 효과적으로 수행하기 위해서는, 현재 일어나는 일을 이해하고, 결정을 내리고, 경계에서 일하고, 서로 교류하고, 영향력을 사용하고, 갈등을 연관시키는, 일하는 방식에 대한 새로운 접근법이 필요하다. 한 고객은 "우리는 적응해야 한다. 우리가 해야 할 정보와 학습의 양은 우리에게 너무 거대하고, 우리는 다르게 생각해야 한다."라고 말했다.

어떤 리더들이 오늘날의 환경에서 가장 잘 일하는가?

오늘날 리더와 리더 팀은 단순히 다르게 생각할 뿐만 아니라, 더 넓게 적응할^{adaptive} 필요가 있다. 리더의 결정과 행동에 지속해서 동기를 부여하는 기본 원칙과 프랙티스(리더의 무게 중심 행동 논리)는 통제 범위를 확장하고 복잡하고 변화하는 환경에 더 효과적으로 적응할 수 있도록 더 복합적이고 통합될 필요가 있다(Rooke & Torbert, 2005; Torbert & Associates, 2004; Torbert, Livne-Tarandach, McCallum, Nicolaides & Herdman-Barker, 2010). 예를 들어, 새로운 변수를 고려하기 위해 둘 중 하나를 사용하여 새로운 전략 경로를 정의하는 일은 다르며, 둘 중 하나에서 둘로 전환하여 전략적 가능성의 새로운 영역을 구상하는 사고 패러다임이 더 광범위하다. 연구에서는 무게 중심이 확장된 리더들이 더 높은 수준의 학습에 참여하고, 더 협력적인 형태의 힘을 행사하며, 복잡한 조건에서 조직의 변혁을 이끄는 데 더 크게 성공함을 보여준다(Drago-Severson, 2009; Kegan & Lahey, 1984; McCallum, 2008; Nicolaides, 2015; Rooke & Torbert, 1998; Torbert, 1989). 요약하면, 리더들은 더 잘 적응하게 된다.

가장 광범위한 행동 논리$^{action-logics}$(사후 프랙티스 행동 논리)를 개발하고 지속해서 연습하는 리더와 팀은 오늘날 VUCA 환경에서 번영을 촉진하는 데 필요한 어댑티브 리더십을 수행하기에 가장 적합하다(Leitch, Dawson, Wilson, Rancefield & Rooke, 2015; Rooke & Torbert, 1998, 2005). 그러나 고위 리더 세 명 가운데 약 1명만이 이 역량을 개발했으며, 중간 단계 리더들은 이보다 더 적다(Action Inquiry Associates, 2015). 그 결과, 오늘날 대부분 리더십 팀은 집단 마인드의 확장성이 환경의 복잡성과 일치하지 않았다. 그러한 결과로 복잡한 상황으로 확장될 때, 대부분 리더 팀은 기술적 문제와 같은 적응형 과제를 처리하고 있음을 알게 된다(Heifetz, 1994). 이러한 습관적인 패턴에서, 팀들은 호가드^{Hougaard}(2016)가 말하는 이른바 '유료 환경'을 만드는 데 무의식적으로 결합하여 속도를 높이고 더 많은 일을 하려고 노력하다가, 지치고 압도당하고 자신감을 잃었다. 소규모 리더 팀이라도 이런 패턴에서 벗어날 수 있도록 돕는 일은 팀 코치들에게 중요한 과제다. 수평적 역량 개발과 수직적 역량 강화가 결합된 규모에 맞는 팀 코칭은 조직 전반의 리더들이 이러한 뒤틀린 패턴에서 벗어나, 개인, 팀 그리고 조직을 고성과로 이끄는 행동 논리와 함께 고품질의 유용한 학습으로 활용하는 데 도움이 될 수 있다.

규모에 맞는 효과적인 팀 코칭 설계

복잡한 글로벌 조직에서 규모에 맞는 리더십 팀은 추상적 개념의 끝$^{edge\ of\ abstraction}$에 위치한 온전한 팀이다. 구성원들은 서로 만나거나 함께 일하지 않았을 수도 있고, 관계가 희박할 수도 있고, 타인의 전략, 도전, 요구, 기여에 대한 알아차림이 거의 없을 수도 있다. 또 기하급수적으로 다양하며, 다양한 기능적 관점이 지리적 분산, 문화적 관점, 경력 유지 그리고 리더십 경험과 결합된다. 팀 구성원이 상황을 이해하고, 해결해야 할 선택사항을 식별하기 위해서는, 적용 가능한 해결 논리와 확장의 차이를 이해하고, 존재하는 다양성을 존중하며, 더 발전적으로 고려해야 한다.

위에서 설명한 개발 렌즈를 통해, 규모에 맞는 코칭은 리더십 팀이 필요한 역량, 구조 그리고 프랙티스의 개발이 나타날 수 있는 일련의 현실 관계가 되도록 한다. 규모에 맞게 일하는 코치는(100명의 팀과 함께 일함을 의미) 신중하게 관계 맺은 동료들로 구성된 소규모 그룹을 구성하여, 상호 코칭을 함과 동시에, 스스로 직면한 적응적인 문제에 대한 성찰과 탐구를 통해 개발할 수 있다. 이러한 소규모 그룹 경험을 팀 단위 전체 행사로 보완하면 현지에서 생겨나는 새로운 프랙티스가 대규모 프랙티스 문화로 유입되는 흐름을 강화하는 데 도움이 된다.

한 번은 코칭 활동 중 12명의 리더십 팀과 협력하여 글로벌 조직(12개국) 각 60명의 리더를 10개월 동안 CLIP^{Collective Leadership Impact Program}에 초대했다. CLIP 프로그램은 기술 리더들이 실시간으로 강력한 리더십 활동을 수행하는 동안 적응 능력을 향해 나아갈 수 있는 가교를 만들었고, '계획하고, 긴급한 변화에 적응하며, 예측하고, 적용할 수 있는' 더 탄력적인 문화로 사람들을 진화시켰다. 또 다른 활동으로, 위기상황에서 회복 중인 글로벌 바이오 제약기업이 더 뛰어난 어댑티브 리더십 문화로 성장하도록 규모별 리더십 팀(75명)과 협력하였다. 이와 유사한 계약을 통해 NAT는 높은 수준의 참여를 지원하였고, 역량을 구축하였으며, 전략적으로 조정된 결과를 도출할 수 있는 대규모 팀 코칭의 몇 가지 설계 원칙을 확인했다.

성장 여건을 조성하는 설계 원칙

다차원 컨테이너 그리고 성숙한 코칭 팀

규모에 맞는 리더십 팀 코칭에는 적응형 활동의 다차원 컨테이너^{multi-dimensional container} 역할을 하는 역동적인 코칭 환경을 공동으로 조성하기 위해, 협업 가능하고 발전적으로 성숙한 코치 팀이 필요하다. 컨테이너는 작품이 일어나는 무형의 실제 공간과 한 집단의 잠재력과 가능성을 의미한다. 이는 탐구, 학습 그리고 의미 형성이 발생하는 중첩된 공간 집합으로 생각할 수 있다(Corrigan, 2015). 발전 성숙도란 국지적 학습 목표, 전체 학습 목표, 정의된 학습 우선순위 그리고 장단기 학습 사이의 긴장을 효과적으로 관리함으로써 광범위한 행동 논리를 발휘할 수 있는 능력의 입증을 의미한다.

팀 코칭 컨테이너는 적응형 활동을 수행하는 데 필요한 생산적인 수준의 불균형을 '통제'할 수 있는 강력한 경계를 가진 직무와 학습 환경이다(Heifetz, Grashow & Linsky, 2009; Heifetz & Linsky, 2002). 이러한 '안아주기 환경^{holding environments}(역자 주: 정신분석에서 holding은 '안아주기'로 번역. 안아주는 엄마(1965)에 대한 위니컷의 아이디어에 기반을 둠)'은 현재의 역량을 잘 발휘할 수 있도록 지원하고, 역량을 키우도록 도전하게 하며, 전환을 도울 만큼 오래 머무르게 한다(Kegan, 1982; Kegan & Lahey, 2016). 마지막으로, 행동 논리를 확장하기 위해 설계된 연습을 통해, 구성원들을 현재의 사고와 행동방식에서 '자유롭게 하는 과정'에 초대하여, 각 구성원을 참여시키는 '자유로운 구조^{liberating structures}'이다.

효과적인 팀 코칭 환경은 다양한 수준의 규모로 정의되고, 서로 다른 학습 목표를 지원하도록 설계된 여러 단위의 컨테이너를 통합한다. 그러한 컨테이너 사례는 [표 29.1]에 제시되어 있다.

[그림 29.2]에서는 앞서 언급한 75명의 확장된 리더십 팀과의 협력을 위해 이러한 다양한 요소를 다차원 코칭 컨테이너에 통합하는 방법을 보여준다.

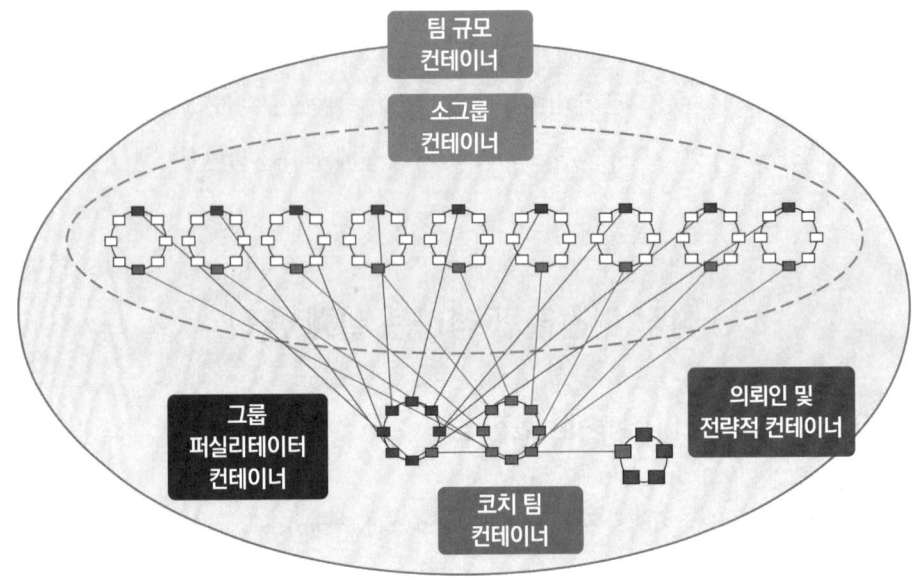

[그림 29.2] 규모에 맞는 팀 코칭을 지원하기 위해 사용되는 다차원 컨테이너의 사례
이 설계에서는 서로 다른 규모의 컨테이너를 관계에 배치하고, 서로 다른 컨테이너의 참가자를 교차cross-pollinated하여 역동적인 팀 코칭 시스템을 구축한다.
출처: Copyright 2017 by Context Consulting. Adapted with permission.

이러한 서로 다른 컨테이너 내부와 외부에서 코치는 다양한 형태의 영향력을 모델링하고 여러 영역에 걸쳐 학습 내용을 공유한다. 예를 들어, 주어진 세션 설계에 대해 코치 팀 컨테이너에서 일방적인 결정을 내리는 한편, 참여자들이 이 설계에 대해 질문하고 영향을 미치도록 초대한다. 별도의 공간에서 그룹 퍼실리테이터를 멘토링하고, 소규모 그룹 컨테이너에서 세션 동안 리더들과 가시적인 형태의 영향력을 공유한다. 코치 팀 공간에서 소규모 그룹 컨테이너가 일관되게 구현이 되도록 세션 기본 규칙을 확립하고, 팀 규모의 컨테이너에서 참여자들이 새로운 형태의 전력을 실험할 수 있는 안전한 공간과 경계를 제공한다. 모든 컨테이너에서 실행되었던 체크인과 체크아웃 프랙티스는 실험 의도를 설정하고 보고하도록 한다. 이러한 영향력 공유와 상호 학습 프랙티스의 결합은 문화의 진화와 더불어, VUCA 환경에서 번영하기 위해 필요한 리더십을 지원한다.

[표 29.1] 다차원 팀 코칭 환경의 컨테이너 유형

컨테이너 유형	설명 및 학습 지원 기능
팀 규모 컨테이너	글로벌 네트워크 전반의 리더들이 모이는 공간이다. 코칭 팀이 주관하는 특정 이벤트(예: 전체 워크숍) 또는 코칭 팀이 확장된 팀이나 리더십 네트워크를 지원하는 누적 접점 세트의 관점에서 생각할 수 있다.
소그룹 컨테이너	특정적, 전략적으로 정렬된 스킬과 역량을 구축하거나 기능 그리고 기타 경계를 넘어 관계 심화하기 등 코치 또는 코칭 팀이 팀의 여러 하위 세트와 협력하는 공간이다.
그룹 퍼실리테이터 컨테이너	코칭 팀과 함께 전체 코칭 과정의 책임을 적시에 조직으로 이양하는 데 관심이 있는 리더들의 역량을 함양하는 공간이다.
의뢰인 및 전략적 컨테이너	역량 강화와 문화 혁신을 위해 전략적으로 정렬된 의제가 그 과정의 연속적인 단계들을 통해 구성, 재구성되는 공간이다.
코칭 팀 컨테이너	다양한 역할(코치, 멘토, 퍼실리테이터, 전략적 파트너, 위원회 커뮤니티 등)을 구별하고 활동할 수 있는 능력을 갖춘 코치가 개인과 집단 활동을 수행하는 공간이다.

역동적 피드백 루프

다차원적인 컨테이너는 코칭 과정이 역량 구축과 문화 변혁의 선두에 머물 수 있도록, 지속해서 스스로 재구성할 필요가 있다. 주어진 변화에 영향받는 참여자와 프로세스가 더욱 많이 분산되어 있기 때문에, 규모에 맞는 코칭은 특히 중요하며 어려운 일이다.

코칭 팀은 피드백이 시사하는 바를 투명하게 수렴하고 개방함으로써, 글로벌/규모의 일관성과 지역/소규모 그룹의 변동성 사이에서 역동적인 긴장을 조성한다. 코칭 팀의 모든 구성원이 수용하는 코칭 프랙티스(예: 공동 코칭 방법론 그리고 소규모 그룹 세션 구조)는 팀 코치와 소규모 그룹 세션(예: 지역적으로 정의된 내용, 소규모 그룹 내 영향력 공유) 참여자에게 영향력을 주기 위해 설계된 프로세스와 통합된다. 이러한 실행은 코칭 세션 내 또는 코칭 세션 간, 코치와 참여자 모두의 실시간 학습과 역량 강화 실험을 장려하고 지원한다.

코칭 팀은 정성적, 정량적 평가, 전체 세션에서의 소규모 그룹 공유 학습, 동료 코칭/실험/보고서 피드백 사이클, 여러 월별 소규모 그룹 세션, 코치 팀 준비와 수집 상담, 지속적인 대화 등 여러 역동적 피드백 루프와 프로세스로 작업하는 것이 이상적이다. 참여자와 후원자와 함께 어떤 새로운 역량이 등장하는지 알아보고 코칭 환경과 실행 모두를 발전시켜 문화에서 새로운 우위를 지속해서 창출한다. 행동 논리에 상관없이, 모든 팀 구성원이 심리적 안전감을 배양하는 방식으로 피드백을 받아 활동하겠다는 다짐이 프로세스에 대한 신뢰와 헌신으로 이어지는 에너지를 만들어낸다. 예를 들어, 소규모 그룹 세션 뒤 코치들에게 수집한 통찰력은 시스템 전반의 학습을 촉진하면서 비밀을 유지하기 위해 주제별 형태로 후원자들과 공유된다.

[그림 29.3]은 수년간 코칭 활동에서, 리더의 활동 영역(직장) 실험과 소규모 그룹 세션에 대한 팀 코치의 성찰을 통해 생성된 피드백이, 어떻게 시스템으로 피드백되어 향후 몇 달간 소규모 그룹 세션 설계와 학습 목표를 알려주는지를 보여준다.

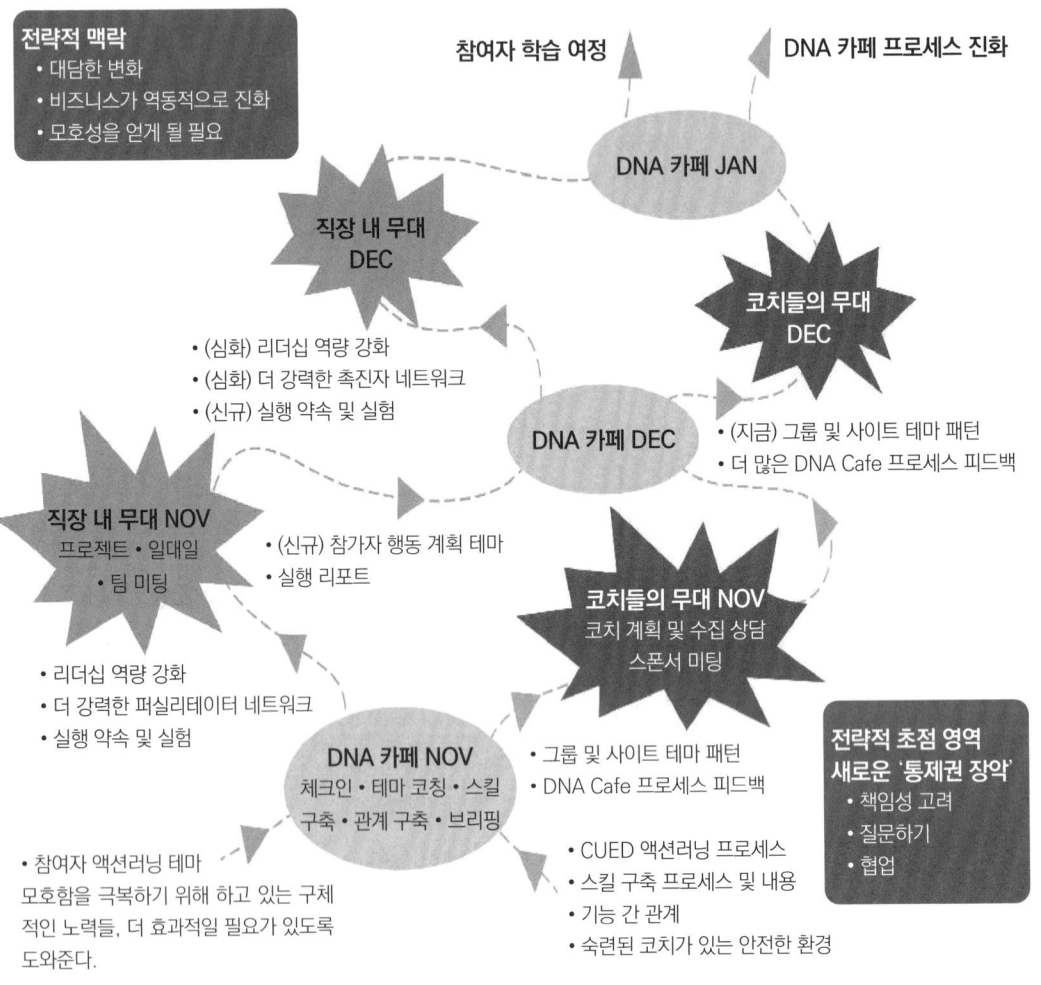

[그림 29.3] 역동적 피드백 루프를 사용하여 규모에 맞는 다년 코칭 계약을 위한 코칭 시스템의 긍정적인 발전을 알리는 방법의 사례

출처: Copyright 2017 by Context Consulting. Adapted with permission.

이러한 피드백 루프를 통해 수집된 자료는 코칭 팀이 시행하는 변화에 대한 효과적인 우선순위 지정 그리고 참여에 관한 정보를 제공하기 위해, 중간 조사와 고객 전략 토론을 통해 수집된 통찰력으로 각각 분석되었다. 참여 2년차에 이러한 채널을 통해 생성된 피드백은, 팀 코칭 참여를 액션러닝 기반 역량 구축 시스템에서 실험적인 집단적 영향 이니셔티브로 전환하도록 촉진했다. 이 실험을 통해 배운 점은, 고객이 학습 전이를 평가하는 데 중요한 역할을 했으며, 코칭 팀이 설계의 중점을 근본적으로 전환하는 통찰력을 창출하게 했다.

콘텐츠 개발 연결

다차원 컨테이너는 여러 진입점과 참여자들을 위한 개발적 가교를 만든다. 달성 가능한 일련의 개발 확장을 통해, 시간이 지남에 따라 개인과 집단 잠재력의 전개를 지원한다. 소그룹 컨테이너에서 참여자들과 함께 일하는 개별 코치는 특정 행동 논리 및/또는 확장된 행동 논리로의 전환을 모델링하고 장려하거나 경우에 따라 특정 행동 논리에 근거한 행동과 가정을 지시함으로써 통합을 촉진할 수 있다. 확장을 지원하기 위해, 코치는 그룹의 구성원 가운데 한 명이 그룹 퍼실리테이터 역할을 하도록 권장하는 등 이후의 행동 논리에 기반을 둔 행동을 확대하고 지원할 수 있다. 그룹 퍼실리테이터는 역량을 가진 사람들에게 매력적으로 확장된 책임을 지니며, 이를 위해 멘토링하고 '유지^{holding}'하는 책임을 적시에 이행하기 위해 노력하며, 조직 자체에 위임한다.

팀 코칭 사례, 훈련 그리고 개입은 참여자가 어디에 있든 참여자와 합류하고, 가장 신뢰할 수 있고 내재화된 행동 논리를 포함하여 사용 가능한 기술과 역량을 더 효과적으로 배치할 수 있는 방법을 찾는 데 도움이 될 수 있으며, 동시에 팀의 한계를 시험할 수 있다. 이러한 습관적인 접근 방식을 통해 더 광범위하고 유연한 기능을 확장할 수 있다. 이러한 코칭 실무 사례는 다음과 같다.

- 둘 다 초대하고 모델링하며, 이미지와 기타 기술을 사용하여 복잡한 환경에서 나타나는 양극성을 가시적으로 나타낼 수 있다. 고위 리더십 팀이 씨름하는 양극성에는 지식인과 질의자, 계층과 네트워크, 계획과 긴급한 프로세스, 기술적 문제와 적응적 과제, 기능 전문가와 협업 학습자 등이 포함된다. 리더십 팀이 이러한 양극성에 관해 생각하는 방식을 일괄적으로 재구성하도록 코칭하면, 리더, 소속 팀 그리고 문화를 경계하는 행동 탐구$^{action\ inquiry}$ 상태로 전환할 수 있다. 즉 대립 팀은 선택이나 경쟁 중의 선택사항이 아니라 더 전체적인 이

해를 촉진하는 진입점으로 여겨진다. 전체 시스템의 개별 그리고 통합 활동 선택사항을 공동으로 창조한다. [그림 29.4]는 리더십 팀이 '상대'를 더 크고 포괄적인 전체의 상호 의존적 요소로 재구성하는 데 도움을 주기 위해 이미지를 사용한 방법 가운데 한 가지이다.

[그림 29.4] 팀 코치가 참가자가 양극성을 재구성하는 데 도움을 주기 위해 이미지를 사용하는 방법의 사례이다. 이 경우에, 계층적이고 네트워크화된 조직 구조는 더 크고 역동적인 시스템의 상호 의존적인 요소로 묘사된다.
출처: Copyright 2017 by Context Consulting. Used with permission.

- 행동에 대한 CUED 방법과 같은, 개발 기반 동료 코칭 프로세스를 도입하여 안전하고 강력한 진입 지점과 용기를 내어, 리더가 당면한 어려운 딜레마를 해결하는 데 필요한 맥락, 가정, 가치, 잠재력 그리고 접근 방식의 변화를 탐색하도록 지원한다. 이러한 프로세스는 리더 팀 전체에 동시에 도입될 때, 구성원들에게 공동의 언어와 신뢰할 수 있는 접근 방식을 제공하여 그룹이 나아갈 최선의 길을 찾도록 돕는다. 리더십 문화 내에서 구체적인 동료 코칭 프랙티스가 정상화되면, 상호 지지적인 새로운 상호작용 습관이 형성되어, 공동 연구 프랙티스가 제도화되고 팀 코칭 역량을 조직 자체에 이전하는 데 기여한다. 예를 들어, 우리는 때때로 리더들이 대규모 글로벌 팀의 동료 구성원으로부터 'CUED'를 경험하고 나서, 그 깨달음으로 충격을 받아 더 조율하고 세심한 상태로 작업하게 되었다는 이야기를 공유받곤 한다.
- 모든 역량 수준을 수용하는 여러 진입점을 지닌, 성찰적 방법론에 기반을 둔 기술 향상 훈련을 제공한다. 이를 통해, 팀 구성원은 안전한 환경에서 자신과 팀 구성원의 근본적인 동기 그리고 정신 모델(예: 적응적 과제와 기술적 과제를 구별하고, 문제해결 프레임에서 긍정탐구 프레임으로 전환하기)을 반영하는 특별한 경험을 쌓게 된다.

이러한 프랙티스와 기타 방법들은 발달 다양성을 존중하고, 시간이 지남에 따라 지역과 글로벌 영향력의 영역에서 나타나는 적응형 도전을 충족시키는 능력을 배양하는 특정한 형태의 심리적 안전을 만든다.

규모에 맞는 팀 코칭: 개발 시스템

오늘날 VUCA 환경에서 효과적인 해결을 강화하는 데 필요한 사회 시스템의 종류(협력 팀, 글로벌 상호 네트워크)는 기존 행동 논리에 의해 알려진 사회적 프랙티스에서 구성되지만, 그러한 사회 시스템은 거의 존재하지 않는다. 하나의 이유는 오늘날 팀과 조직(예: 이윤 주도 기업 문화, 성과 지향 사회 문화, 결과 중심 팀 문화)에 내재한 더 큰 시스템과 패러다임은 그 자체로 더 복잡한 조직 가능성을 장려하거나 모델링하지 못하는 전통적인 행동 논리의 특징이 있기 때문이다(Drath, 1990; Torbert, 1978; Torbert & Associates, 2004). 리더십 효과성을 높이는 방안으로, 리더들은 스스로 복잡성에 대한 수용력 capacity for complexity 을 키우기 위해 힘겹게 나아가고 있다.

오늘날 소수의 팀과 조직만이 전통적인 형식과 논리를 넘어서는 이유는, 역경을 이겨내고 적응력을 개발하는 리더, 그리고 지속적인 성장을 촉진하기 위해 가장 유용한 종류의 지원과 도전을 제공하는 복합적 사고능력을 가진 동료를 찾기 어렵기 때문이다. 사실, 자신의 아이디어에 완전히 참여할 수 있는 동료나 리더는 보이지 않거나, 오해를 받거나, 갇혀 있는 느낌을 받는다는 사실이 기존 리더들의 공통된 불만이다(Drath, 1990; Yeyinmen, 2016). 이는 적응력이 부족한 조직의 중간 단계 리더들에게 특히 도전이 된다.

위에서 설명한 역동은 글로벌 리더십 팀이 접근 가능한 개인적 역량과 팀이 지닌 지배적인 가정 사이에서 무엇을 해야 하는지와 팀이 집합적으로 무엇을 할 수 있는지 사이의 간극을 넓히게 된다. 규모에 맞는 리더십 팀과 전략적 맥락에서 일하는 코치는, 적응적 역량의 성장을 향해 나아가는 리더를 더 잘 지원하여, 자연스러운 지원이 없을 때 효과적으로 적용하는 동시에, 이러한 역량을 더 많은 팀 구성원들에게 확대한다.

규모에 맞는 팀 코칭은 리더가 직면한 요구사항의 복잡성을 충족시키는 능력과 네트워크 리더십 팀과 어댑티브 리더십 문화와 같은, 더 복잡하고 통합적인 형태로 성장을 더 잘 지원하고 알아차릴 수 있는 시스템의 수용력을 동시에 개발하는 강력한 방법이다. [그림 29.5]는 이러한 서로 다른 성장 경로를 시스템과 구성원의 수용력을 발전시켜 복잡성을 이끌어가는 것을 목표로 하는 규모에 맞는 개발 시스템의 요소를 보여준다.

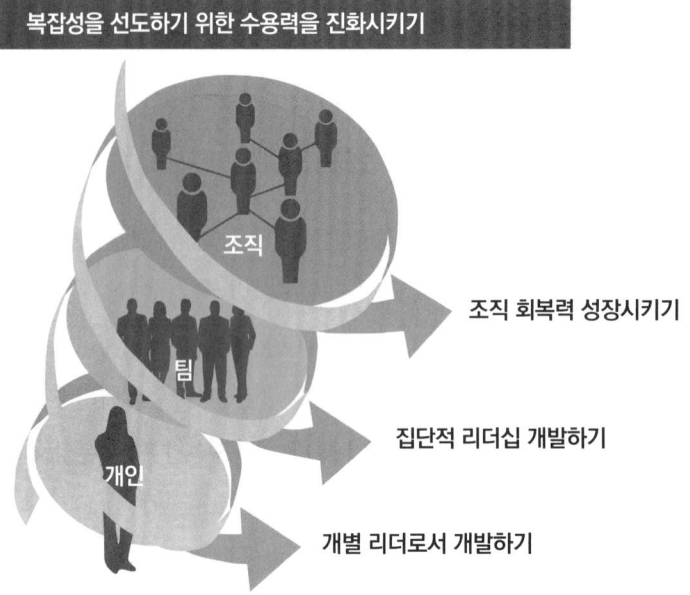

[그림 29.5] 단계별 개발 시스템으로서 대규모 팀 코칭
출처: Copyright 2012 by Context Consulting. Used with permission.

어댑티브 리더십 문화를 향하여

위에서 설명한 원칙과 프랙티스를 통합하는 규모에 맞는 팀 코칭 방법은 팀이 어댑티브 리더십 문화가 출현할 수 있는 환경을 조성하는 데 도움이 된다. 이러한 문화는 리더 개발하기가 '우리가 여기에서 일하는 방식'이 다음과 같은 관행을 포함하는 현실을 점점 더 구체화함에 따라 점진적으로 형성된다.

- 의사결정은 일방적, 물류적, 변혁적 힘이 얽힘으로써 이루어진다.
- 언어는 옹호, 조사, 그리고 (재)구조화에 사용된다.
- 대화에는 토론, 대화, 그리고 발견이 포함된다.

- 성장은 멘토링, 코칭, 그리고 학습 커뮤니티를 통해 촉진된다.
- 갈등은 탁월성을 위한 지렛대로서 생성적이다.
- 실수는 취약성을 예측할 수 있는 기회이다.
- 상호작용에는 조정, 협력, 협업이 포함된다.

특히 어댑티브 리더십 문화는 통제 문화나 권한 부여 문화와 같은 전통적인 형태의 문화보다 더 광범위하고 포괄적이며, 더 복잡하고 통합적이다([그림 29.6] 참조).

문화의 확장과 함께 리더와 다른 사람들은 중요한 사회적 역동을 이해하고 개입하고, 이를 확대할 수 있는 방법을 이끈다. 예를 들어, [표 29.2]는 우리가 제공한 하나의 규모에 맞는 팀 코칭 프로그램에 참여한 리더들이 공유한 성찰의 진척을 보여준다.

조직 전체의 리더들이 경험하는 이러한 성장은 VUCA 상황과 운영 규모면에서 더 효과적인 의사결정과 행동을 요구하고 지지하는 어댑티브 리더십 문화의 출현을 반영하고 촉진한다.

[표 29.2] 규모에 맞는 팀 코칭에 참여한 리더의 반응

내가 세상을 바라보는 경계가 넓어지고 있다.
나는 매우 빠른 환경에서 속도를 줄이고, 성찰하고, 더 나은 결정을 내릴 수 있다.
나는 질문하고, 어떤 사안의 많은 면을 바라보게 되었고, 다른 사람들이 스스로 답할 수 있도록 돕는다.
이는 내가 사이트를 이끄는 많은 반대 세력 사이의 긴장을 더 잘 파악하는 데 도움을 준다.
나는 차이점을 더 잘 이해하고 관리해야 한다.
나는 정답을 찾는 데에는 관심이 없고, 덜 명백한 답으로 문제를 해결하고자 한다.
관계 형성과 타인에 대한 평가는 진정한 협력 환경을 조성한다.

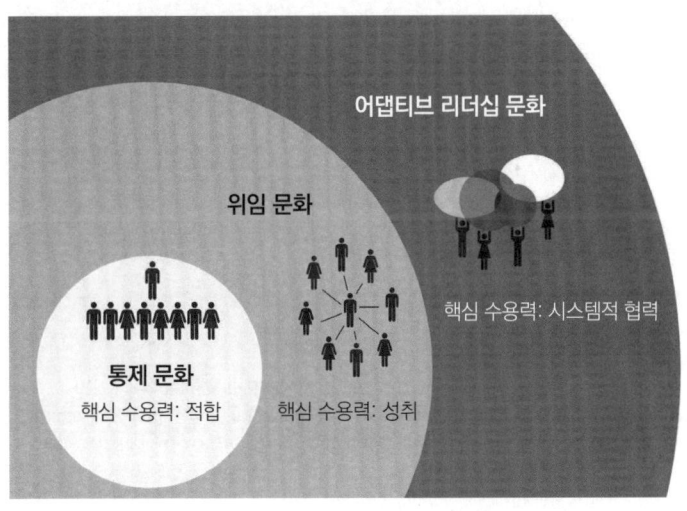

[그림 29.6] 어댑티브 리더십 문화의 광범위한 특성.
출처: Copyright 2013 by Context Consulting. Used with permission. Inspired by Drath and Palus (1994).

Notes

1. Collective Leadership Impact Programme (CLIP). Copyright 2017 by Context Consulting.
2. CUED Coaching Method. Copyright 2014 by Context Consulting. Used with permission.

참고문헌

Action Inquiry Associates (2015). Global Leadership Profile Report.
Corrigan, C. (2015). Hosting dialogic containers: A key to working with complexity. In G. R. Bushe & R. J. Marshak (Eds.), *Dialogic organization development: The theory and practice of transformational change*. San Francisco, CA: Berrett-Koehler.
Drago-Severson, E. (2009). *Leading adult learning: Supporting adult development in our schools*. New York, NY: Corwin.
Drath, W. (1990). Managerial strengths and weaknesses as functions of the development of personal meaning. *Journal of Applied Behavioral Science, 26*(4), 483–499.
Drath, W., & Palus, C. (1994). *Making common sense: Leadership as meaning making in a community of practice*. Greensboro, NC: Center for Creative Leadership.
Heifetz, R. (1994). *Leadership without easy answers*. Cambridge, MA: Harvard University Press.
Heifetz, R., Grashow, A., & Linsky, M. (2009). *The practice of adaptive leadership: Tools and tactics for changing your organization and the world*. Boston, MA: Harvard Business Press.
Heifetz, R. A., & Linsky, M. (2002). *Leadership on the line: Staying alive through the dangers of leading*. Boston, MA: Harvard Business School Press.
Holman, P. (2010). *Engaging emergence: Turning upheaval into opportunity*. San Francisco, CA: Berrett-Koehler.
Hougaard, R. (2016). *One second ahead: Enhance your performance at work with mindfulness*. New York, NY: Palgrave Macmillan.
Kegan, R. (1982). *The evolving self: Problem and process in human development*. Boston, MA: Harvard University Press.
Kegan, R., & Lahey, L. L. (1984). Adult leadership and adult development: A constructivist view. In B. Kellerman (Ed.), *Leadership: Multidisciplinary perspectives*. Englewood Cliffs, NJ: Prentice-Hall.
Kegan, R., & Lahey, L. L. (2016). *An everyone culture: Becoming a deliberately developmental organization*. Boston, MA: Harvard Business Review Press.
Leitch, J., Dawson, M., Wilson, R., Lancefield, D., & Rooke, D. (2015). *The hidden talent: Ten ways to identify and retain transformational leaders*. Birmingham, AL: PriceWaterhouseCoopers.
McCallum, D. (2008). Exploring the implications of a hidden diversity in group relations conference learning: A developmental perspective (Doctoral dissertation). Retrieved from ProQuest Social Sciences Premium Collection.
McChrystal, S. (2015). *Team of teams: New rules of engagement for a complex world*. New York, NY: Penguin.
McGuire, J. B., & Rhodes, G. B. (2009). *Transforming your leadership culture*. San Francisco, CA: Jossey-Bass.
Nicolaides, A. (2015). Generative learning: Adults learning within ambiguity. *Adult Education Quarterly, 65*(3), 179–195. doi:10.1177/0741713614568887.
Rooke, D., & Torbert, W. R. (1998). Organizational transformation as a function of the CEO's developmental stage. *Organization Development Journal, 16*(1), 11–28.
Rooke, D., & Torbert, W. R. (2005, April). Seven transformations of leadership. *Harvard Business Review*, 67–76.
Torbert, W. R. (1978). Educating toward shared purpose, self-direction and quality work: The theory and practice of liberating structure. *The Journal of Higher Education, 49*(2), 109.
Torbert, W. R. (1989). Leading organizational transformation. In R. W. Woodman & W. A. Pasmore (Eds.), *Research in organizational change and development* (vol. 3). Greenwich, CT: JAI.
Torbert, W. R. & Associates (2004). *Action inquiry: The secret of timely and transforming leadership*. San Francisco, CA: Berrett-Koehler.
Torbert, W. R., Livne-Tarandach, R., McCallum, D., Nicolaides, A., & Herdman Barker, E. (2009). Developmental action inquiry: A distinct integral theory that actually integrates developmental theory, practice, and research. In S. Esbjörn-Hargens (Ed.), *Integral theory in action: Applied, theoretical, and constructive perspectives on the AQAL model*. Albany, NY: State University of New York Press.
Yeyinmen, K. C. (2016). Uses of complex thinking in higher education adaptive leadership practice: A multiple case study (Doctoral dissertation). Harvard Graduate School of Education, Cambridge, MA.

30장. CDAI 및 GLP를 통한 팀 코칭

저자: 카라 밀러Cara Miller, 빌 토버트Bill Torbert, 낸시 월리스Nancy Wallis, 캐런 C. 예인맨Karen C. Yeyinmen

역자: 박준혁

이 장에서는 협력적 개발 행동 조사Collaborative Developmental Action Inquiry(CDAI) 이론(이하 CDAI), 연구방법 및 실습(Erfan & Torbert, 2015; Taylor, 2017; Torbert, 1991, 2013; Torbert & Associates, 2004)이 코칭과 컨설팅을 통해 리더, 팀, 조직을 평가하고 변화시키는 데 어떻게 사용될 수 있는지를 설명하고자 한다. 이론을 간단히 소개한 다음, 팀 코치들이 CDAI와 글로벌 리더십 프로파일Global Leadership Profile(GLP)를 활용하여 팀과 구성원의 학습과 성과 목표를 촉진한 두 가지 사례를 소개한다.

CDAI와 관련된 이론, 연구방법 및 실습은 개인, 팀, 조직의 1인칭, 2인칭, 3인칭 연구를 수행하는 것까지를 그 범위에 둔다(Chandler & Torbert, 2003, Torbert, 2000). 현대 과학은 과학 출판의 목적과 일반 지식 기반(참가자의 연구 및 실습 능력의 향상을 위한 것이 아니라)

카라 밀러 Cara Miller: 카라는 리더십 형성, 조직 변화, 성인 발달과 학습 심리학 분야의 저자, 교수, 코치이자 컨설턴트이다. 카라는 프린스턴 테오 논리 신학교에서 의학박사 학위를, 샌디에이고 대학교에서 박사 학위를 받았다.

빌 토버트 Bill Torbert: 빌은 보스턴 칼리지의 리더십 명예 교수, 글로벌 리더십 어소시에이츠 Ltd.의 교장, 행동 조사 펠로우십 멤버이다. 이전에는 예일, 서던 감리교 대학교, 하버드 대학교에서 가르쳤다.

낸시 월리스 Nancy Wallis: 월리스는 조직 리더십 박사 학위와 조직 개발, 경영 관리 및 공중 보건 석사 학위가 있는 리더십 학자로 리더와 팀을 가르치고 상담하며 코칭하고 전략적 의도와 조직 문화의 격차를 줄이는 일에 관심이 많다.

캐런 C. 예인맨 Karen C. Yeyinmen: 캐런은 리더십 연구원, 코치, 컨설턴트, 행동 조사 펠로우, 그리고 하버드 비즈니스 리뷰의 편집자 겸 전 공동 의장이다. 브라운 대학교에서 학사, 보스턴 대학 MBA, 하버드 교육대학원에서 EdD를 취득했다.

에 대한 3인칭 연구 모델을 제공한다. 이와는 대조적으로 CDAI는, 혁신적 변화를 위해 필요한 신뢰감의 증진하기 위해 참여자들의 높은 자발적 헌신과 상호 협력 증대를 요구하는 연구 모델로, 자신과 타인에 대한 시의적절한 행동을 제시한다는 특징이 있다.

CDAI의 두 번째 특징은 '외부 현실outside reality'을 연구가 이루어지는 '영역territory'으로 간주한다는 점이다. CDAI는 현재 듣고 추적할 수 있는 네 가지의 뚜렷한 '경험의 영역territories of experience'이 있으며, 특정 순간이나 시기에 서로 일치하거나 일치하지 않을 수도 있다고 주장한다. 개인 차원의 네 가지 경험 영역은 (1) 외부 세계, (2) 자신의 감지된 행동, (3) 생각/느낌, (4) 주의/의도 로 구성된다. 그리고 조직 차원의 네 가지 경험 영역은 (1) 조직의 유형적 투입, 산출 및 환경, (2) 운영 또는 성과, (3) 사용 중인 표준뿐 아니라 지지하는 전략과 구조, (4) 비전과 미션으로 구성된다.

CDAI의 세 번째 특징은 진보가 점진적인 단일 고리뿐 아니라 이중 및 삼중 고리 학습에 의해서도 일어난다는 점이다. 행동하고 탐구하는 동안에 위에서 소개한 네 가지 영역(예: 의도하지 않은 결과, 비효율적인 성과, 자신의 무결성과 모순된다고 느끼는 전략)에서 부조화가 발견될 때, 행동 조사는 1인칭, 2인칭 또는 3인칭 시스템을 통해 변화를 위한 세 가지 구별되는 능력을 발생시킨다. 첫째, 신뢰할 수 있는 단일 고리 변화single-loop change를 위한 역량을 숙달할 수 있다. 의도하지 않은 결과는 목표 달성에 대한 우리의 성과 변화를 실험하도록 이끄는 역할을 한다. 둘째, 우리는 때때로 이중 고리 변화double-oop change을 위한 능력도 개발할 수 있다. 이중 고리 변화는 인간 시스템의 제정된 전략 또는 행동 논리가 변환될 때 발생한다. 마지막으로, 삼중 고리 변화triple-loop change는 인간 시스템이 참여 방식way of attending을 바꿀 때 발생한다. 실행 부조화에서 자신을 보호하거나 맹목적으로 방어하기보다는, 개인이나 조직의 미션, 전략, 성과 사이에서 성실/윤리integrity에 기반한 지속적인 몰입을 바탕으로 적극적인 해결책을 찾는다.

CDAI의 네 번째 특징은 [표 30.1]에 요약된 개발 이론이다. 이 이론은 인간 시스템이 활동의 네 가지 영역을 감시하고, 그들 사이의 일치성과 윤리의식을 개발하는 능력을 얻으면서 변화할 수 있는 (하지만 그렇지 않을 수도 있는), 행동 논리학의 연속적인 순서sequence를 가정한다. [표 30.1]에 언급되어 있는 이 이론에 따르면, 우선 성취자/시스템적 생산성 행동 논리achiever/systematic productivity action-logic에서 단일 고리 학습을 위한 신뢰성 있는 역량을 개발하고, 그 다음으로 변혁/협력적 조사 행동 논리transforming/collaborative inquiry action-logic에서 의도적인 이중 고리 학습을 위한 역량을 개발하며, 마지막으로 연금술사/기본 공동체 행동 논리alchemist/

foundational community action-logic에서 삼중 고리 학습을 위한 역량을 개발한다. 이후의 개발 행동 논리로 각각 변환하는 것은 전략/구조/행동 패턴의 이중 고리 변화이다.

개발 행동 논리의 3인칭 심리측정학 척도인 GLP은 CEO, 컨설턴트 또는 코치가 자신들만의 이중 고리를 발전시켰는지, 변혁적 학습, 타인의 이중 고리 지원, 수직적으로 학습vertical learning하고 성공적으로 조직 변혁을 이끌었는지 등을 예측하는 데 높은 타당성과 신뢰성을 보여주었다(Torbert, 2013, 2017; Torbert & Associates, 2004). 많은 실증 연구는 변혁/협력적 조사 행동 논리에 도달한 소수의 리더와 조직만이 자신과 타인의 혁신을 위한 조건을 안정적으로 조성할 수 있다는 것을 보여준다(Bushe & Gibbs, 1990; Fisher & Torbert, 1995; Manners, Durkin & Nesdale, 2004; Merron, Fisher & Torbert, 1987; Rooke & Torbert, 1998; Torbert, 2017; Torbert & Fisher, 1992).

[표 30.1] 개인-조직 개발간 행동 논리action logic의 유사점

개인 개발	조직 개발
1. 충동적 충동이 행동을 지배	1. 구상 새로운 조직을 만드는 꿈
2. 기회주의자 욕구가 충동을 지배	2. 투자 영적, 사회적 및 재정적 투자
3. 외교관 규범이 욕구를 지배	3. 법인 실제로 만든 제품 또는 서비스
4. 전문가 정교한 논리가 규범을 지배	4. 실험 테스트한 대안적 전략 및 구조
5. 성취자 시스템 효과성이 정교한 논리를 지배	5. 체계적 생산성 단일 구조/전략 제도화
6. 재정의 반사적 의식이 지배	6. 소셜 네트워크 차별화된 조직 구조 효과성 포트폴리오
7. 변혁 자체 개선 원칙이 반사적 의식을 지배.	7. 협력 조사 꿈/미션과 일치시킨 자체 개선 구조
8. 연금술사 상호 프로세스(공동체 구조의 상호작용 실패, 정신은 더 넓은 원칙과 행동을 유지)	8. 기본 공동체 규칙 원리
9. 풍자 작가 세대 간 개발이 상호 프로세스를 지배	9. 학문 자유화 생산성과 혁신적 학습을 장려하는 구조

출처: Torbert & Associates(2004)에서 각색

GLP는 정량적으로 점수를 매기고 정성적으로 분석하는 문장 완성 테스트로, 35페이지 분량의 보고서가 생성된다. 예비 행동 논리를 진단하고, 참가자의 구체적인 응답에 대한 400단어 분량의 해설을 작성한 뒤, CDAI 연구에 기반을 둔 구체적인 리더십 개발 목표가 제시된다.

참가자들은 피드백과 코치의 디브리핑 설명을 받기 전에 스스로를 평가해야 한다. GLP를 사용하고자 하는 코치가 인증 획득 전에 행동 조사 및 GLP 워크숍에 참석해서 여러 차례 진행되는 수퍼비전을 받아야 한다.

다음으로는 CDAI와 GLP를 팀 코칭 상황에서 사용하여 코칭 개입을 구체화하고, 개인과 팀이 더 혁신/협업적인 운영 방식으로 성장할 수 있도록 지원하는 방법을 보여주는 두 가지 사례를 제시하고자 한다. 첫 번째 사례는 피터 힐Peter Hill이 GLP 인증을 받기 위해 수련하는 동안 작성되었다. 두 번째 사례는 낸시 월리스Nancy Wallis가 글로벌 바이오 제약 회사에서 기술적으로 훌륭하지만 화를 잘 내는 고위 임원을 코칭한 경험을 바탕으로 작성했다. 두 가지 사례 모두, 작성자의 허락을 받았고, 챕터 저자의 성찰 내용을 포함시켰다.

CDAI/GLP 개인, 팀 및 조직 코칭의 첫 번째 사례

최근, 평판이 좋은 대출 중개업의 소유주 겸 CEO가 GLP를 실시한 후, 그의 임원들을 지도하기 위해 나를 초대했다. 그는 곧 오토바이를 타고 위성 전화를 손에 쥔 채 캘리포니아를 출발하여 라틴 아메리카의 7개 고아원으로 가는 4개월간의 자선 홍보 여행을 떠날 예정이었다. 그가 선임한 두 명의 임원은 그가 부재중일 때 사업을 맡아 관리하게 되었다. 한 명은 사업을 운영하고 다른 한 명은 대출을 담당하였는데, 주도권은 젊은 사업 운영 임원이 쥐게 되었다. 내가 관찰한 바로, 사업 운영을 맡은 젊은 여성 임원은 관점과 스타일 면에서 CEO와 비슷했다. 반면, 대출 담당 임원은 조용하고 겉으로는 내성적이며 사려 깊어 보였다.

GLP를 완료한 뒤, 세 사람은 모두 성취자 행동 논리achiever action-logic 성향을 가진 것으로 밝혀졌지만, 미묘한 차이점이 있었다. CEO는 새로운 변신의 냄새를 풍기며 '재정의redefining'로 판정을 받았고, 그의 전형적인 대체자로는 전문가expert로 판정 받았다. 임시 지도자로 임명된 그 젊은 여성은 성취자 영역에서 고득점을 받았고, 역시 대체자는 전문가 영역에서 고득점을 받았다. 대출 담당 임원은 초기 재정의와 성취자 영역이 뛰어났고 대체자는 외교관diplomat이었다. 그들 모두는 주어진 예비 포지션에서 자기를 평가했다.

내가 그들을 직접 만났을 때, 그들은 코칭 세션에 대해 좋은 반응을 보였다. 대출 담당 임원과 만나서는 그의 재정의 행동 논리에 관해 논의했는데, 대출 담당 임원은 "드디어

누군가가 나를 보았다."라고 대답하기도 하였다. 우리가 속성, 기회 및 도전에 관해 논의했을 때, 그는 이 대화를 통해 리더십을 더욱 완전하게 발휘할 수 있는 개발 기회를 발견하였다. 그는 분명히 그의 가족과 교회 공동체의 지도자였다. 직장에서는 대체로 수동적이었고, 젊고 활기차고 똑똑한 동료에게 압도당한다고 느꼈다. 그의 모습에서 지도자는 보이지 않았다.

사업 운영 임원 또한 GLP에 매료되었다. 그녀가 생각한 자신에 대한 인식은 GLP 결과와 거의 완전히 일치했다. 사실, 그녀는 왜 대출 담당 임원이 더 이상 나서지 않았는지 궁금해하고 있었다. 사업운영 임원은 대출 담당 임원을 매우 존경하고 있었고, 협력적으로 대화하기를 원했다. 사업 운영 임원은 마감일을 지키고 일을 완수하는 데서 본인의 강점을 보았고, 어떤 일에 대해 문제 제기하는 데는 거의 관심이 없었다. GLP에서의 제안은 그녀가 그간 소홀히 했던 '사람들을 깊이 돌보기'였는데, 그녀는 시간과 비용이 너무 많이 들고 일을 완수하지 못하는 대가를 치르게 될 것이기 때문에 참석하지 않았다고 하였다. CEO에게는 잠재된 변혁적 행동 논리transforming action-logic가 등장하고 있었으며, 자신의 큰 여행이 변화를 만들 용기의 증거라는 위안을 받았다. 그는 자신의 대체 전문가를 보고 웃으며 "신뢰감을 느낀다."라고 말했고, 자신의 발전 기회로 보았다. 나는 CEO에게 임원들을 어떻게 생각하는지 물었다. 그리고 대출 담당 임원에 대한 그의 내적 편견을 살펴보고 싶었다.

세 사람 모두 자신의 프로파일에 대한 공동 코칭 대화에 동의했다. 이어지는 대화 중에, 나는 CEO가 그의 전 직원들에게 어떤 식으로든 리더십 이양에 대해 전달하지 않았다는 것을 알게 되었다. 나는 CEO에게 두 임원의 대화 줄거리를 바꾸고, 그들에게 발표하고 과정을 관리할 기회를 주도록 권했다. CEO는 두 임원을 살펴볼 수 있는 기회로 생각했다. 두 임원과 (1) 리더십에 대한 질문, (2) 전사 복지에 영향을 미치는 도전 과제에 관해 논의하였다.

CEO는 여행을 떠났고, 변화를 잘 처리한 것으로 인정받았다. 새롭게 재정의된 대출 담당 임원은 동료 임원과 함께 눈에 띄는 공동 리더 역할을 하면서 빛을 내며 편안함을 느끼고 있다. CEO는 인수인계 프로세스의 변화, 인수인계의 성공, 그리고 이에 따른 지도자로서의 영예가 GLP와 후속 코칭 세션이 있었기 때문에 가능했다고 말했다.

성찰 reflection

이 사례는 구성원 가운데 한 명이 전 과정을 목격하고 수퍼비전을 했기 때문에 신뢰할 만하고, 경험과 일치하는 성찰을 발견했다는 면에서 유용하다. 이 사례는 세 명의 구성원이 자신에 대한 이해와 자신의 능력을 바꾸려는 의지에 상당한 영향을 준 성공적인 개입을 보여준다. 또 처음으로 그들을 '협력적인 결정을 내리는 팀'으로 만들었다. 코칭/컨설팅 개입이 성공한 이유는 무엇인가? 첫째, 의심할 여지없이 코치 자신이 경영진에 대한 인식과 진단에 대한 전문적인 질문을 통해 중재한 노련한 전문가였기 때문이다. 둘째, GLP의 자체 추정 기능(행동 논리뿐만 아니라 한 사람의 선행 및 예비 행동 논리)은 진단 프로세스를 더 대화적이고 상호적이며 명확하게 만들었다. 자체 추정과 GLP 진단 방법이 서로 일치하지 않는 상황은 향후 추가 실험을 위한 좋은 자료가 되었다. 셋째, 임원 세 명의 GLP 점수가 서로 얼마나 가까웠고, 그 중 두 명의 임원이 재정의 자질을 보여줬다는 사실이 그룹으로 토론하는 것을 더 용이하게 하였다. 만약 세 명의 임원이 외교관, 전문가, 성취자로 특성이 모두 달랐다면 어려웠을 것이다. 마지막으로, 이 회사의 규모, 연혁 또는 전반적인 조직 구조에 대한 정보는 없지만, 컨설팅 개입으로 인해 적어도 CDAI에서 정의한 조직 혁신의 첫 번째 단계, 즉 통합에서 실험으로의 전환이 이루어졌을 가능성이 크다.

CDAI/GLP 개인, 팀 및 조직 코칭의 두 번째 사례

올해 초, 나는 300억 달러 매출 규모를 가진 글로벌 바이오 제약회사에서 암과 혈액 기반 질병 치료를 위한 약을 설계하고 생산하는 훌륭하고, 참여적이며, 강인한 제조/품질 부문의 리더인 해롤드의 코치로 선정되었다. 해롤드는 20년 동안 회사 소유권, 기업 전략 및 문화, 고위 리더십의 몇 가지 중요한 변화에서도 살아남은 인물이었다. 세월이 흐르면서 그는 기술적, 규제적 난제를 해결한 탁월한 업적을 가진 전문 과학자로 높이 평가받게 되었다. 오늘날 그는 어떤 한 부서나 직무를 초월하여 중요한 자산과 기업 평판을 위태롭게 하는 복잡한 문제가 발생할 때 자문하는 사람으로 조직 내에서 인식되고 있다.

해롤드는 몇 가지 이유로 외부 리더십 코치의 후보가 되었다. 회사는 해롤드의 깊은 경험과 통찰력을 필요로 했지만, 그의 행동과 주도성에 대한 주변 반응에 지쳐갔다. 그는 항상 옳은 조언을 했지만, 자주 까다롭다는 평판을 얻고 있었다. 그는 회의에서 강하고, 직설적이며, 때로는 냉소적인 발언을 하며 동료들을 위협하고 있었다.

해롤드는 팀의 열렬한 지지자였고 바보 같은 팀원들을 쉽게 내버려두지 않았다. 그는 구성원들이 지속해서 역량을 발휘하고, 마감일을 준수하며, 목표를 달성하고, 그들의 업무 영역에서 지속해서 배우기를 기대했다. 일부 팀원들은 해롤드의 강한 열정을 높이 평가했고, 나머지 팀원들은 해롤드로 인해 사기를 꺾이고 있었다. 해롤드의 GLP는 그가 성취자 행동 논리라고 제시했고, 다양한 재정의 프레임을 사용하고 있음을 지적했다. 그는 테일러Taylor와 프랜시스Francis가 제공하는 저작권 자료의 주인공이 되기 위해 할 수 있는 모든 것을 하는 데 주력했으며, 고위 리더 역할에서 핵심 원칙과 윤리를 강력하게 옹호하는 사람이었다. 그는 일상적인 회사 운영으로 야기된 문제에 대한 방어책으로 그림자 측면shadow aspects과 사각지대blind spots를 억압한 것으로 보인다. 전사 관점에서 일을 잘할 수도 있었지만, 때때로 그 효과를 제한하는 역할을 하기도 했고, 팀을 낙담시키기도 했다.

GLP를 통해 밝혀진 해롤드의 잠재력은 다음과 같다. 그는 자신을 좌절시킨 도전에 더 건설적으로 대응할 수 있을 만큼의 충분한 능력과 자각이 있었다. 그가 성취자 혁신 개발호achiever-to-transforming developmental arc 내에서 활동하고 있다는 것은 이치에 맞았다. 만약 그가 그의 현재 행동이 기초하고 있는 리더십 행동 논리학leadership action-logics의 발전 지도를 이해한다면, 그는 변혁 행동 논리transforming action-logic와 관련된 행동을 실험할 수 있을 것이다. 그것은 너무 쉬웠다! 그에게 발전 지도를 보여주면서 변혁적 리더들이 하는 일에 관해 대화하고, 그의 팀 구성원들의 리더십을 발전시키는 데 회사의 관심이 높아졌다는 것을 인정하는 것만으로도, 그가 능력을 발휘하게 있게 할 수 있었다. 그는 팀뿐 아니라 조직 전체에 리더십 개발을 지원하는 역할을 하고 싶어 하는 것처럼 보였다. 개발은 거의 선형적이지 않다. 개발의 '까다로움messiness'에 대한 설명은 [그림 30.1]을 참고하라.

성취자 행동 논리는 목표와 관련된 단일 고리 피드백을 환영하지만 목표와 전략 그리고 그림자에는 도전적인 피드백을 환영하지 않는다. 이는 해롤드의 행동에 의해 충분히 사실처럼 보였다. 그의 행동과 태도, 그리고 그의 팀/조직 내에서의 영향 사이의 연관성은 그가 이후에 더 역동적이고 효과적인 리더십을 탐구하도록 하는 발전적 에너지로 작용한 것처럼 보였다. 그는 팀원들에게 발전적 질문을 던지고, 그들의 고유한 요구를 수용하는 방식으로 구성원 리더십 개발을 지원하기로 약속했다.

이제 해롤드는 이전과는 다르게 조직을 끌어가기로 했고, 마치 변혁적 행동 논리의 속

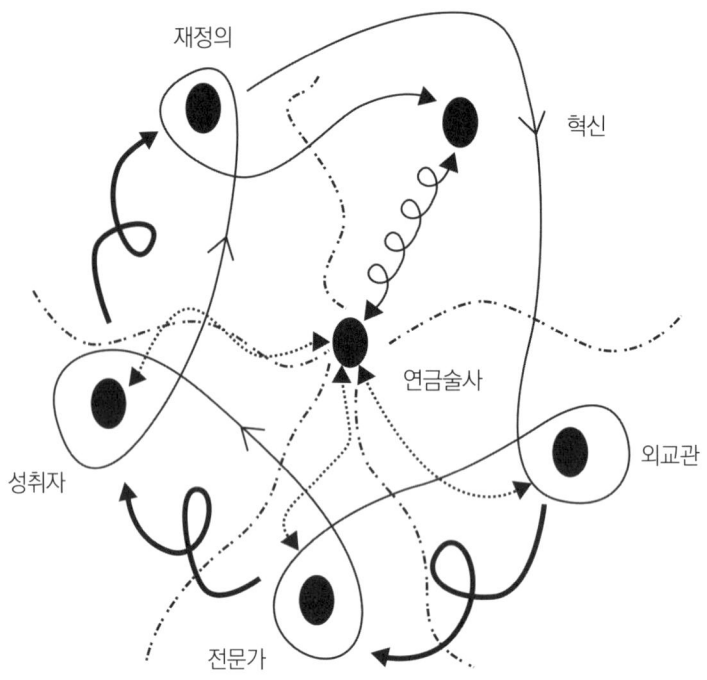

[그림 30.1] 개발의 까다로움messiness을 묘사
출처: Torbert (2004)

성이 항상 그의 안에 있는 것처럼 행동했다. 코칭 과제에서 가장 어려운 부분인 태도 변화는 비교적 빨리 일어났다. 그는 자신의 행동에 대한 책임을 인정했고, 그 영향력도 인정했으며, 새롭고 개선된 리더십을 발휘하는 데 관심이 있었다. 그는 자신과 팀원들의 지속적인 학습을 촉진하고, 팀원들이 잠재력을 발휘하도록 하는 아주 훌륭한 질문들을 할 수 있는 리더십 개발 계획의 초안을 작성했다. 그는 회사 주도의 제도가 지역에 잘 적용되지 못할 때 발생하는 문제를 효과적으로 다루는 방법을 배우고 있다. 그는 학습과 가르침을 얻기 위해 질문하고, 중요하기 때문에 위험성이 크다고 생각했던 부분을 위임하고 코칭하고 있으며, 자신의 리더십에 대한 피드백을 구하는 등의 개선 행동을 하고 있다.

해롤드는 자신의 후배들 가운데 누구도 '예전의 나처럼' 성장하는 것을 원치 않는다는 것을 알고 있었다. 그는 경쟁적이고 빠른 속도로 진행되는, 위험이 큰 환경에서 효과적인 리더십 행동을 발견하기 위해 팀과 이야기를 나누고 모델링을 하는 데 많은 관심을 기울였다. 그는 제품 품질, 생산 효율성 및 주기 시간의 개선을 주도하고 추진하는 9명으로 구성된 팀을 이끌고 있다. 그들은 해롤드를 존경하고 계속 배우고 있으며, 그들의 최첨단 실험실에 대해 모두 자부심을 갖고 있다. 그렇지만 그들은 해롤드가 이전 리더십 스타일을 모방하는 데 대해 양면성을 느끼고 있었으므로 그에게 코칭 요청하는 것을 주저해왔다. 팀원들이 속한 지역 본부, 특히 고위 지도부가 그 결과를 지켜보고 있었다. 코칭 프로젝트의 결과로 해롤드는 더 개방적이고 친절한 어조로 팀과의 상호적인 힘을 사용하기 시작했다([그림 30.2] 참조). 해롤드의 개발 계획을 테스트하고 진전시키기 위한 방법을 함께 작업하는 동안, 우리는 혁신 카드 덱transformations card deck을 사용하여 해롤드가 자신의 개발 궤적을 어떻게 이해했는지 자세히 살펴보았다. 혁신 카드 덱은 70개의 카드 세트로 구성되어 있으며, 각 카드는 CDAI 액션 논리 가운데 하나와 관련된 질문이나 행동을 나타내는 문자 기반 그림과 관련 문구가 인쇄되어 있다. 각 카드 뒷면에는 관련 행동 논리를 식별하는 코드가 표시되어 있다.

개발에 따라 변화하는 행동 논리action-logic의 측면:

	가장 이른 시점(사전 관습)	나중(사후 관습)
피드백:	관심 없음	→ 3개로 이뤄진 루프
권력:	일방적인	→ 상호적이고 변혁적인
사각지대:	그것이 무엇인가?	→ 반영을 착수
유머:	신랄한	→ 독특하고 기발한
톤:	자기 중심적인	→ 개방적이고 겸손하며 친절한
시간:	지금	→ 미래 세대
영적 탐구:	선택사항	→ 내부에서 통합

[그림 30.2] 개발에 따라 변화하는 행동 논리의 일곱 가지 측면
출처: Wallis (2013)

나는 해롤드에게 세 가지 카드를 제시하라고 요청했다. 첫 카드는 유년 시절부터 대학 시절까지([그림 30.3]), 둘째 카드는 초기 커리어에서 중간 커리어까지([그림 30.4]), 마지막 카드는 중간 커리어에서 현재 그리고 몇 년 후 미래까지([그림 30.5])를 나타낸다. 이 과정에서 그는 카드 뒷면에 있는 행동 논리 코드를 알지 못했다. 첫 번째로 그는 외교관에서 혁신에 이르는 다양한 카드를 선택했다. 그의 두 번째 카드는 기회주의opportunist에서 혁신까지를 선택했고, 세 번째 카드는 외교관에서 연금술사까지를 선택했다. 세 개의 카

드 모두에 혁신 카드가 포함되어 있다는 것은 그가 과거의 경험을 새롭게 반영하기 위해 현재의 최신 감각을 사용했다는 것이 반영된 것으로 보인다. 이는 현재 행동들을 이끄는 가정assumption과 정신 모델mental model을 재구성하는 데 도움을 주는, 그리고 새로운 의미의 계층으로 과거를 재현하는 강력한 형태가 될 수 있다.

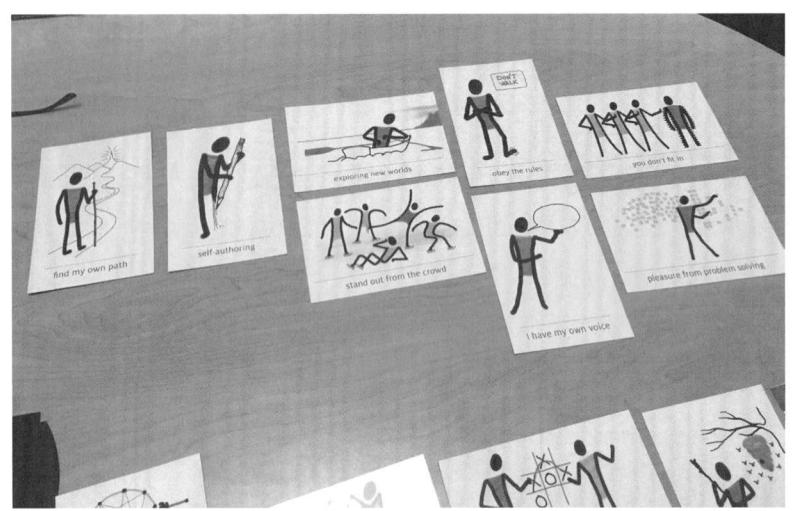

[그림 30.3] 해롤드의 유년 시절부터 대학시절까지의 대표적인 라이프 주기

[그림 30.4] 해롤드의 초기 커리어에서 중간 커리어까지의 라이프 주기

카드를 선택하고 토론한 뒤에, 나는 카드 뒷면에 있는 행동 논리 코드를 살펴보았다. 이를 통해 해롤드가 그의 경력 내에서 어떻게 성장해왔는지, 그리고 특히 올해 어떻게 변해

왔는지를 알 수 있었다. 카드에서 영감을 받은 그의 이야기와 성찰은 본인의 코칭에서 활용했던 성취자 혁신 개발 호를 통해, 그의 움직임에 대한 좀 더 생생하고 실제적인 감각을 제공했다.

[그림 30.5] 해롤드의 중간 커리어에서 현재까지의 라이프 주기

성찰

이 사례는 팀 리더를 위한 성취자-혁신 개발 호에서 수직적, 수평적 리더십 개발의 복잡함을 활용하는 것이 고성과를 창출하기 위해 대규모 팀을 코칭하는 팀 리더의 능력에 얼마나 큰 영향을 미칠 수 있는지를 보여준다(Herdman-Barker & Wallis, 2016). 특히 더 효과적인 팀 리더십을 모델링함으로써 해롤드는 그의 영향력을 증대할 수 있었다. GLP 보고서와 디브리핑 결과에 대한 팀 내 논의와 이후에 실시한 코치와의 논의를 통해 단일, 이중 및 삼중 고리 피드백과 학습 효과가 입증되었다.

개인화된 GLP 보고서, 코치 및 동료들과의 솔직한 토론, 그리고 지지적인 맥락이 학습에 대한 개방성을 가능하게 하였다. 개방성은 느끼고 있는 것을 더 안전하게 표현할 수 있도록 하고, 관련 목소리를 듣고 존중하며, 지속해서 지원하는 협력적인 정신을 포함한다. 이는 개별 리더와 팀 개발에 모두 필수적인 요소로 보인다(Wallis, 2013). GLP 실시 이후, 코치는 MBTI와 정량적 및 정성적 평가를 모두 포함하는 360 다면평가를 실시하도록 제안하였다. 이 코칭 계약의 전반적인 디자인, 흐름 및 시기는 팀원들의 성장도 동시에 지원하도록 설계되었다. 팀원들은 상사인 해롤드의 리더십을 변화시키는 피드백 프로세스를 경험하고 관찰하면서 성장하였다.

참고문헌

Bushe, G., & Gibbs, B. (1990). Predicting organization development consulting competence from the Myers-Briggs Indicator and stage of ego development. *Journal of Applied Behavioral Science, 26*(3), 337-357.

Chandler, D., & Torbert, W. (2003). Transforming inquiry and action: Interweaving 27 flavors of action research. *Journal of Action Research, 1*(2), 133-152.

Erfan, A., & Torbert, W. (2015). Collaborative developmental action inquiry. In H. Bradbury (Ed.), *Handbook of action research* (3rd ed.) (pp. 64-75). London, England: Sage.

Fisher, D., & Torbert, W. R. (1995). *Personal and organizational transformations: The true challenge of continual quality improvement*. London, England: McGraw-Hill.

Herdman-Barker, E., & Wallis, N. (2016). Imperfect leadership: Hierarchy and fluidity in leadership development. *Challenging Organisations and Society Journal, 5*(1), 866-885.

Manners, J., Durkin, K., & Nesdale, A. (2004). Promoting advanced ego development among adults. *Journal of Adult Development, 11*(1), 19-27.

Merron, K., Fisher, D., & Torbert, W. (1987). Meaning making and management action. *Group and Organizational Studies, 12*(3), 274-286.

Rooke, D., & Torbert, W. (1998). Organizational transformation as a function of the CEO's developmental stage. *Organization Development Journal, 16*(1), 11-28.

Taylor, S. S. (2017). William Rockwell Torbert: walk the talk. In D. Szabla, B. Pasmore, & M. Barnes (Eds.), *Palgrave great thinkers of change handbook*. New York, NY: Palgrave.

Torbert, W. R. (1991). *The power of balance: Transforming self, society, and scientific inquiry*. Newbury Park, CA: Sage Publications.

Torbert, W. R. (2000). A developmental approach to social science: Integrating first-, second-, and third-person research/practice through single-, double-, and triple-loop feedback. *Journal of Adult Development, 7*(4), 255-268.

Torbert, W. R. (2013). Listening into the dark: An essay testing the validity and efficacy of collaborative developmental action inquiry for describing and encouraging transformations of self, society, and scientific inquiry. *Integral Review, 9*(2), 264-299.

Torbert, W. R. (2017). The pragmatic impact on leaders and organizations of interventions based in the Collaborative Developmental Action Inquiry approach. *Integral Leadership Review*. August-November.

Torbert, W. R. & Associates (2004). *Action inquiry: The secret of timely and transforming leadership*. San Francisco, CA: Berrett-Koehler.

Torbert, W. R., & Fisher, D. (1992). Autobiography as a catalyst for managerial and organizational development. *Management Education and Development Journal, 23*, 184-198.

Wallis, N. (2013). Insights from intersections: Using the leadership development framework to explore emergent knowledge domains shared by individual and collective leader development. In K. Scala, R. Grossman, M. Lenglachner, & K. Mayer (Eds.), *Leadership learning for the future: Research in management education and development* (pp. 183-199). Charlotte, NC: Information Age.

31장. 팀 코칭 촉진에 드라마 치료 사용하기

저자: 크리스티아나 이오르다노우 Christiana Iordanou
역자: 박정화

팀 코칭은 직장에서 비교적 새로운 개념이다(Britton, 2013; Clutterbuck, 2014; Hackman & Waegman, 2005; Hawkins, 2011). 이는 '조력 성찰, 분석 그리고 변화를 향한 동기부여의 코칭 원칙을 적용하여 그룹이나 팀의 집단적 역량과 성과를 높이기 위해 고안된 학습 개입'으로 정의되어 왔다(Clutterbuck, 2014, p.271). 팀 코칭은 성과와 기능을 방해하는 문제를 해결하기 위해 한 팀의 사람들이 함께 참여한다. 그룹 협업을 통해 목표 달성을 가로막는 장애물을 파악하고, 이를 극복할 적절한 계획을 수립하고, 계획을 실현하는 데 필요한 동기부여와 내적 자원을 찾는다. 팀 코칭은 일반적으로 모든 팀 구성원이 공유하는 특정 목표와 관련된다. 코치의 역할은 긍정적인 변화와 발전을 강화하거나 방지하는 일터 내에서의 특정 행동에 대해, 깊고 의미 있는 논의를 하도록 구성원을 격려하여, 이러한 목표를 달성하도록 팀을 지원하고 영감을 불어넣는 퍼실리테이터 역할을 한다(Cluterbuck, 2014).

현재까지 팀 코칭의 실행 방식에 관한 일관된 견해는 거의 없었다(Clutterbuck, 2014). 팀 코칭이 하나의 분야로 지속해서 발전함에 따라, 팀 코치의 툴킷 toolkit을 보완하기 위한 우수사례가 등장하고 있다(Briton, 2013). 팀 코칭은 가능한 효과성을 발휘하기 위해 정신역동, 인

크리스티아나 이오르다노우 Christiana Iordanou: 미국 랭커스터 대학교에서 심리학자 겸 극작가로, 최근 법의학 발달 심리학 박사 학위를 취득했다. 크리스티아나는 민간과 공공 부문에서 성인, 어린이, 청소년과 젊은 운동 선수들과 함께 일한 다양한 경험을 갖고 있다. 크리스티아나는 『코칭의 가치와 윤리 Values and Ethics in Coaching』 공동 저자들 가운데 한 명이다(Sage, 2017).

지행동 방법, 긍정심리학, 해결 중심 치료, 가족과 그룹 치료 접근법, 발달 코칭과 같은 다양한 심리학적 접근 기법을 적용한다(Clutterbuck, 2014). 그동안 많이 연구되지는 않았으나, 팀 코칭에 잠재적으로 도움이 될 접근 방식은 드라마 치료이다. 이 장에서는 드라마 치료$^{drama\ therapy}$가 무엇이며, 팀 내에서 새롭고 건강한 행동방식과 사고방식을 강화하기 위해, 드라마 치료를 팀 코칭에 어떻게 통합 적용할 수 있는지 논의한다. 특히 드라마 치료가 팀워크와 성과에 부정적인 영향을 미치는 무의식적 그룹과정을 어떻게 공략할 수 있는지에 중점을 둘 예정이다. 마지막으로, 이 과정에서 팀 코치의 역할, 특히 팀의 참여와 긍정적인 변화를 촉진하기 위해 팀 코치가 보유해야 할 자산을 탐구한다. 이 장 전반에 걸쳐 다양한 사례와 시나리오를 사용하여, 드라마 치료가 팀 코칭에 어떻게 도움이 될 수 있는지 더 깊이 이해하도록 돕는다.

드라마 치료

드라마 치료는 시스템 심리학적 방법으로, 드라마를 이용하여 개인이나 집단의 구성원들이 일생 동안 직면하는 다양한 도전적 상황을 탐구한다(Emunah, 1994). 고대 그리스에서 연극은 공교육의 원천이었고, 도덕성에 대한 논쟁이 벌어졌고, 치유 방법으로 사용되었다(Brown, 1997). 우리는 드라마에 관여할 때 몸과 마음을 활용한다. 이러한 과정을 통해 우리는 새로운 상황을 실험하고 상상력을 활용하여 상황에 대한 해결책을 도출한다(Brown, 1997).

드라마 치료는 다양한 극적이고 예술적인 방법을 통해 치유를 촉진하고, 자신의 사회적, 창조적 기술을 배양하고, 아버지, 딸, 누나, 남편, 동료, 매니저, 팀 구성원 등 우리가 일상 생활에서 채택하는 수많은 역할에 관해 더 깊이 이해할 수 있게 한다(Kedem-Tahar & Felix Kellermann, 1996). 이때 사용되는 도구와 매체로는 마임^{mime}, 몸 동작, 놀이 치료, 시, 모래 놀이, 역할극, 즉흥 연주, 안내 이미지, 음악, 춤, 스토리텔링, 스토리 메이킹, 소리, 인형과 꼭두각시, 의상, 메이크업, 마스크, 드로잉 등이 있다(Kedem-Tahar & Felix Kellermann, 1996; Landy, 2006). 이는 드라마 치료의 큰 장점 가운데 하나이다. 다양한 예술 형태를 결합하고 이들을 구조적 방식으로 팀 코칭 세션에 통합하면서, 팀 코치는 팀의 이익을 위해 안전하게 사용할 일련의 전략을 제공한다.

이러한 도구들이 바람직한 변화를 촉진하는 수단이 되는 반면, 변화의 핵심으로 사용된 예술 형태의 실제 과정이기도 하다(Jennings, 1992). 이 과정은 집단 구성원들이 일상적인 현실에서 벗어나 새로운 방식으로 자신의 경험을 창조, 또 재창조할 수 있는 드라마의 현실로 발을 들여놓게 한다. 이를 좀 더 이해하기 위해, 드라마 치료 세션에서 '역할 놀이'가 변화를 촉진하는 데 어떤 도움이 되는지 생각해 보자. 두 명의 팀 구성원이 역할극으로, 특정 고객에게 접근하는 방법을 놓고 다투는 장면을 연기한다. 각자 '동료' 역할에 발을 들여놓으며 스스로 현실의 양상을 경험한다.

첫째, 이는 감정과 생각뿐 아니라 신체적으로도 경험한다. 가상의 인물을 재연하면서 팀 구성원은 새로운 시각 그리고 더 깊은 수준으로 자신의 생각과 감정을 경험하게 된다. 이 과정에서 팀 구성원들은 '배우들'이 사용하는 다양한 자세, 움직임, 소리, 단어 등을 관찰한다. 역할극 활동이 어떻게 전개되느냐에 따라 두 '동료'가 서로에게 폭언을 퍼붓거나, 합의에 이르거나, 타임아웃을 하고 다른 시간에 문제를 해결하기로 결정할 수도 있다. 또 분노와 좌절의 감정을 나타낼 수도 있다. 한 사람의 자세, 언어 또는 행동의 변화를 알아차리면서, 우리는 자기 행동을 통제할 수 있고, 다른 사람들과 관계 맺고, 동료들과 더 효율적으로 소통할 수 있는 능력을 향상하게 된다(Brown, 1997).

이러한 즐거운 경험을 통해 팀 구성원들은 팀을 지탱하는 가치와 관계를 평가하고 비효율적인 사고와 행동 패턴을 빠르게 변화시킬 수 있다(Brown, 1997). 그 활동의 결과가 무엇이든, 역할극을 하는 구성원들(그리고 나머지 관찰했던 팀 구성원들)이 유사한 상황에서 어떻게 반응하고 느낄지 탐구하게 해준다. 새로운 역할을 채택하면서, 팀 구성원들은 다른 방법으로는 경험하지 못했을 생각과 감정의 목소리를 내고, 관객이 연극에서 바라보듯 멀리서 자신을 바라본다. 이는 드라마 치료의 큰 역설이다. 역할극과 같이 실제 사용된 방법은 개인과 본래 자신 사이에 드라마적 거리를 만들어내며, 스스로 숨겨진 측면과/또는 트라우마 측면을 알아차림, 접근, 감사 표현, 궁극적으로 수용하게 한다. 만약 그렇게 하지 않았다면, 어둠에 머물러 숨겨지거나 트라우마가 생겼음을 알아차리게 된다(Jennings, 1992). 이 과정에서 팀 구성원들은 동맹 역할을 하며, 재연 과정에서 느낀 점, 생각한 점에 관한 통찰력 있는 피드백을 제공하면서, 치유와 성장의 협력적 접근을 하게 된다.

직장 내 드라마 치료

창의성, 협업과 혁신을 촉진하기 위한 목적으로 조직에서 예술 기법을 사용하는 최근의 연구는 큰 가능성을 보여준다. 일부 사례로, 비즈니스 세계에서 예술 기반 학습의 활용과 함께, 팀 코칭에서 구현된 개념을 사용하여 팀 내에서 심리적 안전을 창출한다(Lowe, 2017; Seifter, 2005). 최근 몇 년 동안, 드라마 방법과 기법이 직장에서도 활용되고 있다(Dassen, 2015). 이는 주로 동료 사이의 원활한 의사소통과 협력 증진을 목적으로 사용된다. 그런데도 팀 코칭에서 드라마 방법 사용에 관한 문헌은 찾기 드물며, 팀 코칭에서 이러한 기법을 통합하는 몇 가지 지침을 제공할 뿐이다(Dassen, 2015).

팀 코칭에서 드라마 치료를 사용하면 신뢰와 집단 응집력 형성을 돕는 데 장점이 있다(Langley, 2006). 사실 신뢰 구축하기는 드라마 치료의 주요 목표이다. 신뢰 없이는 긍정적인 변화가 일어날 수 없다(Langley, 2006). 또 팀 코칭이 성공적이려면 팀 내 신뢰가 구축되어야 한다(Clutterbuck, 2014). 신뢰 강화는 많은 이유로 필수적이다. 첫째, 신뢰는 팀이 효과적으로 일하기 위해 필요한 심리적 안전과 직접적인 관련이 있다(Edmondson, 1999; Peters & Car, 2013). 또 성과 향상에 도움이 된다(Clutterbuck, 2014). 신뢰는 조직 내 팀 구성과 만족을 위한 중요한 구성요소이다(예: McAllister, 1995; Six & Sorge, 2008). 각 조직에는 동료 간, 고용주와 직원, 고용주와 고객 사이의 관계 등 다양한 관계가 존재한다. 신뢰는 효과적인 관계를 위한 기본 요소이며, 성공적인 조직을 위한 전제 조건이다(Edmondson, 2004; De Jong & Elfing, 2010).

드라마 치료는 팀 구성원들이 신뢰를 쌓고, 자신, 팀 코치, 그리고 동료에 대한 믿음을 주는 법을 배우도록 다양한 기법을 제공한다(Langley, 2006). 더 구체적으로 드라마 치료는 신체성, 창의성, 유희성 방법(Blatner, 1996; Boal, 1979; Moreno, 1953)을 이용하여 원하는 결과를 도출한다. 팀 코칭에 드라마 치료를 통합하여 얻게 되는 큰 장점 가운데 하나는 참여자의 신체, 직관, 감정을 놀이하듯 결합하는 방법과 활동을 사용한다는 점이다(Dassen, 2015). 이러한 요소들의 사용은 특히 인지 역량과 능력을 중시하는 조직의 세계에서 과소평가될 수 있다. 그렇지만 우리가 더 많이 목격하듯, 이는 엄청난 영감의 원천이 된다. 앞에서 언급한 방법이 팀 코칭에 어떤 도움이 되는지 알아보기 위해 이제 각 방법에 대해 더 자세히 설명하고자 한다.

신체성 physicality

드라마 치료 세션에서 몸은 팀 코칭 세션과 관련된 다양한 주제와 문제를 탐구하기 위해 주요 도구로 사용된다. 특정 상황에서 자신의 신체 알아차림은 말이나 생각만으로는 추적하기 어려운 감정을 표출하는 데 도움되며, 이는 매우 중요하다(Blatner, 1996; Moreno, 1953). 따라서 팀 코칭을 하면서 신체 활동은 자기 탐색을 가능하게 할 뿐 아니라, 자신과 주변 사람들에게 더 개방적이 되도록 동기부여한다. 또 감정, 상상력, 직관 등 자신의 내적 자원을 자극하게 된다(Lesavre, 2012). 팀 코칭에서 신체 활동하기가 어떻게 작동하는지 더 잘 이해하기 위해, 조직의 전체 부서를 책임지는 리더를 상상해보자. 리더는 마감 준수, 작업량 관리, 팀의 요구를 해결하기 위해 매일 인지 자원을 사용하게 된다. 팀 코칭을 하는 동안, 리더는 팀 구성원들에게 자신이 최근에 많은 스트레스를 받고 있으며, 이는 때때로 리더의 생산성에 양향을 미치고 좌절감과 불안감을 주었다고 말한다. 그 팀은 신체 활동을 통해 직장에서의 스트레스 문제를 탐구하는 데 시간을 보내기로 결정한다.

코치는 모든 구성원들에게 신체 내 '어디'에서 주로 스트레스를 받는지 질문한다. 주로 인지 능력을 사용하는 데 익숙한 전문가들은 이 질문에 대한 답변 표현이 초기에 어려울 수 있다. 여기서 팀 코치는 방을 돌아다니면서 머리부터 발끝까지 신체적으로 세심하게 주의를 기울이는 드라마 치료 활동을 한다. 이 간단한 기법은 신체의 알아차림을 높인다. 이 참여 활동에 얼마의 시간을 보낸 뒤, 일부 참여자들은 스트레스 받을 때, 배가 조여지거나 아파옴을 깨닫게 된다. 어떤 참여자들은 가슴의 긴장감을 알아차릴 수 있는 반면, 다른 참여자들은 스트레스를 경험할 때 손의 떨림을 알게 된다. 이러한 깨달음은 생각이나 말이 아니라 그저 온화하고 사려 깊은 방식으로 자신의 신체를 느끼면서 쉽게 일어난다. 일단 신체 감각을 인정하게 되면, 팀 구성원들은 직장에서 자신의 스트레스 수준을 더 적극적으로 표현하고 관리하는 새롭고 건설적인 패턴을 찾기 시작하며, 이는 궁극적으로 팀 구성원들의 업무수행과 삶의 질에 영향을 미친다.

위의 사례는 자신의 신체에 주의를 기울이고 팀 코칭 세션에서 신체와 함께 활동하기가 팀 구성원들의 업무수행에 방해되는 행동 패턴, 생각 그리고 감정에 대한 훌륭한 통찰력을 제공함을 분명히 보여준다. 간단한 드라마 치료 기법은 이러한 문제들을 매우 짧은 시간 안에 표출하여, 구성원들이 이를 반성할 기회를 제공하며, 따라서 더 바람직한 행동 패턴을 선택하게 한다. 신체와 함께 활동하기는 구성원들이 더 깊은 수준에서 스스로 필요를 더 잘 이해하고, 팀 구성원들과 더 가깝게 느끼며, 다양한 좌절감을 더 창의적으로 관리하는 데 도움이 된다(Blatner, 1996; Boal, 1979; Dassen, 2015). 다음은 창의성에 관해 탐구한다.

창의성 creativity

창의성은 직업과 삶 전반을 포함하여 사람들이 참여하는 활동을 강화한다고 밝혀졌다(Dobbins & Pettman, 1997). 창의성은 성공적인 조직의 가장 중요한 자산 가운데 하나이며, 조직 내 창의성의 개발과 육성은 장기적 과제이다(Andriopoulos, 2001). 따라서 조직 발전에 중요한 기술인 개방성, 자율성, 자기 탐구, 지식, 새로운 아이디어를 도출하는 능력(Lesavre, 2012) 등 그 밖의 여러 내적 자원을 더욱 활용하기 때문에 팀 코칭에서 창의성 육성은 필수적이다. 드라마 치료는 창의성을 기르는 데 도움이 된다. 다양한 드라마 연습의 활용은 자신감, 자각, 자기 효능감뿐 아니라 우리 자신과 동료 구성원들에 대한 더 큰 이해와 수용으로 이어진다. 장기적으로 개인은 생산성이 더 높아질 가능성이 있다(Lesavre, 2012).

팀 코칭이 드라마 치료를 통해 창의력을 향상할 수 있는 방법에는 여러 가지가 있다. 한 가지 방법은 즉흥 연기이다. 즉흥 연기는 자발적이고 처음 일어나는 창작을 의미한다(Pavis, 1996). 팀 코칭 세션에서 창의성을 촉진하기 위해 사용할 간단한 즉흥 연주 기법 improvisation은 즉흥적인 제스처와 자세이다(Lesavre, 2012). 모든 팀 구성원이 원을 그리며 둘러 앉는다. 구성원들 가운데 한 명은 즉흥적인 움직임이나 몸짓을 하거나 자세를 취한다. 옆에 앉은 사람이 과장하여 따라한다. 다음 사람도 똑같이 한다. 이는 마지막 사람이 과장된 움직임이나 감정으로 끝날 때까지 계속된다. 이 활동은 어떠한 방해되는 생각 없이 이루어지며, 모든 구성원은 스스로 창의성과 자발성으로 채울 '빈 공간'에 익숙해지고 수용한다(Lesavre, 2012).

활동을 마치면 구성원들에게 성찰을 요청한다. 구성원들이 활동을 즐겼는지, 혹시 한 구성원의 움직임이나 제스처를 취하는 데 어려움을 겪었는지, 움직임이나 동작을 취하여 여기에서 무언가를 창조하고, 그 심미적 결과물을 다음 사람이 변경하고 조작하는 데 어려움을 느꼈는지를 공유한다. 이 활동은 완수를 목표로 협업 작업을 요구하는 프로젝트의 은유이며, 구성원들이 편안한 영역 밖으로 나가도록 돕는다. 따라서 팀 구성원은 이 경험으로 그룹별 프로젝트를 진행할 때, 어떻게 상호작용하는지 살펴보게 된다. 이를 바라보는 한 가지 방법은 기술 프로세스를 구성원들이 책임 공유 방식과 비교하기이다. 구성원들이 다른 구성원에게 받은 자료/조언을 어떻게 다루는지, 그리고 다른 동료들에게 무언가를 배워서 이를 다른 수준으로 옮길 수 있는지 되돌아보는 일은, 조직 내에서 바람직한 집단적 결과를 달성하는 더 생산적인 방법을 밝혀낸다.

위와 같은 간단한 활동은 참여자들이 유대감을 형성하고, 다양한 문제에 대한 해결책을 모색하며, 효율적이고 창의적인 방식으로 발생할 모든 어려움을 다루도록 돕는다(Lesavre, 2012). 즐거운 놀이 방식으로 스트레스를 해소하도록 하며, 구성원들이 자기 상상력과 직관을 활용하고, 건설적인 피드백을 주고받으며, 공동의 목표를 달성하기 위해 상호 신뢰할 때, 문제의 해결책을 찾을 수 있음을 강조한다.

유희성 playfulness

드라마 치료의 또 다른 큰 특징은 개인에게 '나 이기도 하고 그렇지 않은 곳'이라는 놀이 기회를 제공한다는 점이다(Landy, 1992, p. 104). 위니컷Winnicott(1971)은 드라마 방법으로 일하기가, 아이들이 놀이를 통해 주변 세상을 다루는 법을 배우는 방식과 유사하게, 유희성과 쾌활함의 감정을 드러낼 수 있다고 제안했다. 놀이는 위협적인 상황에서 우리가 감정에 휩쓸리지 않고, 안전하고 접근하기 쉬운 업무 방법을 제공하며, 정서지능을 높인다(Lesavre, 2012; Moreno, 1953). 중요한 일은 팀 구성원들이 조직에서 저마다 역할을 알아차리고, 공유 목표 달성에 대한 서로의 기여를 인정하게 한다는 점이다(Lesavre, 2012).

타인에 대한 알아차림 높이기에 사용되는 한 가지 재미있는 활동은 거울 비추기이다(Lesavre, 2012). 구성원들은 2인 1조로 나뉘어 마주보고 선다. 각 쌍에서, 한 쌍은 리더의 역할, 다른 한 쌍은 구성원의 역할을 한다. 리더는 느린 동작을 하기 시작하고, 구성원은 마치 거울에 비친 리더의 실제 모습인 듯 동시에 흉내를 낸다. 잠시 뒤, 서로 역할을 바꾼다. 구성원이 리더가 되고 계속 움직인다. 활동이 끝날 때, 서로 누가 이끌고 누가 따라오는지 구별하기 어려울 정도로 조화로운 방식으로 동기화되어 움직인다. 활동을 마친 다음, 구성원들은 다시 한번 활동에서 경험한 감정을 되돌아보도록 격려한다. 이러한 논의는 파트너의 움직임에 얼마나 쉽게 적응할 수 있었는지, 그리고 리더나 구성원의 어느 역할에서 더 편안함을 느꼈는지 명확히 하는 데 도움이 된다. 최종 결과로 스스로 어떻게 느꼈는지 더 인정하게 된다. 팀 코치는 팀 구성원들이 회사 내에서 자신의 역할을 어떻게 관리하는지, 특히 협업 작업이 필요한 책임을 관리할 때 유사함을 보도록 돕는다. 여기서, 구성원들은 무엇이 최적의 집단 성과를 용이하게 하는지 브레인스토밍을 한다. 이는 혁신적인 아이디어, 그룹 작업, 유머 감각, 열린 대화, 다른 사람들의 작업 속도에 적응하는 유연성 등이다. 이러한 문제가 해결되면 팀 구성원은 개인과 팀 성과를 극대화하기 위해 조직을 대신해 업무에서 얻은 통찰력을 어떻게 전달하는지 생각해보게 한다.

일터에서의 그룹 역동

사람들이 팀으로 일하면서 상호작용할 때 개인과 팀 성과에 해를 끼치는 무의식적인 과정과 방법이 있다. 이러한 프로세스에는 팀의 원활하고 성공적인 기능을 저해하는 행동 패턴과 기능 장애 그룹 역동이 포함된다(Dassen, 2015). 이러한 기능 장애의 집단 역동의 존재를 알아차림하는 한 가지 방법으로, '내 생각 말하기는 너무 두렵다', '우리는 계속 이야기하고 있지만 진전이 없다', '또 다른 회의가 무슨 의미가 있는가?'와 같은 팀과 조직에서 흔히 듣는 말에 주의를 기울인다. 대부분 개인은 그러한 역동 관계나 팀 성과에 미치는 영향을 알지 못한다는 점을 명심해야 한다(Cluterbuck, 2014). 또 대부분 경우 이러한 그룹 역동은 말로 표현하기가 쉽지 않으므로 변경하기 어렵다(Kets de Vries, 2011). 이는 집단이 부정적인 감정에 직면하거나 표현하지 않도록 하기 위해, 실제로 정착한 대처 전략인 무의식적 집단 방어 메커니즘의 영향을 받고 있기 때문이다(Dassen, 2015). 이러한 행동 패턴의 사례는 다른 동료에 대한 분노를 받아들이기 위해 비꼬는 농담을 사용하는 동료나, 자신의 부족함을 직면하지 않기 위해 팀 구성원 한 명의 단점을 증폭시키는 리더가 있다. 팀 구성원들은 때때로 이러한 행동 패턴에 너무 익숙해서 그런 메커니즘이 처음에 왜 생겼는지 잊어버린다(Dassen, 2015).

드라마 치료는 팀 성과를 저해하는 방어 메커니즘을 돌파하게 한다. 드라마 기법의 활용을 통해 무의식적 집단 역동에 대한 치료 역할을 하며 강력한 변화를 위한 분위기를 조성한다(Dassen, 2015). 드라마 치료가 팀 코칭을 어떻게 용이하게 할 수 있는지를 설명하기 위해, 이 장 전체에 신체성, 창조성, 그리고 유희성 방법들을 제시하였다. 드라마 치료가 표면 아래에 있는 문제들을 어떻게 더 많이 드러내게 하는지, 더 잘 이해하도록 돕기 위해, 기업의 통신 제품 관련 잠재 고객들을 위한 전화상담 직원들을 고용했던 조직에서의 팀 코칭 시나리오를 소개한다. 팀 코칭 모임 중에서, 한 구성원이 전화 상담에서 잠재 고객들의 무례와 언어폭력으로 좌절감을 느낀다고 말한다. 팀 코치는 몇 명의 구성원을 초대하여 즉흥 연기를 하고 이 시나리오를 재현한다. 한 구성원은 자신의 상담 부스에 앉아 전화 상담을 하는 좌절한 직원을, 한 사람은 직원에게 욕설을 퍼붓는 잠재 고객(배우2)의 역할을 한다. 세 번째 구성원은 자신의 전화 부스(배우3)에서 그 장면을 목격하는 동료 역할을 한다.

이 시나리오를 재연하면서 모든 구성원은 드라마 치료가 제공하는 안전한 공간과 먼 거리에서 상황을 점검하고 평가한다. 즉흥 연기가 끝나면 모든 구성원을 초대해 활동을 성찰한다. 배우들이 연기했던 역할에서 느꼈던 생각과 감정을 공유한다. 관객들은 자신의 감정과 목격했던 각각의 역할이 보여주는 행동 패턴에 대한 피드백을 제공한다. 좀 더 구체적으로, 상담 부스를 통해 그 장면을 관찰하던 동료의 행동에 대해 언급한다(배우3). 어떤 반응을 보였는가? 고객과 통화하던 동료(배우1)에 대한 마음은 어떠했는가? 개인과 팀의 성과가 무의식적 프로세스에 의해 어떻게 영향을 받는가? 팀 구성원들이 어떻게 상호작용하는가? 그리고 조직뿐 아니라 팀 내에서 서로 소중히 여기는가? 이와 관련하여 강력한 주제가 여기에 나타난다.

팀 코칭에 대한 이러한 접근 방식은 모든 구성원이 인지적 수준뿐 아니라 현재 상황을 신체적, 정서적으로 경험하기 때문에 매우 효과적이다(Dassen, 2015). 드라마 기술은 팀 내에서 작용하는 무의식적 역동에 대한 강력한 시각적 이미지를 만들어내며, 따라서 무엇이 변화해야 하는지에 알아차림을 높인다. 예를 들어, 다센Dassen의 사례연구에서는, 일상 업무의 상호작용을 수행하는 팀 구성원들의 즉흥 연기는 그룹에서 서로에 대한 공감 부족을 알려준다. 실제로 팀 구성원 가운데 한 명은 드라마 기법을 통해 어느 정도 거리를 두고 나서야 그룹 내에서 서로가 서로를 지지하지 않음을 알게 됐다고 밝혔다(Dassen, 2015). 팀 성과에 해로운 방식의 의사소통이 분명해지면, 구성원들은 새롭고 더 건설적인 사고와 행동 패턴을 보이기 시작한다. 단순한 드라마 기법은 잘 작동하지 않는 상황을 수면 위로 끌어올리며, 알찬 토론의 장을 열어 학습과 긍정적인 변화를 도모한다.

팀 코치의 역할

드라마 치료 관점에서 일하는 팀 코치들은 생각을 독려하기 위해 경청하기, 목적 있는 질문하기 등 기본적인 코칭 스킬에 대한 전문 지식이 필요함은 말할 필요도 없다(Van Nieuwerburgh, 2017). 지속적인 전문성 개발을 통해 드라마 치료 이론과 실습에 대한 추가 지식과 훈련은 때때로 필요하며, 윤리적인 코칭 프랙티스를 유지하는 데 도움이 된다(Iordanou, Hawley, & Iordanou, 2017). 이미 언급한 바와 같이 긍정적인 변화가 이루어지기 위해서는 드라마 치료의 주된 목적은 신뢰 환경 조성하기이다(Langley, 2006). 따라서 드라마 치료 관점에서 일하는 팀 코치들에게는 먼저 팀 내에서 신뢰환경을 구축하는 것이 필수이다. 이는 먼저 개인과 집단의 경계를 인정해야 달성된다. 또 팀 역동, 특히 활동이 전개되는 방식에 세심한 주의를 기울이고, 모든 사람이 안전감을 느끼도록 해야 한다(Langley, 2006). 나아가 팀 코치는 팀과 조직의 기능에 관한 전문 지식이 필요하다(Dassen, 2015). 이러한 전문성은 팀 코치들이 협력하는 조직, 팀과 긍정적인 관계를 만들고 유지하는 데 도움이 된다. 팀 코치들은 또 상호작용과 성과에 영향을 미치는 다양한 무의식적 메커니즘을 알아차리고, 분위기가 고조될 때, 자신과 팀의 스트레스를 관리해야 하는 격한 상황을 잘 관리할 수 있을 만큼 충분히 숙련되어야 한다(Amado & Ambrose, 2001; Dassen, 2015; Hirschorn, 1988; Kets de Vries, 2011). 추가적으로 팀 구성원이 직면할 장애물을 다룰 수 있는 올바른 기술, 지식 그리고 역량을 습득하는 데 도움이 되리라 기대된다(Clutterbuck, 2014). 더 구체적으로, 팀 코치들은 팀 구성원들이 스스로 비구조적 사고 패턴과 행동을 알아차림하고, 이를 극복하는 데 도움이 되는 적절한 전략을 개발하도록 도울 수 있어야 하며, 팀의 성과 향상을 위해 이러한 전략을 사용하도록 동기부여되는 데 도움을 줄 수 있어야 한다. 이 과정에서 비판단적 행동이 필요하다(Clutterbuck, 2014).

드라마 치료는 팀 코치들이 즉흥적인 방법으로 이러한 목표를 달성할 수 있게 한다. 일반적으로 코치는 코칭 세션 중에 팀 구성원이 일상 현실에서 순간적으로 벗어날 수 있도록 도우며, 혁신적이고 유희성을 추구하며 창의적인 상호작용, 감정과 사고 패턴을 촉진하는 활동을 활용하도록 조언한다(Wats, 1992). 팀 구성원들이 이 수준의 자발성을 발전시킬 수 있을 때, 새로운 존재 방식과 사고방식이 등장할 수 있으며, 이는 팀 코치의 이익을 위해 작용할 수 있다.

일반적으로 팀 코치가 드라마 치료 관점에서 코칭에 접근할 때, 팀 구성원들이 자신에 대해 가진 개인적 윤리와 편견뿐 아니라 본인 자신, 감정, 자산, 부족을 이해할 수 있도록 돕는 안내자 역할을 한다(Landy, 2006). 이 모든 자산의 양육은 개인과 집단적 성과를 촉진할 수 있다.

결론

드라마 기법을 팀 코칭에 접목하면, 팀이 어떻게 기능하고 이를 개선할 수 있는지에 대한 알아차림을 높이는 데 도움이 된다(Dassen, 2015). 팀의 성숙도 수준은 팀 코칭 프로세스의 일부로, 그러한 방법의 수용성에 영향을 미친다(Dassen, 2015). 팀 드라마 치료는 팀워크를 포함한다(Wats, 1992). 팀 구성원들이 서로 조율되고 공유된 목표(예: 즉흥 연주)를 향해 일할 때, 팀 구성원들은 궁극적으로 그룹으로서 과제를 완료했다는 행복을 경험한다. 이러한 공동 생성은 어렵지 않게 일어난다(Wats, 1992). 드라마 치료의 신체성, 창의성, 유희성 측면은 팀 코칭 과정을 촉진하는데, 특히 팀 구성원들이 팀 성과에 영향을 미치는 무의식적 과정에 대해 더 깊이 알아차릴 수 있도록 하기 때문이다(Dassen, 2015). 또 판단하지 않고, 효율적인 방식으로 학습을 촉진한다(Dassen, 2015). 이는 아이들이 놀이에 참여할 때 상호작용하는 방식과 유사하다(Lesavre, 2012). 이러한 과정을 통해 유발되는 감정은 신뢰와 안전의 분위기를 조성하며, 이는 팀 구성과 유대감을 더욱 강화한다(Lesavre, 2012). 이러한 새로운 행동 패턴은 궁극적으로 팀 내에서 그리고 결과적으로 조직 내에서 바람직한 변화와 성장을 촉진한다.

참고문헌

Amado, G., & Ambrose, A. (2001). *The transitional approach to change*. London, England: Karnac.
Andriopoulos, C. (2001). Determinants of organisational creativity: A literature review. *Decision Making, 39*(10), 834-840.
Blatner, A. (1996). *Acting-in: Practical applications of psychodramatic methods*. New York, NY: Springer.
Boal, A. (1979). *Theatre of the oppressed*. London, England: Pluto Press.
Britton, J. J. (2013). *From one to many: Best practices for team and group coaching*. Mississauga, ON: Jossey-Bass.
Brown, D. (1997). *Principles of art therapies*. London, England: Thorsons.
Clutterbuck, D. (2014). Team coaching. In E. Cox, T. Bachkirova, & D. Clutter buck (Eds.), *The complete handbook of coaching* (2nd ed.) (pp. 271-284). London, England: Sage.
Dassen, M.-C. (2015). Drama techniques in team coaching. *International Journal of Evidence Based Coaching and Mentoring, 13*(1), 43-57.
De Jong, B. A., & Elfing., T. (2010). How does trust affect the performance of ongoing work teams?: The mediating role of reflexivity, monitoring, and effort. *Academy of Management Journal, 53*(3), 535-549.
Dobbins, R., & Pettman, B. O. (1997). Self-development: The nine basic skills for business success. *The Journal of Management Development, 16*(8), 521-667.
Edmondson, A. (1999). Psychological safety and learning behavior in work teams. *Administrative Science Quarterly, 44*, 350-383.
Edmondson, A. (2004). Psychological safety, trust, and learning in organizations: A group-level lens. In R. M. Kramer & K. S. Cook (Eds.), *Trust and distrust in organizations: Dilemmas and approaches* (pp. 239-273). New York, NY: Russell Sage Foundation.
Emunah, R. (1994). *Acting for real: Drama therapy process, technique, and performance*. New York, NY: Brunner/Mazel.
Hackman, J. R., & Wageman, R. (2005). A theory of team coaching. *Academy of Management Review, 30*, 269-287.
Hawkins, P. (2011). *Leadership team coaching: Developing collective transformational leadership*. London, England: Kogan Page.
Hirschorn, L. (1988). *The workplace within: Psychodynamics of organizational life*. Cambridge, MA: MIT Press.
Iordanou, I., Hawley, R., & Iordanou, C. (2017). *Values and ethics in coaching*. London, England: Sage.
Jennings, S. (1992). "Reason in madness": Therapeutic journeys through King Lear. In S. Jennings (Ed.), *Dramatherapy: Theory and practice* (2nd ed.) (pp. 5-19). London, England: Routledge.
Kedem-Tahar, E., & Felix Kellermann, P. (1996). Psychodrama and drama therapy: A comparison. *The Arts in Psychotherapy, 23*(1), 27-36.
Kets de Vries, M. F. (2011). *The hedgehog effect: The secrets of building high performance teams*. San Francisco, CA: Jossey-Bass.
Landy, J. R. (1992). One-on-one: The role of the drama therapist working with individuals. In S. Jennings (Ed.), *Dramatherapy: Theory and practice* (2nd ed.) (pp. 97-112). London, England: Routledge.
Landy, J. R. (2006). The future of dramatherapy. *The Arts in Psychotherapy, 33*(2), 135-142.
Langley, D. (2006). *An introduction to drama therapy*. London, England: Sage.

Lesavre, L. (2012). Are theatre and business links relevant?: A conceptual paper and a case study. *Journal of Management Development, 31*(3), 243–252.

Lowe, K. (2017, September 26). Rapid team formation: Creating psychological safety & enhancing agility using the 5 Knowledge Centers. Retrieved from www. linkedin.com/pulse/rapid-team-formation-creating-psychological-safety-5-krister/.

McAllister, D. J. (1995). Affect- and cognition-based trust as foundations for interpersonal cooperation in organizations. *Academy of Management Journal, 38*, 24–59.

Moreno, J. (1953). *Who shall survive?: Foundations of sociometry, group psychotherapy and sociodrama.* Beacon, NY: Beacon House.

Pavis, P. (1996). *Dictionnaire du théâtre.* Paris, France: Dunod.

Peters, J., & Carr, C. (2013). *High performance team coaching: A comprehensive system for leaders and coaches.* Calgary, AB: InnerActive Leadership Associates.

Seifter, H. (2005). Surfacing creativity thorough the arts: A short interview with Terry McGrow. *Journal of Business Strategy, 26*(5), 6.

Six, F., & Sorge, A. (2008). Creating a high-trust organization: An exploration on organizational policies that stimulate interpersonal trust building. *Journal of Management Studies, 45*(5), 857–884.

Van Nieuwerburgh, C. (2017). *An introduction to coaching skills: A practical guide* (2nd ed.). London, England: Sage.

Watts, P. (1992). Therapy in drama. In S. Jennings (Ed.), *Dramatherapy: Theory and practice, 2* (pp. 35–51). London, England: Routledge.

Winnicott, D. W. (1971). *Playing and reality.* London, England: Tavistock. 『놀이와 현실』 이재훈 역. 한국심리치료연구소. 1997.

32장. 팀 코칭
트렌드의 흐름인가, 아니면 조직의 정석인가?

저자: 태미 터너^{Tammy Turner}
역자: 우성희

코칭은 1970년대 대중적으로 시작된 이후 급격히 성장하고 있다(Clutterbuck & Turner, 2017). 임원코칭은 코치 훈련 프로그램으로서 협력적 리더십과 리더/관리자가 있는 것처럼 많은 조직의 필수 요소가 되었다. 25년도 채 되지 않아 미국에서만 비즈니스 코칭이 110억 달러 규모의 산업이 되었으며 거의 5만 2,000개 기업에 8만 8,000명 이상의 코치가 있다(IBIS Business, Ibis World, October, 2017). 2017년에는 세계화, 복잡성 및 혼란으로 인해 설문에 응한 조직의 약 32%가 적응력과 팀 중심성을 높이려고 노력했다(Bersin, McDowell, Rahnema & Van Durme, 2017, p.22).

표면적으로, 팀 코칭의 추세는 코칭 업계의 자연스러운 진보인 동시에 조직이 협력적 리더십을 통합하기 위한 비용 대비 더 효과적이고 영향력 있는 방법이기도 하다. 그러나 우리는 코치로서 준비되고 있는 것일까? 또 팀 코칭이 문화를 향상시키기 위해 지속해서 노력하기 위해 무엇이 필요한지 조직이 명확하게 파악하고 있는가? 이 장은 일대일 코칭에서 팀 코칭으로의 진행이 선형적이라는 속설을 불식시킬 것이다. 또 복잡성과 미묘한 차이를 설명하기 위해 팀과 함께했던 작업을 검토한다. 이 장의 목적은 복잡한 글로벌 경제에서 팀과 그룹 코칭을

태미 터너^{Tammy Turner}: 2001년부터 글로벌 리더, HR 전문가, 내외부 코치들과 협력하여 팀의 '함께하고 함께할' 역량을 개발하고 더 광범위한 시스템을 고려하고 있다. 태미는 코칭과 협업 리더십의 힘에 관한 다양한 기사와 책에 기고하는 저자이다. 그녀는 호주 시드니에 본거지를 두고 있으며 원래는 미국 콜로라도 출신이다.

실현하는 데 필요한 관계를 구축하기 위해 팀 코칭 구매자와 공급자 사이의 풍부한 상호작용을 촉진하는 것이다.

현재 풍토

지금까지 대부분 코칭 훈련, 연구 및 출판물은 코치가 프로세스의 마스터이고 클라이언트가 콘텐츠의 마스터인 일대일 형식으로 적용되었다. 증거 기반 연구는 일대일 코칭의 효과를 뒷받침할 수 없으며 전문가 단체 전반에 걸쳐 합의된 업계 표준, 역량 또는 측정 기준이 없다(Turner, Lucas, & Whitaker, 2018). 마찬가지로 팀 코칭이 무엇인지에 관한 설명을 찾으면 2017년 10월 기준으로 Association for Coaching(AC), Association of Professional Executive Coaching and Supervision(APECS), International Coaching Federation(ICF) 및 European Mentoring and Coaching Council(EMCC) 웹사이트에는 게시된 팀 코칭 정의나 이를 제공하는 데 필요한 표준이 없다고 나와 있다(역자 주: ICF에서는 팀 코칭 역량에 대해 다음과 같이 소개하고 있다: https://coachingfederation.org/app/uploads/2021/10/Team-Coaching-Competencies_10.4.21.pdf).

전문 기관이 업계 표준을 설정함에 따라 표준화가 이루어지지 않으면 바람직하지 않은 결과를 가져온다.

- 개인 코칭을 위해 확립된 핵심 역량이 팀 코칭을 위해 구체적으로 기술된 것은 아니다. 리스크: 팀 코치가 부적절한 기술을 사용하고 있을 수 있다.
- 공인 팀 코칭 훈련은 일대일 코칭 기준에 따라 승인된다. 리스크: 팀 코치는 다양한 영향을 주는 조직에 방법론을 도입한다.
- 팀의 코칭 개입에 대한 혼란. 리스크: 복잡성을 관리할 수 없으며, 일관된 팀 코칭을 보장할 수 없다.

훈련을 받으려는 코치든 팀 코칭 의뢰자든 이러한 부족은 우려할 만한 원인이 된다. 두려워하기보다는 현재의 풍토를 이해하는 것이 건설적인 대화를 열 수 있다. 필요한 변화를 만들기 위해 원하는 결과를 간략히 설명하는 것부터 시작한다. 협의가 진행되는 동안 학습 내용을 공개적으로 논의하면 리스크를 최소화하고 더 지속 가능한 결과를 보장할 수 있다. 더 완벽한 체크리스트는 이 장의 뒷부분에서 확인할 수 있다.

현재 팀 코칭 기준은 존재하지 않지만 팀과 함께 일하는 것은 결코 새로운 개념이 아니다. 팀 코칭의 몇 가지 근본적인 역사적 토대가 무엇인지 이해하면 미래의 조직 환경에서 업무 수행에 큰 도움이 될 수 있다.

조직에서 학습의 역사

함께 배우는 것은 새로운 개념이 아니다. 팀 코칭을 지원하는 방법론은 거의 100년 전까지 거슬러 올라갈 수 있으며, 경영 컨설팅, 성인 학습, 심리학, 사회 과학 및 일대일 코칭에서 사용된다. 이러한 배경을 이해함으로써 조직과 코치가 팀 개발에 필요한 것에 관해 상호작용할 수 있도록 공통 이해를 향상할 수 있다. 또 오래 지속하는 팀 코칭과 코치 배치에 대한 업계 요구사항을 개선할 수 있다.

산업화: 효율성에 대한 조직의 필요

무인 자동차가 도래하는 시대에 말과 함께 도로를 공유하고 자동차가 한 번에 한 부품씩 만들어지던 과거를 상상하기 어렵다. 그렇지만 1900년대 초반으로 돌아가보면 자동차 등을 일괄 생산하는 효율적인 조직의 필요성이 노동자들의 말을 경청하고 개선점을 이해할 수 있는 계기가 됐다. 조직 학습이 시작되었다.

1921년 프랑크푸르트에서 사회 과학자 그룹이 Die Akademie der Arbeit(현재 유럽 노동 아카데미)를 설립했다. 아카데미는 산업 종사자가 개인의 사고력을 개발하고 학습자의 경험이 자기 정체성의 원천을 만들어 내며 학습이 삶/직장 상황을 중심으로 구성되는 '성인교육학 andragogy' 개념을 적용할 수 있도록 구체적인 과정을 처음 만들었다. 자기 주도 학습이라는 기본적인 코칭 개념이 탄생했다.

1927년부터 1932년까지 일리노이 주 시셀로의 Western Electric Company에서 호주 출생의 사회학자인 엘튼 마요$^{Elton\ Mayo}$, 미국인 릴리안 M. 길브레스$^{Lillian\ M.\ Gilbreth}$와 윌리엄 다이어$^{William\ Dyer}$가 공장 근로자의 신체적, 환경적, 심리적 측면을 연구했다. 그들은 그룹 정체성을 확립함으로써 효과적인 작업 팀과 생산적인 문화를 구축하기 위한 조건을 확인했다.

주요 요소에는 관리자가 각자의 성과에 개인적인 관심을 갖고, 정기적으로 성과를 피드백하고, 변경하기 전에 그룹과 협의하는 것이 포함되었다(Lawrence & Steck, 1991; Mayo, 1946). 오늘날의 팀 코치, 컨설턴트 및 인사 전문가들은 이러한 개념을 당연하게 여기지만 당시에는 전례가 없었다.

이러한 개념을 확장하여 존 듀이John Dewey는 진정한 교육은 경험을 통해 이루어져야 한다는 것과 같은 혁신적인 교육 개념을 도입했으며 결과적으로 교사의 역할은 결과를 지시하지 않도록 학습 조건을 설정하는 것이다(Dewey, 1938). 퍼실리테이션의 리더로서 듀이는 배움이 '일방적 체제라기보다는 협력적인 것'이라고 말했다. 그는 교사들이 학습자의 환경과 경험을 활용하여 학습을 이끌고, 지식 향상을 장려하는 활동을 선택하고, 지속적인 성장에 도움이 될 수 있도록 앞을 내다볼 것을 제안한다(Jarvis, 2004, p.209).

이 성인 학습 이론은 코칭 성공의 기본이다. 윌리엄 화이트William Whyte는 미국 다국적 기업 CEO들과 그들의 팀과 의사결정에 관한 연구를 통해 조지 오웰(George Orwell, 1949)의 저서 『1984』에서 '합리화된 순응rationalized conformity'으로 불린 '집단 사고groupthink'(Whyte, 1952)라는 용어를 대중화했다.

독립적인 평가 및 의사결정 대신, 집단사고는 리더가 그룹에 중요하거나 직접적인 영향을 미친다고 가정한다. 집단사고는 그룹이 합리성보다 결속력과 조화를 중요시할 때도 발생하며, 이는 의사결정 능력을 좌우한다(Whyte, 1952; Janis, 1972; Leana, 1985).

이 연구는 집단적 의사결정이 비즈니스(단순한 팀 조화가 아니라)에 가장 적합하기 위해서는 그룹 역동에 관한 깊은 이해가 있어야 한다는 신호이다. 이것은 이 장의 뒷부분에서 살펴볼 팀 코치에게 시사하는 바가 있다.

20세기는 포드 자동차의 작업흐름을 통한 효율성 개념에서 알 수 있듯이 작업자가 조립 라인의 단순한 톱니바퀴에 불과했던 시대로 시작되었을 수 있다. 그러나 이러한 초기 개척자들의 공헌으로 개인의 의견이 중요하고 그룹으로 협력하면 더 나은 결과를 얻을 수 있다는 인식을 하기 시작했다. 더 사람 중심으로의 접근은 열린 의사소통을 강화할 뿐 아니라 집단사고와 편견의 순환을 끊어낸다.

지식 공유: 효과성에 대한 조직의 필요

1950년대 중반, 일반 대중도 교육에 접근할 수 있게 되었고 지식은 새로운 매개체가 되었다. 조직은 국내에서 다국적으로, 위계적에서 국제적 위계질서로 확장하였으며 대중적인 서구 문화가 다른 비서구 문화에 스며들기 시작했다. 교육이 늘어난다는 것은 문제를 해결하고 시스템의 효율성을 창출할 수 있는 노동력 증가를 의미한다. 근로자의 사고를 지도하기 위해 현대의 관리자는 동료가 문제를 해결하거나 일을 더 잘할 수 있게 논의하라고 지시했다(Megginson & Boydell, 1979). 이전 학습 개념을 바탕으로 관리자는 이제 코치가 되었거나 현재 코칭 기술이라고 부르는 것을 사용한다.

인습타파주의자^{Iconoclast} 피터 드러커$^{Peter\ F.\ Drucker}$는 "조직 성장의 주요 장애물은 관리자가 조직이 요구하는 만큼 빠르게 태도와 행동을 바꾸지 못하는 것이다."(Drucker, 1954)라고 가정했다. 그는 명령과 통제 모델보다 협업 관리를 옹호했으며 분산형 기업이 더 효과적이라고 주장했다. 잠재적으로 초기 팀 코치로서 드러커^{Drucker}의 독특한 접근 방식은 '무지한 상태가 되어 몇 가지 질문을 하는 것'이었다(Wartzman, 2012). 드러커는 자신의 기술을 코칭의 기반 요소인 관계적 존재, 경청, 질문으로 분류한 최초의 사람 가운데 하나일 수 있다.

1968년 말콤 놀즈$^{Malcolm\ Knowles}$는 관리자에게 받은 코칭을 확장하고 효율성을 높이기 위해 학습자 스스로가 학습할 기회를 만들고 자기 평가를 통해 학습자가 '의존하는 성격에서부터… 자기 주도적'이 되는 쪽으로 옮겨갈 수 있는 경험적 학습 개념을 설명했다(Knowles, 1968, p.44-45).

놀즈는 성인 학습 이론에 대한 자아초월적^{transpersonal} 관점을 도입한 마리아 부쿠발라스$^{Maria\ Boucuvalas}$와 같은 미래 성인 학습 이론가들을 위한 발판을 마련했다. 성인 평생학습 이론을 계속해서 추가하는 피터 자비스$^{Peter\ Jarvis}$와 자기 주도 학습을 주도한 스티븐 브룩필드$^{Stephen\ Brookfield}$는 성인이 서로에게서 배우고 자신의 경험을 되새길 수 있도록 현대 코칭의 초석을 마련했다. 1982년 액션러닝의 아버지라 불리는 레지날드 레반스$^{Reginald\ Revans}$는 질문 기법과 등식^{equation}을 이용한 구체적인 방법론을 도입했다.

$$L(학습^{learning}) = P(정형화된\ 지식^{programmed\ knowledge}) + Q(질의^{questioning\ insight})$$

이후 성찰적 실천$^{reflective\ practice}$이 추가되어 조직의 문제 해결과 팀 개선을 지원하는 액션러닝이 되었다. 이 변화는 리더가 효과적으로 일하기 위해 코칭 스킬을 갖추어야 한다는 것을 의미한다.

1992년에 존 휘트모어John Whitmore 경은 그의 저서인 『성과 코칭Coaching for Performance』을 출판했고 많은 사람이 주장하듯이 코칭 산업을 시작했다. 휘트모어의 GROW(목표, 현실, 기회, 의지) 모델은 개별 코치가 일대일 코칭을 쉽게 구축할 수 있는 프레임워크를 제시했다. 코액티브 코칭Co-Active Coaching(Whitworth, Kimsey-House & Sandahl, 1998)이 이어졌고, 코칭을 코치이와 코치가 공동으로 작성한 코칭 제휴 조건을 개략적으로 설명하고 코칭을 선형 상호작용보다는 동적 시스템으로 규정했다.

크리스 아지리스Chris Argyris와 도널드 쇤Donald Schön은 1974년부터 1991년까지 조직 개발에 관한 연구를 통해 단일 고리 학습single-loop learning이라는 좁은 문제 해결 초점을 성찰적 실천, 즉 이중 고리 학습double-loop learning을 포함하도록 확장함으로써 개인이 자신의 실수에서 배우고 개선할 수 있는 기회를 만든다는 것을 확인했다. 순간적인 의사결정에 대해 신중히 성찰하고 그 직후 영향을 확인하는 것은 팀원들이 함께 일하는 방식에 혁신을 가져왔다. 또 이중 고리 학습은 팀 목표와 책임을 도입했고, 놀즈와 다른 사람들이 제안한 코치 개념으로서 리더를 기반으로 구축되었다.

팀 의사결정에서 성찰적 실천을 더 잘 이해하고 그들의 행동에 책임을 지기 위해, 아지리스Argyris는 '추론의 사다리Ladder of Inference'(1991)를 공식화하고 이중 고리 학습을 액션러닝으로 연결했다. 조직에 성찰적 실천과 자기 주도적 목표, 팀 지향 목표를 도입함으로써 일대일 코칭과 팀 코칭 둘 다를 조직에 필수적인 것으로 만들었다.

개인의 리더십이 점점 중요해지면서 학계와 경영 컨설턴트들은 팀을 이끌기 위해 무엇이 필요한지 연구하고 관찰 결과를 일괄적으로 공유한다. 존 R. 카첸바흐Jon R. Katzenbach와 더글라스 K. 스미스Douglas K. Smith는 '팀 규율'이라는 기사에서 작업 그룹을 팀과 다르게 만들고 팀과 함께 일할 수 있는 기초 기술을 제공하였다. 리처드 해크먼J. Richard Hackman은 '팀에는 전문가의 코칭이 필요하다'는 요점을 포함하여 '팀을 구성하는 방법'(2002)의 다섯 가지 기본 조건을 개략적으로 설명한다. 데이비드 클러터벅David Clutterbuck은 관리자와 코치 모두를 위한 『Coaching the Team at Work』(2007)에서 그의 일련의 방법론을 발표했다.

크리스틴 손튼Christine Thornton은 2010년에 발간 한 그녀의 책 『그룹 코칭과 팀 코칭: 그룹의 비밀스러운 삶Group and Team Coaching: The Secret Life of Group』에서 그룹 코칭과 팀 코칭을 이해하는 것의 중요성을 강조했다. 피터 호킨스Peter Hawkins는 『리더십 팀 코칭Leadershop Team Coaching』(2011)과

『코칭 문화 조성Creating a Coaching Culture』(2012)을 모두 출간했으며, 이 용어는 일반적인 조직 용어가 되었다. 처음 제시된 의견이었지만, 이 출판물들은 모두 재출간되었고 오늘날에도 여전히 사용된다. 이러한 출판물과 개정판의 근거에 나온 종합적인 정보를 바탕으로, 우리는 코칭을 제공하는 개인, 조직과 코칭을 받는 사람들이 적절한 지식과 준비를 갖추고 있어야 한다고 추론할 수 있다.

적응성: 학습에 대한 조직의 필요

학습 조직은 글로벌 경제와 문화 생태계의 일부이다. 생존을 유지하기 위해 학습 조직은 고객의 명시되지 않은 요구를 예측할 수 있는 '파괴적 혁신disruptive innovation'이 필요하다(Christensen, 1997). 사건, 활동 또는 프로세스를 중단시키는 방해나 문제(Oxford Dictionary online, n.d., p.507)는 조직에 행동할 것을 요구한다. "오늘날, 당신이 자신을 방해하지 않는다면, 다른 누군가가 그럴 것이다. 당신은 방해자 아니면 방해를 받는 사람 둘 중 하나이다. 중간은 없다."(Ismail, 2014)

이러한 파괴적인 생태계에 기여한 것은 베를린 장벽 붕괴, 9/11, 기후 변화, 진행 중인 종교 갈등, 브렉시트와 같은 세계의 주요 사건들이 다음과 같은 변화의 요인이었을 것이다.

- 위계 및 권위에 대한 존중 감소
- 협업 및 민첩성 향상. 플랫flat 조직 인프라
- 문화적 규범에 대한 도전적 태도와 가정: 동성 결혼, 언어 사용, 정치적 경향, 조력자 죽음, 종교 및 인종
- 지속 가능성과 회복력을 지향하는 환경적, 인간적 변화
- 수용과 편협성의 양극화
- 소셜 미디어, 인터넷 및 모바일 애플리케이션을 통한 즉각적인 지식 확산
- TED, 칸 아카데미 및 MOOCMassive Open Online Course를 통한 온라인 학습 정상화

지속적인 변화와 위협에 대처할 수 있는 조직의 능력은 VUCA(변동성volatile, 불확실성uncertain, 복잡성complex, 모호성ambiguos)라는 미군 용어를 도입했는데, 이는 조직 내의 사람들이 회복력을 창출하는 방법과 변화를 관리하고 주도할 준비가 되어 있는 방법을 설명하기 위함

이다(Tovar, 2016). 붕괴, VUCA, 그리고 세계적인 변화의 속도는 정치적으로나 조직적으로 권위주의적 리더십의 쇠퇴와 그들이 사는 세계와 사업이 이루어지는 방식을 창조하는 데 다른 사람들을 참여시킬 수 있는 협력적 리더로 전환하는 데 기여했을지도 모른다. 이 극적인 변화로 적응 학습이 조직 내 운영 방식으로 자리잡게 된다.

팀 구성: 일관된 협업을 위한 조직의 필요

2016년 에이미 에드먼슨(Amy C. Edmondson)은 학습 조직이 적응성과 탄력성을 모두 갖추기 위해 팀 작업을 조직의 중심에 둘 필요가 있음을 확인했다. 에드먼슨의 최신 개념인 '팀 구성(teaming)'은 적극적인 "상호 의존성을 말하는데, 여기서는 일을 완성하기 위해 앞뒤로의 의사소통과 상호 조정이 필수적이다."(Edmondson, 2002, p.24) 팀 구성은 이중 고리 학습과 같은 성인 학습 환경의 개념, 팀이 함께 더 나은 결정을 내리는 사회 과학 개념, 그리고 팀을 구성하는 심리적 안전, 관계적 존재감, 경청 및 질문과 같은 코칭 요소를 결합한다. 팀 구성은 학습 조직을 만들기 위한 팀 코칭의 기능적 요소를 설명한다.

2017년에 팀은 공동의 아이디어를 사용하여 새로운 적응성, 혁신과 고객에게 끼칠 영향을 위해 조직된다. 팀 구성을 설계하고 지원하려면 기능적이고 적응 가능한 인프라가 모두 필요하다. 조직은 애자일 네트워크로 간주되며, 심리적 안전과 작업 조정을 통해 이끄는 팀 리더의 권한 부여, 협업과 지식 공유를 기반으로 한다. 팀은 프로젝트 기반이며 책임은 제품, 고객 및 서비스에 집중되지만 유동적인 직위나 역할이 있다(Bersin et al., 2017, p.25).

과거를 되돌아보면 근본적으로 코칭을 뒷받침하는 것은 사람들이 배우고 그들 자신과 다른 사람들과 관계 맺는 방법을 가르치는 것이라고 알려준다. 이 거대함을 팀 코칭으로 촉진하고 이 일을 확장하는 것은 학습 문화를 창조하는 길이 될 수 있다.

다음 단계: 지속 가능한 학습 조직 만들기

그렇다면 팀 코칭을 조직의 필수 요소로 만들려면 무엇이 필요할까?

역사는 또한 일대일 코칭과 달리 팀과 조직 내의 복잡성이 모든 참여자가 공동으로 학습 생태계(learning ecosystem)를 만든다는 것을 보여주었다. 팀 코칭에 참여하는 모든 사람(코치 포함!)은 지속해서 학습하는 내용에 대해 개방적으로 상호작용해야 한다. 따라서 팀 코칭을 조직의 필수 요소로 만들기 위해서는 먼저 학습 생태계부터 조성해야 한다.

학습 생태계 내에서 조직과 코치 모두 팀 코칭 계약을 체결하기 위해 긴밀하게 협력할 준비가 되어 있어야 한다:

> 한계를 합의하는 과정과 … 관계를 설정하고 유지하는 대화. 계약은 관계 시작 시 초기 계약 조건을 설정하는 데 중요하다. 즉, '계약(상호의 기대와 의무를 명확히 하는 계약)'을 작성한다. 또 이 스킬은 관계 전반에 걸쳐 사용되는 중요한 것으로 모든 당사자가 문제가 불분명해지거나 어려울때 의견을 제시하고 문제를 탐구할 수 있도록 한다.
>
> (Turner, Lucas & Whitaker, 2018)

계약 스킬은 호기심, 적극적 경청, 강력한 질문, 직접적 커뮤니케이션과 같은 일대일 코칭의 핵심 개념을 통합한다. 팀 구성원과 팀 코치 모두 스킬에 일관된 능력이 없다면 개입은 팀 코칭이 아니다.

지속 가능한 학습문화를 위한 필수 요소

- 신뢰, 심리적 안전감, 실험 및 '잘 실패하는' 분위기를 조성한다.
- 전체 시스템에서 내부와 외부 이해관계자 모두에게 영향을 주고 네트워크를 구축한다.
- 주인의식ownership과 실행을 늘리기 위한 전략 기여에 모든 구성원을 참여시키고, 팀 멤버십team membership과 집중에 적극적으로 적응한다.
- 기능적 인프라가 아닌 유동적인 구조
- 도전과 무의식적 편견이 나타날 때 적극적으로 경청
- 성과 공유를 위한 계약
- 집단지성과 전체시스템이 공유하는 의식을 공동 창조하는 것
- 팀 코칭 스킬과 능력(Edmondson, 2002; Hawkins, 2017b; Turner et al., 2018)

인프라infrastructure는 학습과 민첩성을 극대화하기 위한 중요한 고려 사항이기도 하다. 결과적으로, 학습 조직의 구조는 전문성, 흥미와 작업(기능이 아닌)에 기반을 둔 역할에 있다. 작고 민첩한 프로젝트 스타일의 팀은 고객 중심 성과에 기반을 둔다. 팀 리더와 구성원은 뛰어난

아이디어를 얻기위해 서로 적극적으로 코칭하고 이해관계자와 고객을 혁신의 중심에 두고 긍정적 관계와 다면적인 조직을 만든다. 이러한 요소들이 21세기 학습 조직의 미래를 만든다.

팀 코칭 사용이 적절한지 확인하기 위한 대화

오늘날 새로운 아이디어의 채택과 변화 속도를 고려할 때 우리는 팀 코칭 자체가 학습 문화를 향상할 것이라고 가정할 수 있다. 그렇지만 이 가능성을 자세히 살펴보기 전에 조직과 코칭을 제공하는 업체가 몇 가지 중요한 대화를 나누어야 한다.

질문 1: 팀 코칭이란 무엇인가에 동의합니까?

터무니없게 들릴지 모르지만 업계의 기준이 불충분하기 때문에 유용한 출발점이다. 일관되고 이해하기 쉬운 정의를 도입, 동의하고 사용함으로써 대화를 시작한다. 내 정의:

> 조직화된 그룹이 솔직한 대화와 일관된 성찰을 통해 함께 배우는 방법을 경험하고 자신과 시스템을 모두 향상할 수 있는 촉진 과정이다.

팀 코칭에 대한 코치와 조직의 이해에 모두 동의함으로써 계약은 학습 생태계의 기반을 형성하기 시작한다. 일단 확립되면 코치와 팀 구성원은 모두가 아직 같은 입장임을 재확인할 수 있다.

질문 2: 팀은 코칭할 준비가 되었습니까?

적용할 수 있는 한 가지 지표는 액션러닝 방식을 사용하는 것이다.

$$L \geq EC$$

학습은 환경이 변화하는 속도 이상이어야 한다. 이는 조직이 팀 코칭을 준비할 경우 측정할 수 있다(Hawkins, 2017a, p.16). 변화가 조직 내 학습보다 크다면 팀은 코칭을 받을 수 없으며 다음에 참여할 수 있다.

- **팀 개발**team development: 팀 역량capability과 수용력capacity을 개발하고, 함께 잘 협력하며 공동

작업을 원활하게 하기 위해 외부 지원의 유무에 관계없이 팀이 수행하는 모든 프로세스
- **팀 빌딩**team building: 팀 개발 초기 단계에서 팀을 돕기 위해 사용하는 프로세스
- **팀 퍼실리테이션**team facilitation: facilitating the team
  - 특정한 갈등이나 어려움을 해결하기 위해
  - 운영과 관련성을 검토하기 위해
  - 계획 또는 전략 프로세스를 수행하기 위해
- **팀 프로세스 컨설팅**team process consultancy: 팀 컨설턴트가 회의 또는 세션 계획을 수행하고 팀이 어떻게 작업하는지에 대한 계획 세션을 수행하는 팀 옆에 앉아 팀이 작업을 진행하는 방법에 대한 성찰과 검토를 제공하는 팀 퍼실리테이션의 한 형태(Hawkins, 2017b, pp.71-73).

위의 모든 개입은 유용하며 향후 코칭을 위해 팀을 준비할 수 있다. 코칭 준비가 되었는지 확인하는 추가 지표는 다음과 같다.

- 팀 리더는 정서지능이 뛰어나다.
- 팀 구성원은 개방적이고 유용한 대화에 적극적으로 참여할 수 있으며, 이를 통해 궁극적으로 이해, 의사결정 그리고 결과를 추진할 수 있다.
- 팀원들은 경청을 잘한다.
- 갈등은 신중하게 다룰 수 있다.
- 실패에 안전한 시도와 적극적인 학습을 장려하고 일반적으로 회복력이 있는 문화다.
- 이 목록은 팀이 팀 코칭을 마친 것으로 들릴 수 있다. 사실 이는 팀 코칭을 시작하기 위한 최적의 조건이다. 5개에서 3개 이상이 해당하여야 하고 그렇지 않은 경우 팀은 위 제시된 방법 가운데 다른 하나가 필요할 수 있다.

질문 3: 팀 코치가 요건에 적합하고 숙련되어 있습니까?
팀 코칭이 조직의 필수 요소가 되려면 팀 코치에게 다음이 필요하다.

- 높은 정서지능과 자기 인식
- 코칭 수퍼비전을 포함한 강력한 성찰적 실천

- 현재 팀, 시스템과 그들 자신에 대한 다양한 관점
- 그룹으로 작업하기 위한 여러 분야에 대한 강력한 배경 지식을 포함한 다양한 개입과 전자적 툴킷
- 다른 팀코치 그리고 팀과 함께 일할 수 있는 능력(아래 참조)
- 팀이 스스로 문제를 해결하고 자체 코칭이 가능할 때 계약을 종료할 수 있는 경험과 지혜

질문 4: 조직의 팀 코칭을 위한 모범 사례는 무엇입니까?

팀이 코칭받을 준비가 되었고, 코치가 팀과 함께 일할 수 있는 역량이 있음을 확인했다면 '모범사례' 구성 계획이 다음 단계이다.

고려해야 할 몇 가지 주요 요소:

- 클라이언트가 팀이라는 데 동의하라. 개별 팀 구성원도, 클라이언트 후원자, 그리고/또는 가장 선임이거나 팀에서 최고권위자도 아니다.
- 그 팀의 일은 그 순간 팀과 함께 그 공간에서 일어나는 모든 것이다.
- 세션에서 두 명의 코치를 고용하라. 한 명은 관찰자로, 한 명은 팀 코치로 고용한다. 한 명의 코치는 내부 직원이 될 수 있지만 집단 사고와 역동을 위해 둘 다 외부인이 바람직하다.
- 세션의 공유 목표, 전체 목표 또는 갈등이 있을 때 흔히 계약한다.
- 그룹 또는 팀 코칭 경험이 있는 수퍼바이저 코치에게 정기적으로 전문적 수퍼비전을 받는다. 여기에는 두 명의 팀 코치가 코칭의 영향을 구체적으로 살필 수 있는 성찰적 실천도 포함된다. 수퍼바이저는 시스템의 외부 역할을 하며 시스템에서 볼 수 있는 도전 과제를 제시하고, 코치가 중립을 유지하고 학습 생태계의 중요한 부분이 되도록 지원할 수 있다. 외부 코치로서도 팀과 함께 있을 때는 시스템의 일부이다.
- 코치와 팀원들의 속도를 조절하라. 자주 휴식을 취하고 물을 많이 마시고, 학습한 내용을 숙고하라.

아는 바와 같이, 팀 코칭은 사고의 근본적인 전환이 필요하다. 그룹이나 팀을 코칭하는 것은 일대일 코칭과 다르다. 코치나 팀이 팀 코칭 작업에 대한 준비가 되어 있지 않다면 이는 팀에 심각한 차질을 초래할 수 있으며 더 중요한 것은 조직의 성장이다. 그렇지만 팀 코칭이 잘 이루어지면 학습 조직을 만드는 데 장기적으로 큰 도움이 될 수 있다.

결론

사람들이 함께 학습하도록 하는 것은 조직의 효능과 회복탄력성resilience에 중요한 역할을 한다. 지난 100년 동안 성찰적 실천, 그룹 프로세스와 시스템, 성인 학습, 코칭, 그리고 이중 및 삼중 고리 학습 그리고 팀 구성에서 수집한 방법론과 기술을 바탕으로 팀 코칭 방법론의 발판을 만든다. 가능한 방법론의 폭과 깊이, 일관되지 않은 규범과 표준, 팀 코칭의 복잡성과 창발적 특성을 고려할 때 우리가 배우는 것에 대한 대화는 팀 코칭을 더 잘 정의하고 측정할 수 있다. 이 장에서 제기한 질문에 답하기 위해 '팀 코칭'은 유행인 반면, 함께 학습하여 공유된 결과를 도출하는 것은 모든 조직의 성공에 필수적이다.

팀 코칭은 팀 코치, 리더, 조직이 서로 배우는 프레임워크가 될 수 있고, 우리는 코칭 산업에 필요한 파괴자disruptors가 될 수 있다. 그 결과, 미래의 조직들은 지도자들이 별들 아래 은유적 캠프파이어 주변에 둘러앉아 진솔한 대화를 나누고, 무엇이 앞에 놓여 있는지에 대한 결정을 내리고, 함께 배우는 사람들을 모으는 새로운 사회적 경계를 만들 수 있을 것이다. 우리가 이 미래 활동을 무엇이라고 부를지 궁금하다. 시간이 말해줄 것이다.

참고문헌

Argyris, C. (1991). Teaching smart people how to learn. *Harvard Business Review, 69*(3), 99–109.
Argyris, C., & Schön, D. A. (1974). *Theory in practice: Increasing professional effectiveness.* San Francisco, CA: Jossey-Bass.
Bersin, J., McDowell, T., Rahnema, A., & Van Durme, Y. (2017, February 28). Rewriting the rules for the digital age. Retrieved from https://dupress.deloitte. com/dup-us-en/focus/human-capital-trends/2017/organization-of-the-future. html?id=au:2el:3dc:dup3817:awa:cons:hct17.pdf
Christensen, C. (1997). *The innovator's dilemma: When new technologies cause great firms to fail.* Boston, MA: Harvard Business Press.
Clutterbuck, D. (2007). *Coaching the team at work.* London, England: Nicholas Brealey.
Clutterbuck, D., & Turner, T. (2017). A brief history of coaching and mentoring. In A. Blackman, D. Kon, & D. Clutterbuck (Eds.), *Coaching and mentoring in Asia Pacific.* London, England: Routledge.
Dewey, J. (1938). *How we think.* New York, NY: Kappa Delta Pi.
Drucker, P. F. (1954). *The practice of management.* New York, NY: Harper and Row.
Edmondson, A. C. (2002). *Teaming: How organizations learn, innovate, and compete in the knowledge economy.* San Francisco, CA: Jossey-Bass. 『티밍: 조직이 학습하고 혁신하는 스마트한 방법』 오지연 역. 정혜. 2015.
Hackman, J. R. (2002). *Leading teams: Setting the stage for great performances.* Boston, MA: Harvard Business School.
Hawkins, P. (2012). *Creating a coaching culture: Developing a coaching strategy for your organization.* Maidenhead, England: Open University Press.
Hawkins, P. (2017a). *Tomorrow's leadership and the necessary revolution in today's leadership development.* Henley, England: Henley Business School.
Hawkins, P. (2017b). *Leadership team coaching: Developing collective transformational leadership* (3rd ed.). London, England: Kogan-Page.
IbisWorld. (2017, October). Business coaching in the US: Market research report. Retrieved from www.ibisworld.com/industry-trends/market-research-reports/educational-services/business-coaching.html

Ismail, S. (2014). *Exponential organizations*. New York, NY: Diversion Books. 『기하급수 시대가 온다: 한계비용 0, 수익은 10배 많은 실리콘밸리의 비밀』 이지연 역. 청림출판. 2016.

Janis, I. L. (1972). *Victims of groupthink: A psychological study of foreign-policy decisions and fiascoes*. Boston, MA: Houghton Mifflin.

Jarvis, P. (2004). *Adult education and lifelong learning: Theory and practice* (3rd ed.). London, England: Routledge.

Katzenbach, J. R., & Smith, D. K. (1993/2005). The discipline of teams. *Harvard Business Review*. Best of HBR 1993.

Knowles, M. S. (1968). Androgogy, not pedagogy. *Adult Leadership, 16*(10), 350–352, 386.

Lawrence, J. A., & Steck, E. N. (1991). *Overview of management theory by year*. Carlisle, PA: U.S. Army War College.

Leana, C. R. (1985). A partial test of Janis' groupthink model: Effects of group cohe- siveness and leader behavior on defective decision making. *Journal of Management, 11*(1), 5.

Mayo, E. (1946). *The human problems of an industrial civilisation* (2nd ed.). Boston, MA: Macmillan.

Megginson, D., & Boydell, T. (1979). *A manager's guide to coaching*. London, England: Kogan Page.

Orwell, G. (1949). *1984*. New York, NY: Penguin.

Oxford Dictionary. (n.d.) Retrieved from https://books.google.com.au

Tovar, P. (2016, September 14). Leadership challenges in the VUCA world [Blog post]. Retrieved from www.oxfordleadership.com/leadership-challenges-v-u-c-world

Turner, T., Lucas, M., & Whitaker, C. (2018). *Peer supervision in coaching and mentoring: A versatile guide for reflective practice*. London, England: Routledge.

Wartzman, R. (2012, September 11). How to consult like Peter Drucker. [Blog post]. Retrieved from www.forbes.com/sites/drucker/2012/09/11/how-to-consult-like- peter-drucker/#3806c71f 2e49

Whitworth, L., Kimsey-House, H., & Sandahl, P. (1998). *Co-active coaching: New skills for coaching people toward success in work and life*. Palo Alto, CA: David-Black.

Whyte, W. H., Jr. (1952, March). Groupthink, (*Fortune*, 1952). [Blog post]. Retrieved from http://fortune.com/2012/07/22/groupthink-fortune-1952/

33장. 자치 개발 조직에서의 팀
동료 코칭의 필요성

저자: 그레이엄 보이드 Graham Boyd
역자: 우성희

오늘날 조직의 전형적인 개인 중심 관리 책임 계층은 VUCA(변동성volatile, 불확실성uncertain, 복잡성complex, 모호성ambiguos) 과제를 해결하는 데 점점 더 비효율적이다. 자기 조직화self-organising, 틸Teal(역자 주: 프레데릭 라루의 저서 『조직의 재창조』에 등장하는 조직 형태 변천 과정의 한 단계로 청록색 조직의 요소를 크게 자기 경영, 전인성, 진화하는 목적으로 소개한다.), 의도적 개발deliberately developmental, 필수requisite 등 조직 설계는 비교적 더 효과적인 것으로 입증되고 있지만 새로운 시스템 적응 과제를 제시한다. 그들은 더 많은 고위 경영진뿐만 아니라 그 안에서 일하는 모든 사람에게 끊임없이 변화하도록 요구한다.

적응 능력adaptive capacity(즉, 자기 개념을 바꾸는 능력)은 개인과 각 팀 전체에 존재해야 한다. 이는 추가 시간을 할당하거나 별도의 코칭 세션에서 다루지 않고 일상적인 작업 구조와 프로세스로 수행해야 한다. 코치의 주요 역할은 업무의 일부로 팀에서 동료 코칭peer-to-peer coaching을 개발하는 것이다. 코치는 사회 정서와 인지 개발, 자치 조직 설계와 프로세스, 개인에게 필요한 업무 매칭, 심지어 주주 구성이 팀에 미치는 영향에 대한 코칭 등 다양한 영역을 지원해야 한다([그림 33.1]). 자치 개발 팀 또는 서클을 위한 코칭은 오늘날 팀 코치가 일반적으로 기대하는 것보다 훨씬 더 많은 것을 요구한다. 따라서 자치 개발 조직self-governing and developmental

---

그레이엄 보이드 Graham Boyd: 기업의 전략, 리더십 개발 프로세스와 조직 설계를 통합하는 컨설팅 조직인 에볼루테식스Evolutesix의 설립자이다. 에볼루테식스는 개인에게 P2P 개발 코칭도 제공한다. 그레이엄은 새로운 사업 창출에 관여하고 있으며 프록터 앤드 갬블에서 연구개발 관리 업무를 수행했다. 그레이엄의 첫 연구 분야는 이론 물리학이었고, 그곳에서 10년 동안 일했다.

organisation(SDO)은 팀 코치들의 업무에 새로운 파괴자라고 생각한다.

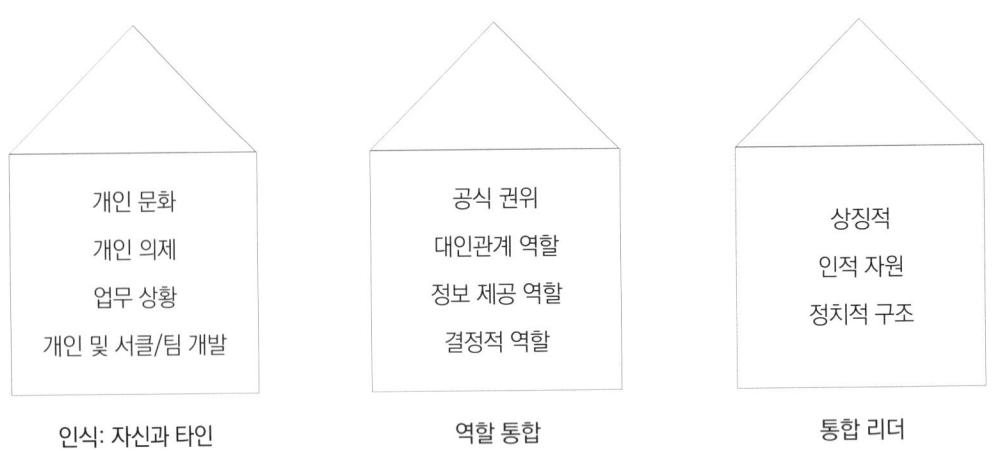

[그림 33.1] 세 하우스three houses의 작업 흐름과 관련된 정신 모델.
팀의 과업 결과는 하우스의 각 개인 정신 모델 또는 내부적으로 구성된 현실에 의해 결정된다.

자치 개발 조직

파괴적 변화disruptive change는 모든 업무에 영향을 미친다. 기존에 확보된 지식 인력도 인공지능으로 인해 차질이 빚어지고 있다. 예를 들어, 세이버Saberr의 인공지능 코치봇CoachBot은 현재 영국 국립보건국에서 팀 코칭 테스트를 받고 있으며(Cary, 2017), 우리 팀 코치들에게는 자치 개발 조직에서 새로운 유형의 팀 코칭이 필요하다.

자치 개발 조직이 떠오르는 것은 유연하지 않은 구조와 문화를 가진 전통적인 관리 책임 계층에서 팀워크 환경이 어느 팀보다 빠르게 변화해야 하기 때문이다. 이런 환경에서 매우 잘 작동하는 팀 코칭에 대한 접근 방식은 자기 조직화 기업에는 너무 느려 자원을 많이 소비한다. 홀라크라시Holacracy(Robertson, 2015)나 소시오크라시Sociocracy 3.0과 같은 조직 전체를 위한 자기 조직화의 최신 접근법은 애자일agile, 스크럼scrum 등의 요소를 통합하고 있다고 할 수 있으며 소규모 팀부터 조직 전체 및 조직의 컨소시엄까지 모든 규모에서 작동한다.

[그림 33.1]의 세 하우스에서 보듯이 모든 조직의 작업은 각 개인과 팀의 정신 모델 안에서 이루어진다. 필요한 적응 능력은 작업에 필요한 만큼 빨리 이런 정신 모델을 변경할 수 있는

능력이다. 자기 조직화에는 기존의 관리 계층보다 훨씬 큰 적응 능력이 필요하다. 자기 조직화는 동료 코칭 프로세스를 업무의 일부로 사용하는 개발 조직으로서도 최적이다.

예를 들어, 관리 계층에서 역할의 공식적인 권한(태스크 하우스)은 전형적으로 자기 정체성(셀프 하우스)으로 이전되어 개인이 권한을 갖는다. 이로 인해 문제가 발생하여, 애자일 팀에서 흔히 제로 계층zero hierarchy이 나타난다. 그러나 주어진 복잡함이나 영역에는 많은 자연적인 계층 구조가 존재하기 때문에 완전히 플랫flat한 구조는 심각해질 수 있다. 예를 들어, 법률 고문의 역할은 영업보다 영역domain을 가져야 한다.

홀라크라시와 소시오크라시 같은 자기 조직화 접근은 해로운 개인적 위계를 배제하면서 필요한 자연스러운 계층 구조를 유지하므로, 개인은 여러 역할에 책임을 진다. 역할은 계층을 형성하고 모든 개인은 자연 계층natural hierarchies의 상단에서 하단까지 동시에 역할을 할 수 있다. 모든 개인은 평등한 통치권을 갖는다(즉, 자신의 역할을 효과적이지 못하게 막는 조직의 일부를 직접 변경할 수 있음).

발달 조직developmental organisation(DO)의 개념은 처음에는 전통적인 계층에서 등장했지만(Boyd & Laske, 2018; Kegan & Lahey, 2016), 최근에는 서로가 서로를 가능하게 하는 것으로 나타났다. 자치 개발 조직은 VUCA 세계의 강력한 조직이다. 그렇지만 팀 또는 조직 전체 규모에서, 기존 계층에서 애자일을 거쳐 홀라크라시까지 작업을 구성하는 팀 기반 접근 방식에 피어 투 피어peer-to-peer 개발 프로세스를 추가하는 것이 항상 유용하다.

발달적 접근의 통합이 필요한 이유는 조직, 특히 자치 조직은 개인이 저마다 세 개의 기둥에 대한 과제에 직면하기 때문이다(Boyd & Laske, 2018).

1. **사회-정서적**social-emotional: '나는 무엇을 해야 하며 누구를 위해?'라는 질문에 어떻게 대답해야 하는가? 많은 사람이 자신의 직업, 직위, 동료의 존경을 통해 자신의 정체성과 가치를 구축한다. 이 정체성과 그 원천은 자치 개발 조직에서 도전을 받는다. 각 개인이 구성하는 사회-정서적 기준 체계frame of reference(FoR)는 모든 조직, 특히 자치 개발 조직에서 성과의 핵심이다. 따라서 구성주의적 관점에서 자치 개발 조직을 보는 것도 필수적이다.
2. **인지**cognitive: '내가 무엇을 할 수 있을까, 내 선택지는 무엇인가?'라는 질문에 어떻게 대답하는가? 자치 개발 조직은 구성원에게 변증법적 사고 구조에 대한 현재의 능력을 넘어서는 변형적 복잡성transformational complexity을 가진 개념에 참여할 것을 요구할 수 있다.
3. **심리적**psychological: '나는 어떻게 지내고 있습니까?'라는 질문에 어떻게 대답하는가? 자치

개발 조직에서는 숨길 곳이 없다. 직장에서 팀은 피어 투 피어 개발 프로세스를 통해 모든 팀 구성원에게 심리적 안전을 제공해야 한다.

세 기둥 모두 사람의 크기를 형성하며, 이는 역량을 사용할 수 있는 능력을 결정한다. 동일한 역량이 다른 규모의 사람들에 의해 배치되는 경우 매우 다른 결과로 이어질 것이다. 사회-정서적 크기(발달 단계)는 서클 구성원이 인간으로서 유대감을 가질 수 있는 능력에 영향을 미치고, 인지적 크기는 복잡성을 처리하는 능력을 결정한다.

사람의 크기를 늘리는 방법을 인식하기 위해 Job 1(개인이 수행하기 위해 채택되는 작업)과 Job 2(개인이 자신을 보호하기 위해 해야 할 일)를 구별한다(Kegan & Lahey, 2016). Job 2가 개인의 자원을 대량으로 소비하면 생산성이 떨어지고 문제가 발생한다(번아웃 등). 각 개인이 Job 1에 대한 능력은 Job 2가 얼마나 지원되는지에 따라 달라진다.

특히, 자치 조직의 번영을 위해서는 Job 1과 Job 2 모두가 모든 사람의 일상 업무 프로세스의 일부로 동일하게 간주되어야 하며 조직에서 지원해야 한다. 더 일반적으로 보이는 에이전트^{agentic} 개발뿐만 아니라 모든 구성원에게 온틱^{Ontic} 개발을 제공하는 것은 자치 개발 조직에 필수적이다. '온틱'은 조직 구성원 자신의 평생에 걸친 사회-정서적 및 인지적 발달을 의미하며, '에이전트'는 조직의 행동과 뛰어난 행동을 발달시키는 지원을 말한다.

자치 개발 조직에서 이 온틱 개발은 작업의 필수 구성요소인 피어 투 피어(P2P) 개발 프로세스를 통해 모든 규모의 개인과 팀에 실시간으로 제공된다. 자치 개발 조직은 사회-정서적 발달, 인지 발달, 심리적 유형에 걸친 발달의 발판을 제공하고(Boyd & Laske, 2018; Laske, 2015), 자치 개발 조직 코치의 주요 작업은 이 발판을 마련하는 것이다.

개발 과제와 발판

자치 개발 조직 코치의 업무는 오늘날 팀 코치가 일반적으로 기대하는 것을 넘어서 세 가지 하우스와 Job 2의 세 가지 요소(사회-정서적, 인지적, 심리학적 유형) 모두에 걸쳐 있다. 코치는 자치 개발 조직에서 안전하고 탄력적이며 실행 가능한 것이 제한되므로 회사 전체의 법적 실체 또는 소유권 구조(Boyd, Reardon, Ridley-Duff, 2017; Ridveson-Dower, 2015)에 관여해야 할 수도 있다.

첫 번째 구성요소에서 팀 속의 개인은 동료로 때로는 위, 아래 다른 역할의 정체성에 따라 여러 단계에서 도전을 받는다. 따라서 우리는 단계 모델$^{\text{stage model}}$(Cook-Greuter, 1999; Kegan & Lahey, 2016)을 사용하여 각 단계에서 과제의 성격을 인식하고 어떤 발판이 필요할지 결정한다.

사회-정서적 발달 단계

조직에서 볼 수 있는 네 가지 사회-정서적 발달 단계는 다음과 같다.

1. S2 또는 수단^{instrumental}. 내 개인적인 욕구와 그것을 충족시키는 방법이 내 정체성을 정의한다. 인구의 10% 이상이 성인기 동안 이 단계에 머물러 있다.
2. S3 또는 사회적 마인드$^{\text{socialised mind}}$. 내 정체성은 내가 속한 그룹의 좋은 구성원이라는 이상에서 비롯된다. 인구의 55% 이상이 이 단계에 머물러 있다.
3. S4 또는 자기 주도적 마인드$^{\text{self-authoring mind}}$. 내 정체성은 내 고유한 가치관에 따라 스스로 형성된다. 약 25%가 여기까지 진행되며 자치 팀에 참여할 수 있는 충분한 발달 능력을 갖춘 첫 단계이다.
4. S5 또는 자기 인식$^{\text{self-aware}}$. 나는 스스로 구성된 자아를 인식하고 있으며 새로운 적응 과제에 직면하기 위해 그를 재구성할 수 있는 능력이 있다. 8% 미만이 이 단계로 진행된다.

S4와 S5는 다른 사람들의 기대와 무관하게 내부 기준 틀이 있으므로, 전통적인 조직을 자치 개발 조직으로 변화시킨 다음 그 안에서 가장 잘 성장할 수 있는 단계이다. 그러나 성인 인구의 33% 미만이 이러한 단계로 나아갈 수 있으며, 대부분 그들의 직장생활이 끝날 무렵에만 진행된다.

조직이 개인의 사회-정서적 발달을 통제할 수 없음을 인식하는 것이 중요하다. 이는 배울 수 없으며, 오히려 도전적인 경험에 대한 성찰을 통해 개인은 그들의 기준을 수정한다. 그러나 개인의 복잡성에 대한 능력은 사고 구조와 프로세스(내용이 아님) 훈련을 통해 학습할 수 있다(Laske, 2005, 2008, 2015).

인지 발달 단계

인지 발달 단계는 [그림 33.2]에 나타나 있으며, 시스템 사고를 통해 논리적으로 사고하는 능력에서 발전하여 변형적 사고 또는 완전한 변증법적 사고로 진행된다. 도전 과제의 완전한 변증법적 복잡성을 다룰 인지 능력이 부족한 리더는 누구나 작업의 단순화된 버전을 파악하게 되고, 따라서 부적절하게 대응하게 되어 사업체에 해를 끼치거나(Job 1), 자신과 타인에게 해를 끼치거나(Job 2) 보통 양쪽 모두에 해를 끼치게 된다.

4단계
현실의 역설적인 연결성을 완벽하게 갖춘 능력. 더 큰 전체, 공통 기반의 맥락에서 모든 것을 일시적이고 변혁적인 것으로 본다.

3단계
현실의 모든 역설적인 측면을 보고, 받아들이고, 작업하기 시작했으며, 조직과 팀에 대한 모든 폐쇄적인 접근 방식은 부적절하다.(애자일, 식스시그마, 홀라크라시, 소시오크라시 등)

2단계
변화와 복잡성에 대한 수용 증가. 더는 논리를 사용하여 제거하려고 하지 않는다. 상호 연결을 보고 있지만 아직 공통점이나 관련성을 실제로 확인하지 않았다.

1단계
모호성과 역설에 대한 인식 시작. 형식 논리를 적용하여 제거하고 통제한다.

형식 논리

[그림 33.2] 작은 부분(논리적 사고만)에서 최대까지 발달하는 인지 능력 또는 인지 크기의 발달. 단계가 명확하게 분리되어 있지 않으며 개인이 1단계의 80%를 갖고 있고 이미 2단계의 20%를 갖고 있을 수 있다.

4단계를 실제로 유동적으로 사용할 수 있는 소수의 사람들([그림 33.2] 참조)만이 변형적 불안정 상태transformational disequilibrium에 있을 때 Job 1과 Job 2를 모두 적절하게 처리할 수 있다(Bhaskar, 1993; Laske, 2008). 개인의 인지 능력 개발은 팀 구성원보다 더 복잡한 인지 크기의 단계를 가진 자치 개발 조직 코치에 의해 훈련될 수 있고 훈련되어야 한다.

역할의 규모에 맞는 사람의 크기

사람의 크기는 서클 회원의 인지 발달단계와 사회-정서적 발달 단계 크기와 심리적 유형을 조합한 것이다. 이 규모의 인력은 VUCA 적응 과제를 해결하기 위해 자신의 역량과 기술을 배치할 수 있는 능력을 정의한다. 마찬가지로, 우리는 역할이 직면한 가장 복잡한 도전의 VUCA 척도에 따라 역할 크기를 정의할 수 있다.

팀 코치들은 개인과 전체 서클에 맞는 역할과 인물의 크기를 조정하고, 적절한 발판을 구축하여 자치 조직과 그 구성원들이 일상 업무의 일부로 그들의 규모를 성장시킬 수 있도록 지원하는 것이 필수적이다.

발판: 비고츠키의 근접 발달 Vygovsky's proximal development

자치 개발 조직 코치는 서클이 Job 2에 대해 매일 사용하는 발판을 구축하고 Job 1의 생산량을 높이는 데 관심이 있다.

두 가지 크기가 개발되는 데 필요한 자원은 다음과 같다.

1. **사회-정서적**. 느리고 배울 수 없지만 경험이 반영되고 교훈이 내면화되면서 발전한다.
2. **인지**, 학습 가능한

비고츠키(1978, 1986)는 네 가지 발달 영역에 관해 설명한다. 이 영역은 자치 개발 조직에 효과적이기 위해 모든 사회-정서적 발달 단계에서 개인을 어떻게 지원해야 하는지를 이해하는 데 사용할 수 있다.

1. 영역 1에서는 업무가 개인의 규모에 잘 부합하기 때문에 일반적으로 어떤 좋은 조직에서도 일반적인 지원을 받을 필요가 없다. 즉
   a   S3: 다른 사람의 기대에 대한 명확성과 그들로부터의 피드백
   b   S4: 개인의 가치에 따라 행동하는 역할
   c   S5: SDO의 완전한 개발 구현

2. 작업을 위해 개인이 현재 성장 영역까지 확장해야 하는 영역 2에서 개인은 일반적으로 자립할 수 있다.
    a S3: 다른 서클 멤버들과의 강한 개인적 유대감이 필요하다.
    b S4: 모든 동료에 걸쳐 큰 그림에 대한 정렬, 명확성, 동의
    c S5: 지속적인 성장과 성숙함을 요구하는 역할
3. 영역 3에서 작업은 개인의 자립 능력 이상의 규모를 필요로 하지만 자치 개발 조직과 동료들에게 충분한 지원을 받을 경우 행동할 수 있다.
    a S3: 완전히 신뢰하고 모든 동료가 효과적으로 사용하는 동료 코칭이 필요하다.
    b S4: 진실성과 가치 체계에 대해 유용한 피드백을 제공할 수 있는 동료 그룹
    c S5: 상호 발전적인 성격의 p2p 교환
4. 영역 4에서는 필요한 크기가 완전히 초과되었다. 물론 그들은 최선을 다할 것이지만 운이 따르지 않는다면 최선도 작동하지 않는다. 비즈니스에 필요한 것을 지나치게 단순화시키고 잘못 해석하기 때문에, 그들은 사업을 위험에 빠뜨릴 것이다. 더욱이, 잘하려고 하는 노력이 비즈니스 위험을 증가시킨다는 것을 깨닫는 능력조차 부족하다.

이런 지원은 모든 작업 프로세스의 필수적인 부분이어야 하므로, 모든 자치 조직 설계가 진정으로 작동하기 위해서는 피어 투 피어 개발 발판이 필요하다는 것이 분명해졌다. 모든 조직, 애자일, 또는 전통적인 관리 책임 계층 구조의 이점을 누릴 수 있다. 그러나 모든 규모로 조직 설계를 변경할 수 있는 능력이 없다면 이러한 피어 투 피어 개발 발판은 효율성이 떨어진다.

적절한 훈련과 인지적으로 더 큰 사람(팀 코치)과의 논쟁을 통해 개인의 인지적 크기에도 동등한 발판이 필요하다.

법적 구조

마지막으로 이해관계자 사이의 기존 관계가 Job 1과 Job 2에 미치는 영향이다. 예를 들어, 전통적인 회사에서 최종 지배 구조는 선택된 이해관계자 유형, 즉 투자자에게 있다. 따라서 자치 개발 조직의 내재된 구조와 프로세스는 취약하다. 투자자가 바뀌면 자치 개발 조직는 종래의 관리 계층으로 대체될 수 있다.

자치 개발 조직 코치는 회사 양식의 제약 내에서 지원하고 자치 개발 조직에 대한 적합성을 높이기 위해 구성원에게 양식 변경에 대한 통찰력을 제공해야 한다(Boyd et al., 2017; Ridley-Duff, 2015). 팀 코치 역시 법률 전문가가 될 가능성은 낮지만 유한회사, 협동조합, 또는 새로운 대안이 미치는 영향에 대한 충분한 인식이 필요하다.

예

사례 1

우리 고객은 위의 많은 실례를 제공했다. 두 가지 예를 들면 기업 1은 우량 고객에게 최첨단 컨설팅, 훈련과 워크숍을 제공한다. 그들의 목표는 업계에 파괴적 변화를 촉진하고, 사람들이 원하는 고용주가 되는 것이다. 각 설립자는 독특한 강점과 강한 개성을 지녔다. 매우 상호 보완적이지만 거의 겹치지 않는다. 일을 잘하면 아주 잘 작동하고, 충돌할 때는 갈등이 아주 심하다. 처음에는 팀 코칭과 전략 컨설팅을 통해 업무 시간을 늘리고 갈등을 줄이자는 연락을 받았다.

우리의 노력은 자치 개발 조직의 모든 범위에 이르렀다. 개발 과정을 위해 우리는 변화에 대한 면역immunity to change(Kegan & Lahey, 2016), 비폭력 커뮤니케이션(Rosenberg, 2015)과 라스케Laske의 인지 발달 프레임워크(Laske, 2005, 2008, 2015)의 통합으로 시작했다. 지난 12개월 동안 직원 수는 3배, 매출은 5배로 빠르게 성장했다. 그 결과 각 설립자는 회사가 변화하는 만큼 빠르게 자신을 변화시켜야 하는 적응적 도전 과제에 어려움을 겪으면서 긴장이 고조되었다.

S3(사회적 마인드)에 무게를 두는 사람도 있지만, S2(내 당면한 욕구가 중요)의 나머지 요소를 기준으로 하는 사람도 있다. 이는 다음과 같이 표시된다.

- 특히 스트레스를 받는 상황에서 역할을 필요로 하는 경우, 동일한 다른 서클 구성원을 이끌거나 따르는 것 사이에서 전환하기 어려움
- 업무상 의사결정이나 행동의 동인으로서 역할 요구(자신의 필요와 구별됨)를 인식하는 데 어려움

예를 들어, 조지^George(S4 중심)가 서클의 거버넌스 회의를 주재하고 제인^Jane(S2가 남아 있는 S3)은 서클 구성원 가운데 한 명이었다(이들은 가명임). 제인의 유형은 또한 완벽주의적인 세부 사항에 중점을 두었으며 인지적 크기는 [그림 33.2]에서 주로 1단계이다. 퍼실리테이터 역할에 따라 조지는 자신의 방식대로 회의를 진행했다. 회의 도중에 제인은 자기 방식대로 회의의 운영을 이어갔다. 이것은 그녀의 내적 욕구와 그녀가 의미를 생성하기 위해 사용하는 참조 프레임의 S2 잔차^residuals에 의해 주도되었다. 순간 그녀는 정체성 차원에서 위협을 느꼈다. '내가 이것을 인계하고 올바른 방법으로 수행하지 않는 한 나는 나로서 괜찮지 않다. 이것이 내 방식이다.'

그녀는 이제 자치 개발 조직의 성공적인 구성원들에게 기대하는 것을 바탕으로 의미를 완전히 만들 수 있는 순수한 S3에 대한 참조 프레임을 성장시키고 있다. 그러면 때때로 자신의 욕구가 충족되지 않더라도 이것이 정체성 수준의 위협은 아닐 것이다.

그들은 전체 자치 개발 조직 운영 체제 설치로 상당한 진전을 이루었고, Zone 3 이하로 유지할 수 있는 발판을 마련했다(자세한 내용은 Boyd & Laske, 2018에서 확인). 오늘날 긴장이 느껴질 때 작업 과정의 일부로써 즉시 개발로 전환된다. 한 팀 구성원(Norman, 잔여 S2가 있는 S3)은 다음과 같이 표현한다.

> 내가 이런 강한 지지와 세대 갈등을 경험하는 유일한 맥락은 내 최고의 로맨틱한 관계이다. 어떤 긴장감이 있더라도 올려서 기업과 우리 자신이 성장하도록 만들 수 있다.

조직이 성장함에 따라 일관된 구조와 프로세스의 중요성도 커졌으며, 자치 개발 조직 운영 체제를 체계화하고 있다. 그렇지만 이는 노먼^Norman에게 긴장감을 조성하고 있다. 그는 자치 개발 조직의 개념을 전적으로 지지하지만, 개인적인 업무 관련 요구를 자신의 방식으로 충족시키는 능력에 대한 제약은 받아들일 수 없다. 다시 말하지만 이것은 정체성 수준의 문제이다; 그의 의미 형성은 그의 요구를 충족시킬 수 없는 것을 정체성 수준의 위협으로 선언한다. 이로 인해 충돌이 잦아졌다. 양쪽 모두, 그들의 작업은 때때로 그들을 지탱할 수 없는 영역 4로 밀어넣는다. 우리는 현재 영역4 작업을 제거하고 노먼과 제인 또한 개인 정체성 수준의 필요를 충족시킬 수 있도록 각각의 역할 할당과 범위에 대한 조정에 대해 컨설팅하고 있다.

이와는 대조적으로 샘^Sam은 인지 발달에서 S4(자기 저자)와 2단계를 향해 발전하고 있다. 그는 자치 개발 조직의 일원이라는 것을 알고 있으며, 자신이 이끄는 역할과 추종하는 역할 사이를 전환하는 데 더 익숙해지고 있다. 샘의 긴장이 정체성 위협이 된 예는 노먼의 행동이 회사의 방향과 안정성을 위협하는 것으로 인식되어 샘의 진실성과 가치에 의문을 제기했을 때이다.

자치 개발 조직 과정이 긴장 이면에 무엇이 놓여있는지 밝혀내기에 충분한 발판을 제공했으므로 그들은 처음에 쌍으로 이것을 연구하기 시작했다. 고객이 영역 4로 진입하고 있다는 사실을 깨닫고, 따라서 성장을 지원하고 영역 3으로 복귀할 수 있도록 사회-정서적 개발과 인지 개발의 복잡성을 더욱 높인 누군가가 필요하게 되자, 그들은 그들과 나머지 팀원들을 코칭하기 위해 우리를 불렀다.

사례 2

이제 필요한 조직 설계 요소를 포함한 전체 자치 개발 조직 구현에 대한 두 번째 고객을 살펴보자(Jaques, 1989). 자치 개발 조직을 향한 여정을 시작하기 전까지만 해도 팀으로서 그들의 실적은 저조했다. '상사의 전반적인 합의와 승인이 없으면 아무것도 하지 않는다'는 문화로 대부분 시간 동안 회원 모두가 3·4영역에서 활동하고 있었다.

단순화된 홀라크라시를 자치 운영 체제로 사용하던 초창기에는 회원 상당수가 정체성과 관련된 문제를 안고 있었다. 예를 들어, 테리Terry는 S3에서 S4로 이동하기 시작하면서 상사와 동료들의 승인 없이 결정을 내리는 것을 끊임없이 불안해했다. 그녀는 심지어 Zone 1에 있을 때도, 특히 영역 3에서 스트레스를 받을 때도, '내가 이렇게 한다면, 이 그룹의 일원이 되는 데에 어떤 위험이 있을까?'라는 관점을 통해 모든 것을 보고 있었다.

그녀의 기준 틀은 여전히 그 집단에 속해 있는 것에 대한 오래된 규범에 따라 각각의 행동에 의미를 부여하고 있었다. 그녀의 새로운 S4 프레임과 관련하여 그녀가 말했듯이, 그녀의 두려움이 "내가 쏟고 있는 오래된 나로부터 왔다."라는 것을 보면서 그녀는 자세를 바꾸고 그녀가 경험하는 모든 긴장을 보기 시작했다. '내가 느끼는 이 긴장감은 어떻게 진정한 내가 되는 데 도움을 줄 수 있을까?'(즉, S4 프레임을 만드는 데 도움을 줄 수 있을까?) 이로 인해 테리는 회사의 자치 개발 조직으로 전환하는 데서 점점 더 리더십을 발휘하게 되었다.

대조적으로, 다른 구성원(타냐Tanya)은 주로 S2 원소를 가진 S3에 있었다. 그녀는 그 기간 내내 자치 개발 조직에 완전히 소속되어 있을 수 없었다. 특히, 타냐는 테리와 함께 일할 때 항상 어려움을 겪었다. 테리는 이전에 타냐에게 보고했었다. '나는 테리의 리더다'는 타냐의 자기 정체성 구성요소였으므로 테리가 맡은 역할이 타냐의 역할이라면 따라 하는 데 어려움을 겪었다.

'내가 너를 이끌고 있다'에서 '다른 사람을 이끌고 있다' 역할로의 변화에서 누가 그 역할에 담당하는지와는 무관하게 적응력이 큰 도전을 주목하라. 이것과 역할 전환('내 역할 가운데 하나는 당신의 역할 가운데 하나를 이끌 수 있고, 다른 역할은 내가 당신의 역할을 따를 수 있다'; 상기하라, 각 사람이 5~10개의 역할을 담당한다)은 자치 조직에서 가장 큰 정체성 수준 도전 가운데 하나이며, 많은 문제의 원인이다. 아쉽게도 이런 이슈들은 흔히 홀라크라시의 결함으로 여겨지지만, 그렇지 않다. 그것들은 업무 2에 필요한 발판이 부족한 모든 조직의 문제이다.

자포스Zappos(Ferenstein, 2016)는 홀라크라시를 채택하여 자치 조직 설계로 전환한 대기업(1,500명 이상의 직원)의 가장 잘 알려진 사례이다. 처음 몇 달 동안 직원의 18%가 퇴사했지만 더 중요한 것은 82%가 남아 있다는 것이다(Ferenstein, 2016). 자포스는 자기 조직화 개념에 전념하고 있지만 초기 홀라크라시 구현을 넘어 자체 자치 개발 조직 버전으로 구현했다.

결론

홀로크라시와 같은 자치 조직 설계에 기인한 많은 결함은 실제로 개인의 기준 틀에서 발생하는 성인 발달 문제이다. 우리는 현재의 기준 프레임에서만 행동할 수 있기 때문에 자치 개발 조직별 팀 코칭이 필요하다.

필요한 코칭은 온틱 코칭에 중점을 두며 개인, 업무와 조직에 걸쳐 필요하다. 특히 자치로 전환하는 동안 서클 멤버가 어떻게 의미를 부여하는지(사회-정서적 발전단계), 조직, 업무 자신과 동료들의 의미를 이해하는지(인지적 발전 단계)를 고려하는 것이 중요하다.

자치 개발 조직 팀 코치의 새로운 초점은 다음과 같다.

1. 기본 코칭은 팀 코치가 아니라 서클 구성원이 한다. 코치의 역할은 서클 구성원들이 서로의 사회-정서적, 인지적 성숙을 업무 프로세스의 필수적인 부분으로 개발할 수 있도록 하는 발달 발판을 구축하는 것이다.
2. 모든 사람이 비고츠키 영역 1, 2, 3에 속하도록 각 구성원의 개발 규모와 전체 원 역할을 일치시키는 필수 구성(Jaques, 1989)을 가능하게 한다. 이러한 매칭은 관리 계층 구조에서 중요하며, 자체 관리 조직에서는 더욱 중요하다.

3. 세 하우스 모두를 아우르는 단일 통합 코칭 방식. 팀 코치는 자치 조직 설계, 성인 개발 코칭 및 의도적으로 개발 프로세스 설계에 동등하게 능숙해야 한다.
4. 팀 코치는 트레이너와 조직개발[OD] 컨설턴트로 시작하여, 나중에 가장 복잡한 사회 정서적 발달 단계와 인지적 발달 단계(배울 만한 발전된 동료가 부족한 경우)를 가진 사람들이 계속 발전하도록 돕는 개발 코칭으로 초점을 전환한다.
5. 팀 코치는 가장 적응력이 높은 긴장을 구성요소로 분석할 수 있다. 즉 개인의 성인 발달로 다루어야 할 긴장 요소, 팀의 발전적 요소, 조직 구조와 프로세스의 거버넌스 긴장 요소 등이다.
6. 마지막으로, 법적 지배구조 프레임워크(유한회사, 협동조합 등)는 위의 사항에서 안전하게 수행될 수 있는 것과 없는 것에 영향을 미치며, 이는 현재 자치 개발 조직 코치의 소관의 일부이다.

이를 잘 수행하는 팀 코치에게는 이 자체가 적응형 과제이다. 팀 코치는 팀 코칭에서 팀이 자체적으로 사용하는 발판과 P2P 코칭 프로세스를 만들고 유지하는 데에 중점을 둔다; 코치 그룹의 수퍼비전에 가까운 역할. 이것은 코치의 정체성에 변화를 요구할 수 있고, 확실히 팀 전체 역할보다 더 큰 인재를 키워야 한다.

이러한 조직 설계는 VUCA 비즈니스 상황에 매우 적합하므로 자치 개발 조직이 되는 조직의 수가 급격히 증가하고 이에 따라 자치 개발 조직 코칭의 필요성이 증가할 것으로 예상한다.

감사의 말

저자는 성인 발달에 대한 이해를 깊게 해준 오토 라스케[Otto Laske] 박사와 에볼루테식스[Evolutesix] 동료들과 그들의 지원에 감사를 표하고 싶다.

참고문헌

Bhaskar, R. (1993). *Dialectic: The pulse of freedom*. London, England: Verso.
Boyd, G., & Laske, O. (2018). Human developmental processes as key to creating impactful leadership. In N. Chatwani (Ed.), *Distributed leadership: The dynamics of balancing leadership with followership* (pp. 205–242). New York, NY:

Palgrave Macmillan.

Boyd, G., Reardon, J., Ridley-Duff, R., & Leveson-Gower, H. (2017). Redesigning your economy with free companies that cannot be bought or sold [Video file]. Retrieved from www.thinkdif.co/sessions/redesigning-your-economy-free-companies-that-cannot-be-bought-or-sold

Carey, S. (2017, September 20). NHS trials UK startup Saberr's AI-powered CoachBot. Retrieved from www.techworld.com/startups/nhs-trials-uk-startup-saberrs-ai-powered-coachbot-3664232/

Cook-Greuter, S. (1999). *Postautonomous ego development: A study of its structure and measurement*. Ann Arbor, MI: Bell & Howell.

Ferenstein, G. (2016, January 19). Zappos CEO responds to reports of mass employee departures after radical management experiment. Retrieved from www.forbes.com/sites/gregoryferenstein/2016/01/19/zappos-ceo-responds-to-reports-of-mass-employee-departures-after-radical-management-experiment/#1aaf07905699

Jaques, E. (1989). *Requisite organization*. Arlington, VA: Cason Hall.

Kegan, R., & Lahey, L. (2016). *An everyone culture: Becoming a deliberately developmental organization*. Cambridge, MA: Harvard Business School Press.

Laske, O. (2005). *Measuring hidden dimensions: The art and science of fully engaging adults* (Vol. 1). Medford, MA: Interdevelopmental Institute Press.

Laske, O. (2008). *Measuring hidden dimensions: Foundations of requisite organization* (vol. 2). Medford, MA: Interdevelopmental Institute Press.

Laske, O. (2015). *Dialectical thinking for integral leaders: A primer*. Tucson, AZ: Integral Publisher.

Ridley-Duff, R. (2015). *The case for FairShares: A new model for social enterprise development and the strengthening of the social and solidarity economy*. Scotts Valley, CA: CreateSpace Independent Publishing Platform.

Robertson, B. (2015). *Holacracy: The new management system for a rapidly changing world*. New York, NY: Henry Holt.

Rosenberg, M. (2015). *Nonviolent communication: A language of life: Life-changing tools for healthy relationships* (3rd edn). Encinitis, CA: PuddleDancer Press.

Vygotsky, L. (1978). *Mind in society*. Cambridge, MA: Harvard University Press.

Vygotsky, L. (1986). *Thought and language*. Cambridge, MA: MIT Press.

5부
사례

34장. 코칭은 팀 작업 수행에 어떤 도움을 주나?

저자: 베라 우드헤드 Vera Woodhead
역자: 박준혁

국가의료제도(이하 NHS National Health Service)는 다양한 분야의 전문가들이 모여 상호 의존적으로 의료 서비스를 제공하는 곳이다(West & Lyubovnikova, 2013). NHS에는 여러 전문가들이 포진한 팀들이 있는데, 영국 정부는 이러한 팀들에게 암묵적인 요구사항을 제시하고 있다(Department of Health, 2000, 2002, 2008a, 2008b). 이러한 상황속에서 자신의 전문 분야에서 독립적으로 활동하는 전문가들이 팀을 위하는 팀원으로서 일할 수 있을 것인가? NHS 직원 설문조사(Care Quality Commission, 2010)에 따르면, 90%가 넘는 많은 직원들이 팀 단위에서 일한다고 답했지만, 정작 40%의 직원들만이 팀의 명확한 공동 목표를 가지고 긴밀하게 상호 의존적으로 작업하며 그 효과를 정기적으로 검토한다고 보고했다(West & Lyubovnikova, 2013).

병원과 같은 전문가 조직에 존재하는 다학제 팀 multidisciplinary team(역자 주: 여러 학문 분야에 걸친 전문가로 이루어진 팀)이 효과적인지를 입증하는 실증 연구는 거의 없다. 다학제 팀은 단편적 또는 일시적인 협업(Bamford & Griffin 2008; Reeves & Lewin 2004), 또는 상호 협력하여 작업하는 협업체로 정의한다(Predmore, Khelfaoui & Serio, 2003). 또 다학제 팀은 전문가들이

베라 우드헤드 Vera Woodhead: 베라는 팀과 리더십에 특별한 관심을 가진 경영 코치로 20년 이상의 기간에 걸쳐 성장했으며, 업계 전반의 리더들과 FTSE 100에서 NHS에 이르는 조직들과 함께 일했다. 베라는 12년 이상 전문 코치를 해왔으며 코칭과 멘토링 분야 석사 학위를 보유하고 있다.

특정 환자를 중심으로 느슨하고 일시적인 그룹을 형성하는, 카첸바흐와 스미스(Katzenbach & Smith, 1993)의 '작업 그룹working groups'에 비유되기도 한다.

다학제 팀을 코칭하는 것은 '독특한 환경에서 코칭이 어떻게 작동하는지'를 탐구할 기회가 된다. 마침 규모가 큰 NHS 병원에서 코칭 의뢰가 들어왔고, 방사선 부서장을 코칭하기로 하였다. 팀은 다음과 같이 구성되어 있었다.

- 간호사, 마사Martha: 두 개의 현장에서 직원 27명을 이끌고 있는 방사선 전문 간호사
- 방사선사, 토니Tony: 두 개의 현장에서 직원 30명을 이끌고 있는 수석 진단 방사선사
- 전문의, 씨Ci: 혈관방사선과 주임 의사(관리자 역할을 하지만 간호사와 방사선사로부터 직접 보고를 받지는 않음)

코칭 프로그램

팀원들과 개별 미팅을 진행하였다. 통찰력을 얻고 친밀감을 쌓으며 코칭 프로세스에 관해 논의하기 위함이다. 초기 코칭 세션에서는 안전한 공간을 만들고 인식을 높이고 가치관과 가정을 탐구하며, 기대치를 명확히 하고 결과를 설정하고 집단 비전을 세우는 데 초점을 맞췄다. 월 단위로 총 6회 세션을 진행하며, 각 세션은 2.5시간씩 업무 공간에서 멀리 떨어진 곳에서 진행하기로 하였다. 초기 세션의 팀 목표는 다음과 같다.

- 팀 업무를 실행한다.
- 세 가지 의료 영역(간호/방사선/의학)에 대한 상호 이해도를 높인다.
- 팀 내 발생하는 문제의 해결에 익숙해진다.
- 건설적인 방향으로 이슈를 제기한다.
- 서로의 특성과 판단을 존중한다. 상대가 동의하지 않을 수도 있지만 자신감 있게 의견을 표현한다.
- 다양한 리더십 스타일과 관리 방식을 이해한다.

이후 코칭 세션에서는 제기된 이슈를 탐색하고, 진행상황을 검토하며 도움이 되지 않는 행

동을 알아채고, 팀이 행동과 성과에 책임지도록 한다. 또 구성원들이 코칭 방식을 사용할 수 있도록 지원하고, 피드백, 성찰, 학습을 장려하는 데 시간을 할애한다. 각종 인터뷰 자료와 관찰 데이터, 세션 후 서면 성찰 자료 등은 현상학적 분석과 연구를 위해 연구진에 제공되었다.

코칭은 팀 작업수행에 어떤 도움이 되나?

연구 결과, 많은 요인이 서로 연결될 때 팀이 더 효과적으로 작동하는 것으로 나타났다. 효과적인 팀이 되게 하는 주요 요인은 다음과 같다.

- 전문성 너머로 인간적인 면 보기
- 안전한 공간에 있기
- 공동의 목적과 목표 찾기
- 서로의 규율을 이해하고 존중하기
- 대화와 토론 시간 갖기
- 시간을 두고 충분히 대화하기

전문성 너머로 인간적인 면 보기

팀을 하나로 묶는 가장 중요한 요인은 다음 인용문에서 강조된 바와 같이, 팀원 개개인이 전문가인 상대의 인간적인 면을 보는 것이다.

> "나는 방사선 촬영을 했었다…. 팀원으로 근무할 때는 몰랐는데, 그 서비스를 운영하고 책임지는 역할을 맡으면서 얼마나 어려운 일인지를 알게 되었다." (방사선사, 토니)
>
> "나는 그가 그의 불확실성이나 약점을 터놓고 말하는 것을 들어본 적이 없다. 그는 항상 나에게 완벽한 것처럼 행동했다." (간호사, 마샤)
>
> "나는 그의 관리 경험에 대한 설명이 개방적이고 다소 감동적이어서 놀랐다. 나는 항상 그가 매우 냉철하고 외골수라고 생각했었다. 그의 이야기는 내가 이전에 보지 못했던 인간적인 면을 보여주었기에 매우 신선하다고 느꼈다." (전문의, 씨)

오랜 세월 알고 지내던 사이였지만 전문성의 외피가 벗겨지고 약점과 한계가 드러났을 때, 비로소 그 뒤에 숨은 진짜 인간을 볼 수 있었다. 힘들거나 어려움을 겪는 것이 혼자만이 아니라는 것을 깨닫고, 서로 경험과 도전을 나누면서 더욱 가까워졌다. 이를 통해 서로에 대한 깊은 이해와 정서적 교감이 이루어졌다. 상호 인간적인 면을 보여주는 것은 신뢰를 쌓는 기반을 마련하여 내부 갈등(Kets de Vries, 2005)을 헤쳐 나가고, 어려운 문제를 표면화하고 해결하며, 의견 차이를 관리할 수 있게 하였다.

안전한 공간에 있기

안전한 공간은 팀원들이 심판받는 두려움 없이 마음을 열고, 취약점을 드러내고, 감정과 생각을 표현할 수 있도록 만드는 공간이다. 간호사 마사는 이를 '위협적이지 않은 분위기를 만들었고, 자칫 불편할 수 있는 세션을 편안하게 하였다'라고 요약하였다. 이러한 분위기는 시간이 흐르면서 점차 확대되어 팀원들이 더 어려운 문제들을 표면화할 수 있게 하였다. 이곳은 대인관계 위험을 감내할 수 있는 공간이 되었는데, 실수를 인정하면 권력 불균형이 줄어들어 팀원들이 더 편하게 말할 수 있게 되었기 때문이다(Edmondson, 1999). 유사한 결과는 보딩턴Boddington 등(2006)과 어센티아Ascentia(2005)의 연구에서 확인할 수 있다.

공동의 목적과 목표 찾기

각 부서는 자체 목표달성을 위해 독립적으로 운영되고 있었다. 그들이 공통의 목적과 공동의 목표를 탐색했을 때, 각 부서의 열망과 비전이 비슷하다는 사실에 놀랐다. 부서 간 공유 목표를 파악함으로써 목표, 시간 척도 및 과제 할당에 초점을 맞추고 명확성을 확보할 수 있었다. 또 그들은 협업을 통해 팀 성과를 예상보다 더 빨리 구현할 수 있다는 것을 발견했다. 이후에 그들은 상호 책임져야 할 새로운 목표를 설정하는 것으로 나아가고 있었다.

서로의 규율을 이해하고 존중하기

팀원들은 서로의 역할에 대해 이해심과 존중심을 키웠다. 이것은 상호 인식의 변화를 이끌었고, 왜 특정 상황에서 특정한 행동과 접근법이 채택되었는지 알게 해주었다. 또 서로의 전문 영역을 더 잘 이해하게 하였고, 부서 차원의 큰 그림을 생각할 수 있게 하였다. 이러한 관점의 전환은 부서 업무를 향상하기 위해 어떤 추가적인 목표가 필요한지에 대한 질문으로 이어졌다.

대화와 토론 시간 갖기

세션마다 팀원이 모두 참여하는 토론회를 제공했다. 전문의 씨가 다음과 같이 언급하였다. "모든 것이 개별 그룹에서 이야기되었겠지만, 그것을 공유할 토론회가 없어 부서 간에 공유되지 않았던 것 같다. 그 누구도 공유 토론회가 차이를 만들어 내리라고는 생각하지 않았던 것 같다." 각자의 근무 패턴과 근무 장소는 달랐지만, 팀은 집단 토론에 참여하여 생각하고, 반영할 시간을 찾기 위해 최선을 다했다.

시간을 두고 충분히 대화하기

수 차례 코칭 세션이 진행됨에 따라, 팀은 발전하고 성장해갔다. 서로 이해를 공유하며 관계가 돈독해졌기에 팀으로 점차 자리매김하게 되었다. 방사선사 토니는 "이는 한 남자와 아내 사이의 관계를 구축하는 것과 같다. 시간이 지남에 따라 무언가를 알게 된다. 순간적으로 알게 되는 것은 없는 것 같다."라고 하였다. 세션이 진행될수록 웃음과 유머, 스킨십이 늘고 마음이 점점 더 편안해졌다. 유사한 결과는 케츠 드 브리스Kets de Vries(2005), 블라트너Blattner와 바시갈루포Bacigalupo(2007) 및 보딩턴Boddington 등(2006)의 연구에서 확인할 수 있다.

결과

이 코칭 프로그램의 결과는 다음과 같다.

- 팀 업무의 성공적인 실행
- 간호사와 방사선사가 스케줄을 일치시킴, 18주 내에 목표 달성 성공, 업무 수행 시 발생하는 병목 현상, 중복, 변형 및 제약을 식별하는 프로세스 매핑 활동 수행, 모범 사례를 참고하기 위한 유사 작업장 방문

- 높은 신뢰도를 바탕으로 한 빠른 의사결정
- 관계 개선 및 도전 능력 향상으로 문제 해결 시간 단축
- 서로의 관점을 취하며 심도 있는 소통 진행
- 합의한 메시지와 통찰력을 팀 내에 계단식으로 전달하여 분야 사이의 일관성과 통합 추구
- 변화에 대응하는 역량 향상
- 정기 미팅을 통해, 서비스 개선을 위한 공동 목표 달성 방안을 논의하기로 결정

실행을 위한 고려 사항

팀원들이 인간적으로 연결될 수 있도록 하면, 신뢰를 구축하고 대화와 변화를 촉진할 토대를 마련하는 데 도움이 될 수 있다. 코치가 이를 촉진하는 방법은 다음과 같다.

- **적시에 관계를 구축할 수 있도록 돕는다.** 자신과 타인에 대한 통찰력을 느끼게 하고 가치관, 장점 및 경험을 공유하게 하는 것은 팀원들을 정서적으로 연결시키는 데 도움이 된다. 코치는 이러한 자리에 꾸준히 참석하고 비판단적인 태도를 보임으로써 안전한 공간을 만들 수 있다. 연민과 겸손한 마음으로 깊이 경청하고, 무조건적인 지지를 보내는 것은 팀원들이 그들의 경험과 감정을 표면화하는 데 도움이 될 것이다. 생각할 시간을 충분히 허용하고 성찰을 장려하는 것은 새로운 통찰력, 학습을 일으키게 하고, 생각과 느낌의 변화를 만드는 데 도움이 될 것이다.
- **도움이 되지 않는 행동 패턴을 발견하고, 그 원인을 식별하고 해결할 수 있게 돕는다.** 어려운 감정을 탐색하여 새로운 방법을 발전시킬 수 있게 한다.
- **그룹 프로세스, 관계 및 집단 역동에 주의를 기울여, 이것이 그룹 기능과 과제 수행에 어떤 영향을 미칠 수 있는지 알게끔 돕는다.** 자기 인식, 정서지능, 그리고 체화된 존재감을 향상하는 데 도움이 되는 활동들은 팀원들에게 도움이 되므로 실행을 고려하라. 팀원들은 그들이 앞으로 나아갈 때 방해하는 것이 무엇인지, 즉 표면 아래에서 무슨 일이 일어나는지 상호간에 이해할 수 있게 된다. 이것은 개인 수준, 개인 간 수준, 조직 수준에서 이루어질 수 있다.
- **상호 역할, 목적, 맥락을 이해시키고, 이러한 기능이 더 넓은 시스템에 어떻게 적용되는지**

쉽게 이해할 수 있게 돕는다. '하루의 삶'을 공유하고, 대화나 활동을 통해 역할과 책임을 명확히 한다. 스스로 효과적인 팀으로 보는지, 그것이 의미하는 것은 무엇인지, 차이gap가 있다면 그것은 무엇에서 기인하는지 살펴본다. 팀원들에게 팀 맵map을 그려보게 하고, 은유나 이미지를 사용하여 팀을 설명하게 하며, 팀 내에서 자신이나 타인을 어디에서 볼 수 있는지 확인하게 한다. 팀원들과 함께 목적과 목표를 공유하고 상호 책임, 합의된 접근법과 집단 산출물을 살펴본다.

결론

팀 코칭을 할 때는 과제, 대인관계, 집단 역동과 프로세스, 성과, 대화, 성찰, 학습과 행동 변화 등 많은 측면을 고려해야 한다. 팀원들을 정서적으로 연결하는 작업은 상호 깊은 신뢰를 느끼게 하고, 신뢰 기반의 팀을 구축하는 데 도움이 될 수 있다.

참고문헌

Ascentia (2005). Leicester case study feedback group coaching: Can it make a difference? *International Journal of Evidence Based Coaching and Mentoring, 3*(1).

Bamford, B., & Griffin, M. (2008). A case study into operational teamworking within a UK hospital. *International Journal of Operations & Production Management, 28*(3), 215-237.

Blattner, J., & Bacigalupo, A. (2007). Using emotional intelligence to develop executive leadership and team and organisational development. *Consulting Psychology Journal: Practice and Research, 59*(3), 209-219.

Boddington, R., Arthur, H., Cummings, D., Mellor, S., & Salter, D. (2006). Team resource management and patient safety: A team focused approach to clinical governance. *An International Journal, 11*(1), 58-68.

Care Quality Commission (2010),. NHS staff survey 2010 (online). Retrieved from https://webarchive.nationalarchives.gov.uk/20110504151259/www.cqc.org.uk/_db/_documents/NHS_staff_survey_nationalbriefing_final_for_DH.pdf

Department of Health. (2000). *The NHS plan*. London, England: HMSO.

Department of Health. (2002). *Shifting the balance of power: The next steps*. London, England: HMSO.

Department of Health. (2008a). *NHS next stage review: A high quality workforce*. London, England: HMSO.

Department of Health. (2008b). *NHS next stage review: High quality care for all*. London, England: HMSO.

Edmondson, A. (1999). Psychological safety and learning behavior in work teams. *Administrative Science Quarterly, 44*, 350-383.

Katzenbach, J. R., & Smith, D. K. (1993). The discipline of teams. *Harvard Business Review, 71*(2), 11-120.

Kets de Vries, M. F. R. (2005). Leadership group coaching in action: The Zen of creating high performance teams. *Academy of Management Perspectives, 19*(5), 61-76.

Predmore, C. E., Khelfaoui, S. E. & Serio, A. (2003). Management by site-based teams: A statistical approach. *Management Decision, 41*(10), 1064-1075.

Reeves, S., & Lewin, S. (2004). Interprofessional collaboration in the hospital: Strategies and meanings. *Journal of Health Services Research and Policy, 9*, 218-225.

West, M. A., & Lyubovnikova, J. (2013). Illusions of team working in health care. *Journal of Health Organization and Management, 27*(1), 134-142.

35장. 엘리트 스포츠 조직을 위한 리더십 팀 코칭
시스템적 관점

저자: 바네사 퍼지Vanessa Fudge
역자: 최미숙

호주 스포츠 산업조직의 팀 코칭 경험을 통한 교훈

호주는 다양한 계층의 여러 기관이 참여하는 복잡한 스포츠 시스템을 가지고 있으며(May, 2018), 특히 고성과 엘리트 스포츠에서 더욱 그러하다. 영연방 정부Commonwealth Government는 국제적으로 경쟁력 있는 엘리트 스포츠에 관여하고, 국가 스포츠 조직을 지원하며, 국가 거버넌스governance와 정책 프로그램을 추진한다. 주 정부는 주 기관, 스포츠 아카데미, 주 스포츠 조직, 주요 스포츠 인프라 그리고 정책 프로그램을 통해 고성과에 초점을 맞춘 독립적인 자체 지원 모델을 가지고 있다. 주 단위 이하에는 지방정부 기관이 지역사회 스포츠 인프라를 관리한다.

다음 보고서는 주 정부가 운영하는 엘리트 스포츠 연구소에 관한 것이다. 이 연구소는 크게 두 개 부문으로 구성되어 있다: 약 15개 종목에 대한 엘리트 스포츠 코칭 프로그램을 제공하는 고성과 스포츠High Performance Sports(HPS) 부문과 이 부문에 마케팅, 커뮤니케이션, 정보기술IT, 운영, 재무 그리고 인사 등 지원 서비스를 제공하는 비즈니스 서비스 부문이다.

고성과 스포츠 부문에서 다양한 스포츠 팀과 선수들이 잠재력을 최대한 발휘할 수 있도록

바네사 퍼지 Vanessa Fudge: 바네사는 코칭과 멘토링 전문 회사인 Leading Well의 설립자로 현재 20명이 넘는 코치와 멘토로 구성된 팀을 이끌고 있다. 바네사는 체계적인 리더십 코칭을 전문으로 18년 넘게 지도 코치로 역임해왔다. 바네사는 조직 시스템 역동을 전문으로 하는 등록된 심리학자이며 고객 중에는 유명한 공공 및 민간 부문 조직도 있다.

지도하고 이끌도록 이들 지도자와 코치를 지원하고 발전시키기 위해 외부 리더십 코칭 회사의 서비스를 받았다. 조직 전체가 참여하도록 고성과 스포츠 부문과 비즈니스 지원 부문의 리더를 모두 리더십 코칭 프로그램에 참여시키기로 신중하게 결정했다.

첫 번째 활동은 조직 전체의 모든 리더를 대상으로 하는 '고성과 리더를 위한 코칭 스킬'을 주제로 한 2일 워크숍이었다. 이 워크숍이 성공함에 따라, 우리는 다가오는 리우 올림픽에 대한 조직의 비전과 목표를 지원하기 위해 세 가지 추진과제에 합의하였다.

1. 고성과 리더십 역량 프로그램
2. 전략적 계획과 문화 비전 워크숍
3. 리더십 팀 코칭 프로그램

고성과 리더십 역량 프로그램

리더십 역량 프로그램은 의사소통 스킬, 계획 및 조직, 성공을 위한 성과 조정, 지속적인 개선, 헌신 끌어내기 그리고 다른 사람을 코칭하고 개발하기 등 여섯 개의 1일 리더십 모듈로 구성하였다. 프로그램 실행에 앞서 고성과 스포츠 부문 리더와 비즈니스 서비스 부문 리더들이 모두 참석한 가운데 리더십 역량 프로그램의 목적을 정의하기 위해 워크숍을 개최하였다. 여기에서 개인의 우수성을 성과에 연계하는 것에 합의하고 이 원칙을 코칭 전체 프로그램에 적용하였다. 가장 중요한 것은 직원이 비즈니스 서비스 부서나 고성과 스포츠 부문 가운데 어느 부문 소속이든 개인의 우수성을 통해 조직의 전반적인 성과에 기여하는 데에 각 부문이 합의한 것이다.

전략 기획 및 문화 비전 워크숍

스포츠 연구소는 목적, 비전, 가치 그리고 주요 전략적 요소를 포함한 기업의 주요 메시지를 파악하기 위해 전략 기획 프로세스 워크숍을 진행했다. 이 과정에는 비즈니스 서비스와 고성과 스포츠 부문을 대표하는 약 30명의 리더들이 참여했다. 리더들의 주요 동기부여 요인을 탐색하고 창립과 조직 역사를 다시 확인한 뒤, 스포츠 분야에서 호주가 세계 최고가 될 수 있도록 연구소가 지원한다는 조직의 목적을 도출하였다. 비전, 가치 그리고 핵심 전략 요소 또한 확인할 수 있었다.

이러한 전략적 메시지는 팀 코칭 과정뿐만 아니라 리더십 역량 프로그램에 반영되어 우수함과 고성과를 내기 위한 공통 언어를 끌어냈다. 추가로 진행된 1일 워크숍에서는 전략 수립 프로세스에서 파악한 바람직한 결과를 가능하게 할 주요 문화적 동인과 비전을 파악하였다. 문화 비전과 전략기획 회의 결과는 이어지는 팀 코칭 과정의 기초가 되었다. 조직 전체의 진행 상황을 검토하고 모니터링하여 전략적 선택을 실현하는 데 책임감을 주기 위해 '지속 가능성 프로젝트'도 시작되었다.

리더십 팀 코칭 프로그램

리더십 역량 프로그램 외에도 고성과 스포츠 부문과 비즈니스 서비스 부문의 리더들을 대상으로 매월 팀 코칭을 실시했다. 세 명의 핵심 리더로 구성된 고성과 스포츠 부문 경영진의 요청에 따라 별개로 매월 팀 코칭 세션을 진행하였다. 통합 리더십 팀 코칭의 형식은 리더십 역량 프로그램에서 제시하는 주제에 따라 구성된 시스템적인 형식의 코칭뿐만 아니라 열린 주제와 비지시적 코칭 형식을 병행하는 구조로 진행하였다. 소규모 핵심 고성과 스포츠 부문의 리더들을 대상으로 운영한 팀 코칭은 완전히 개방형 의제로 구성된 코칭으로, 당일에 코치는 관련 주요 주제를 청취하고 파악하기만 하면 됐다. 코칭 주제는 변화 관리, 고성과 리더십의 자질, 두려움과 저항 극복 그리고 지속적인 개선 등이 포함되었다.

리더십 팀 코칭이 조직 전반에 걸쳐 이루어졌고, 고성과 스포츠 부문과 비즈니스 서비스 부문의 리더를 모두 포함했는데도, 고성과 스포츠 부문이 참가자 인원 배정과 팀 코칭 의제 측면에서 더 많은 관심을 받았다. 스포츠는 때때로 그 날의 화제가 되었는데, 리우 올림픽이 눈앞에 다가와 있었고 스포츠가 이 조직의 핵심 사업이라는 점을 고려하면 놀랄 일도 아니었다. 돌이켜보면 고성과 스포츠 부문과 비즈니스 서비스 부문 사이에 잠재된 불균형이 표출된 것일 수 있다.

코칭 프레임워크

하나의 코칭 프로세스(ARCA, 아래 참조)를 코칭 기간 내내 적용하였는데 조직 내에 내재화하여 조직과 스포츠 코칭 프로세스 모두 이 방식으로 진행하였다. 팀과 개인 코칭 모두에 적용되었던 코칭 프레임워크의 각 단계는 개괄적으로 다음과 같다:

1. **인식**Awareness: 코치이coachee(s)와 연결하고 그들의 주요 관심사를 확인한다.
2. **성찰**Reflection: 의미를 경청하고 통찰력이 발현되도록 공간을 만든다.
3. **선택**Choice: 최소한의 개입으로 결정을 지지한다. 지시하지 않는다.
4. **행동**Action: 코치이가 무엇을 하고 싶은지 물어본다.

코칭 검토

코칭을 진행하고 난 이듬해에 고성과 스포츠 부문과 비즈니스 서비스 부문의 리더십 팀이 모두 참여한 회의에서 두 리더 그룹은 코칭 프로그램 실행 결과에 대해 상당히 다른 관점을 표출하였다.

- 고성과 스포츠 부문의 리더는 비즈니스 서비스 리더보다 훨씬 높은 몰입도를 보여 주었다.
- 비즈니스 서비스 부문의 리더들은 고성과 스포츠 부문이 다른 조직에 비해 편애를 받고 있으며 그로 인해 '우리와 그들' 그리고 '덜 중요하다'라고 인식하고 있으며, 이를 통해 그들이 고성과 스포츠 부문과는 문화적 균열이 있음을 표출하였다.

시스템적 관점

이러한 결과 보고를 통해 무엇을 다르게 했더라면 이렇게 서로 다른 경험의 차이를 피할 수 있었을지를 성찰했다. 시스템적 관점(Hellinger & ten Hovel, 1999)을 적용하고 시스템적 렌즈를 통해 이 코칭 프로그램을 바라보면서, '비즈니스 서비스 리더들은 왜 그들이 코칭 프로그램에서 배제되거나 홀대받았다고 느꼈는가'를 포함한 많은 의문이 제기되었다. 이는 비즈니스 서비스 부문이 코칭 프로그램 도입 초기부터 의도적으로 프로그램에 참여하였고, 프로그램 설계와 제작과 '개인의 우수성을 성과에 연계'한다는 프로그램 목적에도 동의하였다는 점을 고려할 때 특히 의미가 있다. 그렇지만 시스템적 관점에서 보면, 귀중한 교훈들이 많이 표면화되었다.

잰 제이콥 스탬Jan Jacob Stam(2016)의 연구에 따르면, 모든 조직 시스템은 질서, 목적, 소속 및 공정한 교류라는 네 가지 핵심 조직 원칙을 준수한다. 아래에서는 이러한 각 사항을 설명하고 이 프레임워크를 사용하여 팀 코칭 프로그램을 준비할 때 잠재적인 시스템 문제를 표면화할 수 있는 질문을 제시한다.

질서order

질서는 조직 시스템의 모든 측면이 '제자리'에 있어야 할 필요성을 말한다. 이는 수행하는 기능(그리고 각 기능 내의 주요 역할)뿐만 아니라 서열과 근속 기간과도 관련될 수 있다. 모든 고성과 스포츠 팀에서 선수들을 명확하게 정렬하고, 동기화in-synch시키며, 충분한 자원을 제공하는 것과 같이 시스템을 체계화하는 것이 좋은 비유가 된다.

질서와 관련된 시스템적 문제는 다음 질문을 통해 표면화될 수 있다.

- 사업 부문 또는 기능(이 경우 고성과 스포츠 부문)이 조직 내 다른 부문과 기능 부서 사이 어디에 위치하는가?
- 조직 내 이러한 부문의 질서를 인지하고 이해하고 있는가?
- 코칭 프로그램 설계 시 이러한 질서를 어떻게 잘 반영할 수 있는가?

목적purpose

목적은 조직이 왜 존재하는지를 알려 주는 광의의 핵심 조직 원칙이다. 목적을 명확하게 표현하고 이해하게 되면 의사결정과 관리 과정에서 무엇에 집중해야 할지 알게 된다. 개인의 성과와 성공의 연결이라는 프로그램 목적에서도 확인되었지만, 추가적으로 물어볼 수 있는 시스템적 질문은 다음과 같다.

- 목적을 가장 명확하게 아는 사람은 누구인가?
- 어떻게 이 프로그램이 모든 부문과 업무 담당자들에게 목적에 대한 시야를 확장하게 할 수 있는가?

소속감 belonging

소속감은 조직의 모든 부분이 조직 시스템에 적절히 소속되어 있음을 인지하는 것을 말한다. 이는 개인의 관계로 결정될 뿐만 아니라 각 기능과 담당자들이 조직에 기여하는 가치가 무엇인지를 알고, 팀 코칭 프로세스 전반에 걸쳐 이 가치를 강화해줌으로써 결정된다.

코칭 팀은 개인 우수성 individual excellence 의 목적이 비즈니스 서비스 부문보다 고성과 스포츠 부문의 소속감을 당연히 더 느끼게 할 가능성이 있음을 성찰했다. 소속감 관련 시스템 문제를 알아내기 위해 다음 질문을 할 수 있다.

- 조직 내 무언의 소속감 규칙들은 무엇이며 각 기능별로 그 내용이 다른가?
- 조직 내 어느 부서가 코칭 프로그램에 더 또는 덜 참여의식을 느끼는가?

공정한 교환 fair exchange

공정한 교환은 조직 내에서 주고받는 것의 균형을 말한다. 조직 시스템은 그룹 전체와 외부 시장과의 기여 측면에서 공정한 교환의 건전한 균형을 위해 노력한다. 잠재적인 교환 관련 시스템 문제를 식별하기 위해 검색 단계에서 해야 할 질문은 다음과 같다.

- 조직의 기능과 관련하여 누가 누구에게 무엇을 주고, 누가 더 많이 주고 누가 덜 주는가?
- 이와 같은 프로그램에서 교환에 대한 인식 또는 실제 불균형을 복구할 수 있는 방안은 무엇인가?

많은 조직은 대리인 agency 기능과 경영지원 기능 communion 사이의 긴장감에 시달린다(Edwards, 2010; Wojciszke & Able, 2008). 대리인 기능은 외부 세계와 접촉하고 외부 가치(이 경우 스포츠 결과)를 제공하는 반면, 경영지원 기능은 조직의 내부 기능을 유지한다(예:

인사, 재무, 총무). 대리인 기능은 경영지원 기능에 비해 더 중시되며 이는 많은 조직에서 긴장을 조성하는데, 조직은 지속 가능성을 위해 근본적으로 경영지원 기능의 성공에 의지해야 하기 때문이다.

대리인 기능과 경영지원 기능 사이의 역동을 탐구하기 위해 물어볼 만한 유용한 질문은 다음과 같다.

- 조직 외부에서 일하는 부서와 내부의 지원 조직 중 누가 가장 가치를 인정받고 있는가?

팀 코칭에 적용할 수 있는 교훈

고성과 스포츠 부문에 중점을 둔 이 코칭 프로그램에서 비즈니스 서비스 부문의 리더는 코칭 초점이 고성과 스포츠 부문에 치우쳐 있다는 사실로 인해 조직 시스템에서 자신의 정당한 위치가 저평가되고 있다고 인식했을 수 있다. 코치가 참석한 사람 못지않게 참석하지 않은 사람에게 충분한 주의를 기울여야 함은 오래된 교훈이다.

그렇다면 팀 코칭에서 이러한 필요 질서를 유지하고 코칭 브리핑에서 드러나지 않을 수 있는 숨겨진 역동에 대처할 수 있는 더 지속 가능한 프로세스를 만들기 위해 무엇을 할 수 있는가? 코칭 기관의 경우 프로세스 초기에 다음과 같은 질문을 통해 코칭을 좀 더 면밀히 계획할 수 있다.

- 일반적으로 시스템의 어느 부문이 높은 성과에 도달하는 데 지원받는다고 느끼며 어떤 부문이 덜 통합되고 덜 지원받는다고 느끼는가?
- 팀 코칭이 고성과 스포츠 부문의 리더십 강화에 매우 성공하였다면 조직 내에 어떤 새로운 위험을 초래할 수 있는가?
- 한 팀의 강화로 인해 시스템 내 다른 팀의 소속감을 위협할 수 있는가?

여러 부서의 대표들을 초대하여 조직 내의 질서 또는 소속감에 잠재적인 위협이 될 수 있는 숨겨진 역동을 드러냄으로써 더 시스템적인 관점의 조기 발견을 통해 조직 생태계 요소를 맵핑할 수 있을 것이다(Whittington, 2016).

조직 시스템 역동의 다양한 분야는 모든 팀 코칭 프로그램 계약 초기에 포함될 수 있는 통찰력 있는 관점을 제공한다. 여기서 얻을 수 있는 주요 교훈은 한 발짝 물러서서 더 넓은 조직 시스템에 호기심을 갖고 '조직 내에서 누구를 위해 또는 무엇을 위해 이 추진과제의 성공이 중요한지'를 묻는 것이다. 이러한 시스템적 관점은 현재 호주의 다른 스포츠 조직에도 적용되고 있으며 가시적인 성과를 내고 있다.

Note

1 ARCA Coaching Conversation Framework(authored by Vanessa Fudge in collaboration with Akram Sabbagh, AltusQ).

참고문헌

Edwards, M. (2010). *Organisational transformation for sustainability: An integral metatheory*. London, England: Routledge.
Hawkins, P. (2017). *Leadership team coaching: Developing collective transformational leadership*. London, England: Kogan Page.
Hellinger, B., & Ten Hovel, G. (1999). *Acknowledging what is: Conversations with Bert Hellinger*. Phoenix, AZ: Zeig, Tucker & Theisen.
May, C. (2018). *Structure of Australian sport*. Retrieved from www.clearinghouseforsport. gov.au/knowledge_base/organised_sport/sport_systems_structures_and_pathways/ structure_of_australian_sport.
Stam, J. J. (2016). *Wings for change: System organisational development*. Avenhorn, The Netherlands: Uitgeverij Het Noorderlicht.
Whittington, J. (2016). *Systemic coaching and constellations: The principles, practices and application for individuals, teams and groups*. London, England: Kogan Page. 『시스템 코칭과 컨스텔레이션』 가향순 , 문현숙 , 임정희 , 홍삼열 , 홍승지 역. 한국코칭수퍼비전아카데미. 2022.
Wojciszke, B., & Abele, A. (2008). The primacy of communion over agency and its reversals in evaluations. European *Journal of Social Psychology, 38*, 1139-1147.

36장. 사우스햄프턴 축구 클럽의 좋은 것에서 위대함으로

저자: 리처드 보스턴Richard Boston
역자: 박순천

이 장에서는 동료 딘 테일러Dean Taylor와 함께 영국 프리미어리그 최상위 축구 클럽인 사우스햄프턴 축구 클럽Southampton Football Club(SFC)을 대상으로 진행한 팀 코칭이 주는 통찰을 공유하고자 한다. 처음에는 SFC의 SMTSenior Management Team와 함께 일하도록 초청받았다. 이 팀은 의도적으로 리더가 없는 12명의 팀으로 구성되어 이사회에 보고하며 조직의 축구 부문(예: 의료 지원, 성과 과학 및 스카우트/선수 모집 책임 담당 이사진)과 경영지원 부문(예: 인사, 마케팅, 재무, IT, 법률 등의 부서장)으로 구성되어 있다.

SFC는 억만장자의 장난이 아닌 비즈니스로 운영되며, 이사회는 경기장 안팎에서 상승세를 이어가며 브랜드를 확장하고 전 세계로 뻗어 나가는 챔피언스 리그 후보가 되겠다는 비전을 갖고 있었다. 이사회는 클럽의 비전 달성을 위해 SMT의 역할이 훨씬 더 요구될 것으로 여겼다. 그래서 팀 코치로서 우리의 방향은 경영진이 조직을 이끌기 위해 더 전략적이고 기능적인 접근 방식을 취하고 각 구성원이 자신의 리더십을 더 높은 단계로 발휘할 수 있도록 돕는 것이었다. 또 이사회는 서로 다른 경영 스타일을 존중하고 장려하면서 일관된 리더십 정신을 조성하는 데 도움을 달라고 요청했으며, 우리의 코칭과 그에 따른 결과를 통해 SFC가 스포츠 분야뿐만 아니라 부문 전반에 걸쳐 차별화된 리더십을 개발하도록 요청했다.

리처드 보스턴 Richard Boston: 심리학자이자 코치이며 조직의 성과, 문화 및 기여도를 향상하는 도구로 리더십과 팀 개발을 전문으로 하는 저자이기도 하다. 리처드는 영국에 본사를 두고 있으며 6개 대륙과 다양한 분야의 고객들과 일하고 있다.

이 사례연구에서는 팀 코칭과 특히 세 가지 핵심 주제를 탐구함으로써 SFC의 요구에 어떻게 대응했는지를 보여주고자 한다.

1. 프로세스 관점에서 팀 코칭을 뒷받침하는 5단계 프레임워크를 소개한다. 코치로서, 5단계 프레임워크가 우리 코칭 과정을 안내하고 고객에게 그 과정을 명확히 하는 데 도움이 된다는 것을 알게 되었다.
2. 핵심 코칭 구성요소와 여기에 어떻게 관여했는지, 그리고 우리가 그 과정에서 배운 교훈을 공유하고자 한다.
3. 한 팀에 의뢰된 작업이 다음 단계의 후속 프로그램으로 어떻게 성장했는지, 그리고 이 두 번째 프로그램을 원래 팀의 추가 개발로 어떻게 활용했는지 보여준다.

5단계 프레임워크

우리는 팀 코칭 모델 가운데 로Lowe, 보스톤Boston과 테일러Taylor(2015) 및 보스톤Boston(2018)이 완벽하게 다룬 직관적 팀 코칭 프로세스 모델인 5단계 프레임워크Five Phase Framework([그림 36.1] 참조)에 기반을 두었다. 코칭, 팀 코칭 및 개인/조직 변화 모델의 세계에서 다양한 프로세스 모델(예: GROW, Whitmore, 2009; CID-CLEAR, Hawkins, 2011; Kotter, 1996)의 장점을 활용했다.

5단계(참여, 평가, 조정, 진행, 검토)에서 주요 이해관계자를 의미하는 중앙의 4사분면에 집중했다.

- 팀 - 이 경우 이사회에 보고하는 SMT
- 팀 리더 - 이 경우 팀이 리더를 선임해야 하는지와 CEO가 그 역할을 수행하는 것에 관한 논의를 의미했다.
- 더 넓은 시스템 - 직원, 이사진 및 외부 이해관계자
- 두 명의 코치 - 나(리처드Richard)와 딘

어떤 팀 코칭도 완전히 선형적이지 않아서 5단계 모두 '미니 사이클'이 많았다. 참여 흐름도

([그림 36.2] 참조)에서 알 수 있듯이, 대부분 작업은 첫 해에 이루어졌으며, 1년 뒤에 여섯 번째 작업이 오프사이트(역자 주: 직장 밖)에서 이루어졌다. 검정색 부분은 직접 참여한 활동을 나타내고, 회색부분은 팀이 자체 팀 또는 이사회 멤버인 그들의 상사와 수행한 작업을 나타낸다. 첫 해에 팀은 이사회에서 설정한 두 개의 실제 다양한 부서들이 통합 참여한 프로젝트에 참여했으며 프로그램 전반에 걸쳐 있는 모든 팀 구성원은 구조화된 개발 일지$^{\text{development diary}}$에 지속적인 성찰과 개발을 기록하도록 권장했다.

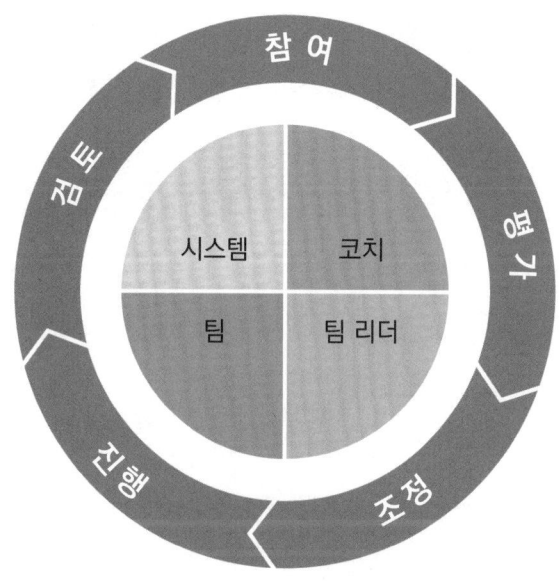

[그림 36.1] 보스턴^{Boston}의 팀 코칭 5단계 프레임워크
출처: 보스턴(2018) 자료에서 인용

첫 해 프로그램의 영향 덕분에 SMT와 이사회는 우리에게 한 단계 아래 계층인 SMT의 부하직원 15명을 대상으로 유사한 프로그램을 진행하도록 요청했다. 우리는 이것이 직원들뿐만 아니라 SMT의 개발 여정 그 자체로 접근해야 한다고 제안했다. 이를 위해 SMT 구성원들이 프로그램 설계에 참여하고, 킥오프 이벤트 진행에 도움을 주었으며, 참가자들을 멘토링해주고 참가자들의 상사로서 삼자 코칭 세션에 참석했다. 또한 딘과 내가 처음 세 개의 오프사이트를 포함하여 이 다음 계층에 대한 전체 프로그램을 설계하고 운영하기로 하지만, SMT는 이들을 코치로서 발전시키는 차원에서 네 번째 오프사이트를 설계하고 운영하기로 했다. 이 글을 쓰는 시점에서 SMT의 준비는 한창이고 세션을 실행한 지 2개월이 지난 상태이다.

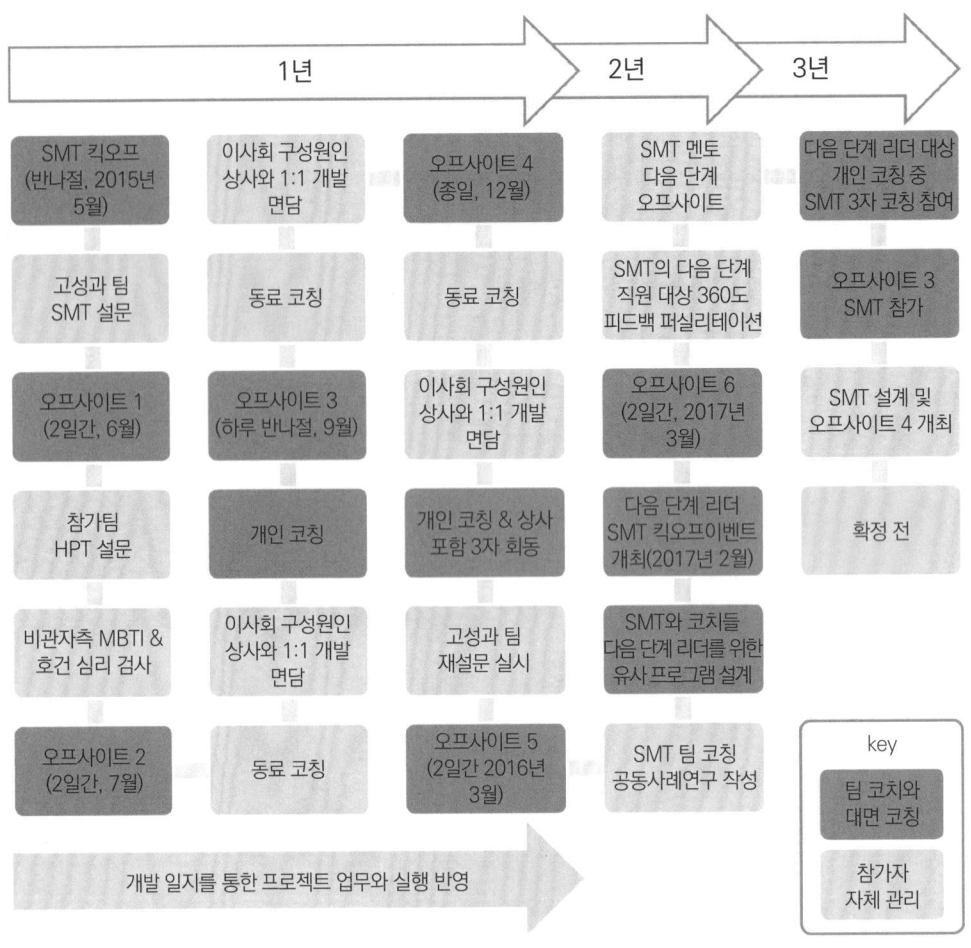

[그림 36.2] 팀 코칭 참여 흐름도
출처: copyright 리차드 보스톤 2018
참고: 사본은 저자에게 컬러로 구할 수 있다.

프로그램이 어떻게 발전했고 진행하면서 무엇을 배웠는가?

이 하위 섹션에서는 네 가지 주요 성공 요인과 이를 통한 우리의 학습을 조명한다. 특히 팀과 시스템 참여, 팀의 현재 상태와 기대 상태 사이의 차이 평가, 팀 시스템의 일부를 뒤에 남겨두는 것의 위험성, 코칭 팀으로 참여해야 하는 필요성이다.

팀과 시스템 참여

학습이 실제 지속적 행동 변화로 전환되는 가장 큰 예측 변수 세 가지는 참가자의 학습 동기, 행동을 변화시킬 수 있다는 믿음, 그리고 그들의 환경이 그러한 행동 변화를 장려하고 지원하고 가능하게 하는 것이다(예: Quesada-Pallarés & Gegenfurtner, 2015). 따라서 처음부터 SMT 구성원과 이사회, 그리고 이들의 부하 직원들이 팀 코칭 프로세스에 참여하도록 노력하였다.

구조적으로 말하면 이 팀은 수평적 팀으로 '팀장'이 없었다. 팀은 여러 번 리더 선임 가능성을 모색해보았지만, 코칭과 심리적 관점에서 리더 자리는 클럽의 CEO인 개러스 로저스Gareth Rogers가 상당 부분 차지했고, 이사회가 발전하면서 다른 이사회 멤버들을 포함하게 되었다. 개러스의 다짐은 처음부터 분명했다. 그는 짧은 통지에도 응대해 주고, 적극적인 관심을 보였으며, 프로세스의 비밀 규정을 존중하면서 우리와 소통 채널을 활짝 열어 두었다.

HR 임원인 미쉘 버틀러Michelle Butler는 SMT의 일원이었고, 특히 코칭 프로젝트를 의뢰하고 프로그램의 골격을 설계하는 초기 단계에서 팀 리더 역할을 수행했다. 그렇지만 우리와 마찬가지로, 그녀도 HR에 맡기는 대신 SMT 스스로 프로세스를 공동으로 책임질 것을 바랐다.

나머지 팀원들을 참여시키기 위한 우리의 첫 번째 단계는 공식적인 현장 킥오프 세션이었다. 이 설계는 보스턴의 세 가지 핵심 분야인 방향 설정, 헌신에 대한 약속 확보, 역량 강화를 기반으로 두었다. 대부분 방향성은 코칭 목표를 공유하는 이사회에서 나왔다.

- 각 SMT 구성원의 부서 리더십과 조직의 전략적 요구에 대한 집단적 기여를 강화함으로써 '좋은 것에서 위대함으로' 전환한다(Collins, 2001).
- 산업 고유의 매우 공공연한 정서적 높고 낮음에도 불구하고 그들이 일관된 고성과 마음가짐을 유지할 수 있도록 도와준다.
- 다양한 경영 스타일을 존중하고 장려하면서 일관된 리더십 정신을 조성한다.

프로그램에 대한 우리의 개괄적인 설계를 공유함으로써 추가적인 방향을 제시했다. 나는 팀을 위한 심리적 지지 공간을 만들고 팀 코치로서 우리의 역량에 대한 신뢰를 얻는 데도 어느 정도 구조가 필요하다는 것을 발견했다 - 보스턴에서 9가지 신뢰의 지렛대 가운데 하나. 헌신에 대한 약속을 이행하기 위해서는 신뢰가 중요하므로(Lencioni, 2002), 우리는 코칭 세션과 후속 조치를 통해 다른 신뢰 수단에도 주의를 기울였다. 예를 들어, 우리는 SMT 임원진의 작업에 대한 열망과 우려를 탐색하고, 개인의 비밀을 보장하며, 진행하면서 모듈을 설계하고 발전시키고자 하는 의도를 공유하였다. 또 주요 이해관계자와 직원과의 대화에 대해 이사회가 승인한 지침을 제공하여 더 광범위한 시스템의 약속을 확보하는 데 도움을 주었다.

차이 평가

팀이 보스턴의 시스템 휠Systems Wheel의 다양한 구성요소를 평가하는 데 도움이 되도록(이 책의 16장에서 다루었다) [표 36.1]에 요약된 대로 여러 자료 관점을 결합했으며, 각 자료 관점은 개별 관점과 팀 관점의 양방향에서 접근하였다.

중요한 것은 우리가 고성과 팀 설문high performing team questionnaire(HPTQ) 데이터를 탐색할 때 권위적이거나 전문가적 접근보다는 촉진적으로 접근했다는 것이다(Heron, 1975년 이후). 우리는 산출물을 네 개의 섹션으로 나누어 팀의 4분의 1에 할당하고, 각 하위 그룹에 이를 소화하고, 주요 주제와 제안서를 나머지 팀에 피드백하도록 요청했다. 도움이 되도록 자료를 각 섹션별로 나누어 맞춤형 코칭 질문을 제공하였다. 따라서 진단은 그 자체로 팀 활동이었으며, 팀이 함께 일할 것을 요구하고 어떻게 했는지에 대한 추가적인 통찰력을 제공하였다.

잘 진행되고 있지만 시스템의 일부는 남겨두고 있다

이 프로그램은 팀 내뿐만 아니라 이사회와의 관계를 본질에서 바꾸는 데 도움이 되었다. 이는 자기 알아차림을 높이고 리더십과 팀워크를 위한 핵심 스킬을 개발했다. 참가자들의 초기 열정이 실제적이고 지속적인 행동 변화를 만드는 어려움에 대한 좌절로 바뀌었을 때, 우리는 보스턴(2014)의 '에이미Amy', 피터스Peters(2012)의 '침프 패러독스Chimp Paradox', 그리고 키건Kegan과 레이Lahey(2009)의 '변화에 대한 면역력immunity to change'을 혼합하여 고착감stuckness을 푸는 데 도움을 주었다. 여기에는 팀 구성원이 열망하는 개인과 집단적 변화를 예상보다 어렵게 만드는 심리적 장벽을 탐색하고 공유하는 것이 포함되었다.

한 팀원이 출산 휴가 중에 아기와 함께 전 일정을 참석했다는 것은 팀 내 깊어진 신뢰와 코칭 세션 동안 팀이 만들어낸 지원적 가능 환경에 대한 증거였다. 그런데도 돌이켜보면 그 첫해에 우리는 두 가지 중요한 것을 놓쳤다.

[표 36.1] '차이gap 평가'와 피드백에 대한 접근법

데이터 관점	타이밍	개인 수준	팀 수준
정량적, 정성적 데이터를 수집하는 포괄적 HPTQ(고성과 팀 설문)	오프 사이트 1과 2 이전과 오프 사이트 5 이전	각 SMT 구성원이 이끄는 팀에 대해 완료	SMT 자체에서 완료
MBTI 및 HDS호건 검사	현장 외 오프사이트 1과 2 각각 디브리핑	오프 사이트에 대한 피드백 및 코치와의 일대일 토론	팀 성과에 대한 주요 영향으로서 신뢰와 갈등과 같은 주제와 연계된 팀의 전반적인 프로필과 이러한 프로파일이 룸에서 어떻게 수행되었는지에 대한 논의(Lencioni, 2002)
피드백	모든 오프사이트와 코칭 세션하는 동안	코치가 제안하고 동료와 상사의 격려를 받으며, 일반적으로 일대일 하지만 그룹 세션도 진행(이사회/SMT의 상사에게 개인에 대한 피드백을 제공하지 않음)	팀, 시스템, 팀 간의 관계, 패턴과 테마에 대한 코치의 피드백
시스템 맵	오프사이트 1	SMT 구성원은 신뢰, 헌신과 역량 측면에서 자신의 팀원을 맵핑	SMT는 조직의 역사와 예상되는 미래의 맥락에서 조직의 현재 상태를 조사하기 위해 타임라인을 작성했다. SMT 내부조직을 넘어 외부 시스템으로

1. 고성과 팀 설문을 통해 참가자들의 직속 직원들의 목소리만 프레임으로 끌어들여 변화에 대한 기대감을 높였지만 팀의 '혁신 추진 구심체guiding coalition'에는 충분히 활용하지 못했다(Kotter, 1996). 우리가 이사회를 초대한 것처럼 그들을 세션에 초대할 수도 있었을 것이다.

2. 수퍼비전을 받지 않은 동료 코칭 그룹은 우리가 원했던 추진력이 없었다. 그래서 우리가 팀의 직속 부하 직원들을 대상으로 하는 프로그램을 만들었을 때, 이러한 세션이 진행될 특정 주를 정하고, 프로그램의 일정 간격을 분명히 설정하였으며, 각 그룹의 첫 번째 세션에 참석하여 원활한 진행을 도왔다.

코칭 팀으로서 참여와 발전

솔직한 코치라면 특정 고객, 팀 그리고 코칭 관계에서 그들이 좀 더 몰입하기 용이한 대상이 있음을 인정할 것이다. 이번 코칭을 하는 동안 지원받은 것이 큰 도움이 되었다. SMT와 함께 경기에 참석해서 축구팀이 이기고 지는 모습을 보면서 초반부터 짜릿함이 감돌았지만, SMT와 대표이사, 프로그램 첫 해에 참여한 신임 두 이사진이 보여준 다짐이 없었다면 계속 나아갈 수 없었을 것이다.

우리 둘 다 그 클럽의 정신을 믿었는데, 그것은 우리 자신의 개인적인 가치관과 맞아떨어졌다. 이 클럽은 재능 있는 젊은 축구인을 발굴하고 발전시킨 인상적인 경력이 있으며, 리더와 직원들을 개발하는 데도 유사한 명성을 쌓고자 하였다. 억만장자 놀이가 아닌 사업으로 운영한다는 명성이 자자했다는 점은 리더들이 실적 개선을 진지하게 여길 것이라는 현실감을 주었다. 우리처럼, 그 단체는 또한 더 넓은 세상에 긍정적인 영향을 미치려는 열망을 보여주었다: 케냐의 초등학교에서 어린이 1,300명에게 음식을 제공하는 것을 포함하여 국내외 여러 자선 단체를 지원하였다. 마지막으로, SMT 구성원 개개인과 매우 친밀하게 되었고, 그들을 좋아하게 되었다. SMT 구성원들이 각자 자신의 인생 이야기를 팀원들과 나누는 활동을 비롯해 사람으로서 함께 식사하며 많은 것을 배웠다.

나와 딘의 코칭 관계에 관해 설명하면, 우리는 2002년부터 함께 일해왔다. 세 가지 핵심 분야의 관점lens을 통해 우리 팀을 바라볼 때, 고객과 단체에게 이메일 발송 시 항상 서로를 참조하게 하고 프로그램을 설계할 때는 두 사람 모두 협력했다. 그렇지만 한 명이 코칭 모듈에 대해 고객 및 팀과 소통하고 보이지 않는 작업을 수행함으로써 부분적으로 작업 방향에 대한 명확성을 달성했다. 팀원들과 우리는 동등하게 행동했다. 팀으로서 서로에게 헌신하는데, 이는 신뢰에 기반을 두고 과거에 나눈 경험과 솔직한 대화를 통해 만들어진 것이다. 역량과 관련하여 우리는 다르지만 상호 보완적인 스타일, 스킬 및 전문 영역이 있으며 서비스를 제공해야 하는 시점은 프로그램 전 과정에서 다양했다. 역량에 따라서 팀의 관점에서 프로세스가 원활하게 진행될 수 있도록 명확하고 유동적인 프로세스를 유지했다. 또 수퍼비전을 활용하여 코칭 팀 외부에서 추가 역량을 끌어냈다.

결론: 함께 작업한 내용과 그 결과가 미친 영향에 대해 검토

우리는 모든 모듈과 그 사이의 작업에 성찰 프랙티스(Schön, 1987)를 구축하여 주요 주제를 포착하고 이를 사용하여 진행하면서 프로그램을 발전시켰다. 공식 리뷰는 5개월, 10개월, 24개월에 이루어졌으며, SMT는 서로 개별 및 집단 진행 상황을 업데이트하여 제공하고, 이사회는 행동 고정 등급 척도$_{Behaviourally\ Anchored\ Rating\ Scales}$(Schwab, Heneman & Decotiis, 1975)를 기반으로 상호 합의된 성공 매트릭스를 혼합하여 제공하였다. 목표를 너무 앞서 설정하게 되면 잘못된 목표를 측정하는 결과를 초래할 위험이 있고 고객과 결탁하여 가장 덜 고통스러운 것을 확인하고 변화시키고 측정하는 것, 또는 표면 아래에 숨어있는 진짜 이슈에 대해 작업하는 것보다 현안에 의해 산만해지는 위험을 초래한다는 레이퍼(Leiper, 1994)의 조언에 귀를 기울였다. 따라서 매트릭스는 작업을 시작하는 시점보다는 충분한 모멘텀과 데이터, 개방성을 확보했을 때 설정되었다.

이 장은 학습 도구이므로 여기에 우리의 자랑스러운 성과를 나열하기보다는 코칭 작업의 영향과 일부 여기에서 다루지 못한 우리가 직면했던 어려움이 포함된 사례연구(at www.leaderspace.com)를 공동 작성했다고 말할 수 있다. 팀과 업무 발주 고객은 팀 코칭이 번거로울 수 있으며 참여하는 모든 사람들이 무거운 짐을 나눠져야 함을 이해하는 것이 중요하다고 믿는다. 팀 코치로서 이 작업을 통해 얻은 가장 중요한 교훈은 다음과 같다.

1. 처음부터 전체 시스템을 참여시키고 그 활동을 전체적으로 유지하는 것이 중요하다.
2. 코치가 팀과 함께 작업할 때 세 가지 핵심 규율(방향성, 헌신, 역량)에 참여해야 한다.
3. 팀과 관계가 발전함에 따라 코칭 계획을 수립하고 적응하는 균형을 유지해야 한다.
4. 이 경우 그 과정에서 초기에 심리적 변화를 위한 노력을 정상화하고 대처하는 것이 중요하다.

이 글을 쓰는 시점에도 클럽과의 작업은 계속되고 있다. 이사회와 SMT 그리고 차세대 리더들이 이 작업에 대한 열망과 '좋은 것에서 위대함으로' 전환하기 어렵게 만드는 내부와 주변 세력에 대처하는 데 보여준 용기에 자부심을 느끼기도 하고 겸허하기도 하다.

참고문헌

Boston, R. (2014). *ARC leadership: From surviving to thriving in a complex world*. London, England: LeaderSpace.
Boston, R. (2018). *The boss factor: 10 lessons in managing up for mutual gain*. London, England: LeaderSpace.
Collins, J. (2001). *Good to great: Why some companies make the leap … and others don't*. London, England: Random House.
Hawkins, P. (2011). *Leadership team coaching: Developing collective transformational leadership* (1st ed.). London, England: Kogan Page.
Heron, J. (1975). *Six-category intervention analysis*. Guildford, England: University of Surrey.
Kegan, R., & Lahey, L. (2009). *Immunity to change: How to overcome it and unlock the potential in yourself and your organization*. Boston, MA: Harvard Business School Press.
Kotter, J. P. (1996). *Leading change*. Boston, MA: Harvard Business School Press.
Leiper, R. (1994). Evaluation: Organizations learning from experience. In A. Obholzer & V. Z. Roberts (Eds.), *The unconscious at work: Individual and organizational stress in the human services*. London, England: Routledge.
Lencioni, P. (2002). *The five dysfunctions of a team: A leadership fable*. San Francisco, CA: Jossey-Bass. 『탁월한 조직이 빠지기 쉬운 5가지 함정』 서진영 역, 위즈덤하우스. 2002
Lowe, K., Boston, R., & Taylor, D. (2015, April 10). The LeaderSpace 5 step team coaching process. *Team Coaching Zone Podcast*. Podcast retrieved from www.teamcoachingzone.com/team-coaching-podcast/
Peters, S. (2012). *The chimp paradox*. London, England: Random House. 『침프 패러독스』 김소희역, 모멘텀. 2013
Quesada- Pallarès, C., & Gegenfurtner, A. (2015). Toward a unified model of motivation for training transfer: A phase perspective. *Zeitschrift für Erziehungswissenschaft, 1*(18), 107–121.
Schön, D. A. (1987). *Educating the reflective practitioner*. San Francisco, CA: Jossey- Bass.
Schwab, D. P., Heneman, H. G., & Decotiis, T. A. (1975). Behaviorally anchored rating scales: A review of the literature. *Personnel Psychology, 28*(4), 549–562.
Whitmore, J. (2009). *Coaching for performance: GROWing human potential and purpose the principles and practice of coaching and leadership* (4th ed.). London, England: Nicholas Brealey.

37장. 명확성, 긴장감, 신뢰 그리고 코치 역량competence의 상호작용
리더십 개발 프로그램에 관한 팀 코칭

저자: 트리나 피처Trina Pitcher, 앤드류 베버리지Andrew Beveridge, 릭 리히Ric Leahy
역자: 강하룡

멜버른 비즈니스 스쿨Melbourne Business School은 2006년부터 호주의 주요 연방정부 부서와 협력하여 임원급 참가자들에게 리더십 개발 프로그램을 제공해왔다. 이 기간 동안 1,428명의 참가자가 '촉매 프로그램Catalyst programme'을 수료했으며, 이 프로그램은 호주 전역에 제공되었다. 이 프로그램은 참가자와 조직의 변화하는 요구를 충족시키기 위해 시간이 지남에 따라 발전해왔다. 한 가지 변함 없는 것은 공인된 임원코치와의 일대일 코칭 세션이다. 프로그램 참가자의 3분의 2가 촉매 프로그램 전체 중에서 이 세션을 가장 유용하고 도전적이며 영향력 있는 세션으로 평가했다(Melbourne Business School, 2017).

이러한 리더십 프로그램에 관한 코칭의 잠재적 영향력을 확대하기 위해 2015년에는 프로그램의 팀 구성요소를 수정했다. 초기에는 5~6명의 참가자로 구성된 팀이 함께 작업하여 조

트리나 피처 Trina Pitcher: 조직심리학 석사 학위 및 비즈니스 배경을 가진 심리학자이자 경영진 코치, 퍼실리테이터, 컨설턴트이다. 트리나는 모든 부문과 레벨에 걸쳐 리더십 개발 프로그램과 코칭을 제공한다. 트리나의 열정은 개인과 팀의 성과와 라이프스타일 결과를 개선하여 그들이 지속해서 번창할 수 있는 전략을 제공해왔다.

앤드류 베버리지 Andrew Beveridge: 리더십과 직원 참여에 관한 응용 과학을 전문으로 하는 심리학자이다. 20년 이상의 기업 및 컨설팅 경력을 보유한 앤드류는 Hay Group 및 Aon Hewitt에서 선임 리더십 역할을 수행했으며 현재 Beveridge Consulting의 이사로 재직 중이다. 앤드류는 행동과학 학사와 조직심리학 석사 학위를 가지고 있다.

릭 리히 Ric Leahy: 전 해군 장교로 21년 이상의 군 경력을 가지고 있다. 릭은 다양한 고객들에게 리더십, 전략과 문화 프로그램을 설계하고 제공하고 있다. 릭은 영어 명예 학위, MBA, 신경과학 및 리더십 경영학 석사 학위를 취득했다.

직적으로 관련된 사례를 연구하고 발표했다. 2015년에 사례연구를 액션러닝$^{\text{action learning}}$ 접근 방식으로 대체했다(Revans, 1980). 각 프로그램의 임원 후원자$^{\text{executive sponsor}}$는 참가자와 연관성 있는 복잡하고 모호한 실제 과업^{task}을 설정했다.

참가한 팀들은 8주 동안 과제^{assignment}를 수행하고, 9~10시간 동안 공식적으로 만나 과업에 대해 서로 협력하고 후원자와 프로그램의 마지막 오후에 있는 토론을 준비했다. 참가자들은 과업에 관한 생각을 공유할 뿐만 아니라 자신, 팀, 조직에 관한 주요 학습 내용을 공유했다.

10시간 중 6시간(3회 미팅) 동안 팀은 팀 코치와 협력하여 학습과 당면 과업^{task}을 반영^{reflect}하도록 도왔다. 현재까지 420명의 참가자로 구성된 86개 팀이 이 프로그램을 완료하여, 팀 코칭 관점에서 잘 작동했던 것과 그렇지 않은 것에 관한 중요한 지식을 제공했다.

팀 코칭 요소$^{\text{team coaching element}}$를 발표하면서$^{\text{roll out}}$, 우리는 참가자들과 일대일 세션에서 성공을 거둔 공인된 임원코치는 모두 효과적인 팀 코치$^{\text{effective team coach}}$가 될 수 있다는 검증되지 않은 가정하에 작업을 진행했다.

팀 코치는 무엇을 해야 하는가?

검증되지 않았던 이 가정은 참가자들에 의해 신속하게 검증되었다. 팀 코칭 첫 해, 참가자들이 표현한 다양한 경험을 통해 일대일 코칭 접근 방식인 '광교회파$^{\text{broad church}}$'(역자 주: 영국 성공회의 일파. 교리를 설정하고 종교의식을 형식화하는 것을 반대하여 신앙생활을 광범위하게 하자는 자유주의파) 방식이 팀 코칭 환경에서는 때때로 허우적거리는^{flounder} 것처럼 보인다는 사실을 배웠다.

일대일 리더십 코칭은 참가자들이 프로그램에서 받은 데이터, 개념, 도구 그리고 피드백을, 고도로 개인화된 방식으로 지원^{support}하고 도전^{challenge}하는 코치와 통합할 수 있는 비밀 환경을 제공한다. 그러나 우리 경험에 따르면 이 데이터 통합$^{\text{data integration}}$과 개별화된 학습 접근 방식$^{\text{individualised learning approach}}$은 팀 환경에서는 잘 작동하지 않는 것처럼 보인다.

코치는 고도로 개인화된 접근 방식을 통해 각 참가자의 고유한 개발 욕구를 충족해줄 수 있다. 이 프로그램의 주요 강점은 프로그램을 넘어 현실 세계로 가져올 수 있는 학습^{learning}과 통찰력^{insights}에 있다.

팀 코칭이 학습과 실무에 관한 통찰력을 더 많이 줄 수 있게 하려면 팀에 뭔가 다른 것이 필요하다는 것이 분명해졌다. 우리가 배운 핵심 교훈은 팀에 프레임워크와 방법론적 접근 방식

methodological approach을 제공할 때 팀이 가장 잘 대응한다는 사실이다. 이제 팀은 개별화되기보다는 따라야 할 집단 구조collective structure를 갖게 되었으며, 이 구조는 개인이 해당 프레임워크 내에서 자신의 학습을 동시에 적용할 수 있게 한다.

목적과 프로세스를 명확하게 전달하라

이 프로그램 내에서 팀 코칭 프로세스를 표준화하기 위해 우리는 호킨스 프레임워크Hawkins Framework를 사용하기 시작했다(Hawkins, 2012). 팀 코치가 팀에 소개되면 우리는 이 프레임워크를 중심으로 토론을 촉진한다. 많은 팀의 경우, 이는 서로 협력하여 결과outcome를 내고, 그 과정에서 학습하는 방법에 대한 초기 '로드맵'이 된다. 또 팀 코치가 팀 프로세스를 시작할 때 신뢰를 구축하는 방법으로 자신을 소개하고introduce, 끼어들insert 기회를 제공한다.

배움을 성취하기 위해 긴장감을 유지하도록 신뢰를 쌓아라

앞서 언급했듯이 4~6명의 참가자로 구성된 팀이 실제 조직 과제에 대해 작업한다. 코치의 도움을 받아 참가자들은 프로그램에 필요하다고 판단되는 새로운 시도를 할 수 있다. 그들은 안전한 학습 환경에서 새로운 행동에 관한 실제 경험을 쌓는다.

그룹 프로세스와 팀 성과에 관한 개인의 기여도contribution(그들의 부가가치value-add)를 고려하기 위해 과업에서 한 걸음 물러나도록 그들에게 권장한다. 코치는 팀이 과업을 완료하는 것을 관찰하고, 주요 지점에서 팀을 잠시 멈추게 하고 무엇이 잘 작동하고 있는지, 또는 작동하지 않는지 논의한다. 그들이 최선을 다하고 있다면 그들이 앞으로 나아가기 위해 기여자나 팀으로서 무엇을 시작해야 하는지 논의한다.

효과적인 코칭 관계의 가장 중요한 특징 가운데 하나는 지원support과 도전challenge 사이의 섬세한 균형fine balance을 잘 맞추면서 팀과 강한 연결connection을 형성하는 능력이다(Bluckert, 2005). 팀 코치가 효과적effective이려면 신뢰의 기준선 수준baseline level of trust이 확보되어야 한다. 또 팀이 학습, 개발, 변화에 필요한 위험을 감수하기 위해서는 팀 코치가 안전한 공간을 만들고 신뢰를 쌓아야 한다. 신뢰를 통해서만 팀 전체와 개별 구성원이 취약성을 드러내고, 실수와 결점을 밝힐 수 있을 만큼 안전하다고 느끼며, 새로운 것을 시도하여 궁극적으로 발전할 수 있다.

핫자키스Hatzakis(2009)에 따르면 신뢰에는 인지적 기반cognitive basis과 정서적 기반affective basis이라는 두 가지 토대foundations가 있다. 신뢰의 인지적 기반은 증거를 근거로 형성되는 반면, 신뢰의 정서적 기반은 인간의 정서emotions와 관련이 있다. 팀 코치는 이러한 역동성의 상호작용을 인식할 필요가 있다.

팀이 팀 코치를 신뢰하기 위해서 팀 코치에 대한 몇 가지 공통적인 요구 사항이 연구 문헌에 반복적으로 나타난다. 인적 자원과 인력 개발을 위한 영국의 전문 기관인 차터드 인스티튜트Chartered Institute of Personnel Development에 따르면 신뢰를 얻기 위해서는 다음과 같은 요건을 충족해야 한다.

- **능력**ability – 직무job를 수행할 수 있는 입증 가능한 능력competence
- **자비심**benevolence – 자신의 욕구를 넘어 다른 사람에 관한 관심과 선한 동기
- **진실성**integrity – 공정성, 정직성처럼 다른 사람들이 수용할 수 있는 일련의 원칙을 준수
- **예측 가능성**predictability – 시간 경과에 따른 행동의 규칙성

우리의 경험상 팀 코치에 대해 강한 적대감hostility과 원망resentment이 드러날 때가 있었다. 이러한 현상은 팀 액션러닝 과업의 초기 단계에서 주로 발생하며, 흔히 다음과 같이 표현된다. "일 좀 하게 우리를 내버려 둘래요? 당신은 단지 우리의 속도를 늦추고 있어요." 그러나 시간이 지나고 신뢰가 쌓이면서 이러한 적대감은 대부분 누그러졌다.

우리는 액션러닝 과제 전반에 걸쳐 팀 내에서 발생하는 '자연스러운 긴장감을 느끼는 지점natural tension points'을 정기적으로 경험한다. 개인은 과업을 완료하는 동시에 팀 프로세스를 관리해야 하는 딜레마를 경험한다. 게다가 그들은 동료와 팀 코치에게 관찰된다는 추가적인 부담감도 있다. 팀 코치의 유용성을 해결하는 것도 과제 가운데 하나이다. 기민한 팀 코치는 그룹과 개인의 긴장감을 관찰해야 한다. 팀 코치의 역할 가운데 일부는 이러한 긴장감에 주의를 기울이고, 긴장감이 드러나게 하고, 이를 위해 자연스럽게 공간을 만들어 코치의 개입으로 해결할 수 있게 한다.

긴장감을 완화하는 방법에는 개별적이거나 그룹 차원의 인정acknowledgement과 토론discussion이 있다. 어떤 사람들은 다른 사람들보다 이 긴장감을 더 많이 또는 덜 경험한다는 것에 주의해

야 한다. 팀 코치들이 구성원들에게 결과^{outcome}를 원하는 것은 자연스러운 욕구이며, 일부 팀 구성원에게는 이러한 딜레마의 균형을 맞추는 것이 불편할 수 있다는 것을 상기시키는 기회를 얻는다. 이러한 긴장감은 팀에서 무슨 일이 일어나고 있는지 이해를 돕고, 개별 구성원들이 그들의 프로세스를 반영할^{reflect} 수 있도록 팀 코치가 그룹을 멈출 때 더 악화될 수 있다.

팀과 초기에 논의하는 대부분은 (개인적^{individual}) 역할 명확성$^{roles\ clarity}$과 과업 명확성$^{task\ clarity}$에 초점을 맞추고 있지만, 많은 사람이 '그냥 하던 일 계속하기$^{just\ get\ on\ with\ the\ task}$'를 원하는 긴장이 있다. 과제가 진행됨에 따라, 팀 구성원 사이에서 성숙해지는 경우가 많으며, 대체로 프로세스보다 과업의 균형을 유지하는 이점$^{benefit\ of\ balancing\ task}$을 받아들인다. 따라서 팀 코치의 역할은 과제 전반에 걸쳐 변화하며, 팀 코치는 자신의 유용성^{utility}을 지속해서 결정해야 한다. 즉 전반적인 과업/프로세스 도전과제^{challenge}에 부정적인 영향을 미치지 않으면서 개입 여부와 시기를 결정해야 한다. 클러터벅^{Clutterbuck}(2007)에 따르면, 코치가 에너지를 코칭 프로세스, 참가자들 사이의 관계 그리고 과업^{task} 가운데 어디에 집중할지를 결정하는 것이 개입의 목적이다.

개인 코칭과 팀 코칭 모두 참가자가 프로그램에 포함된 주요 개념을 적용할 때 자신의 접근 방식에 관한 추가적인 통찰력을 얻을 수 있다. 많은 참가자에게 이것은 첫 코칭 경험이므로 코치는 효과적인 경청과 생각을 불러일으키는 질문을 포함하여 효과적인 코칭의 단순성^{simplicity}과 힘^{power}을 모델링할 수 있다. 또 참가자들은 프로그램 완료 후 자신이 경험한 코칭 방식과 기법을 적용하여 장기적으로 성과를 향상할 수 있다.

팀 코치의 핵심 특성$^{Key\ attributes}$

촉매 프로그램에 팀 코칭 방법을 도입하기 위해서는 팀 코치에게 다음과 같은 중요한 특성이 필요하다.

- 역량^{competence} 추구하기
- 팀 프로세스에 초점 맞추기
- 명시적으로 계약하기
- 역할 명확하게 하기
- 경청 스킬 유지, 시연하기

- 도전challenging과 지원supporting의 균형 유지하기
- 퍼실리테이션과 코칭의 균형 유지하기

역량 추구하기

우리의 경험에 비추어 볼 때, 많은 중복되는 역량이 있지만, 유능한 개인 코치가 효과적인 팀 코치가 될 것이라고 가정할 수는 없다. 개인과 함께 일하는 것이 주된 소명인 코치는 개인별 작업 방식을 그룹 형식으로 가져올 수 있으며 때로는 큰 효과를 볼 수 있다. 더 나아가 다른 한편으로 팀 코치는 더 광범위한 시스템적 관점broader systemic perspective과 그룹의 학습 경험에 다양한 차원을 제공하는 프로세스를 제공할 수 있다.

좋은 팀 코칭good team coaching이 반드시 개인 코칭의 '자연스러운' 확장은 아니지만 많은 고객이 그렇게 생각할 수도 있다(Britton, 2015). 효과적인 팀 코치는 프로세스와 방법론과 관련하여 자신의 팀 코칭 모델을 명확하게 표현할 수 있어야 한다. 로렌스Lawrence(2016)는 팀 코치가 효과적effective이고, 팀과 그룹 프로세스를 관리하기manage 위해서는 팀 코치가 자기 관리managing self에 효과적effective일 필요가 있다고 보고하였다. 그렇지 않다면 팀이나 과업에 얽매이거나 밀어내려고 하는 등 코치의 운영 방식이 불안정insecurity해질 수 있다.

팀 프로세스에 초점 맞추기

팀 코칭의 역할은 팀 역동성, 사회심리학, 민족지학ethnography(역자 주: 사회와 문화의 여러 가지 현상을 정량적이고 정성적인 조사 기법을 이용한 현장 조사를 통하여 연구하는 학문 분야)을 포함하여 내용content보다는 프로세스를 관리하는 것이다.

예를 들어, 팀 코치는 팀원들에게 그들이 어떻게 함께 일하고 있는지, 팀 역동성이 무엇인지를 이해하고 있는지, 무엇이 작동하고 무엇이 작동하지 않는 지를 질문할 수 있다. 팀 코치가 관찰하고 작업해야 하는 복잡한 역동이 많이 발생한다. 프로세스를 다루는 일은 도전적challenging이다. 복잡하고 예측할 수 없는 환경에서 프로세스를 다루는 일은 '숨을 곳이 없고no place to hide', 팀 코치가 회의실에서 일어나는 일에 빠르게 적응해야 하는 까다로운 작업이다(Lawrence, 2016).

명시적으로 계약하기

팀 코치의 또 다른 핵심 역할은 팀 안에서 그들의 역할, 그리고 이러한 역할이 액션러닝 과제를 하는 동안 팀을 위해 어떻게 작용할 수 있는지 명확하게 설명하고 합의하는 것이다. 이 명확화clarification는 코치와 팀 구성원의 역할을 분리하고 구별하는 역할을 한다. 참여 규칙rules of engagement에 대한 계약은 팀 코치의 통합integration이 성공하기 위해서 매우 중요하다. 원하는 결과desired outcomes를 미리 결정하고 팀과 코치가 모두 만족하는 범위scope와 프로세스를 합의할 때 계약이 이루어질 수 있다. 계약은 팀의 모든 사람과 명확하게 그리고 초기에 이루어질 때 가장 잘 작동한다.

역할 명확하게 하기

팀 코치의 역할은 팀뿐만 아니라 팀 코치 자신에게도 명확해야 한다. 프로세스에서 자신의 역할과 협업하는 방법을 정의하는 것은 팀 코치에게 달려 있다. 예를 들어, 언제 어떻게 팀 코치가 물러나서 관찰할지, 또는 그들은 언제 코치에게 기댈지, 언제 코치가 토론을 촉진할지 등이다. 액션러닝 과업의 초기 단계에서, 논의의 대부분은 역할과 과업 명확성task clarity에 관한 것이지만, 주변의 많은 참가자에게는 그저 과업을 계속하기를 원하는 긴장감이 남아 있다.

경청 스킬 유지, 시연하기

개별 코칭 세션과 유사하게 팀 코치는 경청 스킬을 사용할 수 있어야 하며 방 안에서 실제로 말하는 것만큼이나 비언어적 단서들non-verbal cues을 찾을 수 있어야 한다. 또 팀 코치는 팀에서 일어나는 일에 관한 자신의 반응을 스스로 조절해야 한다.

도전challenging과 지원supporting의 균형 유지하기

팀 코치의 성공에 중요한 것은 그들이 도전해야 하는지, 지원해야 하는지, 아니면 뒤로 물러나 가만히 있을지를 결정하는 능력이다. 이 일은 가정assumptions이 아니라 명확성clarity을 추구해야 한다. 그 가운데 일부는 그룹에서 그들이 관찰하고 있는 것, 즉 잘 작동하거나 잘 작동하지 않는 것, 팀 구성원이 팀 내에서 어떻게 활용되고 있는지 알려주는 것일 수 있다. 팀 코치가 개입하면 대화 내용을 심층적으로 살펴보고, 팀 구성원이 프로세스를 더 잘 이해할 수 있게 검증하고 도전할 수 있다.

퍼실리테이션과 코칭의 균형 유지하기

클러터벅Clutterbuck(2008)은 퍼실리테이터가 방향을 유도하는 대화directed dialogue를 통해 팀을 이끄는 팀 퍼실리테이션과 팀 코칭은 다르다고 주장한다. 참고로 팀 코치는 '창발적 대화emergent dialogue'로 작업하는 경우가 더 많다. 팀 코치는 각 팀이 액션러닝 과제assignment나 기대하는 바에 어떻게 접근할지 알지 못하지만, 경험상 팀 대화team dialogue의 다양한 가능성을 염두에 두고 작업할 수 있을 만큼 유연해야 한다.

손튼Thornton(2016)의 접근 방식에서 팀 코치의 구조화structured나 계획화된planned 정도(클러터벅Clutterbuck의 용어로 '유도된directed')는 팀이나 그룹이 안전감secure을 느끼는 정도에 따라 달라진다. 경험상 팀이 안전하지 않다고 느낀다면 팀 코치는 세션 또는 세션의 일부를 구성하여 팀원들에게 앞으로 일어날 일에 대해 명확하게 알려야 한다. 팀 구성원이 더 자신감confident을 갖게 되면 팀 코치가 더 창발적 프로세스emergent process를 촉진할 수 있다.

결론

요약하면, 우리는 이 임원 수준의 리더십 프로그램에 임원코칭 요소executive coaching element와 함께 팀 코칭 요소team coaching element를 통합함으로써 실용적이고 실행 가능한 다양한 교훈을 배웠다. 지금까지의 경험으로 볼 때, 임원코칭이 일대일 환경에서 일하던 것을 팀 코칭 환경으로 전환하는 것은 간단한 문제가 아니다.

일대일 코칭의 개별화된 이점individualised benefits을 유지하면서 동시에 팀 코칭의 집단화된 이점collectivised benefits을 추가할 수 있다는 사실은 우리가 팀 코치를 위한 주요 스킬 추가나 특성이 무엇인지 탐구하게 했다. 우리는 명확성, 긴장감, 신뢰 그리고 역량의 상호작용이 성공적인 팀 코칭 개입의 열쇠라고 생각한다. 이 복잡한 상호작용은 다음을 기꺼이 수행하려는 팀 코치에 의해 강화된다.

- 역량 추구하기
- 팀 프로세스에 초점을 맞추기
- 명시적으로 계약하기
- 역할 명확하게 하기
- 경청 스킬 유지, 시연하기
- 도전과 지원의 균형 유지하기
- 퍼실리테이션과 코칭의 균형 유지하기

참고문헌

Bluckert, P. (2005). Critical factors in executive coaching: The coaching relationship. *Industrial and Commercial Training, 37*(7), 336-340.

Britton, J. J. (2015). Expanding the coaching conversation: Group and team coaching. *Industrial and Commercial Training, 47*(3), 116-120.

Clutterbuck, D. (2007). *Coaching the team at work*. London, England: Good News Press.

Clutterbuck, D. (2008). Coaching the team. In D. B. Drake, D. Brennan, & K. Gortz (Eds.), *The philosophy and practice of coaching: Insights and issues for a new era* (pp. 219—238). London, England: Wiley.

Hatzakis, T. (2009). Towards a framework of trust attribution styles. *British Journal of Management, 20*(4), 448—460.

Hawkins, P. (2012). *Handbook of the psychology of coaching and mentoring*. London, England: Wiley Blackwell.

Lawrence, P. (2016). Team and group coaching, *Autumn Research Bulletin Edition, 19*, 1-9.

Melbourne Business School. (2017). Catalyst and Gateway programs: Impact study report. (Unpublished report). Melbourne Business School.

Re vans, R. (1980). *Action learning: New techniques for management*. London, England: Blond and Briggs.

Thornton, C. (2016). *Group and team coaching: The essential guide*. New York, NY: Routledge. 『창조적 조직을 위한 그룹 코칭과 팀 코칭』 신준석 역. 시그마프레스. 2013

38장. 치안 패러다임의 변화
근거 기반 치안 실행에서 협업과 팀 코칭의 역할

저자: 더글러스 에드워드 에이브러햄슨 Douglas Edward Abrahamson

역자: 윤선동

이 장의 주요 목표는 근거 기반 치안 evidence-based policing(EBP)과 같은 협력적이고 다학제적인 이니셔티브를 통해 경찰 조직의 책임성과 효과성 수준 향상을 위해 노력하는 전 세계 경찰 지도자와 팀 코치를 지원하기 위함이다. 근거 기반 치안은 경찰이 다양한 분야의 학자들과 함께 현대 경찰 정책과 실행에 참여, 기여하고 적용, 활동할 것을 요구하는 치안 패러다임의 중요한 변화이다(Weisburd & Neyroud, 2013). 경찰은 조직 내부와 조직 간, 그리고 주요 이해관계자들과 적극적으로 협력하고 정보와 지식을 공유해야 하는 조직이다.

첫 번째 목표는 여러 가지 경찰의 역할, 치안 모델, 공공 정책에 관한 책임이 경찰 조직 전반에 걸쳐 함께 작동하고, 이런 협력적인 노력들이 개인, 팀, 조직 수준에서 동등하게 가치를 인정받거나 적용, 지지받지 못하는 현실을 리더들이 인식하도록 돕기 위함이다. 최근 연구 사례에서 밝혀진 일반적인 정보와 지식 공유의 일곱 가지 장애 요인은 (1) 조직 프로세스와 기술, (2) 개인의 비자발성, (3) 조직의 비자발성, (4) 업무 과부하, (5) 위치/구조, (6) 리더십(부족), (7) 위험 관리(Abrahon & Goodman-Delahunty, 2014)이다. 두 번째 목표는 온전한 팀 코칭이 현대 경찰 조직 내에서 긍정 및 부정의 역학관계와 구조, 시스템을 잘 다루고, 개인

더글러스 에드워드 에이브러햄슨 Douglas Edward Abrahamson: 에이브러햄슨은 35년간의 경찰 경험과 학문적 엄격함을 결합하여 실무와 학문적 격차를 해소하는 데 기여해왔다. 경찰, 사업 관리와 공공 정책에 대한 고급 교육, 훈련과 경험을 활용하여 에이브러햄슨은 현재 경찰/보안 관행을 비판적으로 성찰하고 실질적인 정책과 관행 개선을 위한 건전한 권고안을 제시한다.

성과와 그룹 협업, 그룹 성과 모두에 어떻게 도움이 되는지 경찰 리더와 조직에 보여주기 위함이다(Thornton, 2010, p.122). 이 경우 근거 기반 치안은 공동 목표이며 개인, 그룹 성과와 협업은 성공적인 조직 간, 조직 내 이니셔티브의 핵심요소이다. 호킨스Hawkins(2017)가 제안한 팀 코칭 프레임워크는 팀 코칭의 다섯 가지 초점 영역을 다루면서, 긍정적인 근거 기반 치안의 개입 전략으로 팀 코칭을 제안하였고 그 내용은 (1) 위임하기commissioning, (2) 명확화하기clarifying, (3) 공동 창조하기co-creating, (4) 연결하기connecting, (5) 핵심 학습하기core learning이다.

두 개 장의 목표는 핵심적인 코칭 개입 가운데 하나인 온전한 팀 코칭이 협력적인 행동을 달성하게 함을 보여주는 이론적, 실제적 토대를 뒷받침하기 위함이다.

경찰과 근거 기반 치안

경찰 조직은 새로운 글로벌 범죄와 공공 안전 현실, 다루기 어려운 공공 치안 이슈의 정당성 확보와 대중의 지지를 유지하려고 노력하면서 지역사회 안에서 그 역할이 계속 변화하고 있다(Guzman, Das & Das, 2017). 오늘날 경찰 지도자들의 핵심 문제는 복잡한 범죄와 범죄 수사에 필요한 시기 적절하고 효과적인 경찰 대응법의 개발이다(Tilley & Sidebottom, 2017). 경찰만으로 사회 문제를 해결할 수 없으며 더 포괄적이고 다학제적이며 협력적인 범죄 대응의 필요성은 분명하다(Blomberg, Brancale, Beaver & Bales, 2016). 팀 코칭 프레임워크를 사용하여 기존의 전통적인 인사이드 아웃inside-out 초점에서 이해관계자와의 협업과 지식 공유, 핵심 팀과 조직 학습이 잘 이뤄질 수 있는 아웃사이드 인outside-in 초점으로의 전환을 제안한다(Hawkins, 2017). 학계, 사법 개혁 지지자와 이해관계자들이 발표한 새로운 치안 모델과 프랙티스 가운데 하나는 근거 기반 치안 개념으로 그 정의는 다음과 같다.

> 근거 기반 치안은 치안, 지역사회 안전 이슈와 관련하여 '무엇이 효과가 있는가?'라는 질문에 대한 답으로, 양질의 연구와 적용으로 우수한 치안과 지역 사회 안전 프로그램 만들기를 목표로 하는 접근법이다. 중요한 것은 무엇이 효과가 없고, 무엇이 유망한지 더 많은 연구가 필요하다는 것이다.
>
> (CANSEBP, 2017)

많은 조직이 비판적 성찰 실행의 힘을 과소평가하고, 효과적인 정책과 실행 관점에서 어제 우리가 알던 것이 내일은 적용되지 않거나 심지어 적절하지 않을 수도 있다는 사실을 잊고 있다(Barends, Rousseau & Briner, 2014). 이러한 조직에는 경찰 조직뿐 아니라 기타 공공 안전, 보안 기관도 포함된다. 경찰은 현재의 치안 문제에 대응하고 원하는 치안 결과를 달성하기 위해 경찰의 신념과 실천의 정당성, 합리성을 조직 안팎에서 끊임없이 시험해야 한다. 팀 코칭은 경찰 조직이 '광범위한 생태계와 역동적인 관계로 함께 일하고', 조직 대 이해관계자, 학제 간 격차를 해소하는 데 도움이 될 수 있는 프레임워크이자 프로세스이다(Hawkins, 2017, p.3). 세계적으로 점점 더 많은 경찰 조직이 오늘날 우리가 직면하고 있는 일반적이고 심지어 어려운 여러 사회 이슈에 대한 의사결정 능력을 향상하고, 근거 기반 대응 기술을 높이기 위해 가장 유용한 근거를 수단으로 사용하는 근거 기반 치안을 채택했다(Sherman, 2013). 유감스럽게도 많은 경찰 지도자가 근거 기반 치안의 성공적인 적용을 방해하는 여러 실제적이고 철학적인 장애를 인식하지도, 이해하지도, 처리하지도 못한다. 이 장에서는 이 문제에 대한 간략한 개요와 팀 코칭이 이 문제를 개선하는 데 어떻게 도움이 되는지 설명할 것이다.

패러다임의 이동

전 세계적으로 경찰 조직은 끊임없이 변화하는 정치, 사회, 기술과 경제 환경 적응 등 상당한 압력에 직면해 있다. 첫째, 경찰이 운영하는 정보와 지식 공유의 맥락은 점점 더 복잡해지고, 변동성이 크며, 상호 의존적이 되었다(Cordner, 2016). 둘째, 경찰 조직은 더 지식 집약적이 되었고, 행정적, 운영적, 전략적 이니셔티브를 지원하기 위해 유동적인 정보와 지식 기반에 의존하고 있다(Dean & Gottschalk, 2007). 셋째, 모든 주류 치안 모델은 범죄 예방과 경찰 집행 모델을 지원하기 위해 정보와 지식 공유에 의존한다(Abrahamson, 2013). 문제를 더욱 복잡하게 만드는 것은 현대의 모든 치안 모델이 특정한 정치적, 기술적, 문화적 약속을 요구하는 고유한 정보, 지식 공유 관점, 행동, 가치를 가졌다는 점이다(Schafer et al., 2011). 불행하게도 이러한 필수 정보와 지식 공유 요소 가운데 많은 부분이 개인, 조직 또는 구조적 프로세스에 의해 자주 손상되고 있다.

캐나다의 세 개 치안기관을 조사한 최신 연구에서 내외부 정보, 지식 공유에 관한 일곱 가지 공통적인 인식 장애물로 (1) 조직 프로세스와 기술, (2) 개인의 비자발성, (3) 조직의 비자발성, (4) 업무 과부하, (5) 위치/구조, (6) 리더십(부족함), (7) 위험 관리(Abrahamson & Goodman-

Delahunty, 2014, p.8)임을 확인하였다. 흥미롭게도, 연구 대상인 세 개의 경찰 조직은 각각 정보와 지식 공유에 관한 일곱 가지 인지된 장애를 매우 비슷하게 순위를 매겨 독특한 조직 차이를 드러내면서도 경찰 조직 전반에 걸친 일관성을 보여주었다([그림 38.1] 참조).

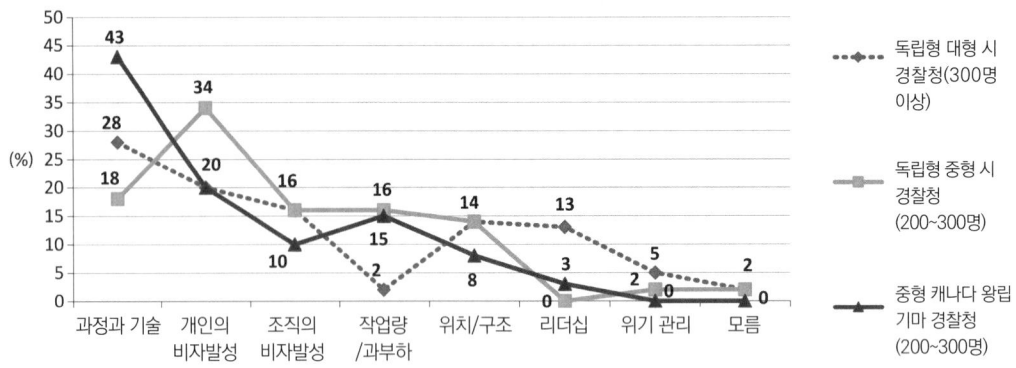

[그림 38.1] 경찰청이 인지한 정보와 지식 공유 장애
출처: Abrahamson & Goodman-Delahunty(2014)

개별적으로 또는 집단적으로, 이러한 정보와 지식 공유에 관한 인지된 장애는 지식 집약적 치안 모델뿐만 아니라, 근거 기반 치안 정책과 실행에 더 큰 장애물이 된다.

이론을 실천으로

경찰 리더들은 근거 기반 치안을 시행하는 동안 조직의 근본적인 목표와 임무 변화가 필요하고, 이 과정에서 전체 조직과 팀 접근이 필요하다는 것을 이해해야 한다. 수년에 걸쳐 조직, 팀 구성원, 팀 성과에 관해 주목할 만한 학술 연구가 행해졌으며, 여기에는 팀 코치와 팀 코칭 개념이 포함되어 있다(Cox. Bachkirova, & Clutterbuck, 2014). 살라스[Salas] 등(2008)은 '팀이란 조직에서 집단에 부여한 공동 작업을 함께하여 그 임무의 결과를 공유된 역사로 가진 구성원들'(p.903)이라고 팀을 정의했고, '온전한 팀' 목표와 임무에 중점을 두는 것으로 팀 코칭을 정의했다. 그룹이 적절한 '목적, 구조와 더 넓은 조직과 연계하여 업무 수행의 효과성을 촉진하고 위험을 적절하게 감수하며, 학습이 가능한 안전한 내부 문화를 만들고 지속한다면, 그룹이 조직 안에서 변화의 주체가 될 수 있다'는 것은 오랫동안 인식되어 왔다(Hackman &

Edmondson, 2008, p.183).

호킨스(2017)가 요약한 것처럼, 팀 코칭은 더 큰 사회 생태학적 시스템socio-ecological system 안에서 내부(조직)와 외부(이해관계자), 작업 수행/프로세스 사이의 역동적인 상호 관계를 인식하고, 팀 학습을 다섯 가지 팀 규율과 초점 영역의 중심에 배치한다([그림 38.2] 참조).

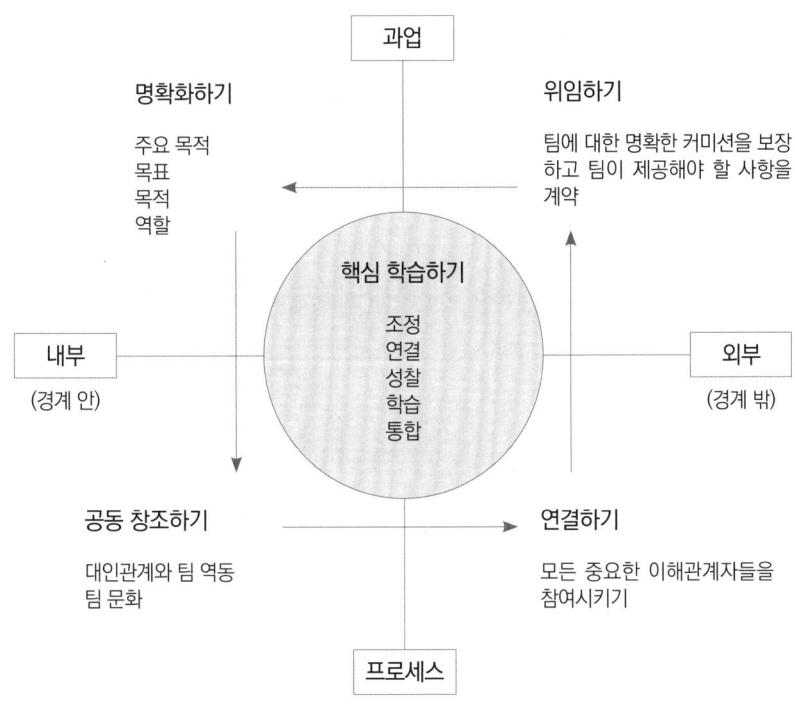

[그림 38.2] 다섯 가지 초점 영역
출처: Hawkins(2017, p.48)

경찰이 전통적인 치안 방식에서 벗어나 더 협력적으로 전환하고, 효과적인 것이 무엇인지에 관한 학술과 연구 결과를 공유하는 근거 기반 치안의 기본 철학과 실제 작업 요구사항을 검토하고 재구성하는 데는 상당한 시간과 노력이 필요하다. 경찰 지도자, 프랙티셔너와 이해관계자는 새로운 근거 기반 치안 작업, 프로세스, 관계, 정책과 실행을 반영하고 통합하는데, 여기가 팀 코칭이 지원하고 프로세스 실현을 촉진할 수 있는 지점이다.

호킨스(2017)가 제시한 팀 코칭 모델을 사용하여 EBP 구현을 위한 각 초점 영역을 다루고 지지할 것을 제안한다.

- **위임하기**commissioning: 목표, 자원, 피드백, 프로세스 지원
- **명료화하기**clarifying: 목적, 핵심 가치, 비전, 역할, 기대, 성과 목표
- **공동 창조하기**co-creating: 효과적인 프로세스, 동의한 행동, 부정적인 행동 패턴의 제한
- **연결하기**connecting: 대외 협력, 스카우트/문의와 제휴 전략
- **핵심 학습하기**core learning: 개인과 팀 성찰, 학습과 평가
- 초점 또는 다섯 가지 **모든** 영역에서 팀 효과성을 **지원**(pp.48-51)

이전에 식별된 정보와 지식의 장벽으로 경찰 조직은 비효율적이고, 개인적이며 이기적인 입장이었다. 이제는 더 협력적인 정보와 지식 공유 능력, 가치, 행동으로 전환하도록 안내하고 지지, 촉진하고 장려하기 위한 진정한 근거 기반 치안 정책과 실행 패러다임이 필요하다. 위에서 언급한 다섯 가지 팀 코칭 영역을 다룸으로써 팀 코치는 중요한 조직 변화 이니셔티브와 함께 여러 구조, 프로세스와 전략을 사용하여 팀 구성원과 조직을 지원하고 안내하는 중추적인 역할을 한다.

팀의 성공과 조직 내 향상된 팀 성과 달성은 적절한 팀 맥락, 조건, 프로세스를 만드는 데 크게 의존한다(Clutterbuck, 2013). 그러나 대부분 조직에는 연속적인 팀 개입 활동으로 팀 코칭 프로세스를 수행하는 데 필요한 수준의 지식, 훈련과 기술을 갖춘 팀 리더가 없다. 고성과 팀 코칭 모델은 간단한 내부 복잡성 프로세스 문제에서 시작하여 팀 작업, 프로세스, 이해관계자, 조직과 시스템 초점을 포함하는 높은 수준의 외부 복잡성까지 작동한다(Peters & Carr, 2013).

근거 기반 치안 정책, 실행과 활동의 적용을 고려할 때 경찰의 사고와 행동의 문화적 전환이 요구될 것이다. 팀 코치와 팀 코칭을 사용하여 경찰 팀과 조직의 목표와 목표 달성을 위해 개인이 수행할 역할을 설명하고 탐색, 지원하여 문화 변화를 이끌 수 있다. 또 기술 등 조직 구조, 프로세스와 관련된 문제를 필요에 따라 탐색, 도전, 변경할 수 있다. 변화 과정의 핵심은 비판적인 성찰적 실천reflective practice이다(Christopher, 2015). 성찰적 실천은 현재의 상황이나 사건(행동 중 성찰) 또는 과거의 행동과 사건(행동에 대한 성찰)을 반성하고 비판적으로 평가하는 것이다.

따라서 경찰 지도자와 프랙티셔너는 새로운 근거 기반 치안 맥락 안에서 기본 정보와 지식 공유에 대한 가정assumptions, 가치, 행동과 경험에 도전하고 재해석할 수 있다. 개인과 조직은 협업, 정보와 지식 공유, 혁신, 새로운 아이디어나 실천에 대한 개방성 등 자신들의 주장과 행동이 일치하는지 평가할 수 있는데, 이것은 개인과 조직의 성찰 과정 안에서 이뤄질 수 있다.

마지막으로, 이론을 실천으로 옮길 때 학문적 연구는 치안과 특히 팀 코칭 안에서 구체적으로 무엇이 작동하는지를 이해하는 데 중요한 역할을 해왔고, 앞으로도 그럴 것이다. 근거 기반 치안 실천 프로세스 안에서 팀 코칭 적용을 권장해왔지만, 앞으로의 연구는 해당 프로세스에서 팀 코칭의 효과성 평가가 포함될 수 있다. 우리는 최근 몇 년 동안 조직 내부와 조직 전반에 걸쳐 특정 팀의 기능 구조, 역할과 효과성을 더 깊이 이해하는 데 상당한 진전을 이루었고, 글로벌 공공 안전과 보안 환경 내에서 팀 프로세스에 관한 더 많은 연구를 수행해야 할 것이다.

결론

　오늘날 전 세계적으로 경찰 조직은 과거 리더들이 상상하지 못했던 도전에 직면해 있다. 총기 폭력, 불법 약물 사용, 테러 또는 인신매매 같은 많은 심각한 공공 치안 문제는 근거 기반 치안 정책과 실천을 통해 새로운 관점, 다양한 지식, 기술과 근거를 제공하는 협력적이고 다학제적인 팀 기반 접근법을 사용하지 않고서는 효과적으로 관리할 수 없다(Lum & Koper, 2014).

　경찰 리더와 조직이 근거 기반 치안 정책과 실천으로 잘 전환할 수 있도록 팀 코치와 팀 코칭이 이론적, 실질적으로 돕는다는 주장이 있다. 많은 조직과 리더가 임시로 팀을 결집할 필요성을 인식하고 있지만, 실제로 고성과 팀을 구성하거나 이끄는 데 능숙한 조직과 리더는 거의 없다. 연구와 모범 사례에 따르면 조직의 팀은 적절한 자원, 지원과 리더십 등 적절한 조건이 있을 때만 성공한다. 전문 팀 코치는 내부 복잡성이 낮은 팀 프로세스 촉진에서부터 외부 복잡성이 높은 시스템 팀 코칭에 이르기까지 전체 팀 개입 연속체continuum를 통해 광범위한 도구와 기술을 사용하여 이러한 요구와 역할을 충족할 수 있는 고유한 자격을 갖추고 있다.

　팀 코치는 근거 기반 치안를 구현할 더 큰 생태계에 대한 전체적인 관점을 취하여 다섯 가지 중점 팀 코칭 영역(즉, 위임하기, 명확화하기, 연결하기, 공동 창조하기, 핵심학습하기)을 이해하고, 이것을 팀(Hawkins, 2017), 경찰 조직, 주요 이해관계자, 더 큰 공공 안전과 보안 부문, 그리고 그들이 봉사하는 지역사회를 위해 사용할 수 있다.

　정보와 지식 공유는 근거 기반 치안과 모든 현대 치안 모델의 핵심이다. 따라서 경찰 지도자는 근거 기반 치안 정책과 실행을 구현하기 전에 개인 또는 조직 수준에서 자신의 관할 영역 안에서 조직 전반의 협업을 지원하거나 방해하는 정보와 지식 공유 가치, 행동을 식별하고 이를 충분히 이해해야 한다. 정보와 지식 공유 문제가 존재하는 경우 조직 구조, 프로세스, 문화와 리더십 관점에서 문제 해결을 위한 조치를 취해야 한다. 근거 기반 치안 변화 과정 안에서 온전한 경찰 팀을 대상으로 팀 코칭을 적용함으로써 경찰 리더들은 타당한 이론과 실질적인 기반 위에서 조치를 취하고, 치안 분야에서 근거 기반 정책과 실행을 추가하고 있다.

참고문헌

Abrahamson, D. E. (2013). Making the connection between police information and knowledge use, organizational culture, and information use outcomes (Doctoral dissertation). Retrieved from https://researchoutput.csu.edu.au/ws/portalfiles/portal/9311564/54977
Abrahamson, D. E., & Goodman-Delahunty, J. (2014). Impediments to information and knowledge sharing within policing: A study of three Canadian policing organizations. *SAGE Open, 4*. doi:10.1177/2158244013519363.
Barends, E., Rousseau, D. M., & Briner, R. B. (2014). *Evidence-based practice: The basic principles*. Amsterdam, The Netherlands: Center for Evidence-Based Management.
Blomberg, T. G., Brancale, J. M., Beaver, K. M., & Bales, W. D. (2016). *Advancing criminology and criminal justice policy*. New York, NY: Routledge.
CANSEBP (Canadian Society of Evidence Based Policing) (n.d.). Glossary of terms. Retrieved from www.can-sebp.net/ebp-papers
Christopher, S. (2015). The police service can be a critical reflective practice … if it wants. *Policing: A Journal of Policy and Practice, 9*, 326-339.
Clutterbuck, D. (2013). Time to focus coaching on the team. *Industrial and Commercial Training, 45*, 18-22.
Cordner, G. W. (2016). *Police administration*. New York, NY: Routledge.
Cox, E., Bachkirova, T., & Clutterbuck, D. A. (2014). *The complete handbook of coaching*. London, England: Sage. 『코칭 실천의 모든 것: 실천편』 장환영 역. 교육과학사. 2019.
Dean, G., & Gottschalk, P. (2007). *Knowledge management in policing and law enforcement: Foundations, structures, applications*. Oxford, England: Oxford University Press.
Guzman, M. D., Das, A. M., & Das, D. K. (2017). *Strategies and responses to crime: Thinking locally, acting globally*. Boca Raton, FL: CRC Press.
Hackman, J. R., & Edmondson, A. C. (2008). Groups as agents of change. In T. G. Cummings (Ed.), *Handbook of organization development* (pp. 167-186). Thousand Oaks, CA: Sage.
Hawkins, P. (2017). *Leadership team coaching: Developing collective transformational leadership*. London, England: Kogan Page.
Lum, C., & Koper, C. S. (2014). Evidence-based policing. In G. Bruinsma & D. Weisburd (Eds.), *Encyclopedia of criminology and criminal justice*. New York, NY: Springer.
Peters, J., & Carr, C. (2013). Team effectiveness and team coaching literature review. *Coaching: An International Journal of Theory, Research and Practice, 6*, 116-136.
Salas, E., Diazgranados, D., Klein, C., Burke, C. S., Stagl, K. C., … Halpin, S. M. (2008). Does team training improve team performance?: A meta-analysis. *Human Factors, 50*, 903-933.
Schafer, J. A., Buerger, M. E., Myers, R. W., Jensen, C. J., III, & Levin, B. H. (2011). *The future of policing: A practical guide for police managers and leaders*. Boca Raton, FL: CRC Press.
Sherman, L. W. (2013). The rise of evidence-based policing: Targeting, testing, and tracking. *Crime and Justice, 42*, 377-451.
Thornton, C. (2010). *Group and team coaching: The essential guide*. New York, NY: Routledge. 『창조적 조직을 위한 그룹 코칭과 팀 코칭』 신준석 역. 시그마프레스. 2013.
Tilley, N., & Sidebottom, A. (2017). *Handbook of crime prevention and community safety*. London, England: Routledge.
Weisburd, D., & Neyroud, P. (2013). Police science: Toward a new paradigm. *Australasian Policing, 5*, 13-21.

39장. 팀 코칭에서 심리측정 프로파일링psychometric profiling 사용하기

저자: 사라 라스무센Sarah Rasmussen

역자: 강하룡

성격personality과 가치values를 탐구하는 것이 팀의 역동성과 효과성effectiveness을 이해하는 데 중요하다는 사실이 수많은 연구에서 분명히 드러났다(Hofmann & Jones, 2005; Campion, Papper & Medsker, 1996). 이 장에서는 이러한 이해를 심화하기 위해 구성원의 강점, 잠재적인 결점, 가치관 그리고 공유된 맹점blind spots을 강조함으로써 심리측정 평가psychometric assessments를 팀 코칭에서 어떻게 사용할 수 있는지 그 방법에 중점을 둔다. 먼저 팀 코칭 상황에서 심리측정을 사용하는 이점과 잠재적 함정을 탐구하고, 이어서 성격, 가치, 탈선 행동derailers(역자 주: 리더가 최고의 성과를 올리는 데 방해가 되는 행동이나 성향을 의미함)이 팀 역동성에 미치는 영향을 조사한 금융기관 사례연구로 이어진다.

팀 코칭에서 심리측정의 가치와 함정

여기서 팀 코칭 프로세스의 속도를 높이고 토론을 촉진하기 위한 공통 언어를 제공하는 등 팀

사라 라스무센 Sarah Rasmussen: PCL의 컨설턴트이다. 사라는 Hogan Assessments, EQ-i® 및 Risk Type Compass 등의 도구를 사용하여 선택과 개발에 이르는 심리측정 솔루션을 구현하는 업무를 담당한다. 사라는 지나치게 강조된 강점이 리더십 스타일과 팀 역동에 미치는 영향에 관심이 있다. 사라는 직업심리학 석사 학위를 가지고 있으며 영국 심리학회에 등록된 공인 심리학자이다.

코칭에 심리측정을 사용하는 이점을 소개한다. 또 몇 가지 잠재적 함정potential pitfalls에 관해 논의하고 이러한 문제를 해결하기 위한 전략을 제안한다.

연구에 따르면 개발 코칭의 일환으로 유효한 심리측정 도구를 사용하면 개발 요구사항을 체계적으로 측정 가능하여 코칭 프로세스를 가속화할 수 있다(Nelson & Hogan, 2009). 이 도구들은 토론을 위한 주요 이슈를 더 신속하게 공략하여 팀 세션의 효율성을 높이는 데 도움이 된다. 이 도구들은 강점과 약점에 대한 알아차림awareness을 형성하고 개인과 팀 수준에서 행동 변화를 장려한다.

주요 이점은 심리측정이 팀 개발을 위한 공통 언어common language를 제공한다는 점이다. 이를 통해 개인은 평가 프레임워크assessment frameworks를 사용하여 개인의 성격personality, 스타일, 선호도preferences가 어떻게 다른지에 관해 토론할 수 있다. 심리측정 프로파일링에서 탐구된 주제로 공개 토론을 하면 더 나은 팀 커뮤니케이션을 촉진하고 결과적으로 팀 효율성을 높일 수 있다. 이를 성공적으로 구현한다면 팀 코칭은 탁월한 결과를 얻을 수 있다. 팀 코칭 프로세스에서 심리측정 진단 도구를 미리 사용하면, 주요 주제key themes를 더 신속하게 파악할 수 있으며, 일관성 있고 비판단적인 프레임워크와 언어를 사용하여 객관적으로 토론discussion을 촉진할 수 있다는 이점을 얻을 수 있다.

성격 측정personality measures 도구의 사용은 퍼실리테이터가 팀 코칭 환경을 최적화하는 데 도움이 된다. 개인들의 프로필에 관한 지식을 사용하면 코칭 세션을 형성하고 그에 따른 반응을 예상할 수 있다. 예를 들어, 성격 측정 도구가 어떤 그룹이 특히 의심스럽거나 회의적일 가능성이 크다고 강조하는 경우, 코치는 팀 구성원을 안심시키기 위해 세션 목적을 정의하고 비밀보장을 특별히 강조할 수 있다.

또는 팀 프로필이 즐거움을 추구하는 경향일 경우, 코치는 더 가볍고 상호작용하는 활동을 진행할 수 있다. 코칭 프로세스를 용이하게 하기 위해 강력하면서도 통계적으로 건전한 심리측정 도구를 선택하면 심리측정으로 강조 표시된 영역이 다루어야 할 적절한 영역인지 확인하는 데 도움이 된다. 또 주요 이해관계자와 사전에 토론을 하면 이러한 주제를 검증하고 올바른 강조점correct emphasis을 제시할 수 있다.

팀 코칭에서 심리측정 도구를 사용할 때 잠재적인 함정에 주의해야 한다. 도구는 토론을 돕고 이해를 높이는 데 사용해야 한다. 동시에 개인이 심리측정 결과를 동료 팀 구성원과 편안하게 공유하도록 하는 것도 중요하다. 또 퍼실리테이터와 이해관계자가 세션의 목적, 제안된 결과proposed outcomes 그리고 비밀성의 경계boundaries of confidentiality에 동의하도록 명확한 계약을 미리 작성해야 한다. 퍼실리테이터는 명확한 기본 규칙을 설명하여 개인이 서로를 비난하거나 파괴적인 갈등destructive conflict을 촉발하기 위한 무기로 심리측정을 사용하지 않도록 해야 한다. 이를 위해 과거 사건에 연연하기보다는 건설적이고 전문적인 논평constructive professional comments을 장려해야 한다. 국제 시험 위원회International Test Commission(2001)는 비밀 유지의 중요성을 강조하면서 심리측정의 윤리적 사용과 모범 프랙티스에 관한 유용한 통찰력을 제공한다.

코칭 개입intervention의 일환으로 심리측정 도구를 사용할 때는 후속 조치가 부족할 수 있다는 함정에 빠질 수 있다. 팀의 모든 문제를 신속하게 해결하기 위해 고객은 일일 심리측정 팀 이벤트one-day psychometric team event를 요청할 수 있으며, 하루만에 팀 역동 내의 모든 것이 '고쳐지기fixed'를 바란다. 분명하게도 팀 역동의 중요한 변화는 지속적인 시간과 노력을 요구하기 때문에 이것은 비현실적이다. 고객의 기대치를 관리해야 한다. 심리측정 도구는 자산이 될 수 있고 팀 코칭 프로세스를 크게 보완할 수 있지만 장기적으로 결과를 얻기 위해서는 팀 실행team actions과 추가 코칭 세션에 대한 후속 검토가 필요할 수 있다.

사례연구: 심리측정에서 얻은 통찰력을 활용한 팀 코칭

다음 사례연구는 대형 금융기관의 내부 코치 팀과 함께하는 팀 코칭에서 심리측정을 사용했을 때의 영향을 보여준다. 프로젝트 목적은 팀 효과성team effectiveness을 향상하기 위해 개발 목표developmental goals를 파악하는 것이었다. 사용된 모델은 팀 역동성을 이해하고 팀이 개발하고 개선하는 데 도움이 되는 행동 변화를 정확히 찾아내기 위해 명확한 프레임워크를 제공한다(Hogan, 2016; Winsborough, 2017). 팀 모델에 사용되는 세 가지 도구는 다음과 같다. (1) 호건 성격 목록Hogan Personality Inventory(HPI); (2) 호건 개발 조사Hogan Development Survey(HDS); (3) 동기 가치 선호 목록Motives Values Preferences Inventory(MVPI). 아래에서 사례연구를 참조하여 모델을 소개하고 팀 상황에서 유용성에 관한 사례를 제공한다.

각 팀 구성원은 팀 코칭 세션에 앞서 자격을 갖춘 심리측정 전문가, 코치와 일대일 피드백을 받기 전에 진단을 완료했다. 이를 통해 모든 개인이 결과에 만족하고 다른 팀 구성원과 기꺼이 공유할 수 있다는 사실이 중요하다. 게다가 이러한 초기 개별 탐색은 코칭 세션에서 결과results와 팀 성과team outcomes에 대한 토론을 도왔다. 동료 피드백과 그룹 토론과 같은 상호작용을 하는 여러 팀 훈련interactive team exercises을 수행하여 심리측정에서 도출된 개념을 탐구했다.

성격 유형을 통한 팀 역할 측정

팀 내 성격 유형의 혼합을 객관적으로 측정하려면 '성격 5 요인 모델Five Factor Model of personality' (McCrae & Costa, 1987)에 기반을 둔 전반적인 기질 평가assessment of overall temperament가 매우 유용하다. 이를 통해 사교적이며, 세부 사항에 주의를 기울이고, 창의적인 팀 구성원이 어떻게 일관되고, 이해하기 쉽고, 비판단적인 입장을 취할 수 있는지 통찰력을 제공한다. 연구에 따르면 팀 성공은 흔히 기능적 역할functional roles보다 심리적 역할psychological roles에 더 많이 기반을 두므로(Hogan, 2016) 팀 코칭 세션에서 이러한 심리적 역할에 관한 강력한 측정은 매우 중요하다. '이상적인 팀ideal team'에는 중대한 심리적 역할을 함께 수행하는 사람들이 포함된다. 일부 역할이 누락된 팀은 성과 도전performance challenges에 직면할 수 있다(Hogan, 2016). 여기에 제시된 사례에서 호건 성격 목록 도구는 다섯 가지 중요한 심리적 역할을 평가하는 데 사용되었다. 역할은 다음과 같다.

- **결과**results: 실행에 대한 명확한 추진력이 있는 팀 구성원을 식별한다.
- **실용주의**pragmatism: 실용적 사고를 가진 사람들을 강조한다.
- **혁신**innovation: 창의적인 솔루션 생성에 중점을 둔다.
- **프로세스**process: 명확한 구조와 순서로 작업하는 개인을 압축하여encapsulates 표현한다.
- **관계**relationships: 협업, 팀 응집력team cohesion에 관한 것이다.

모든 역할이 채워지지 않은 동질의 팀homogeneous teams을 보는 것은 매우 흔한 일이다. 이것이 조화로운 관계로 이어질 수 있지만 팀 역동에서 중요한 역할이 누락될 수 있으며, 팀 효과성team effectiveness에 필수적인 건설적 갈등constructive conflict이 부족할 수 있다(Campbell, 2014). 이는 팀 구성원 모두가 진단 전반에 걸쳐 매우 유사한 프로필을 가진 다음 사례연구에서 분명하게 나타났다.

실행 시 성격 유형 측정

심리측정에 따르면 금융기관의 사례연구 팀 가운데 80% 이상이 관계 역할에 속했으며 프로세스와 실용주의자 역할은 각각 한 사람씩만 차지했다. 팀에서 결과 역할이나 혁신 역할을 하는 구성원은 없었다. 문제 속에 있는 팀team in question이 코치들 자신임을 감안하면, 그들은 자주 자신이 다른 사람들에게 어떻게 다가가는지, 팀으로서 어떻게 상호작용하는지에 대해 반영하는reflect 자기 인식self-aware 그룹이라 할 수 있다. 그러나 그들은 프로필 전반에 걸친 유사성 정도를 보고 매우 놀랐다. 이것은 심리측정에서 집계된 점수를 통해 강조되었으며 훌륭한 토론의 장을 제공했다. 이러한 발견에 대한 추가적인 탐색을 통해 팀은 명확한 사명mission과 목적purpose을 가지고 있지만, 항상 결과에 충분히 집중하지는 않을 수도 있다는 데에 동의하였다. 발전적 토론developmental discussions의 결과, 그들은 목표objectives 달성의 효과성effectiveness과 때때로 더 적은 토론discussion과 더 많은 실행action을 할 필요가 있는지를 토론 초점으로 맞췄다.

측정 팀이 강점을 과대평가함

비효과적인 팀 행동ineffective team behaviours을 평가하려면 혹사overdrive 상태에서 역효과counterproductive를 내는 강점을 측정하는 것이 유용하다. 이 사례연구에서 우리는 팀 성과를 저해할 수 있는 장벽을 식별하기 위해 호건 개발 조사를 사용했다. 일반적으로 스트레스가 증가하거나 성공에 안주할 때 발생한다.

이러한 특징은 우리가 평소처럼 타인에 대한 우리의 인상impressions을 성공적으로 관리하지 못할 때 나타나는 경향이 있으며, 성격의 '어두운 면dark side' 또는 탈선 영역derailing areas이라고 할 수 있다. 예를 들어, 매우 창의적인 사람은 그들의 엉뚱한 아이디어로 다른 사람들을 혼란스럽게 할 수도 있다. 또는 극도로 자신감 있는 사람은 다른 사람들에게 오만하고 위협적으로 보일 수도 있다.

팀 전체에 걸쳐 이러한 탈선 영역을 공유할 경우, 그 영역은 팀의 맹점이 될 수 있다. 이러한 행동은 압력이 가해질 때 증폭될 수 있으며, 한 팀의 부정적 행동은 다른 팀원들의 파괴적 행동을 더욱 촉발시킨다. 특정 부정적 행동이 일부 환경에서는 스트레스에 대한 '정상적인normal' 반응으로 인식될 수 있으므로 조직의 문화를 고려하는 것도 중요하다(Mansi, 2007).

예를 들어, 여러 사람이 접근하기 어렵고 냉담한 것과 같은 유사한 탈선 특성을 보이는 경우에는 자신을 차단하고 다른 사람과 의사소통하지 않는 것이 스트레스에 대처하는 허용 가능한 방법으로 간주할 수 있다. 또는 다른 조직에서 공유된 행동 경향으로 인해 다른 사람에게 소리 지르거나 위협하는 전형적인 스트레스 반응이 나타날 수 있다. 팀 코칭을 용이하게 하기 위해 사전에 진단 도구로 심리측정을 사용하면 팀 구성원이 이러한 공유된 경향$^{\text{shared tendencies}}$과 성과에 대한 잠재적 장벽$^{\text{potential barriers to performance}}$을 인식하여 행동을 교정할 수 있다.

과대평가된 잠재적 강점을 식별하기 위해 견고한 심리측정법을 사용하면 팀의 코칭 요구 사항에 대한 특히 깊은 관점^{perspective}을 얻을 수 있다. 처음에는 팀이 '어두운 면을 배회하는$^{\text{walk around the dark side}}$' 경향이 있을 수 있다. 동료의 행동이 성가시거나 방해가 된다고 생각하여 동료를 피하거나 의도를 오해할 수 있다. 이로 인해 의사소통이 원활하지 않고 비효과적인^{ineffective} 작업으로 이어질 수 있다.

팀 전체에 걸쳐 심리측정 도구를 사용하여 팀원들은 '어두운 면을 이해$^{\text{understand the dark side}}$'하기 시작할 수 있다. 그들은 때때로 팀 구성원의 파괴적인 행동$^{\text{disruptive behaviour}}$이 다른 사람을 의도적으로 괴롭히려는 시도가 아니라 과도하게 사용된 강점 영역의 표현일 수 있음을 인식할 수 있다. 추가 개발 작업을 통해 팀 구성원들이 '어두운 면을 다루기$^{\text{address the dark side}}$' 위한 전략을 구현할 수 있다. 예를 들어, 개인이 자신의 어두운 면을 공개적으로 논의할 수 있는 기회를 만드는 것이다. 이 경우 심리측정 도구에서 제공하는 공통 언어와 프레임워크를 사용함으로써 이전에 도구의 도움 없이 발생한 오해와 부정적 반응 대신 건설적이고 비판단적인 방식으로 팀 구성원에 대한 이해를 높이는 데 도움이 되었다.

실행 시 과대 평가된 강점

구체적으로, 이 사례연구에서 심리측정 결과는 한 팀원의 상상력이 매우 풍부하여 놀라운 아이디어를 내지만, 때로는 추상적인 아이디어로 다른 팀원들을 혼란스럽게 하여 회의를 탈선시키기도^{derailing} 한다는 것을 밝혀냈다. 이에 팀은 '어두운 면을 배회하면서' 그 팀원을 모임에서 배제하여 좋은 아이디어가 공유되는 것을 막았다. 심리측정 결과를 탐구하면서 팀원들은 '어두운 면을 이해'하게 되었으며, 상식에서 벗어난^{offbeat} 아이디어가 의도적인 방해가 아니라 순전히 혹사 상태에서 개인의 강점을 표현한 것이라는 사실을 알게 되었다. '어두운 면을 다루기' 위해 팀은 회의에서 브레인스토밍을 할 때 명확한 경계를 설정하고 동료의 아이디어가 궤도에서 벗어나면 벗어났다고 표현하는 데 동의했다. 따라서 성격 설문지$^{\text{personality questionnaire}}$에서 얻은 통찰력은 팀이 동료를 더 잘 이해하는 데 큰 도움을 주었고, 공통 프레임워크를 사용하여 어려운 문제를 안전한 방법으로 논의하는 데에도 도움을 주었다.

그 결과 팀은 여러 가지 공유된 탈선 경향$^{\text{shared derailing tendencies}}$이 있음이 밝혀졌다. 위에서 설명한 팀 역할에서 등장한 관계 주제relationship theme에서 공유된 강점은 외향적이고 참여적이며 협력적인 스타일로 특징지어진다. 혹사 관점에서는 상냥한affable 팀 특성은 너무 편안하고 쾌활하며 자기 주장이 부족해 보일 수 있다. 그룹이 공유하는 명확한 강점 영역이지만, 심리측정 모델을 사용하면 혹사 상태일 때 코칭 대화에서 이러한 강점이 어떤 영향을 미치는지 살펴볼 수 있다.

이 문제에 대해 팀 리더가 팀과 함께 진행하려고 했던 이전 토론은 팀원들이 개인적으로 공격을 받는 것처럼 느꼈고, 이러한 긍정적인 특성이 있는데도 단점을 보기 위해 고군분투했으므로 좋은 반응을 얻지 못했다. 그러나 이 프레임워크의 사용은 그 논의를 다시 살리는 데 도움이 되었고 이전에는 볼 수 없었던 영역에 대한 언어와 다른 관점을 제공했다. 결과적으로, 팀은 조직의 나머지 부분에 대한 영향을 조사하기 시작했다. 그들은 비즈니스 내에서 좋은 평판을 얻고 좋은 업무 관계를 유지했지만, 이러한 공유된 강점shared strengths은 그들이 너무 수동적이고, 충분히 도전적이지 않고, 그들의 의제를 충분히 추진하지 못한다는 것을 의미한다.

심리측정 프로파일링은 이전에 이러한 부정적 행동이 무시되었거나 개선 시도가 제대로 수용되지 않았을 때, 성과를 개선하기 위해 이런 성격 측면을 공개적으로 논의할 수 있는 플랫폼을 제공한다. 팀의 탈선 행동derailer을 미리 알고 있으면 안전하고 생산적인 환경에서 이러한 어려운 행동에 대해 논의할 수 있다.

팀 가치values 측정

팀 관점에서 동기 설문지motives questionaire로 팀 전체에서 공유된 가치shared values를 살펴볼 수 있다. 다양한 가치의 혼합은 다양성을 보장하는 데 중요하지만, 가치를 일부 정렬alignment하는 것은 팀 성과를 향상하는 고유한 팀 문화를 만들어 팀을 고정하고 결속력을 형성하는 데 도움이 된다(Adams, 2009). 또 팀의 가치가 더 넓은 조직 문화와 일치한다면 팀의 생산성이 향상될 가능성이 크다. 반대로 팀에 공유된 가치가 없다면 효과성이 저하될 수 있다. 가치가 미치는 영향은 흔히 잠재의식subconscious 수준에 있으므로, 팀 구성원들은 가치가 자신의 의사결정에 어떤 영향을 미치는지 인식하지 못할 수 있다. 팀 코칭을 시작할 때 심리 측정 도구를 사용하면 이러한 가치 영역을 전면에 내세우고 토론의 장을 만드는 데 도움이 될 수 있다. 여기서 팀 가치는 MVPI를 사용하여 평가되었다. MVPI는 10개 척도에 걸쳐 개인에게 동기부여하거나, 개인을 몰아가는drives 것이 무엇인지 식별하기 위해 고안된 도구이다.

행동 가치 values in action

가치 설문지 values questionaire는 팀 내에서 상당수의 공유 가치를 파악하여 뛰어난 팀 응집성 team cohesiveness을 식별한다. 그들의 가치 프로필은 인정 recognition으로 동기부여받는 매우 친밀하고 재미를 사랑하는 팀으로 특징지어진다. 또 그들은 변화와 다양성 그리고 모호함을 선호하는 반면, 더 전통적인 작업 방식이나 엄격한 절차의 제약에 어느 정도 거부감이 있다는 것을 나타냈다.

이렇게 강력하게 정렬된 프로필은 팀이 함께 잘 작동한다는 것을 의미했지만, 더 넓은 범위의 문화를 더 자세히 조사하면 이러한 팀 가치가 조직의 나머지 부분과 매우 다르다는 것을 알 수 있다. 조직은 변화와 불확실성보다는 더 구조적이고 합리적이며 절차 중심적인 접근 방식에 의해 동기부여받은 개인들로 구성되어 있다.

처음에 공유된 팀 가치가 무엇인지 물었을 때, 팀 구성원의 사고 기준은 기존의 공식적인 '회사 가치'에만 초점을 맞추었다. 그들은 금융기관으로서 더 넓은 조직의 가치(예를 들어 '이 팀이 가치 있게 여긴 즐거움 추구나 사람 지향적인 주제보다는 높은 기준 standards과 보안 security을 가치 있게 여김') 이상을 실제로 볼 수 없었다. 가치 설문지를 참고 자료로 도입함으로써 팀은 진정한 통찰의 순간을 맞이했다. 이는 팀이 때때로 다른 부서 동료들과의 응집성 cohesiveness과 공유된 접근 방식 shared approach을 찾는 데 어려움을 겪은 이유를 알 수 있었기 때문이다.

따라서 설문지는 팀 개발 목표 team developmental goals의 특정 영역, 특히 작업 스타일과 팀 외부 동료와 상호작용하는 방식을 목표 대상 target으로 하는 데 도움이 될 수 있었다. 합의된 목표 agreed objectives에는 다른 팀이나 부서와의 의사소통이 명확한 초점 focus과 구조 structure를 갖도록 보장하고, 연구 research와 데이터로 그들의 계획 initiatives을 지원하고, 다른 팀과의 상호작용이 비즈니스적이고 전문적인 것으로 인식되도록 하는 것이 포함되었다.

팀 워크숍 결과 outcomes

팀 워크숍이 끝난 뒤에는 향후 성과 future performance 개선을 위한 구체적인 조치를 파악하기 위해 그룹 토론을 진행했다. 이 코칭 대화 conversation의 일부로 팀은 신뢰 영역에 대해 논의했다. 심리측정 도구에서 다수의 팀원이 다른 부서 동료의 의도를 지나치게 의심하는 경향이 있을 수 있다는 점을 강조했기 때문이다. 이미 이전에 그들은 팀으로서 좀 더 투명하고 다른 부서와 더 많은 것을 공유할 필요가 있다는 피드백을 받았다.

그러나 그들은 집단적 회의적 성향collective sceptical nature으로 인해 집단사고group-think가 발생했고, 집단적으로 피드백을 무시하기로 동의했기 때문에 이 피드백을 공평하게 검토하고 조치할 수 없었다. 심리측정 도구를 통해 이 영역이 활발해진 뒤에야 팀 구성원들은 비즈니스에서 타인에 대한 자신의 행동과 타인에게 미치는 자신의 영향력을 충분히 탐색하고 객관적으로 평가할 수 있는 안전한 환경을 제공받았다.

심리측정 솔루션은 또한 팀의 집단적 성격에서 명확한 패턴을 파악하는 데 도움을 주었고, 포부ambition나 결과results보다는 관계 형성relationship-building 주제를 강하게 제시했다. 팀은 조직 내 다른 부서와 매우 긴밀한 상호 관계를 맺고 있었지만, 결과적으로 팀 코칭은 팀의 목표에 대한 집중력goal focus을 향상하여, 궁극적인 성공을 위한 행동 변화behavioural changes에 초점을 맞췄다. 합의된 조치에는 다음이 포함되었다.

- 팀의 강점 활용: 비즈니스에 더 많이 참여하기 위하여 강력한 관계 구축 기술을 사용한다.
- 격차gap 인식: 팀은 더 넓은 조직에 메시지를 보낼 때 데이터 중심적이지도 않았고, 상업적 초점commercial focus을 자연스럽게 나타내지도 않았다. 그들은 코칭 계획coaching initiatives을 제시할 때 더 많은 청중에게 어필할 수 있도록 상업적 결과를 강조해야 한다는 데에 동의하였다.
- 결과 초점result focus 향상: 특정 팀 목표targets 설정, 목표goal 달성 보장, 정해진 의제로 더 구조적인 회의 진행, 회의 의장meeting chair 지정으로 토론discussion을 줄이고 더 많은 실행 계획action-planning이 발생하도록 보장한다.

팀 코칭 세션이 끝난 뒤, 참가자들은 앞으로 강력하게 활용할 수 있는 동료에 대한 귀중한 통찰력을 얻었다고 느꼈다. 그러나 사례연구는 팀 코칭 전에 모든 참가자가 심리측정 결과를 편안하게 공유하는 것이 중요하다는 것을 강조했다.

사전에 철저한 개인 피드백 세션을 진행했는데도 팀 구성원 가운데 한 명은 처음에는 심리측정 프로세스에 주저하는 모습을 보였고, 다른 동료보다 결과가 좋은지 나쁜지 의문을 품었다. 심리측정 도구를 사용할 때는 모든 팀원에게 정답과 오답, 좋거나 나쁜 프로필이 없다는 점을 상기시키는 것이 필수적이다. 그 대신 팀의 역동성을 탐색하고 다른 성격 특성과 관련된 강점과 잠재적인 개발 영역 모두를 이해하는 데 중점을 두어야 한다.

결론

사례연구를 통해 입증된 바와 같이 코칭 프로세스를 시작할 때 심리측정을 포함하면, 팀 개발team development을 위한 핵심 영역을 신속하게 식별하고identifying 처리하여addressing, 날카로운 초점sharp focus과 효율성efficiency을 제공하는 데 도움이 된다. 점점 더 빠르게 변화하는 작업 환경에서 고객은 흔히 단시간에 제공되는 코칭 개입interventions을 찾는다. 심리측정을 포함하면 팀 코칭 프로세스를 가속화하는 데 도움이 된다. 이러한 도구는 개인의 접근 방식과 스타일을 공정하고 객관적으로 비교하고 대조할 수 있는 방법을 제공하여 코칭 대화 내용을 구체적이고 목적 지향적이 되도록 유지한다. 심리측정을 사용하여 얻은 초기 통찰력은 또한 코치가 팀에 잘 참여하고 상호작용하는 방법을 알 수 있도록 하며, 팀 코칭 세션 운영에 퍼실리테이터의 접근 방식을 안내하고 라포를 구축하는 데 도움이 된다.

또 코칭 중인 팀에 가장 적합한 도구를 선택하기 위해 광범위한 연구를 수행하는 프랙티셔너의 중요성을 언급할 가치가 있다. 선택한 도구가 유효하고 신뢰할 수 있는지 확인하는 것 외에도 팀 코칭 개입의 특정 목적에 적합한지 확인하는 것도 중요하다. 영국심리학회British Psychological Society의 심리검사센터Psychological Testing Center(https://ptc.bps.org.uk/)와 같은 연구소는 여러 심리측정 도구에 대한 독립적인 리뷰를 제공한다. 그러나 퍼실리테이터가 결과물output에 대해 익숙하지 않을 때 가장 강력한 도구라도 팀 상황에서 오용될 수 있다. 선택한 도구를 심층적으로 이해하는 데 충분한 시간을 할애할 수 있도록 적절한 인증 훈련이 중요하다. 제대로 설명되지 않았거나 주어진 시간이 부족한 상황에서 심리측정에 참여하는 것은 개발 과정에 도움이 되지 않고 팀 내에서 손상damage이나 균열rifts을 일으킬 수 있다.

이 사례연구는 충분한 준비와 결합된 강력한 심리측정 도구가 어떻게 팀 코칭 개입을 촉진할 수 있는지 보여준다. 심리측정 결과는 팀 구성원의 기대에 도전하고, 이해를 증진시키며, 팀이 더 넓은 조직에 어떻게 어울릴 수 있는지fits 조사하는 데 사용할 수 있다. 우리가 타고난 성향을 바꿀 수는 없지만 팀 코칭 맥락에서 심리측정 도구를 사용하면 능동적으로 관리해야 하는 특정 행동 영역을 정확히 찾아낼 수 있어 궁극적으로 개인과 팀 효과성effectiveness을 향상할 수 있다.

참고문헌

Adams, H. A. (2009). Elective transformation teams: The influence of values and transformational leadership. Paper presented at the 16th EDAMBA Summer Academy, Sorenze, France.

Campbell, S. (2014). Conflict among team members can lead to better results. Retrieved from www.entrepreneur.com/article/238993

Campion, M. A., Papper, E. M., & Medsker, G. K. (1996). Relations between work team characteristics and efiectiveness: A replication and extension. *Personnel Psychology, 49*(2), 429-452. https://doi.Org/10.llll/j.1744-6570.1996.tb01806.x

Hofmann, D. A., & Jones, L. M. (2005). Leadership, collective personality, and performance. *Journal of Applied Psychology, 90*(3), 509—522.

Hogan, R. (2016). *Team report technical manual*. Tulsa, OK: Hogan Press.

International Test Commission (2001). International guidelines for test use. *International Journal qf Testing, 1*(2), 93-114.

Mansi, A. (2007, July 5). The dark side of personality: Coaching for destructive management styles. Paper presented at Chartered Management Institute: London and South East Regional Convention, London, England.

McCrae, R. R., & Costa, P. T. (1987). Validation of the five-factor model of personality across instruments and observers. *Journal of Personality and Social Psychology, 52*(1), 81-90.

Nelson, E., & Hogan, R. (2009). Coaching on the dark side. *International Coaching Psychology Review, 4*(1), 7-19.

Winsborough, D. (2017). *Fusion: The psychology of teams*. Tulsa, OK: Hogan Press.

40장. 글로벌 가상 팀을 위한 GROUP 코칭
사례연구

저자: 찰스 P.R. 스콧 Charles P.R. Scott, 앨리슨 파간 Allyson Pagan, 유미코 모치누시 Yumiko Mochinushi, 트레버 프라이 Trevor Fry, 제시카 L. 와일드먼 Jessica L. Wildman, 리쳐드 그리피스 Richard Griffithi

역자: 윤선동

글로벌 경제의 부상으로 조직들은 점차 글로벌 가상 팀 global virtual teams(GVT)을 채택하여 더 넓은 인재 풀을 활용하고 있다. 글로벌 가상 팀은 지리적, 문화적, 시간적으로 분산된 구성원으로 이뤄진 팀으로, 정보를 공유하기 위해 고급 커뮤니케이션 도구를 많이 사용한다. 글로벌 가상 팀은 현재 마이크로소프트 Microsoft, 아이비엠 IBM, 휴렛팩커드 Hewlett-Packard, 인텔 Intel과 같은 다국적 기업에 보편화되었다(Badrinarayan, Madhavaram & Granot, 2011; Zivick, 2012).

찰스 P.R. 스콧 Charles P.R. Scott: 찰스는 팀 역동, 팀 리더십 구성, 팀 코칭에 대한 전문 지식을 갖춘 미국 플로리다 공대에서 박사 과정 중이다. 그는 교차문화 팀 기능, 팀 내 공유 리더십 육성, 다양성이 협업에 미치는 영향 이해에 중점을 두고 있다.

앨리슨 파간 Allyson Pagan: 앨리슨은 미국 플로리다 공대에서 산업-조직 심리학 박사 과정 중이다. 앨리슨은 리더십, 군사와 국방 조직의 효과성, 다양성과 포용성, 직장 신뢰, 팀 역학과 관련된 분야에서 연구원으로도 일했다.

유미코 모치누시 Yumiko Mochinushi: 유미코는 미국 플로리다 공대에서 임상/조직 심리학 박사 과정 중이다. 일리노이 대학교에서 인적 자원과 산업 관계 석사 학위를 받았다. 연구 관심사는 문화 간 관리, 해외 주재원 적응, 문화 간 평가 등이다.

트레버 프라이 Trevor Fry: 트레버는 미국 플로리다 공대에서 산업-조직 심리학 박사 과정 중이다. 2015년부터 RIOT(팀에서의 관계 상호작용과 최적화, Relationship Interaction and Optimization in Teams) 연구소에서 근무하였다. 트레버의 연구는 역동적인 팀 프로세스와 직장에서의 신뢰를 조사하는 데 초점을 맞추고 있다.

제시카 L. 와일드먼 Jessica L. Wildman: 제시카는 미국 플로리다 공대의 부교수이자 교차문화경영연구소 Institute for Cross Cultural Management의 연구 책임자이다. 팀 프로세스, 팀 성과 측정, 글로벌 가상 팀, 대인 신뢰, 문화적 역량 등의 주제로 30개의 출판물을 집필하였고, 60개의 학술 컨퍼런스에서 발표하였다.

리쳐드 그리피스 Richard Griffith: 리쳐드는 미국 플로리다 공대 교차문화경영연구소 전무이사로 재직하고 있고, 해외에서 진행되는 프레젠테이션 전문으로 문화 간 역량과 글로벌 리더십, 임원 프레젠테이션 코칭을 맡고 있다.

그러나 문화적으로 다양한 가상 환경에는 많은 도전 과제가 있다. 관련 연구에 따르면 글로벌 가상 팀 구성원은 자주 고립감을 느끼고 신뢰 구축과 지식 공유, 공동 작업에 어려움을 겪는다고 한다(예: Badrinarayan et al., 2011; Paul, Drake & Liang, 2016; Rapp, Ahearne, Mathieu & Rapp, 2010). 글로벌 가상 팀에 대한 교육이나 훈련 부족은 이런 상황을 악화시킬 것이다. 이문화 교육기업인 RW3의 조사에 따르면 일부 업무라도 가상 공간에서 수행한 경험이 있는 다국적 기업의 근로자 가운데 16%만이 사실상의 준비 훈련을 받은 것으로 나타났다(Bartel-Radic, Moos & Long, 2015, p.540 참조).

이 문제를 해결하기 위해 비즈니스와 심리학자들은 글로벌 가상 팀 효과성과 효과적인 글로벌 가상 팀 교육 방법을 조사했다(예: Bartel-Radic et al., 2015; Erez et al., 2013; Godin & Goette, 2013). 제안된 다양한 교육 방법 가운데 코칭은 글로벌 가상 팀이 직면한 문제를 해결하고 성공으로 이끄는 유망한 방법으로 제시되었다. 코치는 글로벌 가상 팀이 겪는 문제와 글로벌 가상 팀 구성원들의 문화적 배경에 따라 최상의 학습 방법이나 접근 방식을 준비할 수 있다. 그러나 글로벌 가상 팀 코칭은 아직 초기 단계에 있고, 코칭 방법이 체계화되지 않았으며 코치에게 필요한 기술과 지식이 공식적으로 문서화되지 않았다.

이 장에서는 팀 수준의 'GROUP 코칭 모델'(Brown & Grant, 2010)을 적용하고 설명하여 글로벌 가상 팀 코칭의 혼란스러운 문제점을 해결하는 데 기여하고자 한다. GROUP 모델에 대한 개요, 글로벌 가상 팀이 직면한 문제의 사례, GROUP 프레임워크를 활용한 효과적인 글로벌 가상 팀 코칭 사례를 제공한다.

팀 코칭과 GROUP 모델

팀 코칭에서 코치는 개인과 팀 전체에 피드백을 제공하고, 팀이 협력하고 문제에 대한 상호 이해를 모색할 수 있는 공간을 만들어 적극적인 팀의 구성원이 되도록 돕는다(Clutterbuck, 2010). 팀 코치는 팀이 스스로 대화를 관리하고 팀의 초점을 목표 달성에 맞추도록 권한을 부여하는 등 팀 역동 안에서 작업해야 한다(Brown & Grant, 2010). 팀 코칭은 개인과 그들이 사는 더 넓은 시스템을 연결하고 목표 중심 변화를 위한 실행에 도움이 된다. GROUP 모델은 대표적인 코칭모델인 GROW 모델을 팀 수준으로 확장하기 위해 개발하였다(Brown & Grant, 2010).

GROW 모델은 전통적으로 코치와 코치이coachee가 코칭 세션 동안 거치는 4단계인 목표, 현실, 대안, 마무리로 구성된다(Greene & Grant, 2003). GROW 모델은 모든 사람이 목표 달성에 전적으로 집중할 수 있도록 코칭 대화와 참여를 구조화하는 데 유용한 프레임워크이다. GROW 모델의 진화된 형태인 GROUP 모델은 5단계인 목표Goal, 현실Reality, 대안Option, 기타 이해Understand others, 실행Perform으로 구성되어 있다([표 40.1] 참조).

GROUP 모델의 첫 번째 단계에서 팀은 세션에서 달성하고자 하는 **목표**를 정의해야 한다. 다음으로, 코치와 팀은 **현실**과 팀 상황이 세션 목표에 어떻게 영향을 미치는지 파악한다. 상황이 파악되면 코치는 팀이 사용 가능한 잠재적 대안을 식별, 브레인스토밍하고 평가하도록 돕는다.

대안 단계 전반에 걸쳐 코치는 팀을 비난이나 기타 목표에서 벗어난 생각이나 대화보다는 해결책 사고에 집중하도록 이끈다. **기타 이해** 단계에서 코치는 팀이 깊이 성찰하고 목표, 현실, 대안에 대한 생각과 느낌을 관찰하고 자신의 내부 응답과 다른 팀 구성원들에게서 들은 내용에서 의미를 찾도록 돕는다. GROUP 모델의 마지막 단계인 **실행** 단계에서 코치는 팀을 대안 만들기에서 실행을 위한 대화와 실행계획의 프로토타입 만들기로 전환한다. 브라운Brown과 그랜트Grant(2010)는 이 단계의 성공을 위해서 이중-삼중 고리 학습double- and triple-loop

[표 40.1] GROUP 코칭 모델

출처: Brown & Grant (2010) 인용

과정	글로벌 가상 팀 사례
목표 Goal	글로벌 가상 팀 구성원들은 각 코칭 세션이 시작될 때마다 자신의 기대와 의도를 표현한다. 코치는 코칭 세션에서 논의의 출발점으로 글로벌 가상 팀 구성원들이 전체 팀 목표를 명확히 하도록 돕는다. 상호 보완적이거나 상충되는 개별 목표도 논의할 수 있다.
현실 Reality	코치는 글로벌 가상 팀 구성원이 내부와 외부 환경의 제약 조건을 검토하도록 돕는다. 예를 들어, 코치는 글로벌 가상 팀 구성원 사이에 다양한 가상 커뮤니케이션 플랫폼 사용의 장단점, 이러한 도구의 사용이 팀의 목표 달성에 어떤 영향을 미칠 수 있는지 평가할 때 도울 수 있다.
대안 Options	코치는 글로벌 가상 팀 회원이 현실 단계에서 논의된 항목을 고려하여 가능한 모든 대안을 식별하고 평가하도록 지원한다. 코치는 팀 토론을 촉진하면서 글로벌 가상 팀 구성원들이 해결방안에 집중할 것을 권장한다.
기타 이해 Understanding others	코치는 가능한 모든 실행 계획에서 실행 가능한 계획으로 이동할 수 있도록 협업 학습 프로세스를 촉진한다. 코치는 그룹 대화를 이끌고 문화적 역동에 세심한 주의를 기울이면서 글로벌 가상 팀 구성원들에게 팀 전체에 전달되는 정보의 중요성을 이해시킨다. 이 단계에서 코치는 협상과 다양한 아이디어의 수렴을 독려하는 것은 물론, 개별 구성원들이 판단을 보류하고 다른 구성원들의 의견을 듣도록 유도해야 한다. 코치는 개인과 그룹의 인식 변화를 통해 사후 대응적인 해결책이 아닌 생성적인 해결책이 도출되도록 해야 한다.
실행 Perform	코치는 글로벌 가상 팀이 대안 생성에서 실행 계획과 구현으로 전환하도록 지원한다. 이를 통해 코치는 동기부여를 하고 책임감을 갖게 한다.

learning(Argyris, 1991; Hargrove, 2003)이 중요한 요소라고 주장한다. 학습에 대한 이러한 접근 방식은 (이중 고리 학습에서) 학습자가 자신의 사고 방식과 자기 인식의 변화(예: 상자 밖 사고)라는 최종 목표를 가지고 근본적인 가정을 검토하고 도전하도록 권장하는 과정이다(예: 삼중 고리 학습, Brown & Grant, 2010).

일단 글로벌 가상 팀 코칭이 시작되면 팀은 RE-GROUP 방법을 사용하여 그들의 진행 상황과 성공을 검토하고 평가하여 기존의 학습과 성장을 계속 일으킬 수 있다. 각 코칭 세션이 시작될 때 코치는 마지막 세션에서 계획했던 목표와 전략, 팀이 목표에 도달하는 방법, 노력의 성공과 실패에 대해 설명해야 한다. 실행 후 리뷰와 공식 보고는 팀과 개인의 성과를 높이기 위해 간단하게 사용할 수 있는 강력한 도구이다(Tannenbaum & Cerasoli, 2013). 성공과 실패에 관한 구조화된 토론은 효과성 유무를 확인하고, 앞으로 해야 할 일에 대한 전체적인 이해를 촉진하는 데 도움이 된다.

GROUP 모델은 코치가 진실되고, 변혁적이며, 시스템적인 변화를 불러일으키기 위한 강력하고 간단한 코칭 기법을 사용하여 개인과 팀 사이에서 세심한 초점의 균형을 맞추도록 한다. 안타깝게도, GROUP 모델이나 또 다른 코칭 모델을 사용하는 코치들은 글로벌 가상 팀을 코칭할 때 고유한 문제에 직면한다. 모든 팀원들과 함께 준비한 코칭 세션을 진행할 수 없기 때문에, 글로벌 가상 팀 코치는 복잡하고 고유한 팀 상황에 적합하게 그들의 기술을 어떻게 적용할지 이해하는 것이 중요하다. 다음은 효과적인 글로벌 가상 팀 코칭의 사례이다.

사례연구

배경

알렉스^{Alex}는 북미와 남미, 유럽, 아시아인으로 구성된 다국적 글로벌 가상 팀의 신임 리더였다. 알렉스는 자신의 새 팀이 어려운 문제에 직면해 있음을 발견했다. 초기 회의에서 미국 본사 구성원들은 다른 나라의 구성원들에 대해 분노하고, 그들의 기여도가 공정하지 못하다는 믿음을 드러냈다. 반면에 다른 사무소의 구성원들은 미국 본사의 직원들이 프로세스를 지배하고, 자신들의 아이디어와 공헌, 근무 일정 등을 무시하고 미국에 편리한 시간에만 업무를 진행하는 등 자신들의 권한과 발언권이 적다고 불평했다. 알렉스는 글로벌 가상 팀을 전문으로 하는 팀 코치 팻Pat에게 도움을 청했다. 초기 팀과의 대화에서 팻은 미국과 다른 국가의 구성원들 사이에 문화적 단절이 악화하고 있다는 증거를 발견했다. 팻은 팀 전체의 문제라고 판단하고, 알렉스 팀을 돕는 가장 좋은 개입 방법으로 팀 코칭 RE-GROUP 모델을 적용하기로 결정했다.

팻은 여러 기업의 팀과 함께 일하며 그들의 문제 해결에 도움을 준 경험이 풍부했다. 글로벌 가상 팀으로는 상하이, 홍콩에서의 5년을 비롯해 유럽과 동남아시아 전역에서 10년 간의 국제 경험이 있었다. 그는 강력한 의사소통 기술과 정서지능(Filsinger, 2014), 그룹 역동을 인식하는 유연성과 스킬(Brown & Grant, 2010), 다양한 가상 의사소통 도구 사용 능력을 갖춘 효과적인 전문 코치였다. 게다가 다양한 문화적 배경의 개인들과 함께 일한 그의 경험은 발생 가능한 다른 문화의 구성원들이 느끼는 불편함과 불안을 알게 해주었고, 글로벌 가상 팀이 직면한 독특한 도전들을 이해하는 데 도움이 되었다.

실행

첫 번째 코칭 세션에 앞서 팻은 전 세계 모든 사무실의 글로벌 가상 팀 회원들에게 회의에 가장 적합한 시간을 알려달라고 요청했다. 그는 번갈아 가면서 코칭 시간을 맞추기로 했고, 알렉스와 협력해서 모든 팀의 구성원들이 자신들의 참여가 필요하다는 것을 인식하게 했다. 첫 번째 코칭 세션은 가장 긴 반나절의 시간을 마련하고, 이후 코칭 세션은 2주마다 진행하는 것으로 결정하였다. 다음 코칭 세션은 2개월마다 한 번 또는 '필요에 따라' 단축된다. 또 팻은 글로벌 가상 팀 구성원들에게 소프트웨어 사용 방법에 대한 정보와 함께 특정 화상 회의 도구를 내려받을 수 있는 링크를 제공했는데, 이는 주로 화상 회의 도구가 텍스트와 음성 매체보다 더 풍부한 의사소통 플랫폼을 제공하기 때문이었다. 이어 그는 각 팀원에게 개별적으로 전화를 걸어 코치 소개와 GROUP 과정을 안내하고 그들의 참여가 중요함을 설명했다. 구성원들의 통찰력이 모든 사람이 수용할 수 있는 해결책을 이끌어내는 데 어떻게 도움이 되는지도 강조했다.

첫 번째 세션에서 팻은 화상 회의 도구를 사용하여 전체 팀을 연결하였고 모든 토론의 기초로 GROUP 모델 5단계를 사용했다. 먼저 팻은 팀에 세션(즉, 목표 단계)과 코칭 프로세스를 통해 달성하고자 하는 바를 명확히 해줄 것을 요청했다. 해결책에 중점을 둔 대화에 앞서, 팻은 토론의 출발점으로 각 구성원들이 프로세스에 대해 가진 각자의 생각과 기대, 우려를 모두 표현할 기회를 마련했다. 팀은 코칭 세션의 주요 목표로 의사소통 개선방법 찾기로 결정했다.

다음으로 팻은 팀의 과거 팀워크 경험을 활용했다. 초기 코칭 세션이 시작되기 전에 알렉스와 다른 팀원들에게서 수집한 정보를 통합하여 글로벌 가상 팀 구성원들이 과거의 성공과 그 성공에서 배울 점을 검토하도록 권장했다. 팻은 효과적인 팀 의사소통을 제한하는 부분을 찾기 위해 '지금 의사소통 프로세스를 개선하는 데 방해가 되는 것은 무엇인가?', '당신이 직면한 문제를 어떻게 처리했는가?'와 같은 촉진 질문을 사용했다. 이를 통해 팻은 현실과 팀의 목표(즉, 현실 단계) 사이의 간극에 대한 대화가 명확하게 이뤄지도록 진행했다.

토론을 통해 일부 팀 구성원들이 다른 문화적 배경을 가진 구성원들에게는 부적절하다고 인식되는 의사소통 방식을 사용했다는 것을 발견했다. 예를 들어, 유럽 출신 구성원들은 본사 구성원들이 대안을 고려하거나 나머지 팀의 조언을 구하는 데 충분한 시간을 할애하지 않고 너무 빨리 결정을 내린다고 생각했다. 한편, 아시아 사무소의 구성원들은 대화의 속도, 회의 시간, 구조화되지 않은 대화 성격을 따라가기 어렵다고 느끼고 있었고, 글로벌 가상 팀의 나머지 부분들과 의견이 맞지 않아 체면을 구기고 있음을 느꼈다고 했다. 이러한 잘못된 의사소통과 문화적 차이는 갈등을 일으키고, 원활한 정보 공유를 막고, 결과적으로 팀에 대한 신뢰를 심각하게 손상시켰다.

목표와 현실 탐색 단계 대화에 이어 팻은 팀이 브레인스토밍으로 문제 해결을 위한 가능한 대안을 찾고 평가하도록 했다(즉, 대안 단계). 팻은 다음과 같은 여러 목표 질문을 통해 효과적으로 대화를 안내하고 이끌었다.

- 팀 구성원들과의 의사소통에서 가장 큰 어려움은 무엇이라고 생각하는가? 팀은 이러한 도전을 어떻게 극복할 수 있을까?
- 팀 구성원들과 효과적으로 의사소통하는 데 방해가 되는 주요 장애물은 무엇이라고 생각하는가?
- 전반적인 의사소통 프로세스를 개선하기 위해 귀하 또는 팀 구성원이 다르게 할 수 있는 것은 무엇인가?
- 팀이 의사소통하는 방식에 또 다른 문제가 있는가?
- 팀 구성원들이 귀하의 문화 규범에 대해 무엇을 알았으면 하는가?
- 글로벌 가상 팀 구성원들 사이의 고유한 차이점(문화, 개인의 차이, 예: 업무 스타일/선호도)을 더 잘 이해할 수 있는 효율적인 방법은 무엇인가?

이 토론으로 팀은 정기적인 대면 회의, 문화 지식을 습득하기 위한 문화 전문가의 강의 주선, 문화적 차이점과 유사점에 관해 이야기하는 회의, 의사소통 규칙 만들기와 같은 몇 가지 대안을 도출했다. 그들은 팀을 위해 어떤 대안이 최선인지 함께 고민했으며, 팻은 최종 결정을 내리기 전에 모든 사람의 생각과 관점을 다시 한번 고려하도록 했다.

팻은 팀원들과 함께 목표와 선호하는 대안에 대한 생각과 감정을 깊이 성찰하고 선입견을 버리고 다른 구성원의 생각(즉, 다른 사람을 이해하는 단계)에 개방적인 자세를 취하며, 지금까지의 과정, 대안, 팀원들의 요구와 생각을 충분히 검토하도록 격려했다. 좀 더 잘 알려진 성격 차이(예: 외향성, 자기 주장 등)에 추가하여 문화적 차이는 이 단계 전반에 걸쳐 팀에서 활발하게 논의되었다. 팻은 다른 팀원들이 자신의 경험과 미래 희망을 공유하는 것을 도왔다.

토론하고 의견을 나눈 끝에 팀은 각 팀 구성원의 역할을 명확히 하는 의사소통 프로세스를 더 발전시킬 필요가 있다고 결정했다. 예를 들어, 몇몇 팀 구성원들은 이메일과 관련하여 답장을 받지 못했을 때 혼란과 좌절감을 느꼈다고 보고했다. 이를 해결하기 위해 팻은 팀이 24시간 이내에 이메일에 응답하는 것을 공식적으로 합의할 것을 제안했다. 또한 글로벌 가상 팀은 팀 전체가 당혹감을 피하기 위해 문화적 차이를 무시했다고 느꼈고 이런 점이 팀워크에 영향을 미쳤다고 인정했다. 두 번째 목표로 그들은 자신의 문화를 더 많이 공유하고 다른 구성원들의 문화와 배경, 특히 의사소통의 요구사항과 업무 습관을 배우기로 결정했다.

마지막으로 팀은 타문화에 대한 인식을 개선하고 팀 전체의 연결과 관계 구축을 위한 구체적인 방법과 일정에 관해 논의하기 시작했다. 팻은 토론을 촉진하고 실행 계획의 프로토타입(즉, 실행 단계)을 만들도록 했고 때때로 방향을 수정했다. 글로벌 가상 팀의 리더인 알렉스는 코칭 뒤 팀의 분위기가 확실히 바뀌었고 팀원들이 건설적인 방식으로 문제를 해결할 수 있음을 느낀다고 말했다. 알렉스는 글로벌 가상 팀이 문제를 해결하고 후속 글로벌 가상 팀 코칭 세션을 통해 더 성공적이 될 수 있다고 확신했다.

그리고 팻은 첫 번째 코칭 세션을 마치고 알렉스와 함께 팀 성과에 대해 논의하는 2주 뒤의 코칭 세션을 계획하기 시작했다. 또한 팻은 글로벌 가상 팀이 후속 세션을 시작할 때 각 목표를 어떻게 달성했는지 또는 시간이 지남에 따라 다른 우려 사항이 대두될 때 새로운 팀 목표를 추가해야 할 필요가 있는지를 검토, 평가(RE-GROUP)하는 데 도움이 되도록 기록했다.

결론

글로벌 가상 팀은 이런 구조를 채택하기로 선택한 회사에 경쟁 우위를 제공할 수 있지만, 성공을 보장하기 위해서는 해결해야 할 고유한 과제가 많다. 팀 코칭은 비교적 새로운 코칭 방식이기 때문에 글로벌 가상 팀 코칭을 시작하고 실행하기 위한 모범 사례에 대해서 아직 배울 것이 많이 있다. GROUP 모델은 팀 코치들에게 팀과 조직의 특정 요구 사항에 부합하고 조정 가능한 견고한 프레임워크를 제공한다. GROUP 코칭 모델 기법의 실행에 대한 이 장의 설명은 글로벌 가상 팀이 직면한 장애물에 대해 조직의 해결책을 찾기 위한 출발점이 될 것이다.

참고문헌

Argyris, C. (1991). Teaching smart people how to learn. *Harvard Business Review, 69*(3), 99–109.

Badrinarayan, V., Madhavaram, S., & Granot, E. (2011). Global virtual sales teams (GVSTs): A conceptual framework of the influence of intellectual and social capital on effectiveness. *Journal of Personal Selling and Sales Management, 31*(3), 311–324.

Bartel-Radic, A., Moos, J. C., & Long, S. K. (2015). Cross-cultural management learning through innovative pedagogy: An exploratory study of globally distributed student teams. *Decision Sciences Journal of Innovative Education, 13*(4), 539–562.

Brown, S. W., & Grant, A. M. (2010). From GROW to GROUP: Theoretical issues and a practical model for group coaching in organisations. *Coaching: An International Journal of Theory, Research and Practice, 3*(1), 30–45.

Clutterbuck, D. (2010). Team coaching. In E. Cox, T. Bachkirova, & D. A. Clutterbuck (Eds.), *The complete handbook of coaching* (pp. 271–283). London, England: Sage. 『코칭실천의 모든 것: 실천편』 장영환 역. 교육과학사. 2019.

Erez, M., Lisak, A., Harush, R., Glikson, E., Nouri, R., & Shokef, E. (2013). Going global: Developing management students' cultural intelligence and global identity in culturally diverse virtual teams. *Academy of Management Learning & Education, 12*(3), 330.

Filsinger, C. (2014). The virtual line manager as coach: Coaching direct reports remotely and across cultures. *International Journal of Evidence Based Coaching and Mentoring, 12*(2), 188–202.

Godin, J., & Goette, T. (2013). A pilot study of virtual teamwork training. *Communications of the IIMA, 13*(2), 29.

Greene, J., & Grant, A. M. (2003). *Solution-focused coaching: Managing people in a complex world*. London, England: Momentum Press.

Hargrove, R. (2003). *Masterful coaching: Inspire an "impossible future" while producing extraordinary leaders and extraordinary results* (Rev. ed.). San Francisco, CA: Jossey-Bass/Pfeiffer.

Paul, R., Drake, J. R., & Liang, H. (2016). Global virtual team performance: The effect of coordination effectiveness, trust, and team cohesion. *IEEE Transactions on Professional Communication, 59*(3), 186–202.

Rapp, A., Ahearne, M., Mathieu, J., & Rapp, T. (2010). Managing sales teams in a virtual environment. *International Journal of Research in Marketing, 27*(3), 213–224.

Tannenbaum, S. I., & Cerasoli, C. P. (2013). Do team and individual debriefs enhance performance?: A meta-analysis. *Human Factors, 55*(1), 231–245.

Zivick, J. (2012). Mapping global virtual team leadership actions to organizational roles. *The Business Review, 19*(2), 18–25.

색인

A

5요인Five Forces Analysis 319
60-30-10 법칙60-30-10 rule 151, 154-5, 157, 163
SYMLOGSYMLOG 90
VUCA 세계VUCA world 291, 311, 312-25, 466-8, 470-7, 509-29

ㄱ

가상 팀과 원격 팀 코칭virtual team/remote team coaching 449
　GVT 코칭 모범 사례best practices for coaching GVTs 272
　가상 그룹 코칭 프로세스virtual group coaching process 364
　가상 및 원격 팀virtual and remote teams today, context of 451, 456, 458
　가상 작업 공간virtual workplace 347
　가상 지능virtual intelligence 352, 359
　가상 팀virtual teams 343-365
　가상 팀의 정의definitions of virtual teams 348
　가상 퍼실리테이션virtual facilitation 358-9
　공유된 이해shared understanding 274-7, 281
　권력 역동power dynamics 275
　그룹 역동group dynamics defined 344, 354-7, 389, 408-17, 424-5, 498, 506
　그룹 프로세스group process 344, 354-8, 374, 384-8, 395, 406, 417, 514, 538, 561
　글로벌 가상 팀(GVT)global virtual teams(GVTs) 270-1, 279
　글로벌 가상 팀을 위한 Group 코칭GROUP coaching of global virtual teams 589
　글로벌 가상 팀의 특성characteristics of GVTs 270
　기술적 예리함technical astuteness 362
　대면 코칭face-to-face coaching 351-2
　대인관계 구축building interpersonal relationships 272, 274, 281
　리더십 역량 강화building leadership capacity 272, 281, 472,
　문화 계층culture layers 449, 454-5
　문화적 감각 형성cultural sense-making 272, 275, 281
　방법론적 실행 가능성methodological viability 350
　배경background 345
　비즈니스 통찰력business acumen as a competency 352
　스킬 격차 해소addressing the skill gap 363
　신뢰와 연결을 구축하는 기술techniques for building trust and connection 459
　여섯 가지 요소six elements of 450, 458
　의사소통의 명확성과 효과성 강조emphasising communication clarity

and effectiveness 272
　이름 붙이기와 가정 확인하기naming and checking assumptions 458
　집단 응집력group cohesion 494
　코치 역량 가상 팀/원격 팀 코칭: 집단적인 팀 집중 대 개인 기여coach competencies virtual team/remote team coaching: collective team focus versus individual contribution 449
　탐구 영역areas of exploration 456
　팀 정체성 개발developing team identity 456
　팀 코칭과 GROUP 모델team coaching and the GROUP model 590
　퍼실리테이션facilitation 350-9
　향후 연구, 시사점future research, implications for 363-4
가쓰아키 와타나베Watanabe, Katsuaki 59
가족치료family therapy 258, 429
갈등conflict 39, 110, 200, 205, 281
강점 기반 팀 코칭: 강점 기반 접근법의 선행 사례strength-based team coaching: antecedents of a strength-based approach 302-4, 303
　강점 개발developing strengths 306-7
　강점 기반 접근법에 대한 근거evidence for strength-based approaches 301-2
　강점 기반 접근법의 근거rationale for 299-301
　강점 기반 접근법의 실제적인 적용practical applications of 307-8
　강점 정의 및 식별defining and identifying strengths 304-6
개년, 주디Gannon, Judie 8-10
게르식, C. J.Gersick, C. J. 90, 155, 158, 168, 195, 212, 261
경청listening 67, 334, 361
계약 및 협정contracts and agreements 50, 66, 381, 510, 564
　가상 팀/원격 팀 코칭virtual team/remote team coaching 457
　팀 코칭in team coaching 421-2
고든Gordon, S. 439
고성과 팀 코칭high performance team coaching 115, 211-24
　HPTC 시스템의 6단계six phases of the HPTC system 214-20
　고성과 팀의 세 가지 성공 척도three success measures of high performance teams 211
　상시 팀 코칭(5단계)ongoing team coaching(phase 5) 212, 220
　시스템system 212-3
　팀 구조 및 설계(2단계)team structure and design(phase 2) 215-6
　팀 기능 장애와 고성과 지표indicators of dysfunction and high performance 187-8
　팀 론칭(3단계)team launch(phase 3) 216-9
　팀 리더 및 개별 코칭(4단계)team leader and individual coaching(phase 4) 219-20
　팀 헌장team charters 217
　학습 및 성공 리뷰(6단계)review learning and success (phase 6) 220

관계relationships   238-9, 273-5
   관계에 알아차림relational awareness   195-6, 206
   글로벌 가상 팀에서in global virtual teams   270-1
구글Google   118
구성-개발 이론constructive-developmental theory   29-41
   안아주기 환경holding environments   32
   의미 만들기와 마인드셋meaning making and mindes   33-6
   집단 코칭coaching a collective   38-9
   팀 코칭에 미치는 영향team coahing implicaitons   36-8
국제코칭연맹(ICF)International Coaching Federation(ICF)   49, 349, 362
권력 역동power dynamics   275
권위 구조authority structures   158-3, 162
그랜트, A.M.Grant, A.M.   590
그랜트, D.Grant, D.   438
그레이엄 보이드Boyd, Graham   517-8
그룹 분석group analysis   245, 247
   그룹 분석 탐구하기discovering group analysis   246-9
   논의할 수 없는 이슈undiscussable issues   249
   다섯 가지 질문five core questions of   249-54
   매트릭스 개념matrix concept   248
   이론, 실천 방식, 모든 것의 이론을 향한 열망theory, praxis and desire for a theory of everything   245-6
   자기의 사용use of the self   253
   차이를 통한 창조적 통합 촉진promoting creative incorporation of difference   255-6
   팀 참여team attendance   250
   팀과 함께 일하는 목적purpose of the work with the team   250-1
   팀의 조직적 맥락organisational context of the team   252
그룹 역동group dynamics   248, 425, 498, 538
   과업 성찰task reflexivity   424
   대인관계 행동과 그룹 역동interpersonal behaviour and group dynamics   62
   대화and dialogue   60
   드라마 치료and drama therapy   61, 491
   양극성polarities   426
   정의definition   59
   코치들의 이해coaches' understanding of   58
그룹 코칭group coaching   43-56, 175
   공유된 기대를 함께 만들기shared expectations, co-creation of   53
   관계망relationships   47
   그룹 코칭 프로세스와 팀 코칭프로세스 개요group and team coaching process overview comparison   55
   그룹 코칭과 팀 코칭 차이differences between group and team coaching   44-6, 312
   그룹과 팀 코칭은 어떤 모습인가what group and team coaching look like   54
   그룹과 함께 작업하고 그룹 전문 지식을 팀에 적용working with groups and applying group expertise to teams   55
   그룹에서 신뢰와 유대감 형성하기creating trust and connection with groups   49
   다양한 그룹에서 공통 주제를 확인하거나 함께 생성하기identifying and co creating common focus in diverse groups   48
   라이프 사이클lifecycle of the entity   47
   목표 설정goal setting   50
   사전 프로그램 설계 구성요소pre-programme design components   51
   사후 프로그램 구성요소post-programme components   54
   상호 책임accountability   50
   설계 고려 사항design considerations   51-5
   알아차림 일깨우기creating awareness   50

커뮤니케이션 채널communication channels   53
   코치의 자세stance of the coach   51
   코칭 계약 작성하기coaching agreements   49
   팀 리더 역할team leaders, role of   53
   팀 코칭 사전 프로그램 설계team coaching pre-programme design   52
   하이브리드 접근hybrid approaches   54
그리피스 리차드Griffith, Richard   269-84, 589-96
글렁크, U.Glunk, U.   425, 426
글로벌 가상 팀(GVTs)global virtual teams (GVTs)   479-80
글로벌 리더십 프로필(GLP)Global Leadership Profile (GLP)   479-80

ㄴ

낸시 월리스Wallis, Nancy   443, 479, 482
낸시 팝Popp, Nancy   29-41
노나카, I.Nonaka, I.   199
노르베르트 아이아스Elias, Norbert   248
놀즈Knowles, Malcolm   507
니콜라이즈, V.C.Nicolaides, V.C.   78

ㄷ

다센, M.C.Dassen, M.C.   169, 499
다니엘 골먼Goleman, Daniel   368
다니엘 스턴Stern, Daniel   368, 394, 428-9
다니엘 카너먼Kahneman, Daniel   234, 246, 369, 370, 377
다니엘 핑크Pink, Daniel   218, 439
다처 켈트너Keltner, Dacher   207
달, P.N.Dahl, P. N.   204
대면코칭face-to-face coaching   351
대화dialogue   172, 237-8, 256, 327-40
   경청과 목소리 내기listening and voicing   330, 333-4
   그룹역동and group dynamics   424-9
   대화 컨테이너 구축building the dialogue container   332-5
   대화 코치의 과업tasks of the dialoque coach   330, 331
   대화 코치의 기술skills of dialoque coach   426-7
   대화의 장벽barriers to dialogue   335
   독백과 구별하여as distinguished from monologue   328-9
   등급의 다섯 가지 차원five dimensions of relating   333-4
   섭동 관련 작업peturbance   335-6
   장면 설정scene setting   332
   종료exiting   338
   준비preparing   330, 332
   체크인checking-in   333
   컨테이너 은유container metaphor   330
   팀 전출입 관리managing arrivals and departures   337
   팀 코칭and team coaching   329-30
   팀 코칭 사용이 적절한지 사용하기 위한 대화dialogue to establish if team coaching is appropriate   511-4
더그 맥키MacKie, Doug   19-25, 75, 299-309
데이, D.Day, D.   445
데이비드 E. 그레이Gray, David E.   393-404
데이비드 스펜스Spence, David   20
데이비드 클러터벅Clutterbuck, David   19-25, 24, 31, 168-70, 173-7, 181, 188, 189, 195, 197, 212, 312, 379-91, 398, 419, 420, 508, 563, 565
   목표를 넘어Beyond Goals   183
   직장에서 팀을 코칭하기Coaching the Team at Work   183, 508
도널드 쇤Schön, Donald   370, 371, 427, 508

도리 야나기Yanagi, Dori 193
동료 코칭peer coaching 97-8, 134, 141, 438, 552
    자치 개발 조직self-governing developmental organisations(SDOs) 517-30
    행동에 대한 CUED 방법과 같은CUED for Action method 474
드라마 치료drama therapy 491-502
    신체성physicality 494-5
    역할극role-play 492
    유희성playfulness 497-8
    일터에서의 그룹 역동group dynamics in the workplace 498-9
    직장 내in the workplace 493-8
    창의성creativity 496-7
    특징features of 492-3
    팀 코치의 역할team coach, role of 499-500
드레퓌스Dreyfus, C. 91
드루, D.S.DeRue, D.S. 80, 443
디노센조, L.D'Innocenzo, L. 79
디마스, I.DDiamas, I.D. 124, 132, 133, 142
디아만디스, 피터Diamandis, Peter 73

ㄹ

랄프 스테이시Stacey, Ralph 372-3
랜시오니Lencioni, P. 119, 182
레디, W.B.Reddy, W.B. 397
레지날드 레반스Revans, Reginald 71
레오나드Leonard, H.S. 393, 395
레이놀즈, M.Reynolds, M. 397
레이퍼Leiper, R. 557
레이히, L.Lahey, L. 38, 127, 137-141
레일리, R.R.Reilly, R.R. 450
로스, J.Roth, J. 103
로완, JRowan, J. 427, 432
로튼 스미스Lawton Smith, C. 177
루소, V.Rousseau, V. 133, 136, 143
루스 웨이먼Wageman, Ruth 24, 31, 88, 102, 103
    고위 리더십 팀Senior Leadership Teams 24, 106, 117, 155, 160, 183, 473
르 본, 구스타브, 더 크라우드Le Bon, Gustave, The Crowd 355
리그, C.Rigg, C. 396
리더십leadership 20, 24, 39, 57, 60, 71, 73, 75-84
    강점 기반 리더십 코칭strength based leadership coaching 300-2
    강점 기반 접근법의 선행 사례antecedents of a strength-based approach 82, 299-308
    공유 리더십 모델 및 팀 코칭shared leadership models and team coaching 12, 75-84
    공유 리더십 및 팀 효과의 매개요인 및 조절요인mediators and moderators of shared leadership and team effectiveness 78-9
    공유 리더십을 위한 팀 코칭team coaching for shared leadership 81-2
    공유 리더십의 정의 및 측정definitions and measurement of shared leadership 76-7
    권한 구조authority structures 161-2
    규모의 리더십 팀 코칭을 위한 개발 시스템system of development for leadership team coaching at scale 475-6
    규모의 효과적인 리더십 팀 코칭 설계designing effective leadership team coaching at scale 486
    글로벌 가상 팀(GVT)global virtual teams(GVTs) 269, 282, 587
    글로벌 리더십 팀들global leadership teams 466, 475
    다양한 수준의 공명력 있는 리더, 개발multiple levels of resonant

leaders, development of 87, 95-6
다차원석인 컨테이너와 성숙한 코칭 팀 리더십 지속multi-dimensional container and mature coaching team leadership continued 469-70, 473
리더십 가치leadership value 69
리더십 개발 프로그램에 대한 팀 코칭team coaching on a leadership development programme 559
리더십 팀 코칭의 성장 여건을 조성하는 설계 원칙design principles that create conditions for growth in leadership team coaching 469-74
발전적으로 연결된 콘텐츠developmentally bridging content 473-4
변혁적 리더transformational leadership 78-9, 301-2
수평적 아닌 수직적 관점view of, as hierarchical rather than horizontal 468, 489
시스템 사고and systems thinking 69, 197, 285-9, 419, 423, 522
어댑티브 리더십 문화adaptive leadership cultures 465, 468-9, 475-7
엘리트 스포츠 조직들을 위한 리더십 팀 코치leadership team coaching for elite sports organisations 541-8
역동적 피드백 루프dynamic feedback loops 471-3
오늘날 환경을 위한 최고의 리더the best leaders for today's environment 467
일대일 리더십 코칭one-on-one leadership coaching 560
전체 범위 리더십 모델(FRLM)full range leadership model(FRLM) 79
집단 리더십collective leadership 59, 164, 300
코칭 문화의 창조자로서 팀 리더들team leaders as creators of a coaching culture 444-5
코칭에 대한 수직적 접근vertical approach to coaching 351
코칭의 챔피언으로서 팀 리더들team leaders as champions of coaching 441
팀 내 강점 정의 및 식별defining and identifying strengths in teams 304
팀 내 공유 리더십의 효과shared leadership's effectiveness in teams 78
팀 리더들team leaders 64, 71, 96, 141, 226, 228, 250
팀 리더와 집단 학습team leaders and collective learning 445-6
팀 리더의 팀 코칭 및 개발 지원team leaders' support for team coaching and development 437-46
헌장charters 50, 65, 213, 217-21, 273, 279
리더십 팀 코칭(호킨스)Leadership Team Coaching(Hawkins) 479, 481-5, 489
리드포드Ledford, G.E. 150
리들러 레포트Ridler Report 57, 112
리먼Lehman, E. 214, 438
리버만Lieberman, M.A. 425
리처드 E. 보야치스Boyatzis, Richard E. 96-7
리처드 보스턴Boston, Richard 285-96, 549-57
릭 리히Leahy, Ric 559-566
린봄Lindbom, D. 444

ㅁ

마르식Marsick, V.J. 395-6, 399
마이어스Meyers, M.C. 301, 303
마이어스, M.Myers, M. 182, 302
마이클 모럴Moral, Michael 168
마이클 포터Porter, Michael 322
마인드셋mindsets 12-3, 39, 203-6, 225-44, 292-3
    자기 주도self-authoring 35-8, 40
    공동 지혜: 마인드셋collective wisdom: mindset 236-8
    대인관계 역동에서 시스템 역동으로 전환shifting from interpersonal

dynamics to system dynamics 230
대인관계 역동에서 시스템 역동으로 전환: 마인드셋shifting from interpersonal dynamics to system dynamics: mindset 230-1
도구 마인드셋instrumental mindset 34-5, 37
사회적 마인드셋socialising mindset 39
영향력이 큰 팀 개입 설계design of a high impact team intervention 241-4
의미를 인지하는and meaning making 197
이론적 관점theoretical perspective 227
정서를 정보로 사용: 마인드셋using emotion as information: mindset 234
집단적 마인드셋collective mindsets 38, 39
책임: 마인드셋responsibility: mindset 232-3
코칭 마인드 지수Coaching Mindset Index 228, 230-1
팀 작업영역: 마인드셋team space: mindset 238-40
팀 코치team coach 367, 379
팀 코칭 마인드셋team coaching mindset 225-44
마틴Martin, E.R. 169
마틴 셀리그먼Seligman, Martin 299
만즈Manz, C.C. 150, 159, 274, 406
매니Meaney, M. 32
맥이완McEwan, D. 118, 142
메도우즈Meadows, D. 62
메라비언Mehrabian, Albert 359
메리 스테이시Stacey, Mary 465-78
메리 하토그Hartog, Mary 419-434
멜리사 세이어Sayer, Melissa 101-13
모건슨, F.P.Morgeson, F.P. 150
모니카 매닝Manning, Monica 327-39
문제 해결solution problems 257-68
    MRI 전략 모델MRI strategic model 258-9, 263
    MRI 팀 코칭 사례MRI team coaching case example 265-6
    고객이 미래 도전에 대처할 수 있게준비preparing clients for future challenges 265
    문제에 대한 인식의 변화changing the perception of the problem 263-4
    보다 효과적인 해결책 마련generating more effective solutions 264
    불만 사항에 대한 문의 및 팀 목표 명확화inquiring about complaints and clarifying team goals 263
    시도된 해결책 이론attempted solutions theory 259-61, 259, 260
    시도한 해결책 검토reviewing attempted solutions 263
    잘못된 해결책 패턴 깨기breaking faulty solution patterns 262-6
    전략적 성찰 질문strategic reflection questions 267
문화적 측면cultural aspects 276-7
    가상 팀/원격 팀 코칭virtual team/remote team coaching 453-5
    그룹 문화group culture 323-4
    어댑티브 리더십 문화adaptive leadership cultures 465-78
    코칭문화coaching culture 444-5
뮬크, K.Mulec, K. 103
미국 심리학회American Psychological Society 299
미히오티스Mihiotis, A. 442

ㅂ

바네사 어치 드러스카트Druskat, Vanessa Urch 225-44
바네사 퍼지Fudge, Vanessa 541-8
바넷, R.Barnett, R. 80, 439
바루와니, 기투Bharwaney, Geetu 225-43
바워스, C.Bowers, C. 109, 111

바이덴펠러, N.K.Weidenfeller, N.K. 80, 439
바테스, VVaartjes, V. 399
반 뉴워부르흐, C.van Nieuwerburgh, C. 444
반 덴 후트, J.J.Van den Hout, J.J. 237
반 워콤, M.van Woerkom, M. 301
배리 오쉬리Oshry, Barry 60
버신 앤 어소시에이츠 LLCBersin and Associates LLC 444
번즈, B.Burnes, B. 431
베라 우드헤드Woodhead, Vera 104, 110, 533
베르그, D.N.Berg, D.N. 425
베스 기틀린Gitlin, Beth 269-84, 589-96
베일리, D.E.Bailey, D.E. 108
베일스, R.F.Bales, R.F. 87-8
복잡성complexity 19
    복잡계 이론complexity theory 89, 95-6
봄, D.Bohm, D. 237
뷰캐넌, D.Buchanan, D. 421
브라운, A.Brown, A. 84
브라운, SWBrown, S.W. 591
브레인라이팅brainwriting 198-9
브루쏘우, J.A.Brussow, J.A. 77
블랙맨, A.Blackman, A. 143
비고츠키, L.Vygotsky, L. 523, 528
비밀 유지confidentiality 205, 207, 438, 403, 507
비온, W.Bion, W. 425
비쿤, R.L.Beekun, R.L. 150
비티, R.Beattie, R. 406
빌 게이츠Gates, Bill 72
빌 제이콕스Jacox, Bill 405-18
빌 토버트Torbert, Bill 479

ㅅ

사라 라스무센Rasmussen, Sarah 577-86
사라 힐Hill, Sarah 327-40
사우스햄프턴 축구 클럽Southampton Football Club(SFC) 549-58
    5단계 프레임워크five phase framework 550-2, 550, 551
    차이 평가assessing team gaps 554, 555
    코칭 팀으로서 참여와 발전engaging and progressing as a coaching team 556
    팀 내 관계relationships within the team 554, 556
    팀과 시스템 참여engaging the team and its system 553-4
    프로젝트의 영향 검토reviewing the project's impact 557
사이먼 사인크Sinek, Simon 218
살라스, E.Salas, E. 107, 109, 445, 572
상황에 맞는 팀 코칭context-driven team coaching 311-26
    PESTLE 프레임워크PESTLE framework 315, 317
    가치 사슬 분석value chain analysis 318-21, 320, 322
    맥락 분석을 위한 중첩된 다단계 프레임워크nested multi-level framework for analysing context 315-24, 316-7
    맥락은 팀 업무의 지엽적인 것으로 간주된다context seen as peripheral to the team's work 314
    맥락을 고려하는 근거와 중요성rationale and significance to considering context 311
    산업 맥락: 레벨 2industry context: level 2 318-21
    상황과 조직에 특정한 맥락의 필요성need for context to be specific to the situation and organisation 314-5
    역장분석force field analysis 314, 324
    정의definition 314

조직맥락: 레벨 3organisational context: level 3   322, 323
팀 맥락, 이해team context, understanding of   313
팀 맥락; 레벨4team context: level 4   323-5
샌달, P.Sandahl, P.   129, 137
샌드라 헤이스Hayes, Sandra   19-26, 29-42
샤우브록, J.Schaubroeck, J.   123, 131, 132
샴푸, T.Champoux, T.   182
서던, N.Southern, N.   336
성찰reflexivity   393-403
 과업 성찰task reflexivity   424
 팀 성찰team reflexivity   425, 574
세라솔리, C.Cerasoli, C.   118
세실리아 포레스탈Forrestal, Cecilia   327-40
셀비니, M.Selvini, M.   427, 429-30
소벨 로제스키, K.Sobel Lojeski, K.   450
소신스키, M.Sosinski, M.   136, 144
소포, F.Sofo, F.   395, 396
수 폰타나즈Fontannaz, Sue   437-48
수퍼비전supervision   67, 379-92
 맥락content of team coach supervision   386-7
 수퍼비전 팀코치를 위한 모델 및 방법models and methods for supervising team coaches   383-6, 384
 연구 의제를 향하여towards a research agenda   390
 팀 코치 수퍼바이저의 역량competencies of team coach supervisors   387-9
 팀 코치 수퍼비전의 역할roles in team coach supervision   383
 팀 코칭 프로세스 및 대화team coaching process and conversation   381-2, 382
스미스, D.K.Smith, D.K.   20, 45, 175, 508, 534
스미스, K.K.Smith, K.K.   425
스미스, N.Smith, N.   24
스와츠, J.Swartz, J.   439
스쳐츠, W.C.Schutz, W.C.   428
스콧, 찰스 P.R.Scott, Charles P.R.   269-83, 589-96
스키핑턴, S.Skiffington, S.   24, 31
스티븐 코틀러Kotler, Steven   73
스티븐 B. 울프Wolff, Steven B.   225
스튜어트, J.Stewart, J.   171, 175
스포츠 리더십 코칭: 소속sport leadership coaching: belonging   545-6
 고성과 리더십 역량 프로그램high performance leadership capability programme   542
 공정한 교환fair exchange   546
 리더십 팀 코칭 프로그램leadership team coaching programme   542-3
 목적purpose   545
 시스템적 관점systemic perspective   544-7
 엘리트 스포츠 조직을 위한 리더십 팀 코칭leadership team coaching for elite sports organisations   541-8
 전략 기획 및 문화 비전 워크숍strategic planning and cultural vision workshops   542
 질서order   545
 코칭 검토coaching review   544
 코칭 프레임워크coaching framework   544
 팀 코칭에 적용할 수 있는 교훈lessons for team coaching   547-8
 호주 스포츠 산업을 위한 팀 코칭team coaching for the Australian sports industry   541
스프리처, G.M.Spreitzer, G.M.   150
슬로보드닉, A.Slobodnik, A.   169, 197
시스템 사고systems thinking   285-98
 세 가지 리더십 및 팀 성과 원칙three leadership and team performance disciplines   288-90
 습관, 욕구 및 마인드셋habits, needs and mindsets   292-4
 시간, 장소 및 교환time, place and exchange   293-4
 시스템 휠 개념systems wheel concept   286-7, 296, 550-2, 551, 554
 정서emotion   295
 진정성, 책임, 용기(ARC)authenticity, responsibility and courage(ARC)   295-6
 팀 성과를 가능하게 하고 억제하는 시스템적 힘systemic forces enabling and inhibiting team performance   290-1
시스템적 팀 코칭systemic team coaching   57-74, 102, 169-71, 169, 171, 172, 282, 296, 312
 다른 유형의 팀 코칭과의 차이점differences from other types of team coaching   71
 도착지로서의 성공적인 팀을 바라보기successful teams as places of arrival   71-2
 리더십을 수평적이라기보다 위계적이라고 보기seeing leadership as hierarchical rather than horizontal   71
 성과와 가치창출의 중요성outcomes and value creation, importance of   71
 슈퍼비전supervision of   67
 시스템적 사고와 존재systemic thinking and being   62-3
 시스템적 이론과 실천systemic theory and practice   429-30
 실체적 사고를 넘어서기moving beyond entity thinking   72
 역사, 정의 및 원칙history, definition and principles of   60-4
 접근방식으로 새로운 영역의 개발and the development of new frontiers   67-8
 팀teams   63
 팀 코칭 수준team coaching levels   61-2, 67-8
 팀 코칭 프로세스 단계의 CIDCLEAR 모델CIDCLEAR model of the team coaching process stages   66, 104
 팀 코칭을 위한 7개의 함정seven traps for team coaching   70-3
 팀 코칭을 지속적인 관계가 아닌 일련의 이벤트로 간주하기seeing team coaching as a series of events and not an ongoing relationship   70
 팀 효과성의 호킨스 5개 분야 모델Hawkins five disciplines model of team effectiveness   64-5, 67
 팀을 고객으로, 코치를 공급자로 대하기treating teams as clients and coaches as suppliers   71
 훈련training   68-70
스콧 펙Peck, Scott   427
시퍼즈, M.C.Schippers, M.C.   425
신뢰trust   47-9, 185
 가상/원격 팀에서in virtual/remote teams   449-50
 배움을 성취하기 위해 긴장감을 유지하도록 신뢰를 쌓아라building trust to maintain tension to achieve learning   561
 신뢰의 지렛대levers of trust   553
 친밀감and intimacy   49-50
실즈, C.Sills, C.   423
실체적 사고entity thinking   72
실행 연구action research   430
심리적 안전psychological safety   110, 118, 185, 205-6, 218, 274, 459, 461, 494
 가상/원격 팀으로in virtual/remote teams   273, 460-1, 449-63
 안전한 공간에 있기being in a safe space   536
 정의definition   217
심리측정 프로파일링psychometric profiling   578, 583
 성격 유형을 통한 팀 역할 측정measuring team roles through personality   580
 심리측정에서 얻은 통찰력을 활용한 팀 코칭team coaching leveraging insights from psychometrics   579

측정팀이 강점을 과대평가함measuring team overplayed strengths 581-2
팀 가치관 측정measuring team values 583-4
팀 워크숍 결과team workshop outcomes 584-5
팀 코칭에서 심리측정의 가치와 함정value and pitfalls of psychometrics in team coaching 577
심스, H.P.Sims, H.P. 150, 406

ㅇ

아길라, 프랜시스, 비즈니스 환경 검사Aguilar, Francis, Scanning the Business Environment 317
아서 아론Aron, Arthur 200
아르니 민델Mindell, Arny 197, 202
아르지로, N.Argirou, N. 442
아이슬레, P.Eisele, P. 135
아이작스, W.Isaacs, W.
아지리스, 크리스Argyris, Chris 249, 253, 371, 376, 508
안드레스, H.P.Andres, H.P. 278
안드레아스 프리슬란트Priestland, Andreas 327-40
알뢰, H.Alrø, H. 204
알아차림awareness
  의식, 코칭consciousness, coaching을 참조하라 49
얀 제이콥 스탬Stam, Jan Jacob 545
애드킨스, L.Adkins, L. 239
애스턴 팀 성과 인벤토리(ATPI)Aston Team Performance Inventory(ATPI) 136-7, 214
앤더슨, D.Anderson, D. 444
앤더슨, M.Anderson, M. 138, 444
앤드류 베버리지Beveridge, Andrew 559-67
앤드류 아르마타스Armatas, Andrew 257-68
앨리슨 파간Pagan, Allyson 269, 589
앨리스 하지Hodge, Alison 379-92
앤서니 그랜트Grant, Anthony 115, 439, 440, 442, 444, 591
양극성polarities 426, 427, 473, 474
에드가 샤인Schein, Edgar 198, 354
  조직문화와 리더십Organizational Culture and Leadership 324
  프로세스 코칭Process Coaching 352
에반스, G.Evans, G. 444
에이미 에드먼슨Edmonson, Amy 110, 118, 143, 212, 217, 459, 461
에이브러햄슨, 더글러스 에드워드Abrahamson, Douglas Edward 568-71
에클레스, 로버트 G.Eccles, Robert G. 58
엘킹턴, 존Elkington, John 57, 73
엠마 로사다Losada, M. 308, 428
여, R.K.Yeo, R.K. 395, 396
유미코 모치누시Mochinushi, Yumiko 269, 589
오닐, J.O'Neil, J. 345, 395, 401
오닐, 메리 베스, 근본과 마음을 다한 임원 코칭O'Neill, Mary Beth, Executive Coaching with Backbone and Heart 365
오버필드, D.V.Overfield, D.V. 83
오설리반, P.O'Sullivan, P. 138-42
오코너, S.O'Connor, S. 400
윌리엄 화이트Whyte, William 506
와일, K.Wile, K. 169, 197
와츨라윅, P.Watzlawick, P. 259
왕, D.Wang, D. 76
왕, Q.Wang, Q. 177

울리, A.W.Woolley, A.W. 195-6, 199, 203
월리스, A.Wallace, A. 443
웨스트, M.A.West, M.A. 60, 420-1, 424
위니컷, D.W.Winnicott, D.W. 32, 497
윌리엄 슐츠Shultz, William 361
윌리엄즈, J.Williams, J. 181
윌버, K.Wilbur, K. 426
의도 변화 이론intentional change theory 87-100
  공유 비전 구축하기building a shared vision 93-4
  긍정적 정서적 인자(PEA)positive emotional attractor(PEA) 88, 89
  다양한 수준의 공명적 리더 개발multiple levels of resonant leaders, development of 95-7
  동료 코칭과 코칭 문화 만들기peer coaching and creating a culture of coaching 98
  변화 추구 과정에서의 발견discoveries in the process of pursuing change 87-91
  부정적 정서적 인자(NEA)negative emotional attractor(NEA) 88, 89
  사회적 정체성 그룹 만들기creating a social identity group 94-5
  연민심 코칭 대 규범 코칭coaching with compassion versus coaching for compliance 92-3, 95-7
  팀 코칭 기술techniques for team coaching 93-5
  팀의 연합과 역동적 시스템 모델coalitions and a dynamic systems model of teams 90-2
의식, 코칭consciousness, coaching for 193-10
  개인적인 알아차림individual awareness 196, 197, 201-02
  개입과 코칭 마인드셋을 통해 알아차림 향상increasing awareness through interventions and a coaching mind set 196
  관계 속에서의 갈등conflict in relationships 200, 205
  관계 알아차림relational awareness 196, 197, 199-200
  관계에서 정서를 표현하기 위해 커뮤니케이션 채널 바꾸기changing communication channels to express emotions in relationships 201
  내면의 알아차림 촉진을 위한 커뮤니케이션 채널 바꾸기changing communication channels to promote internal awareness 202
  브레인 라이팅brainwriting 199
  시스템적 패턴 반영reflecting back systemic patterns 198
  심리적 안전감과 비밀 유지psychological safety and confidentiality 205
  알아차림을 통한 성과 향상increasing performance through awareness 194-5
  알아차림을 통해 성과를 향상시키는 방법, 팀 코칭awareness and interventions that lead to awareness 194-6
  중립성과 팀 전체 안아주기coach's neutrality and holding the team 203-4
  코칭 마인드셋coaching mindset 203-4
  프랙티스을 위한 주요 제안key propositions for practice 207
이미지imagery 90, 91, 199, 238, 294, 473, 474, 492, 499, 539
이슬라 히슬롭Hyslop, Isla 327-40
이오안나 이오르다노우Iordanou, Ioanna 19-26
인지력cognition 110, 522-23, 522
일대일 접촉one-on-one contact 104, 214, 371, 421, 560
  일대일 리더십 코칭one-on-one leadership coaching 560

ㅈ

자본 수익률(ROE)return on equity(ROE) 54
조첸 자이츠Zeitz, Jochen 73
자치 개발 조직self-governing developmental organisations(SDOs) 517-30

개발 궤적developmental challenges　487
공동의 목적과 목표shared purpose and goals　63, 535-6
법적 구조legal structures　524
비고츠키의 근접 발달Vygotsky's proximal development　523-4
사례case examples　526-8
사회-정서적 발전 단계social-emotional stages of development　521
서로의 규율을 이해하고 존중하기understanding and appreciating each other's disciplines　535-6
실천 고려사항practice considerations　538
역할의 규모에 맞는 사람의 크기size of person matched to size of role　523
인지 발달 단계cognitive stages of development　522
작업흐름의 집houses of work streams　518
특징features of　517
팀 코칭 지원team coaching support for　443, 439
재능talent　103, 158, 299, 303
재럿Jarrett, D.　129, 137
재클린 피터스Peters, Jacqueline　211-23, 554
　고성과 팀 코칭: 리더 및 코치를 위한 종합적인 시스템High Performance Team Coaching: A Comprehensive System for Leaders and Coaches　222
잭 웰치Welch, Jack　240
잰더, AZander, A.　354
전문 펠로우 프로그램(케이스 웨스턴 리저브 대학교)Professional Fellows Program(Case Western Reserve University)
정서emotions　193-4, 201, 225-44, 253, 295, 374-5
　대인관계 역동에서 시스템 역동으로 전환shifting from ineterpersonal dynamics to system dynamic: mindset　230
　영향력이 큰 팀 개입설계design of a high impact team intervention　241-3
　이론적 관점theoretical perspective　227
　정서 정보의 사용using emotion as information: mindset　234-6
　정서적 긴장emotional tension　412
　집단 지혜 마인드셋collective wisdom mindset　236-7
　책임; 마인드셋resposibility: minset　232-3
　팀 공간; 마인드 셋team space; mindset　238-9
　팀 성과 필수 요소team performance essentials　229
　팀 정서 이론team emotional intelligence theory　226, 227
　팀 정서 지능 설문조사team emotional intelligence survey　226, 231, 234
　팀 코칭 마인드셋team coaching mindset　227-8, 229
정신연구소(MRI) 전략 모델 솔루션 문제 확인Mental Research Institute(MRI) strategic model see solution problems　257-9
정체성identity　87, 227, 229, 274, 280, 334, 393, 411, 421, 456, 458, 505, 519, 521, 526-8
제니퍼 브리튼Britton, Jennifer　24, 44-54, 313, 449-62
　효과적인 가상 대화Effective Virtual Conversations　449-450
제시카 L. 와일드먼Wildman, Jessica L.　269, 589
제우스, P.Zeus, P.　24, 31
젠슨Jensen, M.A.　169
조안나 메시Macy, Joanna　73
존 듀이Dewey, John　506
존 베넷Bennett, John　21
존 휘트모어 경Whitmore, Sir John　446-7
집단 지성collective wisdom　236-8, 240, 358
집단사고groupthink　505, 514

ㅊ
찬다나 사날Sanyal, Chandana　393-403
책무accountability　45, 46, 50, 163, 181, 182, 186, 232-233, 294, 364, 400, 517, 518
치안 유지policing　569-76
　근거 기반 치안 실행에서 팀 코칭의 역할team coaching's role in EBP　569-76
　근거기반 치안evidence-based policing(EBP)　569-70
　온전한 팀 개념intact teams concept　573
　정보와 지식 공유의 장애information and knowledge sharing impediments　569
　패러다임의 이동shifting paradigms　571
칠스, C.Chirls, C.　182

ㅋ
카라 밀러Miller, Cara　479-90
카람Karam, E.P.　80
카렌 C. 예인멘Yeyinmen, Karen C.　465-78, 479
카바나, M.Cavanagh, M.　400
카슨, J.B.Carson, J.B.　77, 81
카첸바흐Katzenbach, J.R.　22, 45, 60, 508, 534
카트라이트, D.Cartwright, D.　354
카프라, F.Capra, F.　290
카플란, R.Kaplan, R.　344
칸토르, D.Kantor, D.　337
칼레아, A.Callea, A.　136, 144
캐넌-바우어스, J.A.Cannon-Bowers, J.A.　111
캐서린 카Carr, Catherine　102, 105, 112, 115, 135, 157, 165, 212, 257
커Kerr, A.　136
커뮤니케이션/의사소통communication　53, 110, 138-9
　가상/원격 팀 안에서in virtual/remote teams　272-3, 359-61, 461-2, 593-6
　내면의 알아차림 촉진을 위한 커뮤니케이션 채널 바꾸기changing communication channels to promote internal awareness　202
　대화conversations　255, 380-2, 400-1, 427
　리치 미디어rich media　273, 274-75
　정서 표현하기and expressing emotions　201
커크만Kirkman, B.L.　274
커트 레윈Lewin, Kurt　230, 245, 431
컴 머피Murphy, Colm　101, 165
케이시, D.Casey, D.　383
케츠 드 브리스Kets de Vries, M.F.R.　60, 169, 181, 199, 201, 442, 537
켈러Keller, S.　32
코로토프Korotov, K.　442
코치coaches　367-77, 379-91, 499-500
　FIRO-B® 평가FIRO-B® assessment　292, 356, 361
　가상 지능virtual intelligence　359-61
　가상 퍼실리테이션virtual facilitation　359-360
　갈등conflict　39
　개인 개발과 전문성 개발을 구별하기distinguishing between personal and professional development　372
　겸손humility　376, 416, 487
　경청 스킬listening skills　361, 536, 565
　그룹 결속력group cohesion　356
　그룹 역동성group dynamics　354
　그룹 역동성에 대한 이해understanding of group dynamics　413-4,

색인　603

417
그룹 프로세스group process 354
그룹과 협력하고 그룹 전문성을 팀에 적용working with groups and applying group expertise to teams 375-6
기술 격차 해소addressing the skill gap 362
기술적 예리함technical astuteness 362-3
도전과 지원의 균형잡기balancing challenging with supporting 561
드라마 치료drama therapy 491-2
비즈니스 통찰력business acumen 353
생각하는 환경 만들기creating a thinking environment 421
성급하게 결론을 내리지 않음not jumping to conclusions 411
수퍼바이저 역량supervisor competencies 387
수퍼바이저의 역할roles of supervisors 383
수퍼비전 연구 아젠다를 향하여towards a supervision research agenda 390
스킬, 자질, 능력skills, qualities and competence 177-8, 353-63, 405-18, 512-3, 563-4
시스템적 팀 코칭 훈련training in systemic team coaching 68-69
신뢰 구축establishing trust 414, 461
심리적 안전과 비밀성 유지 증진하기promoting psychological safety and confidentiality 206
액션러닝action learning 395-400
역할 명확하게 하기clarifying roles 564-5
용기, 연민, 유머를 자극함stimulating courage, compassion and humour 204
입장stance 47
자기 성찰self-reflection 178
자기 알아차림과 타인에 대한 영향력 알아차림self-awareness and awareness of impact on others 408-9
전문성 개발expertise development 370
정서적 긴장을 참기tolerating emotional tension 408, 412
중립성neutrality 203-4, 206
지속적인 개발에 대한 헌신commitment to ongoing development 17
지식knowledge 177
차이점을 인식하고 팀의 모든 구성원을 참여시킬 필요가 있음need to appreciate differences and engage all members of the team 410-1
팀 출범, 역할team launch, role in 216-9
팀 코치 되기becoming a team coach 419-32
팀 코치 슈퍼비전의 내용content of team coach supervision 379-80
팀 코치를 슈퍼비전하기 위한 모델과 방법models and methods for supervising team coaches 383-6
팀 코치와 개인 코치의 특성 차이differing characteristics for team and individual coaches 414
팀 코칭 과정과 대화team coaching process and conversation 380-2
팀 코칭 과제 준비하기preparing for a team coaching assignment 461-2
팀 코칭에서의 역할role in team coaching 400-1
팀 프로세스에 집중하기focusing on team process 564
팀의 자기 결정과 자기 효능감 지원supporting the team's self-determination and self-efficacy 203-4
퍼실리테이션facilitation 350, 357-9, 382, 397-8
프랙티스를 위한 주요 제안key propositions for practice 207
학습 여정learning journey 422-3
학습, 차이, 교류learning, difference and exchange 368-70
학습, 포용, 감정learning, holding and feelings 373-5
환경과 자아에 적응하기being attuned to environment and self 410
효과성effectiveness 406-4
코헨, S.G.Cohen, S.G. 108
콩거, J.Conger, J. 438

쿡 그로이터, S.Cook-Greuter, S. 202
크리슈나, R.Krishna, R. 135-6
크리시 아이어Iyer, Krish 311-26
크리스 존스톤Johnstone, Chris 73
크리스터 로Lowe, Krister 19, 31, 149, 494
클라인Kline, N. 421, 423, 426
크리스티아나 이오르다노우Iordanou, Christiana 491-502
키건Kegan, R. 29-30, 32-4, 519-21, 525, 554
키스 페라지Ferrazzi, Keith 348

E
탄넨바움, S.JTannenbaum, S. I 117, 445
타미 터너Turner, Tammy 503
타티아나 바흐키로바Bachkirova, Tatiana 177, 370
터크만, B.W.Tuckman, B.W. 169, 172, 226, 422
토니 셰Hsieh, Tony 72
투자수익률(ROI)return on investment(ROI) 54
트레버 프라이Fry, Trevor 269-84, 589-96
트리나 피쳐Pitcher, Trina 559-67
티시 로빈슨Robinson, Tish 193-210
팀teams 22-30
  ~의 특징characteristics of 19-22, 32-8
  그룹과 구별되는differentiated from groups 19, 20, 92
  긴장tensions 30
  능력 및 학습 능력capability and learning capability 102
  다양성diversity 25-33, 152, 271, 280, 348
  단기 팀short term teams 356
  맥락contexts 32, 52, 62, 76-82, 107-131
  셀프 코칭 팀self-coaching teams 164
  자체 관리 팀(셀프 매니지먼트 팀)self-managing teams 150, 161, 164
  자체 설계 팀(셀프 디자인 팀)self-designing teams 161-3
  자치 팀self-governing teams 162-4, 521
  재능talent 103-5, 215, 303-4, 368
  팀 빌딩team building 23, 59, 174-7, 218, 350, 512
  팀 역동team dynamics 90, 125, 167-9, 172
  퍼실리테이션facilitation 23, 49, 59-63, 170-8, 220, 285
  효과성 기준effectiveness criteria 116, 152-5
팀 성과performance of teams 30, 102, 105, 189, 196, 229, 440-1
  60-30-10 규칙60-30-10 rule 154-5, 163
  강점, 영향strengths, impact on 301-2
  결과물outcomes 65
  관계relationships 186, 187
  권한 구조와 팀 코칭authority structures and team coaching 159-62
  내부 프로세스, 시스템과 구조internal processes, systems and structures 187-8
  리더의 특징leader characteristics 185
  목적과 동기purpose and motivation 186, 188
  미래 연구를 위한 제안proposed future research 112
  시스템 사고systems thinking 285-97
  알아차림을 통해 성과를 향상시키는increasing performance through awareness 194-5
  외부 프로세스, 시스템과 구조external processes systems and structures 186-7
  정의definition 149-151
  조건과 팀 코칭conditions and team coaching 155-7
  타이밍과 팀 코칭timing and team coaching 157-9
  팀 구성team formation 421

팀 성과를 가능하게 하고 억제하는 시스템 영향력systemic forces enabling and inhibiting team performance 290-5, 292
팀 인풋team inputs 107
팀 작업에 가장 크게 영향을 미치는 고려 사항critical considerations for team work 109
팀 코칭 문헌team coaching literature 102-6, 109, 117
팀 프로세스와 창발적 상태team processes and emergent states 112
팀 효과성의 조건conditions of team effectiveness 152-4
학습learning 189
팀 코칭team coaching 80, 110, 167-80, 503-16
 ~에 대한 다양한 접근diverse approaches to 24, 25
 개별 학습(IL) 개선individual learning (IL) improvements 135, 140
 결과outcomes 133-4, 138
 결과를 설명하는 경험적 연구empirical studies that describe outcomes 120-36, 121-7
 공유 리더십을 위한for shared leadership 81-3
 공유 비전 구축하기building a shared vision 93-4
 구성적 발달 이론(CDT)의 함축적 의미constructive developmental theory (CDT), implications of 36-7
 다른 개입과의 차이점differentiation from other interventions 19-26, 23, 174-6, 176, 312
 문헌literature on 101-6, 105, 106
 사회적 정체성 그룹 만들기creating a social identity group 94
 액션러닝 코칭에 비교compared with action learning coaching 398-401
 역량 및 능력 정의defining competence and capability 177-8
 연민심 코칭 대 규범 코칭coaching with compassion versus coaching for compliance 92-3, 95-7
 정의definitions 23, 24, 88, 102-4, 115-6, 149, 167-80, 181, 312, 420-1, 504
 제공자providers of 120, 141
 '좋은' 팀 코칭을 구성하는 요소factors that constitute 'good' team coaching 117-9
 좋은 팀에 대한 접근approaches to 119-20
 좋은 팀에 대한 평가assessments of 132, 136-7
 직업으로서as a profession 20-1
 팀 결과 및 출력team results and outputs 134, 135, 138
 팀 코칭 정의에 대한 문헌 검토literature review on defining team coaching 167-71
 팀 코칭을 위한 기술techniques for 93-5
 팀 코칭의 정의에 관한 연구research study on defining team coaching 170-3
 팀 프로세스(TP) 개선team process(TP) improvements 134-5, 135-6, 138-9
 팁들tips 37
 프레임워크frameworks for 429-31, 550-2, 550, 560
 프렉티셔너의 사례연구practitioner case studies 126-30, 136-40
 프로세스와 대화process and conversation 380-2
 필요성need for 405-6
 핵심적인 특성essential characteristics of 21-3
 향후 연구 방향future research directions 163-5
 현재의 트렌드current climate of 504-5
 효과성에 대한 연구research on the effectiveness of 115-48

ㅍ

파울크스, S.H.Foulkes, S.H. 245, 246, 247
패스모어, J.Passmore, J. 119, 444
페들러, M.Pedler, M. 395

페어허스트, G.Fairhurst, G. 439
폴 반 다이크Dyke, Paul Van 343-66
폴 로렌스Lawrence, Paul 136, 144, 167-78, 327-39, 443, 564
폴리니, B.Follini, B. 425
플로랑 트레이시, E.Florent-Treacy, E. 442
플로리스 롬머츠Rommerts, Floris 327-40
플리오파스, A.Pliopas, A. 136, 144
피드백feedback 40, 54-5, 64, 120, 133, 149-50, 293, 428
피어스, C.Pearce, C. 438
피터 드러커Drucker, Peter 323, 507
피터 셍게Senge, Peter 286, 371, 419, 422-3
피터 호킨스Hawkins, Peter 9, 15, 24, 30, 31, 51, 57, 64, 83, 102-4, 129, 168-72, 175, 181-183, 186, 212, 240, 285-6, 295-6, 307, 312, 325, 398, 444-5, 508, 561, 570, 573
피터 힐Hill, Peter 482-5
필드, C.Field, C. 130, 133
필러리-트래비스, A.Fillery-Travis, A. 119
핑크, C.Fink, C. 439

ㅎ

하임베커, D.R.Heimbecker, D.R. 131, 132, 143
학습learning
 그룹 내in groups 471, 499
 대화conversations 328-9, 336-7
 변화를 위한 역량 구축building capacity for change 399
 산업화: 효율성에 대한 조직의 필요성industrialisation: organisational need for efficiency 505-6
 액션러닝과 코치의 역할action learning and the role of the coach 386, 396
 적응성: 조직에서 배워야 할 사항adaptability: organisational need to learn 509
 조직 내 학습의 역사history of learning in organisations 505-10
 조직 학습의 다섯 가지 규율five disciplines for organisational learning 419, 422
 지속 가능한 학습 조직 만들기creating sustainable learning organisations 510-1
 지속가능한 학습 문화에 필요한 요소들necessary elements for a sustainable learning culture 510-1
 지식 공유: 조직의 효율성 요구knowledge sharing: organisational need for effectiveness 506-7
 질문적 통찰력과 비판적 성찰questioning insight and critical reflection 396-7
 집단적 학습collective learning 189, 289, 445-6
 팀 코칭 및 액션러닝 코칭 비교team coaching and action learning coaching compared 393-401
 팀 코칭에서 코치의 역할role of the coach in team coaching 562-5
 팀 학습에 미치는 영향influences on team learning 427
 학습 환경 조성building a learning environment 399
핫자키스, T.Hatzakis, T. 561
해리 라이스Reis, Harry 200
해먼드, D.Hammond, D. 286
해크먼, J. 리차드Hackman, J. Richard 24, 31, 88, 96, 102-4, 108, 116, 151, 154, 160, 168, 169, 171, 181, 182, 212, 214, 324, 398, 508
행동behaviour 182, 214, 238-9
 개별 행동individual behaviour 230-1
 책임responsibility 232-3
허스트, G.Hirst, G. 439, 445

허핑턴, C.Huffington, C. 371
헤론, J.Heron, J. 227
헬린저, B.Hellinger, B. 198, 293
현장 이론field theory 432
협력적 개발행동조사(CDAI)collaborative developmental action inquiry (CDAI) 479-90
    사례: 개인, 팀, 조직 코칭case examples: individual, team and organizational coaching 482-90, 485, 487-8, 489-90
    특징features of 479-90, 481
호그, M.Haug, M. 104, 110, 137
호크, J.E.Hoch, J.E. 77
홀라크라시holacracy 518, 519, 522
홉스테드, G.Hofstede, G. 454

홍웨이, H.Hongwei, H. 135, 136
화이트, A.Whyte, A. 136, 144
후친스키, A.Huczynski, A. 421
훈련training 174
    시스템 팀 코칭에서in systemic team coaching 64
휘태커, D.S.Whittaker, D.S. 507
휘트워스, L.Whitworth, L. 399
휘팅턴, J.Whittington, J. 293
히피, E.Heaphy, E. 429

역자 소개

강하룡

양평공흥교회 담임목사, 전인성장연구소 소장으로 사람들의 영혼 성장과 마음 치유에 큰 관심을 두고 있다. 부산대학교 산업공학과 학사, 장로회신학대학교 신대원 목회학 석사를 취득하였으며, (사)한국코치협회 인증 전문코치(KPC), OKR 코치(가인지 컨설팅 그룹 인증), 사회복지사(2급) 자격을 갖추었다. 목회자와 코치로, 교회와 기업에서 지난 18년간 개인 상담과 코칭을 했다. 사례뉴스 기자, 테헤란로 YCBMC 지도목사를 역임하였고, 가인지 컨설팅 그룹 코치, 삼일회계법인 신우회 지도목사 등으로 활동하고 있다. 『어떻게 신앙은 성장하는가』, 『종교 중독인가 신앙 성장인가』, 『영혼의 구멍을 막아야 산다』 등 8권의 저서와 『성경 100배 즐기기, 신약』, 『성경 100배 즐기기, 구약』 등 4권의 공저를 저술하였다. 최근 『리더십 팀 코칭: 변혁적 팀 리더십 개발을 넘어』(2022)를 공역하였다.
이메일 문의: inlord01@naver.com

박순천

Fides Coaching 대표, 한국코치협회 사업위원회 위원과 블루밍경영연구소 파트너 코치로 코칭문화 확산에 힘쓰고 있다. 대한항공과 영국항공을 거쳐 Hospitality 산업 분야에서 36년간 근무하였다. 경기대학교 외래교수, 한림대학원대학교 겸임교수를 역임하였다. 동국대학교 경영대학원에서 국제경영학전공 경영학 석사, 경기대학교 일반대학원에서 이벤트 국제회의를 전공하고 박사 학위를 취득하였다. 현재 국제코칭연맹ICF인증 전문코치(PCC), (사)한국코치협회 인증 전문코치(KPC), 한국퍼실리테이터협회/(사)글로벌 퍼실리테이션협회 인증 전문퍼실리테이터(CF)로서 활동하며 조직 문화 개선과 개인이 무한한 능력과 잠재력을 믿고 현실로 이끌어주는 비즈니스 코치로서 팀 코칭과 그룹 코칭 워크숍을 설계하고 진행하고 있다. 자연과학과 브레인을 학습하면서 자연 탐구자들과 『유니버설랭귀지』(2014, 공저)와 몽골을 다녀온 경험을 기록한 『몽골』(2013, 공저)이 있다. 글로벌커리어 전문 코치로 활동하기위해 한국어 교사 자격증을 취득하고, 글로벌 MBTI 전문가로 미국 The Myers-Briggs Company @MBTI Certification Program을 이수하였다. 전 세계 53개국 227개 도시를 다녀온 경험을 이어 글로벌 코칭 문화 확산도 꿈꾸고 있다. 도심 속 힐링 궁코칭, 가상 세계와 현실 세계를 연결하는 메타버스 코칭, 마음챙김 코칭 등을 기획, 진행하고 있다. 일대일 개인 코칭, 그룹 코칭, 팀 코칭, 소통커뮤니케이션, 메타버스, SNS, MBTI관련 강의, 맞춤형 워크숍 기획 및 진행 이메일 문의: selscp@gmail.com

박정화

조직웰빙디자인연구소(OWDI) 대표, (주)아츠링커 이사, 국제뇌교육종합 대학원대학교 통합헬스케어학과 겸임교수로 있으며, "사람과 조직의 위대한 가치 창조와 행복을 돕는 일"을 하고 있다. 이화여자대학교에서 인문학 학사, 국방대학교에서 국방관리 석사, 국제뇌교육종합대학원대학교에서 뇌교육학 박사 학위를 취득했으며, 현재 이화여자대학교 일반대학원 경영학과 박사과정에서 경영정보시스템(MIS)을 공부하며, 동 대학교 경영예술연구센터에서 경영예술과 미학경영을 즐겁게 공부하고 있다. 정예서함께성장인문학연구원에서 동서양 고전을 읽고 글을 쓰는 연구원으로 1년 6개월간 3천여 명에게 주1회 칼럼을 발송하기도 했던 인문학 칼럼니스트이다. 현재 국제코칭연맹ICF 인증 전문코치(PCC), (사)한국코치협회 인증 전문코치(KPC), 한국퍼실리테이터협회/(사)글로벌퍼실리테이션협회 인증 전문퍼실리테이터(CPF)로서 활동 중이며, 대한민국 육군에서 20년간 장교, 인사 전문 인력으로 복무한 경험과 더불어, 개인과 조직을 대상으로 1,050여 시간의 코칭, 1,030여 시간의 팀/그룹 코칭, 워크숍, 조직개발 진행 경험이 있다. 최근 저서로 『마스터피스 전략: 경영을 예술하라』(2022, 공저), 『리더십 팀 코칭: 변혁적 팀 리더십 개발을 넘어』(2022, 공역)이 있다. 팀/조직 창의성, 팀/조직개발과 혁신, 조직 구성원들의 웰빙, 사람과 조직이 행복한 조직 문화, AI 지식경영과 혁신, 셀프리더십을 촉진하는 수퍼리더십, 경영예술과 미학경영으로 열어가는 새로운 경영 패러다임의 마스터피스 전략에 관심을 두고 있으며, 현장에서 개인과 조직의 변혁을 돕는 조직 웰빙 디자이너이다. 일대일 개인 코칭, 그룹/팀 코칭, 조직개발 코칭, 강의(소통, 개인/조직 창의성, 조직혁신, 마스터피스 전략), 고객 맞춤형 워크숍 기획과 진행

이메일 문의: owdi.designer@gmail.com

박준혁

오하이오 주립대 경영대에서 재무학^{Finance}을 전공하고, 미네소타 대학교에서 수학^{Math} 석사학위, 인사노사^{HRIR} 석사 학위를 각각 취득한 후, 중앙대학교 경영학과에서 인사조직 전공으로 박사학위를 받았다. 삼성생명(인사팀), 삼성인력개발원(어세스먼트센터), 삼성경제연구소(인사조직실)에서 근무하며 인사제도 전반의 기획/실행, 어세스먼트, HR Analytics 관련 연구와 컨설팅을 수행해왔다. 특히 미주와 구주의 해외 벤치마킹과 콘퍼런스를 통해 HR의 글로벌 트렌드를 지속해서 센싱해왔다. 삼성에서 쌓아온 17년간의 인사 경험을 의미 있게 실행하며 더 넓은 세상에서 보람을 찾고자, 아워홈 인사부문장을 거쳐 현재는 원익그룹 기획조정실 인사본부 임원으로 재직중이다. "개인-조직 가치 적합성과 개인의 직무성과가 경력사원의 이직결정에 미치는 영향《인사조직연구》(2017)" 등 5편의 학술논문을 저술하였고, 『인재경영을 바라보는 두 시선』(2015, 삼성경제연구소/공저), 『실리콘밸리 사람들은 어떻게 일할까?』(2017, 삼성경제연구소/공저), 『HR테크혁명』(2022, 삼성글로벌리서치/공저), 『리더십 팀 코칭: 변혁적 팀 리더십 개발을 넘어』(2022, 한국코칭수퍼비전아카데미/공역) 등 총 4권의 도서를 출간하였다. 국제코칭연맹 인증 전문코치(ACC), (사)한국코치협회 인증 전문코치(KPC)이며, 현장 경험과 이론을 겸비한 HR전략가를 꿈꾸는 Dreamer이다. 리더십 개발의 중심에는 코칭이 있음을 믿으며, 기업 내 코칭 문화 확산을 위해 노력 중이다. 리더십 진단/개발, 선발 및 평가(채용, 업적 및 역량평가), 직무급 등 보상 관련 강의하기를 즐기며, 코칭과 심리학 관련 학습을 즐긴다. 대학생 등 사회 초년생을 대상으로 한 커리어 코칭 자원봉사에 보람을 느끼기 시작하였고, 삼성 임원 일대일 코칭에 이어, 새로이 유능한 팀 코치가 되기 위해 노력하고 있다.

이메일 문의: junhyuck.park@gmail.com

우성희

HNOlab 대표, 고려대학교 교육대학원에서 기업교육을 전공하고 '깊은 연결로 함께 성장'이라는 키워드로 15년 이상 기업 및 조직에서 문화 개선을 돕고 있다. 삼성, 현대 등을 비롯한 기업의 과정개발과 교육, 워크숍을 수년간 진행하면서 조직 구성원 내면으로부터의 움직임이 진정한 변화의 출발임을 경험했다. "대기업 팀 리더의 퍼실리테이션 역량과 구성원의 직무몰입의 관계"(석사논문, 2017)를 기반으로 퍼실리테이터 양성 과정 및 퍼실리테이티브 리더십을 강의 중이며, OKR 코치 자격을 취득하여 조직의 쌍방향 소통 중심의 목표 설정을 돕고 있다. 한국 퍼실리테이터연구회 수석연구원, (사)한국코치협회 역량강화위원회 위원으로 활동하면서 조직 및 개인 관점에서의 함께 접근이 만들어내는 시너지 효과를 현장에 적용 중이다. (사)한국코치협회 인증 전문코치(KPC), 한국퍼실리테이터협회/(사)글로벌퍼실리테이션협회 인증 전문퍼실리테이터(CPF)이며, 퍼실리테이션 역량을 활용한 팀/그룹 코칭에 집중하고 있다. SNA-DDI 과정을 거쳐 면접위원으로도 활동 중이며, 역량 발휘를 돕는 코칭적 질문의 힘을 매번 느끼고 있다. 심리학 전공을 기반으로 '존재 방식' 자체에 관심이 많으며 지속적인 성장을 통한 '자유로움'을 추구하며 나아가는 중이다. 최근 저서로 『힘듦의 순간, WHY에 집중하라』(2022), 『어바웃 번아웃』(2022, 공저)이 있다.
이메일 문의: wshee88@gmail.com

윤선동

Dong company 대표로 리더십과 코칭 교육과정 개발, 강의, 조직 내 여성 리더십, 갈등관리와 의사소통, 성 인지력 향상에 관한 연구와 강의가 주업무이다. 국방대학교 리더십 석사를 졸업하고, 중앙대학교 인적자원개발 박사과정을 수료하였으며, 대한민국 육군과 공군에서 약 25년간 복무 후 전역했다. 국제코칭연맹ICF 인증 전문코치(PCC), (사)한국코치협회 인증 전문코치(KPC), 한국퍼실리테이터협회/(사)글로벌퍼실리테이션협회 인증 퍼실리테이터(CF), 한국어 교사이다. 코칭에 입문한 배경은 'holistic, resourceful, creative'라는 인간의 온전함을 바라보는 코칭 철학에 매료되었기 때문이며, '매기' - 당신과 매일 기적을 만드는 - 코치로서 700여 시간의 개인, 학습, 팀 코칭을 진행하였다. 최근에는 리더십-건강한 조직 문화-팀 코칭을 연계하고 경계에 선 사람들의 일상회복 지원에 관심이 많다. 이 책을 번역하면서 리더십 전공자로서 리더십/팀 코칭 분야의 현 위치가 어디이며 앞으로의 발전 방향과 가능성을 보게 되어 흥미진진해하고 있으며, 가시적이고 지속 가능한 성과로 증명할 수 있는 리더십/팀 코치로 매진하고 있다. 최근 저서로 『리더십 팀 코칭: 변혁적 팀 리더십 개발을 넘어』(2022, 공역)가 있다.

이메일 문의: dong_company@naver.com

최미숙

현재 컬럼비아 스포츠웨어 코리아 인사 담당 임원으로 재직 중이다. 25년 이상을 다양한 글로벌 기업에서 인사, 교육, 노사관계 업무를 해온 인사 전문가이자 인사에 진심인 인사쟁이다. 실무와 이론을 겸한 인사 전문가로 성장하기 위해 중앙대학교 글로벌 인적자원개발 석사학위를 받았으며 미국 인사관리협회 인증 PHR[Professional in Human Resources], GPHR[Global Professional in Human Resources] 자격을 취득하였다. 인사쟁이로 배운 것을 남에게 주고 싶은 마음을 전문가답게 수행하기 위해 MBTI, DiSC, Strong, Open Space 전문가 자격증을 취득하였고, 최근에는 (사)한국코치협회 인증 전문코치(KPC)로서 활동하고 있다. 그동안의 실전 경험과 전문 자격을 토대로 일터에서 진로로 고민하는 후배들의 성장을 돕는 커리어 코치로 활동하고 있다. 인사 전문가로서 코칭 리더십, 퍼실리테이션 리더십, 팀원의 경력개발에 진심인 "리더를 키우는 리더"가 되어 조직 문화 혁신의 아이콘이 되는 것이 꿈이다.

이메일 문의: shinyjade99@naver.com

발간사

호모코치쿠스 38.
팀 코칭 이론과 실천: 팀을 넘어 위대함으로

해외 코칭 연구 현황과 체계적으로 호흡하며 우리 자신의 코칭을 발전해 가야 한다. 더 확대된 시야와 관점을 갖고자 시작한 호모코치쿠스의 행로가 38번째로 디딤돌을 놓게 되었다. 생각해 보면 코칭은 이런저런 경험 조각을 전달하거나 최종 활용자를 위해 요약한 쉬운 설명 방식만으로는 공유될 수 없다. 하물며 코치 훈련과 양성에는 '쉽게'를 연발하거나, 잘 모르겠다는 식의 게으른 반응에 휘말려서는 길이 더딜 뿐이다. 반면에 현장에서 바쁘게 뛰는 코치는 그 나름의 고충이 크다. 실천 활동가들에 의한 경험 기반 연구와 전문 연구자와 만나 논의하는 중간 지대도 없다. 물론 다른 사람 의견을 합리적으로 비평하거나 피드백하는 것도 활발하지 않다. 도움을 기대하는 학술토론 역시 짧은 시간, 주례사식 비평, 행사 중심 분위기에 본연의 성과를 내기도 쉽지 않은 실정이다.

이런 풍토에서 유럽, 북미, 오세아니아 코칭 연구자들이 지역과 문화적 한계를 넘어 '팀 코칭 이론과 실천' 성과를 정리한 일은 이 자체가 대단한 일이다. 이제 우리는 2015년 프로젝트 시작에서 2018년 책 출판으로 수렴된 성과를 손에 들게 되었다. 특히 편집자들이 초행길의 코치와 현장의 실천 활동가를 모두 염두에 두었기에 안심이 된다. 초행자에게는 길잡이가 될 것이요 현장 활동가에게는 자신의 실천을 대비해볼 수 있는 소중한 점검 기회를 제공할 것이다.

이제 우리도 팀 코칭에 관한 이론적, 실천적 연구를 감행하자. 팀 코칭 역시 주문자의 (일방적) 요구사항과 참가자의 (다양한) 의도를 받아 안고 가야 한다. 그러나 우리는 당면 요구과제에 만족하는 응답에 코칭 성과를 걸어둘 수만은 없다. 성장과 발전 끌어내기를 향해 도전하고, 나아가 가치 지향의 팀 코칭 주문을 넘봐야 한다. 이를 위한 상상력의 근거를 이 책에서 찾을 수 있을 것이다. 각 논문의 참고자료가 주제 연구의 과거이고, 현재 논문이 도달점이다. 이 책에서 다루지 못한 지점이나 이 책을 읽고도 풀리지 않는 의문은 곧 우리가 연구해서 채워야 할 공백이다. 이 책의 성과를 거름으로 이론적, 실천적 새길을 가야 할 것이다.

조직은 사실상 팀 단위의 네트워크이다. 팀 일원이 아닌 조직 내 개인은 사실상 없다. 주어진 과제 달성, 성공 목표 역시 팀 단위 작업이 전제되어 있다. 조직 내 개인 그 누구도 자기 목표를 팀과 무관하게 혼자 이루기는 고단한 일이다. 하물며 눈부신 목표, 1승 1패 리듬을 벗어나 성공의 연속을 꿈꾼다면 반드시 팀이 있어야 한다.

반면에 실패나 정체의 원인을 팀 내 개인의 나태나 잘못된 성격 특성과 작풍, 개인 간 힘겨루기, 리더 자기와 결부된 '관계의 때' 탓만 한다면 이는 반만 정확한 진단이다. 팀 관점, 팀 개발, 팀 수준의 처방과 결합될 때 온전한 대응이 된다. 이 상식을 모른 척한다면 그것은 리더 자신이 늪에 빠진 것이다. 리더와 일대일 코칭을 하며 그에 맞는 조직 차원의 대안을 리더 개인의 통찰과 관점 전환에만 머물고, 팀 차원의 진단과 방향 모색을 빠뜨린다면 이는 코치 개인의 한계이다. 늪에 빠진 리더를 건져낸들 조직이 지닌 한계를 벗어 날 수 없다. 코치 역시 개인 코칭의 섬세함과 팀 코칭을 위한 시스템 관점을 지닌 양손잡이가 되어야 한다. 이 책을 탐독한다면 이 책은 코치에게 새로운 성장 지평을 위한 대나무 마디로 보답할 것이다.

코치는 양산되고, 코칭 시장은 더디게 확대되어 코치 간 경쟁이 격화되는 시기, 앞서가는 코치가 휩쓸고 있는 틈새에서 하위 파트너가 되기보다는 K-팀 코칭의 이니셔티브 확보로 전체를 위해 헌신하려는 역자 코치 모든 분에게 눈인사를 전한다. 주어진 원문 번역을 넘어 전체적 통일성, 색인 작업까지 감당해 준 것에 감사의 마음을 전한다. 출판 일정을 감당하며 좋은 작품을 만들어 준 편집자 정익구 코치, 편집에 힘써준 이상진 선생님에게도 언제나 같은 마음이다. 무엇보다도 이 책을 구매해 탐독하실 코치분들에게 고마운 마음이 전달되길 기대한다.

2022년 12월 1일
발행자, 코치 김상복

호모코치쿠스

코칭 튠업 21
: ICF 11가지 핵심 역량과 MCC 역량

김상복 지음

뇌를 춤추게 하라
: 두뇌 기반 코칭 이론과 실제
Neuroscience for Coaching

에이미 브랜 지음
최병현, 이혜진 옮김

마음챙김 코칭
: 지금-여기-순간-존재-하기
Mindful Coaching

리즈 홀 지음
최병현, 이혜진, 김성익, 박진수 옮김

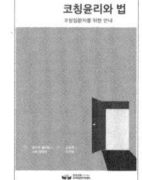

코칭 윤리와 법
: 코칭입문자를 위한 안내
Law & Ethics in Coaching

패트릭 윌리암스, 샤론 앤더슨 지음
김상복, 우진희 옮김

조직을 변화시키는 코칭 문화
How to create a coaching culture

질리안 존스, 로 고렐 지음
최병현, 이혜진 등 옮김

내러티브 상호협력 코칭
: 3세대 코칭 방법론
A Guide to Third Generation Coaching:
Narrative-Collaborative Theory and Practice

라인하드 스텔터 지음
최병현, 이혜진 옮김

임원코칭의 블랙박스
Tricky Coaching

맨프레드 F. R. 케츠 드 브리스 등 편집
한숙기 옮김

마스터 코치의 10가지 중심이론
Mastery in Coaching

조나단 패스모어 편집
김선숙, 김윤하 등 옮김

코칭·컨설팅
수퍼비전의 관계적 접근
Supervision in Action

에릭 드 한 지음
김상복, 조선경, 최병현 옮김

정신역동과 임원코칭
: 현대 정신분석 코칭의 기초1
Executive Coaching :
A Psychodynamic Approach

캐서린 샌들러 지음
김상복 옮김

수퍼비전
: 조력 전문가를 위한 일곱 눈 모델
Supervision in the Helping Professions

피터 호킨스, 로빈 쇼헤트 지음
이신애, 김상복 옮김

코칭 프레즌스
: 코칭개입에서 의식과 자각의 형성
Coaching Presence : Building Consciousness and
Awareness in Coaching Interventions

마리아 일리프 우드 지음
김혜연 옮김

멘탈력
정신적 강인함에 대한 최초의 이론적 접근
Developing Mental Toughness : Coaching
strategies to improve performance, resilience and
wellbeing

더그 스트리차직, 피터 클러프 지음
안병옥, 이민경 옮김

코치 앤 카우치
Coach and Couch

멘프레드 F.R. 케츠 드 브리스 등 지음
조선경, 이희상, 김상복 옮김

리더의 정치학
: 조직개혁과 시대전환을 위한 창발 리더십 모델
Leading Change: How Successful Leaders Approach
Change Management

폴 로렌스 지음
최병현, 윤상진, 이종학,
김태훈, 권영미 옮김

고용 가능성
고용+가능성 업그레이드 전략
Developing Employability and Enterprise:
Coaching Strategies for Success in the Workplace

더그 스트리차직, 샬롯 보즈워스 지음
조현수, 최현수 옮김

게슈탈트 코칭
바로 지금 여기
Gestalt Coaching: Right here, right now

피터 브루커트 지음
임기용, 이종광, 고나영 옮김

강점 기반 리더십 코칭
: 조직 내 긍정적 리더십 개발을 위한 가이드
Strength_based leadership Coaching in Organization An Evidence based guide to positive leadership development

덕 매키 지음
김소정 옮김

영화, 심리학과 라이프 코칭의 거울
The Cinematic Mirror for Psychology and Life Coaching

메리 뱅크스 그레거슨 편저
앤디 황, 이신애 옮김

영웅의 여정
자기 발견을 위한 NLP 코칭
The Hero's Journey: A voyage of self-discovery

스테판 길리건, 로버트 딜츠 지음
나성재 옮김

VUCA 시대의 조직문화와 피어코칭
Peer Coaching at Work

폴리 파커, 팀 홀, 캐시 크램, 일레인 와서먼 지음
최동하, 윤경희, 이현정 옮김

정신역동 마음챙김 리더십
: 내면으로의 여정과 코칭
Mindful Leadership Coaching : Journeys into the interior

맨프레드 F.R. 케츠 드 브리스 지음
김상복, 최병현, 이혜진 옮김

실존주의 코칭 입문
:알아차림·용기·주도적 삶을 위한 철학적 접근
An Introduction to Existential Coaching

야닉 제이콥 지음
박신후 옮김

공감으로 완성하는 코칭
: 평범함에서 탁월함으로
Coaching with Empathy,

앤 브록뱅크, 이안 맥길 지음
김소영 옮김

내러티브 코칭
: 새 스토리의 삶을 위한 확실한 가이드
Narrative Coaching : The Definitive Guide to Bringing New Stories to Lif

데이비드 드레이크 지음
김상복, 김혜연, 서정미 옮김

ADHD 코칭
: 정신건강 전문가를 위한 가이드
ADHD Coaching: A Guide for Mental Health Professionals

프란시스 프레벳, 아비가일 레브리니 지음
문은영, 박한나, 가요한 옮김

시스템 코칭
: 개인을 넘어 가치로
Systemic Coaching: Delivering Value Beyond the Individual

피터 호킨스, 이브 터너 지음
최은주 옮김

글로벌 코치 되기
: 코칭 역량과 ICF 필수 가이드
Becoming a Coach

조나단 페스모어, 트레이시 싱클레어 지음
김상학 옮김

시스템 코칭과 컨스텔레이션
Systemic Coaching & Consitellations

존 휘팅턴 지음
가향순, 문현숙, 임정희, 홍삼렬, 홍승지 옮김

10가지 코칭 주제와 사례 연구
: 20개 사례, 40개 논평, 720개 주석, 19개 실습 사례
Complex Situations in Coaching

디마 루이스, 폴린 파티엔 디오숑 지음
김상복 옮김

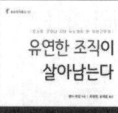
유연한 조직이 살아남는다
포스트 코로나 시대 뉴노멀이 된 유연근무제
Flexible Working

클라우디아 나겔 지음
최병헌, 윤재훈 옮김

인지행동 코칭
: 30가지 고유한 특징
Cognitive Behavioural Coaching: Distinctive Features

마이클 니난 지음
엘리 홍 옮김

쿼바디스
: 팬데믹 시대 리더의 실존적 도전
QUO VADIS?

맨프레드 F. R. 케츠 드 브리스 지음
고태현 옮김

코칭과 트라우마
: 생존 자기를 넘어 나아가기
Coacjing and Trauma

줄리아 본 스미스 지음
이명진, 이세민 옮김

단일 회기 코칭과 비연속 일회성 코칭
: 30가지 고유한 특징
Single-Session Coaching and One-At-A-Time Coaching: Distinctive Features

윈디 드라이덴 지음
남기웅, 안재은 옮김

리더십 팀 코칭
: 변혁적 팀 리더십 개발을 넘어
Leadership Team Coaching

피터 호킨스 지음
강하룡, 박정화, 박준혁, 윤선동 옮김

코칭과 정신 건강 가이드
: 코칭에서 심리적 과제 다루기
A Guide to Coaching and Mental Health : The Recognition and Management of Psychological Issues

앤드류 버클리, 캐롤 버클리 지음
김상복 옮김

팀 코칭 이론과 실천
: 팀을 넘어 위대함으로
The Practitioner's handbook of TEAM COACHING

데이비드 클러터벅, 주디 개넌 등 지음
강하룡, 박순천, 박정화, 박준혁, 우성희, 윤선동, 최미숙 옮김

(출간 예정)

수퍼바이지와 수퍼비전
: 수퍼비전을 위한 가이드
Being Supervised A Guide for Supervision

에릭 드 한, 윌레민 레구인 지음
한경미, 박미영, 신혜인 옮김

정신역동 코칭
: 30가지 고유한 특징
- 현대 정신분석 코칭의 기초2
Psychodynamic Coaching: Distinctive Features

클라우디아 나겔 지음
김상복 옮김

코칭수퍼비전의 이론과 모색
Coaching and Mentoring Supervision : Theory and Practice

타티아나 바카로버, 피터 잭슨, 데이빗 클러터벅 지음
김상복, 최병현 옮김

인지행동 기반 라이프코칭
Life Coaching : A Cognitive behavioural approach

마이클 니난, 윈디 드라이덴 지음
정익구 옮김

웰다잉 코칭
생의 마지막과 상실을 겪는 사람들을 위한 코칭 가이드
Coaching at End of Life

돈 아이젠하워, J. 발 헤이스팅 지음
정익구 옮김

코칭심리학(2판)
실천연구자를 위한 안내서
Handbook of Coaching Psychology

스티븐 팔머, 앨리스 와이브로 엮음

코칭 이론과 실천
The SAGE Handbook of Coaching

타티아니 바흐키로바, 고든 스펜스, 데이비드 드레이크 편집

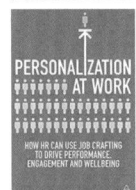

'잡'을 디자인하라
조직과 직원이 win-win 하는 잡 크래프팅
Persnalization at Work

롭 베이커 지음
김현주 옮김

임원코칭
: 시스템 - 정신역동 관점
- 현대 정신분석 코칭의 기초 3
Executive coaching: System-psychodynamic persfective

하리나 버닝 편집
김상복 옮김

정신역동 코칭의 이해와 활용
: 현대 정신분석 코칭의 기초 2
Psychodynamic Coaching : focus & depth

울라 샤롯데 벡 지음
김상복 옮김

리더의 일상적 위협
: 모래 늪에서 허우적거릴 때 살아남는 방법
The Daily Perils of Executive Life: How to Survive When Dancing on Quicksand

맨프레드 F. R. 케츠 드 브리스 지음
고태현 옮김

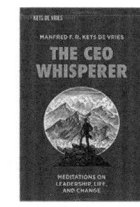
CEO 위스퍼러
: 리더십, 삶, 변화에 대한 내면 탐색
The CEO Whisperer: Meditations on Leadership, Life, and Change

맨프레드 F. R. 케츠 드 브리스 지음
김선화 옮김

리더의 속살
: 추악함, 사악함, 기괴함
Leadership Unhinged: Essays on the Ugly, the Bad, and the Weird

맨프레드 F. R. 케츠 드 브리스 지음
강준호 옮김

호모스피릿쿠스

나르시시스트와 직장생활하기
Narcissism at Work: Personality Disorders of Corporate Leaders

마리 린느 제르맹 지음
문은영 · 가요한 옮김

정신분석 심리치료의 기본과 실천
: 정신분석·지지적 심리치료와의 차이

아가쯔마 소우 지음
최영은 · 김상복 옮김

조력 전문가를 위한
공감적 경청
共感の傾聴術
:精神分析的に"聴く"力を高める

고미야 노보루 지음
이주윤 옮김

코로나 시대의 정신분석적 임상
'만남'의 상실과 회복
コロナと精神分析的臨床

오기모토 카이, 키타야마 오사무 편집
최영은, 김태리 옮김

라캉 정신분석 치료
이론과 실천의 교차점
ラカン派精神分析の治療論

아가사가 가즈야 지음
김상복 옮김

트라우마와 정신분석 접근
トラウマの精神分析的アプローチ

마쓰기 구니히로 지음
김상복 옮김

코칭 하이브리드

영화처럼 리더처럼
: 크고 작은 시민리더 이야기

최병현, 김태훈, 이종학,
윤상진, 권영미 지음

마음챙김 코칭
: WHO에서 실행까지
Mindfulness Coaching: Have Transformational Coaching Conversations and Cultivate Coaching Skills Mastery

사티암 베로니카 찰머스 지음
김종성, 남관희, 오효성 옮김

코칭 A to Z

누구나 할 수 있는 코칭 대화 모델
: GROW_candy 모델 이해와 활용

김상복 지음

세상의 모든 질문
: 아하에서 이크까지, 질문적 사고와 질문 공장

김현주 지음

첫 고객·첫 세션 어떻게 할 것인가
(1) 윤리적 가이드라인과 전문가 기준에 의한 고객 만남
(2) 코칭계약과 코칭 동의 수립하기

김상복 지음

코칭방법론
: 조직 운영과 성과 리더십 향상을 돕는 효과성 코칭의 틀

이석재 지음

코치 100% 활용하는 법
: 코칭을 만난 당신에게

김현주, 박종석, 박현진, 변익상, 이서우, 정익구, 한성지 지음

(코쿱북스)

코칭의 역사
Sourcebook Coaching History

비키 브록 지음
김경화, 김상복 외 15명 옮김

101가지 코칭의 전략과 기술
: 젊은 코치의 필수 핸드북
101 Coaching Strategies and Technique

글래디나 맥마흔, 앤 아처 지음
김민영, 한성지 옮김

리더십을 위한 코칭
Coaching for Leadership

마샬 골드 스미스,
로렌스 라이언스 등 지음
고태현 옮김

집필자 모집

- 멘토링 기반 코칭 방안과 사례 연구
- 컨설팅 기반 코칭 방안과 사례 연구
- 조직개발 코칭 방안과 사례 연구(일대일 또는 그룹 코칭)
- 사내 코치 활동 방안과 사례 연구
- 주제별 · 대상별 시네마 코칭 방안과 사례 연구
- 시네마 코칭 이론과 실천 방안 연구
- 아들러 심리학 기반 코칭 방안과 사례 연구
- 코칭 기획과 사례 개념화(중심 이론별 연구)
- 코칭에서 은유와 은유 질문
- '갈굼과 태움', 피해 · 가해자 코칭
- 미루기 코칭 이해와 활용
- 코치의 젠더 감수성과 코칭 관계 관리
- 정서 다루기와 감정 관리 코칭 및 사례 연구
- 코칭 장場field · 공간과 침묵
- 라이프 코칭 핵심 과제와 사례 연구(청년 및 중년)
- 커리어 코칭 핵심 과제와 사례 연구(청년 및 중년)
- 노년기 대상 라이프 코칭 방안과 사례 연구
- 비혼 · 혼삶 라이프 코칭 방안과 사례 연구
- 코칭 스킬 총정리와 적용 사례
- 부모 리더십 코칭과 사례 연구(양육자 연령별)
- 코칭 이론 기반 코칭 방안과 사례
- 커플 코칭 방안과 사례
- 의식확장과 영성코칭
- 군 리더십 코칭
- 코칭 ROI 연구

▣ 동일 주제라도 코칭 대상과 방식, 코칭 이론별 집필이 가능합니다.
▣ 최소 기준 A4 기준 80페이지 이상. 코칭 이론과 임상 경험 집필 권장합니다.
▣ 편집위원회와 관련 전문가 심사로 선정됩니다.
▣ 선정 원고는 인세를 지급하며, 무료로 출판합니다.

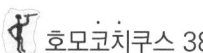 호모코치쿠스 38

팀 코칭 이론과 실천
팀을 넘어 위대함으로

초판 1쇄 발행   2022년 12월 8일

| 펴낸이 | 김상복
| 지은이 | 데이비드 클러터벅, 주디 개년 등
| 옮긴이 | 강하룡, 박순천, 박정화, 박준혁, 우성희, 윤선동, 최미숙
| 편 집 | 정익구
| 디자인 | 이상진
| 제작처 | 비전팩토리
| 펴낸곳 | 한국코칭수퍼비전아카데미
| 출판등록 | 2017년 3월 28일 제2018-000274호
| 주 소 | 서울시 마포구 포은로 8길 8. 1005호
| 문의전화 (영업/도서 주문) 카운트북
    전화 | 070-7670-9080   팩스 | 070-4105-9080
    메일 | countbook@naver.com
    편집 | 010-3753-0135
    편집문의 | hellojisan@gmail.com 010-3753-0135

www.coachingbook.co.kr
www.facebook.com/coachingbookshop
카페명: 시스템 코칭-팀 코칭-그룹 코칭 https://cafe.naver.com/systemcoaching

ISBN 979-11-89736-45-3
책값은 뒤표지에 있습니다.